U0799276

中国刑事审判指导案例

4

侵犯财产罪

增订本

《刑事审判参考》
总第96—124集汇总集成

《中国刑事审判指导案例》编写组　编

法律出版社 LAW PRESS · CHINA
北京

图书在版编目(CIP)数据

中国刑事审判指导案例. 4, 侵犯财产罪 /《中国刑事审判指导案例》编写组编. -- 增订本. -- 北京 : 法律出版社, 2021(2024.10 重印)
ISBN 978 - 7 - 5197 - 5448 - 8

Ⅰ. ①中… Ⅱ. ①中… Ⅲ. ①刑事诉讼—审判—案例—汇编—中国②侵犯财产罪—审判—案例—汇编—中国
Ⅳ. ①D925.218.5②D924.35

中国版本图书馆 CIP 数据核字(2021)第 047610 号

中国刑事审判指导案例 4
侵犯财产罪(增订本)
ZHONGGUO XINGSHI SHENPAN ZHIDAO ANLI 4
QINFAN CAICHANZUI(ZENGDING BEN)

《中国刑事审判指导案例》编写组 编

策划编辑 许 睿
责任编辑 朱轶佳
装帧设计 汪奇峰

出版发行 法律出版社
编辑统筹 司法实务出版分社
责任校对 周 洁
责任印制 胡晓雅
经　　销 新华书店

开本 787 毫米×1092 毫米 1/16
印张 29　**字数** 756 千
版本 2021 年 9 月第 1 版
印次 2024 年 10 月第 2 次印刷
印刷 三河市兴达印务有限公司

地址:北京市丰台区莲花池西里 7 号(100073)
网址:www.lawpress.com.cn
投稿邮箱:info@lawpress.com.cn
举报盗版邮箱:jbwq@lawpress.com.cn
销售电话:010 - 83938349
客服电话:010 - 83938350
咨询电话:010 - 63939796
版权所有·侵权必究

书号:ISBN 978 - 7 - 5197 - 5448 - 8
定价:128.00 元
凡购买本社图书,如有印装错误,我社负责退换。电话:010 - 83938349

编 辑 说 明

《中国刑事审判指导案例》是最高人民法院刑事审判庭主办的业务指导和研究性系列丛书——《刑事审判参考》的合订分解集成本。《刑事审判参考》自1999年4月首次出版以来，秉承立足实践、突出实用、重在指导、体现权威的编辑宗旨，在编辑委员会成员、作者和广大读者的共同努力下，密切联系刑事司法实践，为专业人士提供了有针对性和权威性的业务指导和参考，受到刑事司法工作人员和刑事法律教学、研究人员的广泛欢迎。

为了满足广大读者的实际工作需要，我们在已出版各集《刑事审判参考》的基础上，精心汇编出版《中国刑事审判指导案例》。本书自2009年10月出版以来，受到读者的广泛好评与认可。

《中国刑事审判指导案例》（增订本）收录《刑事审判参考》第96集至第124集的相关内容，整体沿用《中国刑事审判指导案例》（增订第3版）的体例结构，共七册，分别为：

中国刑事审判指导案例1（刑法总则）

中国刑事审判指导案例2（危害国家安全罪·危害公共安全罪·侵犯公民人身权利、民主权利罪）

中国刑事审判指导案例3（破坏社会主义市场经济秩序罪）

中国刑事审判指导案例4（侵犯财产罪）

中国刑事审判指导案例5（妨害社会管理秩序罪）

中国刑事审判指导案例6（危害国防利益罪·贪污贿赂罪·渎职罪·军人违反职责罪）

中国刑事审判指导案例7（刑事诉讼法）

根据各卷册实际情况，主要设有以下栏目：

【指导案例】分类汇总了已出版的《刑事审判参考》在法律适用、刑罚裁量、事实认定、证据采信等方面具有研究价值的典型案例，详细阐明裁判理由，为刑事司法工作人员处理类似案件提供具体的指导和参考。

【刑事立法、司法规范】分类汇总了刑事法律、立法解释、司法解释和其他规范性刑事司法文件，并配发起草同志撰写的理解与适用文章，为司法实践中准确适用提供指南。

【刑事政策】分类汇总了审判中需要参考的刑事司法政策，包括最高人民法院领导在审判工作会议上的讲话、刑事审判工作会议讨论的问题等。

【审判释疑】分类汇总了最高人民法院刑事审判庭解答在刑事审判工作中具有普遍指导价值的法律适用问题，包括最高人民法院审判长会议纪要、《刑事审判参考》编辑部对读者在刑事司法工作中遇到疑难问题的解答。

【经验交流】分类汇总了地方司法机关制定的刑事司法规范性文件及其背景说明；地方各级人民法院在刑事审判工作中对于某些问题的处理政策和意见等。

【专题论坛】分类汇总了由司法实务部门的权威专家就刑事法律适用过程中的一些常见疑难问题进行的探讨。

【实务探讨】分类汇总了有关学者和司法人员针对刑事司法工作中必须解决的疑难、复杂问题所撰写的研究文章，为刑事司法工作人员解决相关问题提供工作思路。

【疑案争鸣】分类汇总了实践中发生的疑难案例，对其中争议问题进行分析，摆出各方观点，推动相关问题的深入研究。

另外，个别卷册中因涵盖专辑内容，有【理论前沿】等栏目设置。

为了最大限度地挖掘和梳理《刑事审判参考》指导案例在裁判理由阐述中反映的裁判观点，同时也为了便于读者使用本书，本套书对所有指导案例逐一编加了具有归类意义的关键词。

本套书作为《刑事审判参考》的合订分解集成本，为了保持指导案例和实务文章的“原汁原味”，本次修订再版未针对有关法律、司法解释的修改对原文进行删改，只对原文错漏之处进行了补正。读者在参考适用时，需要根据现行有效的规范进行理解。此外，随着理论研究的发展和司法政策的调整，指导案例中对相同或相似问题所提出的裁判观点也可能发生变化，对此，可以依照“从新”的原则参考适用。

本套书此次出版得到了方方面面的大力支持，在此一并表示感谢。当然，由于内容体量庞大，内容的选编工作难免存在错漏之处，恳请广大读者批评指正。

编　者

2021年7月

目　录

指导案例

一、抢劫罪

001　孙家洪、濮剑鸣等绑架、抢劫、故意杀人案[第947号]
——在绑架案件中，能否仅依据行为人对被害人实施了人身控制行为就认定其具有“以勒索财物为目的”以及绑架罪中的“情节较轻”是否包括未遂情节

007　刘星抢劫案[第949号]
——在犯罪预备阶段单独停止犯罪，未积极阻止同案犯继续实施犯罪，也未有效防止共同犯罪结果发生的，能否成立犯罪中止

010　李某甲等寻衅滋事案[第1002号]
——未成年人多次强取其他未成年人少量财物的案件如何处理

014　罗灵伟、蒋鼎非法拘禁案[第1008号]
——无法查清被害人是否存在债务的情况下，如何认定行为人为索取债务而非法拘禁他人的行为性质

018　习海珠抢劫案[第1063号]
——在拖欠被害人钱款情况下，以暴力、胁迫手段逼迫被害人书写收条的行为，应当如何定性？属于犯罪既遂还是未遂？

021　韦猛抢劫案[第1180号]
——进入无人居住的待租房屋实施抢劫，不属于“入户抢劫”

024　秦红抢劫案[第1181号]
——被允许入户后临时起意盗窃，被发现后当场使用暴力的，能否认定“入户抢劫”

026　张红军抢劫、盗窃案[第1182号]
——入户盗窃数额较少财物为抗拒抓捕当场使用暴力，能否认定“入户抢劫”

030　郭建良抢劫案[第1183号]
——“抢劫致人死亡”的司法认定

033　王志国、肖建美抢劫案[第1184号]
——“冒充军警人员抢劫”的认定

036　姚小林等抢劫案[第1185号]
——抢劫信用卡的犯罪数额认定

040　翟光强等抢劫案[第1187号]
——在他人实施盗窃为抗拒抓捕当场使用暴力的犯罪过程中加入其中的行为如何定性

044　李智豪抢劫案[第1201号]
——抢夺车辆后被对方GPS追踪、拦截而持枪威胁的，能否转化为抢劫罪

047　郭光伟、李涛抢劫案[第1224号]
——共同致一人死亡的案件中，如何认定罪责最严重的主犯

051　祝日峰、祝某强抢劫案[第1226号]

——多次抢劫预备能否认定为"多次抢劫"
054 王艳峰抢劫案[第1246号]
——犯信用卡诈骗罪，为抗拒抓捕而当场使用暴力的，可否转化为抢劫罪
056 黄民喜等寻衅滋事案[第1248号]
——使用轻微暴力帮他人抢回赌资的行为如何定性
060 白云江、谭蓓蓓故意杀人、抢劫、强奸案[第1256号]
——共同故意杀人犯罪中各被告人地位、作用的区分
064 高佑铭抢劫案[第1261号]
——根据被告人的供述、指认提取到了隐蔽性很强的物证，且与其他证据相互印证并排除串供、逼供、诱供等可能性的，可以认定有罪
067 沈超故意杀人、抢劫案[第1300号]
——前罪符合犯罪记录封存条件，在假释考验期限内犯新罪应如何处理
070 蒋伟伟抢劫案[第1301号]
——如何认定为劫取财物而预谋故意杀人的行为
074 朱伦军寻衅滋事案[第1345号]
——多次拦截儿童强行夺取较低经济价值物品的行为如何定性

二、盗窃罪

078 关盛艺盗窃案[第1012号]
——误将非债务人的财物作为债务人的财物加以盗窃的如何定性以及刑事审判中民事纠纷的基础事实严重影响到量刑的是否有必要审查确认
080 熊海涛盗窃案[第1013号]
——明知未达到刑事责任年龄的人正在盗卖他人或者自己家中财物，仍然上门帮助转移并予以收购的，如何定性
085 花荣盗窃案[第1047号]
——入户盗窃既未遂形态如何认定以及盗窃过程中群众在户外监视是否意味着被害人未失去对财物的控制
088 钟超等盗窃，高卫掩饰、隐瞒犯罪所得案[第1090号]
——如何适用掩饰、隐瞒犯罪所得罪的入罪数额标准
092 汤雨华、庄瑞军盗窃，朱端银掩饰、隐瞒犯罪所得案[第1098号]
——掩饰、隐瞒犯罪所得罪与上游犯罪的量刑平衡
094 孙善凯、刘军、朱康盗窃案[第1100号]
——事先承诺收购指定的特殊产品并在事后低价收购的行为如何定性
098 郭锐、黄立新盗窃，掩饰、隐瞒犯罪所得案[第1108号]
——与盗窃犯罪分子事前通谋的收赃行为如何定性
101 张万盗窃案[第1128号]
——盗窃罪中数额巨大与减半认定情形并存的如何适用法律
104 巫建福盗窃案[第1175号]
——利用入户盗窃所得车钥匙在户外窃取摩托车的行为，是否属于"入户盗窃"
108 何弦、汪顺太非法处置扣押的财产案[第1177号]

——盗取自己被公安机关扣押的车辆应如何定性
111 尹林军、任文军盗窃案[第1186号]
——盗窃后为抗拒抓捕实施暴力程度不明显的摆脱行为,能否认定为“转化型抢劫”
114 赵宏铃等盗窃案[第1202号]
——非法侵入景点检售票系统修改门票数据获取门票收益的行为如何定性
118 翟高生、杨永涛等盗窃、抢劫案[第1214号]
——共同预谋并实施盗窃后离开,对同伙的二次盗窃行为是否担责
122 张国群等盗窃案[第1215号]
——盗窃案中书法作品价格鉴定意见的审查
126 许赞良、汤焯杰盗窃案[第1277号]
——内外勾结获取电信公司内部免费宽带账户后转卖,构成何种罪名
128 郗菲菲、李超、蒋超超、林恺盗窃案[第1302号]
——“供犯罪所用的本人财物”的司法认定
132 潘平盗窃案[第1303号]
——取保候审期间脱逃又主动投案并如实供述罪行的,不能认定为自首
134 蒲长才盗窃案[第1341号]
——如何确定非数额型盗窃罪的罚金刑数额
138 岳德分盗窃案[第1370号]
——无期徒刑减为有期徒刑后在执行期间发现漏罪,应当如何处理?

三、诈骗罪

142 范裕榔等诈骗案[第951号]
——公司化运作的犯罪集团中各行为人刑事责任的区分
145 伍华诈骗案[第952号]
——受他人委托炒股,私自使用他人证件以委托人名义开立银行新账户,通过证券业务员将原账户股票卖出后将所得款转到新账户并取走的行为,如何定性
148 黄光故意杀人、诈骗案[第1044号]
——打电话报警但未承认自己实施犯罪行为的是否认定为自首以及如何审查判断经鉴定属于被害人真实签名的保证书等书证的真实性
153 葛玉友等诈骗案[第1048号]
——在买卖过程中,行为人采取秘密的欺骗手段,致使被害人对所处分财物的真实重量产生错误认识,并进而处分财物的行为如何定性
157 杨丽涛诈骗案[第1049号]
——侵入红十字会计算机信息系统,篡改网页内容发布虚假募捐消息骗取他人财物的行为,如何定罪处罚
161 陈景雷等合同诈骗案[第1056号]
——以适格农民名义低价购买农机出售而骗取国家农机购置补贴款的行为如何定性
165 王先杰诈骗案[第1065号]
——民事纠纷与公权力混合型诈骗案件中若干情节的认定
168 嵇世勇诈骗案[第1083号]

——对假冒国际标准集装箱偷逃高速公路通行费的行为应当如何定性
171 丁晓君诈骗案[第1174号]
——以借用为名取得信任后非法占有他人财物行为的定性
175 黄静诈骗案[第1176号]
——司法实务中如何把握刑事和解制度的适用
179 林在清等人诈骗案[第1203号]
——无明确的犯罪意思联络,但为诈骗犯罪分子提取赃款并获利,是否构成诈骗共犯
183 钢浓公司、武建钢骗取贷款、诈骗案[第1208号]
——使用虚假资料获取银行贷款的,如何认定行为人的非法占有目的
188 杨涛诈骗案[第1218号]
——单位职员虚构公司业务、骗取财物的如何定性
192 李政等诈骗案[第1247号]
——以办理学历证书为名非法收取钱财的如何认定
196 吴剑、张加路、刘凯诈骗案[第1264号]
——"网络关键词"诈骗犯罪中签订合同行为对案件性质的影响
200 倪劲锋诈骗案[第1319号]
——利用疫情实施电信网络诈骗行为的认定和刑事政策把握
204 王郊诈骗案[第1320号]
——针对特定人通过电信网络联络实施的诈骗犯罪不属于电信网络诈骗犯罪
207 孙佳英、蒋志诈骗案[第1321号]
——涉疫情诈骗犯罪未遂的认定和量刑把握
210 应鑫迪诈骗案[第1322号]
——疫情防控时期利用疫情实施诈骗犯罪的,应从严惩处
212 黄钰诈骗案[第1342号]
——如何区分诈骗罪与民事欺诈
215 陈寅岗等人非法拘禁、敲诈勒索、诈骗案[第1362号]
——如何认定与处理"套路贷"犯罪
221 张凤江等14人诈骗案[第1363号]
——"套路贷"中犯罪数额的认定及计算方法
225 江彬、余志灵、陈浩保险诈骗、诈骗案[第1365号]
——带领侦查人员抓捕同案犯,但并未当场捕获的,能否认定有立功表现
229 朱港春、李俊乐诈骗案[第1371号]
——"单方欺诈型"虚假诉讼行为应当如何定罪处罚和正确适用从旧兼从轻原则
233 阚莹诈骗案[第1373号]
——诈骗数额的计算与扣除

四、抢夺罪

237 金建伟故意杀人、抢夺、非法侵入住宅案[第1255号]
——从案发现场检出了第三人的DNA,如何排除其他人参与作案的可能

五、职务侵占罪

242 孙洪亮职务侵占案[第1101号]
——事前与职务侵占罪的犯罪分子通谋，帮助掩饰、隐瞒犯罪所得的，以职务侵占罪的共犯论处
243 谭世豪职务侵占案[第1137号]
——单位员工利用本单位业务合作方的收费系统漏洞，制造代收业务费用结算金额减少的假象，截留本单位受托收取的业务合作方现金费用的行为，应当如何定性

六、挪用资金罪

246 王海洋非国家工作人员受贿、挪用资金案[第1055号]
——如何认定国家出资企业中工作人员的主体身份
249 李毅挪用资金案[第1189号]
——挪用资金超过三个月未还的时间节点如何确定
254 王江浩挪用资金案[第1343号]
——小区业主委员会主任挪用业主委员会银行账户资金的行为应当如何定性

七、敲诈勒索罪

258 廖举旺等敲诈勒索案[第1066号]
——对农村征地纠纷引发的"索财"行为如何定性
260 刘康等人敲诈勒索案[第1304号]
——"黑中介"恶势力犯罪行为的认定
264 吴强等人敲诈勒索、抢劫、贩卖毒品、故意伤害案[第1360号]
——如何区分恶势力犯罪集团和普通犯罪集团

八、故意毁坏财物罪

269 宋某胜等故意伤害、故意毁坏财物案[第1276号]
——事出有因非法拘禁他人向其亲属索取赔偿金的行为性质如何认定

» 刑事立法、司法规范

一、综合

272 最高人民法院关于办理减刑、假释案件具体应用法律的规定(2016年11月14日 法释〔2016〕23号)
278 最高人民法院关于实施修订后的《关于常见犯罪的量刑指导意见》的通知(2017年3月9日 法发[2017]7号)
287 全国人大常委会法工委解答疫情防控有关法律问题(节录)
290 最高人民法院 最高人民检察院关于办理妨害预防、控制突发传染病疫情等灾害的刑事案件具体应用法律若干问题的解释(2003年5月14日 法释〔2003〕8号)
292 最高人民法院公布人民法院依法惩处妨害疫情防控犯罪典型案例(一)
附：最高法刑一庭负责人就依法惩处妨害疫情防控犯罪典型案例答记者问

298 最高人民法院　最高人民检察院　公安部　司法部关于依法惩治妨害新型冠状病毒感染肺炎疫情防控违法犯罪的意见(2020年2月6日　法发〔2020〕7号)
302 全国人民代表大会常务委员会关于授权最高人民法院、最高人民检察院在部分地区开展刑事案件速裁程序试点工作的决定(2014年6月27日)
302 最高人民法院　最高人民检察院关于适用犯罪嫌疑人、被告人逃匿、死亡案件违法所得没收程序若干问题的规定(2017年1月4日　法释〔2017〕1号)
307 《关于适用犯罪嫌疑人、被告人逃匿、死亡案件违法所得没收程序若干问题的规定》的理解与适用
323 最高人民法院　最高人民检察院　公安部关于办理网络犯罪案件适用刑事诉讼程序若干问题的意见(2014年5月4日　公通字〔2014〕10号)
326 《关于办理网络犯罪案件适用刑事诉讼程序若干问题的意见》的解读

二、抢劫罪

334 最高人民法院　最高人民检察院　公安部　国家工商行政管理总局关于依法查处盗窃、抢劫机动车案件的规定(节录)(1998年5月8日　公通字〔1998〕31号印发)

三、盗窃罪

335 最高人民法院　最高人民检察院　公安部印发《关于办理盗窃油气、破坏油气设备等刑事案件适用法律若干问题的意见》的通知(2018年9月28日　法发〔2018〕18号)
336 《关于办理盗窃油气、破坏油气设备等刑事案件适用法律若干问题的意见》的理解与适用

四、诈骗罪

342 最高人民法院　最高人民检察院　公安部　工业和信息化部　中国人民银行　中国银行业监督管理委员会关于防范和打击电信网络诈骗犯罪的通告(2016年9月23日)
343 最高人民法院　最高人民检察院　公安部　司法部印发《关于办理"套路贷"刑事案件若干问题的意见》的通知(2019年2月28日　法发〔2019〕11号)
346 《关于办理"套路贷"刑事案件若干问题的意见》的理解与适用

五、敲诈勒索罪

352 最高人民法院　最高人民检察院　公安部　司法部关于办理黑恶势力犯罪案件若干问题的指导意见(节录)(2018年1月16日　法发〔2018〕1号)
358 最高人民法院　最高人民检察院　公安部　司法部关于办理恶势力刑事案件若干问题的意见(2019年2月28日　法发〔2019〕10号)
361 《关于办理恶势力刑事案件若干问题的意见》的理解与适用
368 最高人民法院　最高人民检察院　公安部　司法部关于办理实施"软暴力"的刑事案件若干问题的意见(2019年4月9日)
370 最高人民法院　最高人民检察院　公安部　司法部关于办理利用信息网络实施黑恶势力犯罪刑事案件若干问题的意见(2019年7月23日)

刑事政策

373 在全国法院依法惩处妨害疫情防控犯罪工作会议上的讲话(节录)

经验交流

378 抢劫杀人案件定性研讨会综述
380 江苏省高级人民法院关于妨害新型冠状病毒肺炎疫情防控相关刑事案件的审理指南(节录)
388 浙江省高级人民法院　浙江省人民检察院　浙江省公安厅关于涉新型冠状病毒感染肺炎疫情刑事案件办理工作的若干规定
390 安徽省高级人民法院　安徽省人民检察院　安徽省公安厅关于依法严厉打击新冠肺炎疫情防控期间刑事犯罪的通告

实务探讨

392 妨害传染病防治行为的类型及罪名适用
397 审理抢劫案件几个疑难问题探讨
——对《关于审理抢劫刑事案件适用法律若干问题的指导意见》的再次解读
403 少年抢劫、抢夺、寻衅滋事等罪名之辨析
409 意大利刑法对于窃取虚拟财产行为的评价
416 如何认定诈骗罪的非法占有目的

疑案争鸣

424 郭某等抢劫案
——如何理解刑法第十二条“处刑较轻”的规定以及新旧法关于抢劫罪的法定刑孰轻孰重
427 张彦双、王常仲抢劫案
——行为人不服派出所调解,强行拿回赔偿给他人的现金,如何定性
429 被告人阮传贵强奸、抢劫案
——强奸犯罪未遂与中止的具体认定,对抢劫犯罪中“使用暴力、胁迫手段”的理解与认定
431 关于《刑事审判参考》第 101 集“疑案争鸣”的一点看法
——“张彦双、王常仲抢劫案”短评

理论前沿

433 关于顾雏军案中挪用资金罪的看法
434 顾雏军等虚报注册资本,违规披露、不披露重要信息,挪用资金再审案
——中华人民共和国最高人民法院刑事判决书

指导案例

一、抢劫罪

[第947号]孙家洪、濮剑鸣等绑架、抢劫、故意杀人案

——在绑架案件中,能否仅依据行为人对被害人实施了人身控制行为就认定其具有"以勒索财物为目的"以及绑架罪中的"情节较轻"是否包括未遂情节

【关键词】 抢劫罪 绑架罪 以勒索财物为目的 犯罪未遂 量刑

一、基本案情

被告人孙家洪(又名孙家红),男,1979年9月4日出生,农民。曾因犯抢劫罪于2000年12月被浙江省瑞安市人民法院判处有期徒刑三年,2002年12月24日释放;2010年10月28日因涉嫌犯故意杀人罪被逮捕。

被告人濮剑鸣,男,1978年5月4日出生,原系上海浦东新区创盈房产有限公司员工。2010年10月28日因涉嫌犯故意杀人罪被逮捕。

被告人夏福军,男,1979年5月14日出生,无业。2010年10月28日因涉嫌犯故意杀人罪被逮捕。

被告人吴桂林,男,1974年10月1日出生,农民。2010年10月28日因涉嫌犯故意杀人罪被逮捕。

上海市人民检察院第一分院以被告人孙家洪、濮剑鸣、夏福军、吴桂林犯绑架罪,向上海市第一中级人民法院提起公诉。

被告人孙家洪、濮剑鸣、夏福军、吴桂林及其辩护人对起诉书指控的事实及罪名均没有异议。

上海市第一中级人民法院经公开审理查明:

(一)绑架事实

被告人濮剑鸣、夏福军同在上海从事房屋中介工作。因经济拮据,濮剑鸣起意以熟人南非籍华人毕某之子为绑架目标,向毕某勒索钱财200万美元。濮纠集了老乡被告人孙家洪、吴桂林共同参与,并事先勘察毕某住处,准备了电击棍、塑料胶带等作案工具。2010年6月某天,濮剑鸣、夏福军、孙家洪、吴桂林等人携带作案工具,由濮驾车至毕家所住大楼地下车库接应,夏、孙望风,吴等人冒充物业人员以检查热水器之名进入毕某家欲绑架毕某之子,适逢毕家有成年男子在场而未能得逞。同年9月8日,濮剑鸣等人再次实施绑架行为,但又因在毕家走廊遭他人盘问而未得逞。

(二)抢劫、故意杀人事实

因两次绑架毕某之子未果,濮剑鸣、夏福军、孙家洪、吴桂林经预谋将作案目标改为驾驶高档轿车的人,意图将被害人带到浙江省平湖市乍浦镇一出租房,逼问出其随身携带的银行卡密码,

再让被害人告知家人其去了外地，要求家人汇钱至银行卡，后去银行ATM机取款，并将作案地点定为上海市浦东新区高档社区停车场。2010年9月15日下午，吴桂林与孙家洪、夏福军驾车至浦东新区金桥镇一停车场伺机作案。当晚10时许，适逢被害人燕某停车离开其驾驶的奥迪Q5越野车（价值人民币612 398元），孙、夏、吴即采用捂嘴、用塑料胶带封口、眼及捆绑四肢等方法将燕拖入奥迪车内，随即开车至浦星公路一偏僻处，与濮剑鸣会合。孙家洪、夏福军、吴桂林等人把燕某拖移至濮的轿车上，并搜走燕随身携带的现金人民币1 000余元及手机。吴桂林按照濮剑鸣指令将燕某奥迪车开往浦东机场方向丢弃。濮剑鸣驾车与孙家洪、夏福军劫持燕某开往浙江省平湖市乍浦镇，途中向燕某索要钱款和银行卡，因发现燕某随身无银行卡，怕事情暴露，经与吴桂林电话商量后一致决定杀害燕某。濮剑鸣驾车开往浙江省钱塘江大桥途中数次催促孙家洪、夏福军动手，孙遂用塑料胶带封堵燕的口鼻，并与夏合力用毛巾将燕勒死，最后将尸体装入编织袋抛入钱塘江中。

上海市第一中级人民法院认为，被告人孙家洪等人的作案动机是劫持有钱人后当场取其钱财并限制其人身自由，让其骗家人汇款至银行卡，后到银行ATM机上取款。犯罪对象为被害人的随身财物，四被告人并无向被害人家属发出威胁、索取赎金的意思表示。孙家洪等人在劫持燕某后仅从其身上劫取少量现金，却无银行卡，与期望目标相去甚远，因担心燕某报警，为灭口而故意杀害燕某。燕某所驾奥迪车系孙家洪等人在停车场劫持燕某后开至浦星公路转移至濮轿车的作案工具，其价值依法应当计入抢劫数额。综上，孙家洪、濮剑鸣、夏福军、吴桂林以暴力劫持燕某财物后杀害燕某的行为分别构成抢劫罪和故意杀人罪；孙家洪等人以勒索财物为目的，共同绑架毕某之子的行为构成绑架罪（未遂）。孙家洪、濮剑鸣、夏福军在故意杀人共同犯罪中起主要作用，系主犯；吴桂林起辅助作用，系从犯。孙家洪、濮剑鸣等人主观恶性极大，犯罪手段残忍，犯罪后果极其严重，依法应予严惩。据此，依照《中华人民共和国刑法》有关规定，上海市第一中级人民法院判决如下：

1. 被告人孙家洪犯绑架罪，判处有期徒刑七年，并处罚金人民币五千元；犯抢劫罪，判处有期徒刑十三年，剥夺政治权利三年，并处罚金人民币二万元；犯故意杀人罪，判处死刑，剥夺政治权利终身，决定执行死刑，剥夺政治权利终身，并处罚金人民币二万五千元。

2. 被告人濮剑鸣犯绑架罪，判处有期徒刑八年，并处罚金人民币六千元；犯抢劫罪，判处有期徒刑十五年，剥夺政治权利四年，并处罚金人民币二万元；犯故意杀人罪，判处死刑，剥夺政治权利终身，决定执行死刑，剥夺政治权利终身，并处罚金人民币二万六千元。

3. 被告人夏福军犯绑架罪，判处有期徒刑五年，并处罚金人民币三千元；犯抢劫罪，判处有期徒刑十三年，剥夺政治权利三年，并处罚金人民币二万元；犯故意杀人罪，判处死刑，缓期二年执行，剥夺政治权利终身，决定执行死刑，缓期二年执行，剥夺政治权利终身，并处罚金人民币二万三千元。

4. 被告人吴桂林犯绑架罪，判处有期徒刑五年，并处罚金人民币三千元；犯抢劫罪，判处有期徒刑十二年，剥夺政治权利三年，并处罚金人民币二万元；犯故意杀人罪，判处有期徒刑十五年，剥夺政治权利四年，决定执行有期徒刑二十年，剥夺政治权利五年，并处罚金人民币二万三千元。

5. 被告人孙家洪、濮剑鸣、夏福军、吴桂林赔偿附带民事诉讼原告人陈秀荣、燕芝梅、燕艳丽、燕华、燕守会、李希英经济损失共计人民币七十二万九千一百五十八元五角。

6. 作案工具予以没收。

一审判决后，被告人孙家洪、濮剑鸣、吴桂林不服，向上海市高级人民法院提起上诉。

上海市高级人民法院经公开审理，认定一审判决认定的事实清楚，证据确实充分，定罪准确，量刑适当，程序合法，遂裁定驳回上诉，维持原判，并将复核孙家洪、濮剑鸣死刑的裁定依法报请最高人民法院核准。

最高人民法院经复核核准上海市高级人民法院维持第一审以绑架、抢劫、故意杀人罪判处孙家洪、濮剑鸣死刑的刑事裁定。

二、主要问题

1. 在绑架案件中，能否仅依据行为人对被害人实施了人身控制行为就认定其具有“以勒索财物为目的”？

2. 绑架罪中的“情节较轻”是否包括未遂情节？

三、裁判理由

（一）在绑架案件中，不能仅依据行为人对被害人实施了人身控制行为就认定其“以勒索财物为目的”，还相应要求行为人向被害人之外的第三人提出了勒索财物的意思表示或者具有证明行为人该目的存在的其他证据

绑架罪在主观方面要求行为人具有利用第三人对人质安危的忧虑，勒索财物或者满足其他不法要求的目的，已在理论界和实务界达成共识。但该罪在客观方面除了要求行为人对被害人实施了人身控制行为外，是否还要求其向第三人提出了勒索财物的意思表示，目前仍然存有争议。对此，目前主要有“复合行为说”和“单一行为说”两种观点。

“复合行为说”认为，绑架罪的客观行为是由人身控制或者偷盗婴幼儿和勒索财物或者提出不法要求行为两方面组成。[①] 完整的绑架行为，是由控制被害人的人身自由和向第三人勒索财物两个行为复合构成，且两个行为之间通常呈现出时间上的递延和空间上的转换。[②] 行为人只实施了控制被害人的人身自由行为或者偷盗婴幼儿行为，没有向第三人实施勒索财物或者提出不法要求的行为，不能认定为绑架罪。同理，从犯罪停止形态分析，如果行为人实施了控制被害人的人身自由行为或者偷盗婴幼儿行为，但未来得及向第三人实施勒索财物或者提出不法要求的行为，则也不能认定为绑架犯罪既遂。因为如果绑架罪既遂以行为人实施绑架行为完毕为标准，将产生两个难以解决的问题：（1）犯罪中止问题。行为人在对被害人实施人身控制后突因害怕或者懊悔而自动放弃犯罪，没有向第三人勒索财物而将被害人放走，如根据行为人一经实施完毕人身控制行为就构成犯罪既遂的观点，则没有成立犯罪中止的余地，这显然不合情理，也不利于激励犯罪人争取从宽处理。（2）共同犯罪问题。如按照一经实施人身控制行为就成立犯罪既遂，勒索财物不是绑架罪客观要件行为的观点，行为人在其他犯罪人实施人身控制行为之后参与实施勒索财物的，因行为人事先没有与实施者通谋，故不能以绑架罪的共犯论处。然而，对于这类情形不按照绑架罪共犯处理，于法于理说服力都不强。[③]

“单一行为说”认为，刑法对绑架罪明确规定的客观行为只有“绑架他人”和“偷盗婴幼儿”两种，所以严格从法条的规定分析，绑架罪的客观要件行为是单一的，即只要行为人将控制被害人人身自由或者偷盗婴幼儿的行为实施完毕，就符合绑架罪的客观行为特征。同理，从犯罪停止形态分析，只要行为人将控制被害人人身自由或者偷盗婴幼儿的行为实施完毕，就构成绑架罪的既遂。至于行为人在控制被害人的人身自由或者偷盗婴幼儿后是否实施了勒索财物或者提出不法

---

① 参见赵秉志主编：《中国刑法案例与学理研究》（第4版），法律出版社2004年版，第133页。

② 参见《中国刑事审判指导案例》[第272号]“杨保营等抢劫、绑架案”，法律出版社2009年版，第477页。

③ 参见肖中华观点，原载《检察日报》2002年1月15日、22日，2月5日。

要求的行为，只是犯罪情节，而非客观方面构成要件的行为，不影响犯罪既遂的成立。① 主要理由是：(1)刑法将绑架罪规定在侵犯人身权利一类中，而不规定在侵犯财产罪或者其他类罪中，体现出重在保护公民人身自由的倾向，虽然突出强调勒索的目的性，但并非必须以实施勒索行为为构成要件。② (2)把犯罪目的理解为目的行为，混淆了主客观要件的关系，无根据地增加了客观要件的内容，缩小了绑架罪既遂的范围。(3)行为人在绑架行为完成以前，在准备过程中以及在着手实施绑架时完全可以中止犯罪，绑架行为完成即既遂不会发生中止，但对行为人可以适度从宽处罚。(4)绑架行为实施完毕即既遂并不否认中途参与实行勒索财物者成立共犯，因为既然存在中途参与勒索财物的行为就证明行为人对于他人先前的绑架行为是明知的，勒索财物不过是犯罪的延续行为，中途参与者实际上是"承继的共犯"，对先前的绑架行为也要负责。③

我们不赞同"单一行为说"，但与"复合行为说"又有所不同，主张在绑架案件中，不能仅依据行为人对被害人实施了人身控制行为就认定其"以勒索财物为目的"，还相应要求行为人向第三人提出了勒索财物的意思表示或者具有证明行为人该目的存在的其他证据。理由是：(1)绑架罪侵犯的是复杂客体，既侵犯了他人的人身权利，同时也侵犯了他人的财产权利，虽然刑法将绑架罪规定在侵犯人身权利罪一类中，但绑架罪的本质特征是利用第三人对人质安全的担忧来实现勒索财物或者达到其他非法目的，因而，不仅侵害了被害人的人身自由，而且侵犯了第三人的自决权。④ 第三人必须在满足犯罪人非法要求与解救人质之间作出艰难选择。(2)刑法分则对绑架罪罪状的规定，不是对具体犯罪的定义，而是对犯罪类型的描述。刑法第二百三十九条采用了一些抽象性、概括性比较强的表述，⑤将这种表述模式下的绑架行为解释为人身控制行为和勒索财物行为的有机结合，能够被一般人接受，没有超出国民的预测可能性。⑥ "单一行为说"拘泥于条文中"绑架他人"的规定，割裂了人身控制行为与勒索财物行为相互依存的内在联系，故不可取。⑦ (3)根据主客观相统一原则，主观必定见之于客观。"以勒索财物为目的"的主观直接故意

---

① 参见赵秉志：《刑法分则专论》，法律出版社2004年版，第343页。

② 参见王作富主编：《刑法分则实务研究》（第4版），中国方正出版社2010年版，第879页。

③ 参见赵秉志、肖中华、左坚卫：《刑法问题对谈录》，北京大学出版社2007年版，第339页。

④ 司法实践中，行为人绑架他人后，没有使第三人为人质安危担忧勒索财物的意思，只是向被绑架人勒索财物，被绑架人被迫答应给予财物并指令第三人交付财物，但未告知被绑架的事实或处境，第三人遵照指令交付财物。这种情形，因第三人不知发生绑架的事实，不存在为人质安危担忧的问题，第三人的自决权未受到可能的或实际的侵犯，行为人应构成抢劫罪。

⑤ 绑架行为因其严重危害社会稳定和阶级统治，自汉代以来的历代统治者都将其归为严重刑事犯罪类，且科以较重刑罚。《晋书·刑法志》记载"有劫略、恐渴、和卖买人，科有持质，皆非盗事，故分以为"。"持质"就是"持质者执持人为质，以求财也"。《唐律》中规定有"略人"，疏文解释：不和为略，设方略而取之，即使用方法以强力支配其人身。略人，略卖人为奴婢者，绞；为部曲的，流三千里；为妻妾子孙者，徒三年。和诱儿童(10岁以下)以略人罪论。《宋刑统》基本上继承了《唐律》的法律内容。明清的司法实践中，一般以"恐吓取财罪"或者"强盗罪"对"持质"者进行惩治。1935年，国民党政府颁布并实施的刑法第三百四十七条第一款中规定："意图勒赎而掳人者，处死刑、无期徒刑或七年以上有期徒刑。因而致人于死或重伤者，处死刑或无期徒刑。"第三百四十八条规定："犯前条第一项之罪而故意杀害被害人者，处死刑。犯前条第一项之罪而强奸被害人者，处死刑或者无期徒刑。"该法律经过修改仍存在我国台湾地区司法实践中。新民主主义革命时期的革命根据地政府制定的《惩治盗匪条例》规定如下："以掳人勒赎者，皆以盗匪论"。

⑥ 参见张明楷：《刑法分则的解释原理》，中国人民大学出版社2004年版，第19页。

⑦ 《刑事审判参考》总第63集第496号俞志刚绑架案，作者认为绑架犯罪既遂标准为"单一行为说"，主张只要行为人以勒索财物或其他非法目的，实施了绑架并控制他人的行为，即属犯罪既遂。但仔细审阅该案例，被告人俞志刚实际上实施了向被害人父亲电话勒索5万元人民币的行为，即实践中还是要有勒索财物的行为或证明勒索财物目的的证据。

必须要有勒索财物之行为或者具有相关证据(非行为)予以证明。如行为人已向被绑架人亲属或者其他人索要过财物,因其向他人索取钱财的客观行为已充分证明勒索财物的主观目的,即构成绑架罪既遂;如行为人仅实施了对被害人的人身控制行为,但有充分证据(被告人供述、被害人陈述、证人证言、物证、书证等)能够证明其主观上是以勒索财物为目的的,亦可以构成绑架罪。但如果行为人仅实施了对被害人的人身控制行为,行为人否认具有勒索目的,现有证据亦不能证明其有勒索目的的,则不能认定构成绑架罪。

本案中,公诉机关认为被告人孙家洪、濮剑鸣、夏福军、吴桂林以勒索财物为目的绑架他人并杀害被绑架人燕某,其行为均构成绑架罪。一审法院认为,孙家洪、濮剑鸣等人意图绑架毕某之子向毕某勒索未果,但劫持燕某并将其杀害之行为是否构成绑架罪,应当从被告人主观上是否以勒索财物为目的,客观上是否向第三人勒索财物行为等具体分析:(1)孙家洪、濮剑鸣等人主观上没有利用第三人对燕某人身安危的担忧而勒索财物的故意。孙、濮等人之前绑架毕某之子未遂并不能推断出其劫持燕某的目的即为勒索财物。孙、濮等人供述将作案目标选择为驾驶高档轿车的人,劫持被害人后逼问出其随身携带的银行卡密码,让被害人告知家人汇钱至银行卡,后去银行 ATM 机取款。四被告人供述稳定一致,相互印证,足以证明谋财对象为驾驶高档轿车的不特定被害人,且让被害人本人通知其家人汇款,并未侵犯第三人的自决权。(2)孙家洪、濮剑鸣等人客观上没有实施向第三人勒索财物的行为。① 孙、濮等人劫持燕某后仅从其身上搜取现金人民币 1 000 余元和手机,与其期望劫得的财物相距甚远,仅因担心被害人报警,遂起杀人灭口的犯意。燕某曾陈述其家中银行卡上有 20 万元,孙、濮等人认为钱太少且有风险,不愿通过燕某的家属或者朋友间接取财。可见,孙、濮等人未实施以杀害、伤害燕某等方式向其亲友勒索财物的意思表示和行为。孙、濮等人劫取燕某钱财后为灭口杀害燕某的行为,符合抢劫后故意杀人的行为特征。② 因此,孙家洪、濮剑鸣等人劫持燕某并将其杀害行为不构成绑架罪,而构成抢劫罪、故意杀人罪,两罪应当并罚。

(二)刑法总则规定的犯罪未遂等量刑情节不应适用绑架罪中"情节较轻"情形

1997 年刑法第二百三十九条仅规定了十年以上有期徒刑或者无期徒刑和死刑两个量刑幅度。鉴于实践中绑架的情形比较复杂,一律对绑架行为处以十年以上有期徒刑,刑罚明显畸重,故不少观点建议在绑架罪中增设情节较轻的规定。2009 年通过的《中华人民共和国刑法修正案(七)》(以下简称《刑法修正案(七)》)采纳了这一意见,在第六条对绑架罪的法定刑增设了如下规定:"情节较轻的,处五年以上十年以下有期徒刑,并处罚金。"③由于对"情节较轻"的认定缺少明确的标准,故实践中存在一定争议。

在《刑法修正案(七)》施行之前,对确实需要在十年有期徒刑以下从轻处罚的绑架犯罪案件,一般是通过法定刑以下量刑报核程序层报最高人民法院核准。如被告人程乃伟绑架案、俞志

---

① 绑架罪与抢劫罪的一大区别在于犯罪对象的相异性和同一性。

② 2001 年 5 月,最高人民法院《关于抢劫过程中故意杀人案件如何定罪问题的批复》认为,行为人实施抢劫后,为灭口而故意杀人的,以抢劫罪和故意杀人罪定罪,实行数罪并罚。

③ 立法者认为,近年来,绑架犯罪活动发生了很大变化,无论是犯罪形式还是犯罪危害程度都呈现多种形态。过去,绑架行为人一般都是些亡命之徒,现在有些案件是好逸恶劳之徒实施的恶性不大、勒索小额财务的行为。相对于变化了的客观环境,绑架罪过高的法定刑起点显得罪责不相适应。同时,绑架罪法定刑的层次性不足,对实践中多种常见的并有明显差异的情况没有体现出区别对待,刑罚档次设置难以适应犯罪复杂的情况。对绑架他人后没有对人质进行人身伤害,又主动释放的规定了较轻刑罚,体现了宽严相济的刑事政策。参见黄太云:《中华人民共和国刑法修正案(七)的理解与适用》,载《刑事审判参考》总第 68 集,第 95 页。

刚绑架案两则刊载在《刑事审判参考》的案例,[①]均发生在《刑法修正案(七)》施行之前。按照当时绑架罪的规定应当判处十年以上有期徒刑,但最后都层报最高人民法院在法定刑以下进行判罚。

上述案例具有如下特征:(1)行为人控制被绑架人的时间较短,没有实施殴打伤害行为,放弃勒索赎金并将被绑架人安全送回,没有造成严重后果;(2)发生在亲属之间的绑架,主观恶性较小,没有造成严重后果。上述案例的处理原则对于"情节较轻"的认定具有一定的参考意义。

"情节较轻"的衡量标准应当是司法者运用一定的价值标准对确定的事实基础进行综合判断所得出的结论。由于"情节较轻"具有高度的概括性、抽象性,只有在对影响绑架罪社会危害性程度的各种主客观事实进行综合评价的基础上,才能得出某一个案是否属于"情节较轻"的结论。[②]我们认为,影响绑架罪社会危害性轻重的事实要素大致有以下几个方面:(1)犯罪手段。绑架罪采用暴力、胁迫、诱骗等方法控制被绑架人人身自由,拘禁时间有长短之分,暴力、胁迫、诱骗等手段各不相同亦直接影响到该罪的社会危害程度;(2)犯罪后果。从人身损害方面看,是否造成了被绑架人重伤、轻伤、轻微伤或严重的精神伤害;从财产损害方面看,赎金数额有数额巨大、数额较大或未获取分文的区别,犯罪后果直接反映了行为的社会危害程度;(3)犯罪动机。行为人的动机或出于满足个人私利,或迫于生活压力,或因合法权益不能保障,或出于特定政治目的等,动机不同体现出行为主观恶性程度的差异;(4)犯罪情节。行为人是否放弃勒索赎金、是否主动释放人质;行为人与被害人是否系亲属或熟人关系;行为人是否选择以老人、妇女、儿童或者社会知名人士作为绑架对象等,上述情节对绑架罪的社会危害程度具有直接影响。在正确认定了影响绑架罪社会危害性轻重的事实要素后,还有必要探寻"情节较轻"与侵害法益的实质联系,对"情节较轻"作出价值判断。绑架罪侵害的法益在司法实践中通常表现为:人身法益(人身自由与安全)、财产法益(他人财产所有权)、社会法益(社会秩序与公共安全)。人身法益是刑法保护的重点,绑架罪必然侵犯人身自由,但在人身安全方面却客观存在着侵害程度的差异,被绑架人的人身安全未受实质侵犯,人身自由限制程度较轻等因素,是认定"情节较轻"的首要判断。财产法益、社会法益虽然对判断绑架罪罪质轻重而言不具有决定性意义,但仍会对绑架罪的社会危害性程度产生重要影响。如绑架行为虽然未给被绑架人的人身安全造成严重威胁,但勒索财物数额巨大,手段卑劣,社会影响恶劣,也不能认定为"情节较轻"。

刑法总则规定的犯罪预备、未遂、中止等从轻减轻情节基于刑事立法模式以及禁止重复评价的原则,不应适用绑架罪"情节较轻"条款。我国刑法分则罪状的立法模式以单独犯的完成形态为基准,任何罪质轻重的评价都是建立在对犯罪完成形态的考察基础上,犯罪的未完成形态对罪质的轻重不能产生实质影响。犯罪预备、未遂、中止等未完成形态是刑法总则规定的法定量刑情节,对犯罪的社会危害性程度会产生很大影响,但并不能成为影响罪质轻重的因素,如果将其作为"情节较轻"的判断基础,然后再作为量刑情节适用,显然属于对同一情节的重复评价,违反了禁止重复评价的原则。[③] 本案中,被告人濮剑鸣、夏福军等人以毕某之子为绑架目标意图向毕某勒索200万美元,事先勘查住处并准备电击棍等作案工具,在实施作案过程中已进入毕某家中,但由于意志以外的原因而未得逞,系绑架未遂,不应适用"情节较轻"条款。

另外,如果某一事实因素不能反映绑架罪社会危害性程度,自然不能成为"情节较轻"的判断

① 参见《刑事审判参考》总第63集,第496号;《中国刑事审判指导案例》第182号,法律出版社2009年版。
② 参见杨志国:《认定绑架罪"情节较轻"的几个理论问题》,载《中国刑事法杂志》2009年第11期。
③ 参见朱艳萍、应金鑫:《对绑架罪"情节较轻"的理解》,载《法律适用》2010年第11期。

基础。如一些纯粹反映行为人人身危险性程度的事实因素就不能成为判断是否属于“情节较轻”的基础,主要包括行为人的一贯表现,是否属于初犯、偶犯以及前科情况,犯罪后的认罪、悔罪态度,是否具有自首、立功情节等。上述事实因素虽然最后会影响到行为人的刑罚裁量,但它们都不能反映和体现绑架罪社会危害性程度,对绑架罪罪质轻重没有影响,因此不能成为“情节较轻”的判断基础。

(撰稿:上海市第一中级人民法院　张华松
审编:最高人民法院刑二庭　王晓东)

[第949号]刘星抢劫案

——在犯罪预备阶段单独停止犯罪,未积极阻止同案犯继续实施犯罪,也未有效防止共同犯罪结果发生的,能否成立犯罪中止

【关键词】　抢劫罪　共同犯罪　共谋共同正犯　犯罪中止　量刑

一、基本案情

被告人刘星,男,1991年5月19日出生,无业。2010年2月11日因犯盗窃罪被判处拘役三个月,同年3月21日刑满释放;2012年1月11日因涉嫌犯抢劫罪被逮捕。

内蒙古自治区巴彦淖尔市人民检察院以被告人刘星犯抢劫罪,向巴彦淖尔市人民法院提起公诉。

被告人刘星对起诉书指控其犯抢劫的事实及罪名无异议,但辩称其只是准备抢劫,未确定抢劫汽车。

巴彦淖尔市中级人民法院经审理查明:2011年9月24日中午,薛占全(已另行处理)从内蒙古自治区包头市回到巴彦淖尔市乌拉特前旗乌拉山镇,与被告人刘星会合后,薛占全提出以杀人埋尸的手段抢劫的犯意,刘星表示同意。二人遂驾驶刘星的摩托车先后两次到乌拉山附近寻找埋尸的地点未果,遂将买来作案用的铁锹藏匿于乌拉山镇卧羊台公园一草丛内,之后返回乌拉山镇又各自购买尖刀一把随身携带。第二日,薛占全又打电话给刘星提出共同实施抢劫的犯意,遭到刘星的拒绝。第三日19时许,薛占全来到乌拉特前旗白彦花镇街上,租用李怀斌的蒙B-DD658号比亚迪牌轿车(价值约合人民币49 503元,以下币种同)前往乌拉特前旗先锋镇张楞社,欲途中实施抢劫但未果。当日20时许,薛占全在白彦花镇街上,租用被害人刘兰庭的蒙B-S5692号夏利牌轿车(价值30 544元)前往张楞社。当车行驶至先锋镇分水村三其社附近时,薛占全找借口要求停车,并和刘兰庭一同下车。在刘兰庭准备上车时,薛占全持随身携带的刀捅刺刘兰庭左肩颈结合处、左肩、左背部、腰部10刀,致刘兰庭左锁骨下动脉破裂引发大出血死亡。后薛占全驾驶该车将刘兰庭尸体抛至先锋镇分水村根子厂社附近草地内,从刘兰庭处劫得现金100元、诺基亚手机1部。

巴彦淖尔市中级人民法院认为,被告人刘星与薛占全预谋以杀人埋尸的手段抢劫财物,共同寻找埋尸地点并购买了作案工具,二人的行为构成抢劫罪,且系共同犯罪。薛占全在共同犯罪中起主要作用,系主犯,刘星在共同犯罪中起辅助作用,系从犯。刘星与薛占全共同预谋抢劫杀人、共同准备犯罪工具、制造犯罪条件,其虽然在预备阶段停止实施犯罪行为,但其未有效制止薛占

全的继续犯罪行为，未能避免危害结果的发生，其应当对全案抢劫杀人既遂后果承担法律责任。据此，依照《中华人民共和国刑法》第二百六十三条第（四）项、第（五）项，第二十五条，第二十六条，第二十七条，第五十七条第一款，第六十四条之规定，巴彦淖尔市中级人民法院以被告人刘星犯抢劫罪，判处有期徒刑五年，并处罚金人民币一万元。

宣判后，被告人刘星没有提起上诉，检察机关亦未抗诉，该判决已发生法律效力。

二、主要问题

在犯罪预备阶段单独停止犯罪，未积极阻止同案犯继续实施犯罪，也未有效防止共同犯罪结果发生的，能否成立犯罪中止？

三、裁判理由

在本案审理过程中，关于被告人刘星在预备阶段放弃犯罪，但没有阻止他人继续实施犯罪行为，未能避免犯罪结果发生，是否构成犯罪中止，存在两种不同意见：

一种意见认为，刘星伙同薛占全预谋抢劫杀人，但刘星仅在预备阶段准备工具、制造条件，并未继续参与共同犯罪，且其已明确表示放弃共同犯罪的意思。同时，在薛占全实施抢劫时放弃犯罪，自行切断与共犯之间的联系，刘星与薛占全之后的抢劫实行行为并无关联，与犯罪结果间也不存在因果关系，其行为构成犯罪中止。

另一种意见认为，刘星伙同薛占全预谋抢劫杀人，并在预备阶段准备工具、制造条件，构成共同犯罪。刘星虽然中途放弃犯罪，未参与抢劫犯罪的实行过程，但其未制止薛占全继续实施犯罪行为，亦未能有效避免危害结果的发生，与薛占全抢劫行为所致的危害结果未脱离因果关系，不能成立犯罪中止。

我们同意后一种意见，具体理由如下：

（一）在犯罪预备阶段为共同犯罪准备工具、制造条件，即使未参与实行的，也应当承担共同犯罪刑事责任

根据刑法第二十五条第一款规定："共同犯罪是指二人以上共同故意犯罪。"共同犯罪行为可以是作为也可以是不作为，在共同犯罪中也可能存在分工，并非人人直接实施实行行为。有的犯罪可能历经犯意提起、犯罪条件的准备、实行行为的着手和完成。在分工复杂的共同犯罪中，各共同犯罪人实施犯罪行为的过程并非都是自始至终，可以在不同犯罪阶段介入，也可以仅介入部分犯罪的实行过程。但不管何时介入，只要与其他共同犯罪人的行为结合成一个统一体，就应当承担共同犯罪的刑事责任。但考虑到各共同犯罪人在共同犯罪中的分工不同和参与实施犯罪的程度不同，其各自在共同犯罪中所起的作用也不同，从而其所承担的刑事责任也应当予以区分。共同犯罪人未参与实行行为，但对实行结果承担刑事责任的情形通常有两类：一类是参与了预谋但未参与预备、实行行为；另一类是参与了预谋、预备但未参与实行行为。前者即是理论界提出的"共谋共同正犯"，即二人以上共谋实行犯罪行为，而由谋议者中一人或者部分人直接实行犯罪，参与共谋的他人，即便未参与实行，也作为共同犯罪人负刑事责任。实践中这样的情况时有发生，犯罪预备阶段的共同谋议行为已不仅是停留于主观内心的犯罪意图，亦不仅是个体的意思表示，是相互间的意思联络；参与共谋者即便未参与实行，但通过参与如何实施共同犯罪的商量，为实行者提供有利条件，进而对共同犯罪行为施加影响，当以共同犯罪者论，应当根据其在共同犯罪中所起的作用处罚。对共谋共同正犯追究刑事责任，是理论界的通说，也是司法实务部门的共识。举轻以明重，共谋共同正犯尚需承担共同犯罪责任，在犯罪预备阶段为共同犯罪准备工具、创造条件的行为更应承担共同犯罪责任。

本案中，刘星、薛占全预谋抢劫杀人，二被告人为此一同寻找埋尸的地点并购买了作案工具

刀子,后薛占全单独完成杀人抢劫,二被告人的行为构成共同犯罪。刘星虽未直接实施抢劫行为,但在对共同抢劫行为存在主观罪过的心理支配下,与实行犯薛占全一同寻找埋尸地点、准备犯罪工具。可见,刘星、薛占全基于共同的合意,进行犯罪准备。刘星在预备阶段所做的努力,为薛占全的实行行为创造了条件,也通过薛占全的实行行为与危害结果建立因果关系。刘星、薛占全的行为不是相互独立的,主观上相互知晓,客观上相互支撑,作为一个有机统一的整体存在。因此,刘某与薛占全属于共同犯罪,刘星系共同犯罪中的帮助犯。根据部分行为全部责任的原则,刘星即便未参与犯罪全过程,也应当对共同犯罪行为所致的全部结果承担责任。

(二)共同犯罪人单纯放弃个人继续犯罪,未阻止他人实行行为或者有效防止危害结果发生的,不能成立犯罪中止

共同犯罪从形式上可区分为简单共同犯罪和复杂共同犯罪,二者评判犯罪中止的成立存在不同。简单共同犯罪中,二人以上共同故意实行犯罪,若部分共同实行犯在犯罪过程中自动放弃犯罪,又成功阻止其他共同实行犯放弃犯罪,犯罪过程不再延续的,各共同实行犯均成立犯罪中止;该放弃犯罪者虽未能说服他人的,但通过自身努力有效避免危害结果发生的,其依然构成犯罪中止,而相对其他未放弃者而言,危害结果的未发生是意志以外因素所致,则构成犯罪未遂;该放弃犯罪者若未能有效劝服其他实行犯,或者未能采取合理、有效措施,避免危害结果发生,致使犯罪既遂的,各实行犯均应对危害结果承担刑事责任。复杂共同犯罪中,虽然内部存在分工,各共犯对犯罪过程参与程度不同,但对是否成立犯罪中止的判断,基本原则等同于简单共同犯罪,主要把握放弃犯罪者终止自身行为、对其他共犯是否成功施加影响或有效避免危害结果的发生等几方面内容。对其他非主动放弃犯罪的共犯的犯罪形态把握,就要看危害结果未发生的状态与其主观心态是否背离,是否因其主动放弃犯罪心态下付出的努力,或者成立犯罪中止,或者成立犯罪未遂。若未能有效避免犯罪结果发生的,均构成犯罪既遂。本案中,刘星系复杂共同犯罪中的帮助犯,其虽然放弃继续实施犯罪,但未有效阻止实行犯薛占全放弃继续实施犯罪,也未有效防止犯罪结果的发生,薛占全继续实行并完成抢劫行为,故刘星的行为不构成犯罪中止,应当认定为抢劫既遂。

虽然根据犯罪中止理论的通说,共同犯罪人单纯放弃继续犯罪,未能阻止他人实行行为或有效防止危害结果发生的行为,不成立犯罪中止,其仍具备承担犯罪既遂责任的主客观条件,但毕竟其主观上存在放弃继续犯罪的愿望,客观上未再继续扩大其在共同犯罪中的影响,也未再对危害结果的产生施加作用力,相较未放弃的共同犯罪人而言,其行为的社会危害性较小,个体的主观恶性、人身危险性也较低,所应背负的刑事责任理应有所区别。根据刑法第六十一条规定:"对于犯罪分子决定刑罚的时候,应当根据犯罪的事实、犯罪的性质、情节和对于社会的危害程度,依照本法有关规定判处。"共同犯罪人所应承担刑事责任的大小,除需考虑整体犯罪的性质、手段、后果等相关情节外,更应注重考虑共犯参与程度、地位、作用以及对其他共犯产生的影响,而对于意欲放弃犯罪却不足成立中止犯的共同犯罪人来说,自动放弃行为或防止犯罪结果发生的努力也是一个方面的考虑因素。尤其是共同犯罪人若仅参与犯罪预备,未及实行阶段便萌生放弃之意,客观上更未进一步参与,其行为在共同犯罪中所起的作用相对较小,与共同犯罪后果间的因果联系也相对疏离,只是因共同犯罪整体性及共同犯罪人相互牵连的特性使其应背负相较个人犯罪更高的注意义务,由其仍需承担共同犯罪既遂责任已是体现,但若不在具体刑事责任负担上区分考虑则是对共同犯罪人过于苛责,也有悖于罪责刑相适应的原则,另一方面也不利于鼓励共同犯罪人放弃犯罪。由此可见,共同犯罪人即便放弃犯罪的行为不足以成立犯罪中止的,也应根据其在共同犯罪中的实际作用、危害大小并适当考虑其放弃犯罪的意愿及所做努力施以相应刑

罚。本案中,刘星仅参与犯罪预备阶段的准备工作,没有参与同案被告人后期实施的犯罪行为,对后期危害结果的发生也持消极态度,客观上其未进一步扩大其个体行为所致恶害,参与共同犯罪程度较浅,在共同犯罪中所起作用相对较小,系从犯。故法院对刘星依法予以减轻处罚,体现了罪责刑相适应的原则。

(撰稿:最高人民法院刑一庭　钟彦君
内蒙古自治区巴彦淖尔市中级人民法院　贾东升
审编:最高人民法院刑一庭　汪鸿滨)

[第1002号]李某甲等寻衅滋事案
——未成年人多次强取其他未成年人少量财物的案件如何处理

【关键词】 寻衅滋事罪　抢劫罪　主客观相统一　想象竞合犯　未成年人

一、基本案情

被告人李某甲,男,1995年3月18日出生,农民。2011年11月2日因涉嫌犯抢劫罪被逮捕。

被告人李某乙,男,1994年5月28日出生,农民。2011年11月2日因涉嫌犯抢劫罪被逮捕。

被告人王某某,男,1994年12月14日出生,农民。2011年11月2日因涉嫌犯抢劫罪被逮捕。

甘肃省合水县人民检察院以被告人李某甲、李某乙、王某某犯寻衅滋事罪,向合水县人民法院提起公诉。

三被告人及其辩护人均对公诉机关指控的罪名无异议,但均以三被告人系未成年人为由提请法庭从轻处罚。

合水县人民法院经审理查明:

2011年9月14日13时许,被告人李某甲、李某乙、王某某三人经事先预谋,在合水县西华池镇育才路红绿灯处将准备上学的合水县乐蟠中学学生杨某某拉进附近一巷子内,以威胁、恐吓的方式逼迫杨某某掏出现金人民币(以下币种同)5元给李某甲,三被告人又从杨某某身上搜得现金43元后逃离现场。

2011年9月15日21时许,被告人李某甲、李某乙、王某某在合水县供暖公司公路边将放学回家的合水县乐蟠中学学生李某某拉至供暖公司门房东侧,以威胁、恐吓的方式抢得现金5元。

2011年9月18日21时许,被告人李某甲、李某乙、王某某三人在合水县西华池镇育才路红绿灯处将准备回家的合水县乐蟠中学学生陈某某拉进附近的一条巷子内,因在陈某某的身上未搜到钱,三人便对陈某某拳打脚踢后逃离现场。当晚,李某甲、李某乙、王某某又在合水县西华池镇育才路红绿灯处,将放学回家途经该处的合水县乐蟠中学学生安某某拦住,李某甲在安某某胸部击打一拳,安某某被迫掏出现金1元交给了李某乙。

2011年9月21日21时许,被告人李某甲、李某乙、王某某在合水县西华池镇育才路红绿灯处,王某某持匕首将放学回家途经该处的合水县乐蟠中学学生姜某某胁迫至旁边一巷子,以殴打、恐吓的方式逼迫姜某某将身上现金22.5元掏出交给了李某乙。

2011年9月25日10时许,被告人李某甲、李某乙、杜某某(被治安处罚)在合水县文化东路将途经该处的合水一中学生刘某某拉进美食城后门巷子，拳打脚踢后，逼迫刘某某将现金25元交给了李某乙。

2011年9月25日15时许，被告人李某甲、李某乙伙同李某丙、杜某某（均被治安处罚）、宋某某（另案处理）在合水县西华池镇文化东路美食城后门将途经该处的合水县职业中学学生朱某某、张某某胁迫至美食城后门巷子一铁门处。李某乙持匕首威胁朱某某和张某某将身上的钱交出，朱某某遂将现金57元交给了李某乙。张某某谎称其银行卡内有200元现金，李某丙、杜某某、宋某某三人陪同张某某去合水县信用社取钱。途中，张某某趁机跑到街道对面同学中，李某丙等人见状，便逃离现场。

综上，被告人李某甲、李某乙、王某某等人强拿硬要他人钱财7起，得赃款158.50元；其中李某甲、李某乙参与作案7起，得赃款158.50元；王某某参与作案5起，得赃款76.50元。

合水县人民法院认为，被告人李某甲、李某乙、王某某为寻求精神刺激，采用暴力、胁迫等方法，以大欺小，以强凌弱，多次强拿硬要学生钱财，破坏社会秩序，其行为均构成寻衅滋事罪。三被告人在共同犯罪中所起的作用相当且犯罪时均不满十八周岁，均可以从轻处罚。公诉机关起诉指控的犯罪事实清楚，证据确实、充分，罪名成立。三被告人及其辩护人所提的辩护意见成立，予以采纳。据此，依照《中华人民共和国刑法》第二百九十三条第一款第三项，第二十五条第一款，第十七条第一款、第三款以及《最高人民法院关于审理未成年人刑事案件具体应用法律若干问题的解释》第八条之规定，合水县人民法院判决如下：

1. 被告人李某甲犯寻衅滋事罪，判处有期徒刑一年；
2. 被告人李某乙犯寻衅滋事罪，判处有期徒刑一年；
3. 被告人王某某犯寻衅滋事罪，判处有期徒刑十个月。

宣判后，三被告人没有提起上诉，检察机关亦未抗诉，该判决已发生法律效力。

二、主要问题

未成年人多次强取其他未成年人少量财物的案件如何处理？

三、裁判理由

本案在审理过程中，对被告人李某甲、李某乙、王某某行为的定性存在两种意见：一种意见认为，三被告人采用殴打或者持匕首威逼被害人的方式强抢财物，所使用的暴力、胁迫手段已达到足以危及他人生命、健康的程度，应当认定为抢劫罪；另一种意见认为，三被告人均系未成年人，认定其使用暴力、胁迫程度的标准应当与成年人有所区别，本案未造成被害人轻微伤以上的后果，属于未成年人以轻微暴力强索少量财物的行为，应当认定为寻衅滋事罪。

我们赞成后一种意见，理由如下：

（一）强拿硬要型寻衅滋事罪与抢劫罪的一般区分

根据刑法第二百六十三条的规定，抢劫罪是指以暴力、胁迫或者其他方法当场劫取公私财物的行为；而根据刑法第二百九十三条第一款第三项的规定，强拿硬要公私财物，情节严重的，应当以寻衅滋事罪论处。对于抢劫罪和强拿硬要型寻衅滋事罪而言，因两罪在客观方面都表现为强行非法占有公私财物，司法实践中易出现争议，因此应予准确区分。

对于如何区分强拿硬要型寻衅滋事罪与抢劫罪，最高人民法院2005年下发的《关于审理抢劫、抢夺刑事案件适用法律若干问题的意见》（以下简称《两抢意见》）明确规定："寻衅滋事罪是严重扰乱社会秩序的犯罪，行为人实施寻衅滋事的行为时，客观上也可能表现为强拿硬要公私财物的特征。这种强拿硬要的行为与抢劫罪的区别在于：前者行为人主观上还具有逞强好胜和通过强拿硬要来填补其精神空虚等目的，后者行为人一般只具有非法占有他人财物的目的；前者行为人客观上一般不以严重侵犯他人人身权利的方法强拿硬要财物，而后者行为人则以暴力、胁迫等方式作为劫取他人财物的手段。”具体而言，区分强拿硬要型寻衅滋事罪与抢劫罪应当坚持主客观相统一的原则：

1. 从主观上分析行为人是否有寻衅动机。抢劫罪行为人一般单纯以非法占有公私财物为犯罪目的，即非法占有公私财物是行为人的终极目的；而寻衅滋事罪行为人主观上还具有逞强要横、发泄情绪、寻求精神刺激的目的，非法占有公私财物在行为人的主观故意中处于次要地位。可以说，行为人主观上是否具有寻衅动机是区分两罪的关键所在。当然，行为人主观上是否具有寻衅动机还要结合行为人作案时间、地点和侵害对象的选择等方面进行判断。例如，从作案时间、地点上看，抢劫罪行为人通常较寻衅滋事罪行为人更加谨慎，以便实施抢劫犯罪后能够迅速逃离现场；而寻衅滋事罪行为人，有的则故意选择在公共场所当众作案，作案后滞留现场显示自己的威风，或者选择在同一地点多次作案，寻求精神刺激；从选择侵害的对象上看，抢劫罪行为人以侵财为目的，因此在侵害对象的选择上更注重对方是否具有财物的现实可能性；而寻衅滋事罪行为人则更注重侵害对象是否有反抗能力；等等。

2. 从客观行为上分析行为人使用暴力、胁迫的程度。尽管我国刑法对抢劫罪的暴力程度未作出规定，但通常认为应当达到足以抑制被害人反抗的程度；而寻衅滋事罪中行为人实施的暴力手段程度较弱，一般不以使被害人不敢反抗或者不能反抗为必要。实践中，要尽量注意避免只要行为人实施了暴力行为，而不问暴力程度的强弱，一律以抢劫罪定罪。也就是说，寻衅滋事罪的强拿硬要行为也包含暴力、胁迫的内容，只是程度上较轻微，不足以使被害人不敢反抗或者不能反抗。判断被害人是否不敢反抗、不能反抗，可以根据案件发生的时间、场所、被害人的年龄、身体条件、伤害后果、行为人是否持凶器、所实施暴力、胁迫的强度等因素，以一般人为标准进行综合分析。

当然，因寻衅滋事罪的行为方式与抢劫罪的行为方式存在一定的重合和交叉，而行为人是否具有寻衅动机有时可能难以认定，因此尽管司法解释对两罪作了明确区分，但实践中仍然存在行为人所实施的犯罪行为同时触犯寻衅滋事罪和抢劫罪两罪的情况，这时可以按照想象竞合犯的处罚原则，从一重处断。对此，最高人民法院、最高人民检察院 2013 年联合下发的《关于办理寻衅滋事刑事案件适用法律若干问题的解释》（以下简称《寻衅滋事案件解释》）第七条也明确规定：“实施寻衅滋事行为，同时符合寻衅滋事罪和故意杀人罪、故意伤害罪、故意毁坏财物罪、敲诈勒索罪、抢夺罪、抢劫罪等罪的构成要件的，依照处罚较重的犯罪定罪处罚。”

（二）未成年人强拿硬要其他未成年人少量财物行为的处理

司法实践中，未成年人强拿硬要其他未成年人少量财物的案件时有发生。对于此类行为性质的认定，《两抢意见》规定：“对于未成年人使用或威胁使用轻微暴力强抢少量财物的行为，一般不宜以抢劫罪定罪处罚。其行为符合寻衅滋事罪特征的，可以寻衅滋事罪定罪处罚。”实际上，该司法解释对未成年人实施强抢财物行为性质的认定，也坚持了强拿硬要型寻衅滋事罪和抢劫罪的一般区分标准，其中“使用或威胁使用轻微暴力”系两罪客观行为方面的区分标准，即行为人并未使用严重侵害他人人身安全的暴力、胁迫方式，从而区别于抢劫罪的客观行为；“强抢少量财物”系从强抢的财物数额上推断行为人主观上并非主要出于非法占有公私财物的目的，从而区别于抢劫罪的主观要件。

为进一步明确未成年人使用或者威胁使用轻微暴力强取少量财物行为的定罪标准，最高人民法院 2006 年出台的《关于审理未成年人刑事案件具体应用法律若干问题的解释》（以下简称《未成年人解释》）第七条规定：“已满十四周岁不满十六周岁的人使用轻微暴力或者威胁，强行索要其他未成年人随身携带的生活、学习用品或者钱财数量不大，且未造成被害人轻微伤以上或者不敢正常到校学习、生活等危害后果的，不认为是犯罪。已满十六周岁不满十八周岁的人具有前款规定情形的，一般也不认为是犯罪。”该条分别从实施暴力的程度和危害后果两方面，对何种情形下未成年人的抢劫行为属于刑法第十三条规定的“情节显著轻微危害不大”作出了解释。

由上述司法解释的规定可以看出，本着对未成年人“教育、感化、挽救”的方针和“教育为主、惩罚为辅”的原则，对未成年人实施的以轻微暴力强索他人少量财物的行为，如果没有造成被害人轻微伤以上后果或者严重扰乱公共场所秩序、社会秩序等其他后果的，一般不以犯罪论处；社会危害大，确有必要追究刑事责任的，也要控制抢劫罪的适用，符合寻衅滋事罪的构成特征的，尽量选择适用寻衅滋事罪。在适用上述司法解释具体认定时，有两个问题需要注意：

一是关于“轻微暴力”和“少量财物”的认定。对是否属于“轻微暴力”，可以从实施暴力的方式、强度，以及是否造成被害人身体伤害后果来分析判断，并应注意与成年人相区分。例如，同样是持刀强抢财物情节，成年人和未成年人由此所表现出的主观恶性与对被害人的威胁程度有所不同。成年人实施的持刀强抢行为，即使只是持刀威胁，未实际动刀伤害被害人，一般也应认定超出了“轻微暴力”的范畴，严重侵害了他人的人身安全；而对于未成年人实施的持刀强抢行为，则还要结合是否实际动刀伤人，是否造成被害人轻微伤以上或其他危害后果，综合认定是否属于“轻微暴力”。对于是否属“少量财物”，可以参考盗窃罪数额较大的标准，以 1 000 元以下的财物为标准。当然，不是说使用轻微暴力强抢了数额超过 1 000 元的财物即定抢劫罪，根据《寻衅滋事案件解释》的规定，强拿硬要公私财物价值 1 000 元以上的，也是寻衅滋事罪的入罪标准之一，因此符合寻衅滋事罪特征的，也可能认定为寻衅滋事罪。

二是对寻衅滋事罪入罪标准的把握。强拿硬要他人财物构成寻衅滋事罪，需要具备“情节严重”，《寻衅滋事案件解释》对该类犯罪“情节严重”的标准作了明确：(1)强拿硬要公私财物价值 1 000元以上的；(2)多次强拿硬要公私财物，造成恶劣社会影响的；(3)强拿硬要精神病人、残疾人、流浪乞讨人员、老年人、孕妇、未成年人的财物，造成恶劣社会影响的；(4)引起他人精神失常、自杀等严重后果的；(5)严重影响他人的工作、生活、生产、经营的；(6)其他情节严重的情形。可见，该解释没有区分成年人与未成年人实施强拿硬要财物的定罪标准。我们认为，鉴于未成年人身心发育不成熟，人生观、价值观尚未定型等因素，上述标准对处理未成年人强索财物案件虽然适用，但仍应坚持有所区别、对未成年人尽量从宽处理的刑事政策精神。比如，如果是未成年人针对老年人、未成年人强拿硬要财物的，就不宜机械适用《寻衅滋事案件解释》上述规定第 3 项，认定未成年人构成寻衅滋事罪。我们认为，在办理未成年违法犯罪案件中《未成年人解释》所体现的政策精神应当得到贯彻。应当综合考虑未成年人实施强拿硬要行为的次数、手段、危害后果，是否造成恶劣社会影响，是否认罪悔罪以及是否积极退赃等因素，准确把握其行为是否属于“情节显著轻微危害不大，可不认为是犯罪”的情形。

需要指出的是，处理未成年人强索财物案件，既要坚持宽大原则，还要避免片面从宽，放纵犯罪。《两抢意见》《未成年人解释》关于从宽处理的规定，其适用都是有特定语境和前提条件的，即总体上适用于那些主观恶性不深、人身危险性不大、作案手段一般、危害后果不严重的违法犯罪行为。对那些虽然系未成年人，但强取不特定人员财物的犯意十分明确、坚决，甚至屡教不改，多次持凶器或者暴力殴打、威胁被害人，强行劫取、索要他人财物，严重侵害公民人身、财产安全的行为，应依法以抢劫罪定罪处罚。

(三)本案三被告人构成寻衅滋事罪

尽管司法解释已作出了明确的规定，但司法实践中对于寻衅滋事罪与抢劫罪的认定仍会发生混淆的情况。如本案公安机关立案侦查的罪名就与检察机关、人民法院认定的罪名不一致。根据前述司法解释的规定，我们认为：

1. 三被告人不构成抢劫罪。本案中，三被告人均系已满16周岁不满18周岁的未成年人，根据《两抢意见》的规定，对于未成年人使用或威胁使用轻微暴力强抢少量财物的行为，一般不宜以抢劫罪定罪处罚。从被告人使用的暴力、威胁手段的强度看，被告人共作案7次，其中有2次采用持凶器（匕首）威逼的方式作案，其余几次均未持凶器，而采用威胁、恐吓，或采用拳打脚踢的方式作案，均未造成被害人人身伤害后果，可以认定为轻微暴力；从强抢的数额看，各被告人7次作案累计强抢158.5元，数额较小，可以认定为强抢少量财物。故对三被告人不宜以抢劫罪定罪处罚。

2. 三被告人构成寻衅滋事罪。从主观方面看，三被告人具有寻衅动机，认定根据有：从作案时间、地点看，本案7次作案有3次发生在白天，7次作案均发生在校园周边，且有4次选择在同一地点作案；从作案对象看，7次作案对象均为在校未成年学生，其中5次作案对象是同一中学的学生，被害人的未成年学生身份意味着其不可能携带数额较大的财物；从客观行为表现看，被告人强抢陈某某时在未搜到财物后，还对陈某某拳打脚踢后才离开现场。以上均反映出被告人并非以非法占有财物为唯一目的，而具有以大欺小、以强凌弱、寻求精神刺激、逞强耍横的寻衅动机。从客观方面看，被告人李某甲、李某乙均7次实施、王某某5次实施向其他未成年人强拿硬要财物的行为，严重扰乱了校园周边的社会秩序，属于“情节严重”，符合《未成年人解释》第八条的规定，应以寻衅滋事罪追究三被告人的刑事责任。同案李某丙参与作案1次，同案杜某某参与作案2次，二人寻衅滋事行为均不足3次，尚不属于“情节严重”，故按照治安管理处罚法的规定予以行政处罚。

综上，人民法院认定三被告人构成寻衅滋事罪，是正确的。

（撰稿：最高人民法院刑一庭　肖　凤
审编：最高人民法院刑一庭　冉　容）

[第1008号] 罗灵伟、蒋鼎非法拘禁案

——无法查清被害人是否存在债务的情况下，如何认定行为人为索取债务而非法拘禁他人的行为性质

【关键词】　非法拘禁罪　索取债务　非法占有他人财物

一、基本案情

被告人罗灵伟，男，1983年4月9日出生，商贩，住浙江省台州市路桥区螺洋街道樟岙村1区28号。2014年1月22日因吸毒被行政拘留十五日。2014年3月6日因涉嫌犯非法拘禁罪被逮捕。

被告人蒋鼎，男，1986年1月17日出生，驾驶员，住浙江省台州市黄岩区西城街道雅林村65号。2005年3月24日因吸毒被强制戒毒六个月。2007年4月26日因吸毒被行政拘留十五日。2009年12月3日因吸毒被行政拘留十五日，后被强制隔离戒毒二年。2014年1月22日因吸毒被行政拘留十五日，后被强制隔离戒毒二年。2014年3月6日因涉嫌犯非法拘禁罪被逮捕。

浙江省台州市黄岩区人民检察院以被告人罗灵伟、蒋鼎犯非法拘禁罪，向台州市黄岩区人民法院提起公诉。

被告人罗灵伟、蒋鼎对公诉机关指控的犯罪事实和罪名不持异议。罗灵伟的辩护人认为本案系民间账目纠纷引起，罗灵伟归案后如实供述犯罪事实，认罪态度较好，并赔偿了被害人的经济损失并取得谅解，且系初犯、偶犯，提请法庭对罗灵伟从轻处罚。

台州市黄岩区人民法院经公开审理查明：2014 年 1 月 3 日 19 时许，被告人罗灵伟因怀疑王华祥、陈仙兵、潘岩根在管理其经营的石渣生意期间，在账目上造假侵吞款项，遂与被告人蒋鼎、"阿三"等人将王华祥、陈仙兵、潘岩根三人从台州市路桥区螺洋街道园珠屿村带至黄岩区沙埠镇佛岭水库洋山庙边上，质询账目收支情况，并使用拳脚及持棍殴打王华祥、陈仙兵等人，致王华祥构成轻伤二级。后罗灵伟与王华祥达成协议，将罗灵伟怀疑的账目上被侵吞的 3 万余元与其欠王华祥的 3 万余元抵销。整个过程持续 4 个小时左右。案发后，在刑事诉讼过程中，被害人王华祥提起刑事附带民事诉讼。后经和解，罗灵伟、蒋鼎赔偿了王华祥的医药费等各项经济损失并取得了被害人的谅解。王华祥撤回了刑事附带民事诉讼。

台州市黄岩区人民法院认为，被告人罗灵伟、蒋鼎为索取债务，非法限制他人人身自由并进行殴打，致人轻伤，其行为均构成非法拘禁罪。罗灵伟曾因吸毒被行政处罚、蒋鼎曾因吸毒被行政处罚及强制戒毒，酌情均可以从重处罚。罗灵伟的辩护人所提对罗灵伟从轻处罚的相关辩护意见，与本案查明的事实及相关的法律规定相符，应予采纳。蒋鼎归案后如实供述犯罪事实，认罪态度较好，并赔偿了被害人的经济损失且取得了谅解，酌情可以从轻处罚。据此，依照《中华人民共和国刑法》第二百三十八条第一款、第三款，第二十五条第一款，第六十七条第三款以及《中华人民共和国刑事诉讼法》第二百七十九条之规定，台州市黄岩区人民法院以被告人罗灵伟犯非法拘禁罪，判处有期徒刑九个月；以被告人蒋鼎犯非法拘禁罪，判处有期徒刑九个月。

一审宣判后，被告人罗灵伟、蒋鼎均未提起上诉，检察机关亦未抗诉，该判决已发生法律效力。

二、主要问题

无法查清被害人是否存在债务的情况下，如何认定行为人为索取债务而非法拘禁他人的行为性质？

三、裁判理由

（一）无法查清被害人是否存在债务的情况下，应当从被告人的真实故意出发，认定行为人是否为索取债务而非法拘禁他人

本案审理过程中，对被告人罗灵伟、蒋鼎的行为定性，最关键的争议点在于无法查清被害人是否存在侵吞账款的情况下，能否认定被告人系为索取债务而对被害人实施非法拘禁及殴打等行为。一种观点认为，无法查清被害人是否存在侵吞账款，就应当认定被害人不存在侵吞账款；另一种观点认为，无法查清被害人是否存在侵吞账款，要根据被告人真实的意思，审查是否存在认识错误。如果被告人确实认为被害人存在侵吞账款的，从有利于被告人和坚持主客观相统一原则出发，应当认定被告人是为索取债务而非法拘禁他人。

我们赞同后一种观点。具体理由如下：

依据犯罪构成理论，认定行为人的行为性质，应当综合行为人的主观犯罪故意和客观犯罪行为两个方面进行判定。如果行为人主观上确实是为索取债务而扣押、拘禁他人的，即使债务关系难以查清或者根本不存在，只是行为人认识错误的，仍然应当认定行为人系为索取债务而实施非法拘禁行为。因为在此种情况下，无论债务是否真实存在，行为人主观上是出于"索债"的目的而

实施对他人的扣押、拘禁行为的,其没有产生其他诸如勒索、抢劫犯罪中非法占有他人财物的故意。从另一角度考虑,这种认定是从有利于被告人的原则出发的,符合刑法谦抑性的要求。

值得强调的是,在无法查清被害人是否存在侵吞账款的情况下,从被告人的真实故意出发,认定被告人是为索取债务而非法拘禁他人,并不意味着认定债务真实存在。即认定行为人的主观故意内容,不等于认定债务客观上的存在。这一点务必要区分开来,否则被告人可能会基于这一认定反过来在附带民事诉讼中提出反诉或者另行以索债为内容提起诉讼。

在司法实践中,索债型非法拘禁行为涉及的债务,主要存在以下几种:

1. 合法债务。被告人与被害人存在合法的民事法律关系上的债权债务关系,被告人实施扣押、拘禁他人行为的目的是追讨自己的债务,但在进行私力救济、解决问题的过程中,采用了非法途径,具备了相应的犯罪构成,而转化为刑事案件。对于此类行为,应当认定行为人构成非法拘禁罪,同时确认其主观上的索债目的。

2. 非法债务。被告人与被害人间存在债务,但该债务系赌债、高利贷或者嫖资等法律不予保护的非法债务,行为人为索取此类非法债务而实施扣押、拘禁他人的行为,系"事出有因"。只要债务是客观存在的,应当以非法拘禁罪定罪处罚,同时也应确认行为人主观上的索债目的。对此,《最高人民法院关于对为索取法律不予保护的债务非法拘禁他人行为如何定罪问题的解释》已作了专门明确。

3. 数额超过实际债务。被告人与被害人间存在合法或者非法债务,行为人为索取债务对被害人实施了扣押、拘禁行为,但行为人在追索债务的过程中,索取的债务数额大于实际存在的债务。此种情况下,应当从被告人的真实主观犯意出发进行分析判断。如果被告人的主观目的是索取债务,而不是为了非法占有他人财物,其之所以超额索取,可能是在对债务范围、数目的理解、认定上存在误解、异议,其主观恶性并没有实质性的改变,那么仍然应当认定其行为构成非法拘禁罪,同时确认其主观上的索债目的。反之,如果被告人以索取"债务"为名,实施绑架、殴打、拘禁他人的行为,以实现其非法占有他人财物的目的的,则应按照其行为相应的后果,以绑架罪、抢劫罪等,予以定罪处罚。

4. 债权债务关系不明确的债务。被告人与被害人之间的债权债务关系缺乏足够的证据予以查清,从民事法律关系角度出发,债权债务关系因被告人举证不能而不存在;或者被告人的利益确实受到了损失,但该损失与被害人的言行并无明确的因果关系,双方之间并不存在实际的债权债务关系;或者被告人与被害人之间实际上没有债权债务关系,行为人误认为被害人与之有债权债务关系。以上几种情形,行为人主观上均是为了索取"债务"对被害人实施扣押、拘禁等行为,因此仍然应当以非法拘禁罪定罪处罚,同时确认其主观上的索债目的。

本案中,被告人罗灵伟的行为性质就属于以上第四种情形。罗灵伟因为怀疑王华祥、陈仙兵、潘岩根在管理其经营的石渣生意期间,在账目上造假侵吞款项,认为王华祥侵吞了其3万余元的货款。为了向王华祥等人索取该笔债务,罗灵伟遂与蒋鼎等人将王华祥、陈仙兵、潘岩根三人强行带上汽车,后在水库庙边对三人实施殴打等行为,非法限制王华祥等人的人身自由4个小时左右。后来罗灵伟与王华祥达成口头协议,将自己欠王华祥的3万余元欠款与该3万余元货款相抵销。综合上述案情分析,罗灵伟主观上确实是为了索要其自认为的"债务"而实施了非法拘禁及殴打等行为。该债务能否查清并不影响其主观上的索债目的。蒋鼎为帮助罗灵伟实现索债的目的,与罗灵伟一起共同实施非法扣押、拘禁他人的行为,亦应确认其主观上的索债目的。

(二)主观上为索取债务而非法拘禁他人,构成犯罪的,应当以非法拘禁罪论处

索债型非法拘禁行为的定性,应当从犯罪构成的角度出发,综合犯罪动机、情节轻重、危害大

小、拘禁时间长短等因素进行分析判断。对于那些拘禁时间较短,没有使用暴力或者侮辱、殴打行为或者尚未造成严重后果的,可以不作犯罪处理。如果行为情节严重,达到构成犯罪标准的,则应当依法追究刑事责任。至于构成何种犯罪,应当根据行为人的主观故意及具体的犯罪行为、犯罪后果等综合判断。在司法实践中,索债型非法拘禁行为易与抢劫、绑架等行为发生混淆,只有准确认定各犯罪的构成要件,才能作出准确区分。

非法拘禁罪属于侵犯公民人身自由的犯罪,表现为持续性地故意非法剥夺他人身体自由。就索债型非法拘禁行为而言,行为人实施扣押、拘禁他人等限制人身自由的非法方法,目的是索取债务,可以当场取得也可以事后取得。抢劫罪是侵犯公民人身权利与财产权利的犯罪,行为人为了实现非法占有他人财产的目的,而使用暴力或以暴力相威胁的方法,当场劫取他人的财物。而绑架罪是侵害他人人身自由权利的犯罪,为了勒索财物或满足其他非法目的,使用暴力、胁迫或者其他方法劫持他人,而后以人质为筹码向被绑架人的亲属勒索财物或者向有关方面提出非法要求。

抢劫罪与绑架罪在犯罪手段、犯罪客体等方面都较为相似。主要区别在于:第一,主观方面不尽相同。抢劫罪中,行为人一般出于非法占有他人财物的故意实施抢劫行为;绑架罪中,行为人既可能为勒索他人财物而实施绑架行为,也可能出于其他非经济目的(如基于政治等方面的原因)实施绑架行为。第二,行为手段不尽相同。抢劫罪表现为行为人劫取财物一般应当在同一时间、同一地点,具有"当场性";绑架罪表现为行为人以杀害、伤害等方式向被绑架人的亲属或者其他人或者单位发出威胁,索取赎金或者提出其他非法要求,劫取财物一般不具有"当场性"。二者的关键区别在于是否"当场",而且后者只能是向被绑架人的近亲属或者其他有关人员勒索财物;前者是直接迫使被绑架人交付财物,而不是向第三者勒索财物。

普通的非法拘禁罪与抢劫罪、绑架罪有明显的区别,认定上不存在争议。然而,索债型的非法拘禁行为因为中间混杂了限制人身自由、暴力殴打以及索取债务等行为,使其在表现形式上出现与抢劫、绑架行为交叉的要素,从而为认定带来困难。但索债型非法拘禁罪的行为人主观上不具有非法占有他人财物的故意,客观行为上不要求索取财物的当场性,也不要求给付对象的确定性,其形式可以多种多样,既可以要求债务人直接给付,也可以要求债务人由其亲戚朋友代为给付。在行为手段上,可能是单纯地非法限制他人人身自由,也可能在非法剥夺他人人身自由过程中实施殴打、侮辱、虐待或者捆绑等行为。

就本案而言,被告人罗灵伟、蒋鼎的行为应当认定为非法拘禁罪。罗灵伟为了索取其内心确认的债务,与蒋鼎等人一起限制王华祥等人的人身自由4个小时左右。而在此过程中,罗灵伟等人对王华祥进行了殴打,并与王华祥达成口头协议,将其欠王华祥的3万余元款项与其怀疑的数目相当的债务数额予以抵销。该抵销行为可视为罗灵伟索回了自己的债务,而非为勒索王华祥的财物,其内心没有非法占有的故意。经由上述分析,罗灵伟、蒋鼎的行为在犯罪主观、客观方面均符合索债型非法拘禁罪的特征,应当以非法拘禁罪论处。

(撰稿:浙江省台州市黄岩区人民法院　胡尚慧
审编:最高人民法院刑二庭)

[第1063号]习海珠抢劫案

——在拖欠被害人钱款情况下,以暴力、胁迫手段逼迫被害人书写收条的行为,应当如何定性? 属于犯罪既遂还是未遂?

【关键词】 抢劫罪 犯罪对象 财产性利益 犯罪既遂

一、基本案情

被告人习海珠,男,1973年10月27日出生,个体经营户。因涉嫌犯强迫交易罪于2011年12月31日被逮捕。

(其他被告人的基本情况及处理结果略)

江西省新余市人民检察院以被告人习海珠等人犯强迫交易罪、抢劫罪、故意伤害罪向新余市中级人民法院提起公诉。

被告人习海珠对公诉机关指控其犯抢劫罪辩解称,被害人彭桂根的陈述不属实,同案被告人艾宇刚等人殴打彭桂根是因为矿山纠纷而非为了抢劫,且彭桂根所写收条已灭失,其不构成抢劫罪。

新余市中级人民法院经公开审理查明:2009年4月,被害人彭桂根、习金华、彭淑韦合伙经营位于江西省新余市渝水区下村镇的高山选矿厂。2010年4至5月间,被告人习海珠为迫使彭桂根等人转让该厂,多次指使习小红、习思平,以每去一次每人发50元钱为条件,组织本村部分老人、妇女到厂里,采取关电闸、阻拦货车装货等方式阻碍生产,并对工人进行威胁。2010年11月、2011年4月,彭桂根、习金华、彭淑韦三人先后被迫将该选矿厂以390万元的价格转让给习海珠。习海珠陆续支付了彭桂根222万元,但仍欠彭桂根75万元,彭桂根多次讨要。2011年7月3日21时许,在新余市暨阳五千年娱乐城301包厢内,习海珠指使艾宇刚等人殴打彭桂根,并逼迫彭桂根写下收到习海珠购买高山选矿厂所欠75万元的收条。经鉴定,彭桂根所受身体损伤构成轻微伤乙级。

另查明,2011年9月8日晚,被告人习海珠、习勇兵等人与李良、被害人王庆等人在新余市华祥苑茶楼商谈履行购矿合同一事。其间,李良要求习勇兵离开,习勇兵与王庆发生争执。习海珠指使陈海峰(在逃)等人持刀将王庆砍至轻伤。

新余市中级人民法院认为,被告人习海珠等人以关电闸、阻拦货车装货等胁迫手段强迫被害人彭桂根等人转让高山选矿厂,情节严重,其行为已构成强迫交易罪;习海珠等人故意伤害被害人王庆身体,致其轻伤,其行为又构成故意伤害罪。关于习海珠等人是否构成抢劫罪的问题,经查,虽无法认定彭桂根书写收条的具体内容,但习海珠等人采取暴力手段逼迫彭桂根书写收条,其目的是消除或减少习海珠所欠彭桂根的债务,侵犯了彭桂根的财产权利,故习海珠等人还构成抢劫罪。习海珠等人所犯数罪,依法应予并罚。在抢劫共同犯罪中,习海珠授意犯罪,系主犯。该抢劫犯罪因意志以外的原因而未得逞,系抢劫未遂,依法可减轻处罚。据此,依照《中华人民共和国刑法》第二百二十六条、第二百六十三条、第二百三十四条第一款、第二十三条、第二十五条第一款、第六十九条之规定,判决如下:被告人习海珠犯强迫交易罪,判处有期徒刑三年;犯抢劫罪,判处有期徒刑二年;犯故意伤害罪,判处有期徒刑一年,决定执行有期徒刑五年六个月。

一审宣判后，被告人刁海珠提出上诉。主要理由是：本案事实不符合抢劫犯罪当场取得财物的特征；即便认定为抢劫罪，也应认定为犯罪中止，而非未遂，更不应认定为既遂。新余市人民检察院提起抗诉。主要理由是：本案证据可以证实，被告人刁海珠等人逼迫被害人彭桂根所写收条的内容为"收到刁海珠购买高山选矿厂所欠75万元"，刁海珠等人的抢劫行为已实施终了，债务已经消灭，属于抢劫犯罪既遂，对刁海珠所犯该罪应在有期徒刑十年以上量刑。

江西省高级人民法院经审理认为，被告人刁海珠等人以暴力、胁迫手段逼迫被害人彭桂根写下75万元收条的犯罪行为，当场完成了"归还"75万元欠款的全部手续，使彭桂根难以向其追债，进而实现了消灭合法债务、非法占有彭桂根合法财产的犯罪目的，符合抢劫罪的构成要件，且应认定为犯罪既遂。检察机关关于刁海珠等人构成抢劫既遂的抗诉意见成立，应予采纳。江西省高级人民法院判决如下：被告人刁海珠犯强迫交易罪，判处有期徒刑三年；犯抢劫罪，判处有期徒刑十一年，并处罚金人民币二万元；犯故意伤害罪，判处有期徒刑一年，决定执行有期徒刑十二年，并处罚金人民币二万元。

二、主要问题

在拖欠被害人钱款情况下，以暴力、胁迫手段逼迫被害人书写收条的行为，应当如何定性？属于犯罪既遂还是未遂？

三、裁判理由

（一）在拖欠被害人钱款情况下，以暴力、胁迫手段逼迫被害人写下收条的行为，应当认定为抢劫罪

1. 抢劫罪的侵害对象既包括财物，也包括财产性利益

对本案被告人的行为能否认定为抢劫罪，关键要看财产性利益是否属于抢劫罪的犯罪对象。这一问题在理论和实践中存在很多争议，导致了司法实践中的困惑以及司法不统一的现象。

许多国家都在刑法典中将财产性利益作为财产犯罪的对象，如德国、日本、韩国、英国等。日本刑法将财产罪分别规定为财物罪和利益罪两类，作为财产犯罪对象，财物和财产性利益是并列存在的，不存在包容关系。日本刑法第二百三十六条第二款规定，"使用暴力、威胁而获得财产性不法利益，或者使他人获取该不法利益的，处五年以下有期徒刑"。

我国现行刑法中并没有直接规定侵犯财产罪的犯罪对象包括财产性利益，也没有单独设立利益罪，但是，刑法理论界普遍的观点认为，财产性利益可以作为财产犯罪的对象。随着社会交易方式、财产形态的日渐多样化，作为刑法中的财产犯罪的对象，"财产"概念的内涵和外延也呈现逐渐扩张趋势。财产既包括有形的财物，也包括各种财产性利益。加强对财产性利益的法律保护，是市场经济发展的必然要求。

我国刑法第五章规定的侵犯财产罪，对相关罪名的罪状表述多采用"财物"这一概念，如"以暴力、胁迫或者其他方法抢劫公私财物的"，构成抢劫罪。单从文义来看，相关罪状表述似乎将财产犯罪的对象限定为有形的"财物"，但是，财产性利益具有财产价值，可以转化为现金或者其他财物，因此，从对财产权的法益保护角度来看，此处所谓的"财物"，不仅包括有形的"财物"，也应当包括以其他形式存在的财产性利益。抢劫有形财物与抢劫财产性利益所侵害的对象都是财产，如仅因财产的表现形式不同就加以区别对待，显然是不公平的。

此外，"侵犯财产罪"这一类罪的表述，已经明确将"财产"作为该类犯罪侵害的对象，广义的财产显然包括财产性利益。鉴于此，将抢劫罪罪状中的"财物"理解为包括有形财物之外的财产性利益，不属类推解释，不违反罪刑法定原则。本案中，被告人刁海珠等人以暴力、胁迫手段逼迫被害人彭桂根书写75万元收条，侵犯的就是彭桂根的财产性利益。

2. 被告人习海珠等人当场使用暴力、胁迫手段，致使被害人不能反抗或者不敢反抗，符合抢劫罪的犯罪构成

本案中，对被告人习海珠以暴力、胁迫手段逼迫被害人彭桂根书写75万元收条的行为定性，存在抢劫罪和敲诈勒索罪两种意见。我们认为，该行为应当认定为抢劫罪。

敲诈勒索罪与抢劫罪的主要区别在于客观方面，即行为的内容、方式、手段不同。抢劫罪以当场实施暴力或以暴力相威胁作为行为内容，当场取得财物；而敲诈勒索罪的行为内容则一般仅限于威胁，取得财物可以在当场，但更多的是在威胁、要挟之后的一定期限取得。当然，有的敲诈勒索犯罪，行为人也可能使用一定程度的暴力，但这种暴力的程度尚未达到足以"使被害人不能反抗或者不敢反抗"的程度，否则就应当构成抢劫罪。

具体到本案，被告人习海珠在拖欠被害人彭桂根钱款的情况下，指使艾宇刚等人在封闭的包厢内殴打彭桂根，李凯凯在旁持刀威胁，彭桂根在孤立无援，被多人围困、殴打的情况下，迫不得已写下"已经收到习海珠购买高山选矿厂所欠75万元"的收条。这种暴力行为已经足以压制彭桂根的反抗，使其不敢、不能反抗，其暴力程度显然已超出敲诈勒索罪的轻微暴力程度，因此，以抢劫罪定罪处罚是妥当的。

（二）以暴力、胁迫手段逼迫被害人写下收条的行为，属于抢劫既遂

一般认为，犯罪行为构成既遂，通常是以该行为满足某一罪名的全部犯罪构成要件为依据。抢劫罪侵犯的是复杂客体，从对财产权的侵犯角度来看，认定抢劫罪既遂与否一般应以行为人是否实际控制了他人财产为标准。本案中，被告人习海珠上诉提出，即便认定为抢劫罪，也应认定为犯罪中止，而非未遂，更不应认定为既遂。也有意见认为，被告人习海珠等人的行为属于抢劫未遂，理由是：习海珠等人拿到的仅仅是一张收条，该收条违背了民法的意思自治原则，按照合同法等相关规定，该行为属于无效或可变更、可撤销的行为，彭桂根可以向法院提起诉讼，请求撤销，换言之，75万元收条是否存在都不能消除彭桂根的合法债权，彭桂根仍可以凭原有的欠条向习海珠主张民事权利。

我们认为，被告人习海珠等人以暴力、胁迫手段逼迫彭桂根书写75万元的收条，进而消灭债务的犯罪行为，属于抢劫既遂。主要理由如下：

第一，被告人习海珠通过强迫彭桂根书写75万元的收条，已经实现了非法占有75万元的犯罪目的。从表面上看，习海珠等人的暴力行为没有获取实实在在的财物，仅拿到了一张收条。收条本身虽不是有形财物，但却是双方债权债务消灭的主要证明凭证，习海珠拿到彭桂根书写的收条，彭桂根就难以再向习海珠主张原有的75万元债权。对习海珠而言，其拖欠彭桂根75万元，实际上等同于事先占有了该笔款项，但这种占有是以习海珠、彭桂根二人的债权债务关系为前提条件的，即习海珠负有向彭桂根归还该75万元的义务。习海珠之所以逼迫彭桂根书写收条，目的就是消除双方的债权债务关系，消除彭桂根日后行使返还该款项请求权的可能性，彻底占有其事先占有的75万元，不再归还。在习海珠拿到彭桂根收条的那一刻起，就已经实现了犯罪目的，原来由习海珠占有的75万元就变为了"非法占有"，故应当属于犯罪既遂。

第二，以财产性利益为犯罪对象的抢劫案件，应当以财产性权益是否在客观上受到实际侵害作为判断既遂和未遂的标准。本案在犯罪既遂和未遂的问题上产生争议，主要是由于抢劫对象特殊，并非实实在在的75万元现金，而是能够体现消除75万元债权的收条。有观点认为，被害人可以通过提起民事诉讼的方式主张自己的合法债权，因此，被告人的行为并不能改变原有的债权债务关系，属于犯罪未遂。这种观点值得商榷。实际上，即使在以有形财物作为犯罪对象的抢劫犯罪中，被害人对被抢财物的所有权也没有丧失，只是丧失了占有而已，对此，显然不能以被害

人可以通过提起民事诉讼主张自己对被抢财物的所有权为由认定本案情形属于犯罪未遂。此外,即使彭桂根提起民事诉讼,是否能够胜诉,也并不确定。因此,不能以被害人可以通过民事诉讼等方式获得救济为由认定本案情形属于犯罪未遂。

从对财产权的侵犯角度来看,对于以有形财物作为抢劫对象的案件,被害人拥有财产权的主要方式就是对财物的占有,一旦被害人因犯罪行为丧失对财物的占有,其财产权就遭到了实际侵害,对此类案件,应当以行为人是否实际劫取财物作为判断既遂和未遂的标准。对于以财产性利益作为抢劫对象的案件,被害人的财产权并不直接体现为对有形财物的实际占有,而是体现为各种财产权利义务关系,如果因犯罪行为改变了原有的财产权利关系,导致被害人丧失了财产性利益,被害人的财产权就遭到了实际侵害,对此类案件,应当以行为人是否改变了原有的财产权利关系作为判断既遂和未遂的标准。

本案中,被告人刁海珠等人以暴力、胁迫手段迫使彭桂根书写75万元的收条,改变了原有的财产权利关系,导致彭桂根丧失75万元的债权,应当认定为抢劫犯罪既遂。公安机关及时侦破本案,恢复原有的财产权利关系,就如同公安机关追回被抢财物返回给被害人一样,属于事后行为,可以在量刑时予以考虑,但并不影响抢劫既遂的认定。

(撰稿:最高人民法院刑三庭　杜曦明　张向东
江西省高级人民法院　陶松兵
审编:最高人民法院刑三庭　罗国良)

[第1180号]韦猛抢劫案

——进入无人居住的待租房屋实施抢劫,不属于“入户抢劫”

【关键词】 抢劫罪　户　入户抢劫

一、基本案情

被告人韦猛,男,汉族,1987年12月1日出生,无业。2010年10月16日因涉嫌犯抢劫罪被逮捕。

广西壮族自治区南宁市青秀区人民检察院以被告人韦猛犯抢劫罪向青秀区人民法院提起公诉。

被告人韦猛对公诉机关指控的罪名无异议,辩称自己没有与人预谋,是同案犯策划后通知自己,自己准备了作案工具;对抢劫数额有异议;不构成“入户抢劫”。其辩护人认为,韦猛不构成“入户抢劫”。

南宁市青秀区人民法院经审理查明:2010年7月6日11时许,被告人韦猛伙同网名“从头来过”的男子(另案处理)经商量以假装租房的名义对带去看房的人在房间内实施抢劫。由“从头来过”通过网上出租房信息了解到被害人王某某的联系方式并与王某某联系,以看房租房为由约好见面看房的时间地点,韦猛着手准备好作案用的弹簧刀、封口胶等物品。两人于当日16时许来到南宁市民主路9号粮食局宿舍5栋1单元8楼802房,随王某某进入房间后即拿出弹簧刀对王某某进行威胁、恐吓,并用封口胶封住王某某的嘴巴,用绳子将王某某绑在凳子上,随后抢走王某某手提包内的现金人民币500元和三星牌J208型手机一部。经鉴定,被抢手机案发时价值人民币250元。

南宁市青秀区人民法院认为，被告人韦猛以暴力方式抢劫他人财物，其行为已触犯《中华人民共和国刑法》第二百六十三条的规定，构成抢劫罪。鉴于被告人韦猛归案后认罪态度较好，可酌情从轻处罚。依照《中华人民共和国刑法》第二百六十三条第一项、第五十二条、第五十三条、第六十四条的规定，以抢劫罪判处被告人韦猛有期徒刑十年，并处罚金人民币一千元。

判决后，韦猛提出上诉，称一审判决认定其构成入户抢劫属定性错误。其实施抢劫的场所为待出租的空置房屋，该房屋不是供受害人王某某本人或者其家人生活居住使用，不具有刑法上"户"的特征。一审判决认定其触犯刑法第二百六十三条第一项的规定构成入户抢劫判处其十年有期徒刑量刑过重，请求二审法院重新定性。辩护人对一审法院认定上诉人韦猛构成抢劫罪无异议，但认为上诉人韦猛的入户抢劫行为没有证据证实，因此不构成刑法第二百六十三条第一项"入户抢劫"的规定；由于一审适用法律错误导致对上诉人韦猛的量刑过重，请求二审法院查明事实后依法改判，建议量刑在有期徒刑三至四年。

南宁市中级人民法院经审理查明的事实与一审相同。检察机关认为一审判决认定的事实清楚，证据确实、充分，审判程序合法，但适用法律不恰当，不应认定为"入户抢劫"。

南宁市中级人民法院认为，上诉人韦猛伙同他人以暴力的方式抢劫他人财物，其行为已触犯《中华人民共和国刑法》第二百六十三条规定，构成抢劫罪。上诉人韦猛伙同他人抢劫被害人的现场系无人居住的待租房屋，不属于《最高人民法院关于审理抢劫、抢夺刑事案件适用法律若干问题的意见》第一条第一款规定的"供他人家庭生活和与外界相对隔离的住所"，原判认定为"入户抢劫"不当。原判认定事实清楚，证据确实、充分，定罪准确，审判程序合法，唯有对上诉人韦猛的量刑不当，二审予以纠正。依照《中华人民共和国刑法》第二百六十三条、第六十四条以及《中华人民共和国刑事诉讼法》(1996年)第一百八十九条第二项的规定，以抢劫罪改判上诉人韦猛有期徒刑五年，并处罚金人民币一千元。

二、主要问题

在抢劫案件中，无人居住的待租房屋能否认定为"户"，被告人的行为是否属于"入户抢劫"？

三、裁判理由

本案在审理中，对于被告人韦猛的行为构成抢劫罪没有异议，但对于韦猛抢劫的作案地点——无人居住的待租房屋能否认定为"户"，一审法院和二审法院意见不一致，一审法院认为待租房屋属于"户"，据此认定被告人韦猛构成"入户抢劫"，应在十年以上有期徒刑量刑；而二审法院认为本案中韦猛伙同他人抢劫被害人的现场系无人居住的待租房屋，不是"供他人家庭生活和与外界相对隔离的住所"，不属于"户"，不构成"入户抢劫"。

我们同意二审法院的意见，即被告人韦猛的行为不构成"入户抢劫"。理由是：

(一)"入户抢劫"中的"户"应同时具备场所特征和功能特征

"入户抢劫"是抢劫罪的加重情节之一，认定是否构成"入户抢劫"，关键问题是对"户"字的理解。关于这个问题，理论界和实践中有几种不同观点：其一，"户"指居民住宅(包括住室和宅院)，不包括其他场所。其二，"户"指固定住所，即以此为家的场所，如私宅及学生宿舍等，但不包括宾馆房间及值班宿舍等临时居住场所。其三，"户"指人长期或固定生活、起居或者栖息的场所，包括私人住宅以及宾馆房间、固定值班人员的宿舍等场所。其四，"户"指私人住宅，以及其他供人们生活、学习的建筑物，如国家机关、企事业单位、人民团体、社会团体的办公场所，公众生产、生活的封闭性场所。不难看出，以上对"户"的理解范围相差甚远。按照第一种观点，入户仅指进入私人住宅，而按第四种观点，不仅进入私人住宅，而且进入办公室、教室、浴室、餐厅、歌厅、车间等封闭性建筑物抢劫的，都是"入户抢劫"，这是很值得商榷的。

我们赞同第一种观点。理由是:(1)按词典的解释,“户”指“人家”,即私人住宅之意。“户”与“室”是不同的概念。立法者规定“入户抢劫”而不规定“入室抢劫”,显然是取“户”字的严格意义,不能随意扩大。当然,住宅不仅指固定于土地上的供人居住的建筑,还应包括以船为家的渔民捕鱼和住用的船只,牧民居住用的帐篷等。并且,入户不仅指进入住室,有私人院落的进入院落,即为入户。(2)侵入居民住宅抢劫,侵犯了公民“家”的私密性和安全性,其罪行的危害性明显重于普通抢劫。因为居民住宅的安全关系到每个公民的生活安全。特别是许多家庭都有常年居家的老弱妇幼及病残人员,一旦遭入户抢劫,不但因处在封闭条件下孤立无援,而且会使左邻右舍惊恐不安。因此,立法者突出重点,对侵入私人住宅抢劫的行为予以更严厉的打击,是必要的和适当的。

最高人民法院2000年公布的《关于审理抢劫案件具体应用法律若干问题的解释》(以下简称《抢劫解释》)和2005年印发的《关于审理抢劫、抢夺刑事案件适用法律若干问题的意见》(以下简称《两抢意见》)均对“户”的范围有过明确规定。《抢劫解释》第一条规定,“‘入户抢劫’,是指为实施抢劫行为而进入他人生活的与外界相对隔离的住所,包括封闭的院落、牧民的帐篷、渔民作为家庭生活场所的渔船、为生活租用的房屋等进行抢劫的行为”。《两抢意见》进一步明确了“户”的范围:“户”在这里是指住所,其特征表现为供他人家庭生活和与外界相对隔离两个方面,前者为功能特征,后者为场所特征。一般情况下,集体宿舍、旅店宾馆、临时搭建工棚等不应认定为“户”,但在特定情况下,如果确实具有上述两个特征的,也可以认定为“户”。据此,“入户抢劫”中的“户”,其本质特征表现为“供他人家庭生活的与外界相对隔离的住所”,其中“与外界相对隔离”是“户”的场所特征,“供他人家庭生活”是“户”的功能特征,二者应同时具备,缺一不可。

(二)本案作案地点待租房屋不具有“户”的功能特征,不能认定为“户”

本案被告人韦猛伙同他人在待租房屋对被害人王某某实施抢劫,是否构成“入户抢劫”,关键在于能否将该房屋认定为“户”。如果该待租房屋不属于“户”,自然“入户抢劫”无从谈起;反之,如果待租房屋可以认定为“户”,则被告人的行为构成“入户抢劫”这一加重处罚情节。

该待租房屋能否认定为“户”,要结合前述“户”的两个基本特征来确定。本案中,被告人韦猛伙同他人作案的房屋是与外界相对隔离的房屋,具备场所特征。该房屋虽系待租,却是封闭的,需要王某某拿钥匙开启方能进入,显然是与外界相对隔离的,故符合“户”的场所特征。但该房屋不具备“户”的功能特征。该房屋既不是供受害人王某某本人或者其家人生活居住使用的,也不是有他人正在居住使用的房屋,而是等待他人租住的房屋,被告人作案时无人在此居住,因此不具有“户”的功能特征。抢劫犯罪中的“入户抢劫”之所以成为加重处罚情节之一,是因“入户抢劫”不仅侵犯了公民的财产权利和人身权利,同时还侵犯了公民的住宅安宁、正常生活。只有在有人居住生活的房屋内抢劫,才可能侵犯公民的住宅和生活安宁,这种抢劫行为才具有一般抢劫行为所不具有的特殊社会危害性,才能作为加重处罚情节,判处十年以上有期徒刑的重刑。如果行为人在无人居住生活的房屋内抢劫,其行为不会对他人的住宅和生活安宁造成任何侵害,该种抢劫行为与一般抢劫行为的社会危害性无异,自然不能认定为“入户抢劫”。

综上,判断是否为“入户抢劫”,必须同时考察“户”的功能特征和场所特征,“相对隔离的场所”特征不是“户”的唯一特性。本案中被告人韦猛伙同他人抢劫被害人的现场系无人居住的待租房屋,不属于“供他人家庭生活和与外界相对隔离的住所”,一审法院认定为“入户抢劫”不当,二审法院改判是正确的。

(撰稿:最高人民法院刑四庭　张　剑
审编:最高人民法院刑四庭　陆建红)

[第1181号]秦红抢劫案

——被允许入户后临时起意盗窃,被发现后当场使用暴力的,能否认定"入户抢劫"

【关键词】 抢劫罪 入户抢劫 临时起意 转化型抢劫

一、基本案情

被告人秦红,男,土家族,1983年8月28日出生,农民。2007年9月28日因涉嫌犯抢劫罪被逮捕。

重庆市黔江区人民检察院以被告人秦红犯抢劫罪向重庆市黔江区人民法院提起公诉。

被告人秦红对公诉机关指控的主要事实、罪名均无异议,辩称没有对苏凤兰实施殴打和以捆绑相威胁。

重庆市黔江区人民法院经审理查明:2007年8月14日10时许,被告人秦红到重庆市黔江区黄溪镇山洋村6组唐从波家找唐从波,见只有唐从波的母亲苏凤兰和两个小孩在家,便要求在其家中休息,苏凤兰答应了秦红的请求,秦红就到唐从波家寝室休息。后秦红趁苏凤兰外出之机,将其存放在枕头下的一部黑色直板手机揣进口袋。当秦红将从箱子里窃取的1060元现金清点完毕,正欲揣进自己口袋之时,被外出回来的苏凤兰发现并抓住,秦红用力强行挣脱,并在唐从波家堂屋捡起一根木棒并亮出一根带黑花点的布绳,对苏凤兰以进行殴打和捆绑相威胁,从而阻止苏凤兰的追赶,并将现金和手机拿走逃离现场。

重庆市黔江区人民法院认为,被告人秦红以非法占有为目的,采用秘密手段窃取他人财物,在实施盗窃行为的过程中为了抗拒被害人的抓捕而当场使用暴力,其行为已构成抢劫罪。重庆市黔江区人民检察院指控被告人秦红犯抢劫罪的事实清楚,证据确实、充分,其指控罪名成立。关于重庆市黔江区人民检察院对被告人秦红的行为构成"入户抢劫"的指控,经查,被告人秦红是在征得被害人同意后进入其家中,在被害人家中休息时,趁被害人外出之机实施的盗窃行为,根据《最高人民法院关于审理抢劫、抢夺刑事案件适用法律若干问题的意见》的规定,无证据证明被告人秦红进入被害人家中的目的具有非法性,本着有利于被告人的原则,其行为不宜认定为"入户抢劫",故该指控不予支持。被告人秦红归案后,认罪态度较好,具有悔罪诚意,且系初、偶犯,予以酌情从轻处罚。据此,根据《中华人民共和国刑法》第二百六十九条、第二百六十三条、第五十二条之规定,以抢劫罪判处被告人秦红有期徒刑五年,并处罚金人民币三千元。

一审宣判后,被告人秦红未提出上诉,检察机关亦未抗诉,判决已发生法律效力。

二、主要问题

因访友等原因经户内人员允许入户后,临时起意实施盗窃,因被发现而当场实施暴力或者以暴力相威胁的,是否认定为"入户抢劫"?

三、裁判理由

本案涉及的是在公民住宅内抢劫或者临时起意实施盗窃、诈骗等犯罪而转化为抢劫的,在何种情形下可以认定为"入户抢劫"的问题。对此,理论界基于对"入户抢劫"的认定以是否限定行为人入户之前已有抢劫的故意,主要有以下三种观点:

第一种观点持肯定说,认为"入户抢劫"成立的条件是必须以实施抢劫行为为目的而入户,如果非以实施抢劫为目的,包括合法性入户以及其他违法犯罪性目的而入户,后在户内临时起意抢劫的,属“在户抢劫”而非“入户抢劫”。

第二种观点持全面否定说,认为不论入户前有无抢劫故意,只要入户后抢劫的,就是“入户抢劫”。因为入户后临时起意抢劫,同样严重破坏被害人对家的安全感,其危害性并不比持抢劫故意入户的小。

第三种观点持入户非法说,认为在户中抢劫是否认定为“入户抢劫”,关键要看行为人是违法入户还是合法入户以及入户的动机,如果是以侵害户内人员的人身、财产为目的而入户,即不仅限于以实施抢劫为目的而入户,在户内实施抢劫,或者实施盗窃、诈骗等犯罪而转化为抢劫的,都应当认定为“入户抢劫”。

我们认为,第一种观点把“入户抢劫”限定为抢劫而入户,范围过窄,显然不当。但是,第二种观点不加分别地认为一切在户内抢劫的都视为“入户抢劫”,显然范围又过宽,也不合理。相对而言,第三种观点比较适中,也比较符合司法实践。

关于“入户”的目的问题,最高人民法院2000年公布的《关于审理抢劫案件具体应用法律若干问题的解释》(以下简称《抢劫解释》)和2005年印发的《关于审理抢劫、抢夺刑事案件适用法律若干问题的意见》(以下简称《两抢意见》)均有过规定。其中,《抢劫解释》第一条规定:“……‘入户抢劫’,是指为实施抢劫行为而进入他人生活的与外界相对隔离的住所,包括封闭的院落、牧民的帐篷、渔民作为家庭生活场所的渔船、为生活租用的房屋等进行抢劫的行为。”鉴于司法实践中对“入户”目的与“入户抢劫”的关系等方面仍存在一定争议,《两抢意见》又明确了“认定入户抢劫”应当注意的三个问题,其中之一就是“入户”目的的非法性。《两抢意见》规定:“进入他人住所须以实施抢劫等犯罪为目的。抢劫行为虽然发生在户内,但行为人不以实施抢劫等犯罪为目的进入他人住所,而是在户内临时起意实施抢劫的,不属于‘入户抢劫’。”

以上司法解释比较恰当地解决了“入户抢劫”的认定范围问题。但是,对于那些为了实施诈骗、抢夺财物而进入他人住宅,因被揭穿和制止而当场使用暴力或者以暴力相威胁,是否亦应认定为“入户抢劫”,仍有待厘清。2016年最高人民法院新颁布的《关于审理抢劫刑事案件适用法律若干问题的指导意见》(以下简称《抢劫指导意见》)对入户目的的非法性作了进一步明确。《抢劫指导意见》规定:“认定‘入户抢劫’,要注重审查行为人‘入户’的目的,将‘入户抢劫’与‘在户内抢劫’区别开来。以侵害户内人员的人身、财产为目的,入户后实施抢劫,包括入户实施盗窃、诈骗等犯罪而转化为抢劫的,应当认定为‘入户抢劫’。因访友办事等原因经户内人员允许入户后,临时起意实施抢劫,或者临时起意实施盗窃、诈骗等犯罪而转化为抢劫的,不应认定为入户抢劫。”这一规定改变了《两抢意见》将“入户抢劫”中的“入户”目的限定于抢劫等犯罪目的的规定,将其扩大为“以侵害户内人员的人身、财产为目的”。换言之,即使不以犯罪为目的,而只是出于一般违法目的,只要是“以侵害户内人员的人身、财产为目的”而入户,而后实施抢劫的,均可认定为“入户抢劫”。这样规定,更有利于有力地保护公民的住宅安全,更严厉地打击入户抢劫犯罪。

我们认为,行为人既然具有非法占有他人财物的目的,并且敢于入户实施,表现了很大的贪婪性,也对公民居住场所的安全构成严重威胁,因此,因被发现而当场实施暴力或者以暴力相威胁,对其以“入户抢劫”论处,是合理的。既然如此,作为入户发生的转化型抢劫的前提行为,就不应当只限于入户盗窃,而是应当包括入户诈骗、抢夺。至于出于其他合法的或者不是以侵害户内人员的人身、财产为目的(如赌博、卖淫嫖娼等)的进入他人住宅,临时起意当场实施抢劫行为,一般不能认定为“入户抢劫”。就本案而言,我们同意黔江区人民法院认定秦红不构成“入户抢劫”

的意见。理由是:检察机关指控被告人秦红以盗窃为目的进入被害人家中,其行为构成"入户抢劫"。但根据秦红的供述及被害人苏凤兰的陈述等在案证据,秦红是以访友为目的,在征得被害人同意后进入其家中,在被害人家中休息时,趁被害人外出之机实施的盗窃行为,因被发现而以暴力相威胁,转化为抢劫犯罪。故根据上述司法解释的规定,因无证据证明秦红进入被害人家中的目的具有非法性,无证据证明其具有侵害被害人及其家人的人身、财产目的,属于《抢劫指导意见》所规定的"因访友办事等原因经户内人员允许入户后,临时起意实施抢劫,或者临时起意实施盗窃、诈骗等犯罪而转化为抢劫"的情形,本着有利于被告人的原则,其行为不宜认定为"入户抢劫"。

综上所述,本案因无证据证实被告人秦红的入户具有对户内人员的人身、财产的侵害目的,故不宜认定为"入户抢劫",原审法院作出的判决是合适的。

(撰稿:最高人民法院刑四庭　张　剑
审编:最高人民法院刑四庭　陆建红)

[第1182号]张红军抢劫、盗窃案

——入户盗窃数额较少财物为抗拒抓捕当场使用暴力,能否认定"入户抢劫"

【关键词】　抢劫罪　入户盗窃　转化型抢劫　入户抢劫

一、基本案情

被告人张红军,男,汉族,1970年6月30日出生,农民。2003年11月10日因犯投放危险物质罪被判处有期徒刑六年,2009年6月27日刑满释放。2013年9月16日因涉嫌犯抢劫罪、盗窃罪被逮捕。

北京市房山区人民检察院以被告人张红军犯抢劫罪、盗窃罪向房山区人民法院提起公诉。

房山区人民法院经公开审理查明:

1. 2013年8月11日17时许,被告人张红军到房山区韩村河镇孤山口村被害人许某家,翻墙入室进行盗窃,窃取现金300元。张红军欲离开时被许某发现,为抗拒抓捕在户内将许某打伤后逃离,造成许某眼外伤、左眼钝挫伤、上颌骨骨折和牙震荡。经鉴定,许某的损伤程度为轻伤。

2. 2013年8月11日12时许,被告人张红军到房山区韩村河镇上中院村被害人张某家,翻墙入室进行盗窃,窃取现金60元、三星牌手机1部(价值50元)、杂牌手机1部、戒指2个和公交卡2张等物品。

3. 2013年8月11日17时许,被告人张红军到房山区韩村河镇孤山口村被害人李某家,翻墙入室进行盗窃,窃取现金2000余元、卡西欧数码相机1台(价值360元)和公交卡1张。

4. 2012年7月底的一天,被告人张红军到北京市门头沟区樱桃沟村仰山栖隐寺被害人田某的办公室内,窃取现金4000元和1条玉溪香烟。

房山区人民法院认为,被告人张红军入户盗窃他人财物,为抗拒抓捕而当场使用暴力,致人轻伤,且多次盗窃他人财物,数额较大,其行为已分别构成抢劫罪、盗窃罪,依法应予数罪并罚。被告人张红军曾因故意犯罪被判处有期徒刑,刑罚执行完毕后五年以内再犯应当判处有期徒刑

以上刑罚之罪，系累犯，依法予以从重处罚。鉴于被告人张红军如实供述自己的部分犯罪事实，可予以从轻处罚。据此判决被告人张红军犯抢劫罪，判处有期徒刑五年，并处罚金人民币五千元；犯盗窃罪，判处有期徒刑六个月，并处罚金人民币五千元；决定执行有期徒刑五年三个月，并处罚金人民币一万元。

一审宣判后，北京市房山区人民检察院提出抗诉，抗诉理由及北京市人民检察院第二分院的意见为：原审法院未认定原审被告人张红军系“入户抢劫”属于适用法律不当，导致对其所犯抢劫罪量刑畸轻；原审法院对原审被告人张红军所犯盗窃罪判决刑罚明显不当，张红军实施3起盗窃，盗窃数额较大，其中两起盗窃属入户盗窃，又系累犯，原审判决对上述事实和量刑情节予以认定，但对盗窃罪仅判处有期徒刑六个月，适用刑罚明显不当。北京市人民检察院第二分院支持抗诉并认为，新的《人体损伤程度鉴定标准》已于2014年1月1日施行，依该标准被害人所受损伤属于轻微伤，但原审法院没有按照新的标准进行核对，以旧标准认定被害人损伤程度系轻伤属于认定事实不清，建议二审法院依法改判。

张红军未上诉。其辩护人认为：构成转化型抢劫罪的前提是先行行为构成盗窃罪。张红军入户盗窃300元，就数额而言达不到盗窃罪入罪标准，其行为之所以构成盗窃罪是因为存在入户行为，如果其在户内实施暴力转化为入户抢劫，系对入户行为进行了重复评价，违反了法律规定的禁止双重评价的原则。入户盗窃转化为抢劫的犯罪社会危害性要小于为抢劫而入户的犯罪，如果认定张红军系“入户抢劫”，会造成罪责刑不适应，故张红军不构成“入户抢劫”。

北京市第二中级人民法院经审理查明的事实与一审相同。

北京市第二中级人民法院认为，关于北京市房山区人民检察院及北京市人民检察院第二分院所提原审未认定张红军系“入户抢劫”属于适用法律不当，导致对其所犯抢劫罪量刑畸轻的抗诉理由及意见，经审查，原审被告人张红军入户实施盗窃时，为抗拒抓捕在户内当场对被害人许某使用暴力，其行为符合《中华人民共和国刑法》第二百六十三条第一项及《最高人民法院关于审理抢劫、抢夺刑事案件适用法律若干问题的意见》第一条的规定，应认定为入户抢劫。北京市房山区人民检察院及北京市人民检察院第二分院所提相关意见，予以采纳。张红军的辩护人所提构成转化型抢劫罪的前提是先行行为构成盗窃罪，张红军不构成“入户抢劫”，认定张红军“入户抢劫”会造成罪责刑不相适应的辩护意见无法律依据，不能成立，不予采纳。上诉人张红军入户实施盗窃被发现，为抗拒抓捕在户内当场使用暴力，致人轻微伤；多次窃取他人财物，数额较大，其行为已分别构成抢劫罪、盗窃罪，依法应予并罚。张红军曾因故意犯罪被判处有期徒刑，刑罚执行完毕后五年以内再犯应当判处有期徒刑以上刑罚之罪，系累犯，依法应从重处罚。鉴于张红军如实供述自己的部分犯罪事实，可酌情予以从轻处罚。原审人民法院作出的判决，认定的部分事实不清，未认定张红军系入户抢劫不当，且对张红军所犯盗窃罪量刑畸轻，依法予以改判。据此，根据张红军犯罪的事实、犯罪的性质、情节、对于社会的危害程度，依照《中华人民共和国刑法》第二百六十三条第一项、第二百六十九条、第二百六十四条、第五十六条第一款、第五十五条第一款、第五十二条、第五十三条、第六十五条第一款、第六十九条、第六十七条第三款、第六十一条、第六十四条、《最高人民法院关于审理抢劫、抢夺刑事案件适用法律若干问题的意见》第一条、《最高人民法院、最高人民检察院关于办理盗窃刑事案件适用法律若干问题的解释》第一条第一款，第三条第一款、第二款以及《中华人民共和国刑事诉讼法》第二百二十五条第一款第二项、第三项之规定，撤销原审刑事部分判决，改判被告人张红军犯抢劫罪，判处有期徒刑十一年，剥夺政治权利二年，并处罚金人民币二万二千元；犯盗窃罪，判处有期徒刑一年，并处罚金人民币一千元；决定执行有期徒刑十一年六个月，剥夺政治权利二年，并处罚金人民币二万三千元。

二、主要问题

入户盗窃，为抗拒抓捕当场使用暴力的，盗窃行为是否必须构成犯罪才能认定“入户抢劫”？

三、裁判理由

本案审理中，关于被告人张红军入户盗窃，为抗拒抓捕当场使用暴力的行为能否认定“入户抢劫”，存在两种意见：

第一种意见认为，虽然《最高人民法院关于审理抢劫案件具体应用法律若干问题的解释》（以下简称《抢劫解释》）和《最高人民法院关于审理抢劫、抢夺刑事案件适用法律若干问题的意见》（以下简称《两抢意见》）均明确规定，对于入户盗窃，因被发现而当场使用暴力或者以暴力相威胁的行为，应当认定为入户抢劫。但是，上述两个司法解释出台时刑法修正案（八）尚未公布，认定盗窃罪均有数额要求，只有达到数额较大的才能成立犯罪。但是，张红军入户盗窃300元，尚未达到数额较大标准，“入户”行为本身是盗窃罪的成立要件，如果再认定“入户抢劫”是对“入户”行为的再次评价，违背刑法禁止双重评价的原则。

第二种意见认为，刑法第二百六十九条规定的转化型抢劫并不要求前罪既遂，只要着手实施盗窃、诈骗、抢夺行为，为窝藏赃物、抗拒抓捕或者毁灭罪证而当场使用暴力或者以暴力相威胁的，就构成抢劫罪。被告人张红军在户内盗窃，为抗拒被害人的抓捕当场使用暴力，当然构成“入户抢劫”。

我们同意第二种意见。被告人张红军入户盗窃被发现后，当场使用暴力抗拒抓捕，致被害人轻微伤，其行为已构成“入户抢劫”。

（一）对“转化型抢劫”中的“犯盗窃、诈骗、抢夺罪”的正确理解

刑法第二百六十九条规定，犯盗窃、诈骗、抢夺罪，为窝藏赃物、抗拒抓捕或者毁灭罪证而当场使用暴力或者以暴力相威胁的，依照刑法第二百六十三条的规定，以抢劫罪定罪处罚。对于“犯盗窃、诈骗、抢夺罪”的内涵，我们认为应当从立法原意和法律精神来解读。

第一，从法条内容来看，转化型抢劫的主观要件是“为窝藏赃物、抗拒抓捕或者毁灭罪证”，这种情形既可以发生在犯罪既遂后，也可以在犯罪实施过程中。如果严格要求转化前的行为构成犯罪，则可能出现仅因盗窃等行为的数额未达到构罪标准，而放纵使用较强暴力拒捕的行为或者出现对造成严重犯罪后果的行为难以适当追责的情形。

第二，从罪质内容来看，本条规定的转化型抢劫与刑法第二百六十三条规定的抢劫罪，虽然获取财物与实施暴力的前后顺序不同，但两者均以抢劫罪定罪处罚，即刑法对两种行为的否定性评价是一致的，二者的罪质是相同的。因此，抢劫罪的构成要件中没有数额方面的要求，对转化型抢劫也不应该有类似要求，即不应对转化前的盗窃、诈骗和抢夺行为提出数额方面的限定，否则有违公平性原则。事实上，司法实践中大量存在前罪尚未既遂就被发现，为窝藏赃物、抗拒抓捕或者毁灭罪证而使用暴力或者以暴力威胁的案件，通常都是以转化型抢劫定罪量刑的。但是，不要求前罪既遂，并不意味着没有任何限制。

刑法第十三条规定“情节显著轻微危害不大的，不认为是犯罪”的底线必须遵守。2016年《最高人民法院关于审理抢劫刑事案件适用法律若干问题的指导意见》（以下简称《抢劫指导意见》）对此作出了全面规定：“犯盗窃、诈骗、抢夺罪”，主要是指行为人已经着手实施盗窃、诈骗、抢夺行为，一般不考察盗窃、诈骗、抢夺行为是否既遂。但是所涉财物数额明显低于“数额较大”的标准，又不具有《两抢意见》第五条所列五种情形之一的，不构成抢劫罪。这里的五种情形是指：（1）盗窃、诈骗、抢夺接近“数额较大”标准的；（2）入户或者在公共交通工具上盗窃、诈骗、抢夺后在户外或交通工具外实施上述行为的；（3）使用暴力致人轻微伤以上后果的；（4）使用凶器

或者以凶器相威胁的;(5)具有其他严重情节的。如此规定,体现了刑事法律的体系性要求,也便于司法实践操作。

因此,根据《抢劫指导意见》的规定,虽数额较小,但具有入户或者在公共交通工具上盗窃等情形的,也可以构成转化型抢劫的前提条件即“犯盗窃、诈骗、抢夺罪”。第一种观点以《抢劫解释》和《两抢意见》出台时刑法修正案(八)尚未公布,入户盗窃数额未达到较大为由,认为不能成立盗窃罪,从而不构成“转化型抢劫”,与《抢劫指导意见》的规定不相符。

(二)入户盗窃并转化为抢劫的,应当以“入户抢劫”论处

入户抢劫是抢劫罪的加重处罚情节之一,加重理由就是“入户”,即其侵犯了被害人“家”的私密性和安全性,是对公民最可靠也是最后可以依靠的处所的侵犯,其危害性明显重于普通抢劫。因此,对“户”的认定尤为重要。《抢劫解释》和《两抢意见》对此予以明确界定:“户”是指供他人生活的与外界相对隔离的住所,包括封闭的院落、牧民的帐篷、渔民作为家庭生活场所的渔船、为生活租用的房屋等。上述概念反映出两个特征:第一,要具有日常生活性,这是“户”的功能特征;第二,要具有封闭性和排他性,这是“户”的场所特征。西方法谚“我屋虽破,风可进、雨可进、国王不能进”很好地阐释了该特征,即居住者对于“户”享有排他性的权利,未经允许或法定事由不得随意入户,居住者均有要求非法侵入者离开的权利。根据上述特征可知,正是由于行为人未经允许侵犯了居住者对“户”的排他性权利,该行为才应当受到严惩,故入户的非法性就成为题中之义,即行为人基于侵害户内人员的人身、财产的非法目的入户的,就要对入户行为加重处罚;如果经过允许入户,在户内临时起意实施不法行为的,则不具有非法侵入的特性,故不能将此“入户”作为加重处罚的情节。因此,认定“入户抢劫”自然要求只有在户内实施暴力或者以暴力相威胁,如此才能体现出“入户”的非法性。对于入户实施盗窃、诈骗、抢夺的,为窝藏赃物、抗拒抓捕或者毁灭罪证,也必须是在户内使用暴力或者以暴力相威胁的,才能认定“入户抢劫”;如果在户外使用暴力或者以暴力相威胁,则只能认定普通抢劫。《抢劫指导意见》也对此作出明确规定:“入户……盗窃、诈骗、抢夺后,为了窝藏赃物、抗拒抓捕或者毁灭罪证,在户内……当场使用暴力或者以暴力相威胁的,构成‘入户抢劫’……”

本案中,被告人张红军为盗窃非法进入被害人许某的住所窃取现金300元,根据刑法修正案(八)的规定,张红军的行为已经构成入户盗窃。后张红军被返回家中的许某发现,为抗拒抓捕,张红军在许某的住所内将许某打伤,致许某轻微伤。张红军基于盗窃目的非法入户,为抗拒被害人的抓捕而在户内当场使用暴力致被害人轻微伤,根据《抢劫指导意见》的规定,张红军的行为应转化为“入户抢劫”。北京市第二中级人民法院根据本案具体情节,结合张红军累犯的加重处罚情节和如实供述的从轻处罚情节,以抢劫罪判处被告人张红军有期徒刑十一年,剥夺政治权利二年,并处罚金人民币二万二千元是适当的。

(撰稿:最高人民法院刑四庭　杜军燕
审编:最高人民法院刑四庭　陆建红)

[第1183号]郭建良抢劫案

——“抢劫致人死亡”的司法认定

【关键词】 抢劫罪 抢劫致人死亡 因果关系 量刑

一、基本案情

被告人郭建良,男,汉族,1979年11月7日出生。2004年9月10日因犯抢劫罪被判处有期徒刑十一年,剥夺政治权利二年,并处罚金人民币二千元;2013年3月21日,因犯盗窃罪被判处有期徒刑七个月,并处罚金人民币一千元,2013年8月13日刑满释放。2015年2月14日因涉嫌犯抢劫罪被逮捕。

河南省南阳市人民检察院以被告人郭建良犯抢劫罪,向南阳市中级人民法院提起公诉。

被告人郭建良对指控的罪名及犯罪事实无异议。其辩护人提出:郭建良认罪态度好,且被害人刘约华系坠楼身亡,与郭建良的抢劫行为不具有直接因果关系,不属于抢劫致人死亡的情形,建议对郭建良从轻处罚。

南阳市中级人民法院经审理查明:2015年1月31日,被告人郭建良携带透明胶带、菜刀、帽子、口罩等作案工具,从河南省内乡县乘车至河南省镇平县城,伺机抢劫。当日12时30分许,郭建良在镇平县园中园路口西南侧一巷道内见被害人刘约华(女,殁年32岁)独自回家,即紧随其后,强行进入刘约华家中。刘约华见状呼救,郭建良持菜刀朝刘约华手部、头部砍击,用胶带捆绑刘约华的双手、双脚等部位,将刘约华背至二楼北卧室置于床上,又用床上的秋衣、秋裤等再次捆绑刘约华的手脚,逼迫刘约华说出钱财存放地点。郭建良在二楼翻找财物未果后下楼欲继续翻找,与刘约华之弟刘松(被害人,时年24岁)相遇,郭建良持菜刀朝刘松手部、头部砍击。其间,刘约华在二楼窗户旁向邻居呼救时从窗口处坠落,致重度颅脑损伤死亡。郭建良威逼刘松进入卫生间,将刘松双手捆住后逃离。刘松被刀砍致头顶部裂伤及右手背、手指外伤,其损伤程度属轻微伤。

南阳市中级人民法院认为,被告人郭建良以非法占有为目的,采用暴力手段强行入户劫取公民财物,致一人死亡,一人轻微伤,其行为已构成抢劫罪。郭建良2013年因犯盗窃罪被判处有期徒刑执行完毕后,在五年内再犯应当判处有期徒刑以上刑罚之罪,构成累犯,应从重处罚;其多次犯罪被处罚后,不思悔改,仍在光天化日之下公然入户实施抢劫,致一人死亡,人身危险性极大,所犯罪行极其严重,无法定从轻、减轻情节,依法应当判处死刑。据此,依照《中华人民共和国刑法》第二百六十三条第一项和第五项、第三十六条、第四十八条、第五十七条第一款、第五十九条、第六十五条第一款,以抢劫罪判处被告人郭建良死刑,剥夺政治权利终身,并处没收个人全部财产。

宣判后,被告人郭建良提出上诉称,被害人刘约华的死亡不是其直接造成的,不属于抢劫致人死亡;其认罪悔罪,原判量刑过重。郭建良的辩护人提出与上诉理由相同的辩护意见。

河南省高级人民法院经审理查明的事实和证据与一审相同。

河南省高级人民法院认为,被告人郭建良入户持刀抢劫过程中将被害人刘约华的双手、双脚捆绑放置在二楼北间卧室内,刘约华从二楼北间卧室挪到二楼南间卧室窗户处呼救时坠楼身亡,刘约华的呼救行为是为了摆脱身处被抢劫的危险境地,其坠楼的结果与郭建良的抢劫行为具有因果关系,郭建良的行为属于抢劫致人死亡的情形。郭建良以非法占有为目的,采用暴力手段强行劫取他人财物,其行为已构成抢劫罪,且具有入户抢劫、抢劫致人死亡的情形,依法应予严惩。郭建良又系累犯,应从重处罚。据此,依照《中华人民共和国刑事诉讼法》第二百二十五条第一款第一项之规定,裁定驳回上诉,维持原判,并依法报请最高人民法院核准。

最高人民法院经审理认为,被告人郭建良采用暴力手段劫取他人财物,其行为已构成抢劫罪。其犯罪性质恶劣,具有入户抢劫、抢劫致人死亡的情节,且系累犯,主观恶性深,人身危险性大,应依法从重处罚。第一审判决、第二审裁定认定的事实清楚,证据确实、充分,定罪准确,量刑适当,审判程序合法。据此,依照《中华人民共和国刑事诉讼法》第二百三十五条、第二百三十九条和《最高人民法院关于适用〈中华人民共和国刑事诉讼法〉的解释》第三百五十条第一项的规定,裁定核准河南省高级人民法院维持第一审以抢劫罪判处被告人郭建良死刑,剥夺政治权利终身,并处没收个人全部财产的刑事裁定。

二、主要问题

在司法实践中,如何具体认定抢劫犯罪中的“抢劫致人死亡”?

三、裁判理由

本案在审理过程中,对于被告人郭建良的行为构成抢劫罪没有异议,但对于郭建良的抢劫犯罪是否属于“抢劫致人死亡”及如何量刑,存在两种不同观点:第一种观点认为,被害人刘约华系自行坠楼身亡,并非郭建良的抢劫行为直接造成,二者不具有刑法上的因果关系,郭建良的行为不构成“抢劫致人死亡”,对郭建良不能判处死刑。第二种观点认为,郭建良为抢劫而捆绑被害人的手脚,并将被害人放置在二楼,被害人在呼救时坠楼身亡,被害人的呼救行为和坠楼的结果与郭建良的抢劫行为具有因果关系,郭建良的行为属于“抢劫致人死亡”,综合本案其他情况应当判处郭建良死刑。

我们同意第二种观点。“抢劫致人死亡”是抢劫罪八种加重处罚情节之一,准确认定“抢劫致人死亡”情节直接关系到抢劫罪的量刑轻重。从实践来看,“抢劫致人死亡”的认定需要注意以下两个问题:

(一)明确“抢劫致人死亡”的含义

“抢劫致人死亡”是指行为人实施抢劫时,因其抢劫行为致被害人死亡。“抢劫致人死亡”的主观内容既包括故意杀害被害人,又包括过失致被害人死亡。刑法此处之所以规定为“致人死亡”,而不是“杀害被害人”,是因为本条款规定的是结果加重犯。通常认为,在结果加重犯中,行为人对结果的产生主观上包括故意和过失的内容,就故意而言,既包括直接故意,也包括间接故意。也就是说,“抢劫致人死亡”,既包括直接故意杀人致人死亡,也包括为抢财物不顾他人死活的间接故意杀人,还包括在抢劫过程中过失致人死亡。

之所以作出这样的解释是基于两个方面的原因:一是无论行为人主观上是直接故意、间接故意还是过失,所造成的死亡结果都是抢劫暴力犯罪的结果之一,是抢劫罪的组成部分。二是行为人实施抢劫暴力行为是为了排除妨碍,针对的是他人的身体,即健康或生命权利,但在抢劫犯罪的实施过程中很难对暴力行为进行性质或层次上的区分。如就行为性质而言,一般难以区分是直接故意杀人,还是间接故意杀人;是间接故意杀人,还是故意伤害致人死亡。只有当实际危害结果发生以后,才能确定其暴力所造成的危害程度,即致人轻伤、重伤抑或死亡。如果在实施抢劫财物的过程中,因使用暴力,如殴打、伤害、捆绑、禁闭等而致人死亡的,均应认定为“抢劫致人死亡”。

本案中,被告人郭建良入户后先持菜刀在被害人手上砍了一刀,接着在被害人衣服上划了几下，然后朝被害人头部砍了一刀，用胶带捆绑被害人的手腕、脚腕和双腿，并说“你不要叫了，我就图你点钱”。郭建良的上述暴力行为有所节制，既没有明显的追求被害人死亡的直接故意，亦不存在放任被害人死亡的间接故意。但如前所述，“抢劫致人死亡”系结果加重犯，行为人主观上对“致人死亡”的结果是直接故意还是间接故意，抑或是过失均不影响“抢劫致人死亡”的成立，只要发生了致人死亡的结果，且这种结果与抢劫行为之间具有因果关系，就应当认定为“抢劫致人死亡”。

（二）正确界定抢劫行为与抢劫对象死亡结果之间的因果关系

在抢劫案件中，行为人直接对被害人实施伤害、杀害行为，造成被害人死亡的，二者当然存在因果关系。但对于行为人没有直接对被害人实施伤害、杀害行为，而被害人死亡的，如何认定二者之间的因果关系？我们认为，此种情形下，抢劫行为与被害人死亡结果之间必须具备因果关系不中断的条件，即在抢劫对象的死亡与抢劫犯罪行为人的行为有刑法上的因果关系的情况下，才能认定“抢劫致人死亡”情节成立。这也是认定“抢劫致人死亡”的关键。

刑法上的因果关系是指危害行为与危害结果之间引起与被引起的合乎规律的联系。如何认定刑法上的因果关系，存在多种学说。我们认为，在“抢劫致人死亡”情节的认定中，抢劫行为与被害人死亡结果之间的因果关系应不限于直接、必然因果关系，也包括间接、偶然因果关系，即“抢劫致人死亡”中的“致”是招致、引起（后果）的意思，而非限于直接造成。“抢劫致人死亡”，既可以解释为抢劫行为造成被害人死亡，也可以解释为因抢劫而招致被害人死亡。在抢劫中杀害或伤害被害人的，抢劫行为与死亡结果之间具有直接、必然因果关系，毫无疑问构成“抢劫致人死亡”。在抢劫过程中介入其他因素导致被害人死亡的，虽然被害人死亡由多种因素造成，但只要抢劫行为与被害人死亡之间的因果关系没有中断，仍然可以认定为抢劫致人死亡。例如，在抢劫过程中，被害人为逃跑而跌入河流淹死或者穿过马路被车轧死的，应当认定为“抢劫致人死亡”。反之，在抢劫行为发生后，由于其他因素的介入导致被害人死亡，抢劫行为与死亡结果之间的因果关系中断的，则不应认定为“抢劫致人死亡”。如被害人被抢劫后，离开现场，在回家路上因车祸而死亡，或者被害人回家后因被抢劫而自杀的，都因因果关系的中断，而不能认定为“抢劫致人死亡”。

因果关系是一种特定条件下的客观联系，不能离开客观条件认定因果关系，因此，在认定抢劫行为与被害人死亡结果之间的因果关系时必须紧密结合案件实际情况。在本案审理中，对于抢劫行为与被害人死亡结果之间的因果关系产生争议，主要是因为在被告人实施抢劫的过程中，被害人为呼救而将头伸出窗外从而坠楼死亡，也就是在被告人的抢劫行为中介入了其他因素（被害人行为）。在行为人的抢劫行为介入了其他因素时，要根据具体情况综合判断抢劫行为与被害人死亡结果之间的关系，具体应当考察以下四个方面的因素：（1）抢劫暴力行为导致结果发生的可能性大小；（2）介入因素的异常性大小；（3）介入因素对结果发生作用的大小；（4）介入因素是否属于行为人的作用范围。在抢劫行为实施中介入了被害人某些行为，进而导致死亡结果的发生时，应根据案件具体情况判断被害人实施的行为是否具有通常性，如果抢劫行为的实施导致被害人不得不或者在通常情况下会实施介入行为，则该介入行为对抢劫行为与被害人死亡结果之间的因果关系没有影响；如果被害人的介入行为属于通常情况下不会实施的行为，即异常行为，该行为对死亡结果又起到决定性作用，则抢劫行为与被害人死亡结果之间的因果关系中断。

本案中，被告人郭建良为劫取财物先殴打被害人，继而捆绑被害人的手腕、脚腕和双腿，而后将被害人放置于二楼卧室的床上，并再次捆绑被害人的手脚。被害人为避免自己及家人的人身、财产遭受不法侵害而爬至二楼窗户呼救，因被告人在楼下翻找财物又不敢大声呼喊，且由于双手、双脚均被捆绑只能把头伸出窗外小声呼救,从而导致坠楼身亡。根据本案的具体情况,被害人所实施的呼救行为属于通常情况下一般人都会实施的行为,或者说是在案发当时被害人不得不实施的行为,该介入行为并非异常行为,不能中断抢劫行为与被害人死亡结果之间的因果关系。因此,被害人的死亡与郭建良的抢劫行为之间仍然存在因果关系,应当认定郭建良具有"抢劫致人死亡"的情节。

此外,虽然被告人郭建良在抢劫过程中,行为有所节制,没有直接实施杀害被害人的行为,但考虑其系有预谋实施抢劫犯罪,具有"入户抢劫""抢劫致人死亡"的严重情节,且具有两次财产犯罪前科,第一次亦为抢劫犯罪,第二次故意犯罪系刑满释放后不到一年半的时间内重新犯罪,系累犯,应依法从重处罚,综合考虑可对其判处死刑。

综上,原审法院认定被告人郭建良构成抢劫罪,且属于"抢劫致人死亡",据此判处其死刑是适当的。

(撰稿:最高人民法院刑四庭　罗　勋　杨　华
审编:最高人民法院刑四庭　陆建红)

[第1184号]王志国、肖建美抢劫案
——"冒充军警人员抢劫"的认定

【关键词】 抢劫罪　冒充军警人员抢劫　限缩解释

一、基本案情

被告人王志国,男,1981年3月11日出生,2008年11月19日因犯盗窃罪被判处有期徒刑八个月,2009年11月18日因犯抢劫罪被判处有期徒刑三年六个月。2013年9月27日因涉嫌犯抢劫罪被逮捕。

被告人肖建美,男,1987年6月10日出生,2013年9月27日因涉嫌犯抢劫罪被逮捕。

河北省容城县人民检察院以被告人王志国、肖建美犯抢劫罪,向容城县人民法院提起公诉。

容城县人民法院经审理查明:2013年8月24日22时许,被告人肖建美与被告人王志国在容城县新容花园广场旁边的树林里,假称是派出所的,着便装以抓嫖娼的名义向被害人赵某某索要钱款,否则将其送往派出所,在此期间二被告人使用掐脖子、揪头发、拽胳膊等暴力手段,最终抢走赵某某现金230元和白色耳麦一副。经估价白色耳麦价值40元,所得赃款均已挥霍,白色耳麦扔在路边。2013年8月28日,被害人赵某某在新容花园西门北侧找到王志国和肖建美,便追赶二被告人,并向公安机关报警,被告人王志国被当场抓获,被告人肖建美逃跑后于2013年9月19日在其家中被高碑店市公安局抓获归案。

容城县人民法院认为,被告人王志国、肖建美以非法占有为目的,冒充正在执行公务的人民警察,通过暴力、威胁手段强行抢走公民财物,其行为构成抢劫罪,且应依法从重处罚。被告人王志国与肖建美系共同犯罪,在犯罪过程中,二人分工合作,相互配合,积极实施了犯罪行为,均为主犯。被告人王志国因犯罪被判处有期徒刑,刑罚执行完毕以后在五年以内再犯应当判处有期徒刑以上刑罚之罪,系累犯,应当从重处罚。二被告人当庭自愿认罪,酌情从轻处罚。依照《中华人民共和国刑法》第二百六十三条第一款第六项、第二十五条第一款、第二十六条、第六十五条第

一款、第五十二条之规定，以抢劫罪分别判处被告人王志国有期徒刑十一年，并处罚金人民币五千元；判处被告人肖建美有期徒刑十年，并处罚金人民币五千元。

被告人肖建美上诉提出，其与王志国事先没有预谋，实施抢劫时只是口头宣称是警察，没有任何警察身份的标志，原判定性错误。

河北省保定市中级人民法院经审理查明的事实与一审判决基本一致。

保定市中级人民法院认为，二被告人只是口头称其是派出所的警察，被害人对二被告人身份产生怀疑并多次守候在案发地点，最终抓获二被告人，说明被害人并未相信二被告人是警察身份，如果认为二被告人属"冒充军警人员抢劫"的情形并施以刑罚，明显罪责刑不相适应，故对上诉人肖建美的该上诉理由予以采纳。依照《中华人民共和国刑事诉讼法》第二百二十五条第一款第二项，《中华人民共和国刑法》第二百六十三条、第二十五条第一款、第六十五条第一款、第五十二条之规定，判决如下：

1. 撤销河北省容城县人民法院(2014)容刑初字第34号刑事判决；

2. 上诉人(原审被告人)肖建美犯抢劫罪，判处有期徒刑六年，并处罚金人民币五千元；

3. 原审被告人王志国犯抢劫罪，判处有期徒刑七年，并处罚金人民币五千元。

二、主要问题

如何认定抢劫罪加重处罚情节之一的"冒充军警人员抢劫"？"冒充"是否要求达到使人信以为真的程度？

三、裁判理由

本案在审理过程中，对于被告人王志国、肖建美在实施抢劫过程中口头称自己是派出所警察的行为是否属于刑法第二百六十三条第六项的"冒充军警人员抢劫"，存在两种不同意见：

第一种意见认为，对于"冒充军警人员抢劫"的认定应从字面理解，只要具备以下两个条件即可：一是行为人实施了抢劫犯罪行为，二是在抢劫犯罪中有冒充军警人员的意思表示，而无论冒充行为是否足以使被害人或其他人相信其是军警。本案被告人王志国、肖建美以暴力、威胁手段抢劫被害人财物，其冒充警察抢劫属于刑法第二百六十三条规定的"冒充军警人员抢劫"的加重情节，应在有期徒刑十年以上量刑。

第二种意见认为，按照主客观相一致的原则，对于"冒充军警人员抢劫"的认定条件不应过于宽泛，而应以社会公众的一般认识为标准。本案二被告人只是口头称其是派出所警察，被害人对二人身份产生怀疑并多次守候在案发地点抓获被告人，并不相信二被告人是警察身份，如果认为二被告人属"冒充军警人员抢劫"，即要判处十年以上有期徒刑，明显罪责刑不相适应。故本案不应适用"冒充军警人员抢劫"的加重情节，应在有期徒刑三年以上十年以下量刑。

我们同意第二种意见。刑法第二百六十三条规定了抢劫罪的八种加重处罚情形，其中包括"冒充军警人员抢劫"。法律条文对于如何冒充、冒充行为应达到哪种程度并未作出明确规定，但这并不意味着只要行为人有冒充军警的语言表示就一律认定为"冒充军警人员抢劫"，判处十年以上有期徒刑。我们认为，对于"冒充军警人员抢劫"的含义应当从严格意义上进行理解，作出一定程度的限缩解释，主要理由如下：

第一，符合刑法解释学的基本原理。从刑法解释学的角度来看，对一个法律条文中并列规定的几项内容，应进行同类解释。刑法第二百六十三条规定的八种加重处罚情节，应认为它们在社会危害性上具有同质性。抢劫罪保护的是公私财产所有权和公民人身权双重客体，客体受到侵害的程度越严重，行为人所应得到的惩罚也就越重。抢劫罪的八种加重处罚情节中，"抢劫致人重伤、死亡"和"抢劫数额巨大"直接体现出对客体侵害的严重程度，具有相当大的社会危害性，必须依法严惩。根据同类解释规则,其他六种加重处罚情节的社会危害性也应与其大体相当。但现实中,其他六种加重情节的字面含义过于宽泛,有些行为虽表面上符合情节加重犯的构成要件,但社会危害性确实不大,因此,有必要进行限制解释,缩小其含义。例如,对"在公共交通工具上抢劫",司法解释就设置了两个要件:一是要求是正在运营中的机动公共交通工具;二是要求针对旅客、司售、乘务人员实施抢劫。

第二,符合立法目的。从立法目的来看,将"冒充军警人员抢劫"作为加重处罚情节,主要是考虑到这种行为严重损坏了军警的形象和声誉,出于对军警良好形象的维护而作出该项规定。但并非所有的冒充行为都能真正达到冒充效果,以致对军人和警察的形象造成损害。有时行为人的拙劣"演出"当场就被识破,被害人根本不相信行为人冒充的军警身份,更不用说通过"冒充"对被害人形成精神强制,行为人在冒充手段失败后,只能依靠暴力实现其犯罪目的。在这种情形下,冒充行为在整个抢劫犯罪实施过程中没有起到实质的促进作用,冒充行为也未造成军警形象、声誉的损害,如果一概认定为"冒充军警人员抢劫",显然与立法本意不符。

第三,符合罪责刑相适应的刑法原则。刑法设定"冒充军警人员抢劫"这一法定加重处罚情节,并设置十年有期徒刑以上的重刑,表明该行为的社会危害性较普通抢劫犯罪更为严重。冒充军警人员抢劫的行为除了造成军警形象、声誉的损害外,也使被害人在误认为对方是军警人员的情况下,降低防备意识,不敢反抗,或者失去了反抗的最佳时机,因而该种抢劫行为相较于普通抢劫表现出更大的社会危害性。如果行为人"冒充"军警人员的行为根本不会使人认为其是军警人员,那么这种抢劫行为与一般抢劫行为的社会危害性并无差别,再以"冒充军警人员抢劫"加重处罚,判处十年以上有期徒刑就使量刑畸重,罪刑不相适应。

正是基于上述理由,2016 年 1 月 6 日公布的《最高人民法院关于审理抢劫刑事案件适用法律若干问题的指导意见》(以下简称《抢劫指导意见》)明确规定,认定"冒充军警人员抢劫",要注重对行为人是否穿着军警制服、携带枪支、是否出示军警证件等情节进行综合审查,判断是否足以使他人误以为是军警人员。对于行为人仅穿着类似军警的服装或仅以言语宣称系军警人员但未携带枪支、也未出示军警证件而实施抢劫的,要结合抢劫地点、时间、暴力或威胁的具体情形,依照常人判断标准,确定是否认定为"冒充军警人员抢劫"。

上述规定为我们在司法实践中判断是否为"冒充军警人员抢劫"提供了清晰而具体的标准,具体来讲包括以下三个条件:

1. 冒充军警的行为应具有一定的表现形式。表现形式主要包括行为人主动亮明自己的军警人员身份、出示军警证件、身着军警制式服装、携带警械、驾驶军警车辆等。但并非只要行为人具有上述表现形式就一定构成"冒充军警人员抢劫",还需根据实际情况考查行为人的主观方面,如其并非出于抢劫的目的,则不宜认定为"冒充军警人员抢劫",否则将会导致客观归罪。

2. 冒充军警的行为应达到使一般人能够相信其身份的程度。冒充军警抢劫与一般抢劫的差别在于前者同时还损害了军人、警察的形象。若行为人仅用口头的方式冒充军警,且其"演技"拙劣、破绽百出,按照普通人的辨识能力可以识破,未能使一般人轻易相信,既没有构成一定的威胁程度,也没有损害军人、警察的形象,其社会危害性与一般抢劫无异,此行为不宜认定"冒充军警人员抢劫",可作为酌定从重的情节为宜。

3. 冒充军警的行为不可简单地依据结果来认定。冒充行为存在被害人相信与不信两种结果,虽然被害人是否相信对于冒充行为的认定具有一定影响,但并非只要被害人识破了行为人的假军警身份,就一概不认定为"冒充军警人员抢劫"。《抢劫指导意见》在此处使用的并非"被害人标准",而是"常人标准",即假如行为人的伎俩高超,足以使一般人信以为真,如果恰巧被具有军警专业知识的被害人轻易识破，虽然行为人冒充失败，但不可因此而不追究其责任，对此仍应认定为“冒充军警人员抢劫”而加重处罚。

本案中，被告人肖建美供称，作案时跟被害人说是派出所的，问被害人是不是找小姐了，然后就要钱，否则就带被害人到派出所；被告人王志国供称，看见被害人手里有钱，就过去把钱抢了，然后问被害人知不知道他们是干什么的，并说今天穿的是便装。由此可见，二被告人在抢劫时自称是派出所的便衣民警，虽然具有冒充军警人员的行为，但二人仅仅是口头宣称系警察，既没有穿着警察制服，也没有驾驶警用交通工具或使用警用械具等，更没有出示警察证件，以普通人的辨识能力能够轻易识破其假警察身份。案发后，被害人每天晚上去案发现场，试图抓住对其实施抢劫的两名男子，由此也可看出，被害人在案发当时根本不相信二被告人是警察，二被告人的冒充行为明显没有达到应有的程度和效果，也没有损害警察的形象，社会危害性与一般抢劫无异，不认定“冒充军警人员抢劫”为宜。

综上，二审法院认定二被告人不构成“冒充军警人员抢劫”，并对二被告人分别改判有期徒刑六年、七年是适当的。

（撰稿：河北省保定市中级人民法院　郭宏伟
审编：最高人民法院刑四庭　陆建红）

[第1185号]姚小林等抢劫案

——抢劫信用卡的犯罪数额认定

【关键词】　抢劫罪　抢劫信用卡　犯罪数额　量刑

一、基本案情

被告人姚小林，男，1982年7月4日出生，因犯故意伤害罪于2006年11月29日被判处有期徒刑一年，2007年9月27日刑满释放。因本案于2011年8月26日被逮捕。

被告人沈龙滨，男，1979年11月24日出生。因本案于2011年7月9日被逮捕。

被告人杨冬明，男，1974年10月25日出生。因本案于2011年7月9日被逮捕。

被告人沈伟达，男，1983年1月22日出生。因本案于2011年7月9日被逮捕。

被告人李亚林，女，1988年4月4日出生。因本案于2011年7月8日被逮捕。

被告人李冬平，男，1976年10月15日出生。因本案于2011年7月9日被逮捕。

浙江省杭州市萧山区人民检察院以被告人姚小林、沈龙滨、杨冬明、沈伟达、李亚林、李冬平犯抢劫罪，向萧山区人民法院提起公诉。

被告人姚小林辩称，其没有指使沈龙滨等人去取钱，金戒指其没有看到，对本案发生的起因其不清楚，其行为不构成抢劫罪、也不构成累犯。

被告人沈龙滨辩称，其跟着姚小林去的目的是搞清楚诈赌一事，案发时其在线聊天，对车内发生的事情其不清楚，其行为构成敲诈勒索罪。

被告人杨冬明、沈伟达、李亚林、李冬平对起诉书指控的事实和罪名无异议。被告人杨冬明的辩护人提出，杨冬明的行为构成敲诈勒索罪，且系从犯，主观恶性小、有悔罪表现，系初犯、偶犯，请求对其从轻处罚。被告人沈伟达的辩护人提出，沈伟达系从犯，有自首情节，在庭审中自愿认罪，系初犯、无前科，请求对其减轻处罚。被告人李亚林的辩护人提出，李亚林没有抢劫的主观故意，且系从犯，在庭审中自愿认罪，系初犯、主观恶性不深，请求对其减轻处罚。被告人李冬平的辩护人提出，李冬平系从犯，部分犯罪系未遂，在庭审中自愿认罪，系初犯、偶犯，请求对其减轻处罚。

萧山区人民法院经审理查明：

2011 年 5 月 14 日晚上，被告人姚小林、沈龙滨、杨冬明、沈伟达、李亚林、李冬平伙同刘某（另案处理）等人经事先预谋，以被害人张国某、张启某在赌博中利用扑克牌诈赌为由，由被告人李亚林开车，在杭州市萧山区新塘街道某路边、董家埭村某居民室内、所前镇东复线附近等地，采用拘禁、殴打、搜身、持刀威胁等手段，对被害人张国某、张启某、胡某某实施抢劫，劫得被害人张国某的黄金戒指 1 枚（价值 4886 元），劫得被害人张启某的黄金项链 1 根（价值 13 571 元）、现金 400 元、工商银行卡 1 张。后被告人姚小林逼问被害人张启某说出工商银行卡的密码，指使被告人沈龙滨和刘某从该卡内取出现金 20 000 元，后又指使被告人杨冬明以转账的方式转走该卡内资金 50 000 元，后因被害人张启某报案该 50 000 元被银行冻结而未被取走。在抢劫过程中，致被害人张启某右眼部挫伤、致被害人胡某某上嘴唇黏膜破损，两人的伤势均已构成轻微伤。

案发后，部分赃款已追回。被告人沈伟达于 2011 年 6 月 9 日主动到杭州市公安局萧山区分局城厢派出所投案，并如实供述自己的抢劫事实。案发后，被告人李亚林已赔偿被害人张启某、胡某某经济损失共计 5000 元。

萧山区人民法院认为，被告人姚小林、沈龙滨、杨冬明、沈伟达、李亚林、李冬平结伙，以非法占有为目的，采用暴力、威胁手段劫取他人财物，数额巨大，其行为均已构成抢劫罪，系共同犯罪。被告人姚小林、沈龙滨、杨冬明在共同犯罪中起主要作用，系主犯，应当按照其所参与的全部犯罪处罚；被告人沈伟达、李亚林、李冬平在共同犯罪中起次要作用，系从犯，应当从轻或减轻处罚。被告人姚小林在有期徒刑刑罚执行完毕后五年内再犯应当判处有期徒刑以上刑罚之罪，系累犯，应当从重处罚。被告人沈伟达案发后自动投案并如实供述自己的罪行，系自首，可以从轻或者减轻处罚。被告人李亚林案发后赔偿被害人部分经济损失，可以酌情从轻处罚。被告人杨冬明、李亚林、李冬平如实供述自己的罪行，均可以从轻处罚。据此，依照《中华人民共和国刑法》第二百六十三条，第二十五条第一款，第二十三条，第二十六条第一款、第四款，第二十七条，第六十五条第一款，第六十七条第一款、第三款，第五十五条第一款，第五十六条第一款，第五十二条，第五十三条，第六十四条之规定，以抢劫罪分别判处被告人姚小林有期徒刑十年九个月，剥夺政治权利一年，并处罚金一万一千元；判处被告人沈龙滨有期徒刑十年三个月，剥夺政治权利一年，并处罚金一万元；判处被告人杨冬明有期徒刑十年，剥夺政治权利一年，并处罚金一万元；判处被告人沈伟达有期徒刑七年，并处罚金七千元；判处被告人李亚林有期徒刑七年，并处罚金七千元；判处被告人李冬平有期徒刑五年六个月，并处罚金五千元。

宣判后，被告人沈龙滨、杨冬明、李亚林、李冬平分别提出上诉（李冬平在二审期间撤回上诉）。

沈龙滨上诉称，本案应定敲诈勒索罪；本案是由被害人诈赌引发的；其在犯罪过程中所起作用较小，应当认定为从犯；且其一贯表现较好，系初犯，因此原判定性有误，量刑过重，请求从轻或者减轻处罚。

杨冬明上诉称，其并没有伙同他人采用拘禁、殴打、搜身、威胁等手段从被害人处劫得黄金戒指、黄金项链、现金、银行卡等财物，原判认定的证据不足；本案应定敲诈勒索罪；其在犯罪过程中所起作用较小，应当认定为从犯；其主观恶性较小，一贯表现较好，系初犯、偶犯，且有退赃、赔偿等情节,因此原判定性不准,量刑过重,请求改判。

李亚林上诉称,其行为不构成抢劫罪;被害人存在诈赌行为;其在本案中系从犯、初犯,且认罪、悔罪态度好,原判适用法律错误,量刑畸重,请求依法改判。

浙江省杭州市中级人民法院经审理认为,上诉人沈龙滨、杨冬明、李亚林、李冬平及原审被告人姚小林、沈伟达以非法占有为目的,结伙采用暴力、威胁等手段劫取他人财物,数额巨大,其行为均已构成抢劫罪,且系共同犯罪。沈龙滨、杨冬明及姚小林在共同犯罪中起主要作用,系主犯,应当按照其所参与的全部犯罪处罚;李亚林、李冬平、沈伟达在共同犯罪中起次要作用,系从犯,应当从轻或减轻处罚。沈伟达案发后自动投案并如实供述自己的罪行,系自首,可以从轻或者减轻处罚。综上,对李亚林、李冬平、沈伟达均予以减轻处罚。姚小林系累犯,应当从重处罚。关于沈龙滨、杨冬明、李亚林所提各上诉理由,经查,六被告人以非法占有他人财物为目的,对被害人采用拘禁、殴打、搜身、威胁等手段,并在暴力持续过程中劫取被害人的财物,符合抢劫罪的犯罪构成要件,原判以抢劫罪定罪处罚并无不当;沈龙滨、杨冬明事先知晓并参与预谋,在具体实施过程中全程参与,行动积极,有看管、跟随、威胁被害人等行为,沈龙滨伙同他人从被害人工商银行卡中取出现金人民币20 000元,杨冬明以转账的方式转走该卡内资金人民币50 000元,因此二人在共同犯罪中并非起次要或辅助作用,原判认定二人系主犯正确;在案没有证据证实六被告人与被害人之间存在诈赌行为。据此,依法裁定:准许上诉人李冬平撤回上诉,驳回上诉人沈龙滨、杨冬明、李亚林之上诉,维持原判。

二、主要问题

抢劫犯罪中劫取信用卡的,如何认定具体抢劫数额?

三、裁判理由

随着社会经济的飞速发展,人们在生活中携带大量现金进行消费、交易的情形逐渐减少,信用卡①支付已经代替现金支付成为日常消费、交易的主要手段之一。近年来,针对信用卡的财产犯罪也呈显著上升趋势,特别是在抢劫犯罪中,被害人通常都会随身携带信用卡,而随身携带大量现金的却不多,因而,抢劫犯罪的行为人直接劫取现金的情况与以往相比已经大大减少,抢劫信用卡后通过向被害人逼问密码等手段在自动取款机取出现金,通过POS机套取现金或者直接在金店、商场刷卡消费的案件明显增多。

由于信用卡不同于传统意义上的财产,在行为人劫取信用卡后取款、消费的情况下,如何认定抢劫数额,在理论和实践中均存在一定争议。本案在审理中对于被告人姚小林等抢劫数额的认定就有两种不同观点:第一种观点认为,被告人姚小林等人劫取被害人张启某的信用卡后,通过威胁张启某获得该信用卡密码,从该卡内取出现金20 000元,后又以转账的方式转走该卡内资金50 000元,共计从该信用卡内劫取70 000元,因被害人张启某报案,50 000元被银行冻结而未被取走可以作为量刑情节考虑。第二种观点认为,被告人姚小林等人虽然掌握了张启某的信用卡密码,但不代表已经控制了该信用卡内的全部财产金额,只有取出的20 000元才能计入抢劫数额,因银行冻结而未能取走的50 000元不应计入抢劫数额。

我们同意第二种观点,具体理由如下:

---

① 本文中的信用卡均指刑法意义上的信用卡。根据《全国人民代表大会常务委员会关于〈中华人民共和国刑法〉有关信用卡规定的解释》,刑法规定的"信用卡",是指由商业银行或者其他金融机构发行的具有消费支付、信用贷款、转账结算、存取现金等全部功能或者部分功能的电子支付卡。

（一）以行为人实际获取的财物为抢劫数额，与信用卡的本质特征相符

在日常生活中，对于实物类的财产来说，控制该财产就是直接对财物本体进行控制，这种控制关系一般具有排他性，当一方将财物置于自己的实力支配之下时，另一方也就失去了对该财物的控制。但是，信用卡并非实物财产，而属于一种记载财物的金融凭证，信用卡与所记载的财物本身存在密切的联系，但又与所记载的财物存在相对分离，信用卡本身被控制并不意味着信用卡内所记载的财物也完全被控制。在抢劫犯罪案件中，行为人劫取了信用卡，甚至获取了密码，均不等于行为人已经获取了信用卡上所记载的财物；被害人丧失了对信用卡本身的控制，也不意味着已经丧失了信用卡上所记载的财物。鉴于信用卡所具有的抽象财物与具体财物的双重属性，在抢劫信用卡类犯罪中，只有以行为人从信用卡中实际获取的财物数额，也即信用卡所有人受到的实际损失为抢劫数额的认定标准，才能完整、客观地体现抢劫信用卡行为的社会危害性。

具体到本案中，被告人姚小林等人在劫取了被害人张启某的信用卡并逼问出密码后，并不意味着已经占有了该信用卡内的全部财物，被告人沈龙滨和刘某从该卡内取出现金 20 000 元时，该 20 000 元属于已被行为人占有的财物，应认定为抢劫数额。而被告人杨冬明以转账的方式转走该卡内的 50 000 元，由于银行转账不能全部即时到账①，所以转账款在实际到账时才能视为在行为人的占有之下，在到账之前仍存在被冻结、挂失等可能性而导致无法到账。本案就是因为被害人张启某在案发后及时报案，银行将该笔款项冻结而未能到账，故该笔 50 000 元并未被行为人实际占有，不宜计入抢劫数额。

（二）以行为人实际获取的财物为抢劫数额，与相关的解释规定一致

关于抢劫信用卡的数额认定问题，《最高人民法院关于审理抢劫、抢夺刑事案件适用法律若干问题的意见》（以下简称《两抢意见》）中规定：“抢劫信用卡后使用、消费的，其实际使用、消费的数额为抢劫数额；抢劫信用卡后未实际使用、消费的，不计数额，根据情节轻重量刑。”2016 年 1 月 6 日最高人民法院出台的《关于审理抢劫刑事案件适用法律若干问题的指导意见》（以下简称《抢劫指导意见》），更是明确规定：“通过银行转账或者电子支付、手机银行等支付平台获取抢劫财物的，以行为人实际获取的财物为抢劫数额。”

我们认为，上述两个司法解释性文件所体现的原则是一脉相承的。《两抢意见》虽未对劫取信用卡后以转账方式获取财物的数额计算作出明确规定，但所规定的内容确立了抢劫信用卡的数额计算基本标准应为“实际损失标准”，即以行为人实际使用、消费的信用卡数额作为抢劫数额，并特别强调，没有实际使用、消费的部分不能计入抢劫数额。而《抢劫指导意见》结合近年来电子银行业的快速发展以及互联网普及的新情况，对于通过银行转账或者电子支付、手机银行等支付平台获取抢劫财物的，明确以行为人实际获取的财物作为抢劫数额，这一规定仍然坚持了“实际损失标准”，与《两抢意见》规定的原则相一致。

本案虽然发生在《抢劫指导意见》出台之前，但能够适用 2005 年 6 月 8 日发布的《两抢意见》，根据该意见确立的“实际损失标准”，被告人姚小林等人劫取被害人张启某的信用卡后，实际获取的数额是从自动取款机内取出的 20 000 元，通过转账方式转出的 50 000 元由于银行冻结而未能实际获取，被害人也并未实际损失该 50 000 元，因此该 50 000 元不应计入抢劫数额。

此外，需要注意的是，《两抢意见》对于抢劫信用卡后没有任何实际使用、消费的情形作了规定，即在这种情况下，对于所抢劫的信用卡不计数额，根据情节轻重量刑。而《抢劫指导意见》对

---

① 同行转账，在柜面或者网银可以即时到账，跨行转账在工作日要求 2 小时内到账，遇到非工作日时间需要顺延至工作日时间。

于行为人抢劫信用卡后部分使用、消费,部分没有使用、消费的情形作了补充规定,即"由于行为人意志以外的原因无法实际使用、消费的部分,虽不计入抢劫数额,但应作为量刑情节考虑"。我们认为,此处的"由于行为人意志以外的原因",是指行为人主观上有继续使用、消费信用卡的意愿,但由于账户冻结、密码输入错误被吞卡、取款或消费额度限制等客观方面原因导致未能继续使用、消费该信用卡。此时信用卡(主要是指借记卡)内的未使用、消费的部分虽然不能计入抢劫数额,但在量刑时应予以考虑。本案如在《抢劫指导意见》出台之后审理,则可适用该规定,对于被告人姚小林等从被害人信用卡内转账而未最终到账的50 000元,虽不计入抢劫数额,但在量刑时应酌情考虑从重处罚。

综上,原审法院根据各被告人抢劫共计38 857元,认定各被告人的抢劫数额达到数额巨大标准,同时根据各被告人具有的累犯、自首、从犯等法定从轻、从重处罚情节,以抢劫罪分别判处各被告人十年九个月至五年六个月不等的有期徒刑,并处相应罚金是适当的。

(撰稿:最高人民法院刑四庭　杨　华
审编:最高人民法院刑四庭　陆建红)

[第1187号]翟光强等抢劫案

——在他人实施盗窃为抗拒抓捕当场使用暴力的犯罪过程中加入其中的行为如何定性

【关键词】　抢劫罪　转化型抢劫　当场　共同犯罪　量刑

一、基本案情

被告人翟光强,男,1982年5月10日出生。2013年2月17日因涉嫌犯故意杀人罪被逮捕。

被告人胡丛建,男,1990年2月8日出生。2013年2月5日因涉嫌犯抢劫罪、故意杀人罪被逮捕。

被告人孟祥友,男,1988年3月6日出生。2013年2月5日因涉嫌犯抢劫罪被逮捕。

被告人贾森,男,1989年10月18日出生。2010年12月8日因犯盗窃罪被判处有期徒刑三年,缓刑五年。2013年2月1日因涉嫌犯故意杀人罪被逮捕。

被告人张帅,男,1988年4月8日出生。2013年2月5日因涉嫌犯抢劫罪被逮捕。

被告人井中岩,男,1995年10月5日出生。2014年1月6日因涉嫌犯抢劫罪被逮捕。

河北省沧州市人民检察院以被告人翟光强犯故意杀人罪,被告人胡丛建、孟祥友犯抢劫罪、寻衅滋事罪,被告人贾森、张帅、井中岩犯寻衅滋事罪,向沧州市中级人民法院提起公诉。

被告人翟光强对起诉书指控的犯罪事实没有异议。其辩护人提出,翟光强不构成故意杀人罪,其行为构成寻衅滋事罪。

被告人胡丛建、贾森、孟祥友、张帅、井中岩对起诉书指控的寻衅滋事罪没有异议。

河北省沧州市中级人民法院经审理查明:2012年12月28日凌晨,被告人胡丛建、孟祥友在黄骅港海防路中铁公司路口北侧,盗窃停在路边的王吉春大货车油箱内柴油时,被停在该路段南侧的大货车司机刘春风、刘光父子发现。刘春风、刘光下车后,胡丛建、孟祥友遂持斧子与刘春风、刘光打斗。胡丛建将刘春风左肘砍伤,致其轻微伤。后刘春风、刘光将孟祥友制服并绑在二人驾驶的大货车后侧。胡丛建逃跑,并打电话叫来被告人张帅、翟光强、贾森、井中岩。井中岩驾车望风,翟光强、贾森、张帅各持斧子下车与王吉春、刘春风、刘光打斗,并将两辆大货车玻璃、大灯砸碎。后胡丛建驾驶轿车,从路西侧绿化带由西向东,冲撞两辆大货车之间的王吉春、刘春风、刘光。翟光强见王吉春跑过来,用斧子猛砍王吉春头部,致王吉春颅脑损伤,经抢救无效死亡。刘光也被殴打致轻微伤。后六名被告人驾驶两辆轿车逃离现场。胡丛建、孟祥友将抢来的175升柴油卖给他人,经鉴定,柴油价值1358元。后翟光强、胡丛建、贾森、孟祥友被抓获归案,张帅、井中岩自动投案。

河北省沧州市中级人民法院认为,被告人胡丛建、孟祥友以非法占有为目的,在盗窃被害人王吉春货车油箱内柴油的过程中,因被发现,为抗拒抓捕而当场使用暴力,致一人轻微伤,劫得财物价值1358元,其行为已构成抢劫罪。被告人孟祥友被被害人抓获后,胡丛建纠集被告人翟光强、贾森、张帅、井中岩前来共同劫夺孟祥友,并致被害人王吉春死亡,公诉机关指控被告人翟光强的行为构成故意杀人罪,被告人胡丛建、贾森、张帅、孟祥友、井中岩的行为构成寻衅滋事罪。经查,被告人胡丛建纠集翟光强、张帅等人前来的犯罪目的是劫夺被控制的孟祥友,犯罪对象明确,胡丛建等人的行为并非扰乱公共秩序的行为,不符合寻衅滋事罪的构成要件。被告人翟光强、贾森、张帅、井中岩明知胡丛建、孟祥友系盗窃、抢劫犯罪分子,事先与胡丛建虽无盗窃、抢劫犯罪的通谋,但得知孟祥友因盗窃行为被发现与被害人打斗的过程中被抓获后,仍支持胡丛建实施抗拒抓捕行为,持斧子去劫夺孟祥友,与被告人胡丛建形成解救孟祥友、抗拒抓捕的共同犯罪故意,被告人翟光强等人劫夺孟祥友的行为与被告人胡丛建、孟祥友先前的转化抢劫犯罪行为是一个连续的整体,系事前无通谋的共同犯罪。因此被告人胡丛建、孟祥友与被告人翟光强、贾森、张帅、井中岩的行为均构成抢劫罪。故公诉机关指控被告人翟光强的行为构成故意杀人罪,胡丛建、贾森、孟祥友、张帅、井中岩的行为构成寻衅滋事罪,不能成立。被告人胡丛建、翟光强、贾森、张帅、井中岩在共同实施抢劫犯罪过程中,致被害人王吉春颅脑损伤死亡,上述被告人均应对王吉春死亡承担刑事责任,被告人孟祥友因人身受到控制,对王吉春的死亡结果不应承担刑事责任。据此,河北省沧州市中级人民法院依照《中华人民共和国刑法》第二百六十三条、第二百六十九条、第二十五条第一款、第二十六条第一款、第二十七条、第十七条第三款、第六十七条、第六十九条、第七十二条、第七十三条、第七十七条第一款、第五十条第二款、第五十六条第一款、第五十七条第一款、第三十六条第一款,《最高人民法院关于处理自首和立功具体应用法律若干问题的解释》第五条,《最高人民法院关于审理未成年人刑事案件具体应用法律若干问题的解释》第十一条、第十六条之规定,判决如下:

1. 被告人翟光强犯抢劫罪,判处死刑,缓期二年执行,剥夺政治权利终身,并处没收个人全部财产;对被告人翟光强限制减刑。

2. 被告人胡丛建犯抢劫罪,判处有期徒刑十五年,剥夺政治权利五年,并处罚金人民币二千元。

3. 被告人贾森犯抢劫罪,判处有期徒刑十四年,剥夺政治权利四年,并处罚金人民币二千元。

4. 被告人张帅犯抢劫罪,判处有期徒刑十二年,剥夺政治权利二年,并处罚金二千元。

5. 被告人孟祥友犯抢劫罪,判处有期徒刑五年,并处罚金人民币二千元。

6. 被告人井中岩犯抢劫罪,判处有期徒刑三年,缓刑五年,并处罚金二千元。

一审宣判后,被告人翟光强、胡丛建、贾森、张帅提出上诉。

翟光强及其指定辩护人认为,原判定性错误,量刑畸重;胡丛建认为,在抢劫致被害人王吉春死亡中,原审法院认定其系主犯错误,量刑过重;贾森及其辩护人认为,贾森不应对王吉春的死亡承担刑事责任，量刑过重；张帅及其辩护人认为，原审法院定性错误，张帅不应对王吉春的死亡承担刑事责任，量刑过重。

河北省高级人民法院经审理认为，上诉人胡丛建、原审被告人孟祥友实施盗窃行为，为抗拒抓捕持械使用暴力致一人轻微伤，并抢劫财物1358元；胡丛建为劫夺被控制的孟祥友纠集上诉人翟光强、贾森、张帅、原审被告人井中岩，后又与翟光强、贾森、张帅继续持械使用暴力，致一人死亡一人轻微伤，其行为均已构成抢劫罪。胡丛建、翟光强、贾森、张帅、井中岩共同故意实施犯罪，胡丛建、翟光强、贾森、张帅在共同犯罪中起主要作用，系主犯且均应对王吉春的死亡和刘光的轻微伤负刑事责任。原审法院根据本案查明的事实和证据，依法定罪量刑并无不当。鉴于上诉人贾森、张帅亲属与被害人亲属在本院审理期间自行达成了民事赔偿和解协议，贾森、张帅的犯罪行为得到了被害人亲属的谅解，对其依法可酌情从轻处罚。据此，河北省高级人民法院依照《中华人民共和国刑事诉讼法》第二百二十五条第一款第一项、第二项，第二百三十三条和《中华人民共和国刑法》第二百六十三条、第二百六十九条、第二十五条第一款、第二十六条第一款、第六十七条、第六十八条、第六十九条、第七十七条第一款、第五十五条第一款、第五十六条第一款之规定，判决如下：

1. 驳回上诉人翟光强、胡丛建上诉；

2. 上诉人贾森犯抢劫罪，判处有期徒刑十二年，剥夺政治权利四年，并处罚金人民币二千元；

3. 上诉人张帅犯抢劫罪，判处有期徒刑十年，剥夺政治权利二年，并处罚金人民币二千元。

二、主要问题

先行为人实施盗窃行为，为抗拒抓捕当场使用暴力，后行为人加入犯罪的行为如何定性？

三、裁判理由

刑法第二百六十九条规定，犯盗窃、诈骗、抢夺罪，为窝藏赃物、抗拒抓捕或者毁灭罪证而当场使用暴力或者以暴力相威胁的，依照第二百六十三条规定的抢劫罪定罪处罚。本案中，被告人胡丛建、孟祥友实施盗窃时被刘春风、刘光父子发现后，持斧子与刘春风、刘光打斗，致刘春风轻微伤，对该行为依照抢劫定罪处罚均无异议。关键是本案的后续行为，即被告人孟祥友当场被抓，被告人胡丛建逃跑后又纠集翟光强、贾森、张帅、井中岩暴力劫夺孟祥友，造成王吉春死亡（翟光强所致）、刘光轻微伤的行为该如何定罪量刑？公诉机关指控翟光强构成故意杀人罪，胡丛建、贾森、张帅、井中岩构成寻衅滋事罪。一、二审法院认为后续行为与先前的转化抢劫犯罪行为是一个连续的整体，故被告人胡丛建、孟祥友与被告人翟光强、贾森、张帅、井中岩均构成抢劫罪。我们赞同一、二审法院的意见，具体分析如下：

（一）后续行为不符合寻衅滋事的构成要件

寻衅滋事罪，是指肆意挑衅，随意殴打、毁坏，起哄闹事，严重破坏社会秩序的行为。我国刑法规定，有下列寻衅滋事行为之一的，构成本罪：(1)随意殴打他人，情节恶劣的；(2)追逐、拦截、辱骂他人，情节恶劣的；(3)强拿硬要或者任意损毁、占用公私财物，情节严重的；(4)在公共场所起哄闹事，造成公共场所秩序严重混乱的。根据《最高人民法院、最高人民检察院关于办理寻衅滋事刑事案件适用法律若干问题的解释》（以下简称《解释》）第一条的规定，寻衅滋事罪的行为人在主观上应具有“为寻求刺激、发泄情绪、逞强耍横等，无事生非”或者“因日常生活中的偶发矛盾纠纷，借故生非”的犯罪目的。

本案中，各被告人的行为在客观上似乎符合寻衅滋事罪“随意殴打他人，情节恶劣的”情形，但司法实践中，判断是否构成寻衅滋事罪，不能仅从客观行为的表象进行分析，还应当注重考察行为人的主观故意，才能区分不同性质的案件，准确定罪。本案被告人胡丛建暴力抗拒抓捕逃跑后，即电话联系翟光强、贾森、张帅、井中岩，告知了前因，邀约一同去劫夺被抓的孟祥友，翟光强、贾森、张帅、井中岩同意一块去救人，各被告人的犯罪目的和对象明确，并非为寻求精神刺激去随意殴打他人，而是要劫夺因盗窃被被害人抓获的孟祥友，不属于“无事生非”，亦不属于“借故生非”。从本案的社会危害性角度来看，各被告人打斗的行为虽然对公共社会秩序具有一定的破坏，但主要危害的是特定被害人的生命健康和财产权利，因此该行为不符合寻衅滋事罪的构成要件。另外，寻衅滋事罪最高刑罚为五年有期徒刑，本案中各被告人在劫夺孟祥友时采取了用自制钢管斧头砍击、用汽车撞击等暴力手段，犯罪性质恶劣，犯罪后果严重，如果仅用寻衅滋事罪追究各被告人的行为，不能体现罪责刑相一致原则，亦不足以体现刑罚的严厉性。

（二）转化行为与后续行为是一个连续整体

根据刑法第二百六十九条的规定，犯盗窃罪为抗拒抓捕而“当场”使用暴力的，才能按抢劫罪定罪处罚。那么这个“当场”该如何理解，是否只限于盗窃被发现的当时和现场？我们认为，对“当场”不能机械理解，它应该是个综合性的概念，涵盖了时间上的连续性和空间上的延续性，允许存在点与点之间的短暂间隔，应该是指行为人实施盗窃现场及抗拒抓捕的整个过程和现场。比如，行为人实施完盗窃行为，离开的时间短暂而马上被发现的，应认定为“当场”。如果被发现当时因条件不合适未采取抓捕，而跟踪到合适地点实行抓捕，行为人抗拒抓捕的，也应认定为“当场”。但是如果行为人实施盗窃后离开现场一段距离，因其他原因被发现的，就不宜认定为“当场”，此时行为人抗拒抓捕造成人员受伤或死亡的，则应以盗窃罪和故意伤害罪或故意杀人罪等罪名追究刑事责任。

本案中，被告人胡丛建、孟祥友实施盗窃时当场抗拒抓捕，结果胡丛建逃脱、孟祥友被抓，如果胡丛建逃脱后未返回现场救人，那么转化抢劫行为结束。但是胡丛建逃脱后立即联系了翟光强、贾森、张帅、井中岩等人，邀约救人。从被害人陈述来看，他们在抓住孟祥友后即报警。在等待警察到来期间，胡丛建开车返回一次，提出愿意拿钱赎人，被拒绝后胡丛建开车离去。过了一会儿，胡丛建开车带着其他被告人到达现场，采取暴力手段强行劫夺走了孟祥友。因此，转化行为与后续行为的目的都是暴力抗拒抓捕，整个过程是连续的，在时间和空间上不能割裂看待，定罪上自然也不能分开对待。

（三）本案属于事前无通谋的共同犯罪

共同犯罪是指二人以上共同故意犯罪。主观上要求共同犯罪人有共同的故意，共同实行的意思可以形成于实行行为之前或实行行为之时。从这一点出发，共同犯罪可以分为事前通谋的共同犯罪和事前无通谋的共同犯罪。事前通谋的共同犯罪，是指着手实行犯罪之前，共犯人已经形成共同犯罪故意，就犯罪实施进行了商议和谋划。事前无通谋的共同犯罪，则是指在刚着手或实行犯罪的过程中形成共同故意犯罪的。

事前无通谋的共同犯罪中，有可能存在承继的共同犯罪现象。也就是说，前行为人的先行行为的效果在持续，后行为人在明知这种状态的情况下参与进去，后行为人就与前行为人成立共同犯罪。但是这种承继的共同犯罪人，只能对与自己的行为具有因果性的结果承担责任，利用前行为人已经造成的结果不等于后行为人的行为与该结果之间具有因果关系。例如，前行为人单独入室盗窃被发现后逃离现场，在其逃离过程中，知道真相的后行为人为了使前行为人逃避抓捕，唆使前行为人或与前行为人共同当场对他人实施暴力，后行为人虽然没有犯盗窃罪，但其参与了抗拒抓捕行为，实施了转化抢劫行为，故与前行为人成立转化型抢劫。可是在相同情况下，如果前行为人抗拒抓捕时猛踢被害人腹部一脚，后行为人参与进来后也猛踢被害人腹部一脚，最后被害人因肝脏破裂流血过多而死亡，却不能查明是谁的行为造成其肝脏破裂。前行为人和后行为人构成转化型抢劫的共犯。但在区分地位、作用时,应当考虑前行为人的暴力是为了自身利益,而后行为人仅仅是帮助前行为人逃避抓捕,因此,前行为人应当承担更加主要的责任。

本案中,被告人翟光强、贾森、张帅、井中岩与被告人胡丛建、孟祥友平时均有盗油行为。翟光强、贾森、张帅、井中岩虽然与胡丛建、孟祥友此次事先并无盗窃、抢劫犯罪的通谋,但明知胡丛建、孟祥友在盗油时被发现,孟祥友被抓获后,而仍支持胡丛建实施抗拒抓捕行为,持自制钢管斧头去劫夺孟祥友,与被告人胡丛建形成解救孟祥友、抗拒抓捕的共同犯罪故意,系事前无通谋的共同犯罪,与孟祥友、胡丛建一起成立转化抢劫。胡丛建、翟光强、贾森、张帅、井中岩一起参与实施了劫夺孟祥友的行为,在此过程中,致被害人王吉春死亡、被害人刘光受轻微伤,该危害后果与五被告人的行为之间具有因果关系,故该五人均应对王吉春死亡和刘光轻微伤的结果承担刑事责任。而孟祥友由于人身被控制无法活动,胡丛建等五人的后行为其无法控制也不能制止,已超出其犯罪故意的范围,王吉春死亡和刘光轻微伤的结果与其先行行为无因果关系,故其不应该对王吉春死亡和刘光轻微伤的结果承担刑事责任,其在先前与胡丛建共同抗拒抓捕的过程中,胡丛建将刘春风左肘砍伤,致刘春风轻微伤,孟祥友仅对该先行为造成被害人轻微伤的结果承担刑事责任。

(四)关于本案的量刑

本案转化抢劫行为中,被告人孟祥友、胡丛建实施暴力行为共同抗拒抓捕,二人均系主犯,地位、作用相当,共同对刘春风轻微伤承担责任;后续行为中,被告人胡丛建、翟光强、贾森、张帅、井中岩五人参与,共同对被害人王吉春死亡、被害人刘光轻微伤承担责任,其中井中岩仅在旁实施望风行为,起辅助作用,系从犯,其余四人积极实施暴力行为,起主要作用,系主犯。四主犯中,翟光强独自持斧砍死被害人王吉春,作用最为突出,因此量刑最重。本案系严重危害社会治安的抢劫案件,又致一人死亡,但考虑本案责任相对分散,翟光强虽然是直接致人死亡的凶手,作用最为突出,但是其系被纠集而参与犯罪,并未参与前一阶段盗窃并抗拒抓捕的行为;胡丛建纠集、指挥他人,在劫夺孟祥友双方对峙时,首先开车试图撞击被害人,其在本案中的地位亦较为突出,故对被告人翟光强未判处死刑立即执行。但鉴于翟光强犯罪手段残忍,后果严重,法院同时判决对其限制减刑。

综上,一、二审法院认定各被告人构成抢劫罪并根据各被告人在共同犯罪中的地位、作用和本案的具体情节,所作判罚是适当的。

(撰稿:最高人民法院刑四庭　章晓瑜
河北省高级人民法院　曹永校
审编:最高人民法院刑四庭　陆建红)

[第1201号]李智豪抢劫案

——抢夺车辆后被对方GPS追踪、拦截而持枪威胁的,能否转化为抢劫罪

【关键词】 抢劫罪　转化型抢劫　当场

一、基本案情

被告人李智豪,男,1994年5月31日出生,无业。2015年4月17日因涉嫌犯抢劫罪被逮捕。

北京市朝阳区人民检察院以被告人李智豪犯抢劫罪,向北京市朝阳区人民法院提起公诉。

北京市朝阳区人民法院经公开审理查明:被告人李智豪预谋以购车为名抢车,在网上看到被害人谢军卫发布的出售二手车信息后,通过电话同对方取得联系,并约定了看车地点。2015 年 3 月 11 日 15 时许,李智豪携带枪支来到约定地点北京市朝阳区孙河乡"都市假日洗浴"门前停车场,谢军卫的侄子谢冬冬、弟弟谢营军驾驶欲售车辆前来商谈车辆买卖问题。后李智豪提出试驾,谢营军坐上副驾驶位置予以陪同,谢冬冬在车外等候,李智豪开车进行试驾。在试驾过程中,李智豪提出让谢营军进行驾驶,自己要查看车辆的其他问题。利用谢营军下车不备之机,李智豪迅速驾车逃离。谢营军见状立即打电话告知了谢冬冬,谢冬冬赶紧找了其他车辆和谢营军去追赶,追了一段没有发现李智豪的去向。谢冬冬随即打电话将该情况告知了谢军卫。谢军卫使用手机根据被抢车辆上安装的 GPS,对被抢车辆进行定位,自己开车去追,同时让朋友刘万才协助追赶。谢军卫用电话告诉刘万才被抢车辆的位置信息,刘万才开车带领秦万福按照谢军卫的指示一直追赶被抢车辆,后在西城区右安门附近将驾车的李智豪截住。李智豪见状掏出枪支对刘万才、秦万福进行威胁,刘万才、秦万福被迫让开道路,李智豪遂驾车逃离。当日 18 时 30 分许,李智豪在朝阳区三里屯地区被公安机关抓获归案。

北京市朝阳区人民法院审理认为,被告人李智豪无视国法,抢夺汽车被追上后,为抗拒抓捕而持枪进行威胁,其行为侵犯了他人财产权利和人身权利,已构成抢劫罪,依法应予惩处。北京市朝阳区人民检察院指控李智豪犯抢劫罪的事实清楚,证据确实、充分,指控罪名成立。鉴于李智豪归案后对基本犯罪事实如实供述,当庭自愿认罪,故对其所犯罪行依法予以从轻处罚。据此,依照《中华人民共和国刑法》第二百六十七条、第二百六十三条、第六十一条、第六十七条第三款、第四十五条、第四十七条、第五十二条、第五十三条、第五十五条第一款、第五十六条第一款、第六十四条之规定,以抢劫罪判处被告人李智豪有期徒刑十年,剥夺政治权利二年,罚金人民币二万元。

一审宣判后,被告人李智豪未提起上诉,公诉机关亦未抗诉,判决已发生法律效力。

二、主要问题

李智豪抢夺汽车后逃离,在距案发现场十多公里之外的地方为抗拒抓捕而持枪进行威胁,是否属于转化抢劫中所要求的"当场"使用暴力或者以暴力相威胁?

三、裁判理由

根据刑法第二百六十九条的规定,犯盗窃、诈骗、抢夺罪,为窝藏赃物、抗拒抓捕或者毁灭罪证而当场使用暴力或者以暴力相威胁的,依照抢劫罪定罪处罚。理论界将这种行为称为转化型抢劫罪。根据该规定,构成转化型抢劫罪需要具备前提条件(犯盗窃、诈骗、抢夺罪)、目的条件(为窝藏赃物、抗拒抓捕或者毁灭罪证)、手段条件(使用暴力或者以暴力相威胁)和时空条件(当场)。本案中,被告人的行为能否构成转化型抢劫罪,核心问题在于是否具备时空条件,也即是否满足"当场"的要求。

关于如何理解刑法第二百六十九条中规定的"当场",目前理论界和司法实践中主要有以下几种观点:第一种观点认为,"当场"就是实施盗窃、诈骗、抢夺罪的现场。第二种观点认为,"当场"是指与窝藏赃物、抗拒抓捕或者毁灭罪证有关的地方,而与盗窃、诈骗、抢夺罪的案发时间、地点关系不大。从时间上看,可以是案发当时,也可以是案发后数天甚至数月之后。从地点上看,可以是盗窃、诈骗、抢夺罪的犯罪地,也可以是离开犯罪地的途中,还可以是犯罪分子的住所地。第三种观点认为,"当场"既包括盗窃、诈骗、抢夺罪的现场,也包括以犯罪现场为中心与犯罪分子活动有关的一定空间范围,只要犯罪分子尚未摆脱监视者力所能及的范围,都属于"当场"。第四种观点认为,“当场”是指盗窃、诈骗、抢夺罪的现场,在现场或者刚一离开现场就被人及时发觉而立即追捕的过程中,也可视为现场的延伸。

上述第一种观点把“当场”理解为盗窃、诈骗、抢夺罪的现场,认识到了后行为与前行为的紧密联系,但是该观点对“当场”的理解过于机械。抢劫罪所保护的法益既包括财产权利,也包括人身权利。该观点忽视了转化型抢劫罪中侵犯财产权利向侵犯人身权利的转化,致使其对时空范围的界定过于狭窄,不符合转化型抢劫罪的客观实际,不利于对该类犯罪的有效打击。第二种观点对“当场”的理解又失之过宽,将“当场”视为可以完全脱离前行为的时空范围,完全忽视了前行为对该罪成立的前提意义,不符合立法原意,最终会造成司法实践中打击面过大。相比第二种观点,第三种观点注意到对“当场”的理解不能脱离与前行为的紧密联系,并试图修正前两种观点的偏颇之处,但是其界定标准过于模糊,对何谓“以犯罪现场为中心与犯罪分子活动有关”的空间范围,未能给出统一确定的标准,不利于实务操作。

第四种观点避免了第一种观点的严苛、第二种观点的宽泛和第三种观点的抽象,相比较更为妥当,是目前为大多数人所接受的主张。根据有关刑法理论及实践掌握,准确理解这里的“当场”,应当综合考虑以下三个方面:

1. 时空的接续性。“当场”从字面上看,就是当时和现场,包含了时间和空间两方面的要素,是时间上连续性和空间上连接性的统一体,前后行为在时间和空间上应当紧密联系,不能间断或者完全脱离。具体来说,前后行为在空间上应当具有连接性,即暴力、胁迫行为发生在盗窃、诈骗、抢夺行为现场或者与之紧密联系的场所;在时间上应具有连续性,即暴力、胁迫行为必须发生在盗窃、诈骗、抢夺行为之后,前后连续而未间断。只有在前行为与暴力、胁迫之间存在不间断的时空联系时,才能转化为抢劫罪。如果两者之间在时空关系上发生了中断,则失去了转化的可能性,不能转化为抢劫罪。一般来说,如果行为人作案后并未被及时发觉和追捕,而在其他时间或地点被发现、追捕的,应当认为不符合“当场”的条件,不能转化为抢劫罪。但是,对“当场”的理解不能过于机械,不能要求前后行为在同一时间点、同一地点上完全重合,二者之间应当允许存在短时间、短距离的间隔。比如,在行为人在超市内扒窃他人手机一部,3 分钟后被害人发现被盗而在超市门口追赶上行为人,行为人为抗拒抓捕而实施暴力,在这种情况下,仍然应认为具有时间上的连续性和空间上的连接性。

2. 先后行为之间的关联性。前后行为除了时空上的紧密联系外,还要求具有引起与被引起的关联性,即事后的暴力、胁迫行为是因为前面的盗窃、诈骗、抢夺等行为而引起的,如果不是因为盗窃等前行为导致行为人被追捕,而是因为其他事由,即使行为人也同样是因为窝藏赃物、抗拒抓捕或者毁灭罪证而使用暴力或者以暴力相威胁,其前行为也不能转化为抢劫罪。

3. 追捕事态的继续性。从犯罪过程上看,实施前行为(盗窃、诈骗、抢夺)—被发现—被追捕—实施暴力或者以暴力相威胁,是一个连贯的过程,追捕的事态是持续不间断的。只要行为人始终处于追捕人耳目所及的控制范围内,即使行为人一时躲避藏匿、暂时脱离了追捕人的视线,但只要追捕行动未停止,并最终发现了行为人,整个追捕过程仍然具有继续性,行为人此时为抗拒抓捕等而使用暴力或者以暴力相威胁的,仍然属于“当场”的范围,依法构成转化型抢劫罪。如果行为人已成功脱逃,事后被他人发现而被追捕,或者因为其他犯罪行为被抓捕,即使当场使用暴力或者以暴力相威胁,该暴力行为相对于前行为而言不再是“当场”实施,已失去了转化的时空条件。持续不断的追捕过程既包括行为人尚未离开前行为现场或者刚离开现场就被人发觉并立即实施抓捕,也包括行为人作案后很快被发现并对其实施一定时间的监视后再实施抓捕。只要行为人始终处于追捕人的视线范围之内,不论持续多久,追捕的距离有多长,其暴力或者以暴力相威胁行为均属于“当场”实施。

本案的特殊之处在于，被害人方追赶被告人时，不是用肉眼直接观察到被告人，而是通过被抢车辆上的 GPS 导航定位对被告人进行追踪，且实施抢夺的地点距离被告人被截获的地点有十多公里之远。被告人被拦截后为抗拒抓捕而持枪威胁，这种情况能否认定为转化型抢劫罪中的“当场”？

基于上述分析，只要被告人始终在视线范围之内，追捕行为一直处于持续状态，那么就视为案发现场一直在延长，截获被告人的地方就可以视为“当场”。被告人的行踪始终在视线可及的范围内，是判断追捕行为是否持续的一个标准。掌握被告人行踪是实质要点，至于观察的方式，不能也没有必要局限于肉眼观察。随着经济社会的发展和科技水平的提高，除了最基本的肉眼观察外，也可以借助于各种仪器和设备进行观察，这是与客观社会生活现状相符的。就像追捕行为本身，没有必要限定于仅靠双腿追捕，借助于自行车、汽车及其他设备并不违背追捕行为的本质。因此，本案中借助 GPS 来掌握被告人的行踪，完全可以视为被告人在追捕人的视线范围之内。本案中，李智豪驾车逃离抢夺现场，谢营军立即电话告知谢冬冬，二人随即驾车追赶。在没有追上之后，谢冬冬给车主谢军卫打了电话，告知相关情况。谢军卫立即根据被抢车辆上的 GPS 使用手机对车辆进行定位，自己进行追赶，并让朋友刘万才帮忙追赶，后刘万才根据 GPS 定位一直追赶并在右安门附近拦截了李智豪。可以看出，汽车被抢夺之后，被害方的追捕行为一直处在持续状态之中，中间虽略有中断，但这种中断是很短暂的而不是长时间的，并不影响追捕行为的整体连续性，被告人的行踪也始终在被害人一方的掌握之中。因此，虽然被告人抢夺地距离被截获地有十多公里之远，这段距离应该被视为抢夺现场的延长。在这种情况下，被告人被堵截拦停后持枪威胁被害方的追赶人员，属于“当场”以暴力相威胁，构成转化型抢劫罪，法院判决的定性是准确的。

（撰稿：北京市朝阳区人民法院　徐清岱
审编：最高人民法院刑二庭　韩维中）

[第 1224 号] 郭光伟、李涛抢劫案

——共同致一人死亡的案件中，如何认定罪责最严重的主犯

【关键词】 抢劫罪　共同犯罪　主犯　死刑　量刑

一、基本案情

被告人郭光伟，男，汉族，1982 年 4 月 28 日出生。2011 年 3 月因犯盗窃罪被判处有期徒刑二年十个月，并处罚金人民币三千元，2013 年 7 月 6 日刑满释放。因涉嫌犯抢劫罪于 2014 年 9 月 12 日被逮捕。

被告人李涛，男，汉族，1989 年 6 月 13 日出生。2012 年 5 月因犯敲诈勒索罪被判处有期徒刑二年五个月，并处罚金人民币一万元，2014 年 2 月 28 日刑满释放。因涉嫌犯抢劫罪于 2014 年 9 月 12 日被逮捕。

湖北省宜昌市人民检察院以被告人郭光伟、李涛犯抢劫罪向宜昌市中级人民法院提起公诉。

被告人郭光伟提出，没有证据证实其实施了抢劫行为。

被告人李涛提出其不明知是去抢劫。李涛的辩护人提出，李涛系从犯，认罪态度好，请求从

轻判处。

宜昌市中级人民法院经审理查明：被告人郭光伟、李涛因犯罪在同一劳改场所服刑时认识，刑满释放后，二人亦有联系。2014年7月26日，李涛从湖北省荆门市来到宜昌市猇亭区与郭光伟见面。其间，郭光伟、李涛多次预谋实施抢劫，并购买了手套、绳子等作案工具。同年7月29日，郭光伟、李涛二人在宜昌市猇亭区政府附近，拦下被害人周晓林（女，殁年41岁）驾驶的鄂EZR950红色"吉利美日"牌出租车（价值人民币21 740元）。郭光伟谎称去三峡机场，并按事前预谋，郭光伟上车后坐在后排，李涛则坐在副驾驶位。当周晓林驾驶车辆行至猇亭区逢桥路延伸段时，郭光伟声称喝醉酒要呕吐，要周停车。周晓林停车后，郭光伟立即用绳子套住周晓林的颈部，因周极力反抗，致使绳子滑落。此时，李涛将车钥匙拔出后，对周晓林进行殴打并将绳子拾起套住周的颈部后，又在周的颈部缠绕两圈递给郭光伟。郭光伟接过绳子猛勒周晓林的颈部，李涛则捂住周晓林的嘴，郭光伟、李涛共同致周晓林死亡。随后，郭光伟、李涛将周晓林的尸体移至后排座位，由郭光伟驾驶车辆返回其工作的工厂宿舍取换洗的衣服等物。李涛唯恐周晓林没有死亡，要郭光伟带湿毛巾用于捂周晓林的嘴。郭光伟从宿舍取走二人的衣服后返回车内时，递给李涛一件用水淋湿的衣服，李涛即用湿衣服捂住周晓林的嘴，直至其确认周毫无动静才松手。作案后，郭光伟驾驶该车与李涛沿318国道往荆州方向逃跑，行驶至宜昌市高新区白洋镇雅畈村路段时，车辆因故障熄火。郭光伟、李涛将周晓林的尸体抛弃于路边树林中，郭将周的衣服脱光，连同从车上拆卸的坐垫等物，丢弃于一水沟中，弃车逃跑。郭光伟、李涛逃跑到枝江市董市镇姚家港三宁化工公司附近的长江边时将周晓林的衣服、手机等物以及各自作案时穿的衣服换下后丢弃于长江，将周晓林的手机卡丢弃于江边草丛中。

宜昌市中级人民法院认为，被告人郭光伟、李涛以非法占有为目的，采取暴力手段抢劫他人财物，其行为均已构成抢劫罪。郭光伟、李涛共同预谋抢劫，并共同采取暴力手段致人死亡，其地位、作用相当，不分主从。二被告人的犯罪情节特别恶劣，后果特别严重，社会危害极大，且均系累犯，人身危险性极大，均应从重处罚。据此，依法以抢劫罪，分别判处被告人郭光伟、李涛死刑，剥夺政治权利终身，并处没收个人全部财产。

一审宣判后，被告人郭光伟、李涛分别提出上诉。郭光伟上诉提出，其没有作案；其辩护人提请二审法院根据查明的事实和证据依法判决。李涛上诉提出，其是从犯，原判量刑过重；其辩护人提出相同的辩护意见。

湖北省高级人民法院经审理后认为，上诉人郭光伟、李涛以非法占有为目的，采取暴力手段抢劫他人财物，并致人死亡，其行为均构成抢劫罪。郭光伟、李涛事先共同策划杀害女出租车司机后抢劫出租车，并进行具体分工。为杀人灭口，郭、李二人不顾被害人哀求，用绳索将被害人活活勒死，并用湿衣服捂其口鼻，以防其未死亡，后将被害人抛尸野外，犯罪情节特别恶劣，罪行极其严重。郭光伟、李涛曾因犯罪被判处刑罚，在刑罚执行完毕后五年内又实施犯罪，均系累犯，人身危险性极大，依法应从重处罚。二审开庭时，郭光伟拒不认罪，李涛态度恶劣，均无悔罪表现。原审判决认定的事实清楚，证据确实、充分，定罪准确，量刑适当，审判程序合法。依照《中华人民共和国刑事诉讼法》第二百二十五条第一款第一项之规定，裁定驳回上诉，维持原判，并依法报请最高人民法院核准。

最高人民法院经复核认为，被告人郭光伟和李涛均系共同犯罪的主犯，且均系累犯，应依法从重处罚。第一审判决、第二审裁定认定的事实清楚，证据确实、充分，定罪准确。审判程序合法。对郭光伟量刑适当。鉴于被告人李涛在共同犯罪中的地位、作用略低于被告人郭光伟，对其判处死刑，可不立即执行。依照《中华人民共和国刑事诉讼法》第二百三十五条、第二百三十九条和《最高人民法院关于适用〈中华人民共和国刑事诉讼法〉的解释》第三百五十二条的规定，判决如下：

1. 核准湖北省高级人民法院维持第一审以抢劫罪判处被告人郭光伟死刑，剥夺政治权利终身，并处没收个人全部财产的刑事裁定。

2. 撤销湖北省高级人民法院刑事裁定和宜昌市中级人民法院刑事判决中以抢劫罪判处被告人李涛死刑，剥夺政治权利终身，并处没收个人全部财产的部分。

3. 被告人李涛犯抢劫罪，判处死刑，缓期二年执行，剥夺政治权利终身，并处没收个人全部财产。

4. 对被告人李涛限制减刑。

二、主要问题

共同致一人死亡的案件中，如何认定罪责最严重的被告人？

三、裁判理由

共同犯罪案件中，如果各被告人之间存在主从犯的区别，认定各被告人的罪责、准确量刑是很容易的。但如两个或两个以上的被告人都是主犯，且罪责相当，如何进一步区分主犯之间的罪责以及如何量刑，就成为司法实践中的一个难题。本案中，对于共同抢劫致人死亡的被告人郭光伟和李涛的地位作用、罪责大小如何区分，是否应同时判处两人死刑，在案件审理中有以下两种不同意见：

第一种意见认为，二被告人在抢劫致人死亡的犯罪过程中，均是积极实施者，均系主犯，地位、作用相当，且二被告人均系累犯，人身危险性极大，应依法从重处罚，均应判处死刑。

第二种意见认为，虽然二被告人共同实施抢劫致人死亡的犯罪行为，二人均系主犯，但是从犯罪预谋、犯罪实行等环节可以看出，郭光伟在共同抢劫犯罪中的地位作用略大于李涛，罪责相对更大。因此，应判处罪责最严重的郭光伟死刑立即执行，对李涛可判处死缓并限制减刑。

我们赞同第二种意见，理由如下：

（一）共同致死一人的案件，一般不应判处两名以上被告人死刑

共同致一人死亡的案件，存在两名或两名以上的主犯的，在主犯之间进一步区分罪责大小，从而区别量刑，是刑法罪责刑相适应原则的体现，也是贯彻宽严相济刑事政策的需要。最高人民法院于2016年发布的《关于审理抢劫刑事案件适用法律若干问题的指导意见》明确指出，对于两名以上被告人共同抢劫致死一名被害人的案件，要注意分清各被告人作用，准确确定各被告人罪责。一案中有两名以上主犯的，要从犯罪提意、预谋、准备、行为实施、赃物处理等方面区分出罪责最大者和较大者。除犯罪手段特别残忍、情节及后果特别严重、社会影响特别恶劣、严重危害社会治安的外，一般不应同时判处两名以上被告人死刑。应当在认真分清罪责的基础上，详细分析各被告人的地位和作用，特别是对罪责大小要作出准确认定，一般只对作用最突出、罪行最为严重的主犯判处死刑立即执行。罪行最严重的主犯如系未成年人而不适用死刑，或者因具有自首、立功等法定从宽处罚情节而不判处死刑立即执行的，不能不加区别地对其他主犯判处死刑立即执行。

本案系两名被告人共同抢劫致死一名被害人的案件，也应分清各被告人在共同犯罪中的地位、作用，准确确定罪责，不能轻易以不能分清主次为由，简单地一律判处死刑立即执行。

（二）司法实践中如何认定罪责最为严重的共同致死被告人

1. 认定罪责最严重的共同致死被告人可考量的因素

共同致死案件中如有多名主犯的，如何在主犯中区分出罪责最为严重者和较为严重者，是正确适用死刑的关键。如何认定地位作用最突出、罪责最严重的主犯，我们认为，应当全面考察犯

意形成、犯罪实施、犯罪后各阶段的行为及案外因素等，确定各被告人在共同犯罪中的具体地位、作用及主观恶性、人身危险性。区分被告人罪责时，可结合全案的犯罪事实，综合考虑下列因素：

（1）从犯罪动机的角度，一般来说，动机卑劣的被告人主观恶性深，如具有奸夫淫妇谋害本夫、出于恶意竞争杀害竞争对手、预谋杀人或杀人决意明显、性情残暴动辄肆意杀人、抢劫杀害孤寡老人或少年儿童等动机、因素的被告人，罪责相对较大。

（2）从犯意产生的角度，一般来说，提起犯意的被告人罪责相对较大。通常提起犯意的被告人往往会积极实施犯罪，且对共同犯罪行为有一定的控制力，故作用相对突出，罪责相对较大。但如果二人均有犯意，仅一人首先提出，另一人一拍即合并积极参与预谋，起意者在实行阶段作用并不突出的，也可不认定起意者罪责最大。此外，实践中常有各被告人供述不一、互相推诿的情形，这就需要结合各被告人前后供述、自身情况及与被害人的关系等因素，综合认定，确实无法确定起意者的，也可认定为共同起意。

（3）从参与犯罪积极程度的角度，一般来说，主动参加、纠集他人参与犯罪、全程参与、积极实施、直接行凶的被告人罪责相对较大。如某一被告人组织、策划、指挥整个犯罪过程，则应认定其罪责较大，而听从他人指挥实施犯罪的，可认定为罪责相对较小。

（4）从犯罪准备的角度，一般来说，提出并积极准备犯罪工具、物色作案对象、策划犯罪路线、实施踩点等行为的被告人罪责相对较大。

（5）从实施致死行为的角度，实施最核心和最重要致死行为的被告人罪责相对较大，即在能够分清各被告人的行为对死亡结果所起的具体作用的情况下，实施直接致死行为的被告人罪责较大。一人下手凶狠，连续捅刺多刀，另一人捅刺一两刀，明显有节制，则捅刺刀数多的被告人罪责较大。一人击打或者捅刺的是被害人的胸腹部等要害部位，另一人捅刺的是腿部、臀部等次要部位，则捅刺要害部位的被告人罪责较大。采取扼掐颈部方法杀人，一人动手掐，另一人按住被害人手脚，则直接扼掐的被告人罪责较大。二人以上先后用同样凶器捅刺被害人的同样部位，伤害程度相当的，则先实施行为的被告人罪责较大。

（6）从案后抛尸、毁灭罪证等的角度，一般来说，作案后提议破坏案发现场、毁灭尸体及作案工具等罪证，并积极实施的，其罪责相对较大。

（7）从赃款赃物处理的角度，一般来说，对赃款赃物的分配具有决定权或者分得较多赃款赃物的被告人罪责相对较大。

（8）从案外因素的角度，如被告人的性别、年龄及成长经历，是否有犯罪前科，是否更熟悉作案地点及周边情况，被告人之间的相互关系等，这些因素可以从侧面说明哪个被告人的犯意更坚决，犯罪经验更丰富，犯罪过程中的主导性更强，也可用于区分各被告人的地位作用、罪责轻重。

（9）从犯罪后的表现来看，作案后有自首、立功、认罪悔罪、积极赔偿、主动施救、取得被害人谅解等情节的被告人，罪责要比没有这些情节的被告人相对较小。

在审判实践中，判断被告人罪责的大小需要从不同角度同时展开，而不能局限于某一角度。对被告人最终罪责的认定，应是综合分析判断的结果。而对于在犯罪过程中地位、作用明显大于其他被告人，即使被告人犯罪后有自首或立功表现，但该情节依法不足以从轻处罚的，也可以对该被告人判处死刑立即执行。另外，在共同犯罪人罪责确实难以区分时，如果其中某个被告人系累犯，也可从主观恶性和人身危险性的角度予以区分。

如果通过以上各个方面的仔细区分，仍然难以区分罪责大小的，也不宜一律判处两名以上被告人死刑立即执行。如果犯罪性质不是特别恶劣，情节、后果不是特别严重的，基于“严格控制、慎重适用”的死刑政策，也可以对各被告人均不判处死刑立即执行。

2. 在雇凶杀人、伤害案中如何认定罪责最严重的主犯

在雇凶杀人、伤害致一人死亡的案件中，一般不宜同时判处雇凶者与受雇者死刑立即执行，应根据雇凶犯罪的不同情况，准确认定罪责最严重的主犯。

一般而言，下列情形也可以认定雇凶者是罪责最严重的主犯：(1)雇凶者不仅雇用他人犯罪，而且与受雇者共同直接实施；(2)雇凶者虽没有直接实施犯罪，但参与了共同犯罪的策划，实施了具体组织、指挥行为的；(3)雇凶者雇用未成年人实施犯罪的；(4)多名受雇者地位作用相当，责任相对分散或者责任难以分清，雇凶者应对全案负责，应认定雇凶者为罪责最严重的主犯。

一般而言，下列情形可以认定受雇者是罪责最严重的主犯：(1)雇凶者只是笼统提出犯意，没有实施组织、指挥行为，而系受雇者积极主动实施杀人、伤害行为的；(2)受雇者明显超出雇凶者授意范围实施故意杀人、故意伤害犯罪，因行为过限造成更严重危害后果的。

(三)对本案二被告人罪责大小的具体分析

本案中，被告人郭光伟和李涛均积极实施抢劫致人死亡的犯罪行为，均系主犯，但从犯罪预谋、准备工具、具体实施等阶段综合判断，郭光伟的地位作用要略大于李涛，罪责最为严重。理由如下：

1. 二被告人虽共同预谋抢劫，但郭光伟提议抢劫黑出租车并杀死被害人，李涛表示同意。在预谋阶段，郭光伟的罪责略大于李涛。

2. 在二被告人准备实施抢劫前，郭光伟提议购买作案工具绳子和手套，李涛随之共同购买。郭光伟在准备作案工具的环节，罪责大于李涛。

3. 在具体实施抢劫杀人过程中，郭光伟实施了持绳子勒死被害人的最主要行为，李涛实施了将绳子套入被害人脖子并捂住被害人口鼻的行为。相对而言，在致死被害人上郭光伟的行为作用更为突出，罪责大于李涛。

4. 从其他因素来看，案发时郭光伟的年龄是 32 岁，李涛是 25 岁，郭光伟的社会阅历和成长经历较李涛丰富；郭光伟的户籍地是宜昌市下辖的枝江市，案发地在宜昌市猇亭区，郭光伟在此工作，而李涛是荆门人，案发时从荆门来到猇亭，因此，郭光伟更熟悉猇亭的基本情况等。从常理推断，这些因素也会导致郭光伟在犯罪过程中的主导性更强，罪责相对更大。

综上，在本案只造成一人死亡的情况下，综合共同犯罪的具体情节，可以认定郭光伟的罪责要大于李涛。最高人民法院依法核准郭光伟死刑，改判李涛死缓，限制减刑是适当的。

(撰稿：最高人民法院刑四庭　裴　宇　张　剑
审编：最高人民法院刑四庭　陆建红)

[第 1226 号] 祝日峰、祝某强抢劫案

——多次抢劫预备能否认定为“多次抢劫”

【关键词】 抢劫罪　多次抢劫　犯罪预备　共同犯罪　主犯

一、基本案情

被告人祝日峰，男，1994 年 6 月 24 日出生，初中文化。2014 年 6 月 9 日被取保候审。

被告人祝某强，男，1997 年 9 月 20 日出生，初中文化。2014 年 5 月 19 日被取保候审。

浙江省江山市人民检察院以被告人祝日峰、祝某强犯抢劫罪，向江山市人民法院提起公诉。

被告人祝日峰、祝某强对指控事实未持异议。祝某强的辩护人提出，祝某强犯罪时未满十八周岁，在共同犯罪中系从犯，且属于犯罪预备，归案后有悔罪表现，建议对其免予刑事处罚。

江山市人民法院经审理查明：

2014年5月18日，被告人祝日峰、祝某强预谋持刀抢劫带包的单身女性，二人商量好由祝日峰持刀架在被害人脖子上，威胁其交出钱财，祝某强负责抢劫财物。为了实施抢劫，祝日峰、祝某强将拖鞋换成运动鞋，祝日峰准备了一把水果刀藏在外套内侧口袋中，为了防止被查，祝日峰有意让祝某强不要携带手机。当日22时许，被告人祝日峰、祝某强上街物色作案目标。二人到江山市市区南门路13号聚香园蛋糕店楼下，见一名拎包的年轻女子，便尾随该女子准备伺机抢劫，二人跟着该女子沿南门路一直往南走，因该女子走进永宁里小区一单元楼内，二人只好作罢。

被告人祝日峰、祝某强到江山市市区鹿溪中路与云宾路交叉口，见一名拎包的年轻女子从马路对面走过来，沿云宾路往西走，便尾随该女子伺机抢劫，跟至鹿溪中路65号楼房经典房产中介门口附近时，该女子突然蹲下，接着回头往外走，因怕该女子生疑，二人便继续往前走。

被告人祝日峰、祝某强到江山市市区城中路9－1号玫瑰新娘店门口附近，见一名拎包的年轻女子，便尾随该女子伺机抢包，因该女子走进一单元楼内，二人只好作罢。后二人走至城建局附近时，被巡逻民警查获，作案的刀具也被依法扣押。

江山市人民法院认为，被告人祝日峰、祝某强以非法占有为目的，以暴力、威胁方法抢劫他人财物，其行为已构成抢劫罪。公诉机关的指控罪名成立。辩护人提出被告人祝某强属从犯的辩护意见，经查，二被告人在共同犯罪中作用相当，尚不足以区分主次，对此辩护意见，不予采纳。被告人祝日峰、祝某强为了犯罪，准备工具、制造条件，属犯罪预备，依法可以比照既遂犯减轻或免除处罚。被告人祝某强犯罪时已满十四周岁不满十八周岁，依法应当从轻处罚。二被告人能如实供述自己罪行，依法可以从轻处罚，辩护人的相关辩护意见，予以采纳。综合本案的犯罪性质、情节以及对社会的危害程度，依照《中华人民共和国刑法》第二百六十三条，第二十五条第一款，第二十二条，第十七条第三款，第三十七条，第六十七条第三款，第七十二条第一款、第三款，第五十二条之规定，判决如下：

1. 被告人祝日峰犯抢劫罪，判处有期徒刑六个月，缓刑一年，并处罚金人民币二千元。

2. 被告人祝某强犯抢劫罪，免予刑事处罚。

宣判后，在法定期限内无上诉、抗诉，原审判决已经发生法律效力。

二、主要问题

1. 多次预备抢劫能否认定为“多次抢劫”？

2. 共同犯罪中同是主犯的，如何区分罪责大小？

三、裁判理由

（一）计算“多次抢劫”时不应将抢劫预备行为作为次数计算

根据刑法第二百六十三条的规定，“多次抢劫”是一项法定加重处罚情节。也就是说，行为人如果具有多次抢劫情节的，应当依法在有期徒刑十年以上的刑罚幅度范围内判处。

“多次抢劫”之所以成为加重处罚情节，是因为行为人出于非法占有他人财物的目的，一而再，再而三地以暴力或者暴力相威胁的方法劫取财物，显示了行为人具有主观恶性深和社会危害大的情节，理应承担加重的刑罚。“多次”起点的确定，既要反映社会生活中一般人的认识观念，也要与刑法其他条文中的“多次”的含义保持连贯性、一致性。《最高人民法院关于审理抢劫、抢夺刑事案件适用法律若干问题的意见》（以下简称《两抢意见》）规定：“多次抢劫”，是指抢劫三次以上。根据刑法第九十九条的规定，刑法所称以上、以下、以内，包括本数，按照体系解释，抢劫“多次”应指抢劫三次以上，包括抢劫三次。

对于如何认定“多次抢劫”，《两抢意见》第三条作出明确规定：“对于‘多次’的认定，应以行为人实施的每一次抢劫行为均已构成犯罪为前提，综合考虑犯罪故意的产生、犯罪行为实施的时间、地点等因素，客观分析、认定。”我们认为，对于多次抢劫预备行为，由于行为人尚未着手实行犯罪，惯犯特征并不明显，况且“多次抢劫”的起点刑为十年有期徒刑以上的重刑，故不宜将社会危害性并不十分严重的多次抢劫预备行为纳入其中。

就本案而言，被告人祝日峰、祝某强共实施了三次预备抢劫的行为，每次都是跟踪他人，每次都因各种原因而放弃，但二人均已实施准备工具、制造条件的行为。因此，对二人的三次行为均应认定为抢劫预备行为。但是，由于预备行为还不具备犯罪构成的完整要件，因此，不能将二人的三次抢劫预备行为认定为“多次抢劫”。原审法院未作此认定是正确的。

（二）对于同是共同犯罪中的主犯，也应当区分罪责大小

根据刑法第二十五条第一款的规定，共同犯罪是指二人以上共同故意犯罪。根据刑法第二十六条第一款的规定，组织、领导犯罪集团进行犯罪活动的或者在共同犯罪中起主要作用的，是主犯。根据刑法第二十七条第一款的规定，在共同犯罪中起次要或辅助作用的，是从犯。本案中，被告人祝日峰、祝某强共同预谋抢劫，对抢劫的对象、抢劫的手段及其分工也作了安排。在分工中，二人预谋由祝日峰持刀架在人脖子上，由祝某强负责抢劫财物。每次制造抢劫条件、跟踪被害人时，二人都一同进行。据此，原审法院认定二人在共同犯罪中均属主犯，是正确的。

但是，即使同是主犯，也仍然应该区分罪责的大小，而不是不加区别地认定各主犯的罪责同等。那么，如何区分？《最高人民法院关于审理抢劫刑事案件适用法律若干问题的指导意见》第五条从提供方法论的角度作了规定，“一案中有两名以上主犯的，要从犯罪提意、预谋、准备、行为实施、赃物处理等方面区分出罪责最大者和较大者”。就本案而言，二被告人的罪责其实也是可以区分出相对大小的，特别是从预谋阶段的分工上，应该能作些区分。根据本案的情况，我们认为，被告人祝日峰的作用相对要大于被告祝某强。理由如下：第一，在分工上，祝日峰负责持刀并将刀架在被害人脖子上，祝某强负责劫取财物。从社会危害性来说，持刀的危害性比取财的危害性更大一些。特别是如果在被害人反抗的情况下，持刀者施暴与取财者施暴相比，前者的危害更大一些，甚至可能造成他人重伤、死亡的结果。第二，在具体作案准备上，祝日峰甚至起到了指挥的作用。祝日峰特别有意让祝某强不要携带手机，目的很明确，就是为了防止被查。而携带手机作案，则可能在案发后被公安机关运用科技手段追查出作案者。这也反映了祝日峰的反侦查意识比较强及主观恶性比较深。第三，从日常生活常识来看，作案时祝日峰已满十八周岁，而祝某强则是不满十八周岁，从一般生活经验来看，年龄小的听从年龄大的可能性更大一些。从本案祝日峰让祝某强不要携带手机这一点看，也说明祝某强听从祝日峰的事实是存在的。虽然这一事实还不足以动摇二人同是主犯的认定，但对于二人在同是主犯的前提下，更细地区分二人的罪责是有参考意义的。

综上，原审法院认定被告人祝日峰、祝某强的行为构成抢劫罪（预备），并认定二人均属主犯，同时根据二人认罪态度较好，祝某强犯罪时未满十八周岁的情况，对祝日峰作了减轻处罚，而对祝某强作了免予刑事处罚的判决是正确的。

（撰稿：浙江省江山市人民法院刑庭　徐　升
审编：最高人民法院刑四庭　陆建红）

[第1246号]王艳峰抢劫案

——犯信用卡诈骗罪,为抗拒抓捕而当场使用暴力的,可否转化为抢劫罪

【关键词】 抢劫罪 信用卡诈骗 转化型抢劫 想象竞合犯 侵犯财产犯罪

一、基本案情

被告人王艳峰,男,1981年9月1日出生。因涉嫌犯抢劫罪于2017年4月18日被逮捕。

北京市朝阳区人民检察院以被告人王艳峰犯抢劫罪,向朝阳区人民法院提起公诉。

被告人王艳峰当庭表示认罪,辩称事先不知道ATM机内有银行卡,且被害人先动手。

北京市朝阳区人民法院经公开审理查明:2015年12月11日晚,李某(男,被害人)在朝阳区平房乡一自助银行内使用银行卡从ATM机取款,离开时将卡遗留在ATM机内。李某离开后,被告人王艳峰操作该ATM机时发现机内有他人遗留的银行卡,遂连续取款6次,共计取款1.2万元。李某收到取款短信提示后意识到银行卡遗留在ATM机内,立即返回自助银行,要求仍在操作ATM机的王艳峰交还钱款。王艳峰纠集在附近的工友郭少飞(另案处理)一起殴打李某,致李某受轻微伤。王艳峰与郭少飞一起逃离现场,后王艳峰将赃款挥霍。

北京市朝阳区人民法院认为,刑法第二百六十九条规定的"犯盗窃、诈骗、抢夺罪",既包括刑法第二百六十四条、第二百六十六条、第二百六十七条规定的一般类型盗窃、诈骗、抢夺罪,也包括刑法其他章节规定的侵害他人财产权利的特殊类型盗窃、诈骗、抢夺罪。被告人王艳峰拾得他人遗留在ATM机内的银行卡并使用,被当场发现后为抗拒抓捕而使用暴力,应当依照刑法第二百六十九条的规定,以抢劫罪定罪处罚。鉴于王艳峰到案后如实交代主要犯罪行为,酌情对其从轻处罚。据此,依照《中华人民共和国刑法》第一百九十六条第三项、第二百六十三条、第二百六十九条、第五十二条、第五十三条、第六十一条、第六十四条及《最高人民法院、最高人民检察院关于办理妨害信用卡管理刑事案件具体应用法律若干问题的解释》第五条第二款之规定,以抢劫罪判处被告人王艳峰有期徒刑四年,并处罚金人民币八千元;责令其退赔被害人一万二千元。

一审宣判后,被告人王艳峰上诉提出,其以为ATM机无须插卡即可操作,不构成信用卡诈骗罪;只有其工友郭少飞动手,其亦不构成抢劫罪。

北京市第三中级人民法院经审理后认为,原判认定被告人王艳峰犯抢劫罪的事实清楚,证据确实、充分,适用法律正确,量刑适当,审判程序合法。王艳峰所提上诉理由与审理查明的事实不符,予以驳回。据此,依照《中华人民共和国刑事诉讼法》第二百二十五条第一款第一项之规定,于2017年10月20日裁定驳回上诉,维持原判。

二、主要问题

如何界定刑法第二百六十九条规定的"犯盗窃、诈骗、抢夺罪"的范围?犯信用卡诈骗罪后,为抗拒抓捕而当场使用暴力的,可否转化为抢劫罪?

三、裁判理由

本案中,被告人王艳峰的行为可分为两部分:一是王艳峰发现ATM机中有他人遗留的银行卡遂操作取款;二是被害人返回自助银行要求王艳峰交还取出的钱款,王艳峰纠集他人共同殴打被害人并逃离现场。王艳峰实施的前部分行为,根据《最高人民法院、最高人民检察院关于办理

妨害信用卡管理刑事案件具体应用法律若干问题的解释》第五条第二款的规定，属于“冒用他人信用卡”，该行为构成信用卡诈骗罪，对此并无争议。但对于王艳峰实施的后部分行为应如何评价，对其实施的全部行为能否适用刑法第二百六十九条的规定认定为转化型抢劫，在审理过程中存在不同意见。第一种意见认为，从严格遵循罪刑法定原则出发，刑法第二百六十九条规定的“犯盗窃、诈骗、抢夺罪”仅限于该章规定的盗窃、诈骗、抢夺罪，其他特殊盗窃、诈骗、抢夺罪，刑法分则均另行规定了罪名和法定刑。在没有规范性文件予以明确规定的情况下，不能将信用卡诈骗罪纳入转化型抢劫的前提罪名范围，故王艳峰不构成抢劫罪。第二种意见认为，刑法第二百六十九条规定的“犯盗窃、诈骗、抢夺罪”应理解为具体犯罪行为，并不限于第五章规定的三种罪名，可转化为抢劫罪的前提犯罪可以包括特殊的盗窃、诈骗、抢夺犯罪，故王艳峰所犯信用卡诈骗罪可以转化为抢劫。第三种意见认为，只有侵犯财产的特殊盗窃、诈骗、抢夺罪才与普通盗窃、诈骗、抢夺罪存在法条竞合关系，可以作为转化型抢劫的前提犯罪。信用卡诈骗具有明显的侵财性，故王艳峰的行为可以转化为抢劫。我们同意第三种意见，具体分析如下：

（一）将刑法第二百六十九条规定的“犯盗窃、诈骗、抢夺罪”理解为具体犯罪行为，更有利于打击侵犯财产犯罪，也符合该条的立法本意

刑法第二百六十九条规定的“犯盗窃、诈骗、抢夺罪”是指具体犯罪行为，还是仅指刑法分则第五章规定的盗窃罪、诈骗罪和抢夺罪，直接关系到转化型抢劫的适用范围。如将上述“犯盗窃、诈骗、抢夺罪”解释为第五章规定的盗窃、诈骗、抢夺罪，形式上符合罪刑法定原则，但存在一定的局限性。刑法分则在规定罪名和法定刑时，并不是严格按照对一种行为只认定为一种犯罪的模式，而是根据打击犯罪的需要，将同一性质的行为分置于不同的罪名中予以规定，从而形成法条竞合犯、想象竞合犯、结果加重犯等多种复杂的罪数形态。就盗窃、诈骗、抢夺罪而言，除刑法分则第五章规定的三个普通罪名外，还有诸多散见于各章节的相关特殊罪名，如盗伐林木罪、盗掘古墓葬罪、合同诈骗罪、金融诈骗犯罪、战时掠夺居民财物罪等。这些犯罪与普通盗窃、诈骗、抢夺罪存在法条竞合关系，前者是特殊法，后者是一般法。上述特殊类型财产犯罪完全符合普通盗窃、诈骗、抢夺罪的构成要件，因此把这些犯罪归入刑法第二百六十九规定的转化型抢劫的前提犯罪，并不违反罪刑法定原则。例如，盗窃正在使用中的电缆，属于盗窃罪与破坏电力设备罪的想象竞合犯，虽然一般根据从一重罪处断的原则认定为破坏电力设备罪，但不能否认该行为也同时符合盗窃罪的构成要件，该行为同样可以作为转化型抢劫的前提犯罪。全国人大常委会法制工作委员会在答复最高人民检察院关于相对刑事责任年龄人承担刑事责任范围问题时指出：“刑法第十七条第二款规定的八种犯罪，是指具体犯罪行为而不是具体罪名。”这便突破了将该条规定的八种犯罪仅理解为具体罪名的思维模式，对理解第二百六十九条的前提犯罪范围具有重要的参考意义。此外，从刑法分则条文的排列顺序来看，第二百六十九条排在第二百六十八条聚众哄抢罪之后，似有将聚众哄抢罪纳入第二百六十九条规定的抢夺罪之意，在一定程度上也说明能够转化为抢劫罪的抢夺罪应是指抢夺行为，不限于第二百六十七条规定的抢夺罪。本案中，被告人王艳峰的前部分行为构成信用卡诈骗罪，而信用卡诈骗罪与诈骗罪具有法条竞合关系，王艳峰的行为符合诈骗罪的构成要件，可以充当转化型抢劫的前提犯罪，因此其实施的全部行为可以认定为抢劫罪。

刑事裁判应当契合主流价值观，赢得公众认同。只有公众对裁判结果理解、信赖、服从，刑事审判才能获得良好的社会效果。通常来说，存在暴力因素的犯罪和不存在暴力因素的犯罪对公众的心理影响是截然不同的。本案中，被害人报案时对事件的总体描述是“被抢了”，说明其对存款被取走、自己遭到殴打等情节的认知明显不同于被偷被骗等非暴力性财产犯罪，这也符合公众

对此种情形的一般判断。认定被告人王艳峰的行为构成抢劫罪,更符合公众认知,更能全面评价犯罪行为的社会危害性,更易于为被害人和社会公众接受,社会效果更好。

(二)刑法第二百六十九条规定的"犯盗窃、诈骗、抢夺罪"应具有侵犯财产犯罪的属性,对于主要侵犯公共安全、社会管理秩序等其他客体的盗窃、诈骗、抢夺行为,一般不宜适用该规定以抢劫罪论处

盗窃、诈骗、抢夺行为在特定情形下能被法律拟制为抢劫罪,原因就在于这些行为与抢劫行为侵犯了相同的法益——财产权利。但从刑法条文来看,并非所有特殊盗窃、诈骗、抢夺行为所侵害的客体均为财产权利,还包括公共安全、社会管理秩序等客体。当特殊的盗窃、诈骗、抢夺行为不是以财产权利为主要的犯罪客体时,即使行为人实施了为窝藏赃物、抗拒抓捕、毁灭罪证而当场使用暴力或者以暴力相威胁的行为,也不宜认定构成抢劫罪。例如,刑法第二百八十条规定的盗窃、抢夺国家机关公文、证件、印章罪,其保护的客体是国家机关的正常管理活动和信誉,如果行为人在盗窃国家机关公文、证件、印章时为抗拒抓捕而当场采取暴力,因其实施的前部分行为不是侵犯财产类犯罪,故不能适用刑法第二百六十九条的规定转化为抢劫罪。此外,如果盗窃、诈骗、抢夺行为侵犯的客体性质比较模糊,财产属性不十分明确,一般也不宜纳入转化型抢劫的前提犯罪范围,如盗窃尸体行为,尽管行为人可能出于牟取非法利益的目的盗窃尸体,但其侵害的主要是死者及其亲属的名誉、尊严,故该行为不宜作为转化型抢劫的前提犯罪。概言之,对于刑法分则第五章以外的其他章节规定的盗窃、诈骗、抢夺类犯罪,在判断其能否作为转化型抢劫的前提犯罪时,应以犯罪客体为基本判断标准,严格、审慎地认定转化型抢劫。

综上,被告人王艳峰拾到被害人信用卡并使用,而后在被害人要求交还钱款时纠集他人共同殴打被害人,属于实施诈骗行为后为抗拒抓捕当场使用暴力,一、二审法院认定其构成抢劫罪是正确的。

(撰稿:北京市第三中级人民法院 王海虹 程 昊 余琳燕
审编:最高人民法院刑五庭 方文军)

[第1248号]黄民喜等寻衅滋事案

——使用轻微暴力帮他人抢回赌资的行为如何定性

【关键词】 寻衅滋事罪 抢劫罪 罪责刑相适原则

一、基本案情

被告人黄民喜,男,1987年2月23日出生。因犯贩卖毒品罪于2009年10月20日被判处有期徒刑八年,2014年12月8日刑满释放。2017年10月17日因涉嫌犯抢劫罪被逮捕。

被告人聂迪飞,男,1981年3月26日出生。2017年10月17日因涉嫌犯抢劫罪被逮捕。

被告人熊聪,男,1994年6月12日出生。2017年10月17日因涉嫌犯抢劫罪被逮捕。

被告人周元文,男,1996年8月29日出生。2017年10月17日因涉嫌犯抢劫罪被逮捕。

广东省珠海市香洲区人民检察院以被告人黄民喜、聂迪飞、熊聪、周元文犯抢劫罪,向香洲区人民法院提起公诉。

被告人黄民喜辩称,其没有殴打和控制被害人吴家有,涉案1 200元是吴家有主动给其的,其

行为不构成抢劫罪。

被告人聂迪飞辩称，其没有抢被害人吴家有的钱，因吴家有先推了他，其才用手打他的脸。

被告人熊聪辩称，其没有对被害人吴家有进行暴力胁迫，没有殴打、控制，也没有分赃，黄民喜给其200元是来回路费和给其买烟用的。

被告人周元文辩称，其没有殴打被害人吴家有，其只是被朋友叫去现场看看，不构成抢劫罪。

被告人聂迪飞、熊聪的辩护人均提出，二被告人的行为主观上没有抢劫的故意，客观上没有实施严重的暴力，根据罪刑相适应原则，定寻衅滋事罪更为恰当；二人均系从犯、认罪态度好，请求从轻处罚。被告人周元文的辩护人提出本案应定性为寻衅滋事罪，且周元文有自首情节、取得被害人谅解，属于从犯，建议从轻处罚。

香洲区人民法院经公开审理查明：2017年9月7日1时许，被告人黄民喜接到其堂哥黄世茂自称赌博时被人"出千"的电话后，想要替其堂哥教训"出千"的人并拿回所输赌资，于是伙同被告人聂迪飞、熊聪、周元文等人乘坐出租车来到珠海市香洲区碧涛路好景花园门口小卖部，见到黄世茂、被害人吴家有等人在赌"三公"，遂围上前去。吴家有见状欲离开，被黄民喜拦住要求验牌，吴家有不同意，双方发生争执。后吴家有见机逃跑，被黄世茂拦住，黄民喜等人追上前去，黄民喜、聂迪飞拳打脚踢吴家有，将其按住坐在花坛上，其他人围住，迫使吴家有（手上握有一部手机）交出人民币（以下币种同）1 300元，后因吴家有请求留下100元作为车费，黄民喜退还其100元后离开现场。事后被告人黄民喜分得270元、聂迪飞分得300元、熊聪分得200元、周元文分得200元。经鉴定，吴家有所受损伤为轻微伤。2017年9月14日，黄民喜、聂迪飞、熊聪被抓获。2017年10月10日，周元文到珠海市公安局朝阳派出所投案。案发后，周元文委托家属多次向吴家有赔礼道歉，聂迪飞委托家属向吴家有赔偿经济损失人民币1 000元，二人均取得吴家有的谅解。

香洲区人民法院经审理认为，被告人黄民喜、聂迪飞、熊聪、周元文破坏社会秩序，强拿硬要他人财物，情节严重，其行为均已构成寻衅滋事罪。公诉机关指控被告人黄民喜、聂迪飞、熊聪、周元文的犯罪事实清楚，证据确实、充分，唯指控罪名不正确，应予纠正。被告人黄民喜为其堂哥拿回赌资而召集人员，到现场后殴打被害人吴家有，迫使其交出钱款，负责分赃，其本人分得赃款270元；被告人聂迪飞受召集后，积极参与殴打吴家有，事后分得赃款300元。以上二人在共同犯罪中起主要作用，是主犯。被告人熊聪、周元文受召集参与犯罪后，主要在外围牵制被害人，使其不易逃脱，并因人数形成威慑，事后各分得赃款200元。以上二人在共同犯罪中起次要作用，是从犯，依法可以从轻处罚。聂迪飞归案后如实供述犯罪事实，依法可以从轻处罚。周元文主动投案，酌情可以从轻处罚。聂迪飞赔偿被害人损失、周元文委托家属赔礼道歉，二者均取得被害人谅解，酌情可以从轻处罚。黄民喜曾因故意犯罪被判处有期徒刑，在刑罚执行完毕之后五年以内再犯应当判处有期徒刑以上刑罚之罪，是累犯，依法应当从重处罚。依照《中华人民共和国刑法》第二百九十三条第一款第三项、第二十五条第一款、第二十六条第一款、第二十七条、第六十五条第一款、第六十七条第三款的规定，以寻衅滋事罪分别判处被告人黄民喜有期徒刑一年三个月；判处被告人聂迪飞有期徒刑一年；判处被告人熊聪有期徒刑十个月；判处被告人周元文有期徒刑九个月。

一审宣判后，黄民喜等人均未上诉，检察机关未抗诉，判决已发生法律效力。

二、主要问题

对使用轻微暴力手段帮他人抢回赌资的行为人，应当如何定罪处罚？

三、裁判理由

本案在审理过程中,对被告人黄民喜等人以轻微暴力手段为他人抢回赌资的行为定性,存在以下两种意见:

第一种意见认为,构成抢劫罪。理由是:(1)刑法第二百六十三条规定:"以暴力、胁迫或者其他方法抢劫公私财物的,处三年以上十年以下有期徒刑,并处罚金……"刑法没有对暴力程度作出限定,只要该行为足以使被害人不敢反抗从而交出财物即可认定为抢劫罪。本案中,被告人黄民喜等人主观上具有非法占有他人财物的目的,客观上实施了拳打脚踢等暴力方法,当场劫取他人财物,符合抢劫罪的构成要件。(2)本案被告人是为其他人抢回赌资,并非抢回自己所输赌资,不适用最高人民法院2005年6月8日发布的《关于审理抢劫、抢夺刑事案件适用法律若干问题的意见》(以下简称《意见》)第七条中"行为人仅以其所输赌资或所赢赌债为抢劫对象,一般不以抢劫罪定罪处罚"的排除性规定。

第二种意见认为,构成寻衅滋事罪。理由是:(1)从主观方面来看,黄民喜等人主观上没有非法占有他人财物的故意,而是想教训、吓唬被害人和帮他人追回赌资,应与抢劫罪中的非法占有他人财物的故意有所区别。(2)从暴力程度来看,黄民喜等人在公共场所通过拳打脚踢的方式,使被害人忍气吞声,从而公然拿走被害人的少量财物,其强度比抢劫中的暴力威胁程度明显要弱,主要侵犯的是社会公共秩序,其行为更符合寻衅滋事罪中的"强拿硬要"的特征。(3)根据罪责刑相适应原则,权衡黄民喜等人的主观恶性及行为的社会危害性,认定为强拿硬要型寻衅滋事罪,有助于罚当其罪,处理更为恰当。

我们同意第二种意见。抢劫罪与寻衅滋事罪中的强拿硬要行为有诸多相似之处,两者均使用了一定的暴力或者胁迫手段,体现出强行获取他人财物的特征,均可能侵犯到他人的人身权利和财产权利。二者之间的区别主要体现在犯罪的主观目的、客观行为表现等方面。对于类似本案的使用轻微暴力手段帮他人抢回赌资的行为,宜定性为寻衅滋事罪,分析如下:

(一)从客观表现来看,黄民喜等人在公共场所实施轻微暴力强索财物,暴力强度尚未超出寻衅滋事罪的范围,且主要侵犯的是社会公共秩序

抢劫罪的社会危害性、对被害人人身的危险性以及侦破的难度,都远远高于寻衅滋事罪。一般情况下,抢劫罪的犯罪行为绝大多数发生在偏僻街巷、人迹稀少的地方,且行为人常常具有隐蔽的特性,因而往往有意识地躲避世人。寻衅滋事罪的强拿硬要行为则常常发生在公共场所,多数是临时起意,结伙进行,一般不隐瞒自己身份,其最终或者说最主要的目的在于寻求一种精神刺激,炫耀自己的威势。寻衅滋事罪客观上不以严重侵犯他人人身权利的方法强拿硬要财物,表现在具体行为方式上,如使用的暴力或胁迫手段,一般是轻微的拳打脚踢等不易造成严重后果的方式,暴力行为往往也会有所节制;在造成的危害后果上,一般不超出轻微伤的范围。如果暴力手段为使用刀具、枪支等易造成严重后果的工具,胁迫手段是以被害人身体健康、生命安全等重大利益进行威胁,则通常应认定为超过强拿硬要的限度。

2005年《意见》第九条对此作了明确阐述:"寻衅滋事罪是严重扰乱社会秩序的犯罪,行为人实施寻衅滋事的行为时,客观上也可能表现为强拿硬要公私财物的特征。这种强拿硬要行为与抢劫罪的区别在于:前者行为人主观上还具有逞强好胜和通过强拿硬要来填补精神空虚等目的,后者行为人一般只具有非法占有他人财物的目的;前者行为人客观上一般不以严重侵犯他人人身权利的方法强拿硬要财物,而后者行为人则以暴力、胁迫等方式作为劫取他人财物的手段。"

本案中,基于要回赌资的目的,被告人黄民喜等人前去见吴家有时没有携带任何凶器,黄民喜和聂迪飞仅对吴家有实施轻微的拳打脚踢行为,熊聪和周元文没有动手,只实施一般的追赶、

拉扯行为,吴家有所受损伤亦为轻微伤。可见,四名被告人实施的暴力、胁迫行为有节制,且强度一般,尚未超出寻衅滋事罪中"随意殴打他人""强拿硬要"的范畴。被告人在大庭广众之下,使用轻微暴力对被害人公开强索他人所输赌资的行为,已经扰乱了公共秩序,符合寻衅滋事罪的客观方面。

(二)黄民喜等人的主观目的主要不是非法占有他人财物,而是帮他人要回赌资、教训被害人

抢劫罪的目的是非法占有他人财物,侵犯人身权利只是实现其犯罪目的的一种手段。一般而言,行为人总会竭尽所能尽量多的劫取财物。而在强拿硬要型的寻衅滋事犯罪中,行为人一般出于通过破坏公共秩序来寻求个人精神上满足的目的,非法占有他人财物的目的处于从属地位。虽然行为人也会强取他人财物,但是其主观目的并不是占有他人财物,占有财物是其耍威风、占便宜、开心取乐的一种手段,有时索取财物多少甚至有没有对行为人索取到财物不甚重要,行为人追求的主要是在强拿硬要过程中精神上的刺激,因此,有的行为人甚至将钱退回一部分或者明知被害人身上有更多的钱而不为所动等。

本案中,被告人黄民喜接到其堂哥电话,称被害人吴家有在赌博中有"出千"行为导致其输了一千多元钱,让黄民喜带几个人过去把本钱拿回来。黄民喜纠集同案被告人聂迪飞等人时,明确表示其堂哥在赌博时被人"出千",提出到现场看一看,教训一下"出千"的人。四被告人见到被害人吴家有后,在吴家有逃跑时,采取了拳打脚踢、围追堵截行为,迫使吴家有交出 1 300 元钱,吴家有提出给其留 100 元作为车费,黄民喜退回 100 元。同时,被害人吴家有当时手上握有一部手机,被告人并没有要求其交出手机。从以上行为可以看出,被告人的目的主要是教训吴家有,拿回其堂哥输掉的赌资,并没有进一步非法占有被害人财物的故意。

(三)根据罪责刑相适应原则,本案以寻衅滋事罪论处更为合适

刑法第五条规定:"刑罚的轻重,应当与犯罪分子所犯罪行和承担的刑事责任相适应。"这就是我国刑法中的罪责刑相适应原则。作为刑法的一项基本原则,该原则不但对立法中刑罚的设定、司法中刑罚的具体裁量起着关键作用,而且在区分认定不同罪名时也具有重要意义。

抢劫罪在我国刑法中属于重罪,其起刑点就是三年有期徒刑,最高刑是死刑;相对而言,寻衅滋事罪是一种轻罪,一般只能判处五年以下有期徒刑、拘役或者管制(纠集他人多次寻衅滋事,严重破坏社会秩序的,才处五年以上十年以下有期徒刑)。寻衅滋事罪与抢劫罪的法定刑规定之所以如此轻重悬殊,其中一个非常重要的原因就在于抢劫罪的主观恶性、人身危险性和社会危害性,都远远高于寻衅滋事罪。因此,正确区分抢劫罪和寻衅滋事不仅要考量其犯罪构成的迥异,在行为性质不甚明确时,还要依据罪责刑相适应原则,凭借社会一般观念,权衡行为人应受处罚的轻重和处刑后可能会产生的社会效果,以期最终准确认定行为人的行为性质和罪名,实现罚当其罪。

本案中,四被告人的行为虽然从形式上看与抢劫罪有些相似,但综观全案,其实施暴力的强度并未超出寻衅滋事罪所涵括的范围,造成的伤害后果是致一人轻微伤,且其主观上出于教训对方和为他人要回赌资的动机,此外,其从索要钱款中拿出 100 元归还被害人、索要财物价值没有超出其认为损失的数额,以寻衅滋事罪对其定罪处刑更为恰当,准确贯彻了罪责刑相适应的基本原则。

此外,2005 年《意见》中规定,"行为人仅以其所输赌资或所赢赌债为抢劫对象,一般不以抢劫罪定罪处罚。构成其他犯罪的,依照刑法的相关规定处罚"。该规定将行为人抢回所输赌资行为与一般抢劫行为区分认定,也体现了对罪责刑相适应原则的贯彻。本案中,虽然被告人抢回的财物对象并非本人所输赌资,而是被告人堂哥的所输赌资,但上述司法文件的精神,对本案的处

理亦应具有参考价值。

综上，法院依法以寻衅滋事罪对本案被告人定罪处罚，是正确的。

（撰稿：广东省珠海市香洲区人民法院 彭 帅
审编：最高人民法院刑二庭 韩维中）

［第1256号］白云江、谭蓓蓓故意杀人、抢劫、强奸案

——共同故意杀人犯罪中各被告人地位、作用的区分

【关键词】 故意杀人罪 抢劫罪 共同犯罪 主犯 死刑

一、基本案情

被告人白云江，男，1976年5月8日出生，农民。2013年8月12日因涉嫌犯故意杀人罪、抢劫罪、强奸罪被逮捕。

被告人谭蓓蓓，女，1981年3月14日出生，无业。2013年9月7日因涉嫌犯故意杀人罪、抢劫罪、强奸罪被逮捕。

黑龙江省佳木斯市人民检察院以被告人白云江、谭蓓蓓犯故意杀人罪、抢劫罪、强奸罪，向佳木斯市中级人民法院提起公诉。

被告人白云江对杀害被害人胡某某的犯罪事实供认不讳，辩解称没有强奸胡某某。其辩护人提出，白云江认罪态度较好，有酌情从轻处罚情节。被告人谭蓓蓓对指控事实未持异议。

佳木斯市中级人民法院经审理查明：

2013年5月，被告人白云江从他人处获知被告人谭蓓蓓（白云江之妻）在与其恋爱期间还曾与多名男子发生两性关系。白云江为此很生气，经常打骂谭蓓蓓，谭蓓蓓遂产生寻找少女供白云江奸淫，使白云江达到心理平衡之念。同年6月25日18时许，白云江之女白某甲将同学苏某某（被害人，女，时年16岁）带回位于黑龙江省桦南县白云江夫妇的住处留宿。当日21时许，白云江、谭蓓蓓将以前购买的数片氯硝安定片剂碾碎后放入两盒酸奶中，谭蓓蓓将酸奶给苏某某、白某甲喝下，致苏某某、白某甲昏迷。白云江欲奸淫苏某某，后自动放弃。次日，苏某某、白某甲参加中考时在考场中分别出现昏睡、呕吐等症状，不能正常考试。

2013年7月，被告人白云江又购买了一瓶氯硝安定，并与谭蓓蓓将数片氯硝安定片剂碾碎后掺入一盒酸奶，伺机作案。同月24日15时许，怀孕八个多月的谭蓓蓓在桦南县文林街遇到被害人胡某某（女，殁年16岁），即以腹痛需要帮助为由，将胡某某骗至其住处。白云江假装感谢胡某某，让胡某某喝下掺入氯硝安定的酸奶，致胡某某昏迷，并用此前购买的手铐将胡某某铐在床头栏杆上。白云江欲对胡某某实施奸淫，因胡某某正值经期及白云江的生理原因而未得逞。白云江、谭蓓蓓因恐罪行败露决定杀人灭口，共同采用枕头捂压口鼻、按压手脚的方法致胡某某窒息死亡，并将胡某某的尸体装入旅行箱，驾车运至桦南县福山村西南勃利铁路林场松林掩埋。

被告人白云江、谭蓓蓓见白云江的同学康某某佩戴价值较高的首饰（共计价值56 829元），产生抢劫之念。白云江、谭蓓蓓预谋将康某某骗至住处抢劫后杀害，并购买了编织袋、胶带、手机卡等物，将数片氯硝安定片剂碾碎后用注射器注入一罐易拉罐啤酒和一瓶饮料。2013年7月19日16时许，白云江、谭蓓蓓以请吃饭为名邀请康某某及妻子董某某到二人住处。席间，因白云江

不断问及康某某、董某某的经济状况，引起康某某反感，白云江、谭蓓蓓尚未将注入氯硝安定的啤酒让康某某饮用，康某某即带着董某某离开。后白云江、谭蓓蓓为继续实施抢劫，还多次分别邀约康某某、董某某，康某某、董某某均未前往。

佳木斯市中级人民法院认为，被告人白云江、谭蓓蓓共同故意非法剥夺他人生命，致一人死亡；违背妇女意志，采取具有镇静催眠作用的药物致人昏迷的手段强奸两名妇女；以具有镇静催眠作用的药物致人昏迷的方法抢劫他人财物，指向财物数额巨大，并意欲杀害被害人，其行为均已构成故意杀人罪、强奸罪、抢劫罪，应依法予以并罚。二被告人在共同犯罪中均积极实施犯罪行为，起主要作用，均系主犯。故意杀人犯罪罪行极其严重，应当判处白云江死刑并立即执行；谭蓓蓓在被采取监视居住强制措施时系已怀孕数月的妇女，属于"审判的时候怀孕的妇女"，对其依法不能适用死刑。二被告人实施的强奸犯罪一起为犯罪中止、一起为犯罪未遂，实施的抢劫犯罪系犯罪预备，依法可从轻或减轻处罚。谭蓓蓓在被采取强制措施后，如实供述司法机关还未掌握的伙同白云江抢劫康某某、董某某的罪行，应以自首论；供述强奸苏某某的事实系坦白，可从轻处罚。据此，依法判决如下：

1. 被告人白云江犯故意杀人罪，判处死刑，剥夺政治权利终身；犯强奸罪，判处有期徒刑六年；犯抢劫罪，判处有期徒刑八年，并处罚金人民币五千元，决定执行死刑，剥夺政治权利终身，并处罚金人民币五千元。

2. 被告人谭蓓蓓犯故意杀人罪，判处无期徒刑，剥夺政治权利终身；犯强奸罪，判处有期徒刑五年；犯抢劫罪，判处有期徒刑六年，并处罚金人民币三千元，决定执行无期徒刑，剥夺政治权利终身，并处罚金人民币三千元。

一审宣判后，被告人白云江以在共同犯罪中系从犯为由提出上诉。其辩护人提出，白云江在强奸、杀害胡某某的犯罪中属强奸未遂，在抢劫犯罪中属犯罪中止，应从轻处罚。

黑龙江省高级人民法院经审理认为，上诉人白云江、原审被告人谭蓓蓓故意非法剥夺他人生命的行为均已构成故意杀人罪；白云江在谭蓓蓓的帮助下，违背女性意志，利用药物麻醉的手段奸淫女性，二人的行为均已构成强奸罪；二人以非法占有为目的，采用药物麻醉的方法欲使他人丧失反抗能力，当场劫取财物的行为，均已构成抢劫罪。在强奸犯罪中，被告人谭蓓蓓率先提出强奸犯意，但此后被告人白云江不但与谭蓓蓓共同预谋，又化名购买氯硝安定片剂、手铐等作案工具，在与谭蓓蓓共同致胡某某昏迷后，随即实施强奸行为；在抢劫犯罪中，白云江与谭蓓蓓共同购买不记名的手机卡、胶带、编织袋等犯罪工具，积极邀请被害人康某某、董某某来自家就餐，抢劫未成后，又单独打电话给康某某并伙同谭蓓蓓以谭的口吻给董某某发信息，意欲继续实施抢劫犯罪；在故意杀人犯罪中，与谭蓓蓓共同致被害人胡某某死亡。白云江在三起犯罪中均起主要作用，系主犯。白云江上诉所提自己是从犯的理由不能成立，不予采纳。白云江和谭蓓蓓共同实施的强奸犯罪一起为犯罪中止、一起为犯罪未遂，实施的抢劫犯罪系犯罪预备，依法可从轻或减轻处罚。对上述情节一审法院判决时已予考虑，对辩护人的相关辩护意见，不予采纳。一审判决认定的事实清楚，证据确实、充分，定罪准确，量刑适当。审判程序合法。依照《中华人民共和国刑事诉讼法》第二百二十五条第一款第（一）项的规定，裁定驳回上诉，维持原判，并将白云江的死刑判决依法报请最高人民法院核准。

最高人民法院复核认为，被告人白云江结伙利用药物麻醉手段奸淫少女，其行为已构成强奸罪；为灭口，将被害少女杀害，其行为已构成故意杀人罪；以非法占有为目的，采用药物麻醉方法劫取他人财物，其行为已构成抢劫罪，应依法予以并罚。被告人白云江犯罪动机卑劣，情节、后果严重，社会影响极其恶劣，系共同犯罪中罪行最为严重的主犯，应依法惩处。白云江实施的强奸犯罪一起为犯罪中止、一起为犯罪未遂，实施的抢劫犯罪系犯罪预备，原判已对其依法从轻或减轻处罚。第一审判决、第二审裁定认定的事实清楚，证据确实、充分，定罪准确，量刑适当。审判程序合法。依照《中华人民共和国刑事诉讼法》第二百三十五条、第二百三十九条和《最高人民法院关于适用〈中华人民共和国刑事诉讼法〉的解释》第三百五十条第（一）项的规定，裁定核准黑龙江省高级人民法院维持第一审对被告人白云江以故意杀人罪判处死刑，剥夺政治权利终身；以抢劫罪判处有期徒刑八年，并处罚金人民币五千元；以强奸罪判处有期徒刑六年，决定执行死刑，剥夺政治权利终身，并处罚金人民币五千元的刑事裁定。

二、主要问题

共同故意杀人犯罪中各被告人地位、作用如何区分？如何正确适用死刑？

三、裁判理由

（一）故意杀人案件适用死刑的基本原则

在宽严相济刑事政策的指引下，准确理解和严格执行好“保留死刑，严格控制和慎重适用死刑”的一贯政策，是把握死刑案件量刑标准的关键。对特定故意杀人案件是否适用死刑，需要严格依照法律规定，并综合考虑案件性质，犯罪的起因、动机、目的、手段等情节，犯罪的后果，被告人的主观恶性和人身危险性等因素，全面分析影响量刑的各种情节、因素后审慎作出裁判。就案件性质而言，故意杀人案件大体可分为严重危害社会治安、严重影响人民群众安全感的案件和因婚姻家庭、邻里纠纷等民间矛盾激化引发的案件两类。对于后一类案件，在适用死刑时应特别慎重。而对于前一类案件，要依法从严惩处，该判处死刑的要坚决依法判处死刑，以维护秩序，伸张正义。

共同致一人死亡的，原则上判处一人死刑，这是司法实践和刑法理论界已经普遍认同的原则。这个原则也适用于严重危害社会治安、严重影响人民群众安全感的故意杀人案件。我们认为，在办理各类共同故意杀人案件时首先应当明确该原则，该原则对于共同故意杀人案中判处死刑人数能够起到有效的控制作用，是准确贯彻“严格控制和慎重适用死刑”政策的体现和要求。换言之，共同故意杀人致一人死亡的，判处两人死刑应当作为例外情况。即，对于共同故意杀人致一人死亡的案件，如果杀人手段特别残忍，情节特别恶劣，被害人家属、当地群众或者社会舆论反应很强烈的，也可以判处两人死刑，但作出判决时一定要慎之又慎。

本案中，被告人白云江和谭蓓蓓为实施强奸，利用谭蓓蓓的孕妇身份及被害少女的善良，将助人为乐的被害少女骗至家中强奸并杀害。该案受到媒体广泛关注，并冠以“孕妇为夫猎艳杀人案”加以报道，人民群众纷纷呼吁严惩被告人。二被告人实施强奸犯罪后为灭口将被害少女杀害，犯罪动机卑劣，情节、后果特别严重，社会影响极其恶劣，属于应当适用死刑予以严惩的案件。但由于被告人谭蓓蓓在被采取强制措施时已怀孕数月，根据刑法第四十九条第一款的规定，属于“审判的时候怀孕的妇女”，对其依法不能适用死刑，故本案不存在判处两名被告人死刑的必要性。

（二）在共同故意杀人犯罪中，有两名以上主犯的，应进一步细分其地位、作用

在共同犯罪中，准确认定各被告人的地位、作用，区分主从犯，并在此基础上更进一步区分各主犯之间或各从犯之间作用大小，对最终确定各被告人的量刑至关重要。在一些故意杀人的共同犯罪案件，特别是两人共同犯罪的案件中，被告人共同预谋，分工配合，共同实施杀人行为，均系主犯。对这种案件，如果仅致一人死亡又依法应当判处死刑的，原则上不能同时判处两名被告人死刑，而应当仔细区分、综合判定各被告人在共同犯罪中的地位、作用，尽可能进一步区分罪责大小，只对其中地位、作用最突出，罪责最严重者判处死刑。审判中要防止为了追求严惩，以难以

分清罪责为由，简单地一律判处死刑的做法。同时，需要注意的是，有的案件中，罪责相对较大的被告人因具有法定从宽处罚情节而不能判处死刑的，如犯罪时未成年或者系怀孕的妇女，作案后自首、立功等，此时不能为了追求适用死刑，而把共犯中罪责相对较轻又没有法定从宽处罚情节的被告人升格判处死刑。

有意见认为，既然都是主犯，地位和作用基本相同，技术上很难再进一步区分罪责大小。我们认为，尽管这种区分确实有困难，但仍可以从犯罪过程的各个阶段对各被告人的作用进行综合分析、认定。就故意杀人犯罪而言，主要有提起犯意，纠集同案人，准备作案工具，选择、确定犯罪目标，制定犯罪计划，对参与人员进行分工，实施具体犯罪过程中的行为（如实施直接致人死亡的行为），资助同案人出逃等环节。具体到个案，上述情节的认定，主要依靠各被告人的供述，在各被告人利益存在冲突的情况下，很可能存在互相推诿的情况，这就需要对各被告人的供述进行认真分析，对供述真伪作出判断，进而对各被告人的地位、作用进行区分。

本案有三起犯罪事实，最主要的一起是强奸、杀害被害人胡某某的事实，这也是判处被告人白云江极刑、被告人谭蓓蓓重刑的原因。在该起犯罪中，谭蓓蓓最先提出骗少女到家里供白云江强奸的犯意，白云江同意并购买氯硝安定，谭蓓蓓将胡某某骗回家后，白云江让胡某某喝下放有氯硝安定的酸奶，白云江强奸胡某某未遂，二人共同将被害人杀害。白云江、谭蓓蓓均起主要作用，均系主犯。再对二被告人的作用大小进行比较，白云江、谭蓓蓓虽然对参与本案的基本事实供认，但对于一些具体行为，如谁提议杀人、谁为主致被害人死亡供述不一。谭蓓蓓供述较为稳定，一直称白云江提议杀人，白云江用枕头捂胡某某头，她按脚。白云江供述前后有变化，侦查阶段接受讯问时称谭蓓蓓提议杀人，他先用手捂胡某某口鼻，谭蓓蓓按腿，被害人反抗，他将枕头放在胡某某脸上，让谭蓓蓓按着，他帮着按腿；一审庭审中白云江先是称没人提议杀人，后又称谭蓓蓓提议，同时承认他用枕头捂胡某某口鼻、谭蓓蓓按腿；二审庭审中则称，谭蓓蓓用枕头捂胡某某，他按胡某某的手腿。从谭蓓蓓供述稳定、白云江供述变化来看，谭蓓蓓供述更为可信；白云江在一审庭审中所供他用枕头捂胡某某口鼻、谭蓓蓓按腿的情节与谭蓓蓓的稳定供述一致；从作案时谭蓓蓓怀有八个多月身孕的具体情况分析，白云江所称谭蓓蓓为主杀人的可能性不大。综合二被告人的供述及二人个体特征来分析，白云江在共同犯罪中的作用较谭蓓蓓更大，应对其适用死刑。如果本案中谭蓓蓓比白云江在共同犯罪中的作用更大，则不能因为谭蓓蓓系孕妇，依法不能判处死刑，而将作用较小的白云江判处死刑。这也是对这起性质、情节极其恶劣、严重的犯罪依法应当适用死刑的情况下，仍需要比较二被告人的地位、作用的重要原因。

综上，法院根据本案性质、情节、后果对罪行最为严重的被告人白云江适用死刑是适当的。

（撰稿：最高人民法院刑四庭　冯　珊
审编：最高人民法院刑四庭　陆建红）

[第1261号]高佑铭抢劫案

——根据被告人的供述、指认提取到了隐蔽性很强的物证，且与其他证据相互印证并排除串供、逼供、诱供等可能性的，可以认定有罪

【关键词】 抢劫罪　口供补强规则　被告人供述　隐蔽性物证　排除合理怀疑

一、基本案情

被告人高佑铭，曾用名高大勇，男，1971年4月8日出生。2014年12月11日因涉嫌犯抢劫罪被逮捕。

吉林省长春市人民检察院以被告人高佑铭犯抢劫罪，向长春市中级人民法院提起公诉。

被告人高佑铭供认犯罪，无辩解。其辩护人提出，高佑铭无前科劣迹，如实供述罪行，认罪态度较好，建议对高佑铭酌情从轻处罚。

长春市中级人民法院经公开审理查明：2014年11月24日晚，被告人高佑铭与被害人李淑珍（女，殁年68岁）等人在长春汽车经济技术开发区51街区9栋麻将馆打麻将，其间，高佑铭起意抢劫李淑珍。当日23时许打麻将结束后，高佑铭提出送李淑珍回家，李淑珍同意。二人行至附近的50街区×栋×单元李淑珍家单元门前时，高佑铭用铺路方砖击打李淑珍头部，将李打倒在地，致李淑珍颅脑损伤死亡。高佑铭抢走李淑珍随身携带的现金200元及金项链一条（价值2 574元）。次日，高佑铭将金项链出卖，获款2 093元。同月28日，公安人员将高佑铭抓获。

长春市中级人民法院认为，被告人高佑铭以非法占有为目的，采用暴力手段劫取他人财物，其行为已构成抢劫罪。高佑铭在抢劫过程中致李淑珍死亡，后果严重，应依法惩处。关于辩护人提出的高佑铭没有前科劣迹、如实供述罪行、认罪态度较好、建议对其从轻处罚的辩护意见，经查，高佑铭虽无前科劣迹，且能够如实供述犯罪事实，但鉴于其抢劫被害人财物并致被害人死亡，犯罪后果严重，性质恶劣，不足以从轻处罚。故对上述辩护意见不予采纳。依照《中华人民共和国刑法》第二百六十三条第（五）项、第五十七条第一款、第五十九条之规定，以抢劫罪判处被告人高佑铭死刑，剥夺政治权利终身，并处没收个人全部财产。

一审宣判后，被告人高佑铭以其没有杀害被害人的故意，是在抢劫过程中失手致人死亡、没有前科劣迹、认罪态度好、一审量刑重为由向吉林省高级人民法院提出上诉。其辩护人提出，高佑铭系初犯、偶犯，认罪态度好，愿意赔偿被害人家属经济损失，有悔罪表现，请求对其从轻处罚。

吉林省高级人民法院经公开审理认为，原审判决认定被告人高佑铭抢劫的事实清楚，证据确实、充分，定罪准确，量刑适当。审判程序合法。经查，高佑铭多次供述其将被害人打趴在地上后，怕被害人举报是其抢劫，所以用方砖砸被害人后脑，就是想让被害人死。故高佑铭所提“我没有杀害被害人的故意，是在抢劫过程中失手致人死亡”的上诉理由不能成立；虽然高佑铭系初犯，认罪态度较好，并表示愿意赔偿被害人家属的经济损失，但其犯罪情节特别恶劣，后果极其严重，其又没有赔偿能力，故对其不足以从轻处罚。依照《中华人民共和国刑事诉讼法》第二百二十五条第一款第（一）项和《中华人民共和国刑法》第二百六十三条第（五）项、第五十七条第一款、第五十九条之规定，裁定驳回上诉，维持原判，并依法报请最高人民法院核准。

最高人民法院经复核认为，被告人高佑铭以非法占有为目的，采用暴力手段劫取他人财物，

其行为已构成抢劫罪。高佑铭抢劫年近七旬老人的财物，并在抢劫过程中持砖头打击被害人头部致其死亡，其犯罪情节特别恶劣，手段残忍，所犯罪行极其严重，应依法惩处。第一审判决、第二审裁定认定的事实清楚，证据确实、充分，定罪准确，量刑适当。审判程序合法。依照《中华人民共和国刑事诉讼法》第二百三十五条、第二百三十九条和《最高人民法院关于适用〈中华人民共和国刑事诉讼法〉的解释》第三百五十条第(一)项的规定，裁定核准吉林省高级人民法院(2015)吉刑一终字第88号维持第一审以抢劫罪判处被告人高佑铭死刑，剥夺政治权利终身，并处没收个人全部财产的刑事裁定。

二、主要问题

根据被告人的供述、指认提取到了隐蔽性很强的物证，且与其他证明犯罪事实发生的证据互相印证，并排除串供、逼供、诱供等可能的，能否认定有罪？在此情况下能否对被告人适用死刑？

三、裁判理由

本案中，被告人高佑铭始终供认抢劫致人死亡的犯罪事实，此外再无直接证据证明犯罪行为系被告人实施；根据被告人指认提取的部分物证可以将被告人与被害人相关联，但据此认定系被告人作案，则还需要排除其他合理怀疑。因此，如何综合审查判断在案间接证据，从而认定被告人供述的真实可靠性，进而确认犯罪事实，在此情况下能否对被告人适用死刑，系本案以及类似案件的难点。

《最高人民法院、最高人民检察院、公安部、国家安全部、司法部关于办理死刑案件审查判断证据若干问题的规定》第三十四条规定："根据被告人的供述、指认提取到了隐蔽性很强的物证、书证，且与其他证明犯罪事实发生的证据互相印证，并排除串供、逼供、诱供等可能性的，可以认定有罪。"对前述问题，虽然司法解释文件作出了规定，但在具体适用环节仍需要综合、审慎判断，特别是要注意做好口供的补强工作。本案提供了主要通过审查被告人供述定罪的认定方法，诠释了关于口供补强规则。

(一)根据被告人的供述、指认提取到了隐蔽性很强的物证

1. 根据被告人高佑铭指认找到其出售被害人李淑珍项链的首饰加工店，赃物去向清楚。(1)高佑铭于2014年11月28日23时55分被抓获归案，到案后即供认，同月24日晚其抢劫被害人一条金项链，次日将项链卖给一首饰加工店的事实。高佑铭供述，抢劫的金项链是扁的、一环套一环的样式，项链上本来有一个金坠，但抢劫时把项链的挂钩拽直了，项链当时就断开了，抢劫后发现金坠没有了，出售项链时称重为9.9克，卖了2 093元，收购项链的人登记了其名字和身份证号码。(2)指认笔录证明，2014年11月29日，高佑铭带领公安人员指认，位于长春市黄河路与亚泰大街路口的一首饰加工店为其销赃地点。店主朱美爱证明，2014年11月25日，其以每克235元的价格收购了一男子的金项链，重9.9克，付给该男子2 093元，收购的项链系黄金的水波纹项链，项链挂钩缺一半，当时登记了该男子的身份信息。公安机关后从朱美爱处调取了《金银饰品加工改制登记簿》，证明2014年11月25日，朱美爱以2 093元的价格收购高佑铭9.9克足金项链，高佑铭身份证号码为220121197104080018。所登记的出售人信息与高佑铭身份信息一致。

由于高佑铭归案后带领公安人员指认了其销赃的地点，店主朱美爱所证明的收购项链的时间、项链的特征、重量、收购价格等均与高佑铭供述一致，且登记簿上登记的出售人身份信息与高佑铭吻合，因此能够认定高佑铭2014年11月25日在该首饰加工店出售一条金项链的事实。

2. 根据在案证据，亦能够认定被告人高佑铭出售的金项链即为被害人李淑珍生前随身所佩戴的项链。高佑铭始终供述抢劫金项链的犯罪事实，且供述项链本来有个吊坠，抢劫后发现吊坠

没有了,与现场血泊中提取一黄金吊坠的情况印证;被害人丈夫的证言及公安机关协查通报证明,被害人的项链为扁平的一环套一环的样式,重约10克,与高佑铭证明抢劫的金项链为扁的、一环套一环的样式,以及店主证明收购的金项链为黄金水波纹项链、重9.9克的情况印证;高佑铭供述,其抢劫项链时,连接吊坠的挂钩被拽断,朱美爱亦证明收购的项链挂钩缺一半,与现场勘验、检查笔录记载的提取的吊坠断裂的情况印证;高佑铭出售项链的时间系李淑珍被害的次日。结合上述细节特征,能够证明高佑铭出售的项链系被害人李淑珍的项链。

(二)在案其他证据能够证明犯罪事实的发生,且能与被告人供述及前述提取的物证相互印证

1. 证人证言、从现场提取的烟蒂证明,当晚被告人高佑铭与被害人李淑珍同在麻将馆打麻将,二人于当日23时许一起离开,一同走向案发现场的方向,而李淑珍在当日23时30分左右即被发现遇害,时间紧凑、空间相连,可以证明高佑铭有作案的时空条件,这也是确定高佑铭具有作案嫌疑、并据此破案的重要线索。(1)麻将馆老板李玲,当晚参与打麻将人员计和、孙桂英以及孙桂英丈夫高喜发均证明,当晚李淑珍、高佑铭、计和、孙桂英在麻将馆打麻将,当晚只有这一桌人玩麻将,且是最后一桌,23时许结束,散场时除上述打麻将的四人外,麻将馆内只有老板李玲和孙桂英丈夫高喜发。高喜发还证明,散场后,李淑珍和高佑铭一起往安庆路方向即李淑珍家方向走了。高喜发、李玲、计和经混杂辨认,均确认高佑铭就是当晚与被害人共同在麻将馆打麻将的姓高的男子。(2)公安机关从当晚李淑珍使用的麻将桌下方地面提取长白山烟蒂一枚。经DNA鉴定,该烟蒂系高佑铭所留。印证高佑铭当晚在麻将馆打麻将的情况。(3)证人索海深证明,2014年11月24日23时30分许,其发现妻子李淑珍在住所附近的×街区×栋×单元门前,被人用砖头击打头部后死亡,李淑珍所戴的金项链和身上现金被抢走。

2. 现场勘验、检查笔录记载,被害人李淑珍在其家单元门前被害,挎包拉链呈开启状,现场血泊中有一黄金吊坠,血泊西侧地面有一带血方砖。经DNA鉴定,从方砖上检出李淑珍血迹,证明该方砖系作案工具。与被告人高佑铭供述的持方砖在被害人家单元门前打击被害人头部后抢走被害人挎包内现金及所戴金项链,后发现吊坠不见的情况印证。

3. 尸体鉴定意见证明,李淑珍系钝器打击头部致颅脑损伤死亡,系他杀。所证明的被害人的死因和伤情、致伤工具分析,与被告人高佑铭供述的持砖头打击被害人头部的情况印证。

(三)被告人高佑铭始终稳定供述抢劫致被害人死亡的犯罪事实,所供能够与在案证据相印证,并且能够排除串供、逼供、诱供等可能

被告人高佑铭自归案后第一次讯问到第一、二审庭审直至死刑复核提讯中,始终稳定供认抢劫的犯罪事实,侦查期间供述均有同步录音录像印证讯问程序的合法性。高佑铭被抓获后即供认"我用砖头打了老太太后脑两下,先把项链拽走了,然后翻包,拿走200多元钱",供述非常及时,且是在很自然的状态下交代,并在现场方位图上指认当晚与被害人的行进路线、捡方砖地点、打击被害人地点等,能够排除刑讯逼供的可能,且高佑铭供述稳定,至复核提讯仍供认犯罪。高佑铭归案后即带领公安人员指认其捡方砖地点和作案地点,在其指认的50街区×栋北侧路口捡方砖地点可见有多块方砖;其指认的抢劫地点与李淑珍被害地点一致。指认过程有全程录音录像。

(四)虽然被害人李淑珍是在其家楼下被害,系开放性场所,但根据在案证据,可以确认系高佑铭作案,并能排除其他合理怀疑

1. 从被害人李淑珍离开麻将馆到被害,最多只有30分钟的时间,时间十分紧凑,而高佑铭系当晚麻将散场后与李淑珍共同离开麻将馆,并一同走向现场方向的人。

2. 被告人高佑铭供述,其作案前实际上住在德惠路的旅馆,其为了预谋作案,和麻将馆的人说自己住在宽平大桥。证人高喜发证明,当晚高佑铭和李淑珍共同往安庆路方向走了。而安庆路方向系李淑珍家方向,与德惠路、宽平大桥均为相反方向。如果高佑铭非作案人,则不能解释其当晚为何走相反方向,以及为何出现在被害人所在的50街区×栋。

3. 根据在案证据,能够认定高佑铭在作案后次日出售了李淑珍的项链。如果考虑到最极端的情况,本案是否存在高佑铭不是作案人,其当晚仅是看见李淑珍被害后拿走李淑珍的项链的情况?按照常理,如果是看见陌生人被害倒是存在趁火打劫的可能性,而发现熟人被害却盗取财物,此种可能性极小,且明显不合常理。

4. 被告人高佑铭作案后有诸多反常表现。例如:房屋租赁合同证明,高佑铭在2014年11月25日更换住处,租住长春市朝阳区西安胡同15号803栋310室内的一单间,该租房时间恰为李淑珍被害次日;高佑铭供述,其以前使用的手机号是13844045640,该号码11月24日后就不用了,并把手机卡扔掉了,其被抓获时使用的手机号是15543668268,是作案后又购买的新手机卡;高佑铭作案后将其作案当天所穿的外衣和鞋子均扔掉,等等。

综上,在本案中,确定被告人作案嫌疑的依据确实、充分;根据被告人的供述、指认提取到了被其出售的被害人李淑珍遇害时佩戴的项链等隐蔽性很强的物证;被告人供述取证程序合法,所供内容尤其是细节得到在案间接证据的印证,足以作为定案的根据;全案证据能够形成完整的证据链条,证明方向一致并能排除其他合理怀疑,足以认定被告人高佑铭抢劫致被害人死亡的犯罪事实。最高人民法院根据被告人高佑铭抢劫致人死亡的犯罪事实、性质、情节和对于社会的危害程度,依法核准高佑铭死刑是正确的。

(撰稿:最高人民法院刑三庭　王锋永　王婷婷
审编:最高人民法院刑三庭　周　川)

[第1300号]沈超故意杀人、抢劫案
——前罪符合犯罪记录封存条件,在假释考验期限内犯新罪应如何处理

【关键词】 未成年人犯罪　犯罪记录封存　假释　新罪　数罪并罚

一、基本案情

被告人沈超,男,1993年10月13日出生。2009年7月23日因犯故意伤害罪被判处有期徒刑二年,缓刑三年;2011年12月9日因犯抢劫罪(犯罪时未成年)被判处有期徒刑二年五个月,并处罚金人民币四千五百元,因系在缓刑考验期内犯罪,依法撤销前罪刑罚的缓刑部分,数罪并罚,决定执行有期徒刑四年,并处罚金人民币四千五百元,2014年1月17日被假释,假释考验期至2015年4月26日。2015年4月23日因本案被逮捕。

吉林省长春市人民检察院以被告人沈超犯故意杀人罪、抢劫罪,向长春市中级人民法院提起公诉。

长春市中级人民法院经审理查明:2014年7月12日至13日,被告人沈超于假释考验期限内,在吉林省长春市汽车经济技术开发区(以下简称汽开区)以独行的女性为抢劫目标,持刀抢劫

三起，在实施抢劫后或实施抢劫过程中杀害或伤害被害人，劫得款物共计价值人民币（以下币种同）9 985 元，并致一人死亡，一人重伤。2014 年 7 月 22 日，沈超被抓获。具体事实如下：

2014 年 7 月 12 日 14 时许，被告人沈超尾随被害人周某某到汽开区 39 街区 716 栋 3 单元楼道内，持刀挟持周某某，劫得现金 30 元和三张银行卡，并逼迫周某某说出银行卡密码，因周某某向楼外跑并大声呼救，沈超追上后用刀刺周某某的胸部、肋部、臂部数刀，致周某某左肺静脉破裂导致失血死亡。沈超逃离现场后，于当日 15 时许使用周某某的银行卡在银行 ATM 机取款，因密码错误，取款未果。

2014 年 7 月 13 日 13 时许，在汽开区 47 街区综合市场附近，被告人沈超尾随被害人张某某至 46 街区 850 栋 5 单元楼道内，持刀挟持后刺张某某腰部一刀，劫得价值 6 334 元的黄金项链一条。经法医鉴定，张某某腹部外伤致右肾破裂及结膜系膜破裂并手术修补构成重伤二级；右手食指及中指皮肤裂伤构成轻微伤；腹部外伤致右肾破裂及结肠浆膜破裂修补术后，构成九级伤残。

2014 年 7 月 13 日 16 时许，在汽开区 50 街区综合市场附近，被告人沈超尾随被害人赵某某至 50 街区 21 栋 4 单元楼道内，持刀挟持赵某某后劫得现金 50 元和价值 3 571 元的黄金项链一条。

长春市中级人民法院认为，被告人沈超在劫得被害人周某某的财物后，因周某某逃跑并呼救，持刀刺周某某要害部位致其死亡，其行为构成故意杀人罪；沈超以非法占有为目的强行劫取被害人周某某、张某某、赵某某的财物，其行为构成抢劫罪；沈超在假释考验期内犯新罪，应当撤销假释，与新犯的罪数罪并罚。依照《中华人民共和国刑法》第二百三十二条，第二百六十三条第四项、第五项，第八十六条第一款，第七十一条，第六十九条，第五十七条第一款，第五十二条，第五十三条，第六十四条，第三十六条第一款及《中华人民共和国民法通则》第一百一十九条，《最高人民法院关于适用〈中华人民共和国刑事诉讼法〉的解释》第一百五十五条第一款、第二款之规定，判决如下：

1. 撤销吉林省辽源市中级人民法院（2014）辽刑执字第 114 号对被告人沈超予以假释的刑事裁定。

2. 被告人沈超犯故意杀人罪，判处死刑，剥夺政治权利终身；犯抢劫罪，判处有期徒刑十五年，并处罚金人民币三万元，与前罪尚未执行的刑期并罚，决定执行死刑，剥夺政治权利终身，并处罚金人民币三万元。

3. 被告人沈超违法所得的财物责令退赔。

4. 被告人沈超赔偿附带民事诉讼原告人张某某经济损失人民币 34 000. 23 元。

一审宣判后，被告人沈超不服，向吉林省高级人民法院提出上诉。吉林省高级人民法院经审理，裁定驳回上诉，维持原判，并依法报送最高人民法院复核。

最高人民法院经复核，于 2016 年 5 月 31 日裁定核准被告人沈超死刑。

二、主要问题

前罪符合犯罪记录封存条件，在前罪假释考验期限内又犯新罪的，应否撤销假释，依法数罪并罚？

三、裁判理由

对于本案被告人沈超的前罪犯罪记录是否封存，存在两种意见：

第一种意见认为，被告人沈超的前罪犯罪记录应予封存。理由是：沈超犯前罪时系未成年人，被判处五年有期徒刑以下刑罚，符合犯罪记录封存条件，根据刑事诉讼法及相关司法解释、规范性文件的规定，犯罪记录被封存的，司法机关因办案需要依法进行查询后仍应对被封存犯罪记录的情况予以保密。在案件均应当公开宣判的情况下,如果撤销沈超前罪的假释并与其后罪被判处的刑罚并罚,必然会公开此前被封存的犯罪记录,这样就与司法机关查询犯罪记录后的保密义务相冲突,故按照法律规定沈超的犯罪记录应予封存,不应在判决中体现。

第二种意见认为,犯罪记录封存不等同于犯罪记录消灭,本案中被告人沈超的前罪犯罪记录不应封存,应对其撤销假释,依法数罪并罚。

我们同意第二种意见。主要理由是:

(一)犯罪记录封存并非犯罪记录消灭,并不排斥在封存后的刑事诉讼中对已封存的犯罪记录进行法律评价

2012年刑事诉讼法第二百七十五条规定了未成年人的犯罪记录封存制度。《最高人民法院、最高人民检察院、公安部、国家安全部、司法部关于建立犯罪人员犯罪记录制度的意见》以及立法机关相关立法说明都明确表示,我国建立未成年人犯罪记录封存制度是为了贯彻落实党和国家对违法犯罪未成年人的"教育、感化、挽救"方针和"教育为主、惩罚为辅"原则,消除"犯罪标签"对受过刑事处罚的未成年人在入伍、就业方面的影响,最终目的是帮助失足青少年回归社会。该制度的本质是"封存"而非"消灭",因此,不能将"犯罪记录封存"等同于"犯罪记录消灭",并进而禁止在此后的刑事诉讼中对犯罪记录进行法律评价。司法机关为办案需要可以使用已封存之犯罪记录也是实践中通行的做法。

刑法和刑事诉讼法制度在实践中相互影响。犯罪记录封存制度虽然规定在《刑事诉讼法》中,但相关刑法制度会影响对该制度的理解和适用。针对未成年人的犯罪记录封存制度,《刑法修正案(八)》也增加了相应内容,对累犯制度作出了相应调整。比如,在具体操作上,根据《公安机关办理刑事案件程序规定》第三百二十条第一款、《人民检察院刑事诉讼规则(试行)》第五百零三条和《人民检察院办理未成年人刑事案件的规定》第六十二条之规定,办案机关应当在收到人民法院生效判决后,对犯罪记录予以封存。而根据《刑法》相关规定,刑罚执行过程中可以对符合条件的罪犯进行减刑、假释,而犯罪记录是审理减刑、假释案件的基础事实,如果片面强调犯罪记录已封存,不得在裁判中使用就有可能导致符合条件的罪犯无法适用假释、减刑程序的情况。一项有利于罪犯的刑法制度(减刑、假释制度)却因为有利于罪犯的另一项刑事诉讼法制度(犯罪记录封存制度)的存在无法适用,从法理和情理上来讲都是不妥当的,司法机关应当根据实际情况有所取舍。我们认为,尽管犯罪记录已经封存,但在审理减刑、假释案件的诉讼中仍应对犯罪记录进行援引和评价。同理,罪犯假释期间违反《刑法》第八十六条第三款规定的,应撤销假释,收监执行未执行完毕的刑罚,在审理撤销假释案件过程中也可以对封存的犯罪记录进行援引和评价,这样才不至于因为未成年人的犯罪记录封存而架空《刑法》关于减刑、假释的规定。

犯罪记录封存制度是平衡社会公共利益与未成年犯罪人权益的一项举措,在理解和适用犯罪记录封存制度时,要注意平衡未成年犯罪人权益保护与惩罚犯罪及满足合理的社会防卫需要之间的关系,在权衡犯罪记录封存制度和相关刑法制度立法目的的基础上决定法律适用问题,不可片面强调"教育、感化、挽救",也不可进行绝对的机械理解。除非法条有明确规定,如未成年人犯罪不构成累犯的规定,否则以犯罪记录封存为由而杜绝未成年人案件减刑、假释的适用,既违背了设立该制度的初衷,也不利于打击犯罪和保护未成年人权益。

(二)撤销假释数罪并罚的做法符合假释的制度功能

假释是对符合条件的犯罪分子附条件予以提前释放的一项刑法制度,附条件是指被假释的犯罪分子如果遵守相关规定,假释考验期满,就认为原判刑罚已经执行完毕。附条件释放很好地体现和实现了假释制度的特点和制度功能。倘若犯罪分子没有遵守相关规定,则应依法撤销假

释,执行未执行完毕的刑罚或数罪并罚。未成年人在假释期内犯罪也不例外,这样才符合假释系附条件释放的立法本意,该观点也得到《最高人民法院、最高人民检察院、公安部、司法部关于进一步加强社区矫正工作衔接配合管理的意见》第十九条的印证、支持,该条规定:"撤销缓刑、撤销假释裁定书或者对暂予监外执行罪犯收监执行决定书应当在居住地社区矫正机构教育场所公示。属于未成年或者犯罪的时候不满十八周岁被判处五年有期徒刑以下刑罚的社区服刑人员除外。"根据该规定,犯罪记录封存后,罪犯在缓刑、假释考验期内违反相关规定,法院在审理撤销缓刑、假释案件的诉讼中可以援引和评价并可在撤销缓刑、撤销假释裁定书体现被封存的犯罪记录,只是考虑到保密义务问题,不在居住地社区矫正机构教育场所公示撤销缓刑、撤销假释裁定书。

本案中,被告人沈超在假释考验期内犯新罪,对其撤销假释依法数罪并罚,属于依法惩罚犯罪的问题,一方面实现了假释制度的立法目的,另一方面也与犯罪记录封存制度促使罪犯更好地回归社会的立法初衷并不冲突。如果仍以需遵守保密义务为由而不撤销假释依法数罪并罚的话,则有将"教育、感化、挽救"方针异化为"纵容"之嫌,也使假释制度形同虚设,实不足取。

(三)从司法实践操作层面分析,如果不撤销假释依法数罪并罚,则无法顺利进行刑事诉讼活动

本案中,被告人沈超在假释期间犯新罪,面临两种刑罚的执行问题:一种是前罪未执行完毕的刑罚执行问题,另一种是后罪所判处的刑罚的执行问题。如果不撤销假释并依法数罪并罚,那么,如何执行这两种刑罚呢?第一种方案是先执行前罪未执行完毕的刑罚,执行完毕后再执行后罪所判处的刑罚;第二种方案是先执行后罪所判处的刑罚,执行完毕后再执行前罪未执行完毕的刑罚。但这两种方案均无法律依据,且被告人沈超后罪所判处的刑罚是死刑,第二种方案更不可行。而如果撤销假释依法数罪并罚,则通过数罪并罚制度一并解决了前罪未执行完毕的刑罚和后罪所判处刑罚的执行问题,亦无法律障碍。

综上,被告人沈超前罪被封存的犯罪记录是犯新罪后对其进行刑罚裁量的法定基础性事实,即使在刑事诉讼中对其援引和评价违反法律规定的保密义务,也应予以援引和评价。

(撰稿:长春市中级人民法院 訾效云 曲鹏程
审编:最高人民法院刑二庭 韩维中)

[第1301号]蒋伟伟抢劫案

——如何认定为劫取财物而预谋故意杀人的行为

【关键词】 抢劫罪 动机 客观行为 主客观一致

一、基本案情

被告人蒋伟伟,女,汉族,1981年12月4日出生,农民。2016年4月8日被逮捕。

浙江省台州市人民检察院指控被告人蒋伟伟犯故意杀人罪、盗窃罪,向台州市中级人民法院提起公诉。

被告人蒋伟伟对起诉指控的故意杀人、盗窃的犯罪事实和罪名均无异议,并称其杀人动机系认为被害人蒋仙娥在背后挑拨致其夫妻不和,在案发之前其曾与蒋仙娥发生争吵,争吵之后其回到自己家里拿来窗帘绑带绳,再回来将蒋仙娥勒死。其辩护人对蒋伟伟构成故意杀人罪、盗窃罪均无异议,但认为本案属于民间矛盾引发,被告人与被害人系特定关系人,杀人动机系被告人认

为被害人挑拨其夫妻关系;本案系临时起意杀人,用绳子勒死被害人,情节不是特别恶劣;被告人如实供述犯罪事实,当庭自愿认罪,系初犯,请求对被告人从轻处罚。

台州市中级人民法院经审理查明:被告人蒋伟伟与被害人蒋仙娥系妯娌关系。蒋伟伟自2014下半年起与夏某某认识并保持不正当男女关系。案发前几天,夏某某向蒋伟伟要钱还赌债,蒋伟伟答应汇款,其间夏某某曾催促过蒋伟伟,但是蒋伟伟并无足够钱款,遂产生杀死蒋仙娥并劫财的念头。2016年3月25日14时左右,蒋伟伟在临海市上盘镇××村××号蒋仙娥家中一楼前间,用事先准备的一根黄色窗帘绑带绳,乘蒋仙娥不备之际,从蒋仙娥身后勒住其颈部,后将其拖至一楼后间餐厅继续勒颈,并先后打了两个死结,致蒋仙娥遭绳索勒颈当场死亡。随后,蒋伟伟取走蒋仙娥身上总价值人民币(以下币种同)13 707元的财物,包括金项链一根、金手链一根、金耳环一对、三星手机一部和一串钥匙等物。同日15时40分许,蒋伟伟在临海市上盘镇银山街579号的一家金银首饰店,将金手链销赃得款6 100元。15时50分许,蒋伟伟以700元的价格包车去往宁波。19时许,蒋伟伟在宁波钟公庙街道菜场路7号的一家首饰店,将一对金耳环和一条金项链销赃得款6 050元。随后与夏某某相会,并给了夏某某10 000元。

2016年3月27日8时许,被告人蒋伟伟在宁波市象山县××宾馆××房间被公安机关抓获,公安人员从蒋伟伟随身携带的背包内扣押白色三星手机一只、钥匙一串、窗帘绑带绳三根、现金2 250元。

台州市中级人民法院经审理认为:被告人蒋伟伟采取暴力手段当场劫取他人财物,致一人死亡,其行为已构成抢劫罪,依法应予惩处。公诉机关指控的罪名不当,应予变更。被告人蒋伟伟归案后虽如实供述了杀人取财的犯罪事实,认罪态度尚可,但其犯罪动机卑劣,手段残忍,后果严重,社会影响恶劣,依法应予以严惩。依照《中华人民共和国刑法》第二百六十三条第五项、第四十八条第一款、第五十七条第一款、第三十六条第一款之规定,以被告人蒋伟伟犯抢劫罪,判处死刑,剥夺政治权利终身,并处没收个人全部财产。

一审宣判后,被告人蒋伟伟不服,提出上诉。

被告人蒋伟伟上诉提出,原判部分事实认定不清,其杀人动机是认为被害人在背后挑拨导致其夫妻不和,加上案发前其与被害人发生争吵,导致萌发杀人动机,属于激情杀人和报复性杀人,事后拿走被害人身上的物品是顺手牵羊的盗窃行为,案发后其万分后悔,归案后认罪态度好且系初犯、偶犯,其父母双亲患病在身,女儿年龄幼小,原判以抢劫罪判处其死刑,定性错误、量刑过重,请求以故意杀人罪、盗窃罪改判其无期徒刑。其二审辩护人提出,被告人的杀人行为是因家族成员之间的矛盾怨恨引起,被害人对被告人婚姻家庭及子女教育等问题上的过多干预导致被告人激情杀人,原审法院从被告人勒死被害人后偷取钱财的表象认定被告人的行为构成抢劫罪,证据不足,定性结论不客观。请求以故意杀人罪和盗窃罪对被告人从轻改判。

出庭检察员认为,本案有证据证明被告人系有预谋的杀人劫财,原判以抢劫一罪定性,并无不当,被告人所称系报复杀人的理由不能成立。原判定罪准确,量刑适当,建议驳回上诉,维持原判。

浙江省高级人民法院经审理认为,被告人蒋伟伟以非法占有为目的,采用暴力手段劫取他人财物,致一人死亡,其行为已构成抢劫罪。蒋伟伟抢劫犯罪手段残忍,犯罪后果严重,社会危害极大,依法应予惩处。蒋伟伟及其辩护人对定性的异议及要求从轻改判的理由均不能成立,不予采纳。原判依照相关法律规定,结合案件具体情况酌情作出的判决,并无不当。原判定罪及适用法律正确,量刑适当,审判程序合法。裁定驳回上诉,维持原判,并报请最高人民法院核准。

最高人民法院经复核认为,被告人蒋伟伟以非法占有为目的,采取杀死被害人的暴力手段劫取财物，其行为已构成抢劫罪。蒋伟伟蓄意作案，携带作案工具窗帘绑带绳来到被害人蒋仙娥家中，后趁蒋仙娥不备，将其勒死并劫取其金首饰等财物，犯罪性质恶劣，手段残忍，罪行极其严重，应依法惩处。第一审判决、第二审裁定认定的事实清楚，证据确实、充分，定罪准确，量刑适当，审判程序合法。依照2012年《中华人民共和国刑事诉讼法》第二百三十五条、第二百三十九条和《最高人民法院关于适用〈中华人民共和国刑事诉讼法〉的解释》第三百五十条第一项的规定，裁定核准浙江省高级人民法院以抢劫罪判处被告人蒋伟伟死刑，剥夺政治权利终身，并处没收个人全部财产的刑事附带民事裁定。

二、主要问题

如何认定为劫取财物而预谋故意杀人的行为？

三、裁判理由

在本案审理过程中，对被告人蒋伟伟的行为应如何定性，主要存在两种观点：第一种观点即公诉机关的观点，认为被告人蒋伟伟的行为构成故意杀人罪、盗窃罪。蒋伟伟主观上积极追求被害人死亡的结果，客观上实施了用绳勒死被害人的行为；又以非法占有为目的，采用秘密手段窃取他人财物，数额较大，分别构成故意杀人罪、盗窃罪。第二种观点认为本案系为劫取财物而预谋故意杀人，应定抢劫罪。我们同意第二种观点。具体理由如下：

2001年《最高人民法院关于抢劫过程中故意杀人案件如何定罪问题的批复》（以下简称《批复》）规定："行为人为劫取财物而预谋故意杀人，或者在劫取财物过程中，为制服被害人反抗而故意杀人的，以抢劫罪定罪处罚。行为人实施抢劫后，为灭口而故意杀人的，以抢劫罪和故意杀人罪定罪，实行数罪并罚。"《批复》明确了三种故意杀人与抢劫交织情形下的定罪，在第一种和第二种情形中，行为人是以故意杀人的手段来实施抢劫。详言之，行为人故意杀人的手段服务于抢劫财物的目的，抢劫财物和故意杀人之间存在明显的目的与手段的关系。对于行为人以杀人为目的，在实施杀人行为后，利用被害人已经死亡或者不能反抗的状态拿走被害人的财物，实践中通常认定以故意杀人罪和盗窃罪并罚。因而，判断行为人的犯罪性质，主要在于区分行为人的主观动机。当然，在实践中不乏被告人存在复杂动机的情形，如被告人和被害人素有矛盾，被告人在手头紧张时产生了抢劫被害人之念；或者被告人在预谋杀人的同时产生抢劫之念的，对于这种动机交织的情形，则应当把握行为人犯罪的主要动机和直接起因，分析被告人和被害人之间的矛盾是被告人杀人的起因还是将被害人作为抢劫对象的因素，根据案件的具体情况进行定罪、量刑。

有无劫财目的是被告人的主观意识，而主观意识的认定，一是要审查被告人的供述和辩解，二是要审查被告人的客观行为。然而，在司法实践中，被告人基于趋利避害、避重就轻的人性特点，其供述和辩解有时并不能真实反映被告人作案时的心理状态，这就要求我们不能偏信被告人的辩解。在刑事诉讼中，对被告人的供述和辩解的证据效力的认定，直接关系到定罪，在判决中具有举足轻重的作用。如果不当地采信了被告人无罪或罪轻辩解，就可能会放纵犯罪或者导致重罪轻判。因此，需要根据全案证据分析被告人供述和辩解是否具有合理性和客观性，与在案其他证据是否能够印证，再分析被告人所供述的主观目的和客观行为是否有一致性。实践中需要根据在案证据的细节信息，如犯罪动机、起因、手段、工具等证据信息或线索，来印证、辨别被告人供述和辩解的真伪。

结合本案来看，我们应从以下两个方面具体来认定：

1.被告人的辩解是否具有合理性、客观性

结合本案来看，被告人蒋伟伟辩解其认为被害人蒋仙娥在背后挑拨致其夫妻不和，在案发之前其曾与蒋仙娥发生争吵，争吵之后其回到自己家里拿来窗帘绑带绳，再回来将蒋仙娥勒死。但从全案的证据分析，该辩解不合情理、不符合客观事实。具体分析如下：

首先，在案多数证人证实，蒋伟伟对继子过于严苛，蒋仙娥出于善意提醒将此事告知过其丈夫，并无四处宣扬，并无故意挑拨蒋伟伟夫妻关系导致两人不睦。蒋伟伟在2014年下半年开始与夏某某发生婚外情，已无心维系夫妻关系。其次，根据在案的家属和邻居的证言，证实蒋仙娥与蒋伟伟平时关系较好，没有矛盾，也没有发生过争吵。案发当日蒋伟伟还和王某甲、王某乙在蒋仙娥家聊天，蒋伟伟还帮蒋仙娥做渔网，没有什么异常。最后，根据正对案发现场的视频监控，案发前被告人蒋伟伟从自己家进入蒋仙娥家后，除了中间王某甲、王某乙来过又离开外，再无其他人出入。蒋伟伟辩解其杀蒋仙娥之前已与蒋仙娥发生过争吵，然后再从前门返回家中拿来窗帘绑绳来到蒋仙娥家中，但该辩解与视频监控所证明的事实相矛盾，也与蒋伟伟在侦查阶段供称其是中饭后即带着绳子到被害人家的事实不符。因此，被告人的上述辩解既与事实不相符合，又与情理相悖。

2. 被告人供述的主观目的和客观行为是否具有一致性

被告人是否成立为劫取财物而预谋故意杀人，应从被告人经济上是否窘迫、需要钱财是否急迫、处理赃款是否及时、犯罪是否有预谋等方面综合分析。结合本案具体分析如下：

一是被告人蒋伟伟经济上的窘迫性。在案证据反映，蒋伟伟本人没有工作，平常生活费用主要来源于其父母和丈夫，且有赌博行为，2015年向邻居、亲戚多人借款，部分由其丈夫归还；2016年1月25日至3月14日，蒋伟伟使用其弟弟信用卡取现、消费共计25 943元，后由其父代为归还欠款。总体来看，蒋伟伟自身经济状况较为拮据，此与蒋伟伟称其在作案时身上只有1 000元的供述相印证。二是被告人需要钱财的急迫性。在案的微信聊天记录及证人夏某某证言、蒋伟伟供述证实，在案发之前蒋伟伟答应给夏某某汇钱还赌债，但其自己并没有足够钱款，其间夏某某催促过蒋伟伟，蒋伟伟表示道歉。三是被告人取财、销赃、处理赃款的及时性。蒋伟伟供述、视频监控、微信聊天记录等证据证实蒋伟伟杀死蒋仙娥后，立即搜取了蒋仙娥的黄金首饰、三星手机以及一串钥匙，同时发微信给夏某某说去汇钱，随即将赃物进行销赃，共得款12 150元，与夏某某会合后立即给了他10 000元。四是犯罪的预谋性。在案证据证实，2016年3月17日开始蒋仙娥独自在家，2016年3月24日、25日蒋伟伟安排好子女接送事宜。案发当日，蒋伟伟事先准备好窗帘绑带绳来到蒋仙娥家将蒋仙娥勒死，并先后打了两个死结，事后逃往宁波。因此，被告人主观目的主要是劫财，客观上为了劫取财物而预谋故意杀人，足以证明被告人蒋伟伟为劫取财物而预谋故意杀人的事实。

综上所述，本案被告人蒋伟伟属于为劫取财物而预谋故意杀人的情形，法院以抢劫罪定罪处罚是正确的。

（撰稿：浙江省台州市中级人民法院　王永兴
审编：最高人民法院刑二庭　韩维中）

[第1345号]朱伦军寻衅滋事案

——多次拦截儿童强行夺取较低经济价值物品的行为如何定性

【关键词】 寻衅滋事罪 抢劫罪 区分 犯罪构成 罪刑相适

一、基本案情

被告人朱伦军,男,1984年8月24日出生。2016年12月9日被逮捕。

四川省绵阳市涪城区人民检察院指控被告人朱伦军犯抢劫罪,向绵阳市涪城区人民法院提起公诉。

被告人朱伦军对起诉书指控的罪名无异议。其辩护人提出,朱伦军患有精神恋物癖,并不是恶意占有儿童的袜子,其行为暴力程度较轻,没有侵占儿童的其他财物,其行为不构成抢劫罪,并请求免予刑事处罚。

涪城区人民法院经审理查明:被告人朱伦军因患有恋物症,为寻求精神刺激,从2016年2月起,多次在绵阳城区拦截未成年男童,强行脱取并抢走男童所穿袜子。具体如下:

1. 2016年2月的一天,被告人朱伦军来到位于绵阳市某少年宫教学楼,对教室内的马某某(男,11岁)采取抱腿控制的手段,强行将马某某所穿袜子脱下抢走。

2. 2016年6月26日,被告人朱伦军在绵阳市某少年宫教学楼,从教室跟踪马某某至厕所,强行脱掉其所穿袜子。马某某激烈反抗,朱伦军将马某某右手手臂咬伤。

3. 2016年8月中旬,被告人朱伦军在绵阳市某少年宫一楼尾随买饮料的曹某某(男,10岁)至教学楼三楼楼梯处,采取抱腿手段将曹某某摔倒,强行将其所穿袜子脱下抢走。

4. 2016年10月27日8时20分许,被告人朱伦军尾随羊某某(男,11岁)至绵阳市涪城区长虹大道某银行外人行道处,将羊某某左腿抱住,致使羊某某摔倒在地,后强行将羊某某所穿袜子脱下抢走。朱伦军在逃跑过程中被群众抓获。

同日15时许,公安民警在被告人朱伦军住处卧室衣柜内搜出黑色双肩背包1个,内有不同颜色旧儿童袜91双。

经法医精神病鉴定,朱伦军被诊断患恋物症,在本案中具有完全刑事责任能力。

涪城区人民法院认为,被告人朱伦军为寻求精神刺激,多次拦截未成年人,情节恶劣,其行为已构成寻衅滋事罪。其到案后如实供述自己的罪行,可以从轻处罚。公诉机关指控被告人朱伦军犯抢劫罪的罪名不当,予以纠正。朱伦军犯罪行为虽暴力程度较轻,但均系针对没有监护人跟随的10岁左右未成年人作案,其行为严重损害未成年被害人身心健康,造成恶劣社会影响,辩护人关于对其免予刑事处罚的意见,不予采纳。依照《中华人民共和国刑法》第二百九十三条之规定,认定被告人朱伦军犯寻衅滋事罪,判处有期徒刑二年。

宣判后,被告人朱伦军没有上诉,检察机关亦未提出抗诉,判决已发生法律效力。

二、主要问题

多次拦截他人强行夺取较低经济价值物品的行为构成抢劫罪,还是寻衅滋事罪?

三、裁判理由

本案审理过程中,对被告人朱伦军的行为如何定性,检察机关与法院之间存在不同意见。

一种意见认为,被告人朱伦军以非法占有为目的,当场采取暴力手段强行劫取他人财物,其行为已构成抢劫罪。

另一种意见认为,被告人朱伦军的行为构成寻衅滋事罪。主要理由是:被告人为寻求精神刺激,多次在少年宫、街道等场所拦截他人,强行抢走被害人的袜子,是一种多次拦截他人、强拿硬要他人财物的寻衅滋事行为,被告人主观上是为了满足其畸形的生理、心理需要,而并非为了将他人财物非法占为己有。

我们同意第二种意见,本案中对被告人朱伦军的行为评价为寻衅滋事罪为宜。实践中,应从以下方面准确把握抢劫罪与寻衅滋事罪的界限:

(一)从犯罪构成角度把握抢劫罪与寻衅滋事罪的界限

抢劫罪是以非法占有为目的,采取暴力、胁迫或者其他手段当场劫取他人财物的行为。根据《刑法》第二百九十三条的规定,寻衅滋事罪包括随意殴打他人,追逐、拦截、辱骂、恐吓他人,强拿硬要或者任意损毁、占用公私财物等多种行为类型。其中,强拿硬要公私财物,或者同时具有殴打他人、追逐、拦截、恐吓他人并强拿硬要他人财物情形的,与抢劫罪中使用暴力手段当场劫取他人财物,在行为表现方式上存在一定相似之处,从而在认定此罪与彼罪问题上,容易产生争议。我们认为,应从两罪的本质区别上进行把握。

1. 两罪的主观目的不同

抢劫犯罪侵害的是复杂客体,既包括公民的人身权利,也包括财产权利,从其规定在侵犯财产权利罪一章来看,通常认为,抢劫罪是通过暴力侵害人身权利达到非法占有他人财物的目的。非法占有财物的目的,既是刺激行为人实施犯罪的起因,也支配和贯穿行为的始终,是认定犯罪的核心要素,也是区分此罪与彼罪的关键指标。

寻衅滋事罪分立自1979年《刑法》第一百六十条的流氓罪,该罪的本质特征是公然藐视法纪,以卑劣、下流的手段滋扰他人、破坏公共秩序。根据2013年最高人民法院、最高人民检察院发布的《关于办理寻衅滋事刑事案件适用法律若干问题的解释》(以下简称《解释》)第一条的规定,行为人为寻求刺激、发泄情绪、逞强耍横等,无事生非,或者借故生非,实施《刑法》第二百九十三条规定的行为的,应当认定为"寻衅滋事",该解释进一步明确了寻衅滋事罪的本质特征。对于寻衅滋事几种行为样态中的强拿硬要他人财物,虽然也侵害了公民的财产权利,但占有他人财物并非行为人的犯罪目的或动机,不是其行为指向的最终目标,而是通过随意夺取他人财物,逞强好胜,耍威风,滋扰他人,满足其不正常的心理感官刺激。

2. 两罪客观危害不同

从客观危害来看,抢劫罪和寻衅滋事罪均不排斥实施暴力。就抢劫罪的暴力程度而言,刑法条文本身并未进行明文限定,通常认为行为人对他人实施的暴力只要达到使被害人不敢或不能反抗,无论事实上能否遏制或排除被害人反抗,均可构成抢劫罪,不要求必须对人身造成严重伤害。寻衅滋事的暴力,包含了暴力、胁迫等方式,不要求达到令被害人不敢反抗、不能反抗的地步。但抢劫罪是一种严重犯罪,对人身权利或者财产权利受到侵害程度的要求相对高一些。而寻衅滋事罪的危害性主要在滋扰他人、破坏社会秩序,因此,寻衅滋事罪对行为人实施的暴力程度或者夺取的财物的价值本身,要求并不高,而需要着重考察的是"滋事"行为的情节、社会影响是否恶劣。根据《解释》的规定,强拿硬要型的寻衅滋事罪,通常要求具有强拿硬要公私财物价值1 000元以上;多次强拿硬要公私财物;强拿硬要精神病人、残疾人、老年人、孕妇、未成年人的财物;严重影响他人的工作、生活、生产、经营等情形。对于多次追逐、拦截他人,追逐、拦截未成年人等造成恶劣社会影响的,即使并未对被害人实施有形的暴力,也可以构成寻衅滋事罪。

综上，判断一行为是构成抢劫罪还是寻衅滋事罪，首先应当考察行为人的主观目的是非法占有他人财物，还是满足畸形的生理和心理需要；其次应当判断该行为客观上主要侵害的是公民人身、财产权利，还是滋扰他人、破坏社会秩序。本案中，被告人朱伦军多次在少年宫、街道等场所尾随、拦截儿童，控制被害人后，强行脱下其所穿袜子抢走，除了本案起诉指控和法院审理认定的四起事实外，公安民警还从其家中查获了不同颜色的旧儿童袜91双。单从行为方式来看，朱伦军实施了暴力压制被害人反抗和当场夺取他人财物的行为，似乎符合抢劫罪的构成要件。但是，从财物经济价值的角度看，儿童旧袜价值低廉，被告人的行为侵犯财产权利的一面并不突出；从被告人主观目的来看，其强抢儿童旧袜，并不是为了获取财物经济价值，而是出于一种追求精神刺激，满足自己不健康的心理和生理需要，客观上是滋扰了他人，破坏了社会公共秩序。此外，朱伦军的行为不仅符合多次强拿硬要他人财物、强拿硬要未成年人财物造成恶劣社会影响等司法解释明确列举的入罪情形，同时也符合多次拦截未成年人这一入罪条件。因此，无论从行为方式、行为的客观危害，还是被告人的主观目的分析，朱伦军实施的犯罪行为都更符合寻衅滋事罪的特征，而不是抢劫罪。

（二）从罪刑相适应的角度实质把握抢劫罪与寻衅滋事罪的界限

我国《刑法》第五条规定了罪刑相适应原则，即“刑罚的轻重，应当与犯罪分子所犯罪行和承担的刑事责任相适应”。罪刑相适应原则，其内涵是刑罚的轻重与犯罪人的主观恶性程度、客观的犯罪行为及其危害后果相适应。一般认为，该原则主要是指导刑罚裁量的量刑原则。但是，我们认为，罪刑相适应原则，在一定条件下对于定罪、区分此罪与彼罪，也有重要指导作用。

《刑法》对抢劫罪和寻衅滋事罪分别配置了不同的法定刑幅度，前者最低刑是三年有期徒刑，具有入户抢劫、多次抢劫或者抢劫财物数额巨大、在公共交通工具上抢劫等法定加重情节的，应当判处十年以上有期徒刑、无期徒刑直至死刑。寻衅滋事罪的基本法定刑幅度是五年以下有期徒刑、拘役或者管制；具有多次纠集他人寻衅滋事，严重破坏社会秩序的，可以判处五年以上十年以下有期徒刑。由于抢劫罪、寻衅滋事罪的起刑点、加重情节、最高法定刑差异较大，对于使用轻微暴力当场取财的行为人，认定罪名不同，则刑罚差异悬殊。对于犯罪性质介于模糊地带的行为，在选择罪名适用时，既要立足刑法条文和司法解释，也需要考虑社会一般大众的朴素正义情感，即常识、常理、常情，正确衡量犯罪行为的实质危害性大小，精准选择罪名适用，以确保罚当其罪。既要避免轻纵犯罪，又要防止机械理解适用刑法条文和司法解释，导致刑罚失之于僵化、过苛。例如，对在公交车上扒窃数十元现金被发现后，抗拒抓捕，挣脱逃跑过程中脚踹他人，未造成人身轻微伤害，情节较轻的，是否径行援用“在公共交通工具上抢劫”的加重条款，据此对被告人判处十年以上有期徒刑，就需要慎重考虑各种因素、情节，准确认定罪名或者确定刑罚轻重。

本案中，对被告人朱伦军的行为，公诉机关指控构成抢劫罪，但如此一来，朱伦军4次拦截儿童强抢旧袜，就属于多次抢劫，应当判处十年以上有期徒刑，形式上似乎合乎法律条文和逻辑。但是，综合考虑朱伦军罹患恋物症，系为寻求精神刺激，满足自己不健康的心理和生理需要而实施犯罪，意图不在劫财；其多次拦截、夺取儿童旧袜的暴力程度轻微，并未超出寻衅滋事罪可容纳的范畴，且所抢财物经济价值低廉，行为整体的危害性与认定为抢劫罪就意味着最低十年有期徒刑的刑罚后果相比，明显不相适应。而将被告人的行为定性为寻衅滋事罪，法律上没有障碍，且实质量刑更为合理的情况下，法院未支持公诉机关指控的抢劫罪罪名，而依法予以纠正，将朱伦军的行为认定为寻衅滋事罪,判处其有期徒刑二年,实现了原则性与灵活性、法律效果与社会效果相统一。我们认为,法院的裁判思路和结论是正确的。

（撰稿:四川省仁寿县人民法院　彭冬梅
四川省绵阳市涪城区人民法院　王丽冰
审编:最高人民法院刑一庭　沈　亮）

二、盗窃罪

[第1012号]关盛艺盗窃案

——误将非债务人的财物作为债务人的财物加以盗窃的如何定性以及刑事审判中民事纠纷的基础事实严重影响到量刑的是否有必要审查确认

【关键词】 盗窃罪 犯罪对象认识错误 民事纠纷基础事实 量刑

一、基本案情

被告人关盛艺,男,1985年9月11日出生。2012年5月9日因涉嫌犯盗窃罪被逮捕。

广东省广州市越秀区人民检察院以被告人关盛艺犯盗窃罪,向越秀区人民法院提起公诉。

被告人关盛艺对起诉书指控的事实及罪名均无异议,但辩称其因苏玮拖欠垫付的业务款而到苏玮的物业"13号大院"实施盗窃,属于事出有因,请求法院对其从轻处罚。关盛艺的辩护人基于以下理由提请法院对关盛艺从宽处罚:(1)关盛艺的犯罪动机是基于苏玮拖欠其垫付款而私下取走误以为是苏玮的财物,关盛艺的主观恶性较低,犯罪情节较轻微;(2)关盛艺具有自首情节,依法可以减轻处罚;(3)本案赃物已被退回,没有造成被害人损失;(4)关盛艺是初犯、偶犯,悔罪表现明显。

广州市越秀区人民法院经公开审理查明:2012年7月21日18时许,被告人关盛艺驾驶一辆面包车到广州市越秀区农林上路一横路13号大院,用事先准备的钥匙进入该大院内,窃得谢某放在该处的1张根雕茶几(价值人民币25 000元)后逃离现场。2012年8月8日,关盛艺经传唤后向公安机关投案自首。同月22日,关盛艺将上述赃物上交公安机关。

另查明,广州泽声现代文化传播有限公司(该公司法定代表人为苏玮,以下简称泽声公司)拖欠关盛艺垫付的业务款人民币7 000余元。本案案发前,泽声公司曾在广州市越秀区农林上路一横路13号大院办公。

广州市越秀区人民法院认为,被告人关盛艺以非法占有为目的,秘密窃取他人财物,数额巨大,其行为构成盗窃罪。公诉机关指控关盛艺犯盗窃罪的事实清楚,证据确实、充分,罪名成立,予以支持。关盛艺犯罪后主动向公安机关投案并如实供述自己的罪行,具有自首情节,依法可以减轻处罚。本案赃物已缴回,没有造成被害人损失,酌情可以对关盛艺从轻处罚。公诉机关基于以上述理由建议对关盛艺在"有期徒刑二至三年"的幅度内确定宣告刑的量刑建议合法有理,予以采纳。鉴于关盛艺的主观恶性较小,犯罪后认罪、悔罪态度良好,综合考虑其犯罪动机、情节及社会危害性,可以对其宣告缓刑。关盛艺及其辩护人的从宽处罚量刑意见,予以采纳。据此,依照《中华人民共和国刑法》第二百六十四条,第六十七条第一款,第七十二条,第七十三条第二款、第三款,第五十三条及《最高人民法院关于适用财产刑若干问题的规定》第二条第一款之规定,广州市越秀区人民法院以被告人关盛艺犯盗窃罪,判处有期徒刑二年一个月,缓刑三年,并处罚金人民币五千元。

宣判后,被告人关盛艺未提出上诉,公诉机关亦未提出抗诉,判决已经发生法律效力。

二、主要问题

1. 误将非债务人的财物作为债务人的财物加以盗窃的,如何定性?

2. 刑事审判中民事纠纷的基础事实严重影响到量刑的是否有必要审查确认?

三、裁判理由

(一)误将非债务人的财物作为债务人的财物加以盗窃的,仍应以盗窃罪定罪处罚

本案中,被告人关盛艺为实现自己的债权,使用事先准备的钥匙进入他人院内,将院内存放的价值25 000元的根雕茶几当作债务人的财产运走,对其行为是否构成盗窃罪,存在不同意见。一种意见认为,关盛艺虽然客观上实施了秘密窃取他人财物的行为,但其不具备非法占有目的。理由是:关盛艺窃取财物,其主观目的是为实现自己的债权,只是手段非法,对其仅应施以批评教育等非刑事处罚措施,而不应以盗窃罪追究其刑事责任。另一种意见认为,关盛艺以秘密窃取的非法手段,侵犯了他人财产权利,其行为构成盗窃罪。

我们同意第二种意见,非法占有不仅包括目的的非法性,同时也包含手段的非法性。行为人主观上以非法手段占有他人财物的故意,仍可视为具有非法占有目的,否则便是对该类违法行为的放纵。当然,在个别情况下,因目的具有正当性,以致手段的非法性所反映的行为的社会危害性大大降低,可以认定为犯罪情节显著轻微危害不大,不作为犯罪处理。如债权人为实现债权而实施盗窃,在盗窃行为实施完毕后,及时告知债务人盗窃事宜,并声明只要债务人还款即归还所窃之物。在这种情形下,由于实现债权目的的正当性及后续实现债权的跟进行为对之前不法手段具有补救功能,使占有的非法性得到一定程度的“漂白”,故对此种情形可以不作为犯罪处理。但本案中,关盛艺可以通过合法途径实现其债权,但其却采用秘密窃取手段获取财物,其具备非法占有的目的。同时,关盛艺所窃取的财物价值明显高于其债权数额,其后续亦未实施实现债权的跟进行为,如通告债务人、向人民法院起诉对所窃财物进行诉讼保全等,其占有的非法性明显,故法庭认定其因追债未果而产生非法占有目的适当。

值得探讨的是,行为人在犯罪过程中,有时会出现因为认错犯罪对象,造成预想加害的对象与实际加害的对象不一致的情况,进而对案件处理产生一定影响。本案中,债权人关盛艺将第三人谢某某的财物误认为债务人苏玮的财物而加以盗窃,属于犯罪对象认识错误。但无论是债务人的财物还是第三人的财物,体现的法益性质相同,属于同一构成要件范围内的认识错误,对犯罪行为性质不产生实质影响。故即便关盛艺对犯罪对象不产生认识错误,实际窃取了债务人苏玮的财物,亦不影响以盗窃罪追究其刑事责任。同时,犯罪对象认识错误,系犯罪动机产生之后所出现的问题,故犯罪动机对量刑的影响力依然有效,即虽然关盛艺实际盗窃的是第三人的财物,但从关盛艺实施盗窃的犯罪动机考虑,其主观恶性较小,在量刑时应予酌情从宽处理。

(二)刑事审判中民事纠纷的基础事实严重影响到量刑的,有必要审查确认

犯罪动机是刺激、促使行为人实施犯罪行为的内心起因或者思想活动,很大程度上反映了行为人的主观恶性、人身危险性以及所实施的行为的社会危害性的大小,亦涉及被害人对本案发生是否存在过错的问题,是重要的量刑情节。在刑事审判中,有必要尽可能地查明行为人的犯罪动机,并在量刑时予以充分考虑。本案中,被告人关盛艺及其辩护人提出,关盛艺是因为苏玮拖欠其垫付的业务款而私下取走误以为是苏玮的财物,其主观恶性较低,犯罪情节较轻微。在此情况下,应当查明该辩解事实,以客观、准确地对被告人进行量刑。

苏玮是否拖欠被告人关盛艺的钱款,是查明关盛艺犯罪动机的基础事实。关盛艺与苏玮之间有无债权债务关系,系民事争议,一般应当按照民事诉讼的相关规则进行审理。通常情况下,对于该种民事纠纷,应当由关盛艺提起民事起诉,以确认其与苏玮之间存在债权债务关系,并判

令苏玮偿还其钱款，履行给付义务。但在双方对该债权债务关系存在争议且未提起民事诉讼的情况下，刑事法庭能否对该民事争议进行审查，并认定相关事实，是一个值得探讨的问题。我们认为，根据当前法院内部业务庭之间的分工，刑事审判中对于附带民事诉讼之外的其他民事纠纷，一般不能作出处理。但是，当某一民事争议的基础事实严重影响到量刑时，则有必要尽可能查明。

本案中，公诉机关未审查关盛艺辩解的犯罪动机，而法庭经审理查明并认定了泽声公司拖欠关盛艺垫付的业务款项7 000余元的事实，为准确量刑提供了事实依据。本案审理过程中，关盛艺在庭审中辩称，其从苏玮口中得知苏玮拟重新装修13号大院，平时也知道苏玮在该物业内居住，一直相信该物业属于苏玮所有。其实施盗窃，系因苏玮拖欠自己垫付的业务款，目的是实现债权。证人苏玮出庭作证称，关盛艺辩称被拖欠的垫付款所对应的业务确为泽声公司开展的业务，至于该业务费用是否由关盛艺垫付，其无法确认。泽声公司曾在案发地点广州市越秀区农林上路一横路13号大院办公，其未曾向关盛艺明示上述大院属他人所有的物业，且曾向关盛艺称拟重新装修该物业。可见，苏玮在庭审中并未正面回应其是否拖欠关盛艺的业务款，只是确认关盛艺辩称的“垫付款”所对应的业务确系为泽声公司开展的业务。苏玮在庭审中亦未明确其是否向关盛艺表明13号大院属于自己的物业，但确认其未曾向关盛艺明示上述大院属他人所有的物业，且曾向关盛艺称拟重新装修该物业。对于证人苏玮的上述证言，应结合本案的其他证据加以分析认定。证人林素琳出庭作证提供的证言，证实苏玮曾向客户宣称案发地13号大院属其个人物业。证人林素琳、杨文玮、仇文轩、胡国伟的证言，还证实关盛艺为泽声公司垫付业务款7 000余元，该公司的老板苏玮一直拖欠该款项的情况。根据上述证据情况，可以认定关盛艺被苏玮的泽声公司拖欠垫付的业务款7 000余元，关盛艺追讨未果而将其误认为属于泽声公司的财产——价值25 000元的茶几盗走“抵债”的事实。

需要说明的是，刑事审判中对上述民事争议基础事实的审查与认定，仅属于查明案情的需要。不同于刑事附带民事诉讼或者纯粹的民事诉讼，上述民事争议不属于本案诉讼标的，故刑事裁判文书中不能判决苏玮偿还关盛艺的钱款。也就是说，对于关盛艺而言，其不能以刑事判决书认定的民事争议基础事实，要求苏玮履行还款义务或向执行部门申请强制执行。

综上，通过传唤证人出庭作证，并结合在案其他证据对证言加以审查，广州市越秀区人民法院查明了被告人关盛艺作案动机的相关事实。鉴于关盛艺具有自首情节，积极退赃，犯罪后认罪、悔罪态度良好，广州市越秀区人民法院综合考虑其犯罪动机、情节及社会危害程度，对关盛艺判处缓刑，彰显了法律的公正性，取得了良好的法律效果和社会效果。

（撰稿：广东省广州市越秀区人民法院　林旭群　邹海媚
审编：最高人民法院刑五庭　马　岩）

[第1013号] 熊海涛盗窃案

——明知未达到刑事责任年龄的人正在盗卖他人或者自己家中财物，仍然上门帮助转移并予以收购的，如何定性

【关键词】 盗窃罪　不当得利　规范竞合　掩饰、隐瞒犯罪所得罪

一、基本案情

被告人熊海涛，男，1988年3月22日出生，农民。2012年6月28日因涉嫌犯掩饰、隐瞒犯罪

所得罪被刑事拘留，后转为取保候审。

河南省罗山县人民检察院以被告人熊海涛犯盗窃罪，向罗山县人民法院提起公诉。

被告人熊海涛对公诉机关指控的事实无异议。其辩护人提出，熊海涛跟随戚某到戚某自称的"家中"收购家电，戚某每次卖东西都说征得了父母的同意，故熊海涛没有盗窃故意，其行为不构成盗窃罪。

罗山县人民法院经审理查明：河南省罗山县城关镇居民戚某（1998年4月28日出生）曾与其同学吴某一起到过位于罗山县新区某某花园小区27号楼二单元102房的吴某家，知道该房近期无人居住。2012年6月的一天上午，戚某到其同学吴某的奶奶家玩耍时，趁吴某不备，将吴某在某某花园小区住房的钥匙偷走。当日下午，戚某找到在罗山县城关镇梅湾路口北小桥附近收购废品的被告人熊海涛，谎称家中有电脑要处理，带着熊海涛到了某某花园小区27号楼二单元102住房。熊海涛遂将该房间内一台"联想"牌电脑拆卸后拉走，付给戚某人民币（以下币种同）100元。之后数日内，戚某两次找到熊海涛，谎称家中有电器要处理，熊海涛先后两次与戚某一起到上述住房，将房屋中正在使用的"海尔"牌空调、电冰箱、洗衣机、"海信"牌电视机及"荣事达"牌豆浆机（经鉴定价值总计13 595元）拆卸后拉回自己家中，付给戚某360元。案发后，上述物品被追回并退还给被害人。

罗山县人民法院认为，被告人熊海涛伙同他人以非法占有为目的，秘密窃取公民财物，数额较大，其行为构成盗窃罪。关于辩护人提出熊海涛不构成盗窃罪的意见，经查，未成年人戚某将熊海涛带到无人居住的住房内，以明显低于市场的价格向其出卖正在使用的家电时，熊海涛应当知道该未成年人是在盗卖别人家或者自己家中的家电，但其仍然实施帮助拆卸行为，并收购这些家电，其行为应当认定为盗窃。熊海涛到案后如实供述犯罪事实，赃物被追回，另赔偿被害人的经济损失，取得被害人谅解，对其可以从轻处罚。根据熊海涛的犯罪性质、危害后果、悔罪表现和家庭实际情况，对其适用缓刑有利于对其教育改造，减少社会对抗，促进社会和谐稳定，符合宽严相济的刑事政策。据此，依照《中华人民共和国刑法》第二百六十四条，第六十七条第三款，第七十二条第一款，第七十三条第三款、第四款之规定，罗山县人民法院以被告人熊海涛犯盗窃罪，判处有期徒刑一年一个月，缓刑二年，并处罚金人民币二万元。

一审宣判后，被告人熊海涛未提起上诉，检察机关亦未抗诉，该判决已发生法律效力。

二、主要问题

明知未达到刑事责任年龄的人正在盗卖他人或者自己家中财物，仍上门帮助转移并予以收购的，如何定性？

三、裁判理由

本案的争议焦点是如何认定被告人熊海涛的行为性质，该行为构成民事上的不当得利，还是构成盗窃罪或者掩饰、隐瞒犯罪所得罪。对此，审理过程中，主要形成三种意见：第一种观点认为，从戚某持有房屋钥匙并在小区门卫处登记签字等情况看，熊海涛主观上并不知道戚某是在盗窃他人财物，其以低价收购未成年人出售的自家财物，属于民事上的不当得利，不构成犯罪；第二种观点认为，熊海涛与未成年人戚某事先并无实施盗窃的犯意联络，在犯罪过程中也无通谋，即使其可能预见到戚某是在盗卖家中财物，主观上仅是出于收购赃物的故意，属于明知是他人犯罪所得的赃物而予以收购，应当构成掩饰、隐瞒犯罪所得罪；第三种观点认为，从未成年人戚某以明显低于市场的价格向其出售正在使用中的家电来看，熊海涛应当知道未成年人是在盗卖别人家或者自己家的财物，其仍然实施帮助拆卸、转移并收购行为，应当构成盗窃罪。

我们同意第三种意见。具体理由如下：

（一）民事不当得利和财产犯罪之间是交叉关系而不是对立关系，民事不当得利行为符合刑法关于财产犯罪构成特征的，可以纳入刑法评价范围

不当得利是指没有合法根据，取得不当利益并造成他人损失的情形。行为人侵犯他人财产的事实往往同时属于民法上的不当得利，有观点认为，既然同属于民法上的不当得利，就不能再以财产犯罪论处。我们认为，这种观点不能成立。

首先，任何故意侵犯他人财产的行为，不管其是否触犯刑法，都违反了民法关于保护公私财产权的规定，但刑法又将其中部分应当科处刑罚的侵犯财产的行为规定为财产犯罪。因此，财产犯罪都具有违反民法和违反刑法的双重性质。我国学者张明楷认为，不当得利与财产犯罪不是对立关系，而是交叉关系（即两个概念的外延在某一部分上是重合的）。对侵犯财产的行为，只有不触犯刑法时，才依照民法处理，切不可因为某种行为在民法上是不当得利，就否认其构成刑法上的财产犯罪。①

其次，对同一行为同时追究刑事责任和民事责任，也符合规范竞合的处理规则。之所以出现不当得利与财产犯罪交叉的原因在于规范竞合，即不同法律根据各自不同职能对同一类行为均予以调整，但因各自调整目的不同，故应当分而治之。我国台湾地区民法学者王泽鉴认为，刑事责任同民事责任各有其目的，前者在于对行为予以报应，并防止将来侵害的发生，后者在于填补被害人的损害，平复过去侵害的结果，二者在发生规范竞合时，可以并行不悖。② 可见，对于同时构成刑法上的侵犯财产犯罪和民法上的不当得利的行为，要求行为人同时承担刑事责任（刑罚）和民事责任（返还或者退赔财产），具有一定的理论根基。

最后，刑法的谦抑性并不意味着对于任何个案都首先考虑按照民法处理，一旦案件超出民法调整范围而又符合刑事法定标准时，则应适用刑法。谦抑性是刑法的立法原理，也是指导解释刑法的原理，但不是处理个案的规则。奥地利法学家韦伯在论述不当得利与衡平理念的关系时，曾精辟地提出一个观点，即“不当得利请求权曾艰辛地藉助于衡平思想成为一项法律制度，业经制度化的不当得利已臻成熟，有其一定的构成要件及法律效果，正义和公平应当功成身退。”③同样道理，刑法的谦抑性作为一项立法原则，已经通过刑法在所有侵害法益的行为中只选取部分行为规定为犯罪、对具体罪名设置一定的入罪标准等来体现，或者说罪刑法定本身就是刑法谦抑性的一种体现。在司法实践中，评价一个行为是否构成犯罪时，严格遵循刑法对具体犯罪构成要件的规定，就是对谦抑原则最好的实践。对于一个符合刑法关于具体罪名构成要件规定的行为，以谦抑性为依据否定其构成犯罪，是对罪刑法定原则的损害。

综上，对同一侵犯财产行为依据刑法规范和民法规范可能会分别得出财产犯罪和民事不当得利的不同评价，但两者之间不是对立而是交叉的关系。二者之间如果有界限的话，也只能是财产犯罪与不构成财产犯罪的不当得利的界限。凡是符合财产犯罪构成特征的行为，就成立财产犯罪，而不必再追问是否属于民法上的不当得利。本案中，被告人熊海涛以极低的价格从戚某手中获得他人价值巨大的财物，同时造成所有人财产损失，其行为没有任何法律上的依据，毫无疑问属于民法上的不当得利。然而，此种定性并不妨碍依照刑法将其评价为财产犯罪。对其行为选择民法还是刑法作为追究责任的依据，关键要看其行为是否符合刑法关于财产犯罪构成要件的规定。

---

① 参见张明楷：《不当得利与财产犯罪的关系》，载《人民检察》2008年第13期。

② 参见王泽鉴：《民法学说与判例研究》（第一册），中国政法大学出版社1998年版，第371页。

③ 转引自王泽鉴：《债法原理（第二册）：不当得利》，北京大学出版社2002年版，第19页。

（二）在未成年人以极低价格销售住房中价值较大的财物时，可结合相关事实，认定行为人明知未成年人是在盗卖别人家或者自己家中的财物，在此基础上积极实施拆卸、转移和收购财物行为的，符合盗窃罪的主客观特征

人的主观认识不是凭空产生的，而是建立对客观事实的认识、分析、评价的基础上。因此，认定一个人的主观认识和心理状态，不能仅凭其个人陈述，而应当综合考察在行为当时的环境下其所能认识到的客观事实，并以正常人在同样情况下会产生的主观认识为标准，判断行为人作案时的主观心理状态。除非行为人的认知能力存在缺陷，否则，应当认定其具备正常人在当时状态下一般都会形成的判断。本案中，14 岁的戚某将被告人熊海涛叫到"家中"收购电器，并声称经过了家人的同意。熊海涛辩称"我见她拿有钥匙和小区的出入门卡，以为她是变卖家中的物品"，否认知道戚某是在盗窃。我们认为，在认定熊海涛的辩解是否成立时，应当根据相关证据，结合常识、常理、常情，分析判断其是否认识到戚某是在实施盗窃活动。

首先，从处理的对象及出售的价格看，所谓的"戚某家"是一个新房，装修入住不满一年，家中的电脑、电视、冰箱、空调、洗衣机等各种电器均较新并处于正常使用状态，事后经评估价值总计 1 万多元（不包含电脑），戚某仅以 360 元的极低价格出售给熊海涛。熊海涛本人也供述："她家是新房子，这些东西都是新的，这小女孩卖给我这些电器都这么便宜，按理说应当想到不正常的。"作为一名认知水平正常的人，特别是作为从事废品收购业务的人，熊海涛应当认识到上述物品不属于普通百姓家庭紧急处置或者废弃的物品。

其次，从处理主体看，熊海涛供述"这个女孩我不认识，她说她上高中了，但看样子是个小孩"。事实上，戚某是一个刚满 14 周岁的女孩，正常情况下家长不可能委托孩子处置价格昂贵的财物，也不会同意以如此低廉的价格出售相关物品，熊海涛应当对此有所认识。

最后，从处理的过程看，戚某先后多次叫熊海涛去住房收购物品，房中值钱财物几乎全部被拆掉并以极低价格出售，如果戚某是正常出售自己家的财物，不应当如此随意，家中其他成年人也不可能没有发觉。被盗住房所在小区的保洁人员证实，熊海涛第三次前往戚某家中拆卸并收购空调和电冰箱时，还请小区清洁人员帮忙抬冰箱，清洁人员当时就提出疑问"东西抬走不住了吗？不是去年才搬的家呀？"熊海涛则谎称"不住了，当时是急急忙忙装修的房子"，而没有如其辩解那样向对方讲明"自己是上门收购"。这一事实从侧面反映出熊海涛有刻意隐瞒其转移、收购他人家中电器的故意。

综上分析，作为一名认知水平正常的人，熊海涛应当认识到戚某可能是在盗卖别人住房内的财物，在这种认识的前提下，其仍然参与实施转移、占有财物的行为，主观上具有盗窃的故意。熊海涛本人供述："我见这些东西都是新的，这么便宜收到，我就问她。她说急着要走，于是我没多想就收购了。这些东西是好的，都送到我家里去了"；"我开始没有多想，后来我才有怀疑，不正常"。上述供述反映熊海涛主观上对戚某的行为并不是没有疑问，只是为贪图利益而放弃了疑问。也许熊海内心抱有侥幸心理，但正是在这种侥幸心理支配下，其放任了自己行为所可能造成的侵害他人财产后果的发生，主观上至少具有间接的盗窃故意。本案中的现有证据不能证明戚某与熊海涛就盗窃一事进行过意思联络或者沟通，而戚某未达到盗窃罪所要求的刑事责任年龄，不能成为共同犯罪主体，因此不管二人是心照不宣存有默契，还是共同行为各取所需，都不妨碍对熊海涛参与盗窃的故意的认定。

退一步讲，即便如熊海涛所辩解的"以为戚某是变卖自己家中的物品"，也不能否定熊海涛的盗窃故意。未成年人虽然是家庭成员之一，但一般情况下对家庭共同财产的产生或者增值并无贡献，家庭财产一般情况下应当视为其监护人的财产，未成年人并不具备处分家中财产的能力和

权利。因此,未成年人盗卖家中财物的行为也是一种盗窃行为,只是可能因未达到刑事责任年龄而不负刑事责任,或者虽然达到刑事责任年龄,考虑到其行为后果发生在家庭内部,社会危害性相对较小,在政策把握上不作为犯罪处理或者予以从宽处理,①但并不能因此否定其行为的盗窃性质。戚某出售"家中"财物过程中的上述一系列不正常表现,足以使熊海涛认识到其可能是在盗卖自己家中的财物,在此认识的基础上其参与进来,主观上具备盗窃的主观故意。

(三)明知未达到刑事责任年龄的人盗卖他人或者自己家中财物仍然实施帮助行为并上门收购的,符合盗窃罪中秘密窃取他人财物的行为特征

盗窃罪的客观行为特征表现为秘密窃取,即在财物所有人或者占有人不知情的情况下,采用对于财产所有人或者占有人来说秘密的手段获取财物。本案中,被告人熊海涛在戚某叫其上门收购电器时,应当认识到戚某是在盗卖别人家或者自己家的财物。不管是哪种情况,其行为都是在财物所有人或者有权处分人不知情的情况下所实施,其帮助拆卸、予以收购并运输出小区,符合盗窃罪的秘密窃取特征。具体体现在以下两个方面:

首先,从熊海涛与戚某在共同行为过程中的关系看,二人相互配合,共同完成了盗窃行为。一方面,如果不是戚某偷拿他人房间钥匙,并邀约熊海涛上门收购电器,熊海涛不可能非法取得上述物品;另一方面,如果没有熊海涛积极参与上门拆卸、转移电器,戚某也实现不了盗卖他人财物获利的目的。在小区保洁人员对其搬出家中电器的行为提出疑问时,熊海涛还通过撒谎的手段掩饰其真实目的,既体现了盗窃手段的秘密性特征,也反映了其参与到共同盗窃过程中的主动性。

其次,从熊海涛与戚某通过共同行为获利情况的对比看,熊海涛是本案盗窃行为的最主要受益者,价值1万多元的财物,其仅支付了360元即取得,几乎与免费获赠无异。本案的实质就是熊海涛为了牟利,利用未成年人戚某掌握被害人住房钥匙并有盗卖房内财物意图这一条件,通过上门帮助拆卸、以极低价格收购、运输财物出小区等手段,实现了非法占有他人财物的目的,其行为与明知他人房屋没有锁门、无人看管或保管人渎职疏漏而窃取财物并无实质差异,与利用银行ATM机故障多取存款的行为如出一辙。

在共同行为过程中,熊海涛所起的积极作用并不低于戚某,只不过戚某作为14岁的年幼未成年人,对盗窃犯罪不具备刑事责任能力,不承担刑事责任。二人虽然不构成盗窃共同犯罪,但熊海涛本人的行为仍然应当评价为盗窃犯罪。

(四)区分盗窃罪中的收购赃物行为和掩饰、隐瞒犯罪所得罪的关键在于行为人的主观认识内容及产生时间不同

如何区分盗窃罪中的转移、收购、变卖赃物行为与掩饰、隐瞒犯罪所得罪,是本案准确适用法律需要解决的另一个问题。在共同盗窃行为中,由于分工不同,部分行为人承担的角色可能是转移、收购、变卖赃物等行为,而掩饰、隐瞒犯罪所得罪的客观行为表现也包括明知是犯罪所得赃物而予以收购、转移、销售等行为。区分两罪的关键,在于行为人的犯罪主观方面内容不同:在盗窃罪中,行为人承担转移、变卖赃物等行为,是基于参与、配合、协助其他共犯完成盗窃的认识而实施的,这种认识和故意的产生时间应当是在盗窃行为实施前,或者是在盗窃行为实施过程中。《最高人民法院、最高人民检察院关于办理盗窃油气、破坏油气设备等刑事案件具体应用法律若干问题的解释》第五条规定,明知是盗窃犯罪所得的油气或者油气设备,而予以窝藏、转移、收购、加工、代为销售或者以其他方法掩饰、隐瞒的,依照刑法第三百一十二条的规定(即掩饰、隐瞒犯

① 《最高人民法院、最高人民检察院关于办理盗窃刑事案件适用法律若干问题的解释》第八条规定:"偷拿家庭成员或者近亲属的财物,获得谅解的,一般可以不认为是犯罪;追究刑事责任的,应当酌情从宽。"

罪所得罪)定罪处罚;实施前述犯罪行为,事前通谋的,以盗窃罪的共犯定罪处罚。上述规定说明,在事先通谋的情况下,转移、收购、销售赃物的行为人应构成盗窃罪的共犯。另外,在他人已经开始盗窃,行为人才参与到盗窃过程中的,只要与前行为人形成了相互配合、协作关系,促成了盗窃的完成,也可以认定为盗窃罪的共犯。而掩饰、隐瞒犯罪所得罪是在盗窃行为已经完成的情况下,行为人明知是犯罪所得的赃物而予以转移、收购或者销售,掩饰、隐瞒犯罪所得罪的行为人与盗窃行为人之间并无事先通谋,对于盗窃行为事先也无认识,其对赃物的认识及帮助转移、收购、销售的故意产生于盗窃行为既遂后,因此不是盗窃的共同犯罪,而单独构成掩饰、隐瞒犯罪所得罪。

在本案中,戚某多次找熊海涛上门收购,即便熊海涛在第一次行为时因时间问题没有充分考虑,没有认识到戚某是在实施盗窃,可以认定为不当得利,但其在后来的两次行为中,有足够的时间和信息来分析判断戚某行为的合理性,应当认识到戚某可能在盗窃自己家或者他人家的财物,仍然同意帮助拆卸、转移、收购,其犯罪故意产生于盗窃行为开始之前,与掩饰、隐瞒犯罪所得罪所要求的在他人盗窃后明知是赃物而帮助转移、收购是不同的。从客观上看,熊海涛不仅实施了收购、转移赃物的行为,还实施了帮助拆卸电器等行为,已经在事实上参与了具体盗窃行为的实施,而不是单纯的事后帮助转移、销售赃物。因此,本案中,公安机关、检察机关对于熊海涛第一次上门拆卸并收购一台联想电脑的行为没有认定为盗窃,而仅将第二次和第三次所获得的物品作为赃物进行估价,认定犯罪数额,①人民法院对该两次行为以盗窃罪定罪处罚是准确的。

(撰稿:河南省高级人民法院刑四庭　蔡智玉
河南省罗山县人民法院　董王超
审编:最高人民法院刑二庭)

[第1047号]花荣盗窃案

——入户盗窃既未遂形态如何认定以及盗窃过程中群众在户外监视是否意味着被害人未失去对财物的控制

【关键词】　盗窃罪　入户盗窃　结果犯　控制

一、基本案情

被告人花荣,化名华龙,男,1990年2月21日出生。2014年1月3日因涉嫌犯盗窃罪被逮捕。

上海市闸北区人民检察院以被告人花荣的行为构成盗窃罪,且系犯罪既遂,向闸北区人民法院提起公诉。

上海市闸北区人民法院经公开审理查明:2013年12月7日14时30分许,被告人花荣见上海市永兴路649弄53号82岁独居老人陈雅香家中二楼窗户未关,即踩凳翻窗进入陈雅香家中。陈雅香的邻居尹家耕碰巧看见,遂马上打电话报警,并与另一名邻居郭云风一起守候在53号门口。当日14时40分左右,花荣窃得现金人民币(以下币种同)377元和价值172元的中华牌香烟

① 本案判决时间为2012年11月19日,按照当时河南省的盗窃罪数额认定标准,个人盗窃公私财物"数额巨大"以15 000元为标准,本案认定赃物价值为13 595元,故法院在三年以下有期徒刑、拘役或者管制的幅度内,判处被告人熊海涛有期徒刑一年一个月,缓刑二年。

3包放于口袋内,从53号房门走出来后被尹家耕和郭云风抓获。尹、郭两人从花荣的上衣口袋内搜出一把匕首。随后,民警赶到现场,从花荣身上查获上述窃得的财物,并将花荣带至派出所。花荣到案后,如实供述了自己的罪行。

上海市闸北区人民法院认为,花荣携带凶器入户盗窃他人财物,其行为构成盗窃罪。花荣已经着手实施犯罪,由于意志以外的原因而未得逞,系犯罪未遂,可以比照既遂犯从轻处罚。花荣到案后如实供述自己的罪行,依法可以从轻处罚。据此,依照《中华人民共和国刑法》第二百六十四条、第二十三条、第六十七条第三款和第六十四条之规定,闸北区人民法院以盗窃罪判处被告人花荣拘役五个月,并处罚金一千元;违法所得责令退赔,发还被害人;缴获的刀具予以没收。

一审宣判后,上海市闸北区人民检察院认为原判认定事实正确,但适用法律错误,量刑不当,提出抗诉。抗诉理由如下:(1)花荣携带凶器入户窃得被害人财物后走出房门,其盗窃行为已经实施完毕,系犯罪既遂。原判认为花荣犯罪后即被守候群众扭获,系犯罪未遂,属于适用法律错误。(2)被害人陈雅香系82岁独居老人,花荣携带凶器入户盗窃,其行为具有较大社会危害性,一审法院仅对其判处主刑拘役五个月,没有充分考虑花荣的犯罪情节、主观恶性和社会危害性,属于量刑不当。据此,依照《中华人民共和国刑事诉讼法》第二百一十七条之规定,提出抗诉。上海市人民检察院第二分院支持抗诉。

上海市第二中级人民法院经审理认为,原审被告人花荣以非法占有为目的,携带凶器入户秘密窃取他人财物,其行为构成盗窃罪。花荣非法进入被害人家中窃得形状、体积较小的现金和香烟放于口袋内走出房门后已取得了对被窃财物的控制,而被害人则失去了对被窃财物的控制。花荣不仅实施了入户盗窃行为,且已实际窃得财物并离开被害人住所,其行为系入户盗窃既遂。花荣到案后能如实供述自己的罪行,可以从轻处罚。原判认定事实正确,但认为花荣系盗窃未遂,适用法律错误;对花荣判处主刑拘役五个月,量刑不当,应予改判。上海市闸北区人民检察院、上海市人民检察院第二分院的抗诉意见正确,应予支持。根据花荣犯罪的事实、性质、情节和对于社会的危害程度,依照《中华人民共和国刑事诉讼法》第二百二十五条第二项和《中华人民共和国刑法》第二百六十四条、第六十七条第三款、第六十四条之规定,判决如下:

1. 维持上海市闸北区人民法院(2014)闸刑初字第215号刑事判决第二项,即违法所得责令退赔,发还被害人;缴获的刀具予以没收。

2. 撤销上海市闸北区人民法院(2014)闸刑初字第215号刑事判决第一项,即被告人花荣犯盗窃罪,判处拘役五个月,并处罚金人民币一千元。

3. 原审被告人花荣犯盗窃罪,判处有期徒刑八个月,并处罚金人民币一千元。

二、主要问题

1. 入户盗窃既未遂的形态如何认定?

2. 盗窃过程中群众在户外监视是否意味着被害人未失去对财物的控制?

三、裁判理由

(一)入户盗窃但未窃得财物,应当认定为盗窃未遂

刑法修正案(八)对刑法第二百六十四条规定的盗窃罪进行了修改,增加了"入户盗窃、携带凶器盗窃、扒窃"等事实情节。就入户盗窃而言,处罚的重点是"入户"这个情节,即在盗窃数额达不到普通盗窃的入罪标准时,以盗窃的手段行为"入户"作为犯罪构成要件。但同时,由于修正后的刑法将盗窃罪的罪状表述为:"入户盗窃、携带凶器盗窃、扒窃的,处三年以下有期徒刑、拘役或者管制,并处或者单处罚金",理论界和实务界对如何认定入户盗窃既未遂形态存在不同看法。而本案作为一起入户盗窃案件,其特殊性还在于被告人是在群众的监视下实施了入户盗窃,后被

人赃俱获，对被告人的犯罪形态是既遂还是未遂，争议较大。

一种意见认为，对于入户盗窃，即使未窃得财物，也应认定为犯罪既遂。因为刑法修正案(八)增加的“入户盗窃、携带凶器盗窃、扒窃”三类行为无数额及情节条件，行为人只要实施了这三类行为，即在形式上具备了盗窃罪的构成要件。入户盗窃虽然存在未遂状态，但是界定既遂、未遂的根据不在于是否取得财物，而是是否完成入户行为。另一种意见认为，入户盗窃但未窃得财物的，可以认定为盗窃未遂。盗窃罪是侵财犯罪，无论是要求数额的普通盗窃还是入户盗窃，既未遂的区分还是应当坚持以侵犯财产结果为标准。因此，仅有入户盗窃行为，但未窃得财物的，构成盗窃罪，但系犯罪未遂。

我们同意第二种意见。具体理由如下：

1.“犯罪构成要件齐备说”是认定犯罪既遂的标准

刑法分则规定的犯罪以单独的既遂犯为模式，刑法理论在讨论犯罪构成及其要件时，都讨论了成立犯罪既遂所必须具备的条件。① 判断行为人实施的犯罪是否构成既遂，应当以其行为是否具备了某种犯罪的全部构成要件为标准，综合考虑该种犯罪的性质以及社会公众的一般认识，而不能仅以刑法分则的条文规定为依据。如故意杀人罪，若仅从刑法第二百三十二条规定看，“故意杀人的，处……”似乎该罪是行为犯，只要着手实施杀人行为，不论是否致人死亡，都已构成故意杀人既遂。然而，毫无疑问，故意杀人罪是结果犯，只有造成他人死亡结果的，才能认定故意杀人既遂。又如抢劫罪，若仅从刑法第二百六十三条规定看，似乎该罪也是行为犯，只要以暴力、胁迫或者其他方法抢劫的，不论是否造成他人人身伤害、财产损失，都已构成抢劫既遂。但是，《最高人民法院关于审理抢劫、抢夺刑事案件适用法律若干问题的意见》明确指出：“既未劫取财物，又未造成他人人身伤害后果的，属抢劫未遂。”因此，不能仅以修正后刑法第二百六十四条的规定得出只要实施了入户盗窃行为，即使未取得财物也系盗窃既遂的结论。盗窃罪侵犯的是他人的财产权益，应当将造成他人财产损失补充解释为该罪的构成要件要素。行为人只实施了入户盗窃行为，但未实际窃得财物的，由于被害人并未失去对财物的控制，其财产所有权没有实质被侵害，应当认定为盗窃未遂。

2. 犯罪成立和犯罪既遂是两个层面上的问题

犯罪既遂、未遂是在已经构成犯罪的基础上讨论犯罪是否得逞、客观危害结果是否出现。构罪标准与故意犯罪的既未遂形态是刑法上两个紧密关联但又本质不同的概念。说其紧密关联，是因为故意犯罪的基本构成要件，多以犯罪既遂形态为标本而设定。论其差异，犯罪既未遂形态描述的是特定危害行为的停止形态，构罪标准表达的仅仅是不同行为构成犯罪的最低刻度。② 立法者将达不到数额较大但有入户盗窃等情节的行为入罪，降低了入户盗窃等特殊盗窃行为的构罪标准，但是该修正并不等于一并修改了入户盗窃的既未遂标准。且通过对构罪标准的修正已体现了对入户盗窃等行为的严厉打击，在定罪基础上坚持以财产犯罪既未遂形态的一般评价标准“控制说”，对于入户盗窃没有窃得任何财物的认定为未遂，符合宽严相济的刑事政策的要求，也可以实现罪刑结构的均衡。

3. 入户盗窃依然应当以行为人取得他人财物为既遂标准

盗窃罪是财产犯罪，是结果犯。关于盗窃罪的既遂标准，理论上有接触说、转移说、隐匿说、

---

① 张明楷：《刑法学》(第4版)，法律出版社2011年版，第308页。

② 黄祥青：《盗窃罪的认定思路与要点》，载《刑事审判参考》总第93集。

失控说、控制说(取得说)、失控加控制说。通说为失控加控制说。根据通说观点,①在行为人为了实施盗窃而入户的情况下,只有当行为人取得了被害人的财物,被害人失去对财物的控制时,才能认定为盗窃既遂。1997年修订刑法时,对盗窃罪入罪门槛有过修正,即将"多次盗窃"补充规定为该罪的入罪条件之一。但刑法作出上述修改后,理论上、实践中并未因此认为盗窃罪的性质已发生变化,即认为盗窃罪已经从结果犯变成了行为犯,对于多次盗窃但未实际窃得财物的,也认定为盗窃既遂。而是仍然认为,盗窃罪属于结果犯,只有实际窃得财物的才能认定盗窃既遂。刑法修正案(八)进一步将入户盗窃增加规定为盗窃罪的入罪条件之后,也应以行为人取得财物作为入户盗窃既遂的标准。

(二)盗窃过程中群众在户外监视并不意味着被害人未失去对财物的控制

本案中,被告人花荣实施入户盗窃时被被害人的邻居发现,但花荣并不知情,仍然进入被害人家中实施盗窃,并将窃得的财物放于口袋内,走出房门后被人赃俱获。在肯定入户盗窃仍然应当以行为人取得他人财物为既遂标准的情况下,如何评价花荣的犯罪形态,检察机关和一审法院持不同意见。

一审法院认为花荣系盗窃未遂,主要理由是:花荣在实施盗窃行为时已被周围群众发现并处于监控中,虽然之后他完成了盗窃行为,但是被害人对于被窃财物没有失去控制,且最终花荣被人赃俱获。

我们认为,当花荣进入被害人家中窃得形状、体积较小的现金和香烟放于口袋内,走出房门后就已经取得对被窃财物的控制,而被害人则失去了对被窃财物的控制,财产所有权已受到实质侵害。虽然花荣在实施盗窃的过程中被群众发现,之后处于群众的监视之下,但是群众在户外的监视不能等同于被害人对财物的控制;虽然最终花荣被人赃俱获,但是并不影响之前他已经取得对被窃财物的控制。

综上,花荣不仅实施了入户盗窃行为,且已实际窃得财物并离开被害人住所,其行为系入户盗窃既遂。鉴于花荣具有"携带凶器盗窃""入户盗窃"两个事实情节,且被害人系独居老人,其行为具有较大的社会危害性,二审法院认定花荣系盗窃犯罪既遂,改判其有期徒刑8个月,并处罚金1 000元是正确的。

(撰稿:上海市第二中级人民法院　沈　言
审编:最高人民法院刑二庭)

[第1090号]钟超等盗窃,高卫掩饰、隐瞒犯罪所得案

——如何适用掩饰、隐瞒犯罪所得罪的入罪数额标准

【关键词】　掩饰、隐瞒犯罪所得罪　盗窃罪　入罪数额　上游行为犯罪

一、基本案情

被告人钟超,男,1984年4月18日出生。2014年9月3日被逮捕。

被告人周杰,男,1978年11月19日出生。2014年3月25日被逮捕。

---

① 张明楷:《刑法学》,法律出版社2011年版,第887页。

被告人潘志华，男，1970年6月24日出生。1988年因犯盗窃罪被判处有期徒刑七年六个月。1996年8月28日因犯盗窃罪被判处有期徒刑十三年。2014年9月3日被逮捕。

被告人刘某某，男，1996年12月13日出生。2014年8月28日被取保候审。

被告人高卫，男，1983年11月23日出生。2014年8月7日被取保候审。

江西省宜春市袁州区人民检察院以被告人钟超犯盗窃罪，掩饰、隐瞒犯罪所得罪，被告人潘志华、刘某某犯盗窃罪，被告人周杰、高卫犯掩饰、隐瞒犯罪所得罪向袁州区人民法院提起公诉。

各被告人对起诉书的指控均没有异议。

袁州区人民法院经审理查明：

1. 2014年7月18日凌晨5时许，被告人钟超、潘志华来到宜春市袁州区高士北路都市春天小区寻找盗窃目标。二被告人在该小区2栋2单元楼下发现失主朱水来停放在此的红色豪爵男式摩托车未上锁，遂割断电源线，发动摩托车将该摩托车盗走。案发后，公安机关在潘志华处扣押该摩托车。经宜春市袁州区价格认证中心鉴定，被盗摩托车价值人民币2 640元。

2. 2014年7月29日20时许，被告人钟超来到宜春市袁州区书香门第小区1栋2单元楼下，发现失主陈波停放于楼梯口的红色广本男式摩托车未上锁，便将该摩托车推走。后将该摩托车交由被告人周杰，周杰在明知该车为盗窃所得的情况下低价卖给被告人高卫。该摩托车已被公安机关扣押并已发还失主陈波。经宜春市袁州区价格认证中心鉴定，被盗摩托车价值人民币2 280元。

3. 2014年7月31日凌晨3时许，被告人潘志华在袁州区妇幼保健院旁巷子内发现一黑色先锋牌女式踏板摩托车未锁地锁，便联系被告人刘某某。随后，二被告人用绳索将该摩托车绑在潘志华驾驶的摩托车后面，由潘志华驾驶摩托车在前牵引，刘某某则坐在被盗摩托车上将该摩托车盗走。被告人钟超明知该车系盗窃所得帮助出售，后公安机关在钟超处查获该摩托车。经宜春市袁州区价格认证中心鉴定，该摩托车价值人民币1 960元。

4. 2015年3月16日凌晨3时许，被告人周杰伙同唐晓（另案处理）骑摩托车来到宜春市医院附近，发现医院对面人行道上停放着一辆绿色电动三轮车。之后，由唐晓望风，周杰用钥匙将该三轮车地锁和电源锁套开，将该电动三轮车盗走。经袁州区价格认证中心鉴定，被盗三轮车价值人民币2 430元。

5. 2015年3月16日凌晨4时许，被告人周杰伙同唐晓驾驶盗窃来的电动三轮车来到宜春市袁州区锦江之星酒店门口时，发现一辆红色王力牌电动车停放于此，二人遂使用扳手等工具盗窃电动车的电瓶，在取下三个电瓶后，盗窃剩余电瓶时，被巡逻民警发现并抓获。经袁州区价格认证中心鉴定，被盗的三个电瓶价值人民币200元。

袁州区人民法院认为，被告人钟超、周杰、潘志华、刘某某以非法占有为目的，秘密窃取他人财物，被告人钟超2次盗窃他人财物，价值人民币4 920元；被告人周杰2次盗窃他人财物，价值人民币2 630元；被告人潘志华2次盗窃他人财物，价值人民币4 600元；被告人刘某某1次盗窃他人财物，价值人民币1 960元，其行为均构成盗窃罪。被告人钟超、周杰、高卫明知是犯罪所得仍代为销售或收购，被告人钟超代为销售1次，价值人民币1 960元；被告人周杰代为销售1次，价值人民币2 280元，被告人高卫收购1次，价值人民币2 280元，其行为均构成掩饰、隐瞒犯罪所得罪。公诉机关指控的罪名成立。被告人刘某某犯罪时未满18周岁，应从轻处罚。被告人周杰在与唐晓盗窃电瓶时由于意志以外的原因，未得逞。被告人周杰在掩饰、隐瞒犯罪所得罪中有自首情节，应从轻处罚。被告人潘志华有前科，可酌情从重处罚。被告人钟超、潘志华在第1次犯罪中属共同犯罪。被告人潘志华、刘某某在第3次犯罪中属共同犯罪。被告人钟超、周杰犯数罪应数罪并罚。根据被告人钟超、潘志华、周杰、刘某某、高卫的犯罪事实、犯罪性质、情节和对社会的危害性,根据《中华人民共和国刑法》第二百六十四条,第三百一十二条第一款,第二十五条第一款,第六十五条第一款,第六十九条,第七十二条第一款、第三款和第七十三条第二款、第三款之规定,判决如下:

1. 被告人钟超犯盗窃罪,判处有期徒刑九个月,并处罚金五千元;犯掩饰、隐瞒犯罪所得罪,判处有期徒刑六个月,并处罚金二千元;合并执行有期徒刑一年二个月,并处罚金七千元;

2. 被告人周杰犯盗窃罪,判处有期徒刑八个月,并处罚金五千元;犯掩饰、隐瞒犯罪所得罪,判处有期徒刑六个月,并处罚金二千元;合并执行有期徒刑一年,并处罚金七千元;

3. 被告人潘志华犯盗窃罪,判处有期徒刑一年,并处罚金五千元;

4. 被告人刘某某犯盗窃罪,判处有期徒刑六月,缓刑一年,并处罚金三千元;

5. 被告人高卫犯掩饰、隐瞒犯罪所得罪,判处有期徒刑六个月,缓刑一年,并处罚金三千元。

宣判后,被告人周杰认为原审判决量刑过重,提出上诉。

宜春市中级人民法院经审理认定的事实、证据与一审相同。

宜春市中级人民法院认为,被告人钟超、周杰与高卫明知车辆系犯罪所得仍然代为销售或收购,其中钟超代为销售1次,价值1 960元;周杰代为销售1次,价值2 280元;高卫收购1次,价值2 280元。根据《最高人民法院关于审理掩饰、隐瞒犯罪所得、犯罪所得收益刑事案件适用法律若干问题的解释》第一条之规定,掩饰、隐瞒犯罪所得及其产生的收益价值3 000元至10 000元以上的,以掩饰、隐瞒犯罪所得、犯罪所得收益罪定罪处罚。因此,钟超、周杰、高卫三人代为销售或收购的行为,不符合掩饰、隐瞒犯罪所得罪的构成要件,不应认定为犯罪。原审判决认定事实清楚,证据确实、充分,审判程序合法,但适用法律错误,故应依法予以改判。据此,改判周杰犯盗窃罪,判处有期徒刑八个月,并处罚金5 000元;原审被告人钟超犯盗窃罪,判处有期徒刑九个月,并处罚金5 000元;原审被告人高卫无罪。

二、主要问题

司法解释实施后,应如何适用掩饰、隐瞒犯罪所得、犯罪所得收益罪的入罪数额标准?

三、裁判理由

我国刑法第三百一十二条对掩饰、隐瞒犯罪所得、犯罪所得收益罪的规定为:“明知是犯罪所得及其产生的收益而予以窝藏、转移、收购、代为销售或者以其他方法掩饰、隐瞒的,处三年以下有期徒刑、拘役或者管制,并处或者单处罚金;情节严重的,处三年以上七年以下有期徒刑,并处罚金。单位犯前款罪的,对单位判处罚金,并对其直接负责的主管人员和其他直接责任人员,依照前款的规定处罚。”该条规定经过刑法修正案(六)、刑法修正案(七)两次重大修改,但是在司法实践中适用时,仍然存在以罚代刑,或者将只需要予以治安处罚的行为予以定罪处罚的现象。究其原因,在于刑法的该条规定与治安管理处罚法第六十条“明知是赃物而窝藏、转移或者代为销售的”,“处五日以上十日以下拘留,并处二百元以上五百元以下罚款”的规定从字面意思来看存在很大程度的重合。由于掩饰、隐瞒犯罪所得、犯罪所得收益罪与行政违法行为的界限不清、存在模糊地带,某些应该作为犯罪处理的案件进入不了司法程序,而一些可以不以犯罪处理的收赃行为,一旦起诉到法院,法院没有明确的依据不敢轻易认定为无罪。

我们认为,根据法律的字面规定,明知是赃物而窝藏、转移或者代为销售的行为,文义上既符合行政不法的构成要件,亦符合掩饰、隐瞒犯罪所得罪的构成要件。在解释论上,不能将一个不法行为同时作为行政违法行为与犯罪行为予以双重评价,并同时给予行政处罚和刑事处罚。因此,虽然刑法第三百一十二条并未明确规定“数额较大”、“情节严重”、“情节恶劣”或者“严重后果”等入罪标准，但要划清该罪与行政违法行为的界限，仍然需要排除一些情节显著轻微危害不大，不认为是犯罪的行为。即应当将治安管理处罚法第六十条规定的行政不法行为解释为“情节显著轻微危害不大”因而不具有刑事可罚性的行为，将刑法第三百一十二条的规定解释为排除了“情节显著轻微危害不大”的情形。因此，数额对本罪的影响是不可否认的，数额是本罪量刑的主要考虑因素，也是认定情节轻重的关键之一。引入数额标准对行为的危害程度加以区分，能使涉案数额与量刑幅度相互对应，为司法人员在量刑时提供依据，从而使定罪与量刑更为客观、统一。正是基于此种考虑，2015 年 6 月 1 日起实施的《最高人民法院关于审理掩饰、隐瞒犯罪所得、犯罪所得收益刑事案件适用法律若干问题的解释》（以下简称《解释》）将数额作为本罪的一个重要定罪、量刑标准予以规定。在《解释》第一条第一款中，将“三千元至一万元以上”作为本罪的基本入罪数额标准，在第三条第一款第一项中将“十万元以上”作为本罪“情节严重”的基本数额标准。

本案一审宣判时，尚没有相关司法解释对掩饰、隐瞒犯罪所得、犯罪所得收益罪的入罪数额标准作出规定，被告人钟超、周杰、高卫明知是他人犯罪所得仍代为销售或收购，数额分别为1 960 元、2 280 元、2 280 元，一审法院因此认定三被告人的行为均构成掩饰、隐瞒犯罪所得罪。在二审审理期间，《解释》正式实施。根据《解释》第一条第一款第一项的规定，“掩饰、隐瞒犯罪所得及其产生的收益价值三千元至一万元以上的”才能构成本罪，钟超、周杰、高卫明掩饰、隐瞒的犯罪所得收益价值均不满 3 000 元的最低入罪数额标准。因此，本案存在依照行为时法律构成犯罪，依照审判时法律和司法解释不构成犯罪应该如何处理的问题。根据从旧兼从轻原则及《最高人民法院、最高人民检察院关于适用刑事司法解释时间效力问题的规定》第二条“对于司法解释实施前发生的行为，行为时没有相关司法解释，司法解释施行后尚未处理或者正在处理的案件，依照司法解释的规定办理”的规定，本案应该适用《解释》的有关规定处理。因此，依照《解释》的规定，本案中，被告人钟超、周杰、高卫的行为均不构成掩饰、隐瞒犯罪所得罪。

在适用《解释》第一条第一款第一项所规定的入罪数额标准时，应当注意两点：第一，《解释》第一条第一款第二至五项规定了四种特殊入罪标准，符合这四种特殊情形时，不要求掩饰、隐瞒犯罪所得及其产生的收益价值要达到第一项规定的数额标准。本案中，各被告人均没有在一年内曾经因掩饰、隐瞒行为受过行政处罚，所掩饰、隐瞒的赃物均系电动车、摩托车等普通物品，而非《解释》规定的特殊对象，各被告人的掩饰、隐瞒行为也未造成其他严重后果，均不存在规定的四种特殊情形，故而可以根据第一项的入罪数额标准认定三被告人不构成掩饰、隐瞒犯罪所得罪。第二，《解释》第一条第一款规定的基本入罪标准和其他四种特殊入罪标准均需要满足一个前提条件，即掩饰、隐瞒行为的上游行为必须构成犯罪，或者说上游行为要满足入罪的数额标准。一般来说，掩饰、隐瞒犯罪所得、犯罪所得收益罪的入罪数额标准高于盗窃、诈骗等常见的上游犯罪的入罪数额标准，但也不排除掩饰、隐瞒的是其他一些犯罪的所得，此时有可能出现上游行为不符合入罪的数额标准，而掩饰、隐瞒行为符合《解释》的入罪标准的情况，这种情况下不能认定构成掩饰、隐瞒犯罪所得、犯罪所得收益罪。这是因为只有上游行为构成犯罪，才可能以掩饰、隐瞒犯罪所得、犯罪所得收益罪追究下游掩饰、隐瞒行为的刑事责任；在上游行为不构成犯罪的情况下，“犯罪所得”就无从谈起，自然不能认定构成本罪。

综上，宜春市中级人民法院认定被告人钟超、周杰、高卫三人代为销售或收购的行为，不符合掩饰、隐瞒犯罪所得罪的构成要件，不应认定为犯罪，并据此改判被告人高卫无罪是适当的。

（撰稿：最高人民法院刑四庭　杨　华
审编：最高人民法院刑四庭　陆建红）

[第1098号]汤雨华、庄瑞军盗窃,朱端银掩饰、隐瞒犯罪所得案

——掩饰、隐瞒犯罪所得罪与上游犯罪的量刑平衡

【关键词】 掩饰、隐瞒犯罪所得罪 盗窃罪 情节严重 上游犯罪量刑

一、基本案情

被告人汤雨华,男,1983年9月3日出生。2010年5月21日被逮捕。

被告人庄瑞军,男,1983年8月1日出生。2010年5月21日被逮捕。

被告人朱端银,男,1954年8月11日出生。2010年5月21日被逮捕。

江苏省启东市人民检察院以被告人汤雨华、庄瑞军犯盗窃罪,被告人朱端银犯掩饰、隐瞒犯罪所得罪,向启东市人民法院提起公诉。

启东市人民法院经审理查明:2009年11月至2010年4月14日期间,被告人汤雨华、庄瑞军单独或结伙,在启东市汇龙镇世纪家园、香榭水岸等小区,采取拧断电动车龙头锁、用起子撬取电瓶等手段,盗窃28次,窃得电动车、电瓶等物品。其中,汤雨华参与盗窃23起,窃得财物价值共计人民币31 509元;庄瑞军参与盗窃17起,窃得财物价值共计人民币15 289元。被告人朱端银在明知是汤雨华、庄瑞军盗窃所得的情况下,先后22次收购电动车12辆、电瓶11组,财物价值共计人民币24 642元。

启东市人民法院认为,被告人汤雨华、庄瑞军以非法占有为目的,秘密窃取他人财物,其行为均构成盗窃罪;被告人朱端银明知是他人盗窃犯罪所得的财物,仍多次予以收购,其行为构成掩饰、隐瞒犯罪所得罪。被告人汤雨华、庄瑞军在共同盗窃犯罪中均起主要作用,均系主犯,应按照各自参与的全部犯罪处罚。鉴于三被告人认罪、悔罪,可以酌情从轻处罚。依照《中华人民共和国刑法》第二百六十四条,第三百一十二条,第二十五条第一款,第二十六条第一款、第四款之规定,判决如下:

1. 被告人汤雨华犯盗窃罪,判处有期徒刑六年六个月,并处罚金人民币二万五千元。
2. 被告人庄瑞军犯盗窃罪,判处有期徒刑四年六个月,并处罚金人民币一万元。
3. 被告人朱端银犯掩饰、隐瞒犯罪所得罪,判处有期徒刑六年,并处罚金人民币二万五千元。

一审宣判后,被告人朱端银提起上诉,辩称其掩饰、隐瞒犯罪所得的行为不属于"情节严重",原审对其判处三年以上有期徒刑,量刑过重,请求二审法院改判。

江苏省南通市中级人民法院经审理查明的事实及证据与一审相同。南通市中级人民法院认为,上诉人朱端银明知是原审被告人汤雨华、庄瑞军盗窃犯罪所得的电动车、电瓶,仍多次予以收购,收购的赃物价值共计2万余元,其掩饰、隐瞒犯罪所得行为次数达22次之多,收购电动车12辆,电瓶11组,涉及面广,导致上游盗窃犯持续性地实施盗窃犯罪,严重妨害社会管理秩序。故原判认定朱端银犯掩饰、隐瞒犯罪所得罪属于"情节严重",符合法律规定。但根据朱端银的犯罪情节和归案后的表现,原判对其判处有期徒刑六年,并处罚金人民币二万五千元,处刑与同案处理的汤雨华、庄瑞军明显失衡,应予改判。依照相关法律规定,维持原审对被告人汤雨华、庄瑞军的定罪量刑部分;撤销原审对被告人朱端银的定罪量刑部分;以掩饰、隐瞒犯罪所得罪判处被告人朱端银有期徒刑三年,并处罚金人民币二万元。

二、主要问题

掩饰、隐瞒犯罪所得、犯罪所得收益罪与上游犯罪的量刑应如何平衡?

三、裁判理由

刑法修正案(六)将原刑法第三百一十二条窝藏、转移、收购、销售赃物罪修改为掩饰、隐瞒犯罪所得、犯罪所得收益罪,并增加了一个法定刑幅度,规定"情节严重的,处三年以上七年以下有期徒刑,并处罚金",以此来震慑犯罪分子,体现了立法机关从严打击本罪的决心。刑法修正案(六)之后陆续有多个司法解释针对掩饰、隐瞒犯罪所得、犯罪所得收益罪的"情节严重"做出了明确规定,尤其是2015年6月1日起施行的《最高人民法院关于审理掩饰、隐瞒犯罪所得、犯罪所得收益刑事案件适用法律若干问题的解释》(以下简称《解释》)第三条规定了"情节严重"的五种情形:"(一)掩饰、隐瞒犯罪所得及其产生的收益价值总额达到十万元以上的;(二)掩饰、隐瞒犯罪所得及其产生的收益十次以上,或者三次以上且价值总额达到五万元以上的;(三)掩饰、隐瞒的犯罪所得系电力设备、交通设施、广播电视设施、公用电信设施、军事设施或者救灾、抢险、防汛、优抚、扶贫、移民、救济款物,价值总额达到五万元以上的;(四)掩饰、隐瞒行为致使上游犯罪无法及时查处,并造成公私财物重大损失无法挽回或其他严重后果的;(五)实施其他掩饰、隐瞒犯罪所得及其产生的收益行为,严重妨害司法机关对上游犯罪予以追究的。"其中数额和次数是两个主要的标准,掩饰、隐瞒犯罪所得的价值在10万元以上,或者行为次数在10次以上的(属于"职业收赃人"),体现出社会危害性达到了相当严重的程度,应当作为打击的重点。

本案一、二审判决均在《解释》出台之前作出,但判案法官对"情节严重"的把握完全契合了新规定的原则和精神。认定掩饰、隐瞒犯罪所得罪的"情节严重"不能唯数额论。虽然被告人朱端银掩饰、隐瞒犯罪所得的数额只有2万余元,但是其行为次数达22次之多,其作为上游犯罪人汤雨华、庄瑞军的固定下线,对上游犯罪起到了持续、稳定的支持和帮助作用,甚至对汤雨华、庄瑞军盗窃犯意的进一步扩大都具有刺激和鼓励作用。朱端银的行为构成掩饰、隐瞒犯罪所得罪,应依法认定为"情节严重"。

但是掩饰、隐瞒犯罪所得、犯罪所得收益罪毕竟属于上游犯罪的事后帮助犯,在增加了一个法定刑幅度后,其最高刑期也就只是七年有期徒刑,整体上具有"罪小刑轻"的特点。对本罪的量刑不仅要符合刑法第三百一十二条及相关司法解释的规定,同时当然要受到上游犯罪量刑情况的约束。这是因为,一方面,本罪对上游犯罪有依附性,没有上游犯罪非法取得的财物,就没有下游犯罪可言;另一方面,本罪惩罚的重点在于妨害司法秩序,即妨碍了公安、检察、审判等司法机关以犯罪所得为线索查处和破获上游犯罪的活动。就给被害人造成的财产损失而言,下游行为人在实施掩饰、隐瞒行为时,并没有增加或扩大这种损失。与事先参与犯罪共谋的情形相比,本罪的社会危害性当然要小得多。

因此,在掌握本罪与上游犯罪的量刑时,应当统筹把握。对于符合《解释》第三条规定的五种情形的,依法认定"情节严重",以此发挥本罪的堵截性作用,遏制和预防上游犯罪的持续和扩大势头。同时在量刑上要与上游犯罪之间取得平衡。具体而言,在掩饰、隐瞒犯罪所得、犯罪所得收益罪和上游犯罪指向同一笔财物的情况下,对掩饰、隐瞒犯罪所得行为人的量刑必须要比上游犯罪人量刑轻一些,而且要适当拉开档次。

启东市人民法院一审认定被告人朱端银属于掩饰、隐瞒犯罪所得罪的"情节严重",对其判处有期徒刑六年,而上游犯罪人中罪责较大的主犯汤雨华也只是被判处有期徒刑六年六个月,罪责相对小一点的主犯庄瑞军被判处有期徒刑四年六个月,对朱端银的判刑已经超过了庄瑞军,明显量刑失衡,二审在仍然认定朱端银属"情节严重"的情况下对其改判三年有期徒刑,是适当的。

(撰稿:最高人民法院刑四庭　曹东方
审编:最高人民法院刑四庭　陆建红)

[第1100号]孙善凯、刘军、朱康盗窃案

——事先承诺收购指定的特殊产品并在事后低价收购的行为如何定性

【关键词】 盗窃罪 掩饰、隐瞒犯罪所得 事先通谋 共同犯罪

一、基本案情

被告人孙善凯,男,1987年11月16日生。2013年4月3日被逮捕。

被告人刘军,男,1986年3月11日生。2010年因犯盗窃罪被判处有期徒刑六个月,2010年8月25日刑满释放。2013年4月3日被逮捕。

被告人朱康,男,1983年12月8日生。2013年3月28日被取保候审。

江苏省常州市武进区人民检察院以被告人孙善凯、刘军、朱康犯盗窃罪,向武进区人民法院提起公诉。

被告人孙善凯辩解称其行为性质属于收赃。其辩护人提出,孙善凯未与被告人刘军、朱康事前共谋,事后无接应行为,其行为属于收赃性质。刘军、朱康对起诉指控的事实均无异议。

武进区人民法院经审理查明:

2013年10月左右,被告人孙善凯在江苏省常州市武进区瑞声公司附近的前黄镇前进村观音堂居民区张贴"回收电子元件"的广告。被告人刘军据此联系到孙善凯。孙善凯先后从刘军提供的扬声器、受话器样品(系瑞声公司生产的产品)中指定专门型号收购。确定收购型号后,被告人刘军、朱康于2012年12月至2013年1月间,先后在瑞声公司单独或者共同盗窃作案,窃得扬声器、受话器共计价值146 027元,均由孙善凯收购。具体事实如下:

1. 2012年12月的一天晚上,被告人刘军、朱康经预谋并根据被告人孙善凯事先确定收购的型号,由朱康利用在瑞声公司上班之机,乘人不备,两次至公司大厅内,窃得微型扬声器1 500只(其中型号为DMSP1115V03ASM－C－03的900只,DMSP1115V04ASM－FPC－61的600只),价值16 050元,并由刘军将上述扬声器扔出瑞声公司围墙外。刘军告诉孙善凯后,孙善凯到瑞声公司围墙外将上述扬声器运走,到武进区南故里墅街道庙桥村清点后予以低价收购。

2. 2013年1月的一天,被告人朱康根据被告人孙善凯事先确定的收购型号,利用在瑞声公司上班之机,乘人不备,3次至公司大厅内,窃得DMSP1115V04ASM－FPC－61型号微型扬声器1 786只,价值20 289元。朱康将上述扬声器捆在身上离开公司,经电话联系后到武进区南故里墅街道吴黄寺附近低价售给孙善凯。

3. 2013年1月13日傍晚,被告人刘军联系被告人孙善凯,告知其要求的收购型号当晚有货,并于当晚10时到瑞声公司七楼,采用撬门入室的手段,窃得手机微型受话器8箱,共计价值109 688元(其中SDRP0510HJ03型6万只,SDRP0612HJ04型2万只)。刘军将上述受话器扔出瑞声公司围墙外,并电话联系孙善凯。孙善凯驾车到瑞声公司围墙外收购。因被瑞声公司保安人员巡查发现,遂携带其中价值3箱共计41 449元的受话器逃离,余物被该公司追回。

综上,被告人刘军涉案金额为125 738元,被告人朱康涉案金额为36 339元,被告人孙善凯涉案金额为146 027元。

另经审查查明,被告人朱康归案后,检举了他人盗窃的事实。案发后,朱康退出赃款36 339

元，被告人孙善凯家属协助退出赃款41 449元。

武进区人民法院认为，被告人刘军、朱康以非法占有为目的，单独或者相互勾结秘密窃取他人财物，其行为均已构成盗窃罪。被告人孙善凯为非法牟利，事先与刘军、朱康通谋，事后负责收赃，系刘军、朱康盗窃犯罪的共犯，其行为亦已构成盗窃罪。其中刘军、孙善凯盗窃数额巨大，朱康盗窃数额较大。在共同犯罪中，被告人刘军、朱康为盗窃实行犯，起主要作用，系主犯；被告人孙善凯在共同犯罪中起辅助作用，系从犯，依法应当从轻处罚。被告人刘军在刑罚执行完毕以后五年内又犯应当判处有期徒刑以上刑罚之罪，属累犯，依法应从重处罚。被告人朱康揭发他人犯罪行为，查证属实，属有立功表现，依法可从轻处罚。三被告人归案后能如实供述本案事实，依法可从轻处罚。被告人朱康、孙善凯能退出全部或部分赃款，可酌情从轻处罚。关于被告人孙善凯的辩解意见及其辩护人的辩护意见，经查，孙善凯在刘军为其提供瑞声公司的样品时，明知一般人不可能合法拥有本案涉案财物（本案赃物系被害单位瑞声公司根据需求商的要求生产的手机内部零部件，只定向销售，一般人无法大量拥有）的情况下，仍向刘军、朱康指定专门的型号并承诺收购，其行为对刘军、朱康等人的盗窃犯意具有鼓励、支持等强化作用，形成默契的“合作关系”，属事前通谋行为，应以盗窃共犯论处。故上述辩解及辩护意见不成立。依照《中华人民共和国刑法》第二百六十四条，第二十五条第一款，第二十六条第一款、第四款，第二十七条，第六十五条第一款，第六十七条第三款，第六十八条，第五十二条，第五十三条，第七十二条第一款、第三款，第七十三条第二款、第三款之规定，判决如下：

1. 被告人刘军犯盗窃罪，判处有期徒刑五年，并处罚金人民币二万元。

2. 被告人孙善凯犯盗窃罪，判处有期徒刑三年，并处罚金二万元。

3. 被告人朱康犯盗窃罪，判处有期徒刑一年九个月，缓刑二年，并处罚金人民币一万元。

一审宣判后，被告人孙善凯以原判定性错误为由提出上诉。

常州市中级人民法院经开庭审理，认定的事实、证据与一审认定的事实、证据无异。

常州市中级人民法院认为，原审被告人刘军、朱康以非法占有为目的，单独或相互勾结秘密窃取公私财物，其行为均已构成盗窃罪。上诉人孙善凯为非法牟利，事先与刘军、朱康通谋，事后负责收赃，系刘军、朱康盗窃犯罪的共犯，其行为亦已构成盗窃罪，系共同犯罪。其中上诉人孙善凯、原审被告人刘军盗窃数额巨大，原审被告人朱康盗窃数额较大。在共同犯罪中，原审被告人刘军、朱康为盗窃实行犯，起主要作用，系主犯；上诉人孙善凯在共同犯罪中起辅助作用，系从犯，依法应当从轻处罚；原审被告人朱康揭发他人犯罪行为，查证属实，属有立功表现，依法可从轻处罚；上诉人及原审被告人归案后能如实供述犯罪事实，依法可从轻处罚；上诉人孙善凯、原审被告人朱康能退出赃物折价款，均可酌情从轻处罚。原审被告人刘军在刑罚执行完毕以后五年以内又犯应当判处有期徒刑以上刑罚之罪，属累犯，依法应从重处罚。

关于上诉人孙善凯及其辩护人所提“孙善凯的行为属收赃，不属于共同盗窃”的上诉理由及辩护意见，经查，原审被告人刘军通过上诉人孙善凯张贴在瑞声科技园男宿舍门口收电子元件的小广告与孙善凯取得联系，孙善凯看了刘军所提供的欲出售的手机扬声器样品并确定了其要收的型号。刘军、朱康按照孙善凯确定的型号共同或单独多次盗窃瑞声公司手机扬声器、受话器，带出公司后电话通知孙善凯开车至瑞声公司附近拉货。孙善凯明知刘军、朱康出售给其的手机扬声器、受话器为瑞声公司所有，不可能为刘军、朱康个人合法持有，仍在事前商定收购的型号，事后至瑞声公司围墙外接收赃物，与原审被告人刘军、朱康的盗窃行为属事前预谋，事后辅助，因此系盗窃罪的共犯。故该上诉理由不能成立，不予采纳。据此，依照《中华人民共和国刑事诉讼法》第二百二十五条第一款第一项之规定，裁定驳回上诉，维持原判。

二、主要问题

事先承诺收购指定的特殊产品并在事后低价收购的行为如何定性?

三、裁判理由

明知财物系上游犯罪人犯罪所得,事先承诺收购,事后在上游犯罪现场收购赃物的,可以认定为与上游犯罪人通谋犯罪。

掩饰、隐瞒犯罪所得、犯罪所得收益的行为是事后的帮助行为,“犯罪所得及其产生的收益”中的“犯罪”是指既遂犯罪。对于事前与盗窃、抢劫、抢夺等犯罪分子通谋,实施掩饰、隐瞒犯罪所得、犯罪所得收益行为的,主观上明知盗窃、抢劫、抢夺等犯罪内容、危害后果而与其通谋,形成共同的犯罪故意,客观上对盗窃、抢劫、抢夺等犯罪分子实施犯罪予以配合,应当以共同犯罪论处。此时,其掩饰、隐瞒行为就成了盗窃、抢劫、抢夺等犯罪的共同犯罪行为的组成部分。当然,在共同犯罪中的地位、作用可以根据其实际所处的地位、作用认定。

这方面的立法例有不少,如刑法第三百一十条第二款规定:犯窝藏、包庇罪,事前通谋的,以共同犯罪论处。《最高人民法院、最高人民检察院关于办理与盗窃、抢劫、诈骗、抢夺机动车相关刑事案件具体应用法律若干问题的解释》第四条明确规定,事前与盗窃、抢劫、诈骗、抢夺机动车的犯罪分子通谋的,以盗窃罪、抢劫罪、诈骗罪、抢夺罪的共犯论处。《最高人民法院、最高人民检察院关于办理盗窃油气、破坏油气设备等刑事案件具体应用法律若干问题的解释》第五条规定,明知是盗窃犯罪所得的油气或者油气设备,而予以窝藏、转移、收购、加工、代为销售或者以其他方法掩饰、隐瞒的,依照刑法第三百一十二条的规定定罪处罚;实施前述犯罪行为,事前通谋的,以盗窃罪的共犯定罪处罚。《最高人民法院关于审理掩饰、隐瞒犯罪所得、犯罪所得收益刑事案件适用法律若干问题的解释》(以下简称《解释》)在总结立法和司法解释经验的基础上,也作了类似的规定。《解释》第五条规定:“事前与盗窃、抢劫、诈骗、抢夺等犯罪分子通谋,掩饰、隐瞒犯罪所得及其产生的收益的,以盗窃、抢劫、诈骗、抢夺等犯罪的共犯论处。”

结合法理和司法实践,认定掩饰、隐瞒犯罪所得行为人是否与盗窃、抢劫、诈骗、抢夺等上游犯罪分子通谋,一般从以下几个方面把握:(1)从主观上分析判断,一看其是否明知上游犯罪人实施犯罪行为。如果有证据证明掩饰、隐瞒行为人误认为上游犯罪所得是正常所得,那么,掩饰、隐瞒行为人虽然客观上起到了帮助上游犯罪人的作用,但因缺乏主观要件而不能对其定罪。二看其是否明知上游犯罪人犯罪的时间。如果上游犯罪既遂后才知道上游犯罪行为的,自然不能认定为与上游犯罪人通谋,如果事先知道(包括事中知道)上游犯罪行为,且在客观上实施了协助上游犯罪人完成犯罪的行为的,就可以认定为与上游犯罪人通谋。(2)从客观上分析判断,即其实施的掩饰、隐瞒行为是在上游犯罪完成后还是在上游犯罪实施前或者实施过程中。如果掩饰、隐瞒行为是在上游犯罪完成后才介入的,需要结合掩饰、隐瞒行为人主观是否存在事先通谋故意进行综合判断。如果掩饰、隐瞒行为在事先、事中就起到了对上游犯罪参与、配合、协助的作用,那么,就可以认定其掩饰、隐瞒的故意产生于上游犯罪实施前或实施中。

就本案而言,收赃人孙善凯明知其拟要收购的物品应该系通过非法手段获得的,仍指定相应的型号并允诺低价收购,应认定为事前通谋盗窃行为,以盗窃罪定罪量刑。理由如下:

1. 被告人孙善凯事先明知微型扬声器、受话器系被告人刘军、朱康犯罪所得。对此,有被告人孙善凯、刘军、朱康的供述一致证实。更为重要的是,本案涉及的受话器、扬声器等手机配件具有专业性、定制性、定向性等特点。受话器也叫听筒,是一种在无声音泄漏条件下将音频电信号转化成声音信号的电声器件,广泛用于移动电话、固定电话及助听器等通信终端设备中,实现音频(语音、音乐)的重放。扬声器又称“喇叭”,是一种把电信号转变为声音信号的换能器件,一般扬声器由磁铁、框架、定心支片、模折环锥形纸盆组成，分为电动式、静电式、电磁式、压电式等几种。可见，受话器、扬声器系具有极强专业性的物品，除被害单位瑞声公司本身或者关联企业，一般单位和个人，尤其是个人，难以大批量拥有此类产品。一般来说，该类物品仅在手机配件生产公司或手机组装公司等小范围内流转，一般人不会接触到也不需要该类物品。另外，本案涉及的受话器、扬声器系由苹果公司、三星公司等大型手机公司委托被害单位瑞声公司定制生产，瑞声公司向苹果公司、三星公司定向配货，根本不可能在市场上流通，而孙善凯曾在瑞声公司工作过，知道瑞声公司生产的电子元件可以销售给手机修理店牟利。综上，孙善凯对本案所涉扬声器、受话器系犯罪所得是应当明知的。

2. 被告人孙善凯的行为属于与被告人刘军、朱康事先通谋的行为。首先，孙善凯故意在瑞声公司附近张贴回收电子元件广告，致刘军通过该广告与其取得联系。孙善凯张贴广告的行为实质上起到了引诱犯意的作用。其次，刘军在瑞声公司附近向孙善凯提供样品时，孙善凯看完样品，根据其收购经验和其在瑞声公司工作过的经历，应当知道刘军向其提供的手机配件样品不可能合法取得，但仍向刘军指定相应的型号予以收购。虽然孙善凯没有明确说让刘军等人去盗窃，但其承诺收购，就是对刘军等人盗窃行为的支持。如果孙善凯不同意收购，那么，刘军、朱康盗窃所得的扬声器、受话器几乎无处可销，盗窃目的就难以实现。因此，孙善凯事先承诺收购扬声器、受话器的行为，是刘军、朱康盗窃预谋内容中不可或缺的组成部分。

3. 孙善凯收购行为在犯罪现场或者非正常收购地点。在本案中，孙善凯收购刘军、朱康盗窃所得的扬声器、受话器共三次，都是在刘军、朱康盗窃得手后立即就收购的。尤其是第一次（2012年12月的一天晚上）和第三次（2013年1月13日傍晚），都是刘军及朱康盗窃得手后当即联系孙善凯，孙善凯遂到盗窃犯罪现场即被害单位瑞声公司，在该公司的围墙外将刘军、朱康所盗物品运走并低价收购。特别是2013年1月13日傍晚，孙善凯在装载刘军盗窃所得的受话器时被瑞声公司巡查保安发现，却携带已经装车的3箱受话器逃离现场。而第二次（2013年1月的一天）孙善凯虽然未到盗窃现场收购，但也是在朱康盗窃得手后立即与朱康约定一个偏僻地点，即武进区南故里墅街道吴黄寺附近低价收购。孙善凯到盗窃现场或指定地点低价收购赃物的行为，客观上直接帮助刘军、朱康完成了盗窃犯罪活动。

综上，被告人孙善凯明知刘军出售给其的扬声器、受话器为瑞声公司所有，不可能为刘军、朱康个人合法持有，仍在事前商定收购的型号，事后至瑞声公司围墙外或者指定地点接收赃物，其行为性质属事前预谋，事后辅助，在共同犯罪中负责收赃环节。因此，应当认定孙善凯为刘军、朱康盗窃犯罪的共犯。当然，在量刑时，考虑到孙善凯非实行犯，在共同犯罪中所起作用并非最主要的，应认定为从犯。一、二审根据被告人刘军、朱康、孙善凯在共同犯罪中的地位、作用等情况所作判决是妥当的。

（撰稿：最高人民法院刑四庭　陆建红
江苏省常州市武进区人民法院　张　静
审编：最高人民法院刑四庭　周　峰）

[第1108号]郭锐、黄立新盗窃,掩饰、隐瞒犯罪所得案

——与盗窃犯罪分子事前通谋的收赃行为如何定性

【关键词】 盗窃罪 掩饰、隐瞒犯罪所得罪 事前通谋 共同犯罪

一、基本案情

被告人郭锐,男,1984年5月15日出生。2013年2月8日被逮捕。

被告人黄立新,男,1966年9月19日出生。2013年1月20日被刑事拘留,同年2月8日被取保候审。

上海市杨浦区人民检察院以被告人郭锐犯盗窃罪,掩饰、隐瞒犯罪所得罪,被告人黄立新犯盗窃罪向杨浦区人民法院提起公诉。

被告人郭锐辩称其不明知是赃物,且与陈志清(已判刑)无盗窃通谋。其辩护人辩称,郭锐与陈志清没有共同的犯罪故意,不属于共犯,且没有对盗窃行为提供帮助或只起到很小的帮助作用,起诉书对郭锐所指控的盗窃罪及掩饰、隐瞒犯罪所得罪均不成立。被告人黄立新对指控事实无异议。其辩护人辩称黄立新犯罪的社会危害性不大,无犯罪前科,且能如实供述,请求从轻处罚。

杨浦区人民法院经审理查明:

2012年11月至同年12月间,陈志清先后单独或伙同郭宗伟(均已判刑),多次利用陈志清担任恒丰工贸公司门卫的工作便利,由其采取偷用仓库钥匙等方法盗窃恒丰工贸公司仓库内的各类黄酒及白酒,后分别由其单独或交由作为恒丰工贸公司驾驶员的郭宗伟偷运出库,在上海市松花江路211弄1号附近路边、延吉中路近黄兴路处、军工路1203号加油站附近等处分别出售给被告人黄立新、郭锐等人。具体分述如下:

1. 陈志清与郭宗伟经共同预谋,窃得五粮液白酒(500毫升装)1箱(计6瓶),合计价值人民币5 100元,由郭宗伟通过电话联系并出售给被告人郭锐,郭锐明知是犯罪所得赃物而予以收购。

2. 陈志清单独窃得五粮液白酒(500毫升装)5箱(每箱6瓶),合计价值人民币25 500元,并根据其从郭宗伟处获取的联系方式直接同被告人郭锐电话联系,将上述白酒出售给郭锐。郭锐明知是犯罪所得赃物而予以收购。

3. 陈志清与郭宗伟经共同预谋,由郭宗伟联系郭锐并与之事前通谋,约定由郭锐提供种类、数量相对应的假白酒,换取收购陈志清、郭宗伟从仓库所窃白酒,以此方法窃得五粮液白酒(500毫升装)2箱计12瓶,合计价值人民币10 200元,由郭宗伟在军工路1203号加油站附近出售给郭锐,郭锐则提供种类、数量相对应的假白酒并折抵部分销赃价款。在上述交易中,郭锐在郭宗伟未提供合法凭证的情况下,以每箱人民币2 400元的价格收购五粮液白酒。

4. 陈志清经联系郭锐并事前通谋,约定由郭锐在交易时提供种类、数量相对应的假白酒,换取收购陈志清从仓库所窃白酒,以此方法多次窃得五粮液白酒(500毫升装)10箱计60瓶(每瓶价值人民币850元),贵州茅台酱香型白酒(500毫升装)12瓶装13箱、6瓶装20箱计276瓶(每瓶价值人民币1 380元),合计价值人民币431 880元,并由郭锐按事先约定予以收购。上述交易均在陈志清未提供合法凭证的情况下,由陈志清、郭锐利用夜晚在军工路1203号加油站附近进行。郭锐分别以每箱人民币2 400元、5 000元(以每箱6瓶计)的价格收购五粮液白酒、贵州茅台

酱香型白酒。

5. 被告人黄立新经与陈志清事前通谋，约定由黄收购陈志清从仓库偷出的酒。尔后由陈志清分多次窃得金色年华和酒（500 毫升装）30 箱计 360 瓶、1939 石库门上海老酒（黑标 500 毫升装）20 箱计 120 瓶、2001 石库门上海老酒（红标 500 毫升装）20 箱计 120 瓶，并交黄立新收购。经估价，上述 70 箱酒合计价值人民币 11 460 元。黄立新将其中部分黄酒送至其外甥郑家求处，并由童春生、郑家求、黄正宜等人进行出售。

6. 陈志清、郭宗伟经共同预谋，由郭宗伟联系被告人黄立新并与之事前通谋，约定由黄收购盗窃所得黄酒。先后窃得 1939 石库门上海老酒（黑标 500 毫升装）10 箱计 60 瓶、金色年华和酒（500 毫升装）5 箱计 60 瓶，合计价值人民币 2 550 元，黄立新按事先约定予以收购。

综上，被告人郭锐盗窃数额合计人民币 442 080 元，收赃数额合计人民币 30 600 元；被告人黄立新盗窃数额合计人民币 14 010 元。

杨浦区人民法院认为，被告人郭锐到案后曾交代其知道所购白酒是犯罪所得，且从本案来看，其仅通过与陈志清、郭宗伟电话联系确定交易，并以低价购得贵州茅台、五粮液等大宗高档白酒，其大部分交易时间选择在晚上，地点则在道路、加油站等处，并且涉案的大宗白酒均无发票等合法凭证，郭锐应当知道涉案白酒系来路不正的赃物，对其收购行为应以掩饰、隐瞒犯罪所得论处。其中，经陈志清、郭宗伟与被告人郭锐事先约定，由郭锐提供种类、数量相对应的假白酒，换取收购陈志清、郭宗伟从仓库所窃白酒的行为，在郭锐与陈志清、郭宗伟之间形成事前通谋，对于陈志清、郭宗伟实施盗窃亦起到推动作用。郭锐与陈志清、郭宗伟构成盗窃共犯，黄立新与陈志清、郭宗伟构成盗窃共犯，应定性为盗窃。其中，被告人郭锐盗窃数额特别巨大，被告人黄立新盗窃数额较大，其行为均已构成盗窃罪。被告人郭锐明知系犯罪所得赃物而予以收购，其行为还构成掩饰、隐瞒犯罪所得罪。被告人郭锐在判决宣告前犯数罪，依法应数罪并罚。被告人黄立新能如实供述自己罪行，依法可以从轻处罚。被告人郭锐、黄立新虽与陈志清、郭宗伟事前通谋，应认定共同盗窃，但其二人在具体实施过程中起次要作用，可认定为从犯，对被告人郭锐依法应当减轻处罚，对被告人黄立新依法应当从轻处罚。对于赃款赃物等的追回、退交情况亦在量刑中加以考虑。依照《中华人民共和国刑法》第二百六十四条，第三百一十二条第一款，第二十五条第一款，第二十七条，第六十七条第三款，第五十五条第一款，第五十六条第一款，第七十二条第一款、第三款，第七十三条第二款、第三款，第六十九条及第六十四条之规定，作出如下判决：

1. 被告人郭锐犯盗窃罪，判处有期徒刑八年，罚金人民币一万五千元；犯掩饰、隐瞒犯罪所得罪，判处有期徒刑六个月，罚金人民币一千元，决定执行有期徒刑八年三个月，罚金人民币一万六千元；

2. 被告人黄立新犯盗窃罪，判处有期徒刑十个月，缓刑一年，罚金人民币二千元。

一审宣判后，被告人郭锐不服，提出上诉，称其没有参与盗窃，且原判量刑过重。

上海市第二中级人民法院经审理认为，上诉人郭锐、黄立新和陈志清、郭宗伟以非法占有为目的，采用秘密方法窃取公司财物，其中，郭锐盗窃数额特别巨大，黄立新盗窃数额较大，均已构成盗窃罪。郭锐还明知系犯罪所得赃物而予以收购，其行为又构成掩饰、隐瞒犯罪所得罪，应两罪并罚。郭锐在明知陈志清、郭宗伟实施盗窃的情况下，仍按约定提供假酒，其既有与陈志清、郭宗伟事前通谋的行为，又有积极帮助实施盗窃的行为，系共同犯罪，其辩称没有参与盗窃的上诉理由不能成立。原判根据郭锐的犯罪事实、情节以及在共同犯罪中的作用等已对其从轻处罚，且所作的判决并无不当，故郭锐提出原判量刑过重的上诉理由也不能成立。据此裁定驳回上诉，维持原判。

二、主要问题

与盗窃犯罪分子事前通谋的收赃行为,应如何定性?

三、裁判理由

本案的主要争议焦点在于被告人郭锐、黄立新与同案犯陈志清、郭宗伟经事前通谋,收购陈志清、郭宗伟从仓库所窃白酒和黄酒的行为是构成盗窃罪还是掩饰、隐瞒犯罪所得罪。

我们认为,郭锐、黄立新的上述行为应当认定为盗窃罪,二人系盗窃罪共犯。理由是:

掩饰、隐瞒犯罪所得罪是指明知是犯罪所得及其产生的收益予以窝藏、转移、收购、代为销售或者以其他方法掩饰、隐瞒的行为。行为人构成掩饰、隐瞒犯罪所得罪必须是在盗窃犯罪既遂以后,事前与盗窃犯罪分子没有通谋,并且对盗窃者的犯罪情况是明知的。如果行为人与盗窃犯罪分子在事前就有通谋,就要从行为人的主观故意和客观行为两个方面来判断其行为的性质。

(一)主观上是否形成共同的犯罪故意

刑法理论中的共同犯罪,在犯罪主观方面要求各共同犯罪人之间必须具有共同的犯罪故意,而且共同犯罪的意思联络,必须发生在犯罪既遂前,即事前通谋。在认定销赃行为人与盗窃实行犯是否有事前通谋时,有三点需要特别注意:一是销赃行为人与盗窃实行犯事前通谋的时间仅限于盗窃犯罪既遂之前,在盗窃犯罪既遂之后才进行意思联络的,不属于事前通谋;二是销赃行为人仅知道盗窃实行犯可能要去实施盗窃,但在盗窃前未与盗窃实行犯形成意思联络,在盗窃完成后才与盗窃实行犯共谋实施销赃行为的,不属于事前通谋;三是只要销赃行为人在盗窃前向盗窃实行犯承诺盗窃完成后为实行犯收购、销售盗窃所得的赃物,就可以认定双方存在事前通谋,而不要求销赃行为人对盗窃犯罪的时间、地点、方法、对象、目标等具体情节都全面了解或参与共谋。因此,当销赃行为人与盗窃实行犯在盗窃之前进行通谋,答应在盗窃以后予以窝藏、转移、收购、代为销售赃物或者以其他方式进行掩饰、隐瞒的行为系共同犯罪中的帮助行为,属于共同犯罪中的不同分工,应以盗窃罪的共犯论处。此外,如果有证据证明销赃行为人与盗窃实行犯已经形成长期、稳定、默契的合作关系,在盗窃实行犯盗得财物后按照事先约定或默契,为盗窃实行犯窝藏、转移、收购、代为销售赃物或者以其他方式进行掩饰、隐瞒的,也应当认定为双方事前存在通谋,以盗窃共犯论处。

在本案中,被告人郭锐在收购了同案犯陈志清、郭宗伟共同盗窃的1箱五粮液等品牌真白酒和陈志清单独盗窃的5箱五粮液白酒之后,就与陈志清、郭宗伟约定由郭锐在交易时提供种类、数量相对应的假白酒,换取收购陈志清从仓库所窃的真白酒,以此方法防止被害单位发现仓库五粮液白酒数量变少,从而得以反复实施盗窃行为。黄立新在第一次收购陈志清、郭宗伟盗窃的黄酒之前就与二人通谋,同意在陈志清、郭宗伟盗窃黄酒后予以收购。郭锐、黄立新主观上已经明知陈志清、郭宗伟即将实施盗窃犯罪及盗窃的方法,但其不仅没有排斥,反而在盗窃前就分别以约定用假白酒换五粮液等品牌白酒和同意收购黄酒的承诺积极追求盗窃行为的发生,均与陈志清、郭宗伟之间形成了盗窃的共同犯罪故意,应当以盗窃罪的共犯论处。

(二)客观上是否对盗窃行为起到帮助作用

共同犯罪中的帮助犯,是对实行犯的犯罪行为给予一定的物质或精神上的支持,使犯罪行为更易完成的人。这种帮助行为必须具备两个客观要件:一是行为人必须实施了帮助行为,即对实行犯的犯罪行为予以物质或精神支持,实施了使实行犯的犯罪行为更容易实现的行为。帮助行为分两种:(1)物理帮助,主要指为实行犯提供犯罪工具、创造犯罪条件等。(2)心理帮助,又称精神帮助,主要指对实行犯的行为进行激励、助言、约定事后帮助逃跑等,使实行犯的犯罪决意得到强化或使实行犯在作案过程中的心理安全感增强等。二是行为人的帮助行为必须是在实行犯犯罪前或犯罪进行时提供的帮助,否则不属于共同犯罪中的帮助。

在本案中,被告人郭锐、黄立新在事前即与陈志清、郭宗伟约定对二人盗窃所得的赃物予以收购,虽然没有直接帮助陈志清、郭宗伟实施盗窃,但增强了陈志清、郭宗伟在盗窃时的心理安全感。被告人郭锐在交易时提供种类、数量相对应的假白酒,换取收购陈志清、郭宗伟从仓库所窃的真白酒的行为,更使陈志清、郭宗伟在盗窃时相信通过这种方法可以使其犯罪行为不被发现,对陈志清、郭宗伟的盗窃行为起到了精神上的帮助和推动作用,应当认为盗窃罪的共犯。

综上所述,被告人郭锐、黄立新与陈志清、郭宗伟等盗窃实行犯事前有通谋,客观上对陈志清、郭宗伟的实行犯实施的盗窃行为给予了心理帮助,并且实施了后续的销赃行为,故其行为构成了盗窃共犯。杨浦区人民法院对被告人郭锐、黄立新上述行为的定性是准确的。

(撰稿:上海市杨浦区人民法院　李晓东　韩　慧
审编:最高人民法院刑四庭　陆建红)

[第 1128 号] 张万盗窃案

——盗窃罪中数额巨大与减半认定情形并存的如何适用法律

【关键词】　盗窃罪　犯罪数额　量刑情节　法律适用

一、基本案情

被告人张万,男,1982 年 6 月 13 日生。2002 年 8 月 26 日因犯盗窃罪被判处有期徒刑一年;2005 年 11 月 9 日因犯盗窃罪被判处有期徒刑五年;2011 年 3 月 10 日因犯盗窃罪被判处有期徒刑三年,并处罚金人民币二千元,2013 年 10 月 8 日刑满释放。2014 年 5 月 12 日因涉嫌犯盗窃罪被逮捕。

无锡市南长区人民检察院以被告人张万犯盗窃罪,向南长区人民法院提起公诉。

无锡市南长区人民法院经审理查明:2014 年 3 月 11 日凌晨 4 时许,被告人张万至无锡市人民医院心肺大楼 5 楼 62 号病床所在房间内,趁他人熟睡之机,盗窃得陪护父亲住院治疗的戴锡明的皮包 1 只,内有人民币 53 000 元。盗窃后,张万携款离开无锡至上海,在上海将该人民币 53 000元存入自己的银行卡。2014 年 3 月 14 日,张万又至湖南省怀化市第三人民医院行窃时被抓获。次日,怀化市公安局鹤城分局决定对张万行政拘留十五日;同年 3 月 28 日,张万因涉嫌犯盗窃罪被怀化市公安局鹤城分局刑事拘留,同年4 月11 日,因怀化市鹤城区人民检察院作出不批准逮捕决定,张万被释放。同日,张万被移交给无锡市公安局南长分局。张万到案后,如实供述了自己的罪行。案发后,公安机关扣押张万人民币 53 000 元并已发还戴锡明。

无锡市南长区人民法院认为,被告人张万以非法占有为目的,秘密窃取他人财物,数额巨大,其行为已构成盗窃罪,依法应处三年以上十年以下有期徒刑,并处罚金。张万曾因故意犯罪被判处有期徒刑,在刑罚执行完毕以后五年内再故意犯应当判处有期徒刑以上刑罚之罪,是累犯,依法应当从重处罚。张万虽未自动投案,但归案后能如实供述自己的罪行,依法可以从轻处罚。张万在医院内盗窃病人亲友财物,酌情予以从重处罚。公诉机关指控被告人张万犯盗窃罪的事实清楚,证据确实、充分,适用法律正确,指控成立。综合被告人张万的犯罪情节和量刑情节,公诉机关提出的判处其有期徒刑三年六个月至五年六个月,并处罚金的量刑建议适当。综上,依照

《中华人民共和国刑法》第二百六十四条、第六十五条第一款、第六十七条第三款及《最高人民法院、最高人民检察院关于办理盗窃刑事案件适用法律若干问题的解释》第十四条之规定,以盗窃罪判处被告人张万有期徒刑四年六个月,并处罚金人民币五千元。

一审宣判后,被告人张万未提起上诉,检察机关没有抗诉,一审判决已发生效力。

二、主要问题

盗窃罪中数额巨大与减半认定情形并存的,应如何适用相关法律及司法解释?

三、裁判理由

《最高人民法院、最高人民检察院关于办理盗窃刑事案件适用法律若干问题的解释》(以下简称《解释》)第一条和第二条对盗窃罪的入罪和法定刑升格标准采取了"数额+情节"的规定方式。但实践中,当行为人盗窃数额满足入罪或者法定刑升格标准的同时,又具有第二条、第六条所规定的八种特定情形时,数额和情节条款的适用次序问题便引发了争议。如本案中,行为人盗窃的数额已满足数额巨大的标准,又具有减半认定的情形之一,即"在医院盗窃病人或者其亲友财物",遂产生两种意见:第一种意见认为,应当直接以盗窃数额巨大标准确定刑格,减半情节作为酌定情节考虑;第二种意见认为,既然《解释》对盗窃罪的减半情节予以了明确规定,就应当首先根据"减半情节+减半数量"确定刑格,多出的数额作为量刑情节考虑。两种意见不仅所折射的理念不同,而且最终量刑结果相差较大。

我们认为,从盗窃罪的保护法益、法条和解释的逻辑性等方面综合考虑,第一种意见更为适当。

(一)数额与情节间的特殊关系决定了数额在入罪量刑中的首要地位

根据刑法第二百六十四条的规定,盗窃罪的升格刑分为两种:一种以数额为标准,即数额巨大、数额特别巨大;另一种以情节为标准,即其他严重情节、其他特别严重情节。数额标准与情节标准应为一般与特殊的关系,具体理由如下:

首先,盗窃罪所侵犯的法益决定了数额在量刑中的首要地位。我国刑法将盗窃罪规定在侵犯财产罪一章中,表明其所侵犯的主要法益为财产权,而财产权最重要的衡量标准便是数额大小。因为,一方面,被盗财物的经济价值越高,被害人所遭受的损失就越大,行为的社会危害性也就越大,故盗窃数额是衡量盗窃行为社会危害性大小最直观的标尺。正确区别盗窃违法行为与盗窃犯罪行为的基本界限,主要是盗窃数额。另一方面,盗窃数额也是盗窃罪法定刑升格的重要标准之一,只有达到数额巨大、数额特别巨大或者有其他相应情节时才可能判处更高的刑罚。

其次,语言间的逻辑结构决定了数额相对于其他情节的首要地位。根据逻辑规则,特殊+排除特殊的其他=全部,即数额巨大+排除数额巨大的其他严重情节=严重情节,数额特别巨大+排除数额特别巨大的其他特别严重情节=特别严重情节。换言之,盗窃罪中法定刑升格的标准为严重情节和特别严重情节,鉴于数额在盗窃罪中的特殊地位,数额巨大和数额特别巨大作为严重情节和特别严重情节中的主要情形,在罪状中予以特别规定。从语言间的逻辑结构也可见立法者的用意所在。

因此,在审理盗窃案件时,若行为人的涉案财物数额已达到相应数额标准,应当直接在相应的刑罚幅度内量刑;只有盗窃数额未达到相应标准,才根据相关司法解释的规定进行二次判断,如是否有减半认定的情形等。本案中,行为人盗窃的财物价值已达53 000元,符合所在地区的数额巨大的标准,直接在三年以上十年以下有期徒刑的幅度内量刑即可。

(二)《解释》所列情形均系对法条相关情节的诠释,需符合解释的初衷和法条的内在逻辑

根据《解释》第六条的规定,行为人盗窃公私财物,具有在医院盗窃病人或者其亲友财物等六

种情形之一，或者入户盗窃、携带凶器盗窃，且数额达到数额巨大、数额特别巨大的百分之五十的，可以分别认定为其他严重情节或者其他特别严重情节。我们认为，对《解释》相关条款规定应当注意以下几个方面：

首先，相关条款是对“唯数额论”不足的矫正。《解释》第二条出台的初衷在于：就盗窃犯罪而言，数额固然是影响定罪量刑的重要情节，但除此之外，行为人的一贯表现、犯罪方式、盗窃对象等也是影响社会危害性的重要因素。在综合考虑有关情节的基础上，对盗窃“数额较大”的标准作出特殊规定，可以避免“唯数额论”的不足，更好地贯彻罪责刑相适应、主客观相统一的刑法原则。可见，《解释》第二条所规定之情形固然是为了更好地严密刑事法网，防止实践中“唯数额论”，但其他情节相较于数额情节而言，仍处于相对次要的地位。

其次，《解释》的表述本身蕴含了情节效力的高低。《解释》对于数额情节和一般情节的诠释分别使用了“应当”和“可以”，如《解释》第一条规定“盗窃公私财物价值……应当……”第六条规定“盗窃公私财物……数额达到本解释第一条规定的‘数额巨大’、‘数额特别巨大’百分之五十的，可以……”根据刑法用语的规范性，“应当”是一种命令性法律规范，而“可以”则是授权性法律规范的表达方式，具有允许、许可的意思。相对于“应当”规制的强制性，“可以”则有特殊情况下的例外之意，反映出立法者的倾向必然是“应当”大于“可以”，两者冲突时，前者优先适用。

因此，行为人在医院盗窃病人亲友财物已达到数额巨大标准时，应直接适用刑法第二百六十四条关于数额巨大的升格刑规定，在三年以上十年以下有期徒刑内量刑。

（三）未作为确定量刑起点和基准刑的减半情节应作为二次量刑情节予以考虑

罪责刑相适应原则要求对行为人判处的刑罚要与其所犯的犯罪行为相适应，与其行为的社会危害性相适应。而犯罪的社会危害性是一个内涵十分广泛的范畴，它既体现着主观的内容，又具有客观属性。因此，完整评价行为的社会危害性需综合考量客观方面和主观方面。作为财产类犯罪的一种，盗窃罪侵犯的主要客体是财产权，造成的主要社会危害是财产损失，将数额作为盗窃罪的主要定罪量刑标准合乎法益保护原则。但数额仅是其社会危害性的客观表现之一，不能涵盖诸如行为人的人身危险性、犯罪情节、造成后果的严重程度等情节所体现出的社会危害性。基于此，《解释》才在数额的基础上列举了特殊的减半情节。此等情节即使不能作为确定量刑起点和法定刑的依据，也应当作为宣告刑的重要考量因素。

综上，原审法院以被告人盗窃数额53 000元在三年以上十年以下有期徒刑内确定起点刑，并充分考虑到其盗窃对象系在医院陪护病人的家属这一特定情节，最终判处其有期徒刑四年六个月，并处罚金人民币五千元是适当的。

（撰稿：江苏省无锡市中级人民法院　王星光　杨　柳
无锡市南长区人民法院　周　群
审编：最高人民法院刑四庭　陆建红）

[第1175号]巫建福盗窃案

——利用入户盗窃所得车钥匙在户外窃取摩托车的行为，是否属于“入户盗窃”

【关键词】 盗窃罪 入户盗窃 分步行为

一、基本案情

被告人巫建福，男，1975年4月8日出生。1990年9月因犯盗窃罪被判处有期徒刑四年；1995年2月因犯盗窃罪被判处有期徒刑二年；2005年2月因犯盗窃罪被判处有期徒刑一年六个月，并处罚金二千元；2006年12月因犯盗窃罪被判处有期徒刑一年，并处罚金三千元；2008年6月3日因犯盗窃罪被判处有期徒刑一年，并处罚金四千元；2009年8月11日因犯盗窃罪被判处有期徒刑二年，并处罚金八千元。2011年7月2日刑满释放。因涉嫌犯盗窃罪于2015年10月17日被刑事拘留，同年10月24日被监视居住，2016年3月23日被逮捕。

浙江省江山市人民检察院以被告人巫建福犯盗窃罪向江山市人民法院提起公诉。

被告人巫建福对公诉机关的指控予以供认，未提辩解意见。

江山市人民法院经审理查明：2015年10月15日14时许，被告人巫建福经过江山市虎山街道孝子村花露亭33号被害人应素妹家时，见大门未关，产生盗窃念头，进入室内窃得摩托车钥匙一把、一字起子一把，并用窃得的车钥匙在门口试开车辆，在打开浙HDK162二轮摩托车的电门锁后，因认为当时盗窃摩托车易被发现，遂先行离开。当晚21时许，巫建福再次到该处，使用窃得的车钥匙将摩托车偷走。经鉴定，涉案起子价值人民币1元、摩托车价值人民币800元。

江山市人民法院认为，被告人巫建福以非法占有为目的，入户盗窃他人财物，其行为已构成盗窃罪。巫建福能如实供述自己的罪行，依法可以从轻处罚。据此，依照《中华人民共和国刑法》第二百六十四条、第六十七条第三款、第五十二条之规定，以盗窃罪判处被告人巫建福拘役三个月，并处罚金人民币一千元。

一审宣判后，检察机关未提出抗诉，被告人巫建福亦未提出上诉，判决已发生法律效力。

二、主要问题

入户盗窃摩托车钥匙，其后利用车钥匙在“户”外窃取摩托车的行为，是否属于“入户盗窃”？

三、裁判理由

本案在审理中，对被告人巫建福行为的定性有以下三种观点：

第一种观点认为，巫建福的行为不构成盗窃罪。理由是：巫建福前后行为有明显间隔，应属两次行为。其入户行窃窃得财物价值极其低廉，应根据刑法第十三条的规定，不以犯罪论。后在“户”外窃取摩托车的行为，因价值达不到“数额较大”的标准，亦不构成盗窃罪。本案中巫建福的入户行为，可认定为非法侵入住宅罪。

第二种观点认为，巫建福的行为构成盗窃罪。理由是：“入户盗窃”无犯罪数额要求，故不应仅从财物价值考量，而应从社会危害性角度分析。巫建福“入户”窃得的车钥匙价值极其低廉，但其后又利用钥匙再次实施了窃取摩托车行为，虽仍不构成“数额较大”，却证明了前次“入户”盗窃行为的社会危害性之大，应认定为盗窃罪。

第三种观点认为，巫建福的行为构成盗窃罪。理由是：巫建福“入户盗窃”钥匙的目的是盗窃

“户”外的摩托车，两者系一行为的两个阶段。车钥匙作为控制和使用摩托车的载体，“入户盗窃”车钥匙的行为在整个盗窃行为中起决定性作用，故巫建福在户外窃取摩托车的价值应计入“入户盗窃”数额，整体行为属“入户盗窃”。

我们同意第三种观点。理由如下：

（一）“入户盗窃”作为入罪标准，并非仅由犯罪对象的客观价值决定

前两种观点在“入户盗窃”的入罪标准上存在分歧。《中华人民共和国刑法修正案（八）》在刑法第二百六十四条原有规定上增加了“入户盗窃”“携带凶器盗窃”“扒窃”三种情节，与“多次盗窃”和“数额较大”并列，作为盗窃罪的五种入罪情节。从立法目的上看，随着我国社会经济的发展，盗窃犯罪手段日益多样，一些盗窃行为虽然达不到数额较大的标准，但其社会危害很大，如果拘泥于传统的“数额”或者“次数”标准，便不能有效预防、打击此类违法犯罪行为①。故为严密法网，加强对人民群众住宅及人身安全的保护，对“入户盗窃”等类型盗窃的认定没有规定起点数额。因此，理论上只要存在入户窃取财物的行为，不论财物数额大小，都应被评价为“入户盗窃”。不过，为避免扩大刑事打击范围，实践中还应结合规定，对“入户盗窃”情节显著轻微危害不大的，不以犯罪论，这里的“情节”，自然也包括犯罪数额，所以，在入户盗窃数额较小的情况下，是否入罪存在争议。

同时，《最高人民法院、最高人民检察院关于办理盗窃刑事案件适用法律若干问题的解释》（以下简称《解释》）第十二条以部分列举的方式对盗窃未遂的打击范围进行了限定：(1)以数额巨大的财物为盗窃目标的；(2)以珍贵文物为盗窃目标的；(3)其他情节严重的情形。前两项规定都着重于盗窃物品的价值，第三项属于兜底条款。这就在实践中产生了入户盗窃未遂是否应予入罪的争议。如前所述，刑法之所以未对“入户盗窃”犯罪数额有要求，是因为“入户盗窃”同时侵犯了住宅安宁权和财产权，不论既未遂，入户盗窃行为均已侵犯了住宅安宁权，其既未遂的社会危害性差距并不如“数额较大”类盗窃罪大，这在入户窃取廉价财物与其未遂相较时尤为明显。因此，在“入户盗窃”已经成为入罪情节的情况下，不能因为前述《解释》列明的两项均以盗窃价值为参考，就对“入户盗窃”未遂一律不予入罪，而应将“入户盗窃”未遂认定为“其他情节严重情形”，结合刑法第十三条之规定，原则上予以入罪考量。② 全国人大常务委员会法制工作委员会作出《关于对最高人民法院办公厅〈关于被告人何珍才盗窃案征求意见的函〉的意见》（法工办发〔2012〕251号）指出：“刑法修正案（八）增加入户盗窃、携带凶器盗窃、扒窃等三类特定的盗窃犯罪，是考虑到这三类盗窃行为本身的社会危害性较大，构成犯罪不受‘数额较大’的限制。在司法实践中，对于入户盗窃被当场抓获的，在量刑上应根据个案的实际社会危害去掌握，不宜一律以未遂从轻处罚。”同时，因“入户盗窃”已被明确为盗窃罪的入罪情节，其未遂形态以盗窃未遂入罪处理，可以理顺罪名关系，一般情况下也不宜再沿用之前的司法惯例，以非法侵入住宅罪论处了。

综上，“入户盗窃”数额较小和未遂的入罪与否都受制于“情节显著轻微危害不大”这一条件，我们认为，实践中可以从人身危险性、犯罪行为方式、后果等方面把握适用标准。对于人身危险性较大的惯犯，以及采用深夜翻窗、撬门等方式潜入住宅或者携带凶器等手段入户、入户窃取孤寡老人等特定人员财物、窃取救灾救济款等特定财物、造成其他严重后果等情形的，即使窃得

---

① 张军主编：《〈刑法修正案（八）〉条文及配套司法解释理解与适用》，人民法院出版社2011年版，第266页。

② 浙江省公检法三家2015年出台的《关于办理盗窃刑事案件的若干意见》就明确：入户盗窃、携带凶器盗窃、扒窃未遂的，应当依法追究刑事责任；但根据案件具体情况，盗窃情节显著轻微危害不大的，可不认为是犯罪。

数额较小或未遂,应作入罪处理。相反,对于因饥饿难忍等原因入户盗窃或窃取少量财物救急的、进入忘记锁门的院内窃取少量瓜果蔬菜等物品或盗窃未遂的、窃取少量财物后主动予以补偿并得到谅解等后果较轻的情况,可以考虑作出罪处理。

本案中,被告人巫建福见他人房门未锁而入户行窃,虽在户内仅窃得价值低廉的摩托车钥匙和起子,但基于以下原因,不能认定为情节显著轻微:(1)钥匙的价格远远低于其实际能够发动的摩托车的使用价值;(2)巫建福窃取钥匙意在盗窃摩托车,且其后确实用入户窃得的摩托车钥匙窃取摩托车;(3)巫建福有多次盗窃犯罪前科,人身危险性较大。而第一种观点忽视上述情节,仅以户内窃得物品客观价值少而认定其属于情节显著轻微危害不大,不构成盗窃罪,有失偏颇。

(二)利用“入户盗窃”的车钥匙盗窃“户”外摩托车的行为是一次盗窃行为

本案前两种观点以巫建福先后在“户”内外实施具有时间间隔的行为为由,认为巫建福分别完成了两次盗窃行为,进而对二行为分别评价,不妥。我们认为,巫建福的行为应认定为一次盗窃行为。

刑法意义上的一行为,应是符合具体犯罪构成要件的一系列动作表示,需要结合各行为要素综合评判。

1. 时间。一行为的时间通常是连贯的,但在行为需分步完成时,会存在时间间隔。此时,区分行为单复数的关键是,分步行为中每步的具体行为目标可能不同,但最终指向对象是统一的,且只有行为对象才符合刑法规范的要求,进而满足构成要件要求,而多次行为中每个行为都能分别满足构成要件要求。但是,如分步行为确已被客观事实所阻断,则不宜再以一行为论处。

2. 地点。地点是一次行为所能影响到的与外界相对隔离,并被视为利益一体的空间,如一户人家的不同房间等。不同人家的住宅,即使具有毗邻性,也不能成为一次盗窃行为的地点。在开放空间中,应从行为影响范围和完成度角度考量,如在某一片田地连续盗窃,因行为连续尚未完成,可评价认定为一行为。但如果行为进行了明显的空间转移,则不宜认定为一行为。

3. 对象。对象是符合构成要件要求的法益体现,分步行为中每个动作指向的目标则未必符合。一个侵害行为的影响范围可及多个对象的,不论对象多寡仍为一行为,如一个公交车上实施威胁后连续抢劫多人的仍为一次抢劫行为。如针对不同对象时,不得不重复之前已经作出的着手、实施、完成过程,即使对象具有集中性,也不宜被认定为一行为,如在公交车上扒窃多人,应属多次盗窃。

4. 犯罪意图。在连续犯、牵连犯等主观上存在统一或概括故意的场合,区分行为单复要考量具体行为是否单独能够符合构成要件,如果分别符合,那么即使在罪数上是一罪,在次数上仍属数行为。在主观上具有单独实施部分行为的明确故意场合,犯意对行为完成程度具有影响,如果根据行为人犯意实施的某行为已结束,后续行为属另起犯意,那么即使前后行为存在联系,甚至可以涵盖在一构成要件内,也不宜一并认定为一行为。

本案中,首先,被告人巫建福的前后行为虽存在明显间隔,但其犯罪意图中盗窃的目的是明确的,即窃取户外的摩托车,盗窃车钥匙在其认知上只是行为的一部分而非一个独立或完整形态。其次,本案前后行为虽有时间间隔,却始终未被客观事实所阻断,如“入户”行为被发现后摩托车防护措施出现变化,或放置位置有重大变动等。巫建福试开摩托车后暂时离开的行为,非被迫因客观行为而中断,而系其为安全起见所做出的分步实施行为。因此,不能仅因前后行为存在间隔即认为系两次行为。最后,从行为对象角度来看,前后行为具有统一性。巫建福盗窃车钥匙也并非是车钥匙自身微薄的客观价值,而是为了实现车钥匙与摩托车之间的特定联系所体现的使用价值,盗窃车钥匙的行为无法独立符合完整构成要件,进而被评价为单独的盗窃行为。总之,应从前后行为的整体性角度分析是否为一行为,而非仅从车钥匙的客观价值角度评价“入户”行为的构成要件符合性。这类似于《解释》第五条规定的在盗窃记名的有价权利凭证的案件中,以兑现数额计算犯罪数额的认定方法,即立足于最终对象财物价值,而非权利凭证自身的客观价值。

(三)利用“入户盗窃”车钥匙在“户”外窃取摩托车的行为应认定为“入户盗窃”

司法实践中有观点认为,“入户盗窃”的客观行为,应当是行为人以盗窃为目的入户,并在户内获取财物的行为。我们认为,本案巫建福所实施的分步在户内外完成的盗窃行为,也属于“入户盗窃”。

首先,作为盗窃对象的“财物”概念,其内涵已经发生变化:凡是具有一定客观价值或使用价值的财物,原则上都可以成为财产犯罪的行为对象,如信用卡、存折、钥匙等物品。与客观价值的客观性和普遍认同不同,使用价值只有在使用中才能体现,静态的使用价值,如未使用的信用卡等,尚不足以使物品直接成为“财物”。而物品的使用过程又多表现为对其他关联财物的占有和控制,所以正是物品经使用后所达到的占有关联财物的结果,实现了其使用价值,进而才使其成为“财物”。此时,具有使用价值的物品和关联财物共同构成了一个整体性的财产权益。权利人通过直接占有财物体现所有权时,财物和财产权的存在空间是一致的,而通过控制具有使用价值的物品占有关联财物时(形式占有),财物和部分财产权益可能会存在地点分离。

其次,客观行为要结合需要保护的法益才能判断。“入户盗窃”保护的法益是住宅安宁权及住宅内的财产权,因此,只要行为已同时侵犯了两种法益,就应当符合“入户盗窃”的客观行为要求。而现实中,财物本身是否在“户”内与权利人是否在“户”内具有财产权并非完全重合,如权利人通过占有“户”内的有价支付凭证等物品,进而可以对别处的关联财物实现控制。既然财物可以通过形式占有实现控制,那么窃取“户”内形式占有载体的行为就已经侵犯了权利人对关联财物的控制。无论实际在何处获取关联财物,对财产权的侵犯在“入户盗窃”时已经发生。这也契合了对窃取支付凭证而未使用的行为认定为犯罪未遂,而非犯罪预备的司法实践。

再次,从司法效果来看。“入户盗窃”和“数额较大”类盗窃的构成要件不同,如果坚持“入户盗窃”需在户内获取财物的标准,如本案的情形,就会出现要么类似前两种观点那样强行割裂一行为、分开评价的情况,要么因“户”外财物价值不足,不以盗窃罪论。这些做法或不符合客观事实,或徒增法律漏洞,达不到良好的司法效果。

最后,实践中也要注意,并非所有与别处财物具有联系的物品都是形式占有的载体,需综合考量以下因素:(1)联系的直接性。载体的使用价值应当直接体现出财产性,反之不然。例如,身份证件如果可以直接领取财物,应属于载体;如尚需要其他行为配合才能与财物取得直接联系,则不宜认定。(2)联系的必要性。在如记名有价支付凭证、证券等与关联财物具有唯一联系的场合,即使后续获取关联财物仍需实施复杂的行为,因凭证是最终获取财物的必须途径,应视为载体。(3)联系的效用性。在获取财物未必一定要通过载体的场合,如窃取户外的车辆并非一定要获取车钥匙等,需要考量联系的效用性。就社会认知而言,车辆之所以能够安心放置在“户”外公共场所,是因为可以解锁并驱动车辆的钥匙已经被权利人安全控制在“户”内,一旦获取钥匙,就意味着可以相对轻易地在“户”外实现对车辆的控制,即整体行为中,获取钥匙的行为较启动车辆的行为更为重要,据此,车钥匙应视为载体。

综上,原审法院认定被告人巫建福入户窃取摩托车钥匙后在“户”外窃取摩托车的行为属于

"入户盗窃",构成盗窃罪是正确的。

(撰稿:浙江省衢州市中级人民法院 殷一村
浙江省江山市人民法院 徐 升
审编:最高人民法院刑四庭 陆建红)

[第1177号]何弦、汪顺太非法处置扣押的财产案

——盗取自己被公安机关扣押的车辆应如何定性

【关键词】 非法处置扣押的财产罪 盗窃罪 想象竞合犯 非法占有目的

一、基本案情

被告人何弦,女,1986年5月28日出生,因涉嫌犯非法处置扣押的财产罪于2013年2月23日被刑事拘留,同年3月21日被取保候审。

被告人汪顺太,男,1969年6月4日出生,2011年因贩卖毒品被判处有期徒刑一年,2012年4月15日刑满释放;因涉嫌犯非法处置扣押的财产罪于2013年2月23日被刑事拘留。

江西省景德镇市昌江区人民检察院以被告人何弦、汪顺太犯盗窃罪,向昌江区人民法院提起公诉。

被告人何弦辩称,其只是想拿车回去还银行的贷款,没有想过向公安局索赔,其没有非法占有的目的,不构成盗窃罪。

被告人汪顺太辩称,其并没有想占有车辆,也没有采取秘密手段盗车,不构成盗窃罪。

景德镇市昌江区人民法院经审理查明:2011年12月,被告人何弦与其丈夫翁宝祥共同购买黑色丰田锐志轿车一辆,价税合计21万余元,并用该车抵押向银行借款15万元,钟某某为保证人。2013年1月15日,翁宝祥因贩卖毒品被公安人员抓获,该黑色丰田锐志轿车因涉案被扣押。由于银行催还借款,准备起诉保证人钟某某,何弦想要取回被扣押的车辆,便找到其丈夫翁宝祥的狱友被告人汪顺太帮忙。汪顺太答应帮忙找人取回车辆,但汪顺太找的人并没有给出明确答复。2013年2月22日9时许,何弦、汪顺太来到公安局后院内,在未办理任何返还涉案车辆手续的情况下,用该车另外一把钥匙将停放在涉案车辆车棚内的翁宝祥被扣押的车开走。后二人被公安人员抓获。2013年5月24日,何弦依法将该车领回。

景德镇市昌江区人民法院认为,被告人何弦、汪顺太在未得到公安机关允许的情况下,擅自将扣押的涉案车辆开走,其行为已构成非法处置扣押的财产罪,属情节严重。公诉机关指控何弦、汪顺太犯盗窃罪不当,应予纠正。汪顺太曾因犯罪被判处有期徒刑,刑罚执行完毕五年内又犯应判处有期徒刑之罪,系累犯,应从重处罚。依照《中华人民共和国刑法》第三百一十四条、第二十五条、第六十五条、第七十二条之规定,判决如下:

1. 被告人何弦犯非法处置扣押的财产罪,判处有期徒刑二年,缓刑二年六个月。

2. 被告人汪顺太犯非法处置扣押的财产罪,判处有期徒刑二年。

宣判后,景德镇市昌江区人民检察院提出抗诉,景德镇市人民检察院支持抗诉,抗诉意见为:(1)被告人何弦、汪顺太明知车辆被公安机关依法扣押期间属公共财产,在未办理合法手续的情况下,采取秘密手段将车开走,表明其主观上有非法占有的目的,二被告人的行为符合盗窃罪的

犯罪构成,应定性为盗窃罪。(2)被告人何弦、汪顺太的行为同时触犯两个罪名即盗窃罪和非法处置扣押的财产罪,应按照想象竞合犯的原则从一重处理,即应定盗窃罪。

原审被告人何弦、汪顺太均辩称,其行为不构成盗窃罪。

景德镇市中级人民法院经审理认为,被告人何弦、汪顺太擅自转移已被司法机关依法扣押的财产,情节严重,其行为已构成非法处置扣押的财产罪。关于抗诉机关提出被告人何弦伙同汪顺太窃取本人被司法机关扣押的车辆的行为同时触犯两个罪名,即盗窃罪和非法处置扣押的财产罪,应按照想象竞合犯的原则从一重处理即定盗窃罪的意见,经查,该车辆是何弦和翁宝祥抵押贷款购买的,何弦找汪顺太帮忙拿回车辆,目的是把车交给银行抵债。本案案发时间较短,行为人还没有向公安机关索赔的行为,也缺乏判断行为人是否具有非法占有目的的其他证据,且案发后何弦依法领回了该车辆。因此,认定被告人具有非法占有目的的证据不足,两被告人的行为不构成盗窃罪,抗诉机关的意见不能成立。原判认定事实清楚,证据确实、充分,适用法律正确,量刑适当,审判程序合法。依照《中华人民共和国刑事诉讼法》第二百二十五条第一款第一项之规定,裁定:驳回抗诉,维持原判。

二、主要问题

盗取自己被公安机关扣押的车辆应如何定罪?

三、裁判理由

本案在审理中,对被告人何弦、汪顺太的行为定性存在三种不同的意见:

第一种意见认为,被告人何弦伙同汪顺太窃取本人被司法机关扣押的车辆的行为同时触犯两个罪名即盗窃罪和非法处置扣押的财产罪,应按照想象竞合犯的原则从一重处理,即定盗窃罪。

第二种意见认为,被告人何弦、汪顺太明知车辆被公安机关依法扣押期间属公共财产,在未办理合法手续的情况下,采取秘密手段将车开走,表明其主观上有非法占有的目的,两被告人的行为符合盗窃罪的犯罪构成,应定盗窃罪。

第三种意见认为,被告人何弦没有向司法机关索赔的目的,也未获得司法机关的赔偿,其主观上没有非法占有的目的,把自己所有而被司法机关扣押的财产擅自拿走,不构成盗窃罪。何弦在公安机关明确告知了车辆被依法扣押的情况下,伙同汪顺太对扣押的车辆予以转移,其行为扰乱了司法机关的正常活动,依法构成非法处置扣押的财产罪。

我们同意第三种意见,理由如下:

(一)本人所有的财物在他人合法占有、控制期间,能够成为自己盗窃的对象

在司法实践中,经常遇到行为人窃取本人被司法机关依法扣押的财产的情况,在定性上也颇有争议。本案中,要对被告人的行为进行准确定性,首先需要明确被告人何弦与其丈夫翁宝祥被依法扣押的车辆能否成为何弦实施盗窃的对象。如果被依法扣押的车辆不能成为本人盗窃的对象,则被告人的行为不构成盗窃罪。如果被依法扣押的车辆能够成为本人盗窃的对象,则需进一步考察被告人的行为是否符合盗窃罪的其他构成要件。

这一问题在本质上涉及盗窃罪侵犯的法益问题。在我国刑法理论和司法实践中,关于盗窃罪侵犯法益的学说主要有所有权说、占有说和中间说三种。所有权说认为,盗窃罪侵犯的客体是公私财物的所有权,如果没有侵犯所有权,基本上就可以排除盗窃罪的成立。占有说认为,盗窃罪侵犯的客体是他人对财物事实上的占有本身,即使所有权人也不得任意侵犯他人的合法占有,否则就应当承担相应的刑事责任。中间说则主要是对所有权说加以扩张或对占有说加以限制,旨在弥补二者的不足,既不扩大也不缩小盗窃罪的处罚范围。中间说比较有代表性的一种观点

认为,"侵犯财产罪的法益首先是财产所有权及其他本权(主要是合法的他物权及债权),其次是需要通过法定程序改变现状(恢复应有状态)的占有;但在非法占有的情况下,相对于本权者恢复权利的行为而言,该占有不是财产罪的法益,即将被害人恢复权利的行为排除在财产犯罪之外"。① 我们认为,纯粹的所有权说过于缩小了盗窃罪的处罚范围,与我国社会经济发展的现状不相符,不利于维护正常的财产秩序。纯粹的占有说扩大了盗窃罪的处罚范围,如对于盗窃罪的被害人窃取被盗财物的行为,难以自圆其说,中间说更符合目前司法实践的需要。

本案中涉案车辆系何弦和翁宝祥共同购买,二人对该车辆有所有权。根据刑事诉讼法第一百四十三条的规定,对扣押的财物,经查明确实与案件无关的,应当解除扣押,予以退还。《最高人民法院关于适用〈中华人民共和国刑事诉讼法〉的解释》第三百六十九条亦规定,扣押的财物属于被告人合法所有的,应当在赔偿被害人损失、执行财产刑后及时返还被告人。从上述规定可见,被司法机关依法扣押的车辆,并没有改变所有权归属,仍属于原所有人所有,公安机关只是暂时保管涉案车辆,对涉案车辆不具有所有权,但依照法律规定具有合法占有权。如前所述,本案中的涉案车辆系何弦和翁宝祥共同所有的财物,但在司法机关合法占有、控制期间,能够成为何弦盗窃的对象。

(二)主观上没有非法占有的目的,不构成盗窃罪

涉案车辆能够成为被告人何弦自己盗窃的对象,并不意味着被告人的行为就构成盗窃罪。盗窃罪的犯罪构成要求行为人主观上必须具有非法占有的目的,因此,是否构成盗窃罪,还要结合行为人的主观目的而定。如果行为人具有非法占有的目的,在司法机关合法占有、控制期间秘密取回车辆并索赔的,其行为构成盗窃罪,如果同时妨害了司法机关的正常诉讼活动,情节严重的,又构成非法处置扣押的财产罪,属于一个自然行为触犯数罪名的想象竞合犯,应从一重罪处断。如果行为人不具有非法占有的目的,则虽有秘密取回车辆的行为,但不能构成盗窃罪,亦不存在构成想象竞合犯的前提。

具体到本案中,何弦采取非法手段取回自己被公安机关依法扣押的车辆,是否构成盗窃罪,要结合其主观目的而定。首先,公安机关对涉案车辆依法扣押后,银行催何弦还贷款,准备起诉保证人钟某某,何弦得知后便找汪顺太帮忙想拿回涉案车辆,因此,何弦转移涉案车辆,直接目的是返还银行的贷款,而不是非法占有该车辆。其次,本案案发时间较短,何弦还没有向公安机关索赔的行为,在案也没有其他证据证实何弦具有非法占有的目的,且何弦案发后依法领回了该车辆。因此,本案没有证据证实两被告人对涉案车辆具有非法占有的目的,二被告人的行为不构成盗窃罪。

(三)二被告人的行为构成非法处置扣押的财产罪

非法处置扣押的财产罪与盗窃罪在司法实践中一般不易混淆,但是当盗窃的对象是司法机关依法查封、扣押、冻结的财产时,两罪在犯罪的具体外在表现上存在一定的交叉,易造成定性上的混淆。我们认为,应从以下几方面进行深入分析,可对两罪的异同有清晰的认识:第一,从犯罪客体方面来看,两罪在刑法上有不同的保护重心和针对对象。盗窃罪的客体主要是为了保护稳定的财产关系和合法的财产利益;非法处置扣押的财产罪侵犯的客体为司法机关的正常活动。第二,从犯罪对象上来看,盗窃罪的犯罪对象是不特定的,包括有体物和无体物;而非法处置扣押的财产罪的犯罪对象必须是特定的,是已被司法机关扣押的财产。第三,两罪的客观方面表现不同。盗窃罪主要表现为以秘密窃取手段进行的侵犯公私财产的行为;而非法处置扣押的财产罪

① 张明楷:《刑法学》(第3版),法律出版社2007年版,第702页。

主要表现为隐藏、转移、变卖、故意毁损四种行为方式,且必须达到情节严重的程度。第四,两罪主观方面不同。以非法占有为目的是盗窃罪构成的必备主观要件;而非法处置扣押的财产罪的主观方面必须是出于故意,即应明知侵害的是已被司法机关扣押的财产,其主观目的的内容更为宽泛,可能包含逃避法律制裁、破坏司法机关的正常活动、获取其他非法利益等,但其犯罪目的是否明确并不影响该罪的成立,不是构成该罪的必备要件。第五,两罪的犯罪主体不同。非法处置扣押的财产罪的犯罪主体只限于被查封、扣押、冻结的财产的所有人;而盗窃罪的犯罪主体主要是被查封、扣押、冻结的财产的所有人、保管人以外的其他人采取秘密手段窃取被司法机关查封、扣押的财产,当然也不排除被查封、扣押、冻结的财产的所有人以事后获取赔偿为目的而秘密窃取被查封、扣押的财产的情形。

本案中,被告人何弦、汪顺太的行为构成非法处置扣押的财产罪。首先,从客体上分析,何弦、汪顺太将公安机关依法扣押的车辆予以转移,后被公安机关查获,其行为客观上已严重影响司法机关正常的诉讼活动,且社会影响恶劣,属情节严重。其次,从主观要件上看,公安机关对涉案车辆依法扣押后,何弦找汪顺太帮忙想拿回涉案车辆,且到公安机关涉案车辆停放处看到了自己的车,以上事实足以表明何弦已知晓车辆被依法扣押。最后,从犯罪对象上看,何弦、汪顺太转移的车辆系公安机关依法扣押的财产,具有特殊性,符合非法处置扣押的财产罪的犯罪对象特征。因此,本案中何弦、汪顺太的行为并没有直接侵害公私财产所有权关系,而是侵害了司法机关的正常管理秩序,构成非法处置扣押的财产罪。汪顺太虽然不是被查封、扣押、冻结财产的所有人、保管人,但其在本案中处于协助何弦非法处置扣押财产的情形,不具有非法占有的目的。此外,如前所述,二被告人的行为不构成盗窃罪,亦不构成想象竞合犯,仅构成非法处置扣押的财产罪一罪。

综上,被告人何弦、汪顺太的行为妨害了司法机关的正常诉讼活动,造成了极坏的社会影响,根据主客观相统一和罪责刑相适应的原则,一、二审法院对二被告人的行为定性为非法处置扣押的财产罪并依法判处相应刑罚,是适当的。

(撰稿:江西省高级人民法院　王长河
江西省景德镇市中级人民法院　罗明华
审编:最高人民法院刑四庭　陆建红)

[第 1186 号]尹林军、任文军盗窃案

——盗窃后为抗拒抓捕实施暴力程度不明显的摆脱行为,能否认定为“转化型抢劫”

【关键词】 盗窃罪　转化犯　转化型抢劫　暴力

一、基本案情

被告人尹林军,男,1989 年 1 月 3 日出生。2012 年因犯盗窃罪被判处有期徒刑六个月。2013 年 3 月 21 日因涉嫌犯抢劫罪被逮捕。

被告人任文军,男,1988 年 3 月 25 日出生。2010 年因犯盗窃罪被判处有期徒刑一年。2013 年 1 月 17 日因涉嫌犯诈骗罪被逮捕。

甘肃省天水市麦积区人民检察院以被告人尹林军犯抢劫罪、被告人任文军犯盗窃罪，向麦积区人民法院提起公诉。

被告人尹林军对起诉指控的事实无异议，对指控的罪名提出异议，称其被被害人发现后并未动手，而是被害人对其实施殴打，其与被害人从楼梯上摔下也是因被害人踹其用力过大所致，其行为不构成抢劫罪，而应构成盗窃罪。

麦积区人民法院经审理查明：2012年11月，被告人尹林军、任文军预谋共同入户盗窃。同月12日10时许，尹林军、任文军撬开甘肃省天水市麦积区永生家园6号楼1单元601室的防盗门，窃取黄金手镯1只（价值9864元），“OMEGA”女式手表1块（价值500元），“BALLY”女式手表1块（价值500元）和现金600元。其间，被害人陈金林返回家中，发现了藏在室内的尹林军，遂抓住尹林军衣领将其推到墙上，打其脸部几拳致尹林军面部受伤流血。尹林军为尽快脱逃，在陈金林抓住其衣领不放的过程中，与陈金林从室内拉扯到四楼楼梯后摔倒，尹林军即将上衣脱掉，从二楼楼梯口的窗户翻出逃走，任文军在此过程中逃离。

麦积区人民法院认为，被告人尹林军、任文军无视国法，以非法占有为目的，采取秘密手段共同入户盗窃他人财物，数额较大，其行为均已构成盗窃罪。尹林军在盗窃过程中被被害人发现，为抗拒抓捕与被害人发生撕扯，在此过程中被害人对被告人实施殴打，被告人始终未还手，没有实施暴力或者以暴力相威胁，其与被害人拉扯是被动地针对被害人的殴打及抓捕行为进行的抵抗、摆脱，不符合“转化型抢劫”的构成要件，故应当以盗窃罪追究其刑事责任。检察机关起诉的罪名不能成立，不予支持。二被告人均系累犯，应当依法从重处罚。鉴于二人均当庭自愿认罪，可酌情从轻处罚。据此，依照《中华人民共和国刑法》第二百六十四条、第二十五条第一款、第六十五条第一款、第五十二条、第五十三条、第六十四条之规定，以盗窃罪分别判处被告人尹林军有期徒刑一年六个月，并处罚金人民币六千元；判处被告人任文军有期徒刑一年，并处罚金人民币五千元。

一审宣判后，被告人尹林军、任文军均未提起上诉，检察机关亦未抗诉，判决已发生法律效力。

二、主要问题

盗窃后为抗拒抓捕实施暴力程度不明显的摆脱行为，能否认定为“转化型抢劫”？

三、裁判理由

刑法第二百六十九条规定：“犯盗窃、诈骗、抢夺罪，为窝藏赃物、抗拒抓捕或者毁灭罪证而当场使用暴力或者以暴力相威胁的，依照刑法第二百六十三条的规定定罪处罚。”理论界将该法条规定的情形称为“转化型抢劫”或者“事后抢劫”，即具备上述条件的行为可以直接认定抢劫罪。但是何为“暴力”，“暴力”达到何种程度才能认定抢劫，司法实务中则存有争议。本案审理中，对被告人尹林军的行为能否认定抢劫罪，就存在两种不同意见：

第一种意见认为，刑法没有对“暴力”作出限定，只要该强力行为帮助行为人实现了窝藏赃物、抗拒抓捕或者毁灭罪证的目的，即可认定抢劫罪。被告人尹林军盗窃成功后，为抗拒被害人的抓捕，明知被害人紧抓其衣领，仍将被害人拖至四楼楼道并将被害人拽倒，最终成功脱逃并非法占有了被害人的财物，其行为应当以抢劫罪定罪处罚。

第二种意见认为，抢劫罪是严重危害社会治安的犯罪，法定刑起点即为三年有期徒刑，对其构成要件应从严解释。被告人尹林军面对被害人的撕扯，始终没有正面回击，仅是被动地摆脱、逃离，其摔下楼梯系因被害人踢踹所致，该行为不属刑法规定的“暴力”行为，应当以盗窃罪定罪处罚。

我们同意第二种意见，被告人尹林军盗窃既遂后，为逃脱被害人的抓捕，实施了暴力程度不明显的摆脱行为，该行为不符合转化型抢劫中的暴力行为特征，不应认定抢劫罪。

转化型抢劫是转化犯的一种形式。所谓转化犯，是指在轻罪行为的实施过程中或者轻罪状态的持续过程中，由于出现了法律规定的行为、方法或者后果等转化条件，而使轻罪转化为重罪，并以转化后的重罪定罪处罚的犯罪形态。例如，刑法第二百四十一条第五款的规定（收买被拐卖的妇女、儿童又出卖的，依照刑法第二百四十条的规定定罪处罚），以及刑法第二百六十九条的规定。转化犯通常具有以下四个特征：(1)法定性。法定性是转化犯的基本特性，只有法律明确规定了转化前的犯罪行为、转化后的新罪行为、启动转化的各种情形以及定罪量刑的原则等，才能成立转化犯。(2)转变性。转变性是转化犯的核心特性。转化犯由两部分组成，基础行为是转化犯成立的前提，实施法律规定的行为、方法或者出现法律规定的后果是转化犯成立的条件，转化后即成为与前罪罪质相异的新罪。基础行为与转化行为的关系如下：首先，转化行为是在基础行为之上实施的，转化行为与基础行为无法割裂。例如，刑法第二百六十九条规定的“当场”，刑法第二百四十一条第五款规定的“被拐卖的妇女、儿童”，如果两者之间毫无关系，则不能成立转化犯。其次，转化行为是基础行为人基于新的主观故意实施的新行为。基础行为与转化行为需是基于两个故意实施的两个行为，两者主观故意产生的时间不同，具体内容也有所区别，且通常后者的主观恶性更深。最后，转化行为与基础行为的性质不同。正因在前罪基础上实施了性质不同的转化行为，才能依照他罪定罪惩罚，如果后续行为没有超越前罪罪质，则一般只能以前罪处罚。(3)趋重性。趋重性是转化犯的本质特性，即转化后的行为性质和惩罚力度均要重于基础行为。由于行为人主客观方面均发生了变化，使整个行为脱离原行为，符合新行为的罪质，故以新罪定罪处罚。(4)唯一性。唯一性是转化犯定罪处罚的标准，即对于转化犯在定罪量刑、诉讼追诉等方面均依照新罪处理。

刑法第二百六十九条规定的情形属于典型的转化犯，基础行为是行为人实施盗窃、诈骗、抢夺行为，转化条件是为了窝藏赃物、抗拒抓捕或者毁灭罪证而当场使用暴力或者以暴力相威胁，转化后的新罪是抢劫罪。抢劫罪在罪质和罪责方面均更重，不仅侵犯了他人的财产权利，而且侵犯了他人的人身权利，法定刑从三年有期徒刑直至死刑，属于刑法体系中的重罪，根据刑法谦抑性原则，对其犯罪构成要件应从严解释，防止扩大打击面。因此，这里的“暴力”只能是狭义的“暴力”，即对被害人不法使用有形力，使被害人不能反抗或者不敢反抗，通常具有主动性、强制性、攻击性等特点。在司法实践中，认定“暴力”需要注意以下几点：

1. 暴力的对象是人。抢劫罪通过压制人的反抗来获取利益，其手段行为侵犯的是难以估价的人的生命安全和身体健康。转化型抢劫的暴力手段同样针对的是人，是对盗窃、诈骗、抢夺行为人窝藏赃物、毁灭罪证起阻碍作用或者对行为人实施抓捕的人。

2. 使用的时空条件是当场。这里的“当场”是指实施盗窃、诈骗、抢夺罪的现场，或者刚一逃离现场即被人发现和追捕的过程中。这是转化行为附属性质的要求，即使用暴力的行为不能与盗窃等行为分割开来，只有两者具有时间、地点、事实和追索事态方面的连续性时，才能成立转化犯罪。因此，行为人入户或者在公共交通工具上盗窃、诈骗、抢夺后，为了窝藏赃物、抗拒抓捕或者毁灭罪证，只有在户内或者公共交通工具上当场使用暴力或者以暴力相威胁的，才能构成“入户抢劫”或者“在公共交通工具上抢劫”。

3. 暴力的程度是足以压制人的反抗，但不要求事实上压制了人的反抗，更不要求具有危害人身安全的性质。抢劫罪通过压制被害人的反抗来获取财物，其暴力程度只要达到足以压制被害人反抗的能力和勇气，使被害人不敢反抗或者不能反抗即可。通常认为，行为人使用凶器、以凶器相威胁或该行为造成被害人轻微伤以上后果的,就可认定使用"暴力"。转化型抢劫与抢劫虽然认定性质相同,但行为人的主观恶性和行为动机毕竟不同,行为人最初目的是盗窃、诈骗、抢夺,为窝藏赃物、抗拒抓捕或者毁灭罪证才使用暴力或者以暴力相威胁,因此对其暴力程度应当有所限制,应以被害人不敢抓捕或者不能抓捕为限。如果行为人不具有伤害意图,只是为摆脱和逃跑而推推搡搡,没有造成轻伤以上后果的,则可不认定使用暴力,不以抢劫罪定罪处罚。如此处理,有效区分了主动使用暴力和被动摆脱行为之间的罪责差异,体现了刑法道义性的要求,也通过追诉后果的差异来最大限度地保障被害人的人身权益。《最高人民法院关于审理抢劫刑事案件适用法律若干问题的指导意见》(以下简称《抢劫指导意见》)亦对此作出明确规定,指出"对于以摆脱的方式逃脱抓捕,暴力程度较小,未造成轻伤以上后果的,可不认定为'使用暴力',不以抢劫罪论处"。

就本案而言,被告人尹林军、任文军以撬门入户的方式,从被害人陈金林家中窃取了价值1万余元的手镯、手表和现金等物,其行为已构成盗窃罪。尹林军离开前遇到返回家中的失主陈金林,陈金林随即抓住尹林军的衣领殴打其面部几拳,尹林军并未主动回击,而是想尽快摆脱被害人的抓捕。尹林军逃离途中,因被害人拉扯其衣领不放,将被害人扯至楼下;其间,被害人还踢踹尹林军,致二人摔倒,后尹林军借势脱掉外衣逃离。整个过程中,尹林军没有对被害人主动使用暴力,仅是躲闪被害人的殴打和追捕,虽致被害人摔倒,但没有造成轻伤以上的后果,依照前述观点和《抢劫指导意见》的规定,尹林军的摆脱行为不应认定为转化型抢劫的暴力行为,对其不应以抢劫罪定罪处罚。

综上,一审法院根据本案的具体情况,考虑到尹林军的累犯情节和如实供述的情节,以盗窃罪判处其有期徒刑一年六个月,并处罚金人民币六千元是适当的。

(撰稿:最高人民法院刑四庭　杜军燕
审编:最高人民法院刑四庭　陆建红)

[第1202号]赵宏铃等盗窃案

——非法侵入景点检售票系统修改门票数据获取门票收益的行为如何定性

【关键词】 盗窃罪　破坏计算机信息系统罪　特别规定　量刑

一、基本案情

被告人赵宏铃,男,1983年12月25日出生,系浙江省东阳市横店影视城有限公司网管员。2012年9月11日因涉嫌犯破坏计算机信息系统罪被刑事拘留,同年9月12日被取保候审。

被告人章菲菲,女,1985年7月21日出生。2012年9月11日被刑事拘留,同年9月12日被取保候审。

被告人金俊,男,1983年3月2日出生。2012年9月11日被取保候审。

被告人周衍成,男,1972年8月13日出生。2012年9月11日被刑事拘留,同年9月14日被取保候审。

被告人胡海兵,男,1971年1月5日出生。2012年9月15日被取保候审。

被告人单宇进，男，1984 年 5 月 23 日出生。2012 年 9 月 13 日被取保候审。

浙江省东阳市人民检察院以被告人赵宏铃、章菲菲、金俊、周衍成犯破坏计算机信息系统罪、被告人胡海兵、单宇进犯盗窃罪，于 2013 年 10 月 14 日向东阳市人民法院提起公诉。

东阳市人民法院经公开审理查明：被告人赵宏铃系东阳市横店影视城有限公司网管员。2011 年，赵宏铃通过 PE 光盘启动横店影视城有限公司网络部开发组组长骆勇峰的电脑，盗取了公司检售票系统源程序和服务器密码。2012 年 6 月至 7 月，赵宏铃在其笔记本电脑上编写程序，可以秘密侵入横店影视城有限公司检售票系统，修改梦幻谷景区门票数据，将允许进入人数从一人改成多人，遂产生以此盗取门票收益的想法，便与妻子被告人章菲菲商议、试验并获成功。后赵宏铃通过被告人章菲菲、金俊寻找客源，章菲菲让被告人周衍成为其组织客源，金俊让被告人周衍成、胡海兵、单宇进为其组织客源。具体作案手段为：章菲菲、金俊等人先以 195 元的价格购买一张一人次的梦幻谷原始电子门票卡，由赵宏铃侵入检售票系统，根据卡号将人数修改为 6 ~ 8 人，再由周衍成、胡海兵、单宇进组织客源进入景区。周衍成、胡海兵按实际带入游客每人 150 元的价格支付给赵宏铃、章菲菲、金俊，以每人 170 元的价格出售给游客；单宇进按实际带入游客每人 160 元的价格支付给赵宏铃、金俊，以每人 170 ~ 190 元的价格出售给游客。

经查，2012 年 7 月至 8 月间，赵宏铃、章菲菲改卡 20 余张，赵宏铃、金俊改卡 20 余张，周衍成、胡海兵、单宇进在明知赵宏铃、章菲菲、金俊的梦幻谷电子门票为非法修改的门票后，仍积极组织客源，盗取门票收益。其中，赵宏铃参与盗窃数额为人民币 42 000 余元，章菲菲、金俊参与盗窃数额为人民币 21 000 余元，周衍成参与盗窃数额为人民币 13 000 余元，胡海兵参与盗窃数额为人民币 7 000 余元，单宇进参与盗窃数额为人民币 5 000 余元。案发后，单宇进主动向公安机关投案，归案后如实供述自己的罪行。赵宏铃、章菲菲向公安机关上缴人民币 25 500 元，金俊上缴人民币 10 000 元，周衍成上缴人民币 4 000 元，胡海兵上缴人民币 1 500 元，单宇进上缴人民币1 000 元。公安机关从赵宏铃处扣押作案工具惠普牌笔记本电脑 1 台。

东阳市人民法院认为，被告人赵宏铃、章菲菲、金俊、周衍成、胡海兵、单宇进以非法占有为目的，采用秘密手段，窃取公私财物，数额较大，其行为已触犯刑律，构成盗窃罪。被告人单宇进犯罪后主动向公安机关投案，并能如实供述自己的罪行，系自首，依法可以从轻处罚；赵宏铃、章菲菲、金俊、周衍成、胡海兵归案后如实供述自己的罪行，依法可以从轻处罚；周衍成、胡海兵、单宇进获利较少，在共同犯罪中情节相对赵宏铃、章菲菲、金俊较轻，可酌情从轻处罚；赵宏铃、章菲菲、金俊、周衍成、胡海兵、单宇进在庭审中认罪态度好，积极退赃，均可酌情从轻处罚。根据章菲菲、金俊、周衍成、胡海兵、单宇进的犯罪情节及其悔罪表现，依法可以宣告缓刑。据此，依照《中华人民共和国刑法》第二百六十四条，第二十五条第一款，第六十七条第一款、第三款，第五十二条，第五十三条，第七十二条第一款、第三款，第七十三条，第六十四条之规定，判决如下：

1. 被告人赵宏铃犯盗窃罪，判处有期徒刑一年二个月，并处罚金人民币一万元。

2. 被告人章菲菲犯盗窃罪，判处有期徒刑九个月，缓刑一年三个月，并处罚金人民币四万二千元。

3. 被告人金俊犯盗窃罪，判处有期徒刑九个月，缓刑一年三个月，并处罚金人民币四万二千元。

4. 被告人周衍成犯盗窃罪，判处有期徒刑七个月，缓刑一年，并处罚金人民币一万八千元。

5. 被告人胡海兵犯盗窃罪，判处拘役五个月，缓刑十个月，并处罚金人民币一万元。

6. 被告人单宇进犯盗窃罪，判处拘役三个月，缓刑六个月，并处罚金人民币六千元。

7. 暂存于公安机关由被告人赵宏铃、章菲菲、金俊、周衍成、胡海兵、单宇进上缴的退赔款人民币四万二千元，发还被害单位。

一审宣判后，各被告人均未提出上诉，检察机关亦未抗诉，该判决已发生法律效力。

二、主要问题

网管员非法侵入单位的景点检售票系统修改门票数据并获取门票收益的行为，如何定性？

三、裁判理由

被告人赵宏铃等人在窃取门票收益的过程中，非法侵入景点检售票系统并修改门票数据，同时触犯了破坏计算机信息系统罪和盗窃罪。本案争议的焦点是，本案是否应当数罪并罚，如果不并罚最终究竟以何罪来认定。对此，法院在审理过程中，主要存在两种意见：

第一种意见认为，被告人非法侵入景点检售票系统修改门票数据仅仅是手段行为，其目的在于随后进行的窃取门票收益行为，二者之间形成了典型的手段与目的的牵连关系，根据"从一重定罪"的原则，应当以破坏计算机信息系统罪来认定。

第二种意见认为，根据刑法第二百八十七条之规定，凡是利用计算机来实施金融诈骗、盗窃、贪污、挪用公款、窃取国家秘密或者其他犯罪的，应当直接认定为金融诈骗罪、盗窃罪、贪污罪、挪用公款罪等，而不能认定为相关的计算机犯罪，故对各被告人应当以盗窃罪论处。

我们倾向于第二种意见。具体分析如下：

（一）被告人赵宏铃等人非法侵入景点检售系统修改门票的行为，符合破坏计算机信息系统罪的构成要件

所谓破坏计算机信息系统罪，是指违反国家规定，对计算机信息系统功能或计算机信息系统中存储、处理或者传播的数据和应用程序进行破坏，或者故意制作、传播计算机病毒等破坏性程序，影响计算机系统正常运行，后果严重的行为。

本罪的主体为一般主体，即年满16周岁具有刑事责任能力的自然人均可构成。从司法实践来看，构成该罪的通常是那些精通计算机技术、知识的专业人员，如计算机程序设计人员、计算机操作、管理维修人员。本罪在主观方面必须出于故意，如果是因为操作疏忽大意或者技术不熟练而失误致使计算机系统功能，或者计算机信息系统中存储的数据、应用程序遭受破坏，不构成本罪。根据我国刑法第二百八十六条的规定，本罪的客观要件主要有三种行为方式：一是违反国家规定，对计算机信息系统功能进行删除、修改、增加、干扰，造成计算机信息系统不能正常运行，后果严重的，后果严重的；二是违反国家规定，对计算机信息系统中存储、处理或者传输的数据和应用程序进行删除、修改、增加的操作，后果严重的；三是故意制作、传播计算机病毒等破坏性程序，影响计算机系统正常运行，后果严重的。在量刑上，后果严重的，处五年以下有期徒刑或者拘役；后果特别严重的，处五年以上有期徒刑。针对何谓"后果严重""后果特别严重"情形，《最高人民法院、最高人民检察院关于办理危害计算机信息系统安全刑事案件应用法律若干问题的解释》（以下简称《解释》）第四条规定，违法所得5 000元以上或者造成经济损失1万元以上的，属于"后果严重"；数量或者数额达到上述标准5倍以上的，应当认定为破坏计算机信息系统"后果特别严重"。

本案中，被告人赵宏铃系景区公司的网管员，非法侵入景区检售票系统，故意对景区门票数据进行修改，将允许进入人数从一人改为多人，是一种针对计算机数据进行非法操作，使相应的数据更改的行为，符合上述第二种行为方式。赵宏铃窃取门票收益的违法所得数额达到了42 000余元，根据《解释》规定已属"后果特别严重"，故其行为符合破坏计算机信息系统罪的构成要件。

（二）被告人赵宏铃窃取数额巨大的景点门票收益行为，又符合盗窃罪的构成要件

被告人赵宏铃以非法占有为目的，采用秘密手段非法侵入景点检售票系统修改门票数据，窃

取公司数额巨大的景点门票收益，还涉嫌触犯盗窃罪。由于其系公司网管员，还进一步涉及盗窃罪与职务侵占罪的区分问题。

本案中，被告人赵宏铃系被害公司的网管员，其所侵占的门票收益亦属于公司所有，能否构成职务侵占罪的关键在于是否利用了职务上的便利。我们知道，与单位外人员侵占单位财物不同，单位职工或多或少都会利用到一些便利条件，这些便利条件可以归纳为“工作条件”和“职务之便”两种，并由此构成不同的犯罪。其中，“工作条件”，是指行为人凭借单位职工的特殊身份，熟悉作案环境，更容易接近他人管理、经手的单位财物等。“工作条件”是一种与行为人工作职责不相关的便利，行为人不会因此对单位财物产生实际控制，其利用这样的便利条件窃取单位财物的，应定性为盗窃罪。而所谓“职务之便”，是指根据行为人的职责范围，对单位财物形成的支配控制关系，包括组织、领导、监管、经营、管理、经手、保管等。行为人利用这样的便利条件窃取单位财物的，应认定为职务侵占罪。

本案中，被告人赵宏铃系横店影视城有限公司网管员，其职责是负责公司网络系统的日常维护、电脑软硬件的安装、升级与维护等工作，对景区门票收益并无主管、经手和管理等的职责。为获取景区门票收益而修改景区门票数据，其中所必需的公司检售票系统源程序和服务器密码，赵宏铃在其职责范围内也并不掌握，而系通过 PE 光盘启动公司网络部开发组组长骆勇峰的电脑盗取而来，然后再在其自己的笔记本电脑上编写程序，秘密侵入横店影视城有限公司检售票系统，修改景区门票数据。可见，被告人赵宏铃在获取景区门票收益过程中，未利用其职责范围内的便利，故其行为性质并非职务侵占而系盗窃。

（三）被告人赵宏铃的行为同时触犯了破坏计算机信息系统罪和盗窃罪，根据刑法第二百八十七条之规定应当以盗窃罪定罪处罚

被告人赵宏铃在窃取门票收益的过程中，非法侵入景点检售票系统并修改门票数据，同时触犯了破坏计算机信息系统罪和盗窃罪。其中，非法侵入景点检售票系统修改门票数据仅仅是手段行为，其目的在于随后进行的窃取门票收益，二者之间形成了典型的手段与目的的牵连关系。我国刑法尽管没有规定牵连犯的相关处理原则，但刑法理论与实务界均普遍接受“从一重定罪”原则。赵宏铃等人获得的门票收益达到 42 000 元，从其所触犯的两项罪名的量刑来看，若认定为盗窃罪，属于数额巨大情形，依法应当判处三年以上十年以下有期徒刑，并处罚金；若认定为破坏计算机信息系统罪，则应当判处五年以上十五年以下有期徒刑。显然，以破坏计算机信息系统罪来认定的量刑要重于盗窃罪，根据牵连犯“从一重定罪”的原则，本来应当认定为破坏计算机信息系统罪。

然而，针对具有牵连关系的两个行为，适用“从一重定罪”原则的前提是刑法没有例外规定。如果刑法存在例外规定，明确要求以其中某项罪名来认定或者要求并罚的，那么就只能按照刑法的规定来定罪。以《最高人民法院关于审理挪用公款案件具体应用法律若干问题的解释》为例，其第七条规定：国家工作人员挪用公款进行非法活动构成其他犯罪的，或者因挪用公款而索取、收受贿赂构成犯罪的，实行并罚。根据上述规定，行为人为了进行非法活动或者为了索取、收受他人贿赂而挪用公款，尽管二者之间存在手段与目的牵连关系，但是司法解释明确要求实行并罚，故不再适用“从一重定罪”原则。同样，我国刑法就利用计算机实施犯罪也作出了例外规定。刑法第二百八十七条规定：“利用计算机实施金融诈骗、盗窃、贪污、挪用公款、窃取国家秘密或者其他犯罪的，依照本法有关规定定罪处罚。”刑法之所以安排专门的条款作上述规定，是因为在司法实践中，行为人单纯出于报复、泄愤动机而破坏计算机信息系统的情况较为少见，更多的是通过实施破坏计算机信息系统行为来实现其他目的，由此很容易出现一个行为同时侵犯数个法益

触犯不同罪名的情形。在此情况下，就面临着破坏计算机信息系统罪与其他犯罪是否数罪并罚，如果不并罚又应当选择何种罪名来认定的问题。

根据刑法第二百八十七条之规定，凡是利用计算机来实施金融诈骗、盗窃、贪污、挪用公款、窃取国家秘密或者其他犯罪的，不论手段行为是否构成相关计算机犯罪，均应以金融诈骗罪、盗窃罪、贪污罪、挪用公款罪等目的犯罪定罪处罚。具体到本案，被告人赵宏铃通过非法侵入景点检售票系统修改门票数据的方式，获取了价值42 000元的门票收益，同时构成破坏计算机信息系统罪和盗窃罪。因刑法第二百八十七条对此类行为规定了明确的处理意见，故审理法院依法以盗窃罪定罪处罚是正确的。需要指出的是，本案虽未对破坏计算机信息系统行为定罪处罚，但应当作为盗窃罪的情节在量刑时予以适当考虑。

（撰稿：浙江省高级人民法院　聂昭伟
审编：最高人民法院刑二庭　刘为波）

[第1214号] 翟高生、杨永涛等盗窃、抢劫案

——共同预谋并实施盗窃后离开，对同伙的二次盗窃行为是否担责

【关键词】　盗窃罪　掩饰、隐瞒犯罪所得罪　共谋共同犯　概括故意　量刑

一、基本案情

被告人翟高生，男，1991年4月23日出生，无业。2011年9月2日因涉嫌犯盗窃罪被逮捕。

被告人杨永涛，男，1984年1月27日出生，无业。2011年9月2日因涉嫌犯盗窃罪被逮捕。

被告人程龙喜，男，1988年7月2日出生，无业。2006年4月17日因犯抢劫罪被判处有期徒刑二年，并处罚金人民币二千元；2007年12月3日刑满释放。2011年9月2日因涉嫌犯盗窃罪被逮捕。

被告人王杰，男，1987年1月7日出生，无业。2006年8月10日因犯故意伤害罪被判处有期徒刑三年，缓刑三年。2011年9月2日因涉嫌犯盗窃罪被逮捕。

江苏省无锡市人民检察院以被告人翟高生犯盗窃罪、抢劫罪，被告人杨永涛、程龙喜、王杰犯盗窃罪，向无锡市中级人民法院提起公诉。

无锡市中级人民法院经审理查明：被告人翟高生、杨永涛、程龙喜、王杰经合谋和踩点于2011年7月26日凌晨1时许，采用翻墙、撬窗等手法，先后两次进入无锡凯尔科技有限公司仓库内窃得各种型号的手机摄像头共计73 750个，赃物价值共计人民币250余万元。其中，四被告人窃得摄像头56盒（2万余只），在驾车返回途中，杨永涛因故中途下车离开，另三人待其下车后商议返回仓库盗窃剩余摄像头，又窃得5万余只后返回苏州。事后，由杨永涛负责联系销赃，获赃款18万余元由四被告人共同拆分。

被告人程龙喜于2008年3月11日，伙同他人在上海市奉贤区奉城镇某皮球厂内窃得成品皮球13箱，赃物价值人民币5 720元。

被告人翟高生伙同程继峰、韩龙飞，经合谋于2005年11月20日15时许，由翟高生、程继峰驾乘摩托车在河南省武陟县北郭乡蔡庄村附近抢劫中国石油武陟第四加油站职工原某某、刘某

所携带的营业款人民币2万余元。

无锡市中级人民法院认为,被告人翟高生、杨永涛、程龙喜、王杰以非法占有为目的,秘密窃取公私财物,数额特别巨大,四人的行为均已构成盗窃罪,系共同犯罪;被告人翟高生还伙同他人抢劫公私财物,数额巨大,其行为已构成抢劫罪。被告人翟高生、杨永涛、程龙喜、王杰系流窜作案,属有其他严重情节,酌情予以从重处罚;被告人翟高生实施抢劫犯罪时已年满14周岁未满18周岁,应当减轻处罚;被告人翟高生、杨永涛、程龙喜、王杰归案后能如实供述自己的罪行,并当庭自愿认罪,均可予以从轻处罚;涉案部分赃物已追回,且侦查机关还分别从被告人翟高生、程龙喜处追缴销赃款人民币2 780元及40 175元,另被告人杨永涛、王杰亲属分别代为退出销赃款人民币38 100元及30 000元,弥补了被害单位的部分损失,对四被告人均可酌情从轻处罚。公诉机关指控的犯罪事实清楚,证据确实充分,指控的罪名成立。依照《中华人民共和国刑法》第二百六十三条、第二百六十四条、第十七条第二款及第三款、第五十六条第一款、第二十五条第一款、第六十七条第三款、第六十九条、第六十四条及《最高人民法院关于对故意伤害、盗窃等严重破坏社会秩序的犯罪分子能否附加剥夺政治权利问题的批复》之规定,判决如下:

1. 被告人翟高生犯盗窃罪,判处有期徒刑十五年,剥夺政治权利五年,并处罚金人民币十万元;犯抢劫罪,判处有期徒刑九年,并处罚金人民币一万元;决定执行有期徒刑二十年,剥夺政治权利五年,并处罚金人民币十一万元。

2. 被告人杨永涛犯盗窃罪,判处有期徒刑十五年,剥夺政治权利五年,并处罚金人民币十万元。

3. 被告人程龙喜犯盗窃罪,判处有期徒刑十五年,剥夺政治权利五年,并处罚金人民币十万元。

4. 被告人王杰犯盗窃罪,判处有期徒刑十三年,剥夺政治权利四年,并处罚金人民币八万元。

宣判后,四被告人均未提出上诉,检察机关亦未抗诉,判决已发生法律效力。

二、主要问题

共同盗窃犯罪中,部分行为人盗窃完毕后离开,是否对其余行为人继续实施的盗窃行为负责?

三、裁判理由

本案审理过程中,对于被告人杨永涛参与预谋并与他人共同实施盗窃后离开,没有参加同伙实施的第二次盗窃行为,是否需要对两次盗窃行为负全部刑事责任的问题形成以下三种不同的意见:

第一种意见认为,被告人杨永涛仅需对第一次盗窃行为承担刑事责任。翟高生等三被告人返回厂内继续盗窃的行为超出其意志之外,其下车离开后,不可能预见到后续可能发生的盗窃行为。因此,根据主客观相一致的定罪量刑原则,杨永涛仅承担第一次盗窃罪的刑事责任。

第二种意见认为,被告人杨永涛对两次盗窃行为均应承担刑事责任。杨永涛虽因中途离开没有实施第二次盗窃,但其作为整个盗窃活动的组织策划者,主观上对窃取财物的数量存在概括的故意,虽未实施第二次盗窃行为,但其主观上并不排斥翟高生等人再次实施盗窃。次日,其看到盗窃所得的摄像头远远超过第一次的数量时,没有提出质疑,而是事后积极参与销赃、分赃。因此,其应对两次盗窃行为均承担刑事责任。

第三种意见认为,被告人杨永涛对两次行为分别承担盗窃罪和掩饰、隐瞒犯罪所得罪的刑事责任,应进行数罪并罚。理由是杨永涛并未参加第二次盗窃行为,且无法证实其主观上对翟高生等人在其离开后再次实施盗窃的行为事先明知,故仅推断其主观上明知第二次所得的摄像头系翟高生等人再次窃取的,并帮助销赃,宜按照赃物犯罪来处理。

我们同意第二种意见,理由如下:

本案涉及共同犯罪理论中比较复杂的共谋共同正犯问题。这个理论主要来源于日本学者。但是,我国学界也有不少学者对此进行探讨①,因此,有必要简要介绍这一理论。共谋共同正犯与实行共同正犯相对应。所谓实行共同正犯,是指二人以上均直接实施了实行行为的共同正犯。如本案中,被告人杨永涛与同案被告人共谋盗窃后并直接参与了第一次的盗窃行为。该第一次盗窃行为中,杨永涛与同案被告人程龙喜、王杰均属于实行共同正犯。而从客观外部行为特征上考察,在共同犯罪中,可能出现一部分人已着手实行,另一部分人并未参与实行的现象。这就是共谋共同正犯所研究的问题。所谓"共谋共同正犯"所指的现象是,二人以上共谋实行某种犯罪行为,但只有一部分人基于共同的意思实行了犯罪,没有直接实行犯罪的共谋人与实行了犯罪的人,一起构成所共谋之犯罪的共同正犯。② 本案中,被告人杨永涛参与共谋盗窃后仅参与了第一次盗窃行为,但未直接参与第二次盗窃行为,而第二次盗窃行为却是其提议下形成的盗窃共同故意内容之下的犯罪行为。因此,杨永涛对第二次盗窃行为属于共谋共同正犯。

当然,究竟应否承认共谋共同正犯的概念,在学界还存在诸多争议。本文提及这个概念,仅仅是为了研究案例所用。真正要解决本案例涉及的问题,还必须根据刑法通行理论及刑法条文的规定。刑法第二十五条第一款规定,共同犯罪是指二人以上共同故意犯罪。根据该条规定,我们认为,杨永涛应当对同案被告人的第二次盗窃行为负刑事责任。

(一)被告人杨永涛主观上对实施盗窃犯罪具有概括故意,且同案被告人的盗窃行为在其策划的共同故意范围内

刑法理论中的概括故意,是指行为人明知自己的行为会发生危害社会的结果,但对侵害范围和侵害性质的认识尚不明确,而希望或者放任结果发生的心理态度。概括故意从认识内容上可以分为对行为手段、性质认识不明确的概括故意,对行为对象认识不明确的概括故意和对危害结果认识不明确的概括故意。本案中被告人杨永涛对于第二次盗窃行为的主观故意就属于最后一种,即"对危害结果范围认识不明确的概括故意,行为人故意实施危害行为,明知自己的行为会导致某种危害结果的发生,但对于自己的行为会造成多大的危害结果,波及多少犯罪对象,认识处于不确定状态"。此种主观状态也可以理解为具有犯罪的间接故意,即虽未直接希望并追求危害结果的发生,但是对发生危害后果存在放任的心态。

本案中,杨永涛伙同翟高生等人秘密窃取公司财物,其首先提起犯意,并在盗窃活动中负责组织、策划、窃取、销赃、分赃等工作,系犯罪团伙的重要成员。本案两次盗窃活动是基于概括的故意,行为的时间、地点也具有连续性,构成刑法上的连续犯,虽然杨永涛没有直接参加第二次盗窃,但由于其在被盗公司工作过,对公司产品价值、存放地点、安全保卫等环境较为熟悉,并在实施合谋时将上述情况告诉翟高生等人,故其在第一次盗窃中所起作用十分重要,客观上也为第二次实施盗窃提供了极大的便利,没有其在先的组织策划行为,后一次盗窃行为完成的可能性较小,两次行为具有紧密的联系。因此,杨永涛作为犯意的提出者,能明确认识到其行为会造成他人财物损失的后果,但是对造成多大的损失并不明确,因为具体盗窃的数量、财物总价值是难以在事先确定的,即杨永涛具有对危害结果的范围认识不明确的概括故意。换言之,杨永涛对第二次盗窃行为在主观上是一种放任的心态,属于间接故意。

---

① 张明楷:《刑法学》(第4版),法律出版社2011年版,第363~364页。

② 高铭暄、马克昌主编:《刑法学》(第4版),北京大学出版社、高等教育出版社2010年版,第177页。

（二）被告人杨永涛参与销赃行为系对全部盗窃活动的事后追认

首先，销赃行为是盗窃活动的重要后续行为，虽然属于事后不可罚行为，但销赃数额的多少在一定程度上可以影响量刑的幅度。其次，行为人积极参与销赃表明其主观上具有强烈的非法占有该部分财物的意图，并积极追求该非法利益。最后，积极参与销赃系对全部盗窃活动的一种事后追认，即该行为后果的发生不但不违背其主观意愿，反而得到其默认。本案中，被告人杨永涛在案发次日得知在其离开后，翟高生等人再次返回案发现场实施盗窃的情况后并未提出异议，并且积极联系买主，着手实施销赃，充分表明了其对翟高生等人第二次实施的盗窃行为是认同的，至少主观上并不排斥。

综上，本案中的二次盗窃，均在被告人杨永涛提议形成的共同故意的范围内。并且，共同故意的内容也是盗窃公司摄像头。在共同故意的形成过程中，杨永涛起重要的、关键的作用，甚至支配作用，是犯意的提出者，是整个盗窃活动的组织策划者。除非其在第一次盗窃后，明确提出不再盗窃，仅以第一次盗窃已经得手的财物为限。但是，对第二次盗窃行为，杨永涛不仅没有排斥之意，反而在第二次盗窃得手后负责联系销赃，使盗窃的利益目的得以实现。因此，杨永涛对于翟高生等人的第二次盗窃行为虽没有明确、具体的认识，但该盗窃行为完全包含在其实施盗窃的概括故意之中，而非实行过限行为。

第三种意见认为被告人杨永涛对第二次盗窃行为仅构成掩饰、隐瞒犯罪所得罪。我们认为，该观点难以成立，缺乏对整个盗窃、销赃过程的全局考量。销赃者是构成掩饰、隐瞒犯罪所得罪还是构成上游盗窃犯罪的共同犯罪，两者区分的关键在于，实施销赃的行为人与上游犯罪分子是否存在事前通谋。掩饰、隐瞒犯罪所得、犯罪所得收益罪中的掩饰、隐瞒行为是在上游犯罪既遂后实施的帮助行为，而非共同犯罪中的行为。对于事前与上游犯罪分子通谋，事后销赃的，主观上明知上游犯罪行为人的犯罪内容、危害后果而与其通谋，形成共同的犯罪故意，客观上对上游犯罪分子实施犯罪予以配合，其掩饰、隐瞒行为就成了上游犯罪的共同犯罪行为的组成内容，应当以上游犯罪的共同犯罪论处。2015 年 6 月 1 日起施行的《最高人民法院关于审理掩饰、隐瞒犯罪所得、犯罪所得收益刑事案件适用法律若干问题的解释》第五条已明确规定："事前与盗窃、抢劫、诈骗、抢夺等犯罪分子通谋，掩饰、隐瞒犯罪所得及其产生的收益的，以盗窃、抢劫、诈骗、抢夺等犯罪的共犯论处。"本案中，杨永涛等四人在实施盗窃前进行了共谋和踩点，杨永涛由于曾经在被盗公司工作过，其在策划、组织盗窃的过程中起到了较大的作用，其销赃行为应作为共同盗窃犯罪的一部分行为，应该以盗窃罪的共犯论处，而不能单独认定为掩饰、隐瞒犯罪所得罪。

（三）对被告人杨永涛在量刑时可以适当从轻处罚

公诉机关的量刑建议是判处被告人杨永涛无期徒刑，理由是其系犯罪团伙中的主犯，流窜作案，社会危害性很大，且盗窃数额特别巨大，依法应当判处无期徒刑。法院最终以盗窃罪判处其有期徒刑十五年，比公诉机关的量刑建议低，已综合考虑其犯罪数额、认罪态度、退赃退赔等情节，是较为适当的。

首先，杨永涛系犯罪团伙的主犯，积极参与盗窃活动的组织、策划、实施、销赃、分赃等过程，应当对全部犯罪行为承担刑事责任，依法应当判处十年以上有期徒刑、无期徒刑，但是考虑到其有坦白，部分退赃、退赔等情节，可以从轻处罚，判处有期徒刑有利于保持法院量刑的均衡性和连贯性，为今后遇到数额更大的盗窃犯罪的量刑留有余地。

其次，被告人杨永涛并未亲自参与第二次盗窃犯罪的实施，根据罪责刑相一致原则和宽严相济的刑事政策，作为非实行犯与另三名实行犯在量刑时可作适当区分，尤其是第一被告人翟高生，其犯有数罪，并且在两次盗窃行为中均全程积极谋划并参与，其刑期为无期徒刑。判处第二被告杨永涛有期徒刑十五年能更好地实现量刑均衡,也有助于其息诉服判。

(撰稿:江苏省无锡市中级人民法院 范 凯 诸佳英
审编:最高人民法院刑四庭 陆建红)

[第1215号]张国群等盗窃案

——盗窃案中书法作品价格鉴定意见的审查

【关键词】 盗窃罪 书法作品 价格鉴定意见

一、基本案情

被告人张国群,男,1981年10月10日出生,汉族,初中文化。2015年11月13日被刑事拘留。

被告人易凯,男,1986年10月30日出生,汉族,初中文化。2015年11月12日被刑事拘留。

被告人乐胜,男,1979年6月10日出生,汉族,小学文化。2015年11月12日被刑事拘留。

浙江省湖州市吴兴区人民检察院以被告人张国群、易凯、乐胜犯盗窃罪,向吴兴区人民法院提起公诉。

吴兴区人民法院经审理查明:

2015年8月至9月间,被告人张国群、易凯、乐胜结伙丁文正(另案处理)预谋至湖州市某画廊盗窃字画。2015年10月9日22时,易凯、乐胜驾驶由张国群提供的车辆到达湖州市,10月10日2时许,易凯、乐胜至该画廊,并攀爬至画廊二楼平台,采用"窗口钓鱼"的手段,窃得被害人姚某某所有的书法作品3幅,经鉴定,所窃财物价值人民币223 000元。作案后,3幅书法作品藏匿于张国群位于宁波市梅林大厦的公司内。案发后,被盗3幅书法作品全部由公安机关追缴并发还被害人。

吴兴区人民法院认为,被告人张国群、易凯、乐胜的行为已构成盗窃罪,其中被告人易凯系累犯,依法应当从重处罚;被告人易凯、乐胜有坦白情节,依法可以从轻处罚;被告人张国群能当庭认罪,酌情从轻处罚。依照《中华人民共和国刑法》第二百六十四条、第二十五条第一款、第六十七条第三款、第五十二条、第五十三条之规定,判决如下:

1. 被告人张国群犯盗窃罪,判处有期徒刑五年,并处罚金人民币七万元;
2. 被告人易凯犯盗窃罪,判处有期徒刑五年二个月,并处罚金人民币七万元;
3. 被告人乐胜犯盗窃罪,判处有期徒刑四年十个月,并处罚金人民币七万元。

一审宣判后,被告人张国群及其辩护人提出,公安机关在委托评估时对涉案书法作品的真假没有认定,博物馆专家不具备鉴定涉案书法作品真伪的资质,湖州市价格认证中心没有鉴定书法作品真假的能力和资质,其作出的价格鉴定意见不能作为定罪量刑的依据。在没有确定涉案书法作品真伪的情况下认定盗窃价值是错误的,请求重新鉴定真伪及价格。张国群有立功表现,系从犯,归案后如实交代,有坦白情节,且被窃物品均被追回,社会危害不大,请求从轻处罚。

湖州市人民检察院认为,本案事实清楚,证据确实、充分,一审定罪正确;上诉人张国群的行为不构成立功表现,但可以酌情从轻处罚;上诉人张国群不是从犯;本案被窃书法作品价值人民币12 200元,属数额较大,一审判决量刑畸重,建议二审法院依法改判。

湖州市中级人民法院经审理查明上诉人张国群及原审被告人易凯、乐胜盗窃的事实与一审相同。另查明,上诉人及原审被告人盗窃的3幅书法作品,其中两幅经鉴定,价值人民币12 200元。

湖州市中级人民法院认为,上诉人张国群及原审被告人易凯、乐胜以非法占有为目的,结伙秘密窃取他人财物,数额较大,其行为均已构成盗窃罪,原判定罪正确。二审期间,检察人员提交了被害人姚某某的陈述、证人沈某的证言,以及被害人从拍卖公司拍得本案被窃两幅书法作品的成交确认书、买受人结算清单等书证,并依法委托浙江省文物认定审核办公室、湖州市价格认证中心对本案被窃书法作品进行审核、鉴定,认定本案被窃杨继盛书法作品价值12 000元,蔡元培书法作品价值人民币200元,上述被害人陈述、证人证言、书证与浙江省文物认定审核办公室涉案文物认定评估报告、湖州市价格认证中心价格认定结论书相互印证,足以认定。原判对本案被窃书法作品认定的价值不当,予以纠正。上诉人张国群并未协助司法机关抓捕其他犯罪嫌疑人,其行为依法不构成立功。上诉人张国群为盗窃而纠集人员,并事先预谋、实地踩点、提供作案工具等,依法构成盗窃罪,且在盗窃犯罪中地位、作用明显,不是从犯。原审被告人易凯系累犯,依法应当从重处罚;原审被告人易凯、乐胜有坦白情节,并自愿认罪,依法可以从轻处罚;上诉人张国群能如实交代犯罪事实,可以酌情从轻处罚。根据上诉人、原审被告人犯罪的事实、犯罪的性质、情节和对于社会的危害程度,以及案发后的表现,依照《中华人民共和国刑事诉讼法》第二百二十五条第一款第三项,《中华人民共和国刑法》第二百六十四条、第二十五条第一款、第六十五条第一款、第六十七条第三款、第五十二条、第五十三条之规定,判决如下:

1. 维持原判对上诉人张国群、原审被告人易凯、乐胜的定罪部分,撤销量刑部分。
2. 上诉人张国群犯盗窃罪,判处有期徒刑一年三个月,并处罚金人民币五千元。
3. 原审被告人易凯犯盗窃罪,判处有期徒刑一年四个月,并处罚金人民币五千元。
4. 原审被告人乐胜犯盗窃罪,判处有期徒刑一年,并处罚金人民币五千元。

二、主要问题

如何审查盗窃案件中被窃书法作品的价格鉴定意见?

三、裁判理由

本案涉案的3幅书法作品经同一价格认证机构鉴定出两种不同的价格,且相差较大。一审期间公安机关将书法作品送交湖州市价格认证中心进行价格鉴定,湖州市价格认证中心另聘请湖州市博物馆两位资深馆员对3幅书法作品进行实物勘查,确定一幅为明代杨继盛草书立轴,价值16.5万元;一幅为近代民国蔡元培行书立轴,价值5万元;一幅为现代曾密行书,价值0.8万元,3幅被盗书法作品共计价值22.3万元。二审期间,二审法院将被盗书法作品委托浙江省文物鉴定审核办公室检验,认定其中两幅为赝品,然后委托湖州市价格认证中心进行鉴定,最终确定杨继盛书法作品价值12 000元,蔡元培书法作品价值200元,另有一幅曾密书法作品,因书法作品鉴定专家对真伪提出了不同的意见,故价格认证中心对该书法作品未提出具体的评估价格,被盗书法作品共计价值1.22万元。对于两份相差悬殊的价格鉴定意见,法院应如何审查和采信?

我们认为,二审法院在进一步查清案件事实的基础上采信第二份价格认定意见是妥当的。具体理由如下:

(一)第一份价格鉴定意见存在无法排除的合理怀疑

《最高人民法院关于适用〈中华人民共和国刑事诉讼法〉的解释》(以下简称《刑诉法解释》)第八十七条规定:对案件中的专门性问题需要鉴定,但没有法定司法鉴定机构,或者法律、司法解释规定可以进行检验的,可以指派、聘请有专门知识的人进行检验,检验报告可以作为定罪量刑的参考。对检验报告的审查和认定,参照适用鉴定意见的有关规定。

参照《刑诉法解释》第八十四条的规定，人民法院对价格鉴定意见需要着重审查以下内容：鉴定机构和鉴定人是否具有法定资质；鉴定人是否存在应当回避的情形；检材的来源、取得、保管、送检是否符合法律、有关规定，与相关提取笔录、扣押物品清单等记载的内容是否相符，检材是否充足、可靠；鉴定的过程和方法是否符合相关专业的规范要求；鉴定意见与勘验、检查笔录及相关照片等其他证据是否矛盾，等等。1997 年国家计划委员会、最高人民法院、最高人民检察院、公安部联合发布的《扣押、追缴、没收物品估价管理办法》（以下简称《估价管理办法》）第六条也规定："价格事务所出具的扣押、追缴、没收物品估价鉴定结论，经人民法院、人民检察院、公安机关确认，可以作为办理案件的依据。"据此，人民法院在审理案件期间应当对价格鉴定意见进行内容和形式的全面审查。

本案被害人姚某某在失窃后即向公安机关报案，称被窃 3 幅书法作品，其中一幅是蔡元培所作的书法作品，2013 年 6 月 17 日在北京都市联盟国际拍卖公司以 8 万元左右的价格购入；一幅是明代杨继盛所作的书法作品，2004 年在天津西洋美术馆以 16.5 万元的价格购入，报案时一并将这两幅书法作品的网上拍卖记录提供给公安机关；还有一幅是曾密所作的书法作品，是 2010 年曾密送给其的，其称现价值 1.5 万元。一审审理期间，由于被告人和辩护人均对价格鉴定意见提出异议，一审法院就被窃书法作品再次询问了被害人。被害人姚某某陈述：杨继盛的书法作品是其于 2013 年 1 月 20 日以 1.38 万元的价格从北京保利国际拍卖有限公司拍得；蔡元培的书法作品是其于 2010 年以 1.68 万元的价格从北京保利国际拍卖有限公司拍得。之前向公安机关报案所说的情况，是为了尽快破案，其从网上搜到相关拍卖记录后直接提供给公安机关，实际情况以后次所说为准。

一审法院最终仍采信价格认证中心出具的价格鉴定意见，认为被告人盗窃书法作品价值人民币 22.3 万元，并据此作出一审判决。但该价格鉴定意见有以下疑问：(1)失主陈述购买杨继盛书法作品价格为 16.5 万元，价格鉴定意见书也认定价值为 16.5 万元，而失主后又改口称购买价为 1.38 万元；失主陈述购买蔡元培书法作品价格为 8 万元，价格鉴定意见书认定价值为 5 万元，后失主又改口称购买价为 1.68 万元。失主到底以何种价格购得该书法作品不清。(2)失主陈述杨继盛、蔡元培书法作品为拍卖所得，但没有相应的书面证据予以印证；失主原陈述曾密书法作品系曾密所送，后又改口称是朋友赠送。该书法作品的来源不清。(3)被窃的 3 幅书法作品，均悬挂于画廊二楼窗边，一般来说，贵重书法作品悬挂于墙上不利于书法作品的保存，失主的保存方式不符合书法作品的身价。

（二）送交价格鉴定前应查清被窃物品的基本事实及确定真伪

根据《最高人民法院、最高人民检察院关于办理盗窃刑事案件适用法律若干问题的解释》第四条第一款的规定，被盗财物有有效价格证明的，根据有效价格证明认定；无有效价格证明，或者根据价格证明认定盗窃数额明显不合理的，应当按照有关规定委托估价机构估价。因此，书法作品的来源和购买价格直接关系到该作品的价值。

本案失主对书法作品的购买价格和来源的陈述前后矛盾，且没有相关书面材料证实买入价格，因此有必要对书法作品购买的价格和来源进行调查，从而为正确确定价值提供依据。在二审期间，公安机关对失主又进行了询问，并到北京的拍卖机构调取相应的拍卖凭证，通过一系列的调查和核实查明：杨继盛草书系失主儿子姚天某于 2014 年 11 月 8 日在北京印千山国际拍卖有限公司以总成交价 19 040 元买受，2016 年 4 月 15 日，姚天某委托中国嘉德国际拍卖有限公司拍卖该作品，保留价为 3 000 元，因无人举牌，遂以失主姚某某的另一个儿子沈某名义在拍卖会上以 3 450元的价格拍得；蔡元培行书五言联则是失主姚某某于 2010 年 3 月 24 日在北京保利国际拍卖有限公司以总成交价 16 800 元买受。

从实践来看,一些案件中的涉案财物真伪显而易见,无须进行真伪、质量、技术检测,但金银珠宝、文物、书法作品、艺术品、奢侈品、钟表、香烟等物品则不同,存在赝品、假货可能性较大。因此,《估价管理办法》第二十条规定,价格事务所对委托估价的文物、邮票、字画、贵重金银、珠宝及其制品等特殊物品,应当送有关专业部门作出技术、质量鉴定后,根据其提供的有关依据,作出估价结论。国家发展和改革委员会价格认证中心印发的《被盗财物价格认定规则(试行)》第八条第三项亦规定,被盗财物为字画、珠宝玉石、文物等需要进行质量、真伪等检测的,应结合办案机关提供的检测报告或认定意见,对作者、创作年代、作品质量、历史价值、尺寸或重量、品相、材质、颜色、净度和配件等进行勘验。从以上规定可以看出,确定被窃书法作品的价值,应当先进行真伪、质量、技术检测,再由价格鉴定机关作出鉴定意见。

本案中,二审法院将被盗书法作品委托浙江省文物鉴定审核办公室鉴定,确认其中一幅为清仿明杨继盛草书七绝诗轴(一般文物),一幅为现代仿民国蔡元培行书节《峤雅》五律诗轴(非文物)。也就是说,被窃的 3 幅书法作品中,有两幅明确为赝品,另有一幅曾密书法作品,因侦查机关无法提供真假的相关证明,而 3 名书法作品鉴定专家也对真伪提出了不同的意见,故无法认定真伪。

(三)不能简单以市场法对被窃书法作品进行估价

《被盗财物价格认定规则(试行)》第十一条规定,被盗财物价格认定常用方法有市场法、成本法、专家咨询法等。根据价格认定目的,被盗财物类别、状态、价格类型、可以采集的数据和信息资料情况、工作时限等因素,选择一种或几种价格认定方法。采用多种认定方法时,应综合考虑不同方法的测算思路和参数来源,分析每种方法对应结果的市场合理性,最终确定价格认定结论。该文件第十四条规定,被盗财物属性特殊、专业性强,难以采用市场法和成本法时,可采用专家咨询法。在运用市场法和成本法过程中咨询有关专家的,不属于专家咨询法。

本案第一次委托鉴定时,价格认证中心采用市场法,根据委托单位提供的有关资料,确定鉴定物品的品名、规格型号、数量。通过市场调查和咨询,结合鉴定基准日湖州地区市场价格水平,确定鉴定物品的价格。而在第二次委托认定时,因考虑到书法作品价值的特殊性,特别是在本案存在赝品的情况下,为准确确定价值,价格认证中心还委托 3 名书法作品鉴定专家分别验画,分别提出书法作品的价格,作为鉴定的参考,最终确定杨继盛书法作品价值 12 000 元,蔡元培书法作品价值 200 元。另有一幅曾密书法作品,因无法辨别真伪,价格认证中心对该书法作品未提出具体的评估价格。在价格认证中心没有具体评估价格的情况下,本着有利于被告人的原则,该幅曾密书法作品未计入被告人的盗窃数额之内。

(四)再次委托湖州市价格认证中心进行鉴定符合相关规定

《估价管理办法》第五条规定,国务院及地方人民政府价格部门是扣押、追缴、没收物品估价工作的主管部门,其设立的价格事务所是各级人民法院、人民检察院、公安机关指定的扣押、追缴、没收物品估价机构,其他任何机构或者个人不得对扣押、追缴、没收物品估价。第十五条规定,委托机关对价格事务所出具的鉴定结论书有异议的,可以向原估价机构要求补充鉴定或者重新鉴定,也可以直接委托上级价格部门设立的价格事务所复核或者重新估价。

从上述规定来看,湖州市价格认证中心具有涉案物品价格鉴定资质,公安机关委托湖州市价格认证中心对涉案书法作品进行价格鉴定是没有问题的。二审期间辩方申请重新鉴定,二审法院根据本案的证据,在对原鉴定意见存疑的情况下,委托湖州市价格认证中心进行再次鉴定,也符合相关规定。

综上，在窃取书法作品的案件中，司法机关应当依法对价格鉴定意见进行审查，在查明书法作品来源、购买价格等基础事实的前提下，委托专业部门作出作品真伪的认定后，再由价格认证中心出具价格鉴定意见。本案中，二审法院采信第二份价格鉴定意见，并据此对各被告人分别改判有期徒刑一年至一年四个月是适当的。

（撰稿：浙江省湖州市中级人民法院　陈克娥　沈怡侃
审编：最高人民法院刑四庭　陆建红）

[第1277号]许赞良、汤焯杰盗窃案
——内外勾结获取电信公司内部免费宽带账户后转卖，构成何种罪名

【关键词】 盗窃罪　财产性价值　占有　牵连犯　职务廉洁性

一、基本案情

被告人许赞良，男，1979年7月29日出生。2014年12月24日被逮捕。

被告人汤焯杰，男，1981年7月9日出生。2014年12月24日被逮捕。

广州市越秀区人民检察院以被告人许赞良、汤焯杰犯盗窃罪，向广州市越秀区人民法院提起公诉。

广州市越秀区人民法院经公开审理查明：被告人汤焯杰系中国电信公司员工，其工作职责是在网络监控中心负责技术维护，即发现和处理电信网络故障，保障网络正常运行，不具有管理、经手公司内部宽带的职责，也不具有解绑公司内部宽带账户的权力。2014年5月至9月间，被告人汤焯杰与许赞良合伙通过盗取中国电信内部宽带账号后出售牟利。汤焯杰利用其在中国电信股份有限公司广州分公司的工作便利，负责侵入中国电信业务系统，通过解除宽带账号和设备端口的绑定等手段，盗取中国电信内部宽带账号19个（共价值人民币67 090元），后由许赞良负责向社会高价出售牟利。另查，公安机关在许赞良家中查获被盗取的中国电信宽带账号2个，共价值人民币26 730元。

广州市越秀区人民法院认为，被告人许赞良、汤焯杰以非法占有为目的，采用秘密窃取的方法，窃取国有企业财物，数额较大，其行为均已构成盗窃罪。根据二被告人的具体犯罪行为、危害后果、认罪态度等情节，依照《中华人民共和国刑法》第二百六十四条、第二十五条第一款、第五十三条、第六十四条之规定，判决如下：被告人许赞良犯盗窃罪，判处有期徒刑二年六个月，并处罚金人民币五万元；被告人汤焯杰犯盗窃罪，判处有期徒刑二年，并处罚金人民币五万元。

一审宣判后，被告人许赞良、汤焯杰不服该判决，上诉至广州市中级人民法院。

广州市中级人民法院于2016年10月8日裁定驳回上诉，维持原判。

二、主要问题

1. 公司员工勾结外人非法获取的内部免费宽带账号是否具有财产性价值？

2. 如果构成犯罪，被告人是构成非法获取计算机信息系统数据、非法控制计算机信息系统罪，还是职务侵占罪，抑或是盗窃罪？

三、裁判理由

在本案的审理过程中，对于本案是否构成犯罪以及构成何种罪，合议庭产生了四种不同意

见:第一种意见认为,涉案的宽带账户不具有价值,中国电信被盗的 19 个宽带账户原本就是供内部人员免费使用,不能向公众出售,被盗取后也没有对中国电信造成损害,因此被告人的行为不构成犯罪。第二种意见认为,被告人非法入侵中国电信业务支撑系统,通过解除宽带账号和设备端口的绑定等手段盗取中国电信内部宽带账号,已经形成了对中国电信内部网络系统的非法控制,本案应以非法获取计算机信息系统数据、非法控制计算机信息系统罪定罪。第三种意见认为,被告人汤焯杰盗取中国电信内部宽带账号 19 个,是利用职务上的便利,将本单位的财产占为己有,本案应以职务侵占罪定罪。第四种意见认为,被告人汤焯杰采用秘密的方式,窃取了被害公司具有经济价值的无形财产,直接侵犯了企业的财产所有权,本案应以盗窃罪定罪。

我们同意第四种意见,理由是:

(一)电信公司内部免费宽带账号具有财产性价值,非法获取并转卖的构成侵犯财产类犯罪

宽带账号虽然看似只是一个用户名和密码的组合,并不具有价值,但其实际对应的是上网产生的流量费用的结算。换言之,宽带账号不是一个简单的保险箱钥匙,而是整个保险箱以及里面的财产。流量如同生活中的水、电等,是一种无形财产,其生成是有成本的,使用也是有偿的,因此,宽带账号是具有价值的。中国电信内部免费宽带账号与市场上有价宽带账号一样,能够带来上网流量。获得了电信公司内部的账号,也就获得了账号所对应的流量。中国电信原本负担的是其内部员工使用宽带账户产生的流量费用,在宽带账号被盗后,其额外负担了被告人出租给他人使用的宽带账户所产生的流量费用,而他人使用上述流量本应向中国电信支付费用。本案中,有人向被告人购买这种内部账号也印证了该账号的财产性价值。因此,被告人用非法手段获得中国电信内部的宽带账号,直接侵犯了国有企业的财产所有权,构成犯罪。

(二)职务侵占罪和盗窃罪的核心区别在于是否利用职务上的便利

一般情况下,盗窃罪和职务侵占罪界限较容易分清,但涉及公司内部员工参与作案的,二者的界限很容易混淆。我们认为,可以从以下几点进行区分:

1. 从行为人在实施犯罪行为前是否合法“占有”财物进行区分,职务侵占罪的行为人在犯罪前已经合法占有财物,盗窃罪则没有。

根据刑法第二百七十一条关于职务侵占罪的规定,利用职务上的便利是指利用自身的职权,或者利用自身因执行职务而获取的主管、管理、经手本单位财物的便利条件。所谓主管,是指行为人在一定范围内拥有调配、处置本单位财产的权力;所谓管理,是指行为人对本单位财物直接负有保管、处理、使用的职责,亦即对本单位财产具有一定的处分权;所谓经手,是指行为人虽然不负有主管或者管理本单位财物的职责,但因工作需要而在特定的时间、空间内实际控制本单位财物。概括来说,也即行为人实施犯罪行为之前,基于其工作职责本身就能在一定程度上合法“占有”该财物,其实施犯罪行为只是将合法占有变为非法占有。

而在盗窃罪中,行为人本身并不合法占有涉案财物,相较职务侵占罪,盗窃罪除了手段的非法性外,还多了一个转移占有的要件。如果行为人本身已经合法地占有财物,则其行为不应定性为盗窃罪,而是职务侵占罪或侵占罪。

2. 从行为人的工作职责进行区分,职务侵占罪的行为人具有主管、管理、经手财物的职责,盗窃罪的行为人则不具有上述职责。主管、管理、经手公司财物的职责,简单地说,就是具有“占有”财物的职责。在一些小微企业中,因为员工数量极少,员工之间的职责界限并不明晰,较难分清行为人是否具有合法“占有”财物的职责。但在现代化公司制度下,像中国电信股份有限公司这样的企业,其内部部门众多,岗位职责分明,员工各司其职,可根据其职位和实际工作性质辨析其是否具有合法“占有”财物的职责。

本案中,被告人汤焯杰的工作职责是在网络监控中心负责技术维护,也就是发现和处理电信网络故障,保障网络正常运行。汤焯杰并不具有主管、管理、经手公司内部宽带账号的职责,也不具有解绑公司内部宽带账号的权力,其与占有的单位宽带账号没有职责上的权限或直接关联。也就是说,汤焯杰并不具备职务侵占罪的前提性条件,即不具备基于工作职责合法占有内部免费宽带账号的权限。

若员工不具有合法"占有"财物的职权,只是利用工作所带来的能够接触到财物的便利,则不构成职务侵占罪。公司内部员工,除了基于职权直接主管、管理、经手本单位财物的之外,其他一些员工虽然不具有这些职权,但由于自身工作的原因,相对于公司外部的人更熟悉作案环境或者比较容易接触到他人主管、管理、经手的本单位财物,那么上述所形成的便利条件应该属于工作便利,而非职务便利。行为人单独或与外人勾结共同实施非法占有他人主管、管理、经手的本单位财物,则构成盗窃罪。

本案中,被告人汤焯杰只是利用了自己作为网络维修人员的技术以及易于进入公司计算机系统的工作便利,私自进入公司机房使用其本人的账号在163后台未经公司同意进行违规操作,这一违规行为与其职责没有关联,虽然其利用员工身份才方便进入机房违规操作,但本质上还是一种秘密窃取的手段,只不过其利用工作所带来的便利条件更容易实施该犯罪行为,因此构成盗窃罪。

3. 职务侵占罪与盗窃罪的客体不同,职务侵占罪还侵犯了职务的廉洁性。职务侵占罪既侵犯了单位的财产权利,也侵犯了单位人员的职务廉洁性。盗窃罪所侵犯的法益仅为他人财产权利。本案中,被告人利用了自己作为网络维修人员的技术以及易于进入公司计算机系统的工作便利对宽带账号解绑,并没有侵犯职务的廉洁性,其行为应认定为盗窃罪。

(三)非法侵入计算机系统与盗窃是手段与目的关系,属于牵连犯

被告人非法入侵中国电信业务支撑系统,对中国电信内部网络系统进行非法控制的目的是将中国电信内部宽带账号解绑后出租给他人,被告人的手段行为与目的行为分别触犯了不同罪名,成立牵连犯。刑法理论上一般认为,对牵连犯应从一重罪处罚,在本案中,盗窃罪与非法获取计算机信息系统数据、非法控制计算机信息系统罪量刑相当,目的行为吸收手段行为,对被告人应以盗窃罪论处。

综上,被告人以非法占有为目的,秘密窃取中国电信公司具有经济价值的无形财产,数额较大,其行为已构成盗窃罪。原审法院对二被告人以盗窃罪定罪量刑是正确的。

(撰写:广东省广州市越秀区人民法院　黄　莹　郭榕榕
审编:最高人民法院刑三庭　周　川)

[第1302号]郗菲菲、李超、蒋超超、林恺盗窃案

——"供犯罪所用的本人财物"的司法认定

【关键词】 盗窃罪　作案工具　设定抵押　相当性原则

一、基本案情

被告人郗菲菲,男,1988年12月28日出生。2015年9月22日因犯盗窃罪被判处有期徒刑

十个月,并处罚金人民币八千元,2016 年 4 月 22 日刑满释放。2017 年 1 月 6 日因本案被逮捕。

被告人李超,男,1989 年 6 月 7 日出生。2017 年 1 月 6 日被逮捕。

被告人蒋超超,又名蒋钊,男,1986 年 2 月 23 日出生。2017 年 1 月 6 日被逮捕。

被告人林恺,男,1989 年 12 月 5 日出生。2017 年 1 月 6 日被逮捕。

陕西省西安市长安区人民检察院指控被告人郗菲菲、李超、蒋超超、林恺犯盗窃罪,向西安市长安区人民法院提起公诉。

被告人郗菲菲、李超、蒋超超对公诉机关指控的犯罪事实和罪名无异议,被告人林恺除辩解其未参与检察机关指控的第一宗盗窃外,对其余犯罪事实和罪名无异议。

西安市长安区人民法院经审理查明:2016 年 11 月 10 日 17 时许,经预谋,被告人林恺驾驶陕 A8××××轿车载被告人郗菲菲、李超前往西安市长安区下北良村忆青春网吧伺机盗窃手机。郗菲菲、李超进入网吧,林恺驾车在外接应。李超在网吧内望风,郗菲菲使用铁丝制成的钩状工具盗走被害人郭某放置于电脑桌上的苹果 7PLUS 手机 1 部,三人驾车逃离现场。后三人又于 11 月 14 日 21 时许、22 日 17 时许,采取上述相同方式先后在西安市雁塔区青松路尚 MISS 网咖、西安市经济技术开发区红树林网吧,分别盗窃被害人张某、被害人雷某放置于电脑桌上的苹果 6S、OPPO R9 手机各 1 部。以上手机价值共计 9 041 元。

2016 年 11 月 18 日 17 时许、20 时许、25 日 19 时许、29 日 17 时许,经预谋,被告人蒋超超驾驶其所有的陕 AZ××××轿车载被告人郗菲菲、李超先后前往西安市灞桥区西航花园社区冒险岛网咖、西安市未央区新房村本都网吧、西安市高陵区大时代网吧、华阴市现代商城自由空间网吧伺机盗窃手机。郗菲菲、李超进入网吧,蒋超超驾车在外接应。李超在网吧内望风,郗菲菲趁被害人不备或使用铁丝制成的钩状工具分别盗窃被害人余某、宋某、任某、孟某放置在电脑桌上的苹果 6S、OPPO R9、VIVO X7PLUS、OPPO R9PLUS 手机各 1 部,价值共计 12 097 元。

以上手机销赃后所得赃款由上述被告人分赃后挥霍。综上,被告人郗菲菲、李超参与盗窃 7 次,价值 21 138 元;被告人蒋超超参与盗窃 4 次,价值 12 097 元;被告人林恺参与盗窃 3 次,价值 9 041元。

西安市长安区人民法院经审理认为,被告人郗菲菲、李超、蒋超超、林恺以非法占有为目的,结伙多次秘密窃取他人财物,数额较大,其行为均已构成盗窃罪。郗菲菲系累犯,应当从重处罚。林恺参与第一宗盗窃,有郗菲菲、李超的供词,其在公安机关也予以供认,故对其相关辩解意见不予采纳。各被告人有坦白情节,依法可从轻处罚。据此,依照《中华人民共和国刑法》第二百六十四条、第二十五条第一款、第六十四条、第六十五条、第六十七条第三款之规定,判决如下:

1. 被告人郗菲菲犯盗窃罪,判处有期徒刑二年,并处罚金人民币一万八千元;被告人李超犯盗窃罪,判处有期徒刑一年八个月,并处罚金人民币一万五千元;被告人蒋超超犯盗窃罪,判处有期徒刑一年一个月,并处罚金人民币九千元;被告人林恺犯盗窃罪,判处有期徒刑一年,并处罚金人民币八千元。

2. 责令被告人郗菲菲、李超、林恺、蒋超超退赔被害人郭某等人经济损失。

3. 对被告人郗菲菲、李超、林恺、蒋超超的非法所得继续追缴。

4. 涉案车辆陕 A8××××轿车、陕 AZ××××轿车依法予以没收,由西安市公安局长安分局上缴国库;作案工具铁丝钩两根、手套一个,予以没收。

一审宣判后,被告人蒋超超、林恺不服,提起上诉,认为一审将其贷款购买的车辆予以没收不当,并提交了车辆贷款购买合同等证据材料。

西安市中级人民法院经审理后认为,上诉人蒋超超、林恺及原审被告人郗菲菲、李超以非法占有为目的，多次结伙盗窃他人财物，数额巨大，其行为均构成盗窃罪，依法应予惩处。但蒋超超、林恺名下车辆不应作为供犯罪所用的本人物品予以没收，蒋超超、林恺的上诉理由成立，予以采纳。原审判决认定事实清楚，证据确实、充分，定罪准确，量刑适当，审判程序合法，唯判决没收陕A8××××、陕AZ××××轿车不当，依法应予纠正。依照2012年《中华人民共和国刑事诉讼法》第二百二十五条第一款第一项、第二项以及《中华人民共和国刑法》第二百六十四条、第二十五条、第二十六条、第二十七条、第六十四条、第六十五条、第六十七条第三款之规定，判决如下：

1. 维持西安市长安区人民法院(2017)陕0116刑初296号刑事判决书第一项、第二项、第三项。

2. 撤销陕西省西安市长安区人民法院(2017)陕0116刑初296号刑事判决书第四项，即涉案车辆陕A8××××、陕AZ××××轿车依法予以没收，由西安市公安局长安分局予以执行，上缴国库；作案工具铁丝钩两根、手套一个，予以没收。

3. 作案工具铁丝钩两根、手套一个，予以没收。

二、主要问题

《刑法》第六十四条规定的“供犯罪所用的本人财物”如何认定？

三、裁判理由

《刑法》第六十四条规定，违禁品和供犯罪所用的本人财物，应当予以没收。但对于何谓“供犯罪所用的本人财物”，没有明确规定，理论界和司法实践中存在认识分歧，尤其是对于非直接或非专门用于犯罪的财物、设定了他人民事权利的财物等如何认定、处理尚不统一。具体到本案，对于被告人蒋超超、林恺在盗窃犯罪实施过程中驾驶的陕A8××××、陕AZ××××轿车是否应认定为《刑法》第六十四条规定的“供犯罪所用的本人财物”，继而判决予以没收，在本案一、二审审理中形成以下两种不同意见：

第一种意见认为，被告人蒋超超、林恺在盗窃犯罪中分别驾驶陕A8××××、陕AZ××××轿车多次载被告人郗菲菲、李超到网吧实施盗窃，并在盗窃完成后作为逃离工具，应认定为“供犯罪所用本人财物”。

第二种意见认为，被告人蒋超超、林恺在盗窃犯罪中驾驶的陕A8××××、陕AZ××××轿车虽然起到了载人到达和逃离犯罪现场的工具作用，但该车之上设定有其他合法抵押权，且该车并非蒋超超、林恺为盗窃犯罪而购买，根据二被告人的罪行，如果对其车辆予以没收，和第一、第二被告人相比会产生明显惩罚失衡。

我们赞同第二种意见，理由如下：

对《刑法》第六十四条规定的应当予以没收的“供犯罪所用的本人财物”，应结合财物与犯罪的关联程度、是否损害他人合法民事权利等因素，综合衡量财物价值与犯罪情节的相当性作出认定。

（一）“供犯罪所用的财物”应是与犯罪有经常性或密切性联系，对犯罪实施具有重要作用的财物

对于“供犯罪所用”的理解认识，按照文义解释方法，即为犯罪而使用的财物。从广义范围而言，所有在犯罪预备、犯罪实行过程中使用的与犯罪有联系的财物都包含在上述范围。照此逻辑，犯罪中被告人实际使用的与犯罪没有必然联系的生活必需品或日常用品，如穿着的衣服、鞋袜也都属于“供犯罪所用”，如果予以没收，显然有违常情常理，会引发法律评价与社会经验的冲突问题。按照法律解释方法理论，在文义解释出现问题时，就需要采用文理解释方法，从立法本意和法律精神去把握条文的内涵和外延。《刑法》之所以规定将“供犯罪所用的财物”予以没收，主要目的是特殊预防、剥夺被告人再犯能力，当然实际上也会产生一定惩罚效果。基于对没收

“供犯罪所用的财物”这一行为目的、性质的分析,因而在认定“供犯罪所用的财物”时主要应从财物与犯罪的关联性方面去把握,需要考量财物对于犯罪的作用大小、联系紧密程度等因素。对于专门用于犯罪的财物应认定为“供犯罪所用”没有争议。对于非专门用于犯罪的财物,可从以下两个方面去判断:

第一,财物与犯罪应该存在直接或者密切联系。所谓直接联系就是该财物对犯罪行为或结果的发生起到决定或者直接作用,或者说该财物是实施或者完成犯罪行为的必要条件或重要条件,比如在运输毒品犯罪中的轿车,就与犯罪有着直接联系;所谓密切联系,即财物和犯罪存在经常性的联系,财物经常用于犯罪,反复使用。

第二,被告人有将财物用于犯罪的主观认识。《刑法》第六十四条虽未限定没收“供犯罪所用的本人财物”必须发生在故意犯罪中,但从文义解释来看,“供犯罪所用”是被告人在主观上对财物用于犯罪有明确的认识,继而积极主动地在犯罪中使用该财物。由于过失犯罪中,被告人对犯罪实施缺乏主动性,对犯罪目的实现也没有积极追求,对于财物在犯罪中的使用缺乏主动性和明确认识,故所涉财物不属于应当没收的情形。

本案中,被告人蒋超超、林恺的轿车的主要用途为家庭生活和工作,没有连续性或者长期性用于实施盗窃犯罪,故不属于专门用于犯罪的财物。同时,该轿车只是交通工具,并非盗窃犯罪实施的必要条件或者重要条件,故不应认定为“供犯罪所用”。

(二)没收的财物应为本人所有且予以没收对第三人的合法权利不会构成损害

按照文义解释,“本人财物”就是指被告人进行犯罪活动所使用的属于其本人所有的财物。但随着经济社会的快速发展,财产流转日益频繁,权利主体多元化,权利内容呈现多层次性和交叉性。一个财物可能同时存在叠加的多项权利。因此,在作出没收供犯罪所用的本人财物判决时,仅审查被告人本人是否对该财物具有所有权尚不全面。对“本人财物”的认定,不仅要对被告人是否具有所有权进行审查,还应注意予以没收是否会损害第三人合法权利。

本案中,被告人蒋超超、林恺的轿车涉及夫妻财产共有关系和银行的抵押权,如果刑事判决不顾上述情况简单予以没收,割裂了刑民关系,必然侵害合法民事权利,有损法律的统一性和严肃性。

(三)应坚持相当性原则衡量拟没收财物的价值是否与犯罪的危害性相当

对“供犯罪所用的财物”予以没收,虽然不属于我国《刑法》所规定的法定刑罚种类,但并不能否定其所具有的惩罚性效果。因此,在认定是否属于应当没收的“供犯罪所用的财物”时,应坚持相当性原则,根据罪刑相一致的基本原则进行衡量,如果拟没收的财物价值明显超过犯罪危害性质和危害程度所对应的应受惩罚程度,说明没收会与社会基本认知和普遍价值判断产生冲突,反向证明没收的不合理。

具体到本案,被告人蒋超超、林恺盗窃犯罪数额分别为 9 000 余元和 1 万余元,判处的刑罚分别为有期徒刑一年一个月、一年,并处罚金分别为 9 000 元、8 000 元,如对价值数倍于犯罪数额和罚金标准的轿车予以没收,实际上变相加重了对蒋超超、林恺的惩罚,与比其二人罪行更为严重的其他被告人相比,会出现刑罚失衡问题。

因此,综合以上三个方面的因素,二审法院对一审判决中的没收轿车部分进行了改判,决定对被告人蒋超超、林恺的轿车不予没收,是正确、合理的。

(撰稿:陕西省高级人民法院　王琪轩
审编:最高人民法院刑二庭　韩维中)

[第1303号]潘平盗窃案

——取保候审期间脱逃又主动投案并如实供述罪行的，不能认定为自首

【关键词】 盗窃罪 取保候审 自首

一、基本案情

被告人潘平，男，1993年6月10日出生，农民。2012年5月22日因涉嫌犯盗窃罪被取保候审，2014年3月4日被逮捕。

浙江省临安市人民检察院（现浙江省杭州市临安区人民检察院，下同）以被告人潘平犯盗窃罪，向浙江省临安市人民法院（现浙江省杭州市临安区人民法院，下同）提起公诉。

浙江省临安市人民法院经审理查明：

2012年5月9日至5月13日，被告人潘平伙同吴胜（已判刑）等人在浙江省杭州市余杭区、临安市青山湖街道，采用工具撬锁、搭线发车等手段盗窃作案3起，窃得摩托车4辆，共计价值人民币10 700元。

2012年5月13日，被告人潘平被公安机关抓获归案。因其需要就医治疗被取保候审。后潘平在取保候审期间脱逃，经公安机关多次传讯未到案，后于2014年3月4日向临安市公安局投案。

浙江省临安市人民法院认为，被告人潘平以非法占有为目的，采取秘密手段多次窃取公私财物，数额较大，其行为已构成盗窃罪。潘平在犯罪以后被采取取保候审强制措施期间逃跑，再向公安机关投案，不符合《刑法》关于自动投案的构成条件，不成立自首。潘平归案后能如实供述自己的罪行，依法予以从轻处罚。依照《中华人民共和国刑法》第二百六十四条、第二十五条第一款、第六十七条第三款、第五十二条、第五十三条、第六十四条之规定，以盗窃罪判处被告人潘平有期徒刑六个月，并处罚金人民币一千元。

宣判后，被告人潘平未提出上诉，公诉机关亦未抗诉，判决已发生法律效力。

二、主要问题

取保候审期间脱逃后又主动投案并如实供述罪行的，能否认定为自首？

三、裁判理由

取保候审期间脱逃后又主动投案并如实供述罪行的，能否认定为自首，关键是如何认定“自动投案”情节，对此存在两种不同意见：

第一种意见认为，对该情形应认定为自动投案。主要理由有：一是犯罪嫌疑人归案是其本人自愿，符合自动投案的本质属性；二是犯罪嫌疑人归案兼具履行取保期间报到归案义务和自动投案的双重属性；三是不认定为自首，会断绝这类犯罪嫌疑人认罪悔过的自新之路，人为增大司法成本，与自首制度立法宗旨相悖。

第二种意见认为，对该情形应不应认定为自动投案。主要理由有：一是上述情形不符合《刑法》关于自动投案的构成要件，犯罪嫌疑人最初的归案情节已经将其自动投案予以否定，其自首的前提条件已经被阻断；二是与自首制度的价值相冲突，如果该情形被认定为自首并予以从轻或减轻处罚，将存在鼓励已经归案的犯罪嫌疑人为获得自首利益而脱逃的隐患。

我们同意第二种意见。理由是：

（一）犯罪嫌疑人被取保候审期间逃跑后又投案的，不符合《刑法》关于自动投案的成立条件

1. 犯罪嫌疑人在取保候审期间逃跑，逃避侦查，不具备成立自首情节要求的自动性

自动性不仅要求行为人出于本人的意志将自己的人身置于司法机关的控制之下接受审查、制裁，还意味着犯罪嫌疑人的投案应当只针对其犯罪行为本身，而不涉及对其他行为或情节的评价。首先，虽然1998年《最高人民法院关于处理自首和立功具体应用法律若干问题的解释》（以下简称《解释》）第一条规定，并非出于犯罪嫌疑人主动，而是经亲友规劝、陪同投案的；公安机关通知犯罪嫌疑人的亲友，或者亲友主动报案后，将犯罪嫌疑人送去投案的，也应当视为自动投案。但"陪首"和"送首"也是在犯罪嫌疑人同意或者默许接受司法机关制裁的情况下，才能成立。本案中，被告人在取保候审期间脱逃，表明其不愿意接受司法机关的制裁，不能体现其悔罪态度，不符合自首构成要件中"自动性"的要求。其次，《刑法》中的"自动投案"是具体而非抽象的判断，必须结合具体行为加以解释。本案中，被告人潘平的自动投案不完全是针对其盗窃犯罪行为，而是包括对其逃跑行为所产生后果的事后补救。如果犯罪嫌疑人不是在取保候审期间脱逃，而是在被公安机关羁押期间逃跑并构成脱逃罪的，那么其之后的投案可以评价为对脱逃罪构成自首。但对于之前的犯罪，则不再构成自首。

2. 逃跑后再次投案的，不符合成立自首所要求的自动投案

首先，《刑法》上的自动投案有时间限制。《刑法》第六十七条规定："犯罪以后自动投案，如实供述自己的罪行的，是自首。"《解释》第一条第一项规定的"自动投案"，是指犯罪事实或者犯罪嫌疑人未被司法机关发觉，或者虽被发觉，但犯罪嫌疑人尚未受到讯问、未被采取强制措施时，主动、直接向公安机关、人民检察院或者人民法院投案。根据该规定，自动投案的时间应在犯罪以后、被采取强制措施之前。本案中，被告人潘平已经接受讯问并被采取强制措施，属于已经归案，此后再次潜逃，即使其又主动归案，只能被视为对不履行取保候审义务的弥补，并不符合自动投案的时间要求。

其次，自动投案与如实供述不同。是否如实供述，法律允许犯罪嫌疑人有所反复，但是否自动投案应是一次性判断，具有不可逆性。如果将犯罪以后已经归案又脱逃的状态等同于一直未归案，将会使自动投案的成立时间过于宽泛，认定标准随时可能发生变化，从而造成司法适用的混乱。

3. 认定被告人潘平不属于"自动投案"与《解释》的规定并不矛盾

有观点认为，根据《解释》第一条第二项中关于"犯罪后逃跑，在被通缉、追捕过程中，主动投案的，应当视为自动投案"的规定，犯罪嫌疑人归案后逃跑又投案的，也应当视为"自动投案"。我们认为，这种理解不当地扩大了自首的认定范围。上述规定针对的是犯罪后始终未被抓捕归案的在逃犯罪人员主动投案的情形。所谓归案，是指犯罪嫌疑人被置于司法机关的控制之下，人身自由受到限制的情形。本案中，被告人潘平不属于"犯罪后逃跑"的情形，而是在被采取强制措施后逃跑，因而不适用《解释》中的此项规定。

（二）将取保候审期间逃跑后又投案的情形认定为"自动投案"，不符合自首制度的价值导向

虽然刑法实现保护法益机能的主要方式是依靠国家强制力主动打击犯罪，但犯罪嫌疑人主动归案、投案自首，能够节省有限的司法资源，减少社会不安定因素，因而无论从节约司法成本的角度还是从罪责刑相适应的角度，自首都具有重要的价值。

从节省司法成本的角度考察，被采取强制措施期间脱逃后又投案并没有节约司法资源，反而会耗费更多的司法资源。如果仅考虑逃跑之后再主动投案的行为对诉讼活动的影响，似乎在抓捕犯罪嫌疑人方面节约了司法资源，但不能机械地将逃跑行为和投案行为分割开，而应从整体上予

以评判。本案中,公安机关自2012年5月13日抓获被告人潘平后,相继采取了刑事拘留、取保候审等强制措施。而潘平在取保候审期间脱逃,直至2014年3月4日才归案,导致诉讼活动停滞近两年。因此,从该案诉讼活动的整体上考察,不能认定被告人脱逃后又投案的行为节约了司法资源。

从罪责刑相适应的角度考察,犯罪以后主动投案,体现了犯罪嫌疑人主动接受审查裁判的意愿,反映其主观恶性和人身危险性相对降低,因而是从宽的处罚情节。被采取强制措施后没有逃跑又自觉接受刑事审判的,尚且不能认定为自首,而被告人潘平被采取强制措施后逃跑,即使其又主动投案,也至多是抵消其逃跑所反映的主观恶性大的情节,若再被认定为自首获得额外"奖励",对没有逃跑的其他被告人而言显然不公,有违罪责刑相适应原则。

(三)将取保候审期间逃跑后又投案的情形认定为"自动投案",与刑事诉讼法的相关规定不协调

取保候审是刑事诉讼法规定的五种刑事强制措施之一,其目的在于减少对犯罪嫌疑人或被告人人身自由限制的同时,控制犯罪嫌疑人或被告人,防止其逃避侦查、起诉和审判,保障司法活动顺利进行。犯罪嫌疑人在被取保候审期间应当遵守相关规定,保证随传随到。刑事诉讼法第七十一条规定了被取保候审人的义务及违反义务的法律后果。从刑法的实质评价分析,在取保候审期间逃跑,不仅表明犯罪嫌疑人对法律缺乏敬畏之心,也表明了其不愿接受法律制裁,主观恶性和人身危险性相对较大,属于量刑时从重的情节。如果认定脱逃后又投案的行为成立自首,可能会冲击刑事强制措施的权威性,不利于维护法律的统一,同时也会变相鼓励已被采取强制措施的犯罪嫌疑人,为获得"自首"这一法定从轻处罚情节而伺机先逃跑再投案,这显然有悖于刑事强制措施的立法目的。

当然,对于取保候审期间脱逃后又主动投案的情节,也有其积极价值,不认定该情形属于自动投案和自首,并不影响将其作为归案后如实供述、认罪态度较好等酌定从宽情节在量刑时予以考虑。司法机关综合评判犯罪嫌疑人脱逃和投案情节对量刑的不同影响后,完全可以做到罪责刑相适应,从而起到鼓励被采取强制措施期间脱逃的犯罪嫌疑人主动投案的作用。因此,本案中人民法院依法未认定被告人潘平的投案行为成立自首,但根据其归案后能够如实供述等情节,对其从轻处罚是正确的。

(撰稿:浙江省杭州市中级人民法院　吴献平
浙江省杭州市临安区人民法院　赵东东
审编:最高人民法院刑一庭　管应时)

[第1341号]蒲长才盗窃案

——如何确定非数额型盗窃罪的罚金刑数额

【关键词】 盗窃罪　非数额型　罚金刑

一、基本案情

被告人蒲长才,男,1996年10月20日出生。2014年12月13日因盗窃被行政拘留七日;2015年5月20日因犯盗窃罪被判处有期徒刑六个月,并处罚金人民币二千元;2015年8月3日因盗窃被行政拘留十五日;2016年1月15日因犯盗窃罪被判处有期徒刑九个月,并处罚金人民

币二千元;2017 年 1 月 12 日因犯盗窃罪被判处有期徒刑九个月,并处罚金人民币三千元,同年 7 月 26 日刑满释放。2018 年 1 月 19 日因本案被逮捕。

浙江省台州市路桥区人民检察院指控被告人蒲长才犯盗窃罪,向台州市路桥区人民法院提起公诉。

被告人蒲长才对公诉机关指控的犯罪事实和罪名均无异议。

台州市路桥区人民法院经审理查明:2017 年 8 月初的一天凌晨,被告人蒲长才在台州市路桥区桐屿街道新保村一处临时房门前,以拉车门盗窃的方式,窃得陈健停放在此处的灰色五菱面包车内的五六元人民币;2017 年 8 月初的一天凌晨,蒲长才在台州市路桥区桐屿街道立新村富通家园小区对面路边,以拉车门盗窃的方式,窃得李福芸停放在此处的绿色皮卡车内的五六元硬币;2017 年 8 月中旬的一天凌晨,蒲长才在路桥区桐屿街道立新村富通家园小区路边,以拉车门盗窃的方式,窃得莫爱军停放在此处的灰色面包车内的 12 元硬币;2017 年 11 月 8 日凌晨,蒲长才在路桥区螺洋街道藕池小区路边,以拉车门盗窃的方式,窃得陈俊儒停放在此处的奔驰商务车内的 70 元人民币。2017 年 12 月 14 日,公安机关将蒲长才抓获。

台州市路桥区人民法院认为,被告人蒲长才以非法占有为目的,多次秘密窃取他人财物,其行为已构成盗窃罪。蒲长才在前罪有期徒刑执行完毕后五年内又故意犯应当判处有期徒刑以上刑罚之罪,系累犯,依法予以从重处罚。蒲长才到案后如实供述自己的罪行,依法予以从轻处罚。故依照《中华人民共和国刑法》第二百六十四条、第六十五条第一款、第六十七条第三款之规定,以盗窃罪判处被告人蒲长才有期徒刑十个月,并处罚金人民币三千元。

一审宣判后,公诉机关提出抗诉,被告人未提出上诉。

抗诉机关及出庭检察员认为,根据《最高人民法院、最高人民检察院关于办理盗窃刑事案件适用法律若干问题的解释》(以下简称《解释》)规定,盗窃罪的罚金应当在一千元以上,盗窃数额二倍以下判处,原判并处蒲长才罚金人民币三千元高于盗窃数额的二倍,违反了司法解释的规定,属适用法律错误,依法应予以纠正。

台州市中级人民法院经审理认为,被告人蒲长才以非法占有为目的,多次秘密窃取他人财物,其行为已构成盗窃罪。蒲长才系累犯,依法予以从重处罚;到案后如实供述自己的罪行,依法予以从轻处罚。关于抗诉理由及出庭检察员意见,经查,根据《解释》第十四条之规定,对没有盗窃数额或者盗窃数额无法计算的,应当在一千元以上十万元以下判处罚金。蒲长才有多次盗窃的前科劣迹,且系累犯,原判所判罚金数额符合罪责刑相适应原则,故抗诉理由不能成立,不予采纳。原判定罪和适用法律正确,量刑适当,审判程序合法。依照《中华人民共和国刑事诉讼法》第二百三十六条第一款第(一)项的规定,驳回抗诉,维持原判。

二、主要问题

如何确定非数额型盗窃罪的罚金刑数额?

三、裁判理由

1979 年《刑法》对盗窃罪仅规定了“盗窃公私财物,数额较大”一种情形,从罪状的表述来看,盗窃罪属于纯正的数额犯,盗窃数额即为入罪门槛。随着社会的不断发展,盗窃犯罪所呈现出的情形也在发生变化,司法实务部门在办理盗窃犯罪案件中也遇到了一些新情况、新问题。为加强对公私财产的保护和正确适用法律,我国立法机关审时度势,及时对盗窃罪的犯罪构成进行了修改和调整:1997 年修订《刑法》时,增加了“多次盗窃”的情形,从此,盗窃罪由纯正的数额犯变成“数额 + 情节”犯;2011 年《刑法修正案(八)》再次对盗窃罪的罪状进行扩充,增加了“入户盗窃”、“携带凶器盗窃”和“扒窃”三种行为。修改后的盗窃罪可以分成两类情形:一类是原有的数额犯,即盗窃数额达到较大标准的;另一类是如上所述的四种盗窃行为,被统称为非数额型盗窃,认定犯罪并不需要达到一定数额,而是需要符合特定的行为模式,盗窃数额仅作为量刑情节来考量。

盗窃罪是典型的侵财类犯罪,我国《刑法》对盗窃罪的处罚,不仅设置了自由刑,同时配置了财产刑。对于罚金刑的适用,《解释》第十四条规定:“因盗窃犯罪,依法判处罚金刑的,应当在一千元以上盗窃数额的二倍以下判处罚金;没有盗窃数额或者盗窃数额无法计算的,应当在一千元以上十万元以下判处罚金。”上述规定不仅明确了数额型盗窃的罚金刑适用标准,同时对于没有盗窃数额或者盗窃数额无法计算的,即非数额型盗窃罚金刑的适用也作出规定。然而,对于有盗窃数额的非数额型盗窃罪的罚金刑如何判处?如本案之情形,对被告人蒲长才应当如何判处罚金刑,存在两种意见:

第一种意见认为,本案的盗窃数额可以计算,应当依照《解释》第十四条前半部分之规定,“因盗窃犯罪,依法判处罚金刑的,应当在一千元以上盗窃数额的二倍以下判处罚金”。针对本案,盗窃数额的二倍未超过一千元,应当判处罚金一千元。

第二种意见认为,由于本案被告人系因多次盗窃而构成犯罪,属于非数额型盗窃,对其判处罚金应当依照《解释》第十四条后半部分之规定,“没有盗窃数额或者盗窃数额无法计算的,应当在一千元以上十万元以下判处罚金”。

之所以会存在不同意见,其原因在于对《解释》第十四条的理解存在偏差。《解释》第十四条区别了有盗窃数额的和没有盗窃数额或者盗窃数额无法计算的两种情形。在盗窃罪作为数额犯时,将罚金数额的确定建立在盗窃数额上是完全合理的。但随着1997年《刑法》的修改和《刑法修正案(八)》的施行,盗窃罪已不再是纯正的数额犯,故《解释》针对非数额型盗窃行为确定了新的罚金刑判处标准。但是在司法实践中,盗窃罪除了单一的数额入罪和单一的情节入罪的情形外,还包括既符合非数额情节入罪,又存在盗窃数额的情形。就如本案,被告人四次盗窃,构成盗窃罪,盗窃数额90多元。本案如果适用《解释》第十四条前半部分之规定,对被告人应判处“1 000元以上180元以下的罚金”,这显然是不符合数学逻辑的;如果适用后半部分之规定,本案却有明确的盗窃数额。因此,如何准确理解与适用《解释》第十四条之规定就显得尤为重要。我们认为,第二种意见更符合罪责刑相适应原则,也更符合立法原意。之所以这样理解,主要基于以下三点理由:

(一)对《解释》第十四条的理解应当符合解释原则

有观点认为,在非数额型盗窃的场合下,如果有明确的盗窃数额,且盗窃数额的2倍未超过1 000元的,就应当判处1 000元罚金。

我们认为这种观点是值得商榷的。首先,对法条的理解决不能仅根据其字面意思去解读,应当结合立法目的、该条文在规范性文件中所处的地位等因素来解读。《解释》出台的意义在于让司法实务部门准确理解和适用《刑法修正案(八)》关于盗窃罪的修改。《刑法修正案(八)》增设了多种非数额型盗窃行为,罪状表示较为原则,随即《解释》第三条对“多次盗窃”“入户盗窃”“携带凶器盗窃”“扒窃”进行了较为具体的解释;《解释》第十四条规定了盗窃罪罚金刑的判处规则,故从目的解释、体系解释的角度来看,该规则的前后两部分理应分别对应数额型和非数额型盗窃,即以盗窃数额达到较大为入罪条件的,对行为人应当判处1 000元以上盗窃数额2倍以下的罚金;以上述四种盗窃行为入罪的,不论是否有盗窃数额,对行为人应当判处1 000元以上10万元以下的罚金。其次,从司法解释的权威性角度来说,也不应出现同为非数额型盗窃行为,却因是否有明确的盗窃数额而适用不同的罚金刑判罚标准。最后,实践中非数额型盗窃行为经常会出现有明确的盗窃数额，甚至盗窃数额极少的情形，本案中多次盗窃、入户盗窃仅窃得百元的情形也十分常见，倘若依前述第一种观点则均应在"一千元以上百元以下判处罚金"，这种不合逻辑的罚金幅度明显不符合立法者的本意，也有损司法尊严。

（二）对非数额型盗窃罪判处罚金应当遵循罪责刑相适应原则

《刑法》第五十二条规定："判处罚金，应当根据犯罪情节决定罚金数额。"《最高人民法院关于适用财产刑若干问题的规定》第二条规定："人民法院应当根据犯罪情节，如违法所得数额、造成损失的大小等，并综合考虑犯罪分子缴纳罚金的能力，依法判处罚金。"因此，在判处罚金刑的时候，不仅要考虑其犯罪数额、违法所得、损失大小、缴纳能力等因素，还要根据被告人的主观恶性、犯罪手段、社会危害性、人身危险性等方面综合考量。就"多次盗窃""入户盗窃""携带凶器盗窃""扒窃"这四种行为而言，行为人的主观恶性、人身危险性、犯罪行为的社会危害性要比通常意义上的盗窃"数额较大"行为严重得多。行为人多次实施盗窃行为体现出其对法律的漠视，其他三种盗窃行为极易引发严重危及人身安全的刑事案件。举例而言，单次盗窃他人 1 000 元和短期内 10 次共盗窃他人 1 000 元这两种场合，尽管盗窃数额相同，但绝无法得出二者的社会危害性相当的结论，一定是后者的社会危害性更大。那么根据刑罚裁量的原则，即便盗窃数额一致，但量刑上也应当有所差别，包括罚金刑的判罚。

回顾本案，被告人蒲长才具有 3 次盗窃罪和 2 次盗窃行政处罚的前科，而且本次实施犯罪的时间距其前罪刑满释放时间不足 1 个月，可以说蒲长才被释放后即开始新的盗窃生活，足以证明刑罚对其的教育改造目标失效，其主观恶性较深，人身危险性较大，其行为造成的危害后果较为严重，对其不仅应当在适用自由刑上从重处理，在罚金刑方面亦应当从重，才能体现罪责刑相适应原则。故尽管被告人蒲长才 4 次盗窃共计金额尚不足百元，对其在 1 000 元以上 10 万元以下的幅度判处罚金更能剥夺其再次犯罪的资本。

（三）对非数额型盗窃罪判处罚金应当符合罚金刑设立的立法目的

盗窃等财产犯罪的犯罪主观上出于贪利的目的，对其仅判处自由刑恐怕不足以遏制其再犯，罚金刑是遏制行为人再犯的有力武器，这是因为罚金所造成的刑罚痛苦不仅在于被迫地缴纳了多少金钱，还包括因缴纳罚金、导致行为人无法满足其物质享受的需要所造成的间接痛苦。因此，罚金刑与自由刑并用是惩治财产犯罪的有效方法，这样一来，既剥夺了罪犯的犯罪所得，又剥夺其继续实施犯罪的资本，迫使其不仅无利可图，还得不偿失。对于盗窃罪而言，不论是哪种类型的盗窃行为，其均出于贪利的目的，那么，在通过判处罚金刑来实现对行为人财产权益的剥夺的同时，必须兼顾行为人的犯罪行为、情节等因素。本案被告人蒲长才可以说以盗窃为业，足见其贪利目的之重，加重对其财产刑的判罚正是对其进行教育改造的方式之一。

综上所述，我们认为，对于单纯的数额型盗窃行为应当在 1 000 元以上盗窃数额的 2 倍以下判处罚金；而对于非数额型盗窃行为，即使有明确的盗窃数额，但如果盗窃数额较小（未达到数额犯入罪标准的），也应按照"没有盗窃数额或者盗窃数额无法计算"之规定，在 1 000 元以上 10 万元以下判处罚金。因而，一审、二审法院以盗窃罪判处被告人蒲长才有期徒刑十个月、并处罚金人民币三千元是正确的。

（撰稿：浙江省台州市中级人民法院　王永兴
辽宁省沈阳市中级人民法院　艾乾宇
审编：最高人民法院刑二庭　韩维中）

[第1370号]岳德分盗窃案

——无期徒刑减为有期徒刑后在执行期间发现漏罪，应当如何处理？

【关键词】 盗窃罪 减刑 漏罪 数罪并罚 刑罚执行

一、基本案情

被告人岳德分，男，1967年8月26日出生。2006年11月因犯盗窃罪被判处有期徒刑一年；2008年6月因犯盗窃罪被判处无期徒刑，剥夺政治权利终身，2011年1月28日减为有期徒刑十九年，剥夺政治权利九年，2013年7月28日减刑一年十个月。2013年7月16日因本案被依法解回再审。

浙江省杭州市人民检察院指控被告人岳德分犯盗窃罪，向杭州市中级人民法院提起公诉。

被告人岳德分对公诉机关指控的犯罪事实无异议。

杭州市中级人民法院经审理查明：2004年至2005年3月，被告人岳德分伙同陈凯、于云飞（均已判刑）等人，分别进入杭州市萧山区靖江镇和顺村靖江春来布厂、靖江镇花神庙村五一化纤厂、靖江镇雷东村被害人孙尔军家、义蓬镇长红村被害人沈伯啸家、南阳镇雷山村威迈工艺厂，窃得铝管800余只、电缆线30米、电线2 300米、铝制品和铝合金一批、“五粮液”酒2瓶、硬盒“中华”香烟1条、护套线1 400米及音箱、VCD、功放等物，共计价值人民币50 240元。

2005年2月至5月，被告人岳德分伙同张祥、岳邦全、岳邦利（均另案处理），采用挖墙洞、爬窗、撬窗等方式分别进入萧山区党湾镇曙光村梅西校办化纤预制砖厂变电房、党湾镇新前村党湾校办化纤厂，窃得变压器铜芯及铜线等财物，共计价值人民币66 755元。

综上，被告人岳德分共参与盗窃7次，窃得财物价值共计人民币116 995元。

杭州市中级人民法院认为，被告人岳德分以非法占有为目的，秘密窃取公私财物，数额巨大，其行为已构成盗窃罪。鉴于其归案后能如实供述部分罪行，对其可酌情从轻处罚。因该罪系前判宣告后且刑罚执行完毕前发现的漏罪，依法应与前判之刑罚并罚。据此，依照《中华人民共和国刑法》第二百六十四条、第六十九条、第七十条、第五十七条之规定，判决如下：

被告人岳德分犯盗窃罪，判处有期徒刑三年六个月，并处罚金人民币四千元，与前判无期徒刑，剥夺政治权利终身，并处没收个人全部财产并罚，决定执行无期徒刑，剥夺政治权利终身，并处没收个人全部财产。

宣判后，被告人岳德分提出上诉，辩称其现已服刑数年经两次减刑之后，仅因三年六个月有期徒刑的漏罪又被判处无期徒刑，不知刑期怎么折算。要求给其公正判决。

浙江省高级人民法院经审理认为，一审参照《中华人民共和国刑法》第六十九条、第七十条规定精神，对被告人岳德分所作量刑并无不当。至于无期徒刑后减刑，如何折算，这是刑罚执行中的问题，为解岳德分的疑惑，附判后释疑予以说明。一审定罪和适用法律准确，量刑适当。审判程序合法。依照《中华人民共和国刑事诉讼法》第二百二十五条第一款第（一）项之规定，裁定如下：

驳回上诉，维持原判。

二、主要问题

无期徒刑减为有期徒刑后在执行期间发现漏罪，数罪并罚时原减刑裁定减去的刑期以及减为有期徒刑后已经执行的刑期如何处理?

三、裁判理由

司法实践中,由于减刑、假释等刑罚执行制度的存在,判处无期徒刑的罪犯,除特殊情况外,一般可以减为有期徒刑。在无期徒刑减为有期徒刑或者被假释之后,刑罚执行完毕之前,行为人发现漏罪的情形并不少见。对于在假释考验期内发现漏罪的,根据《刑法》第八十六条之规定,直接撤销假释实行数罪并罚。然而,对于裁定减刑后出现漏罪的情形,实践中对于减刑裁定是否需要撤销,漏罪刑罚是与减刑后还是减刑前的原判刑罚并罚等问题争议较大。存在以下两种不同观点:

第一种观点认为,应当对漏罪作出判决,把新判决所确定的刑期与裁定减刑后的刑期依据《刑法》第六十九条数罪并罚后,再依据第七十条减去已经执行的刑期,从而确定最终的执行刑期。理由是:(1)减刑裁定是根据犯罪分子在刑罚执行过程中的表现,将原判刑罚予以减轻,是对原审判决的适当修正,应当视为与原判决具有同等的法律效力。与假释考验期内发现漏罪要撤销假释裁定的规定不同,在减刑后发现漏罪并无撤销减刑裁定的规定,如果在数罪并罚时对减刑裁定弃之不用,等于是变相地撤销了减刑裁定,势必会影响法院裁判文书的既判力和公信力,故应当将减刑后的刑期与新判决所确定的刑期实行并罚。(2)对于判处同样刑罚的服刑人员来说,其在执行期间有减刑的,有未减刑的,还有减刑程度不一的,如果在对漏罪处理时不考虑减刑裁定,就难以体现区别对待和公平原则,也不利于调动服刑人员的改造积极性。(3)根据《刑法》第七十条的规定,对于判决宣告后发现漏罪情形的并罚,已经执行的刑期,应当计算在新判决决定的刑期以内。然而,当前罪刑罚系死缓刑或者无期徒刑时,已经执行的刑期,在新判决中就无法予以扣除,显然不公平。

第二种观点认为,应当将前一判决所确定的无期徒刑刑罚与对漏罪所判刑罚依照“吸收原则”进行并罚后,确定其最终执行刑罚为无期徒刑。先前的减刑裁定无须撤销,经减刑裁定减去的刑期以及减为有期徒刑之后已经执行的刑期均不计算在内,但在执行第二个无期徒刑过程中,在再次减刑时应当考虑减刑裁定减去的刑期,以及第一次无期徒刑减为有期徒刑之后至漏罪判决之间已经执行的刑期。

我们同意第二种观点,具体理由如下:

(一)《刑法》第七十条关于数罪并罚规定中的“前后两个判决”,是指前罪判决和漏罪判决,不包括减刑裁定

在刑罚执行期间,人民法院会因罪犯表现良好而对其作出减刑裁定。这样当发现漏罪并作出判决之后,就会同时存在三份(或以上)裁判文书:前罪的第一份判决、减刑裁定(包括无期徒刑减为有期徒刑的裁定和有期徒刑的减刑裁定)及新发现的漏罪判决。此时,《刑法》第七十条数罪并罚规定中的“前后两个判决”,尤其是“前一个判决”到底是指哪一份裁判文书呢?是漏罪的前一份减刑裁定,还是前罪的第一份判决?我们认为,“前一个判决”只能是前罪判决书,而非减刑裁定。理由如下:

第一,从刑法条文的字面用语来看,《刑法》第七十条表述为“前后两个判决所判处的刑罚”。其中,对“刑罚”所作的限制性修饰是“判决所判处”,这一界定强调了该刑罚应当由“判决”确定,而非“裁定”确定。换言之,《刑法》第七十条规定的“判决所判处的刑罚”应当是指“原审判决书所记载的刑罚”,而非经裁定减刑后确定的“实际执行的刑罚”。因此,如果将裁定减刑后的刑罚视为“判决所判处的刑罚”,与法律条文的字面含义不符。

第二,通过对比“判决”与“减刑裁定”,可以发现二者存在很大区别:一是所处的诉讼阶段不

同。前者处于审判阶段,而后者处于执行阶段。二是作出裁判所依据的事由不同。作出判决所依据的事由主要是犯罪行为的社会危害性,针对的对象主要是犯罪行为本身;而作出减刑裁定所依据的事由主要是罪犯人身危险性的减小,所针对的对象主要是犯罪行为人。三是所服务的目的和功能不同。作出判决主要是为了通过运用刑罚惩戒犯罪,更多地体现刑罚的报应功能;而减刑裁定的作出则主要是为了鼓励罪犯积极改造、认罪服法,更多地体现刑罚的教育、改造功能。而数罪并罚发生于审判阶段而非执行阶段,针对的对象系数个犯罪行为而非行为人,其目的更多的是惩戒而非教育、改造犯罪行为人。因此,《刑法》第七十条关于数罪并罚的规定是指针对前后两项犯罪所作的判决,而非针对犯罪行为人罪后表现所作的减刑裁定。

第三,2012 年 1 月 18 日《最高人民法院关于罪犯因漏罪、新罪数罪并罚时原减刑裁定应如何处理的意见》(以下简称《减刑处理意见》)规定:"罪犯被裁定减刑后,因被发现漏罪或者又犯新罪而依法进行数罪并罚时,经减刑裁定减去的刑期不计入已经执行的刑期。"从上述规定可以看出,《减刑处理意见》实质上排除了减刑裁定对于因漏罪而进行数罪并罚的影响,并将原判决所确定的刑罚作为数罪并罚的基准。之所以不将减刑裁定减去的刑罚计入新的判决当中,主要是因为罪犯在服刑期间隐瞒漏罪事实或者重新犯罪,说明其并未真心悔过。如此规定体现了对减刑犯在执行过程中发现新增罪行从严处罚的精神,同时也可以敦促犯罪行为人及早供述出自己的余罪,并避免重新犯罪。

具体到本案中,先后存在四份裁判文书:第一份是 2008 年 6 月,因犯盗窃罪被判处无期徒刑,剥夺政治权利终身。紧接着是两份减刑裁定:2011 年 1 月 28 日被裁定减为有期徒刑十九年,剥夺政治权利九年;2013 年 7 月 28 日,被裁定予以减刑一年十个月。最后一份是 2014 年 2 月 27 日,因漏罪盗窃罪被判处有期徒刑三年六个月,并处罚金人民币四千元。面对上述四份裁判文书,一审、二审法院将第四份漏罪判决的刑罚即三年六个月,与第一份判决的无期徒刑进行并罚,最终判处无期徒刑是适当的。

(二)经减刑裁定减去的刑期以及无期徒刑减为有期徒刑后已被执行的刑期,属于刑罚执行问题,虽然在数罪并罚后的新判决中无法体现,但可在新判决执行过程中予以考虑

由于《刑法》第七十条规定的"把前后两个判决所判处的刑罚"是指前罪判决和漏罪判决,不包括减刑裁定,这就导致经减刑裁定减去的刑期在数罪并罚后的新判决中无法体现,相当于变相否定了减刑裁定的法律效力。更重要的是,在前罪刑罚系死缓刑或者无期徒刑,后减为有期徒刑并即将服刑完毕的情况下,对于已经执行的刑期,在并罚后的新判决中无法扣除,这对于服刑人员来说显失公平,也不利于调动服刑人员改造的积极性。

为了解决上述问题,最高人民法院通过两个司法文件,明确可以将上述因素放入新判决执行过程中去考虑,以达到既能严格依法,又有利于保障罪犯合法权益,有利于对罪犯的教育、感化和挽救的目的。具体来说,一方面,针对减刑裁定减去的刑期,最高人民法院在《减刑处理意见》中规定:"在此后对因漏罪数罪并罚的罪犯依法减刑,决定减刑的频次、幅度时,应当对其原经减刑裁定减去的刑期酌予考虑。"另一方面,对于前罪判决系无期徒刑,被减为有期徒刑后已执行刑期的扣除问题,最高人民法院于 2007 年 8 月 11 日在《关于刘文占减刑一案给河北省高级人民法院的答复》中明确:"河北省高级人民法院:……罪犯刘文占犯盗窃罪被判处无期徒刑,减为有期徒刑十八年之后,发现其在判决宣告之前犯有强奸罪、抢劫罪。沧州市中级人民法院作出新的判决,对刘文占以强奸罪、抢劫罪分别定罪量刑,数罪并罚,决定对罪犯刘文占执行无期徒刑是正确的。现监狱报请为罪犯刘文占减刑,你院在计算刑期时,应将罪犯刘文占第一次减为有期徒刑十八年之后至漏罪判决之间已经执行的刑期予以扣除。"

具体到本案中，尽管减刑裁定减去的刑期以及无期徒刑减为有期徒刑后已经执行的刑期，在数罪并罚后的新判决中并未予以扣除，但是二审裁定书在判后释疑中引用了上述两个司法文件，告知被告人岳德分，只要其在执行新的刑罚期间符合认罪服法、表现良好、受奖立功等减刑条件的，就可以在对其再次减刑时充分考虑前一判决执行期间的减刑情况。这样做既符合现行法律规定，也有利于调动服刑人员的改造积极性。

（三）在将前罪与漏罪刑罚进行并罚作出新判决时无须撤销原减刑裁定

司法实践中，对于“新判决作出后是否需要撤销原减刑裁定”也存在分歧。有观点认为，应当比照假释期间发现漏罪的做法，在新判决中将减刑裁定予以撤销。我们认为，对于先前的减刑裁定无须撤销，理由如下：

《刑法》没有规定将前罪与漏罪进行并罚作出新判决时需撤销原减刑裁定。尽管减刑和假释都是我国刑罚执行制度，但对于假释适用相关的数罪并罚问题，《刑法》第八十六条作了明确规定，即对在假释考验期限内发现被假释人犯新罪或有漏罪的，应当先撤销假释，再依据《刑法》第七十条、第七十一条的规定实行数罪并罚。而对与减刑适用相关的数罪并罚问题，《刑法》并没有明确规定，也没有相关司法解释。这从另一个侧面反映，《刑法》对减刑和假释在适用数罪并罚问题上是有一定区别的。

另外，假释一旦被撤销之后，在假释期间已经过的考验期便作废，收监执行尚未执行完毕的刑罚；而减刑裁定不同，在服刑期间如果发现被减刑人犯新罪或有漏罪的，在新判决执行过程中，先前作出的减刑裁定仍然是应当考量的因素，而并非一律作废，可见对于减刑裁定不应完全比照假释的情况予以撤销。

综上，一审、二审法院对被告人岳德分的前一判决所确定的无期徒刑刑罚与对漏罪所判刑罚进行并罚后，确定其最终执行刑罚为无期徒刑是适当的。

（撰稿：浙江省高级人民法院　聂昭伟
审编：最高人民法院刑四庭　陆建红）

三、诈骗罪

[第951号]范裕榔等诈骗案

——公司化运作的犯罪集团中各行为人刑事责任的区分

【关键词】 诈骗罪 公司化犯罪集团 刑事责任 司法互助

一、基本案情

被告人范裕榔,男,1970年12月14日出生,台湾地区居民,无业。2009年11月23日因涉嫌犯诈骗罪被逮捕。

被告人陈俊达,男,1980年2月7日出生,台湾地区居民,无业。2009年11月23日因涉嫌犯诈骗罪被逮捕。

被告人简铭助,男,1979年2月14日出生,台湾地区居民,无业。2009年11月23日因涉嫌犯诈骗罪被逮捕。

(其余40名被告人基本情况略)

广东省东莞市人民检察院以被告人范裕榔等43人犯诈骗罪,向东莞市中级人民法院提起公诉。

被告人范裕榔辩称,其只是公司名义上的负责人,各组均有具体负责人。陈俊达等被告人辩称,各被告人仅应对其所参与的犯罪承担刑事责任。

东莞市中级人民法院经公开审理查明:2009年6月,被告人范裕榔与"海哥"(另案处理)到广东省东莞市长安镇霄边社区金安大厦接手管理珠海奇盛贸易有限公司长安分公司(以下简称奇盛公司),从事电信诈骗活动。同年9月起,范裕榔与"台北哥"(另案处理)共同管理奇盛公司,继续实施电信诈骗活动。奇盛公司以电话推销茶叶为名,先后纠集40余名台湾地区居民和40余名大陆地区女子,并将上述人员分成A、B、C三组,在金安大厦七楼从事电信诈骗活动,由公司统一安排食宿。范裕榔等人从台湾地区不法分子处购得大量台湾地区居民信息资料,由简铭助整理打印后分发给各组人员。黄剑梅等被告人冒充台湾地区某医院护士,按照简铭助提供的信息资料拨打电话,告知被害人有人冒用其身份在医院办理保险等业务,取得被害人的初步信任后即提出可帮助报警。随后假扮巡警、警员的郭志航、钟易伦等被告人在电话中称有人冒用被害人的身份开立了涉嫌洗钱及诈骗的账户,需交警察队长处理。假扮警察队长的谢汶融等被告人则声称被害人的合法账户即将被冻结,要求被害人积极配合检察官的调查,否则可能被收押。待被害人相信上述虚构的事实后,王俊权等被告人即以检察官的身份要求被害人将账户中的资金提出,交由司法机关保管,待查明真相后返还。被害人接受该建议后,王俊权等人便要求被害人将提出的现金交给冒充司法工作人员的当地不法分子或者汇入指定账户。为避免被害人怀疑,范裕榔等人在收到被害人交来的钱款后,制作相应的虚假司法文书,通过当地不法分子送交被害人,并在奇盛公司设置电话查询系统,供被害人电话查询存款情况。范裕榔等43名被告人使用上述诈骗方式,先后骗取陈张阿凉等19名台湾地区被害人款项共计折合人民币768.0225万元。

东莞市中级人民法院认为,范裕榔等43名被告人以非法占有为目的,虚构事实,骗取他人财物，数额特别巨大，其行为均构成诈骗罪，且构成共同犯罪。在共同犯罪中，范裕榔组织、领导犯罪集团实施诈骗行为，是诈骗集团的首要分子，依法按照集团所犯的全部罪行处罚；陈俊达、简铭助等 11 人在共同犯罪中起主要作用，是主犯，依法按照其所参与的全部犯罪处罚。钟易伦等 31 名被告人在诈骗犯罪中起次要、辅助作用，是从犯，依法应当从轻、减轻处罚。其中，黄剑梅等 6 人犯罪情节较轻，适用缓刑确实不致再危害社会，依法对其可以宣告缓刑。据此，依照《中华人民共和国刑法》第二百六十六条，第二十五条第一款，第二十六条，第二十七条，第五十二条，第五十三条，第七十二条，第七十三条第二款、第三款以及《最高人民法院关于审理单位犯罪案件具体应用法律有关问题的解释》第二条之规定，判决如下：

1. 被告人范裕榔犯诈骗罪，判处无期徒刑，剥夺政治权利终身，并处没收个人全部财产。

2. 被告人陈俊达犯诈骗罪，判处有期徒刑十三年，并处罚金人民币六十万元。

3. 被告人简铭助犯诈骗罪，判处有期徒刑十二年六个月，并处罚金人民币五十万元。

（其余 40 名被告人判刑情况略）

一审宣判后，被告人范裕榔等人提出上诉。

范裕榔上诉提出，其并非奇盛公司老板，三个组的诈骗数额不应合计，应由各组各负其责。

广东省高级人民法院经二审审理认为，上诉人范裕榔系奇盛公司实际负责人，在实施诈骗过程中存在三组成员相互配合并诈骗成功的情况，各组成员之间共享诈骗利益。奇盛公司在实施诈骗时实行统一管理，成员间穿插配合，分享利益，所有成员均应对奇盛公司的整体犯罪行为承担刑事责任。范裕榔所提上诉理由不成立。原审判决认定的事实清楚，证据确实、充分，定罪准确，量刑适当，审判程序合法。据此，依照《中华人民共和国刑事诉讼法》（2012 年修改前）第一百八十九条第（一）项之规定，广东省高级人民法院裁定驳回上诉，维持原判。

二、主要问题

1. 如何确定公司化运作的诈骗集团中各被告人的犯罪数额？

2. 对公司化运作的诈骗集团成员如何认定主从犯？

3. 对涉台刑事证据如何审查判断？

三、裁判理由

本案系犯罪集团实施的跨区域电信诈骗案件，被告人在东莞市通过拨打长途电话对台湾地区被害人实施诈骗，诈骗环节复杂，且被害人与行为人仅通过电话建立联系，二者之间又有在台不法分子、地下钱庄等多个环节，因此将每个被害人的具体被骗事实与诈骗集团成员实施的具体诈骗行为一一对应，是比较困难的。同时，诈骗集团中各成员实施犯罪的情况也不尽相同，如何确定各被告人的诈骗犯罪数额及在共同犯罪中的地位、作用，是本案的难点。此外，本案属涉台刑事案件，如何通过海峡两岸司法互助途径调取涉台证据，并运用现行证据规则进行审查判断，值得探讨。

（一）诈骗集团成员分工协作，共享犯罪利益，均应对集团全部诈骗数额承担刑事责任

被告人范裕榔等人组建起比较稳固的犯罪集团实施诈骗，该诈骗集团采取公司化运作模式，各被告人参与流水线诈骗作业，诈骗所得按公司制定的分配比例分给扮演不同角色的成员。范裕榔系奇盛公司负责人，陈俊达、简铭助分别负责财务、文件收发等工作，三被告人的犯罪行为在诈骗集团中具有总体性、组织性，故该三人应当对全案犯罪数额负责。其余 40 名扮演不同角色具体实施诈骗行为的被告人，仅对其诈骗成功的数额负责，还是应当对全案诈骗数额承担刑事责任，这是本案的重要问题。我们认为，公司化运作的犯罪集团实施的诈骗行为具有整体性，本案其余 40 名被告人亦应对全案诈骗数额承担刑事责任。主要理由包括：第一，奇盛公司既是组织

严密、结构完整、较为固定的犯罪集团,又是完全按照公司管理模式运作的实体。范裕榔等人以公司名义租用场地,统一编配诈骗台词,安装用于诈骗的电信设备,统一向成员分发台湾地区居民信息资料。公司实行分组只是为了便于管理,各组皆受公司领导,分组并不影响对公司犯罪行为整体性的认定。第二,扮演不同角色的各被告人在主观上受共同诈骗故意支配,客观上相互配合实施了共同诈骗行为。在实施诈骗过程中,奇盛公司各组成员间并无严格的界限,存在穿插配合实施诈骗的情况,体现了公司行动的整体性和目标的一致性。第三,最为关键的是,诈骗成员根据公司制定的分配制度,共享诈骗利益。具体表现在:(1)该诈骗集团在一周内的诈骗总金额达到200万元新台币时,全部台湾地区行为人每人会分得1 000元人民币的奖金;(2)扮演护士的大陆地区女被告人不论诈骗是否成功,每月基本工资为人民币2 500元,全勤奖为人民币500元;(3)公司统一负责所有被告人的食宿。由此可见,各被告人实施的诈骗行为均系奇盛公司诈骗犯罪的组成部分,行为性质相同,目标一致,故不论"工作业绩"如何,均应对奇盛公司的全部犯罪数额承担刑事责任。一审、二审法院认定本案全体被告人均应对全案诈骗数额承担刑事责任是正确的。

(二)应当综合考虑"职务"等因素认定公司化运作的犯罪集团中的主从犯

如前所述,本案中所有被告人均应当对全案高达人民币768万余元的诈骗犯罪数额承担责任,只有准确认定各被告人在共同犯罪中的地位、作用,合理运用相关量刑情节,才能实现对每一被告人量刑适当。范裕榔是奇盛公司的实际管理者,陈俊达、简铭助是公司的行政管理人员,三被告人对维持公司运转起着重要作用,认定其三人为主犯,自不待言。其余40名分角色实施诈骗的被告人参与实施诈骗行为,均属实行犯,但在共同犯罪中所起的作用有主次之分。奇盛公司实施犯罪的基本模式是分角色与被害人接触,各角色环环相扣,直至被害人受骗上当。因此,在认定这些行为人在共同犯罪中的地位、作用时,所扮演的角色是一个重要的考量因素。越接近诈骗链条末端的角色对诈骗技巧要求越高,对被害人施加的影响越大,其单次诈骗成功率也越高。同时,能够扮演高端的角色也一定程度上说明行为人的诈骗技巧、内部影响力都是比较突出的。此外,还要综合考虑各被告人的入职时间、在公司中的地位及获利情况进行综合判断。本案中,陈裕仁等9名被告人入职较早,在诈骗中扮演警察队长、检察官等高端角色,施骗技巧复杂,以被害人会被收押、银行账户会被司法机关冻结等事由,要求被害人配合调查工作,进而转移资金,系骗取被害人财产的关键角色,在诈骗中起主导作用,且获利较多,应当认定为主犯。王锡元等19名被告人扮演警员角色,吕文英等12名被告人扮演医院工作人员角色,该31名被告人仅参与诈骗的试探和引导活动,参与程度较低,骗取被害人信任的成功率也较低,且获利较少,在共同犯罪中起次要作用,故均应认定为从犯。其中,黄剑梅等6名被告人扮演医院工作人员,作案时间短、实施诈骗行为次数少、分赃少,犯罪情节较轻,适用缓刑确实不致再危害社会,故依法可对黄剑梅等6人宣告缓刑。

(三)通过两岸司法协助途径调取的涉台刑事证据,依据现行证据规则能够采信的,可作为定案证据

《海峡两岸共同打击犯罪及司法互助协议》第八条规定:"双方同意依己方规定相互协助调查取证,包括取得证言及陈述;提供书证、物证及视听资料;确定关系人所在地或确认其身份;勘验、鉴定、检查、访视、调查;搜索及扣押等。"最高人民法院《关于人民法院办理海峡两岸送达文书和调查取证司法互助案件的规定》第十五条亦规定:"人民法院办理海峡两岸调查取证司法互助业务,限于与台湾地区法院相互协助调取与诉讼有关的证据,包括取得证言及陈述;提供书证、物证及视听资料;确定关系人所在地或者确认其身份、前科等情况;进行勘验、检查、扣押、鉴定和查询

等。”上述两个文件为刑事司法领域的海峡两岸调查取证互助工作提供了依据。本案被害人均为台湾地区居民，并且在案证据显示，实际被骗的被害人远不止一、二审认定的19人。而这19人中除一名被害人陈张阿凉是亲自到东莞市公安机关报案并制作笔录外，其余18名被害人均是向台湾当地警方报案并制作笔录、提交书证。台湾当地警方收到大陆地区公安机关的办案协调函后，通过广东省公安厅港澳台事务工作办公室将上述18名被害人的陈述及相关书证转交给大陆地区公安机关，这些证据的调取过程符合现行规定。上述被害人陈述及相关书证在本案中能否采信，关键是该组证据能否与其他证据相互印证。因不能排除其他犯罪团伙使用同种方式实施诈骗的可能性，故如果取自被害方的证据为孤证，则不能作为定案依据。本案中，台湾当地警方收集的19份“被害人陈述”及相关书证与在案其他证据可相互印证，形成证据链。首先，从现场扣押的语音自动报读系统及电脑主机中存储了已诈骗成功的被害人信息，公安机关从中提取到被害人的身份证号码。其次，现场提取的范裕榔等人制作的15份虚假法律公文的电子文档中，记载了部分被害人姓名、身份证号码、被骗日期及金额。最后，奇盛公司的部分电话清单中，记载了奇盛公司与其中10名被害人通话的情况。以上证据充分证实陈张阿凉及其余18名被害人所述的被骗事实与范裕榔等人实施的诈骗犯罪有关。综上，一审、二审法院认定范裕榔等人实施诈骗共19起的证据是确实、充分的。

（撰稿：广东省东莞市中级人民法院　蒋小美
审编：最高人民法院刑五庭　马　岩）

[第952号] 伍华诈骗案

——受他人委托炒股，私自使用他人证件以委托人名义开立银行新账户，通过证券业务员将原账户股票卖出后将所得款转到新账户并取走的行为，如何定性

【关键词】 诈骗罪　三者间诈骗　侵占罪　盗窃罪

一、基本案情

被告人伍华，女，1972年6月12日出生，无业。2011年7月6日因涉嫌犯盗窃罪被刑事拘留，同年7月14日因涉嫌犯诈骗罪被逮捕。

广东省佛山市禅城区人民检察院以被告人伍华犯盗窃罪，向佛山市禅城区人民法院提起公诉。

被告人伍华对案件的基本事实没有异议，但辩称其是在被害人岑露的全权授权下操作股票的，其转走岑露的钱不构成盗窃罪。

伍华的辩护人基于以下理由提请法庭对伍华从轻或者减轻处罚：(1)本案已过追诉时效；(2)伍华的行为不符合“秘密窃取”的特征，指控其犯盗窃罪的罪名不能成立；(3)伍华如实交代犯罪事实，认罪态度好，有悔罪表现，且是初犯；(4)伍华已经向被害人退赔了全部款项，并获取了被害人的谅解。

佛山市禅城区人民法院经公开审理查明：被告人伍华与被害人岑露在佛山市禅城区广发证券股份有限公司季华路证券营业部签订授权书，岑露全权委托伍华操作其股票账户进行股票买

卖。为提取上述股票账户资金，伍华私自使用岑露的身份证新开了一个户名为岑露的银行账户。2001 年 9 月 25 日至 27 日，伍华分数次将岑露股票账户内的股票予以卖出，并持岑露的股东卡、身份证到上述证券营业部柜台通过证券业务人员将上述变卖股票所得款人民币 245 000 元转入其新开的户名为岑露的银行账户，后伍华从该银行账户提走该笔款项。2011 年 7 月，伍华被抓获归案。一审审理期间，伍华将上述所得股票款项全部退赔给了岑露，并获取了岑露的谅解，双方达成和解协议。

佛山市禅城区人民法院认为，被告人伍华以非法占有为目的，秘密窃取他人财物，数额特别巨大，其行为构成盗窃罪。伍华归案后能如实供述其罪行，依法可以从轻处罚。伍华归案后能够全部退赔被害人岑露的经济损失，并获取了岑露的谅解，可以酌情从轻处罚。据此，依照《中华人民共和国刑法》第二百六十四条、第六十七条第三款、第五十五条第一款、第五十六条第一款、第五十二条、第五十三条之规定，佛山市禅城区人民法院以被告人伍华犯盗窃罪，判处有期徒刑十年，剥夺政治权利二年，并处罚金人民币一万元。

一审宣判后，被告人伍华不服，以原判量刑过重为由向佛山市中级人民法院提出上诉。其辩护人还提出，本案已过追诉时效；原判将上诉人伍华的行为认定为盗窃罪，属于定性不准。

佛山市中级人民法院经审理认为，被害人岑露在上述证券营业部开立股票账户，该证券营业部对其股票账户中的资金安全负有管理之责。上诉人伍华是在证券营业部柜台通过证券业务人员的业务行为将岑露的涉案股票款项提走的，不符合盗窃罪中“秘密窃取他人财物”的行为特征，其行为不构成盗窃罪。伍华通过欺骗证券业务人员的方法非法占有岑露的上述股票款项的行为属于“诈骗他人财物”，其行为构成诈骗罪。伍华归案后能如实供述其罪行，依法可以从轻处罚。伍华归案后能够全部退赔被害人岑露的经济损失，并获取了岑露的谅解，可以酌情从轻处罚。伍华在公安机关 2001 年立案侦查以后逃避侦查，根据《中华人民共和国刑法》第八十八条第一款的规定，不受追诉期限的限制，故本案并未过追诉期限。原判认定的事实清楚，证据确实、充分，审判程序合法，但定罪不准，应予纠正。伍华及其辩护人提出的相关意见均有事实和法律依据，予以采纳。据此，依照《中华人民共和国刑事诉讼法》(2012 年修改前)第一百八十九条第二项和《中华人民共和国刑法》第二百六十六条、第六十七条第三款、第五十二条、第五十三条之规定，佛山市中级人民法院判决如下：

1. 撤销广东省佛山市禅城区人民法院(2011)佛城法刑初字第 1056 号刑事判决。

2. 上诉人伍华犯诈骗罪，判处有期徒刑四年，并处罚金人民币四千元。

二、主要问题

受他人委托炒股，私自使用他人证件以委托人名义开立银行新账户，通过证券业务员将原账户股票卖出后将所得款转到新账户并取走的行为，如何定性？

三、裁判理由

本案在审理过程中，对被告人伍华的行为定性，存在以下几种观点：

第一种观点认为，伍华的行为构成侵占罪。理由是：被害人岑露全权委托伍华炒股，伍华已经实际支配、控制岑露股票账户中的资金，伍华将其实际支配、控制下的上述股票款非法占为己有，符合侵占罪中“将合法持有转为非法占有”的行为特征。

第二种观点认为，伍华的行为构成盗窃罪。理由是：为了控制其股票账户中的资金，岑露并未将取现所需的股东卡、身份证、个人存折同时交给伍华使用，而是独自保管其与股票账户相连的银行账户。伍华是在岑露不知情的情况下，私自使用岑露的身份证，新开了一个户名为岑露的银行账户，并利用该银行账户将上述股票款项提走，符合盗窃罪中“秘密窃取他人财物”的行为特征。

第三种观点认为,伍华的行为构成诈骗罪。理由是:伍华实施了虚构事实、隐瞒真相的行为;作为受骗者的证券业务人员陷入了认识错误;作为受骗者的证券业务人员基于认识错误处分被害人岑露的上述股票款项,使伍华获取了该股票款项,使岑露遭受该股票款项的损失。从上述结构分析,伍华的行为完全符合诈骗罪的行为特征。

我们赞同第三种观点,被告人伍华的行为构成诈骗罪。具体理由如下:

(一)伍华的行为不构成侵占罪

根据刑法第二百七十条的规定,侵占罪是指将代为保管的他人财物非法占为己有,数额较大,拒不退还的行为。构成侵占罪的前提必须是行为人"代为保管"他人财物,而这里的"代为保管"是指对方已经将其财物的占有权转移给了行为人,所以理论界有观点将侵占罪归类为侵犯财产罪中的"占有不转移罪",与盗窃罪、诈骗罪等排除被害人占有的"占有转移罪"或者说"夺取罪"不同。

本案中,虽然岑露已经全权委托伍某操作其股票账户,但其并没有授权伍华提取其股票账户中的资金。从整个过程看,伍华提取岑露股票账户中的资金需要在证券营业柜台向证券业务人员出示岑露的股东卡、身份证并提供需要转入的岑露的个人存折(编者注:当年,我国证券业务刚刚起步,"三方"监管后,转账必须通过银行),但岑露并未将其个人存折交给伍华,而是由其独自保管。正常情况下,伍华不能从岑露的股票账户中将其股票资金私自提走,这也正是岑露之所以会放心委托伍华代其炒股的原因。也就是说,岑露只是委托伍华帮其买卖股票,其股票资金均未脱离其股票账户,股票账户中的资金仍然由岑露占有、支配、控制。质言之,伍华并没有因为岑露全权委托其帮忙炒股而占有岑露股票账户中的资金,不属于"代为保管他人财物"情形,故其行为不构成侵占罪。

(二)伍华的行为不构成盗窃罪

盗窃罪最基本的构成特征是秘密窃取他人财物。秘密窃取包括主、客观两方面的内容,即客观上是采取隐秘方式取走他人财物,主观上行为人自认为被害人不知晓。只要行为人采取秘密的、自认为不为财物的所有人或者保管人所知晓的方法将财物取走,不管第三者是否知晓,也不问行为人是否以为第三者知晓,均不影响盗窃罪的成立。秘密窃取所针对的对象包括财物所有人和财物管理人。本案中,被害人岑露在证券营业部开立股票账户,该证券营业部对其股票账户中的资金安全负有管理之责,被告人伍华在该证券营业部柜台通过证券业务人员的业务行为将岑露股票账户中的资金提走。对于作为岑露股票资金管理人的该证券营业部的业务人员而言,伍华显然不属于"秘密窃取"岑某的股票款项,故不符合盗窃罪中"秘密窃取他人财物"的行为特征。主张伍华的行为构成盗窃罪的主要理由是,伍华是在岑露并不知晓的情况下私自使用其身份证新开了一个户名为岑露的银行账户并利用该银行账户将其股票卖出款提走,即对于岑露而言,伍华可谓"秘密窃取"了其股票款项。然而,行为人是在财物实际管理人知晓而财物所有人不知晓的情况下取走财物的,对财物实际管理人而言,行为人并非对其采用"秘密窃取"的手段获得财物。

(三)伍华的行为构成诈骗罪

盗窃罪与诈骗罪的区别在于,前者的行为人是采取秘密的手段直接窃得他人的财物,而后者的行为人是通过欺骗手段使他人财物的所有权人或者保管人"自愿"将该财物交付给行为人。通常的诈骗行为表现为:行为人向被害人实施欺骗行为,被害人陷入认识错误进而处分自己占有的财产,最后导致财产损失。在这种场合,受骗者(财产处分人)与被害人具有同一性。但是,在诈骗罪中,也存在受骗者(财产处分人)与被害人不是同一人(或不具有同一性)的现象。这种情况在刑法理论上称为“三角诈骗”,也叫“三者间的诈骗”。本案认定伍华的行为构成诈骗罪的关键就在其属于“三者间诈骗”,被告人伍华的“三角诈骗”行为符合诈骗罪的行为特征:

1. 伍华实施了隐瞒真相的行为。伍华隐瞒真相的行为表现为,伍华在没有受委托的情况下,持岑露的银行存折、身份证、股东卡去证券营业部柜台提取岑露的上述股票款项时,在证券业务人员存在误解的情况下,向证券业务人员隐瞒了岑露未委托其提取该股票款项的真相。

2. 因伍华隐瞒真相的欺骗行为使证券业务人员陷入了认识错误。伍华作为岑露的受委托炒股人,同时持有岑露的身份证、股东卡、银行存折,完全符合提取股票款项的条件,从而使证券业务人员误以为是岑露委托伍华提取其上述股票款项。虽然岑露没有陷入认识错误,但只要具有财产处分权限或者地位的人陷入认识错误进而处分财产即可。

3. 作为受骗者的证券业务人员处分了被害人岑露的财产。证券业务人员基于上述认识错误,为伍华办理了提取岑露的上述股票款项的业务,从而使岑露的上述股票款项脱离了其股票账户。虽然岑露没有处分财产,但刑法没有将诈骗罪的财产处分人限定为被害人。因为一方面,诈骗中的处分行为,并非仅指民法上作为所有权权能之一的处分,而是意味着将财产转移给行为人或者第三者占有,即由行为人或者第三者事实上支配财产;另一方面,在财产关系日益复杂的情况下,财产的单纯占有者,也可能处分(交付)财产。所以,即使不是财产的所有人,也完全可能因为认识错误等原因而处分财产。

4. 作为受骗者的证券业务人员基于上述认识错误处分了岑露的上述股票款项,使伍华获取了该股票款项,使岑露遭受了财产损失。证券业务人员将岑露的上述股票款项转入伍华新开的上述户名为岑露的银行账户后,使得伍华顺利从该银行账户提走了该股票款项,导致岑露遭受股票款项损失。

综上所述,作为受委托炒股的被告人伍华擅自取走委托人岑露股款的行为,完全符合诈骗罪的主客观要件,应当认定构成诈骗罪。佛山市中级人民法院依法改判为诈骗罪是正确的。

(撰稿:武汉大学法学院、广东省佛山市中级人民法院　古加锦
审编:最高人民法院刑二庭)

[第1044号]黄光故意杀人、诈骗案

——打电话报警但未承认自己实施犯罪行为的是否认定为自首以及如何审查判断经鉴定属于被害人真实签名的保证书等书证的真实性

【关键词】 诈骗罪　故意杀人罪　自首　书证真实性

一、基本案情

被告人黄光,男,原系广东省阳春市八甲镇政府农办副主任。2012年1月17日因涉嫌犯故意杀人罪、诈骗罪被逮捕。

广东省阳江市人民检察院以被告人黄光犯故意杀人罪、诈骗罪,向阳江市中级人民法院提起公诉。

被告人黄光对起诉书指控其以投毒方式杀害被害人龙利源的事实无异议,但辩称指控其诈骗龙利源钱财,不是事实。其辩护人提出:(1)黄光在阳春市公安局因涉嫌犯诈骗罪被刑事拘留后,如实供述了司法机关尚未掌握的其故意杀人犯罪事实,具有自首情节;(2)起诉书指控黄光诈骗罪的证据不足。保证书证明黄光与龙利源之间债务已经结清。

阳江市中级人民法院经公开审理查明:

(一)诈骗事实

被告人黄光担任广东省阳春市八甲镇人民政府农办副主任期间具体负责林业工作,经人介绍与广东省高州市源兴林业有限公司总经理龙利源(被害人,殁年 38 岁)结识。2009 年 9 月至 2011 年 12 月间,黄光谎称能帮助承包电站周边林木、向电站供应沙石和办理建筑企业资质证书,先后以需支付承包款、办事费、押金等名义骗取龙利源钱款共计人民币(以下币种同)135.5 万元。

(二)故意杀人事实

龙利源发觉被骗,多次向被告人黄光索要钱款,黄光遂产生杀害龙利源的念头。2011 年 12 月 23 日 11 时许,龙利源与生意伙伴黄文一起到阳春市八甲镇八甲火锅城预订了猫肉火锅,后打电话约黄光到八甲镇合路村委会查看山林。当日 13 时许,三人看完山林回到镇上,一起到八甲火锅城 201 包房就餐。等餐期间,黄光借故离开,到其轿车上取出事先准备的一包片状大茶药(钩吻,俗称"断肠草",有剧毒),然后进入火锅城厨房假意试吃猫肉,又借故将店老板吴万夫妇支开。见厨房只剩自己,黄光取出部分大茶药放上漏勺,先将漏勺放进烹煮猫肉的火锅浸泡数分钟,再捞出大茶药倒掉冲走。猫肉火锅端上桌,龙利源、黄文和黄光开始食用。龙利源、黄文喝过汤说有苦味,黄光即谎称系猫胆破裂或者所配药材过多所致,还食用少量猫肉和火锅汤以遮掩真相。稍后,龙利源、黄文、黄光均出现中毒症状,被送到镇卫生院进行治疗和抢救。在医院期间,黄光打电话报警,但隐瞒了其投放大茶药的事实。龙利源因为食用过多大茶药而中毒太深经抢救无效当日下午死亡,黄文、黄光经抢救脱险。经鉴定,龙利源因钩吻中毒死亡。

阳江市中级人民法院认为,被告人黄光以投毒手段故意杀害一人,还以虚构事实的手段骗取他人财物 135.5 万元,数额特别巨大,其行为分别构成故意杀人罪和诈骗罪,依法应当并罚。该案后果严重,社会影响恶劣。据此,阳江市中级人民法院依照《中华人民共和国刑法》第二百三十二条、第二百六十六条、第五十七条、第六十四条、第六十九条之规定,阳江市中级人民法院判决如下:

被告人黄光犯故意杀人罪,判处死刑,剥夺政治权利终身;犯诈骗罪,判处有期徒刑十二年,并处罚金十万元;决定执行死刑,剥夺政治权利终身,并处罚金十万元。

一审宣判后,被告人黄光不服,向广东省高级人民法院提起上诉。黄光及其辩护人均基于以下理由请求二审对黄光所犯故意杀人罪从轻处罚和撤销诈骗罪认定:(1)被害人龙利源以暴力威胁方法向其催收已结清的 70 万元,从而引发了本案,龙有重大过错;(2)其有自首情节和防止危害后果扩大的犯罪中止行为;(3)其与龙利源之间书写的保证书是真实有效的,可以证实其与被害人之间的债务已经结清,其没有诈骗被害人的财物,不构成诈骗罪。

广东省高级人民经开庭审理查明的事实、证据与一审无异。

广东省高级人民法院认为,上诉人黄光以投毒方法故意杀人,致一人死亡,还以虚构事实的手段骗取他人财物 135.5 万元,数额特别巨大,其行为分别构成故意杀人罪和诈骗罪,依法应当并罚。黄光诈骗被害人巨款后,因为赌六合彩输钱、斥巨资购房等原因而不能归还诈骗被害人的巨款,便产生了在食物中投毒杀害被害人的想法,其作案动机卑劣;在被害人等发现食用的猫汤异常时，还说谎骗被害人等放心食用，在医院抢救被害人时，也拒不说明或者提示被害人所中毒的类型，足见其决意要杀害被害人；同时，黄光还罔顾其他无关人员的生命安全，其主观恶性极深。黄光的投毒行为造成被害人死亡，后果极其严重；本案社会影响恶劣。综上，黄光所犯罪行极其严重，依法应当判处死刑。原审判决认定的事实清楚，证据确实、充分，定罪准确，量刑适当，审判程序合法。据此，广东省高级人民法院依照《中华人民共和国刑事诉讼法》第二百二十五条第一款第一项、第二百三十五条之规定，裁定驳回上诉，维持原判，并依法报请最高人民法院核准。

最高人民法院经复核认为，被告人黄光虚构事实，骗取他人数额特别巨大的财物，其行为构成诈骗罪；诈骗后为杀人灭口，采用投毒方法故意非法剥夺他人生命，致一人死亡，其行为构成故意杀人罪，依法应当并罚。故意杀人犯罪性质恶劣，情节、后果严重，依法应当惩处。第一审判决、第二审裁定认定的事实清楚，证据确实、充分，定罪准确，量刑适当，审判程序合法。据此，依照《中华人民共和国刑事诉讼法》第二百三十五条、第二百三十九条和《最高人民法院关于适用〈中华人民共和国刑事诉讼法〉的解释》第三百五十条第一项之规定，最高人民法院裁定如下：

核准广东省高级人民法院（2013）粤高法刑四终字第61号维持第一审对被告人黄光以故意杀人罪判处死刑，剥夺政治权利终身；以诈骗罪判处有期徒刑十二年，并处罚金人民币十万元；决定执行死刑，剥夺政治权利终身，并处罚金人民币十万元的刑事裁定。

二、主要问题

1. 打电话报警但未承认自己实施犯罪行为的是否认定为自首？

2. 如何审查判断经鉴定属于被害人真实签名的保证书等书证的真实性？

三、裁判理由

（一）打电话报警但未承认自己实施犯罪行为的不构成自首

根据刑法第六十七条的规定，自首，是指犯罪以后自动投案，如实供述自己罪行的行为。自首的成立，必须同时符合自动投案和如实供述两个要件。综观本案全案，被告人黄光打电话报警但未承认自己实施的犯罪事实，不构成自首。

1. 黄光缺少自动投案的要件。自动投案，一般是指犯罪事实或者犯罪嫌疑人未被司法机关发觉，或者虽然被发觉，但犯罪嫌疑人尚未受到办案机关的调查、谈话、讯问，或者未被宣布采取调查措施或者强制措施、未被群众扭送时，主动将自己置于办案机关的合法控制下，接受审查与裁判的行为。就本案而言，被害人龙利源、黄文及黄光本人食用有毒猫汤后均呈中毒状，送往医院抢救。在医院，黄光打电话报警称三人食物中毒，要求出警。但报警时并未称其投毒，且自始至终没有告知或者提示医生三人系因服用大茶药而中毒，致被害人龙利源因抢救无效而死亡。如果黄光告知或者提示医生三人系因服用大茶药而中毒，或许龙利源不致死亡。而且，公安机关出警后，仍不能明确谁是投毒行为实施人，黄光的报警，并不必然将自己置于犯罪嫌疑人的地位。案件事实也表明，2011年12月23日发生的中毒事件，龙利源当天就死亡，黄光当天报警，但公安机关直到经过大量调查工作，取得一定证据后，才于同月30日对黄光刑事拘留。从23日至30日的7天中，公安机关曾4次对黄光调查询问，但黄光均未如实交代其投毒杀人的事实。公安机关的4次调查，均属于排查性质，并未将黄光列为犯罪嫌疑人。因此，黄光的报警与公安机关将黄光作为犯罪嫌疑人采取强制措施之间没有关联性，黄光缺乏自动投案的要件。

2. 黄光的到案不属于视为自动投案的情形。自动投案，是犯罪人基于自己的意志积极主动地投案。但实践中存在许多非典型地反映行为人积极主动投案，却符合自首的立法宗旨的行为，对于此类行为，可以视为自动投案。最高人民法院1998年出台的《关于处理自首和立功具体应用法律若干问题的解释》规定了七种视为自动投案的情形。经过长期的司法实践,最高人民法院于2010年12月22日下发的《关于处理自首和立功若干具体问题的意见》,对视为自动投案的情形作了进一步补充和完善。从上述解释性文件可知,视为自动投案的情形,必须体现行为人投案的主动性和自愿性。

本案中,被告人黄光不具有主动性和自愿性的要件。公安机关对黄光刑事拘留时的案由是诈骗,并非故意杀人。黄光在刑事拘留后的第二天如实供述了投毒杀人的事实。表面看,似乎符合刑法第六十七条第二款的规定构成自首。但根据本案的实际情况,公安机关虽然以诈骗罪立案并拘留黄光,但实际上已经掌握了相当证据证明黄光实施了投毒杀人的行为。理由如下:(1)公安机关一直是围绕投毒案件开展前期调查的,这从刑拘之前对黄光的几次询问笔录中清晰可见。(2)在黄光供述投毒杀人罪行之前,侦查机关从火锅店业主及一同食用猫汤的黄文处获悉,龙利源在抢救期间情绪激动并用手指着黄光;黄光当天行为反常,并在厨房进出频繁,特别是在火锅城厨房消毒柜顶上提取了剩余的大茶药片。同时,证人提交了龙利源与黄光有经济往来的相关票据,据此确定黄光有投毒的重大作案嫌疑。也就是说,侦查机关在黄光交代之前就已经掌握了黄光投毒的事实,并掌握了相当的证据。(3)公安机关之所以未以故意杀人罪立案而以诈骗罪立案并拘留黄光,一方面由于黄光犯诈骗罪的证据已经收集得比较充分,而诈骗罪正是黄光故意杀人罪的前因;另一方面公安机关已将相关物证送检,但检验报告未出正式结果。为了防止黄光毁灭证据、逃跑,故先以诈骗罪立案侦查。综上,黄光在被以诈骗罪立案并刑事拘留后交代的投毒杀人犯罪,不属于交代公安机关尚未掌握的犯罪事实。

(二)经鉴定属于被害人真实签名的保证书等书证亦必须依照证据规则进行审查质证才能作为定案的依据

本案中,认定被告人黄光虚构事实,从被害人龙利源处骗取巨额款项的证据充分。首先,龙利源转款给黄光的证据充分。银行提供的转账单、查询存款通知书(回执)、银行凭条,高州市源兴林业发展有限公司提供的日记账、支付证明单、收据等书证证实龙利源以转账及支付现金的方式给付了黄光300多万元。一、二审就低仅认定135.5万元。黄光对其收到135.5万元也予以承认。其次,黄光虚构事实的证据充分。委托书、伪造的工程合作协议书、伪造的建筑企业资质证书、省住建厅和高州市住建局提供的证明、阳春市八甲镇政府提供的证明、黄光发给龙利源的短信等证据,证明黄光所称的工程项目不存在,建筑企业资质证书、工程合作协议书系伪造。龙利源所在公司的员工及龙利源的亲友等均证实,龙利源基于相信黄光虚构的上述事实将巨款交给黄光。最后,黄光巨额支出及参与六合彩赌博的证据充分,证明其从龙利源处取得款项后,不仅没有将其用于所谓的"项目",也没有归还给龙利源的意思。

审理过程中,黄光辩称其和龙利源之间的债务已经结清。为证实此一事实,其前妻徐永洁在一审期间提交一份打印的保证书。内容如下:"本人与黄光同志之间的数目已于2011年11月20日结算清楚,除以前已还款外,本人尚欠黄光(人民币)叁拾贰万元整,定于2011年12月6日前还清,如未能按时还清,则每超期一天按所欠款项千分之五交滞纳金。特此保证。保证人:二〇一一年十一月二十日。"保证人处签有"龙利源",还有手写字体"数目属实,保证书各存一份。黄光"和"数目已全部还清。本保证书作废。黄光"。

因保证书中"龙利源"的字迹经鉴定是龙利源所写。因此,该份保证书成为认定黄光的行为是否构成诈骗罪的关键。这一争议的焦点在于,该保证书上的签名经过痕迹鉴定系龙利源亲笔签名,且对鉴定程序、鉴定依据、鉴定方法及鉴定人的资质审查后,均没发现问题。一般情况下,真实签名的字据,其证明力极强,高于证人证言的证明力。但我们认为,即使签名为真的字据,也并非一定能成为认定案件事实的依据，必须从形式要件和实质要件进行审查，并结合案情和其他证据来判断其真伪和证明力。

1. 关于该保证书的形式要件。经过审查，该收据系黄光前妻徐永洁提供，但徐永洁不能说明该证据形成的来龙去脉。因此，对收据的真实性应当进行审查。该保证书的纸张形式也有可疑之处。依照黄光供述，“龙利源就自己去打了一张保证书，是打在一张A4纸上的，分上下两节，一式两份，我与他各取一份”。但从保证书原件看，与正常情况下将一张纸一分为二明显有异。A4纸的标准高度（长度）和宽度分别为297mm×210mm。如果一分为二，则每张高度（长度）和宽度分别为148mm（左右）×210mm。但该保证书为173mm×210mm。由此推论，如果龙利源手上有另一份保证书，则规格为124mm×210mm。这种两分法与一般人在正常情况下的做法有明显不同。并且，该份保证书的下行处几乎没有空白处。既然是一式两份，那么在黄光所称的另一份保证书上的内容与徐永洁提供的保证书的内容应该是相同的。徐永洁提供的保证书，其内容占了A4纸五分之三面积，且下行处无空白，在另一份仅占A4纸五分之二面积的纸张上，依此保证书的样子打印和书写同样的内容便很困难。即使勉强可以，肯定形式上与在案保证书具有巨大差别。因此，可以认为，该保证书在纸张形式上存疑。当然，仅凭此存疑，不能认定保证书系伪造。还得根据内容结合案情分析保证书的真实性。

2. 关于保证书的实质要件。对保证书的实质内容的审查，应当从在案证据，并结合日常生活常识去分析。

第一，与黄光开支及收入不符。黄光替龙利源办事，并收取了龙的巨款，龙利源再向黄光借32万元不符合常理。黄光作为一名公务员，2009年购买小车，2010年分别为前妻徐永洁出资30余万元、为同居女友出资13余万元购买了住房，还往徐永洁账户上存款10万元以帮助其在信用社完成储蓄任务，特别是和同居女友一起参加六合彩赌博，输了180余万元。黄光的上述巨额支出的收入来源不明。此外，另一份保证书无从查找，龙利源所在公司及家人均不知此份保证书，也不知保证书所说的款项结清一事。保证书签署后至案发前，黄光仍然在向龙利源所在公司汇钱还款。如果按照黄光所辩解的账已结清，此保证书日期为2011年11月20日，那么黄光就没有必要再向龙利源所在公司还款。但是，龙利源所在公司的员工李锋证实，其出差到东莞办事经费不够，向龙利源要钱时，龙利源称有钱在黄光处，让黄光汇3万元给李锋。而银行明细证实，2011年12月12日黄光账户转账3万元到李锋账户。

第二，缺乏黄光归还龙利源巨款或者黄光将巨款用于其所称的工程等方面的证据，而黄光收取龙利源巨额资金的证据却非常充分。黄光巨额开支的证据特别是其参与六合彩赌博输巨款的证据非常充分。也就是说，保证书所称的款项已结清，没有依据。（1）黄光称70万元已经结清，但如何结清却没有具体的供述和辩解，而对此70万元尚在其处则有数次供述。（2）黄光供述的支付官河村委会保背村38万元，与官河村委会相关人员的证言及证人黄文关于龙利源与保背村的款项均系龙利源自己所付，未经黄光之手的证言不符。（3）黄光关于支付龙利源承包联合村山林中介费20万元的辩解，与联合村相关证人关于此项承包没有中介费一事的证言相矛盾。（4）龙利源给黄光9万元用于办理资质证，黄光仅花了1 500元从网上买了一个假的资质证，余款黄光仅称已结清，但无法说明如何结清，也没有相关证据。（5）龙利源所在公司财务没有结清款项的记载，众多证人也证明从未听龙利源说过与黄光结清经济往来一事。（6）黄光关于龙利源向其借钱的理由与本案证据相冲突。首先，黄光称龙利源与妻子有矛盾，龙的妻子想当老板，故龙利源向其借钱的说法不成立。龙利源妻子从不管企业财务，对龙利源与黄光之间的巨额财务往来也仅知道龙利源因让黄光办理资质证给黄光款项一事，其他款项来往均不知，且本人称2011

年 11 月 20 日前后没有与龙利源闹意见。其次,黄光所称的其借给龙利源 32 万元中部分来源于徐永洁 10 万元、徐永娟 6 万元的借款,与徐永洁、徐永娟证实的情况不符,二人均证明未借钱给黄光。

综上分析,一审判决、二审裁定和最高人民法院复核裁定未将本案被告人黄光提供的保证书作为认定黄光与龙利源之间款项已经结清的依据,是正确的。

(撰稿:最高人民法院刑四庭　陆建红
审编:最高人民法院刑四庭　周　峰)

[第 1048 号]葛玉友等诈骗案

——在买卖过程中,行为人采取秘密的欺骗手段,致使被害人对所处分财物的真实重量产生错误认识,并进而处分财物的行为如何定性

【关键词】 诈骗罪　盗窃罪　物理外观认识　合同诈骗罪

一、基本案情

被告人葛玉友,男,1963 年 12 月 14 日出生,农民。2012 年 1 月 6 日因涉嫌犯盗窃罪被逮捕。

被告人姜闯,男,1986 年 7 月 26 日出生,农民。2012 年 1 月 6 日因涉嫌犯盗窃罪被逮捕。

被告人张福生,男,1969 年 6 月 20 日出生,农民。2012 年 1 月 6 日因涉嫌犯盗窃罪被逮捕。

浙江省湖州市德清县人民检察院以被告人葛玉友、姜闯、张福生犯盗窃罪,向德清县人民法院提起公诉。葛玉友对公诉机关起诉书指控的犯罪事实、定性均无异议。姜闯、张福生及其辩护人对公诉机关起诉书指控的犯罪事实均无异议,但均对定性提出异议,认为姜闯、张福生的行为不构成盗窃罪,而应构成诈骗罪。

德清县人民法院经公开审理查明:

1. 被告人葛玉友、姜闯在德清恒运纺织有限公司收购碎布料期间,经事先商量,采用事先偷偷在运输车辆上装入 1.5 吨重的石头,同林祥云一起给"空车"过磅,随后偷偷把石头卸掉才去装载碎布料,再同林祥云一起满载车辆过磅,然后根据两次过磅结果计算车上碎布料重量,再和林祥云进行现金交易的方法,在林祥云没有察觉的情况下,每次交易均从德清恒运纺织有限公司额外多运走 1.5 吨碎布料。自 2011 年 4 月至 2011 年 8 月,葛玉友、姜闯采用上述方法,先后 7 次骗得碎布料共计 10.5 吨,共计价值人民币(以下币种同)5.25 万元。

2. 葛玉友、姜闯、张福生经事先商量,采用事先偷偷在运输车辆上装入 2 吨重的水,同林祥云一起给"空车"过磅之后又偷偷把水放掉才去装载碎布料,再同林祥云一起给满载车辆过磅,然后根据两次过磅结果计算车上碎布料重量,再和被害人林祥云进行现金交易的方法,在林祥云没有察觉的情况下,每次交易均从德清恒运纺织有限公司额外多运走 2 吨碎布料。自 2011 年 8 月至 2011 年 9 月,先后两次骗得碎布料共计 4 吨,共计价值 1.96 万元。

案发后,葛玉友、姜闯分别退出赃款 27 000 元、40 000 元,并已发还被害单位。

德清县人民法院认为,被告人葛玉友、姜闯、张福生结伙,以非法占有为目的,虚构事实、隐瞒真相,骗取他人财物的行为,均构成诈骗罪。其中葛玉友、姜闯诈骗数额巨大,张福生诈骗数额较

大。公诉机关指控的犯罪事实成立,但指控的罪名有误,法院予以更正。姜闯、张福生的辩护人所提本案犯罪事实应当构成诈骗罪,不构成盗窃罪的辩护意见予以采纳。葛玉友、姜闯、张福生虽不具有自首情节,但能如实供述自己的罪行,且葛玉友、姜闯分别退出赃款27 000元、40 000元,可以酌情从轻处罚。据此,依照《中华人民共和国刑法》第二百六十六条、第二十五条第一款、第六十七条第三款、第五十二条、第五十三条之规定,德清县人民法院判决如下:

1. 被告人葛玉友犯诈骗罪,判处有期徒刑三年四个月,并处罚金人民币一万五千元。

2. 被告人姜闯犯诈骗罪,判处有期徒刑三年二个月,并处罚金人民币一万二千元。

3. 被告人张福生犯诈骗罪,判处有期徒刑一年二个月,并处罚金人民币六千元。

宣判后,三被告人未提起上诉,检察机关亦未抗诉,该判决已发生法律效力。

二、主要问题

在买卖过程中,行为人采取秘密的欺骗手段,致使被害人对所处分财物的真实重量产生错误认识,并进而处分财物的行为如何定性?

三、裁判理由

(一)在买卖过程中,行为人采取秘密的欺骗手段,致使被害人对所处分财物的真实重量产生错误认识,并进而处分财物的行为构成诈骗类犯罪

盗窃罪与诈骗罪是常见的两种犯罪,在一般情况下不会发生混淆。但是,随着犯罪方法、犯罪手段的翻新,在一些复杂的案件中,行为人为了达到非法占有他人财物的目的,会交互采用欺骗与秘密窃取等多种手段与方法。本案即是如此,三被告人通过秘密增加"空车"自重,进而掩盖车载碎布料真实重量的方式,让被害人"自愿"多处分其碎布料,在这一过程中盗窃与诈骗行为相交织在一起。本案审理过程中,对三被告人的上述行为定性主要存在以下两种意见:一种意见(即公诉机关指控意见)认为,被害人对于被告人从该厂多拉走碎布料始终是不知情的,也没有对其所有权进行处分,被告人系在被害人不知情的情况下秘密窃取碎布料,应当以盗窃罪定罪处罚。另一种意见认为,本案的犯罪对象是碎布料,尽管被告人以事先在空车上装载石块、水的手段以增加"空车"自重,在装载碎布料前再卸掉的行为是秘密进行的,但该行为目的是实施欺诈,使被害人对一车碎布料的真实重量产生错误认识,并基于该错误认识而交付财物,符合诈骗罪的构成要件,应当以诈骗罪定罪处罚。

我们同意后一种意见。具体理由如下:

对于盗窃与诈骗行为相交织的情形,按照过去的主流观点,就是以取财的决定性手段是什么来定性。如果决定性手段是骗就是诈骗,反之就是盗窃。这种观点从理论上看似通俗易懂,但是难以适用于实践中一些复杂情形。因为取财手段的决定性大小在复杂案件中本身就很难被量化,中间存在很大的弹性空间,而且完全以此来定性,容易依据起决定性作用的事前与事后秘密掩盖行为来定性,从而违背了定案的逻辑基础。为此,在对这些案件进行认定时,需要进一步分析两罪客观行为的逻辑结构,并从中去寻找答案。其中,盗窃罪的逻辑结构可以表述为:犯罪人窃取财物→被害人失去对财物的有效控制→犯罪人取得财物;而诈骗罪的行为逻辑结构可以表述为:犯罪人实施了欺骗行为→被害人陷入错误认识→被害人基于认识错误交付财物→行为人取得财物。由此可以看出,两罪的本质区别在于被害人针对财物是否存在处分行为。

在我国刑法理论与实务界,尽管已经认识到处分行为的有无系认定诈骗罪的关键所在,但是针对处分行为的构成尤其是处分意识问题还有待进一步研究。众所周知,处分财产行为系一种民事法律行为,由客观行为和意思表示两部分构成。这就要求在认定处分行为时,要坚持主客观相统一的原则。除了从客观上分析有无"交付"行为,还要从主观上分析受骗者对所交付的财产

是否存在有认识以及认识到何种程度。被害人认识的内容不仅包括被骗财物的种类、名称、数量、颜色等外观物理特征,还包括财物的性质、质量、重量、价值等内在属性。有观点认为,诈骗罪中的处分行为,要求被害人对所处分财物必须有全面、完整、清晰的认识,否则就没有处分意识,不能认定为处分行为。上述说法貌似很有道理,实际上是对诈骗罪中处分意识这一概念的误解。究其原因,在于诈骗罪中的行为人都要实施虚构事实、隐瞒真相的行为,被害人都会陷入一定的认识错误,进而作出带有瑕疵的处分行为。在这种情况下,要求被害人对所处分财物外在特征与内在属性均有正确的认识显然是不切实际的。基于这一考虑,接下来的问题是,被害人对所处分的财物需要达到何种认识程度,方能成立"处分行为"?我们认为,被害人至少需要认识到所处分财物的种类、名称等外观物理特征,即知道自己是在对什么东西进行处分。当被害人对自己所处分财物的上述物理外观存在认识时,尽管由于行为人的欺骗行为而对财物的质量、价格等内在属性产生了错误认识,仍然不影响处分意识的成立,成立诈骗罪;反之,如果行为人直接针对财物本身采取秘密欺骗手段,使受骗者对所转移财产的外观物理特征亦没有认识,即不知道自己处分的是何种财物甚至不知道已经处分了自己的财物。由于不存在处分意识,故不成立诈骗罪,而应当以盗窃罪论处。

以此为分类标准,司法实践中主要存在以下两种情形:一是当被害人知道交付的财物是甲财物,并且实际上交付的确实是甲财物时,尽管犯罪人采取欺骗手段隐瞒了财物的实际价值等内在属性,但被害人对所交付财物的种类、名称等外观物理特征并没有发生认识错误,故不影响处分行为的认定。例如,犯罪行为人通过欺骗手段使被害人对其所持名贵字画的真假产生了错误认识,将真实的字画当成赝品低价转卖给行为人。在这种情况下,被害人尽管对字画的真假属性及由此决定的价格产生了错误认识,但对字画的物理外观本身并没有产生错误认识,知道自己在卖字画,此时的交付行为仍然属于诈骗罪中的处分行为。二是行为人采用秘密"调包"或者其他隐蔽方法,使被害人对自己所交付财物的种类、名称等物理外观都没有认识到,即不知道自己对某财物进行了处分,此时被害人不存在处分意识,故不能认定其实施了处分行为。例如,在商场"调包案"中,行为人将包装内的普通商品换成贵重商品,收银员不知情按照普通商品收了较低的价格。从表面上看,是收银员自己将贵重商品交给了行为人,具有"自愿交付"的行为表象。但是,收银员并不清楚普通商品包装袋内有贵重物品,其对于该贵重物品连最基本的物理外观都不存在认识,当然也就谈不上实施了处分行为。实际上,行为人系采用隐瞒事实真相的方法作掩饰,乘机窃取他人财物,当其将贵重物品秘密放进普通商品包装内时,就已经构成了盗窃罪,应当以盗窃罪论处。

具体到本案中,被告人葛玉友、姜闯、张福生采用事先偷偷在运输车辆上装入石头、水,在"空车"过磅之后偷偷把石头、水卸掉去装载碎布料,再满载车辆过磅,然后根据两次过磅结果计算车上碎布料重量的方法,在被害公司工作人员林祥云不知情的情况下额外多运走价值数万元的碎布料。在上述过程中,被害公司工作人员"自愿"多交付碎布料给被告人,符合处分财产行为的客观要求,在这一点上不存在争议。问题在于,被害人对于多交付的碎布料在主观上是否存在处分意识?如果存在,则为诈骗,反之则为盗窃。本案行为人采取一种秘密的欺骗手段,该行为直接针对的是"空车"重量,所改变的只是计量标准,使被害人对车载碎布料的重量产生错误认识,进而作出了处分决定。由于行为人的秘密欺骗行为并非直接针对碎布料进行,即并没有将碎布料进行秘密藏匿,被害人也并没有因此而对车上碎布料的物理外观发生错误认识,故被告人的行为符合诈骗罪的构成结构特征。当然,与典型诈骗罪不同的是,本案被告人采用的"骗称"手段,系一种动作诈骗,它区别于通常所见的言词诈骗。但无论是动作诈骗还是言词诈骗,行为人都是采用虚构事实或者隐瞒真相的方法,使财物所有人发生认识上的错误,并基于错误认识而实施处分行为,因而构成诈骗罪。换一种情形,假设车载碎布料不需要称重,而是以整车为计量单位,那么,如果行为人在车厢之外设置夹层并在其中秘密藏匿碎布料,由于被害人对于车内夹层中的碎布料在物理外观上缺乏最基本的认识,对该部分碎布料被害人不存在处分意识,则不能认定为诈骗,而应当认定为盗窃罪。

(二)合同诈骗罪要求行为人必须充分利用合同的签订与履行来骗取财物,本案行为人系采用其他诈骗方法骗取对方财物,应当以诈骗罪论处

诈骗罪与合同诈骗罪主要的区别在于所侵犯的客体不同,由此带来客观方面的行为方式也不同。其中,诈骗罪规定于侵犯财产罪这一类罪名之下,可见诈骗罪旨在保护的法益是财产所有权;而合同诈骗罪规定在破坏社会主义市场经济秩序罪中的扰乱市场秩序罪这一类罪名之中,主要保护的法益是市场秩序。由于合同是市场经济活动的一项重要内容,是人们进行经济活动赖于信任的基础,利用合同进行诈骗,势必扰乱市场秩序,进而需要以合同诈骗论处。这就要求合同诈骗罪在客观行为上,必须是在市场交易活动中利用合同的签订、履行来骗取他人财物。对此,刑法第二百二十四条列举了合同诈骗罪的几种常见行为方式:(1)以虚构的单位或者冒用他人名义签订合同的;(2)以伪造、变造、作废的票据或者其他虚假的产权证明作担保的;(3)没有实际履行能力,以先履行小额合同或者部分履行合同的方法,诱骗对方当事人继续签订和履行合同的;(4)收受对方当事人给付的货物、货款、预付款或者担保财产后逃匿的;(5)以其他方法骗取对方当事人财物。由上可见,行为人正是利用合同这种对双方当事人具有约束力的形式,故意违背市场经济中的诚实信用原则,来达到非法占有他人财物的犯罪目的。也就是说,利用合同即是其诈骗行为。反之,尽管行为人与对方签订了合同,但如果其获得财物并没有利用合同,而是采用其他虚构事实、隐瞒真相的方式,同样,相对方陷入错误认识也并非基于合同,而是合同以外的其他欺骗因素,那么,该行为所侵害的法益仅仅是他人的财产所有权,应直接以普通诈骗罪认定即可。

本案中即是如此,从犯罪预备到犯罪实施整个过程,三被告人均没有利用合同来实施诈骗的主观故意与行为:一方面,从主观方面来看,三被告人自始至终都没有利用合同的签订与履行来骗取对方财物的故意。尽管合同诈骗罪中的"合同"包括口头合同在内,但是一般来说,行为人如果想利用合同来进行诈骗,通常会与对方签订正式的书面合同,以此来获取对方的信任,进而骗取对方的财物。然而,本案被告人与纺织公司并没有签订形式上更有约束力的书面合同,在交易时采取的是"一手交钱、一手交货"即钱货两清的方式,合同的签订与否在本案中并不重要。另一方面,从骗取财物的主要方式来看,三被告人并没有利用合同的签订、履行来实施诈骗,而是采用合同之外的其他诈骗方法,即在碎布料称重过程中,通过事先在空车上装载石块、水以增加"空车"自重,在装载碎布料前再卸掉,使被害人对一车碎布料的真实重量产生错误认识,并基于该错误认识而交付财物的手段进行的。综上,本案三被告人并没有利用合同来实施诈骗的故意与行为,故法院对三被告人以诈骗罪定罪处罚是正确的。

(撰稿:浙江省高级人民法院刑三庭　聂昭伟
审编:最高人民法院刑二庭　叶晓颖)

[第 1049 号]杨丽涛诈骗案

——侵入红十字会计算机信息系统,篡改网页内容发布虚假募捐消息骗取他人财物的行为,如何定罪处罚

【关键词】 诈骗罪 破坏计算机信息系统罪 牵连犯

一、基本案情

被告人杨丽涛,男,1985 年 4 月 1 日出生,原系深圳市赢客通网络科技有限公司员工。2008 年 5 月 29 日因涉嫌犯破坏计算机信息系统罪被逮捕。

江苏省昆山市人民检察院以被告人杨丽涛犯破坏计算机信息系统罪,向昆山市人民法院提起公诉。

被告人杨丽涛对起诉书指控的犯罪事实无异议。其辩护人提出:昆山市红十字会网站只是一个信息发布平台,不属重要的计算机信息系统。杨丽涛对网站的攻击行为未造成严重后果,不构成破坏计算机信息系统罪。即使要追究杨丽涛的刑事责任,也应以诈骗罪未遂处理。

昆山市人民法院经公开审理查明:2008 年 5 月 18 日,被告人杨丽涛为利用网络骗取社会各界对四川汶川地震提供的捐款,在深圳市龙岗区坂田和堪村 9 号暂住地使用自行组装的台式电脑,登录昆山市红十字会网站管理后台,将其本人篡改过的包含虚假募捐账户为“5 · 12 四川汶川地震捐款”的消息链接至昆山市红十字会网站上,致使网站管理员无法正常管理网站,昆山市红十字会网站被迫关闭 27 小时。杨丽涛发布的虚假消息载明募捐账户名为庞土贤,账号为 6222023602010819555。该账户由杨丽涛控制。至案发无募捐款项汇入该账号。

昆山市人民法院认为,被告人杨丽涛以非法占有为目的,为骗取社会为四川汶川地震提供的捐款,利用计算机非法入侵昆山市红十字会网站,发布虚假的为汶川地震募捐的消息,将昆山市红十字会的募捐账户修改为其本人控制的银行账户,其行为构成诈骗罪,且以救灾名义骗取捐款,属于情节严重。公诉机关指控杨丽涛的犯罪事实清楚,但指控的罪名不当,应予纠正。杨丽涛因意志以外的原因诈骗未能得逞,系犯罪未遂,依法可以比照既遂犯从轻或者减轻处罚。据此,依照《中华人民共和国刑法》第二百八十七条、第二百六十六条、第二十三条、第六十四条之规定,昆山市人民法院以被告人杨丽涛犯诈骗罪,判处有期徒刑二年,并处罚金人民币五千元。

一审宣判后,被告人杨丽涛以其未获取任何财物,对其量刑应当比照诈骗“数额较大”既遂标准减轻处罚,原审判决量刑畸重为由向苏州市中级人民法院提起上诉。

苏州市中级人民法院经公开审理查明:2008 年 5 月 18 日,上诉人杨丽涛在其暂住地深圳市龙岗区坂田和堪村 9 号通过自行组装的台式电脑,登录昆山市红十字会网站(www. kshsz. org),利用该网站源代码漏洞,非法获取了该网站后台登录页面路径和管理员用户名、密码,并上传木马程序,篡改该网站上内容,在该网站最新消息栏内发布为“5 · 12 四川汶川地震捐款”的虚假消息,并在虚假消息中载明募捐账户名为庞土贤,账号为 6222023602010819555。致使昆山市红十字会网站管理员无法正常管理网站,网站被迫关闭 24 小时以上。杨丽涛虚假发布的募捐账户系其于 2008 年 3 月用捡到的“庞土贤”居民身份证在中国工商银行广州骏景支行开办的银行卡卡号,至案发无募捐款项汇入该账号。

苏州市中级人民法院认为,上诉人杨丽涛为骗取社会为四川汶川地震提供的救灾捐款,利用

计算机非法入侵昆山市红十字会网站，发布虚假的为汶川地震募捐的消息，并将其本人控制的银行账户设定为虚假募捐账户，其行为构成诈骗罪，且情节严重，依法应予严惩。杨丽涛已经着手实行犯罪因意志以外的原因诈骗未能得逞，系犯罪未遂，可以比照既遂犯从轻或者减轻处罚。刑法第二百六十六条规定“数额巨大或者有其他严重情节的，处三年以上十年以下有期徒刑，并处罚金”，杨丽涛以抗震救灾为名诈骗钱财，且系通过破坏计算机信息系统手段进行，致使昆山市红十字会网站被迫关闭24小时以上，影响了该网站的正常运行，也影响了昆山市红十字会为地震灾区正常的募捐行为，故杨丽涛的犯罪行为属情节严重，依法应当判处三年以上十年以下有期徒刑，并处罚金。第一审人民法院认定的事实清楚，证据充分，定罪及适用法律正确，量刑恰当，审判程序合法。杨丽涛的上诉理由并无事实和法律依据，不予采纳。据此，苏州市中级人民法院裁定驳回上诉，维持原判。

二、主要问题

侵入红十字会网站，篡改网页内容发布虚假募捐消息，骗取他人财物的行为，如何定罪处罚？

三、裁判理由

在本案审理过程中，对被告人杨丽涛行为的定性及处罚存在较大争议，主要形成四种不同意见：

第一种意见认为，杨丽涛的行为构成诈骗罪。理由是：昆山市红十字会网站是一个信息发布平台，不是计算机信息系统。杨丽涛的攻击行为既未造成重大经济损失，也未对募捐工作造成重大影响，后果不严重，不符合破坏计算机信息系统罪的构成要件。杨丽涛以非法占有为目的，采取虚构事实、隐瞒真相的手段骗取他人财物，虽系未遂，但情节严重，构成诈骗罪。

第二种意见认为，杨丽涛的行为构成破坏计算机信息系统罪。理由是：杨丽涛实施的网页添加行为不属于诈骗未遂，情节严重的情形，但在客观上造成昆山市红十字会网站无法正常运行，属于后果严重，符合破坏计算机信息系统罪的构成要件。

第三种意见认为，杨丽涛的目的行为构成诈骗罪，手段行为构成破坏计算机信息系统罪，应当按照牵连犯的处理原则，从一重罪处罚。根据相关司法解释的规定，诈骗未遂，情节严重的，才追究刑事责任。因此，对杨丽涛犯诈骗罪，应当在“三年以下有期徒刑、拘役或者管制，并处或者单处罚金”的法定刑幅度内量刑。而其犯破坏计算机信息系统罪的法定刑为“五年以下有期徒刑或者拘役”，重于其所犯的诈骗罪。故应当以破坏计算机信息系统罪定罪处罚。

第四种意见认为，杨丽涛的行为同时构成诈骗罪和破坏计算机信息系统罪，属于牵连犯，应当从一重罪处罚。由于杨丽涛诈骗未遂，情节严重，其法定刑为“三年以上十年以下有期徒刑，并处罚金”，高于破坏计算机信息系统罪的法定刑，故应当以诈骗罪定罪处罚。

我们同意第四种意见。具体理由如下：

（一）侵入红十字会网站，篡改网页内容发布虚假募捐消息的行为构成破坏计算机信息系统罪

根据刑法第二百八十六条的规定，违反国家规定，对计算机信息系统功能进行删除、修改、增加、干扰，造成计算机信息系统不能正常运行，或者对计算机信息系统中存储、处理或者传输的数据和应用程序进行删除、修改、增加的操作，或者故意制作、传播计算机病毒等破坏性程序，影响计算机系统正常运行，后果严重的，构成破坏计算机信息系统罪，处五年以下有期徒刑或者拘役；后果特别严重的，处五年以上有期徒刑。本罪侵犯的客体是计算机信息系统安全。计算机信息系统安全保护条例第三条规定：“计算机信息系统的安全保护，应当保障计算机及其相关的和配套的设备、设施（含网络）的安全，运行环境的安全，保障信息的安全，保障计算机功能的正常发

挥，以维护计算机信息系统的安全运行。”对行为人违法国家规定，破坏计算机信息系统功能后果严重构成犯罪的，应当依法惩处。本罪的犯罪对象为计算机信息系统功能和计算机信息系统中存储、处理、传输的数据和应用程序。计算机信息系统功能，是指按照一定的应用目标和规则对信息进行采集、加工、存储、传输、检索的功用和能力。计算机信息系统中存储、处理或者传输的数据，是指在计算机信息系统中实际处理的一切文字、符号、声音、图像等内容有意义的组合。应用程序，是指用户使用数据库的一种方式，是用户按数据库授予的子模式的逻辑结构，书写对数据库操作和运算的程序。本罪的客观方面表现为破坏计算机信息系统功能后果严重的行为，即违反国家规定，对计算机信息系统功能进行删除、修改、增加、干扰，或者对计算机信息系统中存储、处理或者传输的数据和应用程序进行删除、修改、增加的操作，或者故意制作、传播计算机病毒等破坏性程序，造成计算机信息系统不能正常运行。上述行为必须达到“后果严重”的程度才构成犯罪。所谓后果严重，①一般是指破坏国家重要计算机信息系统功能，造成较大经济损失，违法所得较大或者造成恶劣社会影响等情形。本罪的主观方面是故意，即行为人明知非法侵入特定的计算机信息系统的行为，会破坏该信息系统功能和信息系统中存储、处理、传输的数据和应用程序，造成计算机信息系统不能正常运行的后果，仍然实施破坏计算机信息系统的行为。

本案中，被告人杨丽涛在汶川地震期间，利用昆山市红十字会网站源代码漏洞，采取“SQL”漏洞注入的方式非法获取了该网站后台登录页面路径和管理员用户名及密码后植入网页木马程序，删除管理后台文件夹，并访问添加和编辑新闻页面，篡改该网站上内容，发布虚假募捐消息，导致网站管理员无法登录后台管理界面，无法正常管理网站，网站被迫关闭 24 小时以上，影响了昆山市红十字会向地震灾区正常的募捐行为，其行为完全符合“对计算机信息系统功能进行删除、修改、增加、干扰，造成计算机信息系统不能正常运行”的行为方式，且属“后果严重”情形，构成破坏计算机信息系统罪。

（二）以非法占有为目的，诈骗未遂，情节严重的，构成诈骗罪

诈骗罪，是指以非法占有为目的，使用欺骗方法，骗取数额较大的公私财物的行为。本案中，首先，被告人杨丽涛主观上有非法占有的目的。杨丽涛非法侵入和控制昆山市红十字会网站后，篡改网站上内容，发布虚假的募捐消息，并将自己持有的户名为“庞土贤”的银行账号设为募捐账户，足以体现出其有非法占有他人财物的目的。在审理过程中，杨丽涛也供认，其侵入昆山市红十字会网站的目的是以为地震灾区捐款的名义实施诈骗。其次，杨丽涛实施了虚构事实、隐瞒真相的欺骗行为。杨丽涛非法侵入昆山市红十字会网站后，在网站页面上发布“昆山市红十字会紧急呼吁：援助四川地震灾区群众！”的募捐消息，并将自己持有的银行账号设为募捐账号，其发布

---

① 在本案审理时，尚未有法律和司法解释对“后果严重”的认定标准作出规定。2011 年 9 月 1 日，《最高人民法院、最高人民检察院关于办理危害计算机信息系统安全刑事案件应用法律若干问题的解释》明确规定了破坏计算机信息系统罪中后果严重的情形。该解释第四条第一款规定，破坏计算机信息系统功能、数据或者应用程序，具有下列情形之一的，应当认定为“后果严重”：“（一）造成十台以上计算机信息系统的主要软件或者硬件不能正常运行的；（二）对二十台以上计算机信息系统中存储、处理或者传输的数据进行删除、修改、增加操作的；（三）违法所得五千元以上或者造成经济损失一万元以上的；（四）造成为一百台以上计算机信息系统提供域名解析、身份认证、计费等基础服务或者为一万以上用户提供服务的计算机信息系统不能正常运行累计一小时以上的；（五）造成其他严重后果的。”第六条第一款规定，故意制作、传播计算机病毒等破坏性程序，影响计算机系统正常运行，具有下列情形之一的，应当认定为“后果严重”：“（一）制作、提供、传输第五条第（一）项规定的程序，导致该程序通过网络、存储介质、文件等媒介传播的；（二）造成二十台以上计算机系统被植入第五条第（二）、（三）项规定的程序的；（三）提供计算机病毒等破坏性程序十人次以上的；（四）违法所得五千元以上或者造成经济损失一万元以上的；（五）造成其他严重后果的。”

募捐消息的行为，属于虚构事实、隐瞒真相。此外，杨丽涛已经着手实行诈骗行为，由于意志以外的原因而未获取财物，虽系诈骗未遂，但属“情节严重”。杨丽涛在汶川地震时期，以赈灾募捐的名义，采用破坏计算机信息系统的手段，通过互联网向不特定多数人实施诈骗，致使昆山市红十字会网站被迫关闭24小时以上，影响了该网站的正常运行，也影响了昆山市红十字会为地震灾区正常的募捐行为，其犯罪行为属于“情节严重”。根据最高人民法院1996年出台的《关于审理诈骗案件具体应用法律的若干问题的解释》第一条第六款的规定：“诈骗未遂，情节严重的，也应当定罪并依法处罚。”①因此，杨丽涛以非法占有为目的，通过发布虚假募捐消息，骗取他人财物的行为，构成诈骗罪。

（三）侵入红十字会计算机信息系统，篡改网页内容发布虚假募捐消息骗取他人财物行为应当按照“从一重罪处罚”原则处断

根据刑法理论，牵连犯，是指犯罪的手段行为或者结果行为，与目的行为或原因行为分别触犯不同罪名的情况。牵连犯有两个特征：(1)必须是其手段行为或结果行为又触犯了其他罪名；(2)数行为之间存在手段行为与目的行为、原因行为与结果行为的牵连关系。对于牵连犯如何处罚，我国刑法总则没有明文规定，理论通说认为，对牵连犯应当从一重罪处罚。本案中，被告人杨丽涛的犯罪行为可分为手段行为与目的行为，其目的行为是以赈灾募捐名义诈骗他人钱款，手段行为是侵入和破坏了昆山市红十字会计算机信息系统，分别触犯了诈骗罪和破坏计算机信息系统罪，成立牵连犯。对杨丽涛应当从一重罪处罚。刑法第二百六十六条规定：“诈骗公私财物……数额巨大或者有其他严重情节的，处三年以上十年以下有期徒刑，并处罚金。”而第二百八十六条第一款规定：“违反国家规定，对计算机信息系统功能进行删除、修改、增加、干扰，造成计算机信息系统不能正常运行，后果严重的，处五年以下有期徒刑或者拘役。”据此，如按诈骗罪论处，对杨丽涛依法应当判处3年以上10年以下有期徒刑；如按破坏计算机信息系统罪论处，对杨丽涛依法应当判处5年以下有期徒刑或者拘役。由于杨丽涛所犯诈骗罪的法定刑高于所犯破坏计算机信息系统罪的法定刑，所以，应当以诈骗罪对其定罪处罚。

综上，根据刑法第二百八十七条的规定，行为人利用计算机实施金融诈骗、盗窃、贪污、挪用公款、窃取国家秘密或者其他犯罪的，如果其手段行为没有触犯计算机信息系统安全犯罪，应当依照刑法有关规定定罪处罚。否则，按照牵连犯的处罚原则，从一重罪处断。

（撰稿：江苏省昆山市人民法院　王　东
审编：最高人民法院刑二庭）

① 在本案审理时，该司法解释仍然有效，后于2013年1月18日被废止。其间，最高人民法院、最高人民检察院发布了《关于办理诈骗刑事案件具体应用法律若干问题的解释》，自2011年4月8日起施行。新司法解释第五条第一款规定：“诈骗未遂，以数额巨大的财物为诈骗目标的，或者具有其他严重情节的，应当定罪处罚。”第二款规定：“利用发送短信、拨打电话、互联网等电信技术手段对不特定多数人实施诈骗，诈骗数额难以查证，但具有下列情形之一的，应当认定为刑法第二百六十六条规定的‘其他严重情节’，以诈骗罪（未遂）定罪处罚：（一）发送诈骗信息五千条以上的；（二）拨打诈骗电话五百人次以上的；（三）诈骗手段恶劣、危害严重的。”

[第1056号]陈景雷等合同诈骗案

——以适格农民名义低价购买农机出售而骗取国家农机购置补贴款的行为如何定性

【关键词】 诈骗罪 合同诈骗罪 非法经营罪 法益

一、基本案情

被告人陈景雷,男,1982年6月2日出生,个体经营户。2012年8月28日因涉嫌犯诈骗罪被逮捕。

被告人胡党根,男,1974年7月4日出生,新余市农丰农机合作社法人代表。2012年8月16因涉嫌犯诈骗罪被取保候审。

被告人彭小云,男,1973年9月15日出生,个体经营户。2012年8月3日因涉嫌犯诈骗罪被取保候审。

江西省新余市渝水区人民检察院以被告人陈景雷、胡党根、彭小云犯合同诈骗罪,向新余市渝水区人民法院提起公诉。

新余市渝水区人民法院经公开审理查明:

2010年3月左右的一天,被告人陈景雷找到被告人胡党根,问胡党根是否能买到享受政府补贴的久保田牌插秧机,其加价大量收购,并告知胡党根如何规避检查等。根据规定,购买政府补贴农机的必须是本地农户并且每人限购一台,两年内不得转让。胡党根随即找到本地农户胡文生、李娟、黄且保、蒋春根帮忙,并许诺给每人人民币(以下币种同)500元好处费。同年4月1日,胡党根通过胡文生、李娟、黄且保、蒋春根签订补贴协议,以每台7 000元的价格购买了4台久保田牌插秧机(该机市场价每台为19 000元,政府每台补贴12 000元)。之后,胡党根以每台9 000元的价格卖给了被告人陈景雷,陈景雷又以每台13 500元的价格倒卖至外地。

2010年3月的一天,陈景雷找到被告人彭小云,问彭小云是否能买到享受政府补贴的久保田牌插秧机,其加价大量收购,并告知彭小云如何规避检查等。彭小云随即找到本地农户彭小铁、彭小华、张绍英帮忙。同年3月25日,彭小云通过彭小铁、彭小华、张绍英签订补贴协议,以每台7 000元的价格购买了4台久保田牌插秧机(其中1台是以彭小云自己的名义购买)。之后,彭小云以每台10 500元的价格卖给了陈景雷,陈景雷又以每台13 500元的价格倒卖至外地。

2012年7月26日和8月3日,胡党根、彭小云主动到有关部门投案,如实交代了自己伙同陈景雷骗购政府补贴农机的事实。

新余市渝水区人民法院认为,被告人陈景雷、胡党根、彭小云无视国家法律,以非法占有为目的,违反严禁倒卖、空套补贴农机的规定,骗购享有政府补贴的农机进行倒卖,其行为均构成合同诈骗罪。其中陈景雷诈骗的数额为96 000元,数额巨大;胡党根、彭小云诈骗的数额为48 000元,数额较大。公诉机关指控陈景雷、胡党根、彭小云的犯罪事实成立,指控的罪名正确,应当予以支持。案发后,胡党根、彭小去能主动到有关部门投案,如实供述犯罪事实,具有自首情节,依法可以从轻处罚。陈景雷归案后,能够如实供述自己的犯罪事实,自愿认罪,依法可以从轻处罚。根据陈景雷、胡党根、彭小云的犯罪事实、犯罪情节及对社会的危害程度,依照《中华人民共和国刑法》第二百二十四条第一项,第二十五条第一款,第六十七条第一款、第三款,第七十二条第一款、第三款，第七十三条第二款、第三款，第六十四条之规定，新余市渝水区人民法院判决如下：

1. 被告人陈景雷犯合同诈骗罪，判处有期徒刑三年，并处罚金五万元上缴国库；

2. 被告人胡党根犯合同诈骗罪，判处有期徒刑一年六个月，缓刑二年，并处罚金四万元上缴国库；

3. 被告人彭小云犯合同诈骗罪，判处有期徒刑一年六个月，缓刑二年，并处罚金四万元上缴国库。

一审宣判后，被告人陈景雷不服，向新余市中级人民法院提出上诉。

陈景雷上诉提出：原判定性错误，其行为不构成合同诈骗罪，而应构成非法经营罪；原判量刑过重。

新余市中级人民法院审理查明的事实及证据与一审相同。新余市中级人民法院认为，上诉人陈景雷及原审被告人胡党根、彭小云采取欺骗手段，以符合农机补贴条件的农民名义，与农机主管部门签订购机补贴协议，以低价购得农机具并出售，骗取国家的农机购置补贴款，其行为均构成诈骗罪。其中陈景雷的犯罪金额为 96 000 元，数额巨大，应当判处三年以上十年以下有期徒刑，并处罚金；胡党根、彭小云的犯罪金额为 48 000 元，数额较大，应当判处三年以下有期徒刑、拘役或者管制，并处或者单处罚金。胡党根、彭小云能主动投案并如实供述犯罪事实，系自首，依法可以从轻或者减轻处罚；陈景雷归案后能如实供述其犯罪事实，系坦白，依法可以从轻处罚。陈景雷所提其构成非法经营罪且原判量刑过重的上诉理由没有事实和法律依据，不予采纳。原判认定的事实清楚，审判程序合法，但定性不准，适用法律错误，应予纠正。据此，依照《中华人民共和国刑事诉讼法》第二百二十五条第一款第二项，《中华人民共和国刑法》第二百六十六条，第六十七条第一款、第三款，第七十二条第一款、第三款，第七十三条第二款、第三款，第六十四条之规定，新余市中级人民法院判决如下：

1. 撤销新余市渝水区人民法院(2013)渝刑初字第 00067 号刑事判决；

2. 上诉人陈景雷犯诈骗罪，判处有期徒刑三年，并处罚金五万元；

3. 原审被告人胡党根犯诈骗罪，判处有期徒刑一年六个月，缓刑二年，并处罚金四万元；

4. 原审被告人彭小云犯诈骗罪，判处有期徒刑一年六个月，缓刑二年，并处罚金四万元。

二、主要问题

以适格农民名义低价购买农机出售而骗取国家农机购置补贴款的行为如何定性？

三、裁判理由

本案审理过程中，关于被告人陈景雷、胡党根、彭小云的行为如何定性，大致存在以下四种观点：

第一种观点认为，被告人陈景雷、胡党根、彭小云的行为构成诈骗罪。主要理由有：陈景雷、胡党根、彭小云以符合条件的农户的名义购买享受政府补贴的插秧机，其行为既不是欺骗农户，也不是欺骗农机销售商，而是钻政策的空子，诈骗国家财产，使国家遭受损失。

第二种观点认为，被告人陈景雷、胡党根、彭小云的行为构成合同诈骗罪。理由有：陈景雷等人在购置农机时虚构了事实、隐瞒了真相，客观上实施了诈骗行为，且主观上是以骗取农机补贴款为目的。虽然国家补贴款并未直接被其占有，但其赚取的差价实际上就来源于国家补贴款。因陈景雷等人的诈骗行为具有利用以农户名义签订的补贴协议进行诈骗的特征，故符合合同诈骗罪的构成要件。

第三种观点认为，被告人陈景雷的行为构成非法经营罪，胡党根、彭小云的行为不构成犯罪。理由如下：

1. 被告人陈景雷、胡党根、彭小云的行为不构成合同诈骗罪或者诈骗罪。首先,陈景雷、胡党根、彭小云主观上不具有非法占有的目的。陈景雷、胡党根、彭小云主观上是想从别人手上购买享受政府补贴的农机,然后通过倒卖赚取差价,而不是为了骗取政府补贴并直接占有。其次,陈景雷、胡党根、彭小云客观上没有占有农机补贴款。农机补贴款由省级财政部门与农机销售商结算,除非三被告人与农机销售商串通,否则无法占有农机补贴款,但在本案中,三被告人与农机销售商并没有串通行为。再次,向农机主管部门申请购买享受政府补贴的农机的主体、程序都是合法的,相关政府部门并不是受骗对象。本案中,申请购买享受政府补贴的农机的农户都具有购买资格,其依照程序申请购买农机,完全符合相关部门的规定,这些农户在申请购买农机的过程中,并没有欺骗行为。最后,农户自购买享受政府补贴的农机之日起两年内转让的,属于违规行为。对农户违规转让享受政府补贴的农机,三被告人受让的行为,行政机关可以使用行政手段进行规制。

2. 被告人陈景雷的行为构成非法经营罪,胡党根、彭小云的行为不构成犯罪。财政部、农业部联合下发的《农业机械购置补贴专项资金使用管理暂行办法》(财农〔2015〕11 号)规定,农户自购买享受补贴的农机具之日起,原则上两年内不得转卖或转让。陈景雷、胡党根、彭小云明知涉案的 8 台久保田牌插秧机自农户购买之日起两年内不得转让,为谋取利益,违反该国家规定,购买后倒卖,其行为严重扰乱了农机市场的经营秩序,属于非法经营行为。其中,陈景雷倒卖 8 台,非法经营数额 108 000 元,违法所得 30 000 元;胡党根倒卖 4 台,非法经营数额 36 000 元,违法所得 8 000 元;彭小云倒卖 4 台,非法经营数额 42 000 元,违法所得 14 000 元。根据《江西省高级人民法院、江西省人民检察院、江西省公安厅关于办理破坏社会主义市场经济秩序罪案件具体适用法律若干问题的意见(一)》第三十二条的规定,刑法第二百二十五条规定的非法经营罪中的"情节严重"应以非法经营数额或非法所得数额巨大,或者非法经营数额或非法所得数额较大并具有其他严重情节为标准。其中,"数额较大"是指个人非法经营数额 5 万元以上或违法所得数额 2 万元以上;"数额巨大"是指个人非法经营数额 10 万元以上或违法所得数额 3 万元以上。"其他严重情节"包括:多次实施非法经营行为的;两年内因非法经营受过两次以上行政处罚的;利用职权从事非法经营活动,影响恶劣的;垄断货源、哄抬物价,对国民经济和社会安定造成严重后果的;进行非法经营活动造成恶劣社会影响或者其他严重后果的。根据上述规定,陈景雷的非法经营行为达到"情节严重"的标准,构成非法经营罪;胡党根、彭小云的非法经营行为没有达到"情节严重"的标准,不构成犯罪。

第四种观点认为,被告人陈景雷、胡党根、彭小云的行为不构成犯罪。理由是:符合农机补贴条件的农民与农机主管部门签订购机补贴协议,购得享受政府补贴的农机具后,陈景雷、胡党根、彭小云再从农民手上低价受让,并倒卖赚取差价。对农民违规出让享受政府补贴的农机具,被告人违规受让的行为,有关部门予以行政处理即可。

我们赞同第一种观点,即被告人陈景雷、胡党根、彭小云的行为构成诈骗罪。具体理由如下:

(一)被告人陈景雷的行为不构成非法经营罪

根据《最高人民法院关于准确理解和适用刑法中"国家规定"的有关问题的通知》的规定,刑法中的"国家规定"是指,全国人民代表大会及其常务委员会制定的法律和决定,国务院制定的行政法规、规定的行政措施、发布的决定和命令。其中,"国务院规定的行政措施"应当由国务院决定,通常以行政法规或者国务院制发文件的形式加以规定。以国务院办公厅名义制发的文件,符合以下条件的,亦应视为刑法中的"国家规定":(1)有明确的法律依据或者同相关行政法规不相抵触;(2)经国务院常务会议讨论通过或者经国务院批准;(3)在国务院公报上公开发布。虽然财政部、农业部联合下发的《农业机械购置补贴专项资金使用管理暂行办法》规定,农户自购买享受补贴的农机具之日起,原则上两年内不得转卖或者转让,但是这一规定文件不属于刑法第二百二十五条的"国家规定"。非法经营罪以行为人违反国家规定为前提,故陈景雷、胡党根、彭小云的行为不构成非法经营罪。

(二)被告人陈景雷、胡党根、彭小云的行为不构成合同诈骗罪

根据刑法第二百二十四条的规定,合同诈骗罪的特征是"在签订、履行合同过程中,骗取对方当事人财物"。本案中,三被告人以符合农机补贴条件的农民名义,与农机销售商签订农机购买合同,农机销售商按照农机市场价收取了购机款,可见,农机销售商没有被诈骗。三被告人诈骗的对象不是购买合同一方当事人——农机销售商,也不是另一方当事人——农户,而是国家。有观点据此认为,陈景雷、胡党根、彭小云以符合农机补贴条件的农民名义,与农机主管部门签订购机补贴协议,骗取了国家的农机购置补贴款,构成合同诈骗罪。我们认为,对合同诈骗中的"合同",应当结合合同诈骗罪侵犯的客体和立法目的予以具体理解和把握。立法者将合同诈骗罪规定在刑法分则第三章"破坏社会主义市场经济秩序罪"的第八节"扰乱市场秩序罪"中,即合同诈骗罪侵犯的法益不仅是他人的财产所有权,而且侵犯了国家合同管理制度,破坏了社会主义市场经济秩序。因此,合同诈骗罪中的"合同"必须能够体现一定的市场秩序,与市场秩序无关以及主要不受市场调整的各种"合同""协议",通常情况下不应视为合同诈骗罪中的"合同"。被告人陈景雷等人以农户名义与农机主管部门签订的购机补贴协议不受市场秩序制约,不属于合同诈骗罪中的"合同"。

(三)被告人陈景雷、胡党根、彭小云的行为构成诈骗罪

首先,被告人陈景雷、胡党根、彭小云主观上具有非法占有的目的。如果符合农机补贴条件的农民为了生产经营的需要自己购买了享受政府补贴的农机,后面又不想再继续使用,将该农机出售给被告人,被告人通过倒卖赚取差价,就不能认定被告人主观上具有非法占有的目的。但是,陈景雷、胡党根、彭小云以符合农机补贴条件的农民名义,与农机主管部门签订购机补贴协议,主观上就是为了低价购得农机具,从而骗取国家的农机购置补贴款。其次,被告人采取了欺骗的手段。向农机主管部门申请购买享受政府补贴的农机的主体、程序表面上看起来都是合法的,其实相关政府部门受到了欺瞒,并不知道真正购买享受政府补贴农机的主体不是符合农机补贴条件的农民,而是不符合农机补贴条件的被告人。再次,被告人骗取了财物,即国家发放的农机补贴款。被告人陈景雷、胡党根、彭小云表面上似乎没有直接取得国家的农机补贴款,但经过省级财政部门与农机销售商结算农机补贴款后,被告人已实质占有农机补贴款。最后,陈景雷等人的行为具有应受刑罚惩罚性,不宜仅予行政处理。农户自购买享受政府补贴的农机之日起两年内转让的,属于违规行为;农户违规转让享受政府补贴的农机,他人受让的,行政机关可以使用行政手段进行规制。但是,本案中,真正购买享受政府补贴农机的主体并非符合农机补贴条件的农民,而是被告人。各被告人以欺骗手段倒卖农机多台,违法所得数额巨大或者较大,具有严重的社会危害性,司法机关对其行为追究刑事责任是适当的。

综上,被告人陈景雷、胡党根、彭小云以非法占有为目的,采取欺骗手段,以符合农机补贴条件的农民名义,与农机主管部门签订购机补贴协议,以低价购得农机具并出售,骗取国家的农机购置补贴款,其行为构成诈骗罪。

(撰稿:江西省高级人民法院　林勇康
审编:最高人民法院刑二庭)

[第1065号]王先杰诈骗案

——民事纠纷与公权力混合型诈骗案件中若干情节的认定

【关键词】 诈骗罪 民事欺诈 借公权力诈骗 财产取得 既遂

一、基本案情

被告人王先杰,男,1973年7月5日出生,汉族,初中肄业,捕前系江苏省无锡市天酬商贸有限公司法定代表人。2013年9月30日因涉嫌犯诈骗罪被逮捕。

江苏省无锡市崇安区人民检察院以被告人王先杰犯诈骗罪向无锡市崇安区人民法院提起公诉。

无锡市崇安区人民法院经审理查明:2011年至2013年8月间,被告人王先杰被债权人张亚平、蔡建平、上海银行无锡分行等个人和单位以未能偿还到期贷款和民间借贷为由诉至法院,或申请诉前财产保全。法院先后作出民事判决、民事调解和民事裁定,责令王先杰返还债权人本息及其他诉讼费用,并裁定查封、冻结王先杰的财产,金额累计4 000余万元。被告人王先杰在明知其身负巨额债务,名下房产均遭法院查封的情况下,于2013年8月6日前后的一天,假借要开办无锡天酬投资有限公司之名,委托被害人孙向荣垫资3 000万元代为办理工商注册登记手续。随后,王先杰将开办新公司以及将会有资金转入其新开立的中国农业银行太湖支行个人账户的消息披露给债权人张亚平、蔡建平以及上海银行无锡分行。8月13日9时许,被害人孙向荣将2 850万元转入王先杰的银行账户。无锡市北塘区人民法院、南长区人民法院即应债权人张亚平、蔡建平、上海银行无锡分行申请,冻结了上述款项。被害人孙向荣得知款项被冻结后即报案,案发后涉案财物已发还被害人。

无锡市崇安区人民法院认为,被告人王先杰以非法占有为目的,骗取他人钱财,数额特别巨大,其行为已构成诈骗罪。公诉机关指控王先杰犯诈骗罪的事实清楚,证据确实、充分,指控罪名成立。王先杰已经着手实行犯罪,由于意志以外的原因而未得逞,是犯罪未遂,依法减轻处罚。据此,依照《中华人民共和国刑法》第二百六十六条、第二十三条、第六十四条之规定,以诈骗罪判处被告人王先杰有期徒刑六年,并处罚金人民币一万元。

一审宣判后,被告人王先杰提出上诉,理由是:(1)其准备成立新公司是事实,并无假借成立新公司之名骗取垫资款的故意;(2)其没有虚构事实、隐瞒真相,其行为不构成诈骗罪。请求二审法院依法改判。

江苏省无锡市中级人民法院经审理认为,上诉人王先杰提出的上诉理由不能成立,因为证人杨雨润、张国平、陈柏屹的证言及被害人孙向荣的陈述均证实:王先杰事先知道孙向荣的垫资款将于2013年8月13日上午汇入其新办的银行卡。王先杰在可以预见也应当预见到其在身负众多债务、涉及多起民事诉讼、名下房产均被人民法院查封的情况下,只要债权人得知有资金进入其个人银行卡,肯定会被采取法律措施追偿债务,但仍将新开户银行卡的申请单等资料向债权人披露,甚至主动复印后提供给债权人,并告知卡上资金进入的时间,致使次日用于验资的垫资款汇入王先杰新办的银行卡后即被债权人申请人民法院冻结。上述客观行为足以反映出王先杰意图通过人民法院的公权力,冻结、扣划上述款项,从而骗取孙向荣垫资款用于偿还其个人债务,其行为符合诈骗罪的法律特征。原审判决认定上诉人王先杰犯诈骗罪的定罪和量刑事实清楚,证据确实、充分,适用法律正确,量刑适当,诉讼程序合法,应当予以维持。依照《中华人民共和国刑事诉讼法》第二百二十五条第一款第一项之规定,裁定驳回上诉,维持原判。

二、主要问题

1. 司法实践中如何区分普通的民事纠纷(欺诈)与诈骗罪?

2. 如何认定假借国家公权力类诈骗案件中的"财产取得"?

3. 如何把握假借国家公权力类诈骗案件中既未遂的界限?

三、裁判理由

本案系由民间借贷引发、假借国家公权力实施诈骗犯罪的案例,不仅异于普通诈骗案件,而且与典型的诉讼诈骗案件亦有所区别。案件审理过程中,主要应审视以下三个方面的问题:

(一)司法实践中如何区分普通的民事纠纷(欺诈)与诈骗罪

"以非法占有为目的"不仅是诈骗罪的构成要素之一,更是区分诈骗罪与民事纠纷(欺诈)的根本界限。本案审理过程中,行为人及其辩护人均提出本案是一起普通借贷引发的民事纠纷,行为人至多构成民事欺诈,并不构成诈骗罪。此种观点混淆了民事纠纷(欺诈)与诈骗罪间的界限:两者不是非此即彼的排斥关系,不能因为客观上存在交易关系就断然否认诈骗罪的成立。两者的根本区别在于民事纠纷(欺诈)不具有非法占有的目的,只是由于客观原因,一时无法偿还;诈骗罪是以非法占有为目的,不是因为客观的原因不能归还,而是根本不打算偿还。

一般认为,所谓非法占有目的,是指以将公私财物非法转为自己或第三者不法所有为目的。"以非法占有为目的"的主观性相当强,不可能通过客观事实直接证明,如何准确加以判断是司法实践中的难点。根据主客观相一致的原则,"以非法占有为目的"的认定既要避免单纯根据损害后果进行客观归罪,也不能仅凭行为人自己的供述证明,而必须坚持在客观基础上的主观判断,即在查明客观事实的前提下,根据一定的经验法则或者逻辑规则,推定行为人的主观目的。结合金融诈骗类犯罪的相关司法解释,并充分考虑诈骗罪与金融诈骗类犯罪的共性,我们认为,应当主要从以下三个方面进行判断:(1)行为人事前有无归还能力,如行为人的资产负债情况等;(2)行为人事中有无积极归还或者消极不归还行为或者表现,如行为人编造事实或者隐瞒真相拖延归还被害人的财产等;(3)行为人事后处分财物及对他人财产损失的态度,如行为人是否通过实施诈骗行为排除被害人对其财产的控制并将其财产转归行为人或第三人名下,是否将被害人的财物用于双方约定的用途,抑或是消费、还债等个人用途,是否具有转移财产、隐匿财产、拒不交代财物的真实去向等欲使被害人财物无法收回的行为等。司法实践中,非法占有目的的认定应在综合考量上述事实的基础上推定而得。需注意的是,行为人仅具有上述一种情形,如将被害人的财物用于个人还债等个人用途,并不意味着其一定具有非法占有目的,只有结合其他事实,如该还债行为导致其最终不能归还财物给被害人等,才可认定行为人具有非法占有目的。

本案中,被告人王先杰事前已身负巨额债务,名下房产均被查封,其并无注册成立新公司的资本,更无设立投资公司后所需的运营条件。王先杰与被害人约好垫资代为办理工商注册登记手续后,便将开办新公司以及将有资金转入其新开立的个人账户的消息披露给债权人及相关银行,使人民法院在被害人刚将垫资款打入约定账户后不久便根据债权人的申请对此款项予以冻结。综合上述事实,王先杰可以预见也应当预见到,在身负众多债务、涉及多起民事诉讼、名下房产均被人民法院查封的情况下,其将新开户银行卡的申请单等资料向债权人披露,甚至主动复印后提供给债权人,并告知卡上资金进入的时间,会导致该笔垫资款经债权人申请由人民法院冻结。上述客观行为足以反映出王先杰要求被害人垫资的真实目的并非注册成立新的公司,也根本没有打算归还被害人的垫资款,而是意图通过人民法院的公权力,冻结上述款项,用于偿还其个人债务,应认定其具有非法占有目的。

(二)假借国家公权力类诈骗案件中"财产取得"的认定

诈骗罪(既遂)的基本构造为行为人实施欺骗行为——对方(受骗者)产生(或继续维持)错误认识——对方基于错误认识处分财产——行为人或第三者取得财产——被害人遭受财产损害。一般而言,被害人基于错误认识处分财产的行为与行为人或第三者取得财产的结果同时发生,两者之间不仅具有时间上的先后性,而且具有逻辑上的相斥性——处分意味着未取得,取得意味着已处分。一般认为,根据处分对象的不同,取得财产的判断标准亦有所区别:就财物而言,取得财产的最低限度是取得财物的占有,占有的取得当然不具有法律的效力,只是一种事实上的支配、控制;就财产性利益而言,取得财产意味着行为人或第三者获得(或享用)了财产性利益,存款债权便属于后者。

在本案中,行为对象具有财物与财产性利益的交叉属性:被害人基于错误认识,将垫资款项打入被告人王先杰的个人银行账户,但为预防不测,被害人始终实际掌控着打入垫资款项的银行卡和用于开卡的身份证,王先杰实质上并不能处置该垫资款项,反而是被害人可以利用银行卡、用于开卡的身份证和自己的身份证等实际处置该笔款项,该笔款项的实际占有者仍为被害人,名义占有者为王先杰,但其并无实质处分权。此时,并不能认定王先杰已经取得了财产。王先杰为了实现其实际处置该笔款项的目的,借助了国家公权力——法院强制执行措施,意图根据民事诉讼法第二百四十二条的规定,由法院通过执行措施将被害人的钱款扣划给执行申请人,只有当法院通过强制执行措施将该钱款扣划给执行申请人,行为人才实际取得了被害人的财产。

(三)假借国家公权力强制执行类诈骗案件中"既遂"的认定

一般而言,诈骗案件只涉及行为人与被害人,涉案财产也只会在两者之间流转,被害人的损害意味着行为人的取得,反之亦然。但是,在有第三者介入的情况下,取得财产与财产损害便不具有同质性。换言之,此时被害人的财产损害并不必然意味着行为人或第三者取得财产,也不能简单地以行为人或第三者是否取得财产来判断被害人是否遭受财产损害。第三者根据角色的不同可以分为两类:一是与被害人或行为人具有利害关系的第三者,如受被害人或行为人支配的第三者;二是独立的第三者,如人民法院等。第一种情形中,涉案财产虽然受被害人和行为人之外的第三者掌控,但鉴于该第三者系受被害人或行为人所支配,故财产实际上仍处于被害人或行为人控制之下,被害人财产的损害与行为人财产的取得与传统诈骗并无实质差异。第二种情形中,因为独立的第三者介入,涉案财产可能脱离被害人和行为人的占有,处于暂时"悬空"的状态,如人民法院基于公权力将涉案财物予以扣押、冻结时,财产已经超出被害人和行为人的占有范畴,在名义上的占有人和私法上的实际占有人之间,又加入了公法上的占有人,且后者权力明显强于前两者权利。此时,作为实际占有人的被害人丧失了对财物的占有,但是失去占有并不意味着损害的发生,也不意味着犯罪的既遂。

本案中,人民法院根据执行申请人的申请,对于被申请执行人的银行款项既可以冻结,也可以划拨,不论哪一种方式,其结果均会导致涉案财产脱离被害人和被告人王先杰的控制,但并不意味着被害人必然遭受财产损害。本案中,法院只是冻结相应款项,涉案财物尚处于国家公权力控制之下,被害人只是暂时失去了处分权,并未实际遭受财产损害。被害人得知款项被冻结后立即报案,相关法院并未将已冻结的款项发放给申请执行人,也未进行其他处理,因此,王先杰的诈骗行为处于未完成状态,属于因案发等意志以外的因素未完成,系未遂。如果人民法院已将相应款项划拨,不论是发放给申请执行人,抑或是做其他处理,被害人财产损害均已实际发生,行为人的行为即构成诈骗罪的既遂。

综上,被告人王先杰在明知无力偿还巨额债务的情况下,意图通过虚构注册公司的事实骗取他人垫付资金以偿还债务,当其无法实际占有涉案财产时,又假借国家公权力强制执行相应财产,以达到诈骗资金偿还债务的非法目的,其行为已构成诈骗罪(未遂)。

(撰稿:江苏省无锡市中级人民法院 范 莉 王星光
审编:最高人民法院刑四庭 陆建红)

[第1083号]嵇世勇诈骗案

——对假冒国际标准集装箱偷逃高速公路通行费的行为应当如何定性

【关键词】 诈骗罪 合同诈骗罪 法益

一、基本案情

被告人嵇世勇,男,1975年12月21日出生,系浙江省宁波市瑞鑫物流有限公司法定代表人。2014年3月27日因涉嫌犯诈骗罪被逮捕。

浙江省衢州市柯城区人民检察院以被告人嵇世勇犯诈骗罪,向衢州市柯城区人民法院提起公诉。

被告人嵇世勇及其辩护人提出嵇世勇所使用的集装箱是国际标准集装箱,应享受高速公路通行费优惠政策,并没有偷逃通行费的行为,不构成犯罪。

衢州市柯城区人民法院审理查明:宁波市瑞鑫物流有限公司(以下简称瑞鑫公司)是一家从事物流运输的企业。被告人嵇世勇与妻子华亚(同案被告人)分别系瑞鑫公司的法定代表人和财务主管。2001年以来,浙江省人民政府、浙江省交通厅等部门陆续下发文件,规定在浙江省高速公路管网范围内行驶的国际标准集装箱货车,按照所运输的国际标准集装箱种类、数量,享受车辆通行费优惠政策;其他运输非国际标准集装箱的货车,应根据计重收费费率,并结合车次、行驶里程、其他通行费等标准收取通行费。嵇世勇、华亚为达到享受高速公路车辆通行费优惠政策的目的,由嵇世勇分两次从上海市购入他人转售的20英尺开顶集装箱共48个,用于瑞鑫公司的煤炭运输业务,该批集装箱后经鉴定均不再适合作为国际集装箱进行运输。嵇世勇、华亚还购入空白集装箱设备交接单和铅封,由华亚虚构船名、船次,自行打印、制作,假冒运单,并要求公司驾驶员随车携带,在通过高速公路人工收费通道收费员查验时予以出示。后嵇世勇、华亚又为瑞鑫公司车辆办理了高速公路不停车收费系统(以下简称ETC),并要求公司车辆驾驶员直接从仅允许运输国际标准集装箱的ETC专用车道通过高速公路收费站。2011年12月至2013年1月期间,嵇世勇、华亚使用上述集装箱,通过宁波市、衢州市、绍兴市、金华市及其下属市、县高速公路出入口进出浙江省高速公路管网共计1 643次,其中通过人工通道921次、通过ETC通道722次,偷逃高速公路通行费共1 381 293.25元。案发后,嵇世勇、华亚退出赃款130万元。

柯城区人民法院认为,被告人嵇世勇、华亚虚构事实,隐瞒真相,偷逃高速公路车辆通行费,数额特别巨大,其行为已构成诈骗罪。在共同犯罪中,嵇世勇起主要作用,系主犯,应当按照其所参与的全部犯罪处罚;华亚起次要作用,属从犯,应当减轻处罚。二人案发后退出违法所得,可酌情从轻处罚。据此,依照《中华人民共和国刑法》第二百六十六条,第二十五条第一款,第二十六条第一款、第四款，第二十七条，第六十七条第三款，第七十二条第一款、第三款，第五十二条之规定，以诈骗罪判处被告人嵇世勇有期徒刑十年，并处罚金人民币二十万元；以诈骗罪判处被告人华亚有期徒刑三年，缓刑五年，并处罚金人民币五万元。

一审宣判后，被告人嵇世勇不服，向衢州市中级人民法院提出上诉。嵇世勇及其辩护人提出：瑞鑫公司用于运输煤炭的集装箱属于国际标准集装箱，依照相关文件规定可以享受相应优惠政策；办理ETC卡符合相关规定，所涉通行费不应计入偷逃数额；其并未占有优惠的通行费，该优惠实际让渡给了煤炭运输的客户；归案后主动退出130万元，请求改判无罪。其辩护人还辩称，嵇世勇的行为即便构成犯罪，也应以合同诈骗罪定罪，请求二审予以改判。

衢州市中级人民法院审理认为，原判认定的事实清楚，定罪准确，量刑适当。审判程序合法。裁定驳回上诉，维持原判。

二、主要问题

1. 如何认定涉案集装箱是否属于可以享受高速公路优惠通行费率的国际标准集装箱?

2. 对使用假冒国际标准集装箱运输来偷逃高速公路通行费的行为如何定性?

三、裁判理由

集装箱运输是一种新型的运输方式，具有安全、高效、保质、快捷和节省等优点。2001年国家计划发展委员会和交通部下发文件，要求各省市制定本辖区内对集装箱运输车辆通行费实行优惠的具体方案，重点降低国际标准集装箱运输车辆通行费标准。据此，不少省市制定优惠政策，对符合一定条件的国际标准集装箱运输实施比照普通货车不同程度的通行费率优惠，减轻国际标准集装箱运输的通行费用，方便海、陆、空不同运输方式之间进行联运，推进交通运输的现代化建设。浙江省人民政府以及浙江省交通主管部门为促进本地集装箱运输的发展，亦出台相关政策，对国际标准集装箱的公路运输实行运费优惠。本案中，被告人嵇世勇等为减少企业运输成本，非法利用浙江省对国际标准集装箱运输车辆的优惠政策，购入淘汰的外表破损的国际标准集装箱装运货物，经过对箱体进行铅封，用于内陆运输，还购买了相关的单证，骗取高速公路收费员的信任，获得相关通行费优惠。在案件审理过程中，对嵇世勇等人所采用的集装箱运输货物是否可以享受通行费优惠，以及偷逃通行费的行为构成合同诈骗罪还是诈骗罪，存在不同意见。我们认为，嵇世勇等人所运输的集装箱不属于享受优惠的范围，其行为构成诈骗罪。主要理由如下：

（一）被告人嵇世勇所使用的集装箱不属于可享受浙江省规定的高速公路通行费率优惠的国际标准集装箱的范围

浙江省交通投资集团有限公司作为省级交通国有资产营运机构，经营沪杭甬、杭金衢、金丽温等多条高速公路，为便于识别可享受优惠费率的国际标准集装箱范围，印发了《国际标准集装箱运输车辆判别操作指南》（以下简称《指南》），此规定已经报批浙江省交通主管部门，属于落实浙江省对国际标准集装箱运输实施优惠费率政策的操作规范。《指南》规定符合以下四项标准才能认定为国际标准集装箱：集装箱的箱体尺寸、重量符合规定；箱体标记符合规定；运输箱体的车辆应为集装箱专用运输车；需携带运单。这四项标准并非创设的标准，而是将集装箱运输及用于联运的要求结合起来，从形式条件和实质条件进行了归纳和简化，方便高速公路收费员进行辨别。我们认为，被告人嵇世勇所使用的集装箱不符合要求：

1. 被告人嵇世勇所使用的集装箱不符合国际标准集装箱的形式要件。《中华人民共和国国家标准GB/T 1413—2008》（以下简称《国家标准GB/T 1413—2008》）前言称“本标准等同采用ISO 668:1995，包括其修正案”，其适用了国际标准对我国的集装箱进行规定，集装箱的尺寸和额定重量,以及具有足够的强度可以在有效使用期内反复使用等方面有详细的标准。国内的集装箱制造企业以及鉴定机构也是按照此标准生产、鉴定国际标准集装箱。《指南》规定,对运输的箱体或车辆不符合标准的,应按照普通货车收费。为减少运输成本,尤其在浙江省于2010年4月16日对普通货车实施计重收费以来,各类假冒国际标准集装箱运输的行为层出不穷,主要有两种情况:一是物流企业购买海运公司淘汰后的集装箱,用于普通货运;二是外观类似集装箱的厢式货车、油罐车,车主对车厢进行改装,喷上箱号假冒集装箱。就本案而言,嵇世勇购入海运公司淘汰的废旧集装箱用于货物运输,并且在所使用过的48个开顶集装箱被查扣后,具有相应资质的中国船级社对这些集装箱进行了鉴定,上述集装箱箱体破损,均不再适合当作国际集装箱进行运输。

2. 被告人嵇世勇使用集装箱超载运输,并伪造运单,不符合国际标准集装箱运输的实质条件。其一,《国家标准 GB/T 1413—2008》中对国际标准集装箱的额定重量严格限制在30.48吨以内,超过该额定重量就需要使用国际非标准集装箱或国际特种集装箱来进行运输。超出重量限制的集装箱运输就不是国际标准集装箱,不能享受相关的优惠政策。浙江省高速公路实施计重收费的同时,对集装箱车辆的收费维持现行收费方式和标准不变。计重收费指由按照货车车型收费变成按车货总重量收费,目的是降低合法运输车辆的收费标准,增大违法运输车辆的运输成本,通过经济和价格手段,消除超限超载运输和利益驱动。嵇世勇为尽可能多地运输货物并逃避计重收费,使用自行购置的集装箱运输货物时重量均达50吨以上,绝大部分还超过60吨,大大超出了国家标准对国际标准集装箱的重量限制,不符合《指南》第一项的规定。其二,浙江省的高速公路运输国际标准集装箱可享受优惠通行费率的具体依据为浙江省交通厅、物价局2002年10月10日印发的《关于国际标准集装箱运输车辆收取通行费有关事宜的通知》(以下简称《通知》)第一条,即国际标准集装箱运输车辆的通行费,按运输集装箱种类、数量收取,收费标准按《国际标准集装箱种类(箱数/吨位)收费分类表》(附表)执行。同时《通知》第三条规定:"调整国际标准集装箱运输车辆通行费收费方式,是适应我国加入WTO扩大国际贸易交流的需要,有利于进一步提高货物运输集装化水平。"根据《指南》规定,只要司机出具的单证有假冒行为,即应按普通货车收费,不再享受优惠政策。嵇世勇用所购买的废旧集装箱用于国内煤炭运输,并且私自购入空白集装箱设备交接单,虚构船名、船次自行打印、制作,让驾驶员随车携带,假冒运单出示,欺骗收费员,使其误信;或者骗得专门用于国际标准集装箱运输的ETC卡,运输不符合要求的集装箱,均违反了上述规定。

(二)被告人嵇世勇使用假冒国际标准集装箱偷逃高速公路过路费的行为构成诈骗罪

被告人嵇世勇使用假冒国际标准集装箱偷逃高速公路过路费,其行为无疑属于诈骗,但对于该行为应认定为诈骗罪,还是合同诈骗罪,存在不同意见。我们认为,嵇世勇的行为构成诈骗罪,主要理由是:

1. 被告人嵇世勇的行为不符合合同诈骗罪的构成特征。合同诈骗也属于诈骗的一种,但合同诈骗罪与诈骗罪有所不同:合同诈骗罪是指以非法占有为目的,在签订、履行合同过程中,使用欺诈手段,骗取对方当事人财物,数额较大的行为。合同诈骗既侵犯公私财产所有权,又扰乱正常的市场交易秩序,而且后者是其本质特征,以此区别于只侵犯公私财产权益的普通诈骗罪。合同诈骗罪是为了规制发生在经济交往过程中的诈骗行为而规定的。按照《最高人民检察院、公安部关于公安机关管辖的刑事案件立案追诉标准的规定(二)》的规定,在签订、履行合同过程中骗取对方当事人财物,数额在2万元以上的,应予追诉;而根据《最高人民法院、最高人民检察院关于办理诈骗刑事案件具体应用法律若干问题的解释》的规定,诈骗公私财物价值3 000元至1万元以上的，即构成诈骗罪，由此可见，两罪的发生领域、社会危害性和规制的对象是不同的。

合同诈骗罪在客观方面表现为五种形式：以虚构的单位或冒用他人名义签订合同骗取对方当事人财物；以伪造、变造、作废的票据或者其他虚假的产权证明作为担保的；没有实际履行能力，以先履行小额合同或者部分履行合同的方法，诱骗对方当事人继续签订和履行合同的；收受对方当事人给付的货物、货款、预付款或者担保财产后逃匿的；以其他方法骗取对方当事人财物的。本案中，被告人嵇世勇的行为不属于上述表现形式：嵇世勇的车辆在高速公路上通行并交纳通行费，与浙江省交通投资集团有限公司之间存在事实上的合同关系，但这属于民事法律关系范畴。嵇世勇的行为具有社会危害性并在刑法上有评价意义的部分是伪造、虚构符合当地政府规定的交纳优惠通行费的条件，从而达到减免通行费的目的，该行为与普通诈骗罪的客观表现并无不同，而与典型的合同诈骗罪明显有别。也就是说，实践中，具有一定合同形式的诈骗行为层出不穷，但不是只要与合同有一定关联，就必须认定行为性质属合同诈骗。嵇世勇以欺骗手段获取优惠通行费率，直接侵害的是高速公路营运方的财产利益，与扰乱市场交易安全秩序关系不大。

2. 将本案认定为诈骗罪符合司法实践惯例。根据《最高人民法院关于审理非法生产、买卖武装部队车辆号牌等刑事案件具体应用法律若干问题的解释》第三条第二款的规定，使用伪造、变造、盗窃的武装部队车辆号牌，骗免养路费、通行费等各种规费，数额较大的，依照刑法第二百六十六条的规定定罪处罚。本案中，被告人嵇世勇虽然不是使用伪造、变造的军牌，但也是通过伪造事实，隐瞒真相的方式，使车辆符合减免通行费条件，从而侵害了公路营运方的财产所有权。因此，此类案件定性为诈骗罪符合法律适用的统一性要求。

（撰稿：浙江省衢州市中级人民法院　唐海波
最高人民法院刑一庭　李　晖
审编：最高人民法院刑一庭　杜国强）

[第1174号]丁晓君诈骗案

——以借用为名取得信任后非法占有他人财物行为的定性

【关键词】 诈骗罪　盗窃罪　处分对象　占有处分

一、基本案情

公诉机关上海市长宁区人民检察院。

被告人丁晓君，男，1983年6月10日出生。2008年11月因犯盗窃罪被判处有期徒刑一年，2010年3月刑满释放。2015年1月5日因本案被逮捕。

上海市长宁区人民检察院以被告人丁晓君犯诈骗罪向长宁区人民法院提出公诉。

上海市长宁区人民法院经公开审理查明：2014年9月至11月间，被告人丁晓君在上海市长宁区、静安区、普陀区、徐汇区等地，多次冒充帮助民警办案的工作人员，专门搭识未成年人，以发生案件需要辨认犯罪嫌疑人、需向被害人借手机拍照等为由，借得被害人侯某、李某、王某、秦某、王某某、谈某、徐某的手机等财物，在让被害人原地等候时逃离。之后，丁晓君将赃物销售，所得赃款挥霍殆尽。

上海市长宁区人民法院认为，被告人丁晓君以非法占有为目的，多次秘密窃取他人财物，数额较大,其行为已构成盗窃罪。丁晓君在刑罚执行完毕之后,五年内再犯应当判处有期徒刑以上刑罚之罪,系累犯,应当从重处罚;丁晓君到案后如实供述自己的罪行,且主动供述了公安机关尚未掌握的同种罪行,在庭审中自愿认罪,可以从轻处罚。据此,依照《中华人民共和国刑法》第二百六十四条、第六十五条第一款、第六十七条第三款、第五十三条、第六十四条之规定,以盗窃罪判处丁晓君有期徒刑一年六个月,并处罚金人民币三千元;责令被告人退赔违法所得后分别发还被害人。

一审宣判后,上海市长宁区人民检察院以原判定性错误、量刑畸重为由提出抗诉。理由是,被告人以虚构事实的方式取得被害人信任,被害人自愿交出手机等财物并在原地等候,被告人系在被害人同意下公然离开现场,没有实施趁人不备、秘密逃离的盗窃行为,故本案应认定诈骗罪;原判因定性错误导致量刑失当。

上海市人民检察院第一分院支持抗诉,认为在被害人同意被告人离开时,财物已经交付,且脱离被害人的控制,被害人已经实施了处分行为,被告人的行为应构成诈骗罪;原判定性错误但量刑并无不当,建议二审法院变更罪名、维持量刑。

上海市第一中级人民法院经审理认为,原审被告人丁晓君以非法占有为目的,多次骗取他人财物,数额较大,其行为已构成诈骗罪。丁晓君系累犯,依法应当从重处罚;到案后如实供述自己的罪行,且主动供述了公安机关尚未掌握的同种罪行,在庭审中自愿认罪,可以从轻处罚。经查,七名被害人的陈述及相关辨认笔录证实,丁晓君冒充帮助民警办案的工作人员,编造理由骗得被害人手机等财物离开案发现场时,被害人均是知晓的,并非趁被害人不备逃逸,一审判决对丁晓君的行为定性有误,应予纠正。虽二审定性发生变化,但并不导致量刑畸重,一审判决量刑仍在法定幅度之内。据此,依照《中华人民共和国刑法》第二百六十六条、第六十五条第一款、第六十七条第三款、第五十三条、第六十四条,《中华人民共和国刑事诉讼法》第二百二十五条第一款第三项之规定,改判被告人丁晓君犯诈骗罪,判处有期徒刑一年六个月,并处罚金人民币三千元。

二、主要问题

被告人以借用为名非法占有他人财物的行为,构成盗窃罪还是诈骗罪?

三、裁判理由

关于诈骗罪与盗窃罪的区分,理论界和实务界的多数观点认为,"二者的区别在于被害人是否基于认识错误而处分财产。如果不存在被害人处分财产的事实,则不可能成立诈骗罪"。① 我们认为,盗窃罪与诈骗罪应从行为人采取的主要手段和被害人有无处分财物等方面综合加以区分。

从犯罪手段来看,诈骗罪主要以欺诈手段骗取财物,盗窃罪通常以秘密手段窃取财物。在一般的以借用为名非法占有他人手机等侵财案件中,被害人与行为人并不存在密切的信任关系,被害人出借财物后多在旁边密切关注着手机等财物的使用状况,行为人"借用"后,多是趁被害人不备,秘密携带财物离开现场,进而实现对他人财物的非法占有。因行为人取得财物的主要手段是秘密窃取,所以才存在成立盗窃罪的空间。本案情形与此不同。被告人丁晓君冒充帮助警察办案的工作人员获得了被害人的充分信任,从被害人处骗得了手机等财物,又以去拍照、开警车等欺骗手段使被害人产生错误认识,同意丁晓君带着手机等财物离开现场,并在原地等候财物被归还。从整个过程来看,丁晓君获取被害人财物的主要方式是欺诈而非窃取,丁晓君的行为不符合盗窃罪的构成要件。

---

① 张明楷:《刑法学》(第3版),法律出版社2007年版,第739页。

从被害人是否因认识错误而处分财物来看，诈骗罪是以欺诈手段使被害人受骗后而“自愿”处分财物，即诈骗罪是将财物交由行为人占有、支配的犯罪，盗窃罪是违反被害人意志窃取财物的犯罪。处分行为是财物支配关系的变化，作为一个法律概念，并不完全等同于日常生活中的交付动作。在借用财物的情形下，被害人将财物交给行为人时，如果被害人仍在现场监督行为人对财物的使用情况，则财物的占有、支配关系在法律上并未转移，亦即被害人并未对财物作出处分。但是，如果行为人在借得财物后，将财物带离现场，被害人不加阻止的，则应当认为财物的占有、支配关系已发生变化，被害人实际已因受骗而对财物作出错误处分。就本案而言，被害人将手机交给被告人丁晓君，只是财物的交付行为，丁晓君将手机等财物带离现场，被害人未采取有效的措施保持对财物的支配，此时才完成了财物的处分行为。本案系因被害人错误认识而导致财物的损失，符合诈骗罪的本质特征。

反对将本案认定为诈骗罪的观点认为，被害人基于受骗仅仅处分了对手机等财物的“占有”，而不是其所有权，故不宜认定为诈骗罪。我们认为，此观点不够准确。对于刑法意义上的诈骗，应当从处分的对象、占有处分等方面来具体认定。

1. 诈骗罪中的处分对象

关于诈骗罪中的处分对象是占有还是所有权，理论界和实务界存在两种不同意见。多数意见认为，在诈骗罪的场合，只要被害人将财物或者财产性利益转移给行为人或者第三人占有就可以认定被害人有处分行为，即占有转移说。① 少数意见认为，只有当被害人自己将相应财物排除出自身所有权的范围并使之成为他人所有的财产时，才能认定被害人是自我损害地进行了财产处分。②

我们理解，处分的对象可以是所有权，也可以是占有。首先，占有可以成为诈骗罪中处分行为的对象。虽然在通常情况下，所有权人享有处分财物的权利，但是在特殊情况下，占有人也享有处分财物的权利。如在行为人冒充出借人的受托人从借用人处取走财物、行为人冒充失主从遗失物拾得者处冒领财物等诈骗情形中，借用人、遗失物拾得者只是临时占有财物，并不享有所有权，其处分的对象只能是占有，但是这并不影响诈骗罪的成立。其次，所有权人仅处分占有的情形下也可以成立诈骗罪的处分行为。虽然在通常情况下，所有权人因受骗而处分所有权，但是在特殊情形下，所有权人仅处分占有也可以成立诈骗罪中的处分行为。如甲基于诈骗的目的从乙处借得汽车后将汽车低价出售、丙基于诈骗目的从丁处租赁汽车后将汽车低价出售等情形中，所有权人出借、出租财产时处分的对象仅限于财物的占有权，并非所有权。即使所有权人仅处分了财物的占有，这也不影响诈骗罪的成立。最后，将占有视为处分行为对象的观点并不背离诈骗罪侵犯财物所有权的传统观点。处分是基于被害人的角度而言的，行为人完全可以通过被害人的占有处分而达成对所占有财物的所有权的整体侵害。

在本案中，被害人处分的对象仅仅是占有，并不是所有权。本案的各被害人对手机等财物享有所有权，其可以向被告人转移财物的所有权，也可以向被告人仅仅转移财物的占有。在犯罪行为发生时，各被害人并未向被告人转移财物的所有权，仅仅转移了财物的占有。即便如此，被告人丁晓君的行为也已经侵犯了被害人财物所有权的完整性，侵犯了刑法所保护的法益。所以，被害人未转移财物的所有权，仅仅转移财物的占有，这并不影响诈骗罪的成立。

---

① ［日］大谷实：《刑法讲义各论》（新版第2版），黎宏译，中国人民大学出版社2008年版，第243页。

② Vgl. Backmann, Die Abgrenzung des Betrugs von Diebstahl und Unterschlagung, 1974, S. 65 ff. 转引自王钢：《盗窃与诈骗的区分——围绕最高人民法院第27号指导案例的展开》，载《政治与法律》2015年第4期。

2. 诈骗罪中的占有处分

关于刑法意义上的占有，理论界和实务界也存有观点分歧。有观点认为，只要此物处于主体的管有之下就属于占有。[①] 也有观点认为，占有是指事实上的支配，不仅包括物理支配范围内的支配，而且也可以包括社会观念上可以推知财物支配人的状态。[②]

我们赞同第二种观点。刑法意义上的占有与民法意义上的占有不完全相同，刑法意义上的占有不但包括现实的物理管有、支配，更强调社会一般观念上的财物管有、支配。在根据社会一般观念判断占有时，应当综合考虑占有意思、时间、地点等因素综合认定。特别值得注意的是，占有弛缓并非处分占有。占有弛缓，是指占有从紧密支配状态舒缓为松散支配状态的情形，尤其是指从物理的现实支配状态舒缓为社会观念上支配状态的情形。如咖啡店店员将咖啡和杯子交给顾客后，虽然顾客在物理上直接支配杯子，但是从一般的社会观念来看，顾客在咖啡店内使用杯子喝咖啡时，咖啡店仍然占有杯子，这便是占有弛缓。在判断占有弛缓时，尤其应当注重审视被害人主观上是否还具有占有的意思。可以说，在被害人和被告人同时在场的情形下，即使被告人直接持有财物，但是从一般的社会观念判断，仍然可以认为被害人占有财物，只是属于占有弛缓的情形。此时，财物的占有、支配关系在法律上并未转移，亦即被害人并未对财物作出处分。但是，如果行为人将财物带离现场，被害人不加阻止的，则应当认为财物的占有、支配关系已发生变化。

就本案而言，被害人将手机等财物交给被告人丁晓君之后，被害人仍然在场占有着财物，被害人可以随时要求被告人归还财物，恢复对财物的物理支配，这仅仅是占有弛缓的情形。在丁晓君虚构去拍照、开警车等理由携带被害人财物离开现场时，被害人并未要求恢复对财物的物理支配或者保持占有弛缓的状态，而是默认同意被告人离开现场，致使被告人得以实现对财物的完全支配，这时应当认定被告人取得了法律上的占有。而被害人之所以同意被告人携其财物离开，是因为被告人虚构事实致使其产生错误认识，进而对财物占有作出了错误处分。换言之，本案损失系因被害人受骗产生错误认识而"自愿"处分财物所致，故丁晓君的行为应构成诈骗罪。

综上，被害人基于被骗在将手机等财物交给被告人时，并不能认为其已经处分了财物，因为从一般的社会观念来看，被害人仍然占有财物，属于占有弛缓。此时，如果被告人携带财物秘密逃走的，宜认定为盗窃罪；如果被告人公然携带财物逃走的，可以认定为抢夺罪；如果被告人采用暴力手段使被害人不敢或者不能反抗后离开的，可以认定为抢劫罪；只有在被害人明知被告人携带财物离开却不反对或者明确表示同意的情况下，才可以认定被告人的行为构成诈骗罪。本案中，被告人将财物带离现场时，被害人之所以没有表示反对或者采取积极措施保持对财物的占有，而是默认、同意被告人完全取得对财物的占有，其"自愿"处分财物是基于被告人欺骗所致，符合诈骗罪的本质特征，故二审改判定性是正确的。

（撰稿：上海市第一中级人民法院刑二庭　任素贤　秦现锋
审编：最高人民法院刑二庭　刘为波）

---

① 陈朴生：《论侵占罪之持有关系》，载蔡墩铭：《刑法分则论文选集》（下），台北，五南图书出版股份有限公司1984年版，第755页。

② 张明楷：《刑法学》（第3版），法律出版社2007年版，第724页。

[第 1176 号] 黄静诈骗案

——司法实务中如何把握刑事和解制度的适用

【关键词】 诈骗罪 刑事和解制度 量刑

一、基本案情

被告人黄静,女,1977 年 10 月 11 日出生。2003 年 9 月 17 日因犯绑架罪被判处有期徒刑三年,经减刑于 2005 年 12 月 25 日刑满释放。2013 年 7 月 19 日因涉嫌犯诈骗罪被逮捕。

某区人民检察院以被告人黄静犯诈骗罪,向某区人民法院提起公诉。

被告人黄静对公诉机关的指控无异议,表示认罪。

某区人民法院经公开审理查明:2011 年 5 月,被告人黄静谎称能够帮助被害人练伟良办理户口迁移事宜,以手续费为由骗取练伟良人民币 20 000 元,后提供了一张假的户口迁移商调函(某区劳动管理服务中心核查后确认该商调函并非该中心开具,属虚假)给练伟良。2012 年 12 月,黄静对练伟良谎称可以低价买到海关罚没车,骗取练伟良人民币 55 000 元,后向练伟良提供了一张假的机动车销售统一发票(某某区国税局核查后确认没有该发票的入库信息)。由于户口迁移和购买海关罚没车辆事宜均未办成,练伟良于 2013 年 1 月 8 日报警。2013 年 6 月 13 日,黄静被抓获归案。

2014 年 1 月 2 日,黄静的父亲与被害人练伟良达成协议,约定由前者代为退赔 4 万元,其中 25 000 元当日交付,余款在 2016 年 6 月前分三期付清。被害人对被告人予以谅解,并请求法院对被告人免予刑事处罚。

某区人民法院认为,被告人黄静以非法占有为目的,诈骗他人财物,数额巨大,其行为已构成诈骗罪。鉴于黄静认罪态度较好,依法可以从轻处罚。黄静积极赔偿,并获得被害人谅解,可以减轻处罚。依照《中华人民共和国刑法》第二百六十六条、第六十七条第三款、第五十二条、第五十三条,《最高人民法院关于适用〈中华人民共和国刑事诉讼法〉的解释》第五百零五条之规定,判决被告人黄静犯诈骗罪,判处有期徒刑一年十个月,并处罚金人民币二千元。

一审宣判后,黄静没有上诉,但某区人民检察院提出抗诉。抗诉意见认为:(1)原审判决量刑不当。黄静有犯罪前科,诈骗数额巨大,庭审后部分赔偿被害人并获得谅解,可以酌情从轻处罚,应当在三年以上有期徒刑量刑。在被告人没有法定减轻处罚情节的情况下,一审法院对黄静减轻处罚明显不当。(2)原审判决适用法律错误。《最高人民法院关于适用〈中华人民共和国刑事诉讼法〉的解释》只是对刑事诉讼相关程序进行解释,一审法院根据该解释第五百零五条直接减轻处罚错误。减轻处罚也没有报最高人民法院核准。建议二审法院予以纠正。某市人民检察院支持抗诉。

某市中级人民法院经审理认为,原审被告人黄静以非法占有为目的,虚构事实,隐瞒真相,诈骗他人财物,数额较大,其行为已构成诈骗罪。黄静归案后认罪态度较好,有一定悔罪表现,依法可以从轻处罚。黄静通过近亲属与被害人达成退赔协议,并获得被害人谅解,可以从轻处罚。黄静曾因犯绑架罪被判处刑罚,在量刑时予以考虑。本案双方达成退赔协议,但并未即时履行,因此不符合“当事人和解的公诉案件诉讼程序”的规定,原审判决适用《最高人民法院关于适用〈中华人民共和国刑事诉讼法〉的解释》第五百零五条属法律适用错误。原审判决认为“被告人积极赔偿,并获得被害人谅解,可以减轻处罚”,于法无据,予以纠正。但《最高人民法院、最高人民检察院关于办理诈骗刑事案件具体应用法律若干问题的解释》规定,诈骗公私财物价值3万元至10万元以上的,应当认定为刑法第二百六十六条规定的“数额巨大”。从有利于被告人出发,本案诈骗数额宜认定为数额较大,依法应当判处三年以下有期徒刑、拘役或者管制,并处或者单处罚金。原审判决定罪准确,证据确实充分,综合全案犯罪的事实、性质、情节和社会危害程度,原审判决量刑尚属适当,可予以维持。经审判委员会讨论决定,依照《中华人民共和国刑事诉讼法》第二百二十五条第一款第一项之规定,裁定如下:驳回抗诉,维持原判。

二、主要问题

司法实务中如何把握刑事和解制度的适用?

三、裁判理由

本案在审理过程中,对于被告人黄静的行为构成诈骗罪没有不同意见,但对于黄静父亲与被害人练伟良达成赔偿协议的情况下如何量刑,存在三种不同意见:

第一种意见,即一审法院的判决认为,黄静的亲属代为赔偿被害人,并获得被害人谅解,根据《最高人民法院关于适用〈中华人民共和国刑事诉讼法〉的解释》(以下简称《解释》)第五百零五条的规定,本案属于达成和解协议的案件,可以减轻处罚。

第二种意见,即两级检察机关认为,《解释》只是对刑事诉讼相关程序进行解释,不能根据《解释》第五百零五条直接对被告人减轻处罚。如要在法定刑以下减轻处罚,须报最高人民法院核准。

第三种意见,即二审法院判决认为,黄静父亲虽然与被害人达成赔偿协议,并获得被害人谅解,但赔偿协议并未即时履行,不符合“当事人和解的公诉案件诉讼程序”的规定,不能适用《解释》的规定减轻处罚。

我们同意第三种意见。2012年3月修订后的刑事诉讼法增设了“当事人和解的公诉案件诉讼程序”,规定了当事人和解的案件范围和量刑处理原则,标志着刑事和解制度在我国刑事立法中的正式确立。所谓刑事和解,是指“在刑事诉讼程序运行过程中,被害人和加害人(即被告人或犯罪嫌疑人)以认罪、赔偿、道歉等方式达成谅解以后,国家专门机关不再追究加害人刑事责任或者对其从轻处罚的一种案件处理方式,即被害人和加害人达成一种协议和谅解,促使国家机关不再追究刑事责任或者处罚的制度”。① 由于刑事诉讼法对刑事和解制度仅有三条原则规定,并未规定刑事和解制度在司法实践中的具体适用程序和条件,为充分发挥刑事和解程序功能,有效化解社会矛盾,同时规范法律适用,防止出现“花钱买刑”等损害司法公正的问题,《解释》对和解程序的具体适用进一步作出了较为全面的规定。在司法实践中要正确适用刑事和解制度,须明确以下三方面问题:

(一)刑事和解制度适用的范围

根据刑事诉讼法第二百七十七条的规定,刑事和解程序适用的案件范围是:(1)因民间纠纷引起,涉嫌刑法分则第四章、第五章规定的犯罪案件,可能判处三年有期徒刑以下刑罚的;(2)除渎职犯罪以外的可能判处七年有期徒刑以下刑罚的过失犯罪案件。但是犯罪嫌疑人、被告人在五年以内曾经故意犯罪的,不适用该程序。刑法分则第四章、第五章规定的犯罪案件是指侵犯公民人身权利、民主权利罪类和侵犯财产罪类的犯罪案件,常见的如故意伤害罪、侮辱罪、诽谤罪

① 曾粤兴、李霞:《刑事和解与刑法基本原则的关系——兼及刑事和解的价值取向》,载《法学杂志》2009年第9期。

等,以及盗窃罪、抢夺罪、侵占罪等。

刑事诉讼法第二百七十七条第一款第一项适用范围还附加了"因民间纠纷引起"这一前提。何为民间纠纷,商务印书馆出版的《现代汉语词典》对"民间"的注释为:人民中间的,非官方的。据此,民间纠纷就是人民中间的纠纷。由于司法解释没有对"民间纠纷"明确界定,如本案是诈骗犯罪,是否属于该程序的适用范围也存在争议。在这方面,有些规范性文件的规定可供参考,如1990年4月19日司法部发布的《民间纠纷处理办法》第三条规定:"基层人民政府处理民间纠纷的范围,为《人民调解委员会组织条例》规定的民间纠纷,即公民之间有关人身、财产权益和其他日常生活中发生的纠纷。"1990年5月25日广东省人民政府颁布的《广东省人民调解委员会组织细则》第九条规定:"人民调解委员会的任务是:(一)调解婚姻、继承、赡养、抚养、扶养、家庭、房屋宅基地、债务、生产经营、邻里、赔偿及其他民间纠纷……"据此,我们认为,"民间纠纷"应当包括婚姻、继承、赡养、抚养、扶养、家庭、房屋宅基地、债务、生产经营、邻里、赔偿等事务上的纠纷。具体案件是否适用刑事和解,需要实务中采取开放的态度灵活掌握,或许这也是司法解释没有明确列举或概括界定"民间纠纷"的本意。

(二)适用刑事和解需要遵循的原则

一是自愿原则。刑事和解意味着在刑事审判活动中引入当事人自治自主的诉讼民主因素,有利于化解社会矛盾,稳定社会秩序。刑事诉讼法未明确人民法院能否主持双方当事人协商以达成和解协议。鉴于当前国情,刑事案件的加害方和被害方往往缺乏有效沟通的渠道,且有些还处于敌意的对立状态,缺乏互信,如没有审判人员释法明理,从中调和,双方当事人很难自行和解。因此,《解释》第四百九十六条规定,对符合刑事诉讼法第二百七十七条规定的公诉案件,事实清楚、证据充分的,人民法院应当告知当事人可以自行和解;当事人提出申请的,人民法院可以主持双方当事人协商以达成和解。根据前述规定,因当事人申请人民法院才启动刑事和解程序,人民法院只是应当事人申请主持协商,从和解程序的启动到和解协议的拟订以及和解协议的执行均应以当事人意愿为主导,贯彻了当事人一定程度的意思自治的自愿原则。

二是即时全面履行原则。司法实践中,对于刑事和解协议中的赔偿损失内容,协议能否延期履行、分期履行等问题,存在认识分歧。我们认为,刑事和解是重要的量刑情节,如允许延期履行、分期履行和解协议约定的赔偿损失内容,将会使人民法院对被告人的从宽处罚建立在尚不确定的事实基础上,一旦被告人获得从宽处罚后,拒不履行或者不全部履行赔偿义务,受上诉不加刑原则所限,二审法院不能加重其刑罚。同时,由于是当事人之间达成的和解协议,也无法强制执行,这无疑会损害裁判权威,也会使被害方的合法权益难以得到切实保障。鉴于此,《解释》第五百零二条明确规定,和解协议约定的赔偿内容应当在协议签署后即时履行。《解释》不允许即时结清当场履行完毕之外的其他履行方式,主要顾虑的是如果达成的只是留尾巴的和解协议,往往很可能在宣告从轻处罚的判决之后衍生出其他类似强制执行、被害人方反悔乃至闹访的问题,从而损害刑事和解制度的价值。

三是禁止反悔原则。刑事和解协议签署后能否反悔,在司法实践和理论界认识分歧均较大。《解释》第五百零二条第二款及第五百零三条明确规定:其一,和解协议已经全部履行,当事人反悔的,人民法院不予支持,但有证据证明和解违反自愿、合法原则的除外。《解释》的上述规定体现了法律、司法解释鼓励、倡导诚信原则,只要和解协议已经全部履行,原则上就不得反悔。其二,双方当事人在侦查、审查起诉期间已经达成和解协议并全部履行,被害人或者其法定代理人、近亲属又提起附带民事诉讼的,人民法院不予受理,但有证据证明和解违反自愿、合法原则的除外。

（三）适用刑事和解的法律效果

本案在审理中，两级检察机关均认为，《解释》是针对刑事诉讼法作出，而刑事诉讼法属于程序法，因此《解释》只能针对刑事诉讼相关程序进行解释，不能根据《解释》第五百零五条直接对被告人减轻处罚。如要在法定刑以下减轻处罚，须报最高人民法院核准。我们认为，我国在刑事诉讼法当中确立刑事和解制度，可以说是在程序法中嵌入了实体规范，体现了该次刑事诉讼法修订的立法创新。因此，刑事诉讼法虽然是程序法，但其对刑事和解制度的规定，特别是第二百七十七条对刑事和解案件范围的规定，第二百七十九条对刑事和解案件公检法处理原则的规定，均具有实体上的意义。刑事诉讼法第二百七十九条明确规定，对于达成和解协议的案件，人民法院可以依法对被告人从宽处罚。从宽处罚的意思，可体现为从轻、减轻、免除处罚。《解释》第五百零五条正是对该条规定的具体化，第五百零五条关于刑事和解案件的从轻处罚、减轻处罚、免除刑事处罚的规定，均属于第二百七十九条"从宽处罚"的范畴，因此，对于符合第二百七十九条规定的刑事和解案件，人民法院可以直接判决减轻处罚乃至免刑，无须再按照法定刑以下量刑程序报最高人民法院核准，两级检察机关的意见并不符合法律规定。

本案中虽然被告人与被害人之间形式上达成了和解协议，但如前所述，和解协议约定的赔偿损失内容，被告人应当在协议签署后即时履行，才能认定为"达成和解协议"，进而适用刑事和解的处罚原则。该即时履行原则要求全部即时履行，而不是分期、延期履行，由于本案被告人一方并没有全部即时履行赔偿义务，这种情况下，根据《解释》第五百零四条的规定，被害人或者其法定代理人、近亲属提起附带民事诉讼后，双方愿意和解，但被告人不能即时履行全部赔偿义务的，人民法院应当制作附带民事调解书。故本案中的赔偿协议只能作为附带民事赔偿情节予以考虑，而不能视为达成刑事和解。因此，原审判决适用相关司法解释以和解为由对被告人黄静减轻处罚是不当的。

值得注意的是，本案在二审期间，最高人民法院、最高人民检察院对诈骗犯罪的量刑数额标准作出了调整。按照本案一审期间诈骗罪的量刑数额标准，5万元至50万元区间属于诈骗数额巨大，依法应当判处三年以上十年以下有期徒刑，并处罚金。但2011年4月8日起施行的《最高人民法院、最高人民检察院关于办理诈骗刑事案件具体应用法律若干问题的解释》（以下简称《诈骗解释》）规定：诈骗公私财物价值3000元至1万元以上、3万元至10万元以上、50万元以上的，应当分别认定为刑法第二百六十六条规定的"数额较大""数额巨大""数额特别巨大"，并规定各省、自治区、直辖市高级人民法院、人民检察院可以结合本地区经济社会发展状况，在该数额幅度内，共同研究确定本地区执行的具体数额标准，报最高人民法院、最高人民检察院备案。

在本案二审阶段，某省高级人民法院、省人民检察院尚未在《诈骗解释》规定的量刑数额幅度内正式确定在本地区适用的具体数额标准。二审法院本着有利于被告人的原则，同时参考以往经验，以司法解释所确定的量刑数额幅度的上限为标准，确定10万元以上为诈骗犯罪数额巨大的起点最为可能（后来下发的文件的确如此），因此，本案诈骗金额75 000元认定为"数额较大"更为合适。据此，二审法院认定对被告人黄静以诈骗罪在三年以下量刑仍旧是合适的。

综上，二审法院认定本案不符合"当事人和解的公诉案件诉讼程序"的规定，对被告人不应减轻处罚，而应从轻处罚，被告人黄静诈骗数额属"数额较大"，据此维持一审法院对被告人黄静以诈骗罪判处有期徒刑一年十个月，并处罚金人民币二千元的判决，是适当的。

（撰稿：广东省深圳市中级人民法院　姜君伟　吴君炜
审编：最高人民法院刑四庭　陆建红）

[第1203号]林在清等人诈骗案

——无明确的犯罪意思联络，但为诈骗犯罪分子提取赃款并获利，是否构成诈骗共犯

【关键词】 诈骗罪 共同犯罪 整体性

一、基本案情

被告人林在清，男，1979年3月21日出生。2014年6月23日因涉嫌犯诈骗罪被刑事拘留。

被告人柯世铵，男，1983年12月3日出生。2014年7月5日因涉嫌犯诈骗罪被刑事拘留。

被告人林永生，男，1974年11月2日出生。2014年6月23日因涉嫌犯诈骗罪被刑事拘留。

被告人蓝清辉，男，1976年10月27日出生。2014年6月23日因涉嫌犯诈骗罪被刑事拘留。

淮安市淮安区人民检察院以被告人林在清、柯世铵、林永生、蓝清辉犯诈骗罪向淮安市淮安区人民法院提起公诉。

被告人林在清、林永生、蓝清辉对公诉机关指控的诈骗犯罪事实及罪名没有异议，但请求对其从轻处罚。

被告人柯世铵辩称其行为不构成诈骗罪，其辩护人提出公诉机关指控事实不清，证据不足的辩护意见。

淮安市淮安区人民法院经公开审理查明：

2014年2月，被告人林在清通过网上聊天与他人商议，由其提供银行卡账户，并在他人通过网络骗取的钱财进入其银行卡账户后代为取款。同月25日，被告人柯世铵利用伪基站群发社保补贴未有领取的短信，诱使宁夏回族自治区固原市原州区居民马秀芸将钱款人民币92 355元转入该银行卡账户，后林在清指使被告人林永生将该钱款取出，扣减其中的10%作为“报酬”，将余款转入柯世铵指定账户。

同年3月23日，被告人林在清采用同样的方法获取淮安市广州路办事处居民高崇茂钱款人民币5 500元。

同年6月7日，被告人林在清指使被告人蓝清辉将安徽省固镇县城关镇居民徐善兰银行卡账户钱款人民币25 800元取出，并将部分余款汇入该上线指定账户。

淮安市淮安区人民法院认为，被告人柯世铵以非法占有为目的，经与他人共同预谋后，通过网络伪基站假借某一地区固定电话向该地区不特定用户群发送有经济利益或利益受损信息，诱使受害人通过银行ATM机按其设定的模式进行转账或所谓的银行卡升级，从而将钱款骗入自己控制的银行卡账户；被告人林在清与上线共同预谋，为实施犯罪提供银行卡账号，直接参与或指挥他人提取上线所骗取赃款；被告人林永生、蓝清辉在被告人林在清组织指挥下，积极参与提取赃款，四被告人行为均已构成诈骗罪。遂依照《中华人民共和国刑法》第二百六十六条，第二十五条第一款，第二十六条第一款、第四款，第二十七条，第六十七条第三款，第七十二条第一款、第三款，第七十三条第二款、第三款和第六十四条之规定，分别以诈骗罪判处：林在清有期徒刑三年，并处罚金人民币三万五千元；柯世铵有期徒刑四年，并处罚金人民币三万元；林永生有期徒刑一年六个月，并处罚金人民币二万元；蓝清辉有期徒刑六个月，缓刑一年，并处罚金人民币一万五千元；扣押在案退赔款，发还给相关被害人；责令被告人继续向相关被害人退赔经济损失。

一审宣判后，被告人柯世铵、林永生不服，均向淮安市中级人民法院提出上诉，在二审法院审理期间，被告人林永生自愿申请撤回了上诉。

淮安市中级人民法院经公开审理认为，一审判决认定事实清楚，证据确实、充分，定罪准确，量刑适当，审判程序合法，遂依照《中华人民共和国刑事诉讼法》第二百二十五条第一款第一项、《最高人民法院关于适用〈中华人民共和国刑事诉讼法〉的解释》第三百零五条第一款的规定，裁定驳回柯世铵的上诉，维持原判。

二、主要问题

事先无明确的犯罪意思联络，但为诈骗犯罪分子提取赃款并获利，是否构成诈骗共犯？

三、裁判理由

信息时代的来临使信息的传递更加快捷、顺畅，但信息传递方式的普及又为公民个人信息外泄提供可能，为违法犯罪活动提供了新的运作空间和便利条件，大量诈骗短信使公民权利遭受侵犯的范围扩展到人身与有形财产方面。近年来，通过信息网络发布违法犯罪信息，进而实施违法犯罪活动的现象层出不穷，给人民群众造成严重的损失，严重破坏了社会运行的正常秩序。网络安全已成为我国乃至世界面临的一个严峻的社会安全问题。本案即是一起典型的通过网络传播虚假信息，进而骗取他人钱财的案件。

在本案审理过程中，对于被告人柯世铵的行为构成诈骗犯罪均没有异议，但对被告人林在清、林永生、蓝清辉与诈骗分子无明确的犯罪意思联络，而提取赃款并获得所谓"劳动报酬"的行为能否构成诈骗共犯存在不同认识：一种意见认为，林在清、林永生、蓝清辉事先没有明确与诈骗上线就如何进行诈骗犯罪进行预谋，所实施的犯罪行为并非由诈骗上线所指使，所获得的利益并非诈骗上线给予的，而是通过自己的所谓"劳动"所得。三被告人行为虽然客观上对诈骗分子所实施的行为起到帮助作用，但并未达到应受刑事处罚的程度，不宜以诈骗犯罪论处。另一种意见认为，虽然三被告人事先与诈骗上线未就如何具体实施诈骗犯罪进行预谋，但就其所处的生活环境以及被告人的个人认知水平，其是知道也应当知道诈骗上线所实施行为的严重社会危害性已经达到犯罪程度，在诈骗上线实施犯罪行为过程中，林在清提供银行卡账户以及与林永生、蓝清辉提取赃款等行为均是诈骗犯罪不可缺少的重要组成部分，只是在诈骗犯罪中分工不同而已，应当以诈骗共犯论处。

我们认为，共同犯罪并不是若干单独犯罪的简单相加，它必须是一个各犯罪行为人的共同犯罪故意和共同犯罪行为联系起来的犯罪整体，它体现在各共同犯罪人愿意与他人共同实施犯罪，认识到自己所实施的具体犯罪是在与他人共同实施，而且他人也在与自己共同实施，同时每一个人都希望或放任共同犯罪结果的发生。具体到本案，我们认为：

（一）三被告人对自己行为的社会危害性有明确的认识，具有实施诈骗犯罪的共同故意和行为

在共同实行犯罪的情况下，各共同犯罪人必须具有全面与互相的主观联系。所谓共同犯罪故意，是指各共同犯罪人通过意思联络，认识到他们的共同犯罪行为会发生危害社会的结果，并决意参与共同犯罪，希望或放任这种结果发生的心理态度。意思联络就是共同犯罪人以明示或暗示的方法表明愿意共同实施某种犯罪。正是这种意思联络，各共同犯罪人的个人犯罪故意才结成一体，转化为共同的犯罪故意，这种共同犯罪人之间的意思联络并不要求所有共同犯罪人之间都必须存在，只要实行犯与其他共同犯罪人之间存在意思联络即可，事前犯意联络就是故意犯罪的重要方式，它通常包括共同犯罪人之间用语言或文字互相沟通犯罪意思，就拟实施的犯罪性质、实施方法、地点、时间和分工进行商议，有时也以表示同意的身体动作作为犯意联络的行为表

现。对共同犯罪而言,有无直接明确的意思联络,并不影响共同犯罪的成立。共谋的内容是共同协议决定实行犯罪,但共谋并不要求必须谋议犯罪的时间、地点、手段以及具体实行方法的细节,即使行为人不知道这些情况,只要参加犯罪基本问题的谋议就可以认定为共谋。在共同谋议实行犯罪的场合,不论其是否直接参与实行行为,都应据其在共同犯罪中所起的作用处罚。在司法实践中,法官在认定行为人的犯罪故意时就是根据行为人的行为表现,结合自身的经验、知识和一般的常理、常识进行推断。《最高人民法院、最高人民检察院、海关总署关于办理走私刑事案件适用法律若干问题的意见》推定行为人具有走私主观故意的七种情形以及《最高人民法院、最高人民检察院关于办理侵犯知识产权刑事案件具体应用法律若干问题的解释》中认定"明知"系假冒注册商标的商品的四种情形等就是以司法推定的方式认定故意在实践中的例证。

本案中,虽无明确证据可以证明林在清等人与诈骗上线之间存在整体诈骗犯罪的意思联络,但综观全案,应当说是存在如何实施犯罪的犯罪联系的,只是这种联系内容与通常状态下的预谋分工有一定的区别。本案行为人林在清作为福建安溪地区的居民,在明知当地存在许多人实施诈骗行为的情况下,自己为了挣钱而与柯世铵等人联系,且柯世铵等人已告知其所取款项系诈骗而来。从其主观而言,其对上线通过虚构信息骗取他人钱财的事实是有明确认知的,其对自己未向他人发布虚假信息、未告知被害人如何操作 ATM 机将钱款打入、钱款的进入并非自己的直接行为所致以及没有实施所谓实质性损害行为的性质如何认识,并不影响犯罪行为的成立。至于林在清与林永生、蓝清辉之间是否存在犯罪意思联络,我们认为同样不影响整个诈骗共同犯罪的成立。基于林永生、蓝清辉自身实际情况,其二人与林在清同处福建安溪地区,对当地许多人从事虚构网络信息进行诈骗获取钱款的行为同样有较为清晰的认识,从其年龄和实施方法、利益分成看,其事先与诈骗上线未直接联系既有林在清已与上线联系清楚,无须联系的考虑,也有怕事情暴露的顾虑,况且林在清提出以这种取款方式带二人挣钱时其二人就有所感知,在其二人以后的行为实施过程中,二人是知道也是应当知道林在清所指挥行为的社会违法性,但知道而不制止、退出反而继续参与实施并获利,说明其具有临时产生共同实施犯罪行为的故意。因此,根据现有材料,完全可以认定三被告人与诈骗上线之间存在一定程度的犯罪联系,具有实施共同诈骗犯罪的主观故意。

刑法上所讲的共同犯罪行为,要求各共同犯罪人实施的行为指向同一犯罪事实,都具有社会危害性,且达到严重的程度,各共同犯罪人的行为彼此联系,互相配合,与犯罪结果之间都存在因果联系。通常情况下,自然人对行为性质的认识是通过其对行为手段或行为方法的认识来确定的。无论行为人是知道(直接故意)还是应当知道(间接故意),外界都可依据一定的客观基础事实和主观认识进行判定,具体到本案,我们认为可从下列几方面确认三被告人的行为与其上线一样均是诈骗犯罪的共同实行行为:

第一,行为手段。行为手段是行为人实现犯罪目的的重要条件。从被告人林在清等人实施犯罪的行为手段来看,其首先在网络上购买银行卡,编成代号告知柯世铵等上线,柯世铵等上线通过他人设定的伪基站发送虚假信息,在被害人认为自己有经济利益或认为自身经济利益有可能受损而与柯世铵等人联系后,柯世铵等人诱使被害人通过银行 ATM 机进行所谓的转账或银行卡升级,将钱款汇入林在清等人事先购买的银行卡上,再告知林在清等人前往附近银行取款。林在清等人将被害人的钱款取出,扣减其中的 10% 作为自己的报酬后,将余款汇入柯世铵等上线控制的银行卡。柯世铵、林在清等人煞费心机地设计、使用的这种特殊手段,利润之高、手段之怪与日常生活中的网络货物交易完全不同,也由此可以说明行为人对自己的行为后果、违法性质等要素有一定的认知。

第二,实施侵害的行为对象。柯世铵等上线是在他人对该受信用户情况并不了解,不知受害人是否有如短信所言内容的情况下,明知自己并不具有短信中所描述的资格和能力,只是为了达到犯罪目的而去实施。林在清等人对这种有选择地确定侵害对象的方式和内容是明知的。

第三,行为人案发前后的表现。林在清在案发前所办理的银行卡为网上非实名购买,柯世铵等上线在收到短信的被害人对其质疑时,往往也是直接挂断电话,不再启用原先告知的电话号码、银行卡号,在案发后毁灭、伪造证据,同时为避免被他人发现,一般都是借用非本地联系电话,而且林在清等取款也都是在非本人居住地宾馆开房,等候通知,收取钱款后立即转移,实质是一种掩盖犯罪事实、逃避法律追究的行为。

上述内容可以确认三被告人所实施的行为均是具有诈骗犯罪性质的共同实行行为。

(二)三被告人的提取赃款行为,是诈骗犯罪系列行为的一部分,是诈骗行为人实现犯罪目的不可缺少的重要组成部分

共同犯罪的严重危害性来源于其整体性,整体性体现为各犯罪人行为的相互配合、相互补充,共同犯罪故意使各共同犯罪人的行为在它的支配下成为一个统一整体。各共同犯罪人的行为不管在共同犯罪中的表现形式如何,都不是互相孤立的,而是有一个共同的犯罪目标把它们联系起来,成为统一的犯罪活动。他们每一个人的行为都是共同犯罪不可或缺的组成部分,行为表现既可是共同作为,也可是共同不作为,还可表现为作为与不作为的结合;既可能是共同实施实行行为,也可能是不同行为的配合。我们不能孤立地只就共同犯罪中的某一人的行为是否现实地导致结果发生来认定其行为与结果之间是否存在因果关系,而应当理解为各共同犯罪人基于共同犯罪意思的联系,彼此互相利用他人的行为而共同实施犯罪,他们的行为是围绕着一个犯罪目标,互相配合、互为条件的,这些行为的总和才导致犯罪结果的发生,每个人的行为都是犯罪结果发生不可分割的原因的一部分,即使其中某一人的行为引起犯罪结果发生,其他人的行为虽然没有直接导致犯罪结果的发生,也应认为与犯罪结果之间存在因果关系。各共同犯罪人对共同实行的故意犯罪行为整体负责,而不只是对自身参与实行的犯罪行为负责。当然,在共同犯罪人之间存在分工的场合,如果事后的帮助行为不存在事前或事中通谋,就不构成共同犯罪,但如果存在事前或事中共谋,则存在共同犯罪。我国刑法第一百五十六条关于在一系列走私犯罪过程中的不同行为以走私共犯论处的规定就体现了这一点。本案也是如此,各犯罪人的行为方式虽有差异,但这种差异是基于林在清与诈骗上线网络聊天时即已确定的不同分工,他们之间是一种协作配合的关系,尽管三被告人在实施诈骗犯罪之前对犯什么罪以及如何实施犯罪等事项与诈骗上线事前无明确的犯罪预谋,但先后实施不同的犯罪行为均没有超出林在清与上线商议的范围:

首先,如上所述,本案三被告人与柯世铵等上线具有实施诈骗犯罪的共同犯罪故意,其犯罪的目的均是希望通过实施虚构事实、隐瞒真相的手段获取不特定被害人的钱财,其相互之间目的明确、手段共知,均指向同一的诈骗犯罪。

其次,各犯罪人之间行为的不同只是他们之间因特殊诈骗行为的要求而导致的不同分工。本案与其他普通共同犯罪的区别在于三被告人与诈骗上线并未见面,与被害人是通过网络联系,犯罪钱财的取得也不是从被害人手中直接取得,行为的实施具有时间、空间的不同一性,因而需要犯罪行为人采取各自不同的方法、手段,三名被告人的取款行为正是适应这种需要的行为。

最后,三被告人行为与上线的前期行为都是诈骗目的实现不可分割的组成部分,缺一不可。柯世铵等上线一方在实施自身行为时认识到自己实施完毕后,林在清等人自然会去取款并汇给自己,而林在清等三被告人在实施自身的取款行为时亦明知或应当知道取款资金来自柯世铵等

上线的前期诈骗所得。事实上从购买银行卡,到通过网络向不特定人员发送虚假信息诱使他人为获得所谓钱财或避免利益受损而将钱款转移,再到将此钱款转入犯罪行为人控制的银行卡,整个过程都是诈骗犯罪的实行行为,无论是缺少诈骗上线的前期行为,还是三被告人后期到附近ATM机上将上线骗得的尚在银行的钱财取出行为,该诈骗犯罪的实际目的均不能得逞。需要特别强调的是,三被告人行为并非如有些共同犯罪中的帮助行为。认定帮助犯要从行为人在共同犯罪中的地位、参与程度、具体犯罪情节以及危害后果原因大小等因素综合考量,本案三被告人所实施行为是诈骗目的得以实现不可缺少的必要条件,缺少其行为则诈骗结果不能实现,这与在共同犯罪中未直接实行犯罪,只是对实行犯罪提供方便条件的帮助行为是有原则区别的,我们不能错误地认为虚构事实让被害人将钱款转入预先设立的账户是诈骗,其他过程都是一种辅助行为,如此则会产生林在清等三被告人行为在整个犯罪过程中的必要性以及是否构成诈骗共犯的困惑。

综上,我们同意第二种意见。一、二审法院以三被告人犯诈骗罪进行处罚是正确的。

(撰稿:江苏省淮安市淮安区人民法院　颜　赤　贺同新
审编:最高人民法院刑二庭　高洪江)

[第1208号]钢浓公司、武建钢骗取贷款、诈骗案

——使用虚假资料获取银行贷款的,如何认定行为人的非法占有目的

【关键词】　诈骗罪　骗取贷款罪　非法占有目的　欺诈　民事借贷

一、基本案情

被告单位武汉钢浓粉末冶金有限公司。

被告人武建钢,男,1958年8月14日出生,原系武汉钢浓粉末冶金有限公司法定代表人。2011年1月6日被刑事拘留,同年2月13日被逮捕。

湖北省武汉市人民检察院以被告单位武汉钢浓粉末冶金有限公司(以下简称钢浓公司)犯合同诈骗罪,被告人武建钢犯合同诈骗罪、诈骗罪向武汉市中级人民法院提起公诉。

被告单位的诉讼代表人及其辩护人对公诉机关指控的事实不持异议,希望根据案件实际情况对武建钢免除刑事处罚。

被告人武建钢及其辩护人提出,武建钢没有私刻合同专用章和提供虚假证明文件,钢浓公司将银行贷款用于生产和偿还借款,没有非法占有,不构成合同诈骗罪。钢浓公司股权转让后,应由后任法人承担归还银行贷款的责任。武建钢与程春胜有多年业务往来,二人的债务是民间借款,没有诈骗的故意。

武汉市中级人民法院经公开审理查明:

(一)骗取贷款的事实

被告单位钢浓公司于2005年5月19日在武汉市工商行政管理局蔡甸分局注册成立,注册资本人民币(以下币种同)500万元,被告人武建钢任公司法定代表人。钢浓公司在武汉市蔡甸区奓山街三家店村租赁38.6亩土地投资建厂,从事还原铁生产加工,产品销售给武汉钢铁集团金

属资源有限责任公司(以下简称金资公司)。2007年投产后,钢浓公司持续亏损,资金周转困难。2008年6月,武建钢经他人介绍结识光大银行武汉分行青山支行副行长林汉宁,武建钢表示希望从该行获取贷款,林汉宁向其推荐了银行保理融资业务。为获得贷款,武建钢隐瞒钢浓公司持续亏损的事实,向光大银行武汉分行提供虚假的财务报告、应收款明细表。同年9月16日,钢浓公司与光大银行武汉分行签订《综合授信协议》,授信额度为2 000万元,授信有效期1年,应收账款付款期限最长不得超过90天。同月18日,武建钢使用私刻的武汉钢铁股份有限公司(物资采购)合同专用章,假冒金资公司合同员周长工的签名,与光大银行武汉分行签订《关于武汉钢浓粉末冶金有限公司(卖方)有关应收账款转让问题的三方协议》。协议签订后,武建钢又伪造废钢买卖合同、产品合格证明、应收账款债权转让通知书等,于2008年9月23日、10月9日两次从光大银行武汉分行骗取保理资金共计2 000万元。

2009年年初,武汉钢铁(集团)股份有限公司内部管理机制调整,签订合同、结算账款由金资公司负责。同年3月2日,钢浓公司采取前述欺骗方法与光大银行武汉分行重新签订《综合授信协议》,授信额度仍为2 000万元,授信有效使用期限至2010年3月1日。同年5月,因钢浓公司不能按约正常还款,林汉宁对钢浓公司的财务章、合同章、公章进行监管。

2009年11月9日,武建钢与武汉盈科物资有限公司有关人员签订钢浓公司股权转让协议,并于同年11月19日在武汉市工商行政管理局蔡甸分局办理公司法人变更登记,武建钢不再持有钢浓公司股份,不再担任钢浓公司法定代表人。经鉴定,自2008年9月至2009年11月18日法定代表人变更止,钢浓公司累计收到光大银行青山支行授信保理贷款资金11 094万元,偿还9 094万元,尚欠2 000万元。至2010年8月案发,钢浓公司尚欠保理融资本金1 503.5万元。

(二)诈骗事实

2009年11月28日,被告人武建钢隐瞒钢浓公司法定代表人已变更的事实,对原材料供货商程春胜谎称需要资金回购钢浓公司股权,向程春胜借款278.24万元,期限6个月。同年12月15日,武建钢以股权回购资金不足为由,再次向程春胜借款309万元,承诺2010年1月20日归还。逾期后,程春胜多次向武建钢催还借款,武建钢于2010年9月至10月间归还借款35万元,并承诺同年10月1日起每月归还借款30万元。逾期后,武建钢假借各种理由不履行偿还义务。至案发,仍有本金552.24万元不能归还。

武汉市中级人民法院认为,被告单位钢浓公司及被告人武建钢在申请贷款过程中,提供虚假证明文件,夸大偿付能力,以欺骗手段取得光大银行青山支行保理融资款2 000万元,并导致1 503.5万元不能归还,给银行造成特别重大损失。钢浓公司及武建钢的行为,均已构成骗取贷款罪。武建钢以非法占有为目的,虚构事实,骗取他人财物552.24万元,数额特别巨大,其行为构成诈骗罪。武建钢犯数罪,应当数罪并罚。根据《中华人民共和国刑法》第一百七十五条之一、第二百六十六条、第三十条、第三十一条、第五十六条第一款、第五十五条第一款、第六十九条、第五十三条、第六十四条之规定,判决如下:

1. 被告单位武汉钢浓粉末冶金有限公司犯骗取贷款罪,判处罚金人民币十万元。

2. 被告人武建钢犯骗取贷款罪,判处有期徒刑四年,并处罚金人民币五万元;犯诈骗罪,判处有期徒刑十一年,剥夺政治权利一年,并处罚金人民币五万元;决定执行有期徒刑十三年,剥夺政治权利一年,并处罚金人民币十万元。

一审宣判后,武汉市人民检察院以钢浓公司、武建钢对保理资金有非法占有目的,原审对该起事实定性错误,依法应以合同诈骗罪追究武建钢及钢浓公司刑事责任等为由提起抗诉。

被告人武建钢及其辩护人以借条、还款协议等证明武建钢找程春胜借款系民间借贷,武建钢不构成诈骗罪等为由提出上诉。

湖北省高级人民法院经审理认定的事实证据与一审相同。湖北省高级人民法院认为,原审被告单位钢浓公司骗取银行贷款2 000万元,致1 500万余元不能归还,给银行造成了特别重大损失,其行为已构成骗取贷款罪。上诉人武建钢作为该公司直接负责的主管人员,其行为亦构成骗取贷款罪。武建钢以非法占有为目的,隐瞒真相,虚构事实,骗取他人财物552.24万元,数额特别巨大,其行为还构成诈骗罪,依法应数罪并罚。原审判决认定事实清楚,证据确实、充分,定罪准确,量刑适当。审判程序合法。依照《中华人民共和国刑事诉讼法》第二百二十五条第一项之规定,裁定驳回抗诉、上诉,维持原判。

二、主要问题

1. 使用虚假资料获取银行贷款的案件中,如何认定行为人具有非法占有的目的?

2. 含欺诈行为的民事借贷纠纷与诈骗罪如何区分?

三、裁判理由

(一)使用虚假资料获取银行贷款的案件中行为人非法占有目的的认定

本案在审理过程中,对于被告人武建钢使用虚假资料获取银行贷款的行为应如何定罪,存在两种观点:第一种观点认为,武建钢以非法占有目的,使用虚假的证明文件骗取贷款,应构成贷款诈骗罪;第二种观点则认为,武建钢虽然使用虚假的证明文件骗取贷款,但其没有非法占有的目的,应构成骗取贷款罪。

我们同意第二种观点。一般而言,使用虚假资料获取银行贷款,可能涉及两个罪名:骗取贷款罪和贷款诈骗罪。两罪同属破坏社会主义市场经济秩序犯罪,前罪侵犯的客体是金融秩序和安全,后罪侵犯的客体是国家对银行贷款的管理制度和公私财产的所有权。前罪在客观上要求以欺骗手段获取贷款后,给银行或者其他金融机构造成重大损失或者有其他严重情节,后罪仅要求骗取的贷款达到数额较大的标准即可(公安部的立案追诉标准规定为2万元以上)。前罪最高法定刑为七年有期徒刑,并处罚金;后罪最高法定刑为无期徒刑,并处没收财产。两罪在客观要件和量刑上的区别,归根结底在于,前罪并无非法占有之目的或者没有确实、充分的证据证实借款人有非法占有之目的,后罪则以明确的非法占有为主观故意,意欲侵占银行经营管理的财产。

司法实践中,囿于借款人主观故意的隐蔽性和客观行为的相似性,对借款人的行为定性往往存在较大分歧。刑法第一百九十三条规定,使用虚假的经济合同、证明文件,或者使用虚假的产权证明作担保,或者超出抵押物价值重复担保等方法骗取贷款,且有非法占有目的,数额较大的,构成贷款诈骗罪。也就是说,刑法本身并不孤立看待申请贷款时的造假行为,只有行为人主观上具备非法占有之目的,才可能因客观上的造假行为以诈骗犯罪论处。换言之,审理此类案件的关键在于界定行为人是否有非法占有目的。

本案中,被告人武建钢确有使用虚假财务报告、应收款明细表等资料的行为,亦有私刻武汉钢铁股份有限公司(物资采购)合同专用章,假冒金资公司合同员周长工的签名,与光大银行武汉分行签订《关于武汉钢浓粉末冶金有限公司(卖方)有关应收账款转让问题的三方协议》的行为,但上述行为并不能单独构成诈骗犯罪,除了被告人对其主观目的的供述外,还应结合被告人及被告单位申请贷款之前的经济状况、获取贷款之后的款项用途、款项到期后的还款意愿及还款效果等综合评价,不能仅凭行为人有使用虚假资料骗取贷款的客观行为和实际未能还款的客观结果,片面认定行为人的主观故意。具体来说,应当主要根据以下三方面情况来判断行为人的主观故意:

1. 贷款之前的经济状况

通常情况下,借款人贷款之前的经济状况并不能直接反映借款人是否存有非法占有目的。但其经济状况和借款缘由可以在一定程度上反映借款人的后期还款能力和借款用途的真实性。如果借款人有正常经营的业务,经济能力较强,虽然使用了虚假资料获取贷款,但借款用途真实,后因正常经营风险无力还款,认定借款人有非法占有目的要慎重;如果借款人并无真实经营业务,资不抵债甚至长期负债,可以推定其主观上可能具有非法占有之目的,同时结合其申请贷款时的具体行为和实际造成的后果进一步界定其主观故意。

本案中,被告单位钢浓公司于2005年5月19日注册成立,2007年产出还原铁,产品全部销给金资公司,全年共销售还原铁1 431.65吨。公安机关委托的会计鉴定检验报告书证实,至2008年8月底,钢浓公司账面亏损18.89万元,资产总额为2 375万元,其中应收账款886.7万元,负债总额1 894万元,净资产481万元。从上述情况判断,钢浓公司是有明确主业的实体公司,虽有负债,但只是略有亏损,缺乏流动资金,尚未达到资不抵债的情况,通过引资可能改善经济状况,确有引资必要。

2. 获取贷款后的款项用途

一般而言,非法占有具有很强的主观性,很难通过客观事实直接证明,但行为人获取贷款后的用款方式、有无擅自改变贷款用途的行为可以在一定程度上反映行为人的主观状态。对于严格遵照贷款协议约定的贷款用途,真实诚信地使用所借款项,确因正常经营风险无力偿还贷款的,即使在申请贷款时使用了虚假资料或有其他民事欺诈行为,亦应首先考虑为贷款纠纷,确实给银行等金融机构造成重大损失或者有其他严重情节的,可以结合案件事实以骗取贷款罪论处,不能简单采取客观归罪的方式直接以诈骗犯罪处理。对于擅自改变贷款用途,导致贷款资金脱离银行等金融机构所能预期的经营状况,后因正常经营风险无力偿还的,既要考虑实际用款项目的正常盈利可能,也要结合行为人贷款前的实际经济状况,申请贷款时有无欺诈行为等具体情节,结合证人证言、被告人供述等言词证据准确界定行为人是否具有非法占有之故意。对于获取贷款后,将资金用于偿还个人债务、赌博、挥霍,后又实际未能偿还贷款的,除有证据证明行为人确有可靠资金来源保证偿贷能力,后因不可抗力或者意外事件等难以预料的因素导致偿贷资金灭失的,一般可以推定其主观上具有非法占有目的。

本案中,钢浓公司将700多万元用于生产和支付银行利息等,挪用其他保理资金用于偿还前期债务或者套现使用。金资公司业务详单、会计鉴定报告书等证实,钢浓公司2008年销售还原铁4 927.95吨,比2007年增长244%,其中融资后的4个月供货约2 588吨;2009年销售8 745吨,比2008年增长约77%;从2008年9月至2009年年底,钢浓公司累计完成不含税销售收入2.49亿元。可以认定钢浓公司在获得银行资金后,生产规模明显扩大。钢浓公司会计黎想平、武建钢之妻刘翠华的证言证明,当时因金融危机,还原铁行情不好,价格波动很大,从3 000元到1 000元,不能排除银行资金损失与钢浓公司经营性亏损间的关联性,亦无证据证实武建钢有将贷出的保理资金挪作个人使用或有挥霍保理资金的行为,故不宜仅因武建钢及钢浓公司改变款项用途,进而认定其具有非法占有目的。

3. 款项到期后的还款意愿和实际还款效果

按照主观见之于客观的原则,借款人在款项到期后的还款意愿和实际还款效果,一方面反映借款人的客观行为所造成的实际后果,另一方面也能直接反映行为人对所借款项是否具有非法占有的主观故意。在民商事法律关系中,按期还款是借款人应当履行的义务,逾期还款承担相应的违约责任。但违约责任的成立并不必然导致刑事责任的承担。一般而言,款项到期后,行为人虽一时不具备还款能力,但能够积极筹措资金,实际归还了全部或者大部分贷款的;或者虽无还款资金,但能够提供相应的无权属争议的担保物保证还款的,后又实际归还了全部或者大部分贷款的;或者有其他类似的积极还款行为以及保证还款措施的,均不宜认定行为人有非法占有的主观恶意。对于抽逃、转移资金,隐匿财产,或者隐匿、销毁账目,或者以假破产、假倒闭等方式逃避还贷的,以及获取贷款后逃跑的,实际造成数额较大的资金不能偿还的,可以认定行为人有非法占有的目的。

本案中,武建钢在订立授信协议的同时,即作为钢浓公司法定代表人与光大银行订立《最高额保证合同》,为2 000万元保理资金提供连带责任保证。2009年11月,武建钢手写承诺书一份,承诺对银行债务承担法律责任,银行有权追索其名下的房产。后因光大银行未就武建钢承诺书中所列房产办理抵押登记,武建钢夫妇名下4套房屋出卖后未能实际用于偿还光大银行贷款。至案发,钢浓公司累计贷出保理资金11 094万元,偿还9 094万元,尚欠本金1 503.5万元。上述情况表明,武建钢确有保证还款的具体行为,在保理合同成立的期间,多次按约还款,后虽造成1 503.5万元的本金不能归还,但认定武建钢有故意逃避还款行为的证据不足。

综上,被告人武建钢及被告单位钢浓公司是有明确主业的实体公司,虽有负债,但只是略有亏损,缺乏流动资金,确有引资必要,贷款借出时武建钢即与银行签订《最高额保证合同》,对保理资金承担连带保证责任,后亦无证据证实武建钢有将贷出的保理资金挪作个人使用或有挥霍保理资金等的行为,贷款逾期后武建钢书面承诺银行有权追索其名下房产,无充分证据证实武建钢有恶意逃债行为,不能排除银行资金损失与钢浓公司经营性亏损的关联性。换言之,虽然被告人武建钢及被告单位有使用虚假资料骗取贷款的欺诈行为,但无充分证据证实被告人武建钢及被告单位钢浓公司对骗取的资金具有非法占有目的。法院依法以骗取贷款罪追究被告人武建钢及被告单位钢浓公司的刑事责任,定性是准确的。

(二)含欺诈行为的民事借贷纠纷与诈骗罪的区别

本案第二起事实,在法院审理时并无争议。但司法实践中,含欺诈行为的民事借贷纠纷与诈骗罪之间的定性争议常在。争议核心仍在于如何认定行为人主观上的非法占有故意。结合本案事实,我们认为非法占有目的的认定必须坚持在客观基础上的主观判断,不能仅凭被告人供述简单定案。

具体可从以下三个方面来把握:一是行为人借款前的资产负债情况,有无还款能力;二是行为人实际借款用途有无保值增值可能;三是行为人有无隐匿财产、恶意转移财产、逃跑等逃避还款义务的行为。上述情节可以从客观方面反映行为人有无还款意愿和还款可能。对确因不可抗力、意外事件、正常的投资经营风险等债务人不能控制的因素导致债权人权益损失的,应当尊重民事法律规范的调整领域,不轻易激化矛盾上升到刑事追责的高度。对以欺骗方式获取借款,但借款时确有还款能力,借款后实际用于保值增值业务或者借款合同约定的借款用途,借款逾期后积极采取有效措施筹措还款的借款人,不宜认定行为人有非法占有的主观恶意。对明知自己无还款能力,以欺骗方式获取借款,事后无力归还,造成被害人损失的,依法追究相应的刑事责任。对以欺骗方式获取借款,实际用于赌博、挥霍或者违法活动的,造成被害人损失的,依法追究相应的刑事责任。对以欺骗方式获取借款,借款逾期后逃跑,或者有隐匿财产、恶意转移财产等恶意逃避还款的行为,造成被害人损失的,依法追究相应的刑事责任。

本案中,被告人武建钢明知自己无还款能力,负有大量外债,借款时已转让钢浓公司全部股权,隐瞒真相,虚构借款用途,使程春胜产生错误认识借给其巨额款项,逾期后拒不归还,原审法院认定其主观上具有非法占有目的,以诈骗罪追究刑事责任,定性准确。

综上,一、二审法院分别以骗取贷款罪、诈骗罪对被告人武建钢定罪量刑是适当的。

（撰稿:湖北省高级人民法院　郑　娟　邓海兵
审编:最高人民法院刑四庭　陆建红）

[第1218号]杨涛诈骗案
——单位职员虚构公司业务、骗取财物的如何定性

【关键词】 诈骗罪　职务侵占罪　表见代理　犯罪数额

一、基本案情

被告人杨涛,男,1981年3月14日出生,原系湖北省武汉统建城市开发有限责任公司东方雅园项目部销售经理。2015年2月17日因涉嫌犯职务侵占罪被逮捕。

湖北省武汉市人民检察院以被告人杨涛犯诈骗罪,向武汉市中级人民法院提起公诉。

被告人杨涛对公诉机关指控的犯罪事实不持异议,但辩称其行为构成职务侵占罪,公诉机关指控的罪名不成立。其辩护人提出了相同的辩护意见,另提出杨涛有自首和部分退赃的情节,请求对其减轻处罚。

武汉市中级人民法院经审理查明:

2013年至2015年,被告人杨涛在担任湖北省武汉统建城市开发有限责任公司(以下简称统建公司)东方雅园项目售楼部销售经理期间,明知统建公司并未决定对外销售东方雅园项目二期商铺,为骗取他人财物,对到项目部咨询的杨小莉、熊传阶、石铁民等9人虚构了东方雅园项目二期商铺即将对外销售的事实,谎称可以帮助被害人购买商铺,要求被害人将订购商铺的款项汇入其个人银行账户。其间,杨涛将东方雅园二期第27栋的8号、9号、10号、11号、12号、14号商铺重复卖给不同的被害人。为骗取被害人的信任,杨涛还利用其保管的购房合同、房屋销售专用章、副总经理印章与被害人签订房屋买卖合同,骗取被害人杨小莉、熊传阶、石铁民等9人共计1 011万元,用于前往澳门特别行政区赌场赌博及个人消费,肆意挥霍被害人财物。由于被害人多次催交商铺,2014年12月,杨涛又利用统建公司决定将东方雅园二期部分商铺向社会统一招租的机会,虚构了统建公司决定向被害人返租商铺的事实,伪造了统建公司公章,与被害人签订租赁合同。其中,向被害人杨小莉等3人支付商铺租金共计284 152元,对其他被害人承诺以所购商铺的租金折抵购买商铺款项的方式,继续掩盖其诈骗行为。截至案发,被告人杨涛实际骗取被害人钱款共计9 825 848元。

2015年1月23日,被告人杨涛主动到公安机关投案,如实供述了主要犯罪事实,并退还涉案赃款805 902.93元(其中现金54 600元,在光大银行的存款751 302.93元)。

武汉市中级人民法院认为,被告人杨涛以非法占有为目的,先后骗取他人财物共计人民币9 825 848元,数额特别巨大,其行为已构成诈骗罪。被告人杨涛具有自首情节,依法可以从轻处罚。据此,依照《中华人民共和国刑法》第二百六十六条、第六十七条第一款、第五十六条第一款、第五十五条第一款、第六十四条之规定,以诈骗罪判处被告人杨涛有期徒刑十五年,并处罚金人民币五十万元。

宣判后,杨涛提出上诉,辩称其以统建公司名义与被害人签订的房屋买卖合同有效,双方构

成表见代理,其侵占的是单位财产,应以职务侵占罪对其追究刑事责任,原审定性不准,量刑过重。

湖北省高级人民法院经审理认为,上诉人杨涛以非法占有为目的,骗取他人财物,数额特别巨大,其行为已构成诈骗罪。关于上诉人杨涛及其辩护人提出杨涛以统建公司名义与被害人签订的房屋买卖合同有效,双方构成表见代理的上诉理由及辩护意见,经查,杨涛以统建公司名义与9名被害人签订购房合同使用的合同文本均为公司交由其掌管,其与被害人签订购房合同的目的是骗取被害人的财物并用于赌博及个人消费,与民事活动中的表见代理具有本质的区别。故该上诉理由及辩护意见不能成立。关于上诉人杨涛及其辩护人提出杨涛侵占的是被害人交给统建公司的订金或预付款,而非被害人财物的上诉理由及辩护意见,经查,杨涛为骗取他人财物用于赌博及个人消费,让被害人将认购款汇入其个人银行账户。被害人基于杨涛的欺骗手段,错误认识处分了自己钱款,遭受了财产损失。杨涛实际占有的是被害人汇入其个人银行账户的钱款,而非已经进入统建公司资金账户的财物或其他依法属于统建公司的财物。故对上述上诉理由及辩护意见,不予采纳。关于上诉人杨涛及其辩护人提出9名购房者无人认为被骗,杨涛的行为构成职务侵占罪的上诉理由及辩护意见,经查,杨涛为了骗取他人财物,虚构东方雅园二期商铺即将对外出售事实,谎称可以帮助受害人购买商铺,在公司不知情的情况下,与9名被害人签订认购协议,要求被害人将认购款支付到其个人账户上。主观上,杨涛有非法占有的故意;客观上,杨涛虚构事实,隐瞒真相,采取多种欺骗手段,使被害人基于错误认识处分了自己的钱财。杨涛将所得钱款主要用于赌博及个人消费,为防止犯罪事实被发现,又采取私刻单位公章签订虚假租赁合同等手段,继续欺瞒被害人直至案发,其行为符合诈骗罪的主客观构成要件,应当以诈骗罪定罪处罚。一审认定的事实清楚,证据确实、充分,定罪准确,审判程序合法。依照《中华人民共和国刑法》第二百六十六条、第六十七条第一款、第六十四条,《中华人民共和国刑事诉讼法》第二百二十五条第一款第一项之规定,裁定驳回上诉,维持原判。

二、主要问题

单位职员虚构公司业务骗取财物的行为,应当如何定性?

三、裁判理由

本案的基本事实是,行为人编造虚假公司业务,利用职务身份获取被害人信任,使被害人相信交易对方是行为人所在单位,被害人基于该错误认识处分涉案财产,将钱款交给行为人,行为人将涉案财产占有、使用。对行为人的行为性质,审理中有两种不同意见:

第一种意见认为,行为人是否构成表见代理是区别行为人构成职务侵占罪和诈骗罪的关键。如果行为人构成表见代理,被害人与行为人所在单位之间形成民事法律关系,行为人占有、使用的实际是单位财产,对行为人应以职务侵占罪追究刑事责任。如果行为人不构成表见代理,则以诈骗罪追究刑事责任。

第二种意见认为,行为人对其所在单位是否构成表见代理并不影响对行为人的定罪,行为人编造虚假公司业务,利用职务身份获取被害人信任,骗取被害人财物的行为,依法应构成诈骗罪。

我们同意第二种意见,认为杨涛虚构公司业务,骗取被害人信任从而将钱款汇入杨涛个人银行账户,并私自占有和处分被害人钱款的行为构成诈骗罪,主要理由如下:

(一)行为人对其所在单位是否构成表见代理不影响对行为人的定罪

区别诈骗罪与职务侵占罪的关键在于,前者侵占的是被害人基于错误认识而处分的财产,后者侵占的是行为人保管、经营的单位财产。行为人是否构成表见代理,在民事法律关系中直接影响各方的民事权利义务,但并不影响诈骗罪与职务侵占罪的甄别定性。即使被告人构成表见代理，单位可能承担相应的民事责任，该民事责任的承担也是民事法律规范适用的结果，并非行为人的犯罪行为直接引起，也不是行为人主观故意直接指向的后果。不能因为行为人所在单位最终在民事法律关系中承担了相应责任，进而以该最终后果为标尺认为行为人的侵占对象是单位财产。单位承担民事责任的原因主要是管理责任之必要。只要行为人主观上有非法占有他人财产的故意，客观上实施了“骗”的行为，侵占了被害人财产，而不是利用职务上的便利条件侵占其自己经营、保管的单位财产，就应当以诈骗罪追究刑事责任。如果行为人让被害人将资金汇入单位账户，那么资金归单位控制，在这种情况下，行为人利用职务之便占有、处分单位账户里的资金，则属于职务侵占。对此，我们可区别以下三种情况来考察：

第一，行为人具有诈骗被害人财产的故意，但利用其具有的“表见代理”权限而实施诈骗行为的，仍然属于诈骗犯罪。在这种情况下，行为人只是利用了“表见代理”，而没有真实履行“表见代理”之职责。行为人只是将其“表见代理”作为骗取被害人信任的一种手段，以其职务身份获取被害人信任，但所谓的“公司业务”却是其编造的虚假事实。被害人基于相信行为人的代理行为而误认为其交易对象是行为人单位，将财物交给行为人，后财物实际被行为人占有、使用。在此过程中，行为人使用了欺骗手段，被害人基于错误认识将财物交给行为人，涉案财物被行为人占有、使用违背了被害人真实意思。

第二，行为人具有诈骗被害人财产的故意，在对于所在单位既没有代理权限，也不构成表见代理的情形下实施诈骗行为，则是典型的诈骗犯罪形态。在这种情形下，被害人处分财物同样是基于行为人欺骗行为产生的错误认识，被害人本意是与公司交易，并无将财物交给行为人占有、使用的意思表示。

第三，倘若行为人依照其对被害人的承诺，将涉案财物交付所在单位，再利用职务便利占有涉案财物。在这种情况下，被害人主观上的真实意思是将财物交付行为人所在单位，客观上财物也确实归于行为人所在单位，因此被害人没有因行为人的欺骗行为产生错误认识，进而违背本意地处分财产。此时，行为人如果利用职务之便，对已经由单位占有的财物私自占有、处分，那么，其行为性质属于职务侵占。在这种情形下，无论行为人与被害人进行“业务来往”时是否有代理权或者构成表见代理，行为人的行为均构成职务侵占罪。

综上，行为人是否具有代理权以及是否构成表见代理，对于行为人占有、处分被害人所交付的财物，是构成诈骗罪还是职务侵占罪，没有刑法上的意义。判断行为人占有、处分被害人财物的行为性质，必须看该财产是否处于行为人所在单位占有和控制下。如果是，那么行为人的行为性质属于职务侵占；如果不是，那么行为人的行为性质属于诈骗。

（二）采取欺骗方法骗取他人财物，是诈骗罪的本质特征

诈骗罪是指以非法占有为目的，采用虚构事实或者隐瞒真相的方法，骗取数额较大的公私财物的行为。虚构事实或者隐瞒真相，是指捏造不存在的事实或者隐瞒真实情况，骗取被害人的信任，使被害人基于错误认识违背其真实意思“自愿”交付财物。行为人是否有代理权限或者构成表见代理，并不能从根本上影响其罪名的成立。被害人处分财物的行为与行为人的欺骗行为有无因果关系，是否基于错误认识处分财物，才是决定诈骗罪成立与否的关键。

本案中，被告人杨涛利用其统建公司东方雅园项目部销售经理的身份，骗取被害人杨小莉、熊传阶、石铁民等9人的信任，在统建公司并未决定出售东方雅园二期商铺也未授权其出售该批商铺的情况下，向欲购买商铺的不知情的杨小莉等人虚构东方雅园二期商铺将出售的事实，与被害人签订认购协议，要求被害人将认购款支付到其个人账户上。被害人基于对杨涛职务身份的信赖，相信自己的交易对象是统建公司，进而处分财产，将认购款支付到杨涛个人账户。被害人

因杨涛的欺骗行为产生错误认识,“自愿”将认购款支付到杨涛的个人账户上,认购款被杨涛占有、使用并非被害人的真实意思。杨涛实际实施了欺骗行为,骗取了被害人财物,符合诈骗罪的客观表现。

（三）利用职务便利,将本单位财物占为己有是职务侵占罪的本质特征

职务侵占罪的客观表现是利用职务上的便利条件,将本单位财物非法占为己有,数额较大的行为。即行为人利用自己在本单位所具有的职务便利,如担任董事、经理、会计等,利用管理、经手本单位财物的便利,侵占单位财产。一方面要利用职务便利;另一方面侵占的对象是本单位的财产,二者兼备才符合职务侵占罪的客观要件。在类似本案的情况下,如果被害人处分的财产经过两个阶段:一是从被害人所有转为单位的合法占有;二是行为人利用职务便利,侵占已由单位占有的涉案财产,则可以认定符合职务侵占罪的客观特征。但在本案中,杨涛仅是销售经理,在统建公司东方雅园项目部从事销售管理工作,负责销售登记和销售合同的签订与审查核对等工作,并无管理、经手客户认购款的相关公司职务,杨涛实际占有的是杨小莉等被害人汇至其个人银行账户的钱,并非已经进入单位账户的资金,侵占的对象不是本单位的财产,也没有利用职务上的便利条件。杨涛的行为不符合职务侵占罪的客观要件。

（四）杨涛的职务身份和其使用的购房合同、房屋销售专用章、副总经理印章等,均系其实施诈骗行为的手段

实践中,对于利用职务身份实施的非法占有他人财物的行为,要甄别审查该职务身份在犯罪中所起的作用。单就诈骗罪和职务侵占罪而言,诈骗罪非法占有他人财物的本质手段是“骗”,即使存在职务身份产生的推进犯罪效果的作用,通常也是服务于“骗”这一核心要素的。职务侵占罪非法占有单位财物的本质手段则是利用职务形成的便利条件,职务本身就是行为人非法占有单位财物的核心要件,缺之则无法实现侵占的目的。本案中,杨涛的职务身份实际起到的是获取被害人信任的作用,与其使用的购房合同、房屋销售专用章、副总经理印章等一样,均是为其骗取被害人信任,使被害人基于错误认识将钱交付到杨涛个人银行账户服务的,属于杨涛实施诈骗行为的手段、工具或者条件。其诈骗行为的关键节点体现在以下四个方面:一是身份编造,谎称自己是副总经理,伪造单位公章等;二是业务编造,谎称东方雅园项目第二期商铺对外销售,并且可以帮助被害人购买商铺等;三是手段欺骗,让被害人将钱款汇入其个人账户而不是汇入单位账户,并且还将多个商铺重复卖给不同的被害人;四是实施了数个掩人耳目的行为,如用伪造的公章与被害人签订租赁合同,向被害人杨小莉等人支付“商铺租金”。以上事实或行为,都体现了一般诈骗罪中的“诈骗”之本质特征。

（五）关于诈骗金额的认定

本案中,被告人杨涛骗取9名被害人的资金共计1 011万元,后杨涛又以支付“商铺租金”的形式支付给杨小莉等3人284 152元。对此,杨涛诈骗犯罪的数额是以1 011万元认定还是扣除284 152元后的9 825 848元认定?这在实践中是有争议的:一种观点认为,诈骗罪的犯罪数额是指行为人骗取财物的数额,即不扣除犯罪成本。另一种观点则认为,诈骗罪的定罪数额应当是受害人的实际损失数额,即扣除犯罪成本。

我们认为,诈骗罪的犯罪数额应当以行为人实际骗取的数额作为定罪数额,而不能扣除犯罪成本。《全国法院审理金融犯罪案件工作座谈会纪要》就规定,诈骗罪的犯罪数额以行为人实际骗取的数额计算。但是,应当将犯罪分子的犯罪成本与其诈骗后归还的款项区分开来。多次进行诈骗,并以后次诈骗财物归还前次诈骗财物的,计算诈骗数额时,应将已归还的数额扣除,按实际未归还的数额认定。因此,本案被告人杨涛的诈骗数额应当认定为9 825 848元。

综上,被告人杨涛主观上有非法占有的故意;客观上,采用虚构事实、隐瞒真相、一铺多卖等欺骗手段,使被害人基于错误认识而处分了自己的财产,导致财产损失。其后,杨涛将所得钱款用于赌博及个人消费,为防止犯罪事实被发现,又采取私刻单位公章签订虚假租赁合同等手段,继续欺瞒被害人直至案发。其行为完全符合诈骗罪的构成要件。一、二审法院以诈骗罪判处杨涛有期徒刑十五年,并处罚金人民币五十万元,是正确的。

（撰稿:湖北省高级人民法院　郑　娟
湖北省武汉市中级人民法院　李济森
审编:最高人民法院刑四庭　陆建红）

[第1247号]李政等诈骗案

——以办理学历证书为名非法收取钱财的如何认定

【关键词】 诈骗罪　非法经营罪　共犯　一般定罪法则

一、基本案情

被告人李政,男,1968年4月28日,中专文化,无固定职业。

被告人何茂景,男,1973年11月15日,大学文化,无固定职业。

被告人吴东,男,1968年12月12日出生,高中文化,无固定职业。

被告人杨永安,男,1979年12月24日出生,大学文化,原湖北省经济管理干部学院博智教学站负责人。

被告人朱旭波,男,1974年10月13日出生,大专文化,原湖北省经济管理干部学院博智教学站工作人员。

被告人席波,男,1976年8月8日出生,初中文化,无固定职业。

湖北省武汉市人民检察院以被告人李政、何茂景、吴东、杨永安、朱旭波、席波犯诈骗罪,向武汉市中级人民法院提起公诉。

武汉市中级人民法院经公开审理查明:

2008年4月,何某某、杜某某经王启良(另案处理)介绍,认识了被告人吴东。吴东向何、杜二人称,其可以通过关系办理国家承认并可在教育部网站上查询的成人教育毕业证书。在骗取何、杜二人的信任后,吴东让何、杜二人将需要办理的学员信息和办理费用交给自己。同月底,何某某、杜某某按吴东要求,将上海、浙江等地一些培训中介机构委托其二人办理正规成人教育毕业证书的学员信息交给吴东,并通过王启良转交了人民币(以下币种同)50万元给吴东作为首批办证费用。

吴东将此事告知其"上线"被告人何茂景,何茂景遂分别找到被告人李政、席波商议。李政、何茂景、吴东在明知学员未参加国家成人教育统一招生考试,无法被录取,依照相关规定不可能直接办理成人高等教育文凭的情况下,仍表示可以办理。其间,何茂景伙同席波联系办理成人高等教育毕业证书,由席波找到被告人朱旭波,通过非法制作假证人员伪造了湖北省经济管理干部学院(以下简称湖北经管干部学院)的毕业证书及学生档案,再经何茂景转交给吴东。

2008年6月,吴东向何某某、杜某某交付了首批毕业证书。此后,何某某、杜某某将大量的学员信息陆续传给吴东，并先后交给吴东办证费用共计1 420.5万元。吴东收款后，又分多次转汇给何茂景共计1 288.9万元。李政以办理学历网上认证为由，先后向何茂景索取共计830万元，除事后退还给何茂景105万元外，剩余款项全部挥霍。席波从何茂景处获得105万元，将其中的97万元转交给朱旭波以支付其制作假证的费用。朱旭波将陆续伪造的约2 000套湖北经管干部学院的毕业证书及学生档案转交给席波、何茂景、吴东及王启良等人，分批交给了何某某、杜某某等人。

2008年10月，因李政迟迟不能将学员信息提交到教育部相关网站予以认证，何某某、杜某某遂提出质疑并要求退款，李政、何茂景、吴东仍谎称已发放的毕业证可以上网，以拖延时间，躲避还款。

2009年6月，何茂景与被告人杨永安共谋，在明知已发放的毕业证书无法直接通过教育部网上认证的情况下，签订了所谓的《联合办学补充协议》，并倒签了《联合举办业余本科学历班协议书》，欲乘湖北经管干部学院与湖北第二师范学院合并之机，由李政、杨永安等人来打通关系，假借“解决历史遗留问题”的名义，以欺骗的手法使前期已办理虚假毕业证学员的信息及新增的尚需办理毕业证学员的信息能够按正常程序层报至教育部，办理出形式合法的文凭，从而再次骗取财产。之后，席波化名“刘华”在湖北第二师范学院内的博智教学站冒充学院教师，与该教学站负责人杨永安一起，对外谎称可直接办理毕业证书并可上网查询。杨永安还利用第二师范学院网站提供报名信息网上核对的链接，欺骗交纳学费的培训中介机构人员，谎称网上查询的是毕业信息，随后可上报教育部网站，进一步骗取了上述人员的信任。杨永安在席波的配合下，以收取学费为名，欺骗何某某、杜某某二人再次交纳了部分费用，同时还欺骗其他培训机构人员向其交费，共计骗得355.72万元，朱旭波非法占有其中的68.6万元。

2010年3月，已办证学员仍然无法在网上查询到其学历信息，尚未办理的学员也未取得毕业证书，何某某、杜某某及被骗的培训中介机构人员多次要求吴东、杨永安退款。除何茂景在案发前退还何某某110万元，吴东在案发前退还何某某180万元外，杨永安拒不退款。何某某、杜某某于2010年3月向公安机关报案。公安机关于2010年4月30日至2011年1月18日，先后将杨永安、吴东、席波、朱旭波、何茂景、李政抓获归案。

截至案发，李政、何茂景、吴东、杨永安、朱旭波、席波共骗取1 826.22万元。案发前，何茂景、吴东共退还290万元，实际诈骗数额1 536.22万元，且不能退还。案发后，吴东的亲属代为退出赃款15万元，杨永安向公安机关退赃10万元，公安机关追回赃款24.727万元，尚有1 486.493万元未被追回。

武汉市中级人民法院审理认为，被告人李政、何茂景、吴东、杨永安、朱旭波、席波以非法占有为目的，明知无法为不符合国家成人教育招生条件和程序的人员办理正规有效的成人高等教育文凭，仍对外谎称能够办理并能上网认证，以虚构事实、隐瞒真相的手段，共同骗取有关中介机构和人员的财物，数额特别巨大，其行为均构成诈骗罪。依照刑法相关规定以诈骗罪，分别判处李政无期徒刑，剥夺政治权利终身，并处没收个人全部财产；判处何茂景、杨永安有期徒刑十五年，剥夺政治权利三年，并处罚金人民币十万元；判处吴东有期徒刑十一年，剥夺政治权利一年，并处罚金人民币五万元；判处朱旭波、席波有期徒刑七年，并处罚金人民币三万元；公安机关暂扣的涉案赃款依法按比例发还，尚未追回的涉案赃款，由公安机关继续追缴并依法发还。

一审宣判后，六名被告人均以原判认定其诈骗罪的事实不清，证据不足，量刑过重为由提出上诉。湖北省高级人民法院经开庭审理认为，原审判决定罪准确，量刑适当，审判程序合法，但对公安机关暂扣涉案赃款数额认定有误，依据《中华人民共和国刑事诉讼法》第二百二十五条第一款第一项、第二项之规定,裁定驳回六名上诉人的上诉,撤销原审判决涉案赃款相关部分,对公安机关暂扣的涉案赃款数额予以纠正,由公安机关依法按比例发还,并继续追缴尚未追回的涉案赃款发还被骗人员。

二、主要问题

以办理各种学历证书为名非法收取他人钱财的行为如何定性?

三、裁判理由

本案审理过程中,对被告人李政、何茂景等人的行为定性,存在以下三种意见:

第一种意见认为,各被告人的犯意和行为不尽相同,应当分别定罪。被告人李政、杨永安、朱旭波的行为构成诈骗罪,被告人何茂景、吴东、席波的行为构成非法经营罪。首先,何茂景、吴东、席波在主观上不具有非法占有他人财物的目的,客观上未实施采取虚构事实或者隐瞒真相的方法骗取他人财物的行为,不构成诈骗罪。理由是:(1)现实中存在违规办出形式合法的高校毕业证书的情形。何某某、杜某某作为职业教育中介人员不会在明知不可能办证的情况下将巨额资金交给吴东等人操作办证。以不可能办出形式合法的毕业证书为前提,进而认定何茂景、吴东、席波具有欺骗行为,与社会实际不符。(2)证据材料反映,李政曾带何茂景到教育部门沟通相关事宜,使何茂景、吴东、席波一直相信能够办出形式合法的毕业证书;博智教学站将2 000余名学生的信息链接到湖北第二师范学院校园报名网,并将收学费的现场设在该站内,也让何茂景等人认为李政与学校的合作能够将事情办成。(3)何茂景、吴东、席波的行为表明三人并无骗取被害人钱财的目的。其经手的钱款基本上转给李政和联系办证的中介人员,以及支付毕业证书的制作费用。且在长达两年的时间里,其一直与被骗中介人员保持联系,其间还退款290万元。(4)吴东、席波虽然都有不同程度的欺骗行为,但不是以非法占有为目的,而是为了增加被骗中介人员对他们的信任度或拖延时间。其次,被告人何茂景、吴东、席波的行为应构成非法经营罪。理由是:(1)何茂景、吴东、席波的行为违反了国家规定。根据《中华人民共和国高等教育法》的规定,学生必须经考试合格,由实施相应学历教育的高等学校录取,取得专科生或者本科生入学资格,经学习后,由所在高等学校根据其修业年限、学业成绩等,按照国家有关规定,颁发相应的学历证书或者其他学业证书。何茂景、吴东、席波违背上述法律规定,擅自违规操作,意图为不符合要求的学生办理毕业证书,还收取了巨额的办证费用。(2)何茂景、吴东、席波的行为严重扰乱市场管理秩序。毕业证书属于禁止买卖的资质凭证,其对禁止买卖的毕业证书进行交易,既是对高校正常办学秩序的破坏,也是对市场管理秩序的扰乱,应当属于扰乱市场管理秩序的非法经营行为。(3)何茂景、吴东、席波非法经营的数额近2 000万元,造成涉案2 000余名学生遭受重大经济损失,情节特别严重。至于其买卖的毕业证书被鉴定为假证,不影响非法经营行为的定性。

第二种意见认为,本案从行为定性和社会效果分析,宜整体认定为非法经营罪。理由是:(1)买卖毕业证书的行为与买卖进出口许可证的行为相当。根据刑法第二百二十五条第二项的规定,买卖进出口许可证的行为构成非法经营罪。毕业证书与进出口许可证都属于国家有权机关颁发的许可证照,鉴于刑法已将买卖进出口许可证的行为纳入犯罪,故将同类的买卖毕业证书的行为纳入非法经营罪处理是可行的。(2)非法经营犯罪行为无须以具有相应许可的合法经营行为为前提。虽然禁止买卖的行业不可能存在相应的经营许可,但根据举轻以明重的原则,非法经营限制买卖的物品能够构成非法经营罪,非法经营禁止买卖的物品更应构成非法经营罪。(3)随着教育市场化深入推进,国家允许民间力量、资本甚至是个人开办学校,此类办学行为具有市场行为的性质,而办学必然涉及毕业证书的发放,买卖毕业证书行为可视为一种侵害市场秩序的行为。(4)考虑到本案是"一条龙"的犯罪活动,全案按照非法经营罪论处,社会效果更好,也有助于明确何某某、杜某某等中介人员行为的违法性。如果以诈骗罪定罪，何某某和杜某某反而成了被害人，如此处理对社会的引导效果不好。

第三种意见认为，对本案六名被告人均应当以诈骗罪追究刑事责任。主要理由是，本案六名被告人均实施了虚构事实、隐瞒真相、骗取财物的实行行为，符合诈骗罪的构成要件，且六名被告人存在共同诈骗的主观故意和实行行为，属于诈骗罪的共犯。

我们认为，本案六名被告人的行为虽然在表现形式上具有非法经营罪的特征，但是根据主客观要件相结合原则，更加精准地认定犯罪和把握此罪与彼罪的本质特征，本案宜以诈骗罪的共犯追究六名被告人的刑事责任。具体分析如下：

(一)本案六名被告人的行为具有非法经营罪的表现特征

首先，六名被告人的行为均违反了国家规定。六名被告人违反《中华人民共和国高等教育法》的规定，擅自操作，意图为不符合要求的学生办理毕业证书，收取巨额办证费用，违反了国家规定。其次，六名被告人的行为均属于严重扰乱市场秩序的非法经营行为。毕业证书属于国家禁止买卖的资质凭证，六名被告人从事毕业证书交易，既是对高校正常办学秩序的破坏，也是对市场管理秩序的扰乱，属于严重扰乱市场秩序的非法经营行为。最后，六名被告人的非法经营数额达 1 826.22 万元，造成涉案 2 000 余名学生遭受重大经济损失，属于非法经营罪中的“情节特别严重”。根据刑法对非法经营罪的规定，本案六名被告人的行为具备非法经营罪的构成要件特征。但是，仅从表现形式上不能准确反映被告人实施违法行为的本质特征，更不能脱离被告人的主观故意而评价。

(二)本案六名被告人构成诈骗罪的共犯

本案六名被告人从事毕业证书办理活动已有一段时间，对无法或难以办理被害人要求的毕业证书存在共识或默契，且在犯罪过程中互有分工、配合行为。从全案来看，何茂景、吴东、席波主观上具有非法占有的共同目的和故意，客观上实施了分工合作的诈骗实行行为：(1)何茂景在共同诈骗犯罪过程中起关键作用，主要实施了以下实行行为：一是通过吴东对外虚假宣传，骗取他人信任，收取他人钱款；二是联系席波通过朱旭波伪造毕业证书；三是虚夸李政能够解决“证书上网”的能量；四是通过与杨永安签订“联合办学”协议，骗取他人信任，使他人陷入认识错误而交付钱款等。(2)吴东在共同诈骗犯罪过程中主要实施了以下实行行为：一是直接面对被害人的代理人(教育中介)，公开进行虚假宣传和承诺，骗取他人钱款；二是谎称所办毕业证是通过学校领导办理，并能通过其表哥李政(实际当时其与李政并不认识)找教育部办理上网查询；三是因毕业证始终未见上网，何某某、杜某某多次询问和要求退款，吴东故意隐瞒真相，编造理由进行推脱和搪塞等。(3)席波在共同诈骗犯罪过程中主要实施了以下实行行为：一是通过朱旭波联系伪造毕业证，雇人填写了“学生档案”；二是介绍何茂景与杨永安“联合办学”，并化名“刘华”，冒充湖北第二师范学院继续教育学院教师，虚假宣传，配合杨永安等骗取钱财；三是非法占有赃款 10 万余元等。

基于上述分析，本案六名被告人均向被害人虚构了“不需要参加成人高考和学习，就能办理国家教育部门认可，并可在教育部相关网站查询认证的毕业证书”的事实，同时采取伪造毕业证、委托主管部门“关系人”“联合办学”等手段，骗取被害人钱款，具有共同的犯罪故意和实行行为，依法构成诈骗罪的共犯。

(三)出于本质特征和社会效果考虑，对六名被告人宜以诈骗罪论处

首先，六名被告人虚构事实、隐瞒真相的行为贯彻始终，而违反法律规定买卖毕业证，只是其中一个环节。而无论是诈骗行为还是非法经营行为，最终的主要结果是骗取他人 1 826.22 万元，

造成涉案2 000余名学生遭受重大经济损失。对于这种穿插使用多种犯罪方法,主要犯罪结果同一的行为,从罪责刑相适应原则考虑无须数罪并罚。考虑到六名被告人虚构事实、隐瞒真相,是实现非法获取被害人钱款最关键的因素,故可参考司法实践中的一般定罪法则,以诈骗罪论处,同时将非法经营罪作为从重处罚情节考虑。

其次,本案以非法经营罪论处,难以准确反映案件的本质特征。本案最本质的特征包括两个方面:一方面是虚构事实、隐瞒真相;另一方面是通过制作和买卖文凭收取钱财。何茂景等人将买卖文凭作为一项经营行为来运作,其买卖行为本身属于严重扰乱市场秩序的经营行为,具有非法经营罪的表现形式。然而,以非法经营罪论处,缺失对被告人虚构事实、隐瞒真相等基本犯罪构成事实的评价。何茂景等人谎称"不需要参加成人高考和学习",通过制假证和"运作关系","就能办理国家教育部门认可,并可在教育部相关网站查询认证的毕业证书",这些虚构事实、隐瞒真相的行为贯彻始终,且是非法占有他人1 826.22万元最为关键的因素。如果以非法经营罪论处,显然未能准确反映案件的本质特征。而认定为诈骗罪,则不存在法律评价偏颇的问题。实施诈骗可以通过多种方式和途径,包括非法经营手段,故以诈骗罪定罪处罚更符合案件实质特征。

最后,以诈骗罪定罪处罚,更能体现罪责刑相适应原则。类似本案以违法办理各种学历证书为名骗取钱财的犯罪,目前常见多发,社会危害严重。本案被骗学员达2 000余人,被骗金额1 826.22万元,以诈骗罪定罪处罚,更能体现罪责刑相适应原则。此外,本案涉案人员达数十人,如果最终以非法经营罪对六名被告人定罪处罚,那么,对涉案的其他中介人员如何处理则存在问题。事实上,这些中介人员虽无直接诈骗故意,但均具有非法经营的故意和行为。对本案六名被告人以诈骗罪论处,能够更精准地把握定罪量刑,将主观故意与客观表现相结合,社会效果和法律效果更好。

(撰稿:最高人民法院刑二庭　许建华　刘晓虎
审编:最高人民法院刑二庭　王晓东)

[第1264号]吴剑、张加路、刘凯诈骗案

——"网络关键词"诈骗犯罪中签订合同行为对案件性质的影响

【关键词】 诈骗罪　合同诈骗　网络关键词　合同行为

一、基本案情

被告人吴剑,男,1991年11月5日出生。2015年12月15日因涉嫌犯诈骗罪、伪造国家机关证件罪被逮捕。

被告人张加路,男,1993年4月30日出生。2015年12月15日因涉嫌犯诈骗罪、伪造国家机关证件罪被逮捕。

被告人刘凯,男,1994年11月25日出生。2015年12月15日因涉嫌犯诈骗罪被逮捕。

江苏省无锡市高新技术产业开发区人民检察院以被告人吴剑、张加路犯诈骗罪、伪造国家机关证件罪,被告人刘凯犯诈骗罪向无锡高新技术产业开发区人民法院提起公诉。

无锡高新技术产业开发区人民法院经公开审理查明:被告人吴剑、张加路、刘凯经事先合谋,

在无锡市新吴区通过网络指使他人伪造了无锡天宏网络科技有限公司、北京飞龙网络科技有限公司、深圳控股投资有限公司等单位企业法人营业执照和印章，用于实施“网络关键词”诈骗。诈骗过程中，吴剑、张加路、刘凯分别冒充上述公司工作人员，与“网络关键词”持有人取得联系，虚构有买家欲高价收购该“网络关键词”的事实，诱骗其前往谈判，在谈判过程中，继而虚构“网络关键词”资源需要制作网络监测报告、专利证书、国际端口申诉等配套产品才能交易的事实，骗取持有人签订“网络关键词”交易合同，支付有关制作费用。

2015 年 6 月至 10 月间，被告人吴剑、张加路、刘凯时分时合，采用上述手法，先后 5 次骗取李某 1、华某、李某 2 等人的制作费用共计人民币 500 800 元。其中，吴剑、张加路参与诈骗 5 次，涉案金额人民币 500 800 元；刘凯参与诈骗 4 次，涉案金额人民币 245 800 元。具体犯罪事实如下：

1. 2015 年 6 月至 8 月间，被告人吴剑、张加路、刘凯采用上述手法，多次从李某 1 处骗得人民币 36 000 元。

2. 2015 年 6 月至 7 月间，被告人吴剑、张加路、刘凯采用上述手法，多次从华某处骗得人民币 48 800 元。

3. 2015 年 6 月至 7 月间，被告人吴剑、张加路、刘凯采用上述手法，多次从李某 2 处骗得人民币 83 000 元。

4. 2015 年 8 月至 9 月间，被告人吴剑、张加路、刘凯采用上述手法，多次从刘某处骗得人民币 78 000 元。

5. 2015 年 9 月至 10 月间，被告人吴剑、张加路采用上述手法，多次从乔某处骗得人民币 255 000元。

案发后，被告人吴剑及其亲属退回赃款人民币 39 100 元，被告人张加路及其亲属退回人民币 81 200 元，被告人刘凯退回人民币 50 000 元。

无锡高新技术产业开发区人民法院经审理认为，被告人吴剑、张加路、刘凯结伙诈骗他人财物，其中，被告人吴剑、张加路诈骗数额特别巨大，被告人刘凯诈骗数额巨大，均已构成诈骗罪，且系共同犯罪。被告人吴剑、张加路结伙伪造国家机关证件，其行为均已构成伪造国家机关证件罪，且系共同犯罪。被告人吴剑、张加路一人犯数罪，应实行数罪并罚。被告人吴剑、张加路归案后如实供述了自己的主要罪行，被告人刘凯如实供述了自己的全部罪行，依法予以从轻处罚；被告人吴剑、张加路、刘凯归案后退出部分赃款，有一定的悔罪表现，酌情予以从轻处罚。依照《中华人民共和国刑法》第二百六十六条、第二百八十条第一款、第二十五条第一款、第六十七条第三款、第六十九条、第六十四条之规定，以诈骗罪、伪造国家机关证件罪，分别判处被告人吴剑有期徒刑十年并处罚金人民币十万元、有期徒刑六个月，决定执行有期徒刑十年三个月，并处罚金人民币十万元；判处被告人张加路有期徒刑十年并处罚金人民币十万元、有期徒刑六个月，决定执行有期徒刑十年三个月，并处罚金人民币十万元。以诈骗罪，判处被告人刘凯有期徒刑四年，并处罚金人民币四万元。被告人吴剑、张加路、刘凯退缴在案的人民币 170 300 元，由公安机关返还被害人。责令被告人吴剑、张加路、刘凯继续退赔违法所得的财物，并返还被害人。

一审宣判后，张加路不服，认为原审判决认定诈骗被害人华某的数额不实。上诉人张加路的辩护人还提出，本案应定性为合同诈骗罪。

江苏省无锡市中级人民法院经审理认为，原审判决认定上诉人张加路、原审被告人吴剑、刘凯犯诈骗罪，以及张加路、吴剑犯伪造国家机关证件罪的定罪和量刑事实清楚，证据确实、充分，适用法律正确，量刑适当，诉讼程序合法，应予维持，于 2016 年 12 月 22 日作出(2016)苏 02 刑终 330 号刑事裁定：驳回上诉，维持原判。

二、主要问题

"网络关键词"诈骗犯罪中签订合同行为对案件定性有何影响?

三、裁判理由

本案涉及"网络关键词"(以下简称关键词)诈骗。关键词是一种新兴互联网名称资源,是帮助网络用户通过输入中文关键词来直接访问目标网站的技术手段。关键词诈骗是近年来频频出现的诈骗形式,其利用关键词持有人的投资心理,虚构有买家需要购买关键词,从中编造借口要求持有人支付服务费用,骗取持有人钱款。在此类犯罪中,行为人往往会与关键词持有人签订所谓的收购合同,继而实施后续的诈骗活动,本案就属于这样的情形。由于犯罪人在犯罪过程中,与被害人签署了收购关键词合同,因此在本案审理过程中对案件定性出现了两种意见:第一种意见认为,应当以合同诈骗罪认定。理由是被告人与被害人签订了收购关键词合同,事后被告人以各种理由骗取被害人财物,应当认定为合同诈骗罪。第二种意见认为,应当构成诈骗罪。虽然被告人与被害人之间签订了收购合同,但该合同只是整个诈骗犯罪的一个环节,不能涵盖被告人的全部犯罪行为,因此不能认定为合同诈骗罪,而应以诈骗罪论处。

我们同意第二种意见,具体分析如下:

(一)诈骗罪与合同诈骗罪的联系与区别

关于合同诈骗罪与诈骗罪的分离,最早是在1997年新修订的刑法中,将合同诈骗罪从一般诈骗罪中单列出来,并置于破坏社会主义市场经济秩序罪一章中,这一修订将更有利于规范和打击社会主义市场经济条件下利用合同进行诈骗的违法犯罪活动。根据刑法第二百六十六条之规定,诈骗罪是指"诈骗公私财物,数额较大"的犯罪行为,而第二百二十四条规定的合同诈骗罪是指"以非法占有为目的,在签订、履行合同过程中,使用虚构事实、隐瞒真相等欺骗手段,骗取对方当事人财物,数额较大"的犯罪行为。一般认为,诈骗罪与合同诈骗罪的关系,是普通法与特别法的关系,是包容竞合的法条竞合关系,因此二者有许多共同点:诸如二者都是采取虚构事实、隐瞒真相的欺骗方法;行为人主观上都有非法占有公私财物的故意;都侵犯了他人的财产权,骗取了公私财物等。

但依据犯罪构成的理论,诈骗罪与合同诈骗罪仍有明显的区别之处,主要体现在两个方面:(1)在侵犯客体上,诈骗罪只侵犯了公私财产的所有权,是简单客体;而合同诈骗罪除了侵犯公私财产所有权外,还侵犯了市场交易秩序和国家合同管理制度,因此侵犯的是复杂客体,这也是为什么诈骗罪属于侵犯财产的犯罪,而合同诈骗罪属于破坏社会主义市场经济秩序犯罪的重要原因。(2)在犯罪客观方面,诈骗罪主要表现在行为人采取欺骗的行为,使受害人产生错误认识而交付财产。诈骗罪的手段多种多样,不限于签订、履行合同过程中,被害人受骗也并非主要基于合同的签订、履行。而合同诈骗罪是行为人在签订、履行合同过程中,采取虚构事实、隐瞒真相等欺骗手段,骗取合同对方当事人财物的行为;合同诈骗犯罪的行为人往往实施了与合同约定内容相关的经济活动,即具有与签订、履行合同相关的筹备、管理、经营活动,该签订、履行合同的行为是导致被害人陷入认识错误而作出财产处理的主要原因。

在司法实践中,区分诈骗和合同诈骗还应当注意两点:第一,不能简单以有无合同为标准来区分合同诈骗罪与诈骗罪。合同诈骗罪的"合同"是指被行为人利用,以骗取他人财物、扰乱市场秩序的合同。它是刑法意义上的合同,是以财产为内容的、体现了合同当事人之间财产关系的财产合同。因此,有关身份关系的合同、行政合同以及不能反映为经济活动的赠与合同、代理合同等,一般不能认定为合同诈骗罪中的"合同"。第二,不能简单以"签订合同+骗取财物"为标准来判断构成合同诈骗罪。而应当考察行为人骗取财物与合同本身的内在联系,只有行为人获取财物是基于合同,才能认定为合同诈骗罪;如果行为人虽然与被害人签订了合同,但最终获得财物与该合同并没有直接的联系,则不宜认定为合同诈骗罪。

(二)合同诈骗罪的本质是被害人基于合同陷入错误认识而交付财物

如前所述,在普通诈骗罪中也会存在以合同的名义实施诈骗的情形,从表面上看与合同诈骗罪的犯罪构成是相符的,使得司法机关在认定时在普通诈骗罪和合同诈骗罪之间徘徊。因为是否存在合同是认定普通诈骗罪和合同诈骗罪的重要区别,这就需要我们对利用合同进行认真解读。所谓“利用合同”,是指通过合同的虚假签订、履行使得相对方陷入错误认识,从而交付财物,实现其非法占有目的。换言之,该合同的签订、履行行为是导致被害人陷入认识错误而作出财产处理的主要原因。利用合同即是其诈骗行为的关键。而对那些即使行为人也采用了合同的形式,但是被害人之所以陷入错误认识并非主要基于合同的签订、履行,而是合同以外的因素使其陷入了错误认识而交付财物的,应认定为诈骗罪。

本案中,三名被告人经过合谋后,决定实施网络关键词诈骗活动,并且作了充分的犯罪准备与分工:首先准备了三张作案用的电话卡与手机卡。其次是制作了假的公司营业执照与公章。最后是三人做了明确的分工,由吴剑担任中介公司的角色,负责打电话联系关键词持有人,告知其有买家愿意高价购买关键词;由刘凯充当买家,与被害人签订收购关键词合同,诱骗被害人补充提供关键词检测报告等完善关键词的材料;张加路充当第三方公司技术服务人员,帮助被害人制作所谓的检测评估报告等材料。在这个过程中,被害人受高额收购价格的诱惑,一步步陷入被告人设置的陷阱,不断支付完善关键词的费用。

在整个犯罪过程中,涉及两个行为内容,第一个行为是被告人与被害人签订关键词收购合同,第二个行为是被告人要求被害人完善关键词,并提出很多完善的项目,包括制作关键词检测报告、申请专利、注册国际端口、制作 B2B 证书等,继而被告人再冒充第三方技术服务公司的人员诱使被害人交付有关制作费用,被害人被骗取的正是后者所谓完善关键词的费用。从收购关键词合同的内容来看,并不包括帮助被害人完善关键词并收取费用的内容,即签订收购合同与诱骗完善关键词是两个相对独立的行为,不存在包容关系。本案被告人的犯罪手法多样,通过签订收购合同——诱骗完善关键词——收取所谓的完善关键词制作费用,进而达到骗取财物的目的。可见,签订收购合同只是一个诱饵,被害人并非基于该收购合同交付费用(相反,基于收购合同,应该是被告人向被害人支付收购费),而是基于后续的完善包装关键词的环节,相应地支付了相关费用。因此,从整体评价的角度,被告人的多种犯罪手法互相配合,前面的行为都是犯罪过程的环节之一,最终目的就是骗取制作完善关键词的费用。换言之,被告人骗取财物的核心手段就是诱骗被害人完善关键词,而这个手段并不是基于合同,因此本案不符合合同诈骗罪的本质特征,而是由于被告人的其他欺骗行为,使被害人产生“需要完善关键词”的错误认识而交付财产,故而应认定为诈骗罪。

(撰稿:江苏省无锡市中级人民法院 楼炯燕
审编:最高人民法院刑二庭 王晓东)

[第1319号]倪劲锋诈骗案

——利用疫情实施电信网络诈骗行为的认定和刑事政策把握

【关键词】 诈骗罪 电信网络诈骗 疫情期间 刑事政策

一、基本案情

被告人倪劲锋,男,汉族,1996年4月19日出生,无业。2020年2月6日被逮捕。

浙江省绍兴市上虞区人民检察院指控被告人倪劲锋犯诈骗罪,向绍兴市上虞区人民法院提起公诉。

被告人倪劲锋对指控事实无异议,并认罪认罚。

绍兴市上虞区人民法院经公开审理查明:2020年1月28日以来,被告人倪劲锋因手头拮据,遂产生利用时下疫情在网上虚构出售口罩骗取财物的心思。倪劲锋通过其手机微信在朋友圈发布售卖口罩的虚假信息。当有被害人与其联系时,其假称有口罩出售,并利用各种网络截图获取被害人信任,后以1.5元至15元人民币(以下未标明币种均为人民币)不等的价格,与被害人达成出售各种型号口罩的意向,待被害人通过微信或者支付宝转账付钱后,将被害人微信拉黑或者不予回应。倪劲锋以上述手段,从被害人廖某某等6人处共计骗得13 137元。案发后,公安机关从倪劲锋处扣押12 100元,倪劲锋亲属向被害人金某某退款2 900元。

上虞区人民法院认为,被告人倪劲锋以非法占有为目的,利用互联网通信工具虚构事实骗取他人财物,数额较大,其行为已构成诈骗罪。倪劲锋在新型冠状病毒肺炎疫情期间,假借销售预防疫情用品的名义实施诈骗,依法应从重处罚;倪劲锋归案后全部退赃,且认罪认罚,依法可从宽处理。据此,依照《中华人民共和国刑法》第二百六十六条、第六十四条,《中华人民共和国刑事诉讼法》第十五条,《最高人民法院、最高人民检察院关于办理妨害预防、控制突发传染病疫情等灾害的刑事案件具体应用法律若干问题的解释》第七条的规定,判决如下:

1. 被告人倪劲锋犯诈骗罪,判处有期徒刑一年八个月,并处罚金一万五千元;

2. 扣押在案的一万二千一百元,由公安机关分别发还给被害人,剩余人民币一千八百六十三元用于履行被告人倪劲锋判处的罚金;作案工具手机一只,予以没收。

一审宣判后,被告人倪劲锋未提出上诉,检察机关未提出抗诉。判决已发生法律效力。

二、主要问题

疫情防控期间,利用微信销售口罩实施诈骗犯罪的如何定罪处罚?

三、裁判理由

与传统点对点的诈骗犯罪不同,电信网络诈骗是点对面的诈骗。传统诈骗虽然也会利用通信网络技术手段,但针对的是特定人;电信网络诈骗则是利用固定通话网、移动通信网、计算机互联网、广播电视网等信息网络,通过电脑、手机、电话等终端设备,针对不特定多数人实施的“非接触式”的诈骗。电信网络诈骗相较于传统诈骗而言,具有诈骗手段的现代性、诈骗对象的不特定性、传播的广域性等特征。鉴于电信网络诈骗犯罪时空跨度大、受害人数多,及时有效打击困难,受害人损失难以得到有效挽回,因而较之传统的诈骗犯罪危害后果更严重。故《最高人民法院、最高人民检察院、公安部关于办理电信网络诈骗等刑事案件适用法律若干问题的意见》对电信网络诈骗规定了更低的入罪门槛,并从数额标准、加重标准、基准刑及宣告刑的确定、缓刑适用、未遂情形等多个方面,对电信网络诈骗犯罪作出从严惩处的规定。

为依法惩治妨害预防、控制突发传染病疫情等灾害的犯罪活动,保障预防、控制突发传染病疫情等灾害工作顺利进行,切实维护人民群众身体健康和生命安全,2003 年 5 月 14 日最高人民法院、最高人民检察院联合发布了《关于办理妨害预防、控制突发传染病疫情等灾害的刑事案件具体应用法律若干问题的解释》(以下简称《解释》),为依法惩治传染病疫情等灾害防治期间发生的各种犯罪活动提供了明确的法律指引。《解释》第七条规定,在预防、控制突发传染病疫情等灾害期间,假借研制、生产或者销售用于预防、控制突发传染病疫情等灾害用品的名义,诈骗公私财物数额较大的,依照刑法有关诈骗罪的规定定罪,并应依法从重处罚。该规定主要是考虑在预防、控制疫情期间,因疫情发展引发的社会治安问题和涉及稳定的不确定因素往往大量增加,从及时预防、控制疫情的角度出发,对这类行为应依法从重处罚。根据《传染病防治法》的相关规定,基于结合目前对新型冠状病毒肺炎(以下简称新冠肺炎)的病原、流行病学、临床特征等特点的认识,经报国务院批准同意,国家卫生健康委员会已决定将新冠肺炎纳入法定传染病乙类管理,采取甲类传染病的预防、控制措施。因此,在新冠肺炎疫情防控期间,将利用疫情实施诈骗犯罪的案件适用《解释》规定从重处罚,有利于确保及时、准确、有效打击犯罪,切实维护人民群众的生命安全和身体健康。

本案中,被告人倪劲锋在新冠肺炎疫情防控期间,利用网络,通过手机微信在朋友圈发布售卖疫情防护用品口罩的虚假信息,实施撒网式诈骗,在短短的三天便骗取了 6 名被害人数额较大的钱财,犯罪的主观恶性和社会危害性较大。我们认为,对于本案这类在疫情防控期间利用电信网络实施诈骗的犯罪行为,应依法从严惩处。理由是:其一,应适用全国统一的入罪数额标准和数额加重标准。由于电信网络诈骗突破了传统犯罪空间范畴,大多属于跨区域犯罪,地域化特征相对淡化,故不宜由各省、自治区、直辖市结合本地区经济社会发展状况,应根据《最高人民法院、最高人民检察院关于办理诈骗刑事案件具体应用法律若干问题的解释》的规定确定本地区执行的具体数额标准。也即,对于利用微信销售口罩实施诈骗行为的,应分别以诈骗财物价值三千元以上、三万元以上为刑法第二百六十六条规定的诈骗"数额较大"和"数额巨大"标准。其二,在基准刑及宣告刑的确定上应依法从严。对于在传染病疫情防控期间,利用网络平台实施诈骗犯罪的案件,在确定量刑起点、基准刑时,一般应适用就高原则,但在确定宣告刑时应当综合全案事实情节,准确把握从重、从轻量刑情节的调节幅度,保证罪责刑相适应。其三,应严格控制缓刑的适用。对此类案件,要严格控制缓刑的适用范围,严格把握缓刑的适用条件,除被告人系未成年人,或者具有自首、立功等情节外,一般不宜适用缓刑。综上,法院依法以诈骗罪判处被告人有期徒刑一年八个月,并处罚金一万五千元,是适当的。

(一)违法销售口罩行为的定性分析

随着新冠肺炎疫情的日趋严重,口罩市场供不应求,以致销售市场乱象丛生。为坚决打赢疫情防控阻击战,着力创造安全稳定的社会环境,各地依法及时查处了不少涉疫情违法犯罪案件。其中,借防疫之机制售伪劣产品,损害消费者利益,特别是制售劣质口罩、疫情防护用品等医用卫生材料,严重损害医务人员和人民群众身体健康等违法犯罪行为成为打击重点。在司法审判环节,对违法销售口罩行为应当根据刑法和相关司法解释的规定,结合具体案件不同情况,作出准确认定。

1. 销售劣质非医用口罩行为的认定

口罩依据防护功能的不同可分为两类:一类是作为普通商品管理的普通口罩,如普通脱脂纱布口罩、普通防尘口罩;另一类是作为医疗器械管理的医用口罩。对于销售普通劣质口罩,可以适用《解释》第二条规定,即“在预防、控制突发传染病疫情等灾害期间,生产、销售伪劣的防治、防护产品、物资,或者生产、销售用于防治传染病的假药、劣药,构成犯罪的,分别依照刑法第一百四十条、第一百四十一条、第一百四十二条的规定,以生产、销售伪劣产品罪,生产、销售假药罪或者生产、销售劣药罪定罪,依法从重处罚”。在新冠肺炎疫情防控期间,曾一度出现“一罩难求”的供求窘境,以致让一些不法商贩销售劣质口罩有了可乘之机。然而,在证据审查中,行为人销售的是什么样的劣质口罩,是认定案件性质的关键问题之一。根据国家有关部门颁布的关于口罩类产品的相关标准和要求,在审判中应重点审查行为人所生产、销售的口罩质量是否符合保障人体健康的国家标准、行业标准,此类口罩是否具有实质防护功能。尤其对“三无”口罩不能简单将之归类于不合格产品,而应根据《最高人民法院、最高人民检察院关于办理生产、销售伪劣商品刑事案件具体应用法律若干问题的解释》的规定,必要时委托法律、行政法规规定的产品质量检验机构进行鉴定,根据鉴定意见来作出准确认定。如果行为人销售的是不具有传染病疫情防护功能的非医用劣质口罩,则应以销售伪劣产品罪定罪处罚。需要特别指出是,销售劣质口罩的行为还可能涉嫌销售假冒商标的商品罪,在二者发生法律适用的竞合时,应依法从一重罪处罚。

2. 生产、销售不符合标准的医用口罩行为的认定

《解释》第三条第一款规定:“在预防、控制突发传染病疫情等灾害期间,生产用于防治传染病的不符合保障人体健康的国家标准、行业标准的医疗器械、医用卫生材料,或者销售明知是用于防治传染病的不符合保障人体健康的国家标准、行业标准的医疗器械、医用卫生材料,不具有防护、救治功能,足以严重危害人体健康的,依照刑法第一百四十五条的规定,以生产、销售不符合标准的医用器材罪定罪,依法从重处罚。”医用口罩作为医疗防护用途的纺织品,按照产品标准、防护程度的不同,可分为医用防护口罩、医用外科口罩、一次性医用口罩三种。国家食品药品监督管理总局发布的《关于医用一次性防护服等产品分类问题的通知》和2017年《医疗器械分类目录》均将医用防护口罩、医用外科口罩规定为第二类医疗器械,因此这两类医用口罩可以成为生产、销售不符合标准的医用器材罪的犯罪对象。对一次性医用口罩能否成为本罪的犯罪对象存在一定争议,主要是由于《医疗器械分类目录》曾对一次性使用的医用口罩性质作过明确规定,但在2017版本中又予以删除,且一次性医用口罩仅有推荐性的行业标准(中华人民共和国医药行业标准 YY/T 0969—2013《一次性使用医用口罩》),该行业标准在生产和流通中并无强制执行要求。

我们认为,鉴于一次性医用口罩在重大疫情防控期间的实际功能,一次性医用口罩可以成为生产、销售不符合标准的医用器材罪的犯罪对象。理由是:其一,在现有规定中也有将一次性医用口罩作为第二类医疗器械监管的依据。如中国食品药品检验鉴定研究所《2019年第二批医疗器械产品分类界定结果汇总》、《国家药品监督管理总局关于公布新修订免于进行临床试验医疗器械目录的通告》(2018年颁布)、《国家食品药品监督管理局关于进一步规范医用口罩注册工作的通知》(2009年颁布),均将一次性医用口罩纳入第二类医疗器械进行监管。其二,一次性医用口罩具有生产、销售不符合标准的医用器材罪所要求的国家标准、行业标准。在一次性医用口罩审批注册时,需要符合中华人民共和国医药行业标准 YY/T 0969—2013《一次性使用医用口罩》的相关要求。其三,将一次性医用口罩纳入生产、销售不符合标准的医用器材罪的犯罪对象范围符合保护医患权益的现实需要。由于生产、销售不符合标准的医用器材罪的客体为复杂客体,即国家对医疗用品的管理秩序及公共安全,特别是医护人员、病患的安全,而根据目前的疫情防控情势,在高标准医用防护口罩、医用外科口罩极为紧缺,大量医护人员可能仅佩戴一次性医用口罩即奋战在抗疫第一线的情况下,将一次性医用口罩纳入本罪客体,符合依法从严打击涉疫情相

关犯罪的现实需要。需要注意的是,本罪的犯罪构成上要求满足“足以严重危害人体健康的”这一要件,因而需要根据案件的具体情况加以认定。另外,由于生产、销售不符合标准的医用器材罪与生产、销售伪劣产品罪为特别法与一般法的关系,在实践中常常出现竞合情形,应按照特别法优于一般法为主、重法优于轻法为辅的原则定罪处罚。

3. 无资质销售医用口罩行为的认定

根据国家食品药品监督管理总局发布的《医疗器械生产日常监督管理规定》,医用口罩作为第二类医疗器械,已纳入《国家重点监管医疗器械目录》监管范围,具有相应的经营监督管理规定作为遵循。而根据国务院发布的《医疗器械监督管理条例》对第二类医疗器械的规定,经营销售医用口罩产品,需要提供《营业执照》及医疗器械监管部门颁发的《第二类医疗器械经营备案凭证》、口罩商品对应的《医疗器械注册证》等。而实践中经常发生的微商售卖口罩,往往属于无任何经营资质,属于未经行政主管部门许可,违反国家规定,无证销售医疗器械和销售未经注册的医疗器械的行为,对于这类行为,情节严重的,可以依照刑法第二百二十五条第(四)项的规定,以非法经营罪追究其刑事责任。

4. 高价销售口罩行为的认定

《解释》第六条规定:“违反国家在预防、控制突发传染病疫情等灾害期间有关市场经营、价格管理等规定,哄抬物价、牟取暴利,严重扰乱市场秩序,违法所得数额较大或者有其他严重情节的,依照刑法第二百二十五条第(四)项的规定,以非法经营罪定罪,依法从重处罚。”国务院发布的《突发公共卫生事件应急条例》第五十二条亦明确规定:“在突发事件发生期间,散布谣言、哄抬物价、欺骗消费者,扰乱社会秩序、市场秩序的,由公安机关或者工商行政管理部门依法给予行政处罚;构成犯罪的,依法追究刑事责任。”我们认为,疫情期间,可以非法经营罪定罪追究刑事责任的高价销售口罩的行为,主要包括以下几类:一是捏造、散布涨价信息,大幅度提高价格,扰乱市场秩序的;二是成本没有明显提高,以牟取暴利为目的,大幅度提高价格,扰乱市场秩序的;三是带头大幅度提高价格,扰乱市场秩序的;四是囤积居奇,导致供不应求而出现价格大幅度上涨的;等等。

5. 销售废弃口罩行为的认定

为防控新冠肺炎疫情的需要,社会对口罩使用量持续攀升,而废弃口罩在与生活垃圾混同一起后,又容易被不法分子回收并再利用。由于新冠肺炎的病原体具有极强的传染性,因而废弃口罩一旦流入市场将带来极大的公共卫生安全隐患,对销售废弃口罩的行为必须依法予以严惩。我们认为,对于将废弃口罩回收后再加工出售,或者非法买卖、运输、储存、携带废弃口罩,危害公共安全,构成犯罪的,可根据案件不同情况,按照刑法的相关规定,以危险方法危害公共安全罪,非法买卖、运输、储存危险物质罪等罪名定罪处罚。

根据惩治妨害新冠肺炎疫情防控违法犯罪的需要,最高人民法院、最高人民检察院、公安部、司法部于2020年2月6日发布了《关于依法惩治妨害新型冠状病毒感染肺炎疫情防控违法犯罪的意见》(以下简称《疫情防控意见》)。《疫情防控意见》对上述相关犯罪的法律适用问题也作出了相应规定,与《解释》的规定一脉相承。

(二)办理妨害疫情防控案件的刑事政策把握

《解释》第十七条规定:“人民法院、人民检察院办理有关妨害预防、控制突发传染病疫情等灾害的刑事案件,对于有自首、立功等悔罪表现的,依法从轻、减轻、免除处罚或者依法作出不起诉决定。”《解释》的前述规定,既是刑法规定的刑罚适用原则,也是一项重要的刑事司法政策,只有真正做到严之有理、严之有据、宽严相济,才能在特定时期充分发挥刑罚的惩罚与教育功能,切实维护社会和谐稳定。

我们认为，在依法审理妨害新冠肺炎疫情防控的犯罪案件时，应注意以下几点：一是要坚持罪刑法定原则，严格入罪标准。既要强调“从严”，更要力求“依法”。要防止出现为体现从严、从重处罚精神而忽视案件具体情况予以一概从重的问题，要坚持“准确适用法律，依法严惩”。二是要正确适用宽严相济刑事司法政策。对于妨害疫情防控工作、严重扰乱社会秩序的犯罪行为，原则上应贯彻依法从重的方针，如对生产、销售不具有防护性能口罩的犯罪，应依法从严惩处，而对生产、销售符合防护标准的口罩，且对满足疫情防控需要、缓解供需矛盾能起到实际效果的，一般不作为犯罪处理；对于疫情防控期间造谣传谣、哄抬物价、囤积居奇、牟取暴利，严重扰乱市场秩序，情节恶劣的，应依法从严惩处。三是要审慎把握非法经营罪的适用。在对非法经营类案件进行定罪处罚时，应当充分考虑疫情形势、成本上浮、供需状况等市场因素，判断价格浮动是否处于合理区间，既要尊重市场经济规律，也要注重打击妨害疫情防控大局的犯罪行为。对于情节严重，被告人主观恶性大，严重妨害疫情防控期间社会稳定的，应当依法从严；对于犯罪情节较轻、危害不大的，应当依法从轻、减轻或者免予刑事处罚。

（撰稿：浙江省绍兴市中级人民法院　骆锦勇　李　莹
最高人民法院刑二庭　郭　慧
审编：最高人民法院刑二庭　韩维中）

[第1320号]王郊诈骗案

——针对特定人通过电信网络联络实施的诈骗犯罪不属于电信网络诈骗犯罪

【关键词】　诈骗罪　电信网络诈骗　特定人员

一、基本案情

被告人王郊，男，汉族，1999年10月27日出生，无业。2020年2月20日被逮捕。

黑龙江省大庆市萨尔图区人民检察院指控被告人王郊犯诈骗罪，向大庆市萨尔图区人民法院提起公诉。

被告人王郊对公诉机关指控的事实、罪名及量刑建议均无异议。其辩护人提出：王郊具有自首情节，认罪认罚，已全部退赔并取得被害人谅解，建议对其从轻处罚。

大庆市萨尔图区人民法院经审理查明：2020年2月初，被告人王郊通过王建的推荐与被害人杜小东成为微信好友。在防控新型冠状病毒肺炎疫情期间，同月10日，王郊在无供应口罩能力的情况下，对杜小东谎称其有1 000只现货KF94型口罩出售，杜小东通过支付宝转账方式向王郊支付购买口罩定金人民币5 000元，随后王郊将杜小东的微信删除，所得赃款被其用于个人花销。案发后，王郊退赔被害人杜小东人民币5 000元并取得杜小东的谅解。

大庆市萨尔图区人民法院认为，被告人王郊以非法占有为目的，虚构事实，骗取他人财物，数额较大，其行为已构成诈骗罪，应予惩处。辩护人提出的王郊具有自首情节，认罪认罚，已全部退赔并取得谅解，建议对其从轻处罚的辩护意见成立，予以采纳。被告人王郊在防控突发传染病疫情灾害期间，假借销售用于防控疫情用品的名义进行诈骗，应依法从重处罚；王郊经电话传唤归案且能如实供述自己的罪行，系自首，认罪认罚，可依法从轻处罚；王郊全部退赔被害人经济损失且取得被害人谅解，可酌情从轻处罚。根据被告人王郊诈骗犯罪的事实、性质、情节，以及对于社会的危害程度，依照《中华人民共和国刑法》第二百六十六条、第六十七条第一款、第五十二条、第五十三条，《中华人民共和国刑事诉讼法》第十五条、第二百零一条，《最高人民法院、最高人民检察院关于办理妨害预防、控制突发传染病疫情等灾害的刑事案件具体应用法律若干问题的解释》第七条的规定，判决如下：

被告人王郊犯诈骗罪，判处有期徒刑六个月，并处罚金人民币二千元。

一审宣判后，被告人王郊未提出上诉，检察机关亦未抗诉。判决已发生法律效力。

二、主要问题

通过电话、社交软件联络实施的诈骗犯罪，是否均应认定为电信网络诈骗犯罪？

三、裁判理由

由于通信和互联网技术的普遍应用，普通诈骗犯罪中行为人亦经常通过即时通信工具或其他社交软件联络被害人。相对于普通诈骗而言，电信网络诈骗在入罪标准、确定量刑起点、基准刑等方面均有区别。因此，正确区分案件是普通诈骗还是电信网络诈骗对于被告人的定罪量刑具有重要意义。最高人民检察院2018年发布的《检察机关办理电信网络诈骗案件指引》中提出，电信网络诈骗是指以非法占有为目的，利用电话、短信、互联网等电信网络技术手段，虚构事实，设置骗局，实施远程、非接触式诈骗，骗取公私财物的犯罪行为。但是，经电话、社交软件等通信工具联络实施的诈骗犯罪，是否均认定为电信网络诈骗犯罪？我们认为，是否认定为电信网络诈骗需要结合具体案情进行具体分析。

（一）不宜将凡经电话、网络联络的诈骗犯罪均认定为电信网络诈骗犯罪

最高人民法院、最高人民检察院、公安部2016年联合出台的《关于办理电信网络诈骗等刑事案件适用法律若干问题的意见》（以下简称《电信网络诈骗意见》）对于打击电信网络诈骗犯罪提出了更加明确、具体的法律适用依据，根据该类犯罪的性质和特点，提出了有别于普通诈骗犯罪的定罪量刑数额标准。《电信网络诈骗意见》虽系针对电信网络诈骗犯罪作出的专门规范性文件，但并未对该类诈骗犯罪的含义、范围进行明确规定。根据《电信网络诈骗意见》的制定背景、电信网络诈骗犯罪的立法沿革，我们主张电信网络诈骗通常是针对不特定多数人实施的犯罪，不宜将凡经电话、网络联络实施的诈骗犯罪均认定为电信网络诈骗犯罪，具体理由如下：

1.“针对不特定多数人”契合电信网络诈骗犯罪行为模式，是电信网络诈骗犯罪行为区别于普通诈骗行为的显著特征之一。电信网络诈骗经常表现为以群发短信或邮件、无差别拨打电话等方式，主动接触人员；或通过网站、社交媒体平台发布虚假信息后，等待被害人“上钩”。上述犯罪手段表明，电信网络诈骗是一种点对面的犯罪，行为人通过电信网络散布和传播虚假信息，并非针对特定人实施诈骗行为，其初始作案目标范围较广，时空跨度和犯罪规模较大。而普通的诈骗犯罪，往往在着手实施犯罪行为时，已具备明确的作案目标。

2.“针对不特定多数人”犯罪体现出电信网络诈骗较普通诈骗严重的社会危害性。(1)危害后果更为严重。电信网络诈骗是远程非接触性犯罪，手段隐蔽，又通常采取集团化、专业化方式作案，被害人数众多且分布广泛，涉案赃款数额巨大且转移迅速难以追回，案件侦破难度极大。而普通诈骗犯罪往往针对特定对象，即使个别案件存在多次诈骗行为，一般来说犯罪手段高度雷同，资金走向亦相对明确。(2)犯罪波及面更广。相较于点对点式的传统诈骗，电信网络诈骗技术含量高，花样翻新快，行为人精心设计骗局，针对不特定人作案，波及人数多。不仅直接侵害被害人的财产权益，严重破坏社会诚信，还引发、诱发、滋生大量上下游关联违法犯罪，形成以电信

网络诈骗为中心的周边系列犯罪产业链,恶化了社会治安形势,影响了社会和谐稳定,社会危害性更大。(3)需加大打击力度。正是基于上述特征,对电信网络诈骗犯罪需要依法从严打击。《电信网络诈骗意见》提出电信网络诈骗实行全国统一数额标准和数额幅度底线标准,规定了十种从重处罚情形,并限制非监禁刑适用,充分体现了依法从严打击电信网络诈骗犯罪的方针。相对而言,行为人如果仅使用手机、网络作为联系被害人的工具,而并非利用电信网络针对不特定多数人大肆散布虚假信息,此时犯罪对象明确,并未突破传统诈骗的空间范畴,行为危害性相对特定,则对其从严惩处的依据不足。

3. 将"针对不特定多数人实施诈骗"作为电信网络诈骗的行为要件,具有规范性出处。最高人民法院、最高人民检察院2011年出台的《关于办理诈骗刑事案件具体应用法律若干问题的解释》第二条第(一)项规定,"通过发送短信、拨打电话或者利用互联网、广播电视、报刊杂志等发布虚假信息,对不特定多数人实施诈骗的",可以酌情从严惩处;并对具备相应情节的量刑数额标准作出适当下调,对于诈骗数额难以查证的,可根据群发短信、群拨电话的数量、诈骗手段及危害等,以诈骗罪未遂论处。区别于传统的诈骗犯罪,该解释将电信网络诈骗的行为特征归纳为两个方面:一是利用发送短信、拨打电话、互联网等电信网络技术手段实施诈骗。二是针对不特定多数人实施诈骗。这里的"不特定多数人"亦可进一步细化为"不特定"和"多数人"。"不特定"是指行为人实施诈骗犯罪时没有明确特定的作案目标;"多数人"是指具有被骗可能性的人达到3人以上。

因而,行为人针对知悉其真实身份的特定人实施的诈骗犯罪,即使利用了电信、网络工具,亦不宜认定为电信网络诈骗犯罪。普通诈骗犯罪,无论是使用电话、短信,还是即时通信软件,行为人与特定人之间点对点的联系,仍囿于特定的空间范畴,具有一定的私密性,没有对其他不特定人产生影响,没有干扰正常的网络秩序,其情节严重程度、社会危害性并不比未使用电信网络联络的其他诈骗犯罪更大,根据罪责刑相适应原则,二者不宜区别对待。

(二)电信网络诈骗与传统诈骗的区分

对于借助电信网络实施的诈骗犯罪,当被害人数量众多时,一般较易区分电信网络诈骗与普通诈骗。而当被害人较少时,则应综合在案因素进行判断。我们主张从以下方面着手,进行分析:一是行为人是否向不特定人员发布了虚假信息,包括主动发布以及在别人询问时对众人发布。行为人在即时通信群组中发布虚假信息,实施"钓鱼型"诈骗,该通信群组中的相对不特定人员即为诈骗信息受众,此类行为构成犯罪的,宜认定为电信网络诈骗。对此要调取微信聊天记录、通话记录等证据材料,核实被告人供述与被害人陈述是否一致或相互印证。二是行为人未发布虚假信息的,是不是向不特定人员实施犯罪。行为人通过电话、网络等手段实施远程的"背靠背"式诈骗,双方不接触、不明身份,是电信网络诈骗区别于传统诈骗的标准之一。对此要调查核实行为人与被害人是否相识,或被害人是否知悉行为人的真实身份。三是对于行为人利用其掌握的公民个人信息通过电话、网络实施"精准诈骗"的,需调查核实其获取公民个人信息的目的,以及获取公民个人信息的手段。行为人有目的地获取具有某类共同特征的公民个人信息后,据此"量身定做"诈骗剧本并实施;或通过购买等手段获取批量公民个人信息后,依照诈骗剧本实施的,此时诈骗受众在一定范围内仍具有不特定性,仍属于电信网络诈骗。

就本案而言,根据在案证据,不能认定被告人王郊系电信网络诈骗犯罪,而应认定为普通诈骗犯罪。理由如下:

1. 虽然被告人王郊供述其在一个微信群里发布虚假口罩信息,进而实施了诈骗犯罪,但公安机关未在微信群中提取到相关信息。

2. 介绍被害人购买口罩的证人王建证实,其在微信群里询问购买口罩渠道时,被告人王郊自称能买到,而后其加王郊为好友,经其推送,王郊和被害人杜小东互加好友,进而双方联络购买口罩事宜。鉴于王建证言与王郊供述不相一致,经法庭进一步核实,王建称其未看到王郊发布销售口罩的信息,而是他询问后,王郊在微信好友私聊中说有口罩可售。同时,在卷附有王建在微信群里询问以及其与王郊私聊买卖口罩的微信聊天记录截图,印证了王建的证言。但公安机关没有调取到王郊在微信群中答复王建的相关信息截图。

3. 本案仅有 1 名被害人,被害人又系通过朋友主动寻找口罩卖家的人员。在案证据不能证实被告人王郊还对其他人实施了诈骗行为。此外,王郊和被害人联系出售口罩时,经王郊发送身份证照片,被害人已知悉其真实身份。因而,根据在案证据,被告人并非针对不特定多数人实施诈骗犯罪,不能认定为电信网络诈骗。

综上,被告人王郊在新型冠状病毒肺炎疫情防控期间,假借销售用于疫情防控的物品的名义骗取他人财物,应当以诈骗罪从重处罚。人民法院未认定被告人实施电信网络诈骗犯罪,并综合考虑被告人具有自首、认罪认罚情节等,按照普通诈骗犯罪对其进行判罚是适当的。

（撰稿:黑龙江省高级人民法院　王　愫
最高人民法院刑三庭　王　珂
审编:最高人民法院刑二庭　牛克乾）

[第 1321 号]孙佳英、蒋志诈骗案

——涉疫情诈骗犯罪未遂的认定和量刑把握

【关键词】 诈骗罪　疫情　未遂　量刑　从严

一、基本案情

被告人孙佳英,女,汉族,1992 年 2 月 15 日出生,无业。2020 年 2 月 12 日被逮捕。

被告人蒋志,男,汉族,1984 年 4 月 30 日出生,无业。2020 年 2 月 12 日被逮捕。

北京市西城区人民检察院指控被告人孙佳英、蒋志犯诈骗罪,向北京市西城区人民法院提起公诉。

被告人孙佳英、蒋志对指控事实无异议,并认罪认罚。辩护人提出:二被告人主观恶性较小,人身危险性不大,系初犯,且具有犯罪未遂、认罪认罚、如实供述等从宽情节。

北京市西城区人民法院经公开审理查明:被告人孙佳英、蒋志经预谋,于 2020 年 1 月 27 日 12 时许,打印虚假宣传材料 3 000 份,在北京市西城区多处张贴、散发,假借“市希望工程办公室、市志愿者协会”之名,以“为抗击新冠肺炎疫情募捐”为由,谎称已联系到口罩等物资的购买渠道,骗取他人向孙佳英微信个人账户转款。截至案发,尚未有钱转入被告人微信账户。孙佳英、蒋志于当日 16 时许接受公安机关电话传唤到案。

北京市西城区人民法院认为,被告人孙佳英、蒋志以非法占有为目的,共同预谋,在新型冠状病毒肺炎疫情防控期间,假冒慈善机构的名义,以赈灾募捐为由,欲骗取公私财物,情节严重,其行为均已构成诈骗罪,依法应予惩处。鉴于孙佳英、蒋志已着手实施诈骗,但由于被民警及时查获而未得逞,系犯罪未遂,可比照既遂犯从轻处罚。孙佳英、蒋志在检察院均能如实供述自己的

罪行,在法院审理期间自愿认罪认罚,可对其依法从轻处罚。在全国防控新型冠状病毒肺炎疫情的特殊时期,孙佳英、蒋志假借抗疫之名,实施诈骗行为,其主观恶性大,社会影响恶劣。依照《中华人民共和国刑法》第二百六十六条、第二十五条第一款、第二十三条第一款、第二款、第六十七条第三款、第五十二条、第五十三条、第六十四条,《最高人民法院、最高人民检察院关于办理诈骗刑事案件具体应用法律若干问题的解释》第五条第一款及《中华人民共和国刑事诉讼法》第十五条之规定,判决如下:

1. 被告人孙佳英犯诈骗罪,判处有期徒刑十个月,并处罚金人民币一万元;

2. 被告人蒋志犯诈骗罪,判处有期徒刑十个月,并处罚金人民币一万元;

3. 扣押在案募捐传单二千六百三十张及胶带一卷均予以没收。

一审宣判后,被告人孙佳英、蒋志未上诉,检察机关未提出抗诉。判决已发生法律效力。

二、主要问题

如何认定与处罚涉疫情诈骗犯罪未遂行为?

三、裁判理由

(一)对情节严重的涉疫情诈骗未遂行为应当定罪处罚

刑法第二百六十六条规定,诈骗公私财物,数额较大的,处三年以下有期徒刑、拘役或者管制,并处或者单处罚金;数额巨大或者有其他严重情节的,处三年以上十年以下有期徒刑,并处罚金;数额特别巨大或者有其他特别严重情节的,处十年以上有期徒刑或者无期徒刑,并处罚金或者没收财产。对于诈骗犯罪是否存在未遂形态存在一些争议。有观点认为,对于数额犯,无论是基本犯还是加重犯都不存在未遂形态,理由是当行为没有达到刑法规定的数额,就说明行为的社会危害性没有达到应受刑罚处罚的程度,不构成犯罪,更不可能成立未遂犯。我们不同意此观点,作为一种普通的故意犯罪,诈骗罪理应存在既遂和未遂形态的区分。理由如下:

其一,犯罪既遂与否的标准是刑法分则对该种犯罪所规定的构成要件是否已经齐备,齐备则为既遂,不齐备则为未遂。诈骗罪的未遂形态契合修正的犯罪构成。我国刑法条文中关于诈骗罪的规定列明了其基本的犯罪构成,就具体的诈骗犯罪而言,诈骗数额不能满足基本的犯罪构成,并不意味着其也不符合修正的犯罪构成。其二,司法解释对诈骗罪基本犯存在未遂形态的观点予以肯定。《最高人民法院、最高人民检察院关于办理诈骗刑事案件具体应用法律若干问题的解释》(以下简称《诈骗解释》)第五条规定,在犯罪数额不符合基本犯罪构成的前提下,如果诈骗行为以数额巨大的财物为诈骗目的,或者具有其他严重情节,也能够成立诈骗罪。其三,对诈骗犯罪基本犯的未遂行为能否认定为诈骗罪的未遂犯,在于其是否符合刑法第十三条"但书"的规定,即如果该诈骗行为确属情节显著轻微危害不大的,就不应该将其认定为犯罪加以处罚;如果该诈骗行为不属于情节显著轻微危害不大的范围,则应将其认定为诈骗犯罪加以处罚。因而,诈骗罪同样存在未遂形态,且诈骗罪的未遂行为主要表现为两种形式:一是被害人并未因行为人的欺诈行为失去对财产的控制;二是虽然被害人基于行为人的欺诈行为失去对财产的控制,但该失控财产的数额并未达到数额较大的程度。

本案中,被告人孙佳英、蒋志在疫情防控期间,冒用他人名义,利用公众同情心理,以赈灾募捐为由实施诈骗活动,由于公安机关查处及时,当天即将二人传唤到案,因而截至案发,尚未有钱转入微信账户。但是,二被告人打印附有孙佳英微信收款二维码的虚假募捐材料,并多处张贴、散发,这已经是着手实施犯罪,因被公安机关及时查处才未能得逞,应当属于犯罪未遂。

对于该未遂行为是否应当定罪处罚,《诈骗解释》第五条规定,诈骗未遂,以数额巨大的财物为诈骗目的的,或者具有其他严重情节的,应当定罪处罚。因而,本案认定的焦点在于被告人是否属于“有其他严重情节”的情形。结合本案的具体情形,我们认为,本案被告人主观恶性大、社会影响恶劣。具体理由如下:一是被告人利用疫情防控期间,大家合力抗击疫情的同情心和同理心,冒用慈善机构名义,发起虚假募捐式诈骗,行为性质恶劣。二是被告人通过到处散布、张贴虚假材料的方式实施犯罪行为,不仅影响社会管理秩序,而且被害对象不特定,侵害面广。三是被告人通过宣传册上附微信二维码的形式骗取钱财,与受害者之间通过虚拟平台进行财物流转,钱财追回难度高、查处难度大。综合以上分析,二被告人的行为属于“具有其他严重情节”的情形,应当依照刑法第二百六十六条关于诈骗罪的规定依法处理。

(二)涉疫情诈骗未遂的量刑把握

1. 选择合适的量刑幅度

根据刑法规定,诈骗数额巨大或者有其他严重情节的,应当适用第二档量刑,即处三年以上十年以下有期徒刑,并处罚金。对于以数额巨大的财物为诈骗目的的,或者具有其他严重情节的诈骗未遂,应当适用基本的量刑档次还是加重的量刑档次,实践中也存在争议。对此,我们认为,应当根据刑法和司法解释规定,结合案件作出准确认定。

首先,对于诈骗未遂,存在不同量刑幅度。实践中有观点认为,对于诈骗未遂只能适用基本刑档,不能适用加重刑档。我们认为,这种理解过于片面。《诈骗解释》第六条明确规定,诈骗既有既遂,又有未遂,分别达到不同量刑幅度的,依照处罚较重的规定处罚;达到同一量刑幅度的,以诈骗罪既遂处罚。申言之,对此类案件,先要分别根据行为人的既遂数额和未遂数额判定其各自所对应的法定刑幅度,未遂部分还需同时考虑可以从轻或者减轻处罚;之后根据比较结果,如果既遂部分所对应的量刑幅度较重,或者既遂、未遂所对应的量刑幅度相同的,以既遂部分所对应的量刑幅度为基础酌情从重处罚;反之,如未遂部分对应的量刑幅度较重的,则以该量刑幅度为基础,酌情从重处罚。可见,对于诈骗未遂,并不限于基本刑档。

其次,对量刑幅度的选择应当体现罪责刑相适应原则。刑法总则规定,对于未遂犯,可以比照既遂犯从轻或者减轻处理。诈骗罪作为一项侵犯财产权益的结果犯,给被害人造成的财产损失大小是关乎定罪量刑的重要考量因素,因而在构成诈骗未遂的前提下,量刑时应当考虑既遂、未遂的数额。另外,《诈骗解释》规定,诈骗未遂,以数额巨大的财物为诈骗目的的,或者具有其他严重情节的,应当定罪处罚。通过该条也不难推断出对于诈骗目标数额较小等情节并不严重的诈骗未遂情形,一般可不再追究刑事责任。根据罪责刑相适应原则,以数额巨大的财物为诈骗目的的,或者具有其他严重情节的诈骗未遂,首先应当考虑适用基本的量刑幅度。

本案中,被告人孙佳英、蒋志实施诈骗行为,但截至案发,尚未出现被害人及财产损失,因而对二被告人,按照刑法第二百六十六条规定的第一档刑期(判处三年以下有期徒刑、拘役或者管制,并处或单处罚金)定罪量刑是比较合适的。

2. 对涉疫情的诈骗犯罪处罚应当体现从严

目前,涉疫情诈骗犯罪主要表现为以下几类样态:其一是假借售卖防控物资或防控药物诈骗;其二是冒充特定人员(政府相关部门或慈善机构等)实施诈骗;其三是虚构提供交通服务或住宿服务等实施诈骗;其四是虚构对方家属感染疫情等事实实施诈骗等。这些行为的本质在于犯罪分子以非法占有为目的,用虚构事实或者隐瞒真相的方法,诱使对方作出错误判断和财产处分,进而骗取公私财物。

根据《最高人民法院、最高人民检察院关于办理妨害预防、控制突发传染病疫情等灾害的刑事案件具体应用法律若干问题的解释》第七条明确规定:“在预防、控制突发传染病疫情等灾害期间,假借研制、生产或者销售用于预防、控制突发传染病疫情等灾害用品的名义,诈骗公私财物数额较大的，依照刑法有关诈骗罪的规定定罪，依法从重处罚。"《诈骗解释》也明确了对以赈灾募捐名义实施诈骗的行为酌情从严惩处的量刑思路。2020年2月6日，最高人民法院、最高人民检察院、公安部、司法部发布的《关于依法惩治妨害新型冠状病毒感染肺炎疫情防控违法犯罪的意见》，基于尽快控制疫情、保障人民群众人身财产安全、稳定社会秩序的视角，亦对该类犯罪明确了依法严惩的总体思路。

需要指出的是，对涉疫情诈骗犯罪这种从严惩处应当坚持罪刑法定原则，体现宽严相济的刑事政策精神，真正做到严之有理、严之有据，而并非一味从严。司法实践中要综合考虑疫情形势、舆论引导、受众心理等社会因素，全面把握此类违法犯罪行为的主观恶性和危害后果，审慎适用缓刑。另外，还应当注意避免对相关因素在入罪和量刑环节进行重复评价。

综上，人民法院根据二被告人犯罪的事实、性质、情节及对社会的危害程度等，并综合考虑二被告人具有犯罪未遂、如实供述、认罪认罚的从宽处理情节，以诈骗罪分别判处二被告人有期徒刑十个月，并处罚金一万元，是适当的。

（撰稿：北京市西城区人民法院　刘双玉　马　越　冀　敏
审编：最高人民法院刑二庭　韩维中）

[第1322号]应鑫迪诈骗案

——疫情防控时期利用疫情实施诈骗犯罪的，应从严惩处

【关键词】　诈骗罪　疫情　适用程序　量刑　从重处罚

一、基本案情

被告人应鑫迪，男，汉族，1998年12月26日出生于浙江省宁波市。2020年2月5日被监视居住。

浙江省宁波市鄞州区人民检察院指控被告人应鑫迪犯诈骗罪，向宁波市鄞州区人民法院提起公诉。

宁波市鄞州区人民法院经审理查明：2020年2月3日早上，被告人应鑫迪通过微信等社交软件结识被害人吴鹏飞，虚构自己系"鄞州二院女护士"的身份，并有获取医用口罩的特殊渠道。吴鹏飞因疫情严重，想要购买医用口罩自用及分发给周边朋友，于是向应鑫迪提出购买1万个医用口罩。应鑫迪使用另一微信号编造"鄞州二院仓库管理员"的身份与吴鹏飞交易，共骗得吴鹏飞6 295元。同年2月5日，应鑫迪被抓获，案发后退还了全部赃款。

宁波市鄞州区人民法院认为，被告人应鑫迪以非法占有为目的，采用虚构事实、隐瞒真相的方式骗取他人钱财，数额较大，其行为构成诈骗罪。应鑫迪在预防、控制突发传染病疫情期间，假借销售用于预防突发传染病疫情用品的名义，诈骗他人财物，依法从重处罚。应鑫迪认罪认罚，到案后能如实供述自己的罪行，且退还了全部赃款，依法可以从轻处罚。依照《中华人民共和国刑法》第二百六十六条、第六十七条第三款，《最高人民法院、最高人民检察院关于办理妨害预防、控制突发传染病疫情等灾害的刑事案件具体应用法律若干问题的解释》第七条的规定，判决如下：

被告人应鑫迪犯诈骗罪，判处有期徒刑六个月，并处罚金人民币一千元。

一审宣判后,被告人应鑫迪未提出上诉,公诉机关未提出抗诉。判决已发生法律效力。

二、主要问题

疫情防控时期发生的利用疫情实施诈骗等犯罪的,应当如何处理?

三、裁判理由

本案发生在全国上下一心抗击新型冠状病毒肺炎(以下简称新冠肺炎)疫情的特殊时期,系浙江省首例宣判的利用疫情虚假出售口罩诈骗案。本案的审理呈现以下特点:

(一)疫情防控时期发生的涉疫情犯罪案件依法可以适用速裁程序,快审快结

2020年2月5日,习近平总书记主持召开了中央全面依法治国委员会第三次会议并发表重要讲话,会议审议通过了《中央全面依法治国委员会关于依法防控新型冠状病毒感染肺炎疫情、切实保障人民群众生命健康安全的意见》。浙江省高级人民法院根据党中央、最高人民法院和省委部署要求,充分发挥刑事审判职能,依法严惩妨害预防、控制疫情的各类犯罪行为。2020年2月7日,浙江省高级人民法院、浙江省人民检察院、浙江省公安厅联合下发了《关于涉新型冠状病毒感染肺炎疫情刑事案件办理工作的若干规定》,要求全省各级司法机关加强协同配合,形成打击合力,对于涉疫情刑事案件要优先办理,严格依法快侦快诉快审。

根据《刑事诉讼法》第二百二十二条的规定,基层人民法院管辖的可能判处三年有期徒刑以下刑罚的案件,案件事实清楚,证据确实充分,被告人认罪认罚并同意适用速裁程序的,可以适用速裁程序,由审判员一人独任审判。同时,《刑事诉讼法》第二百二十四条规定,适用速裁程序审理案件,不受送达期限限制,一般不进行法庭调查、法庭辩论,并且应当当庭宣判。

本案公诉机关建议适用速裁程序审理,法院受理后当天立案,经审查认为符合《刑事诉讼法》规定适用速裁程序的条件,依法适用速裁程序进行审理。本案从案发到判决仅用时四天。2020年2月3日,宁波市公安局鄞州分局接到被害人吴鹏飞的报案,于同月5日抓获被告人应鑫迪。同月6日,该案移送宁波市鄞州区人民检察院审查起诉,应鑫迪自愿认罪认罚。同月7日,宁波市鄞州区人民检察院向宁波市鄞州区人民法院提起公诉,法院当天立案、当天开庭、当庭宣判。

本案发生在新冠肺炎疫情防控的关键时期,全国各类口罩紧缺,被告人利用民众求购口罩心切的心理,骗取钱财,不但侵犯了他人的财产权利,更影响了疫情防控工作和社会安全稳定。为充分发挥刑事审判打击妨害抗击疫情犯罪的职能,切实保障人民群众生命安全和身体健康,保障社会大局稳定有序,保障疫情防控工作顺利开展,法院坚决依法从快惩处。从案发到判决仅四天,法院依法审理并在半天结案,为打赢这场疫情防控阻击战提供了有力的司法服务和坚强的司法保障。

(二)疫情防控时期,利用疫情实施的犯罪应依法从重处罚

本案中,被告人应鑫迪诈骗金额6 295元,刚达到浙江省高级人民法院根据最高人民法院司法解释授权规定的该省关于诈骗罪6 000元的起刑标准,被告人还有退赃和认罪认罚等法定、酌定从轻处罚情节,按照该省以往同类案件的司法实践,一般可判处拘役,并宣告缓刑。但本案发生在抗击新冠肺炎疫情的特殊时期,被告人又是假借销售用于预防突发传染病疫情用品的名义诈骗他人财物,相比正常时期的诈骗犯罪行为,社会危害性更大。对此,《最高人民法院、最高人民检察院关于办理妨害预防、控制突发传染病疫情等灾害的刑事案件具体应用法律若干问题的解释》第七条规定:“在预防、控制突发传染病疫情等灾害期间,假借研制、生产或者销售用于预防、控制突发传染病疫情等灾害用品的名义,诈骗公私财物数额较大的,依照刑法有关诈骗罪的规定定罪,依法从重处罚。”浙江省公检法三家下发的《关于涉新型冠状病毒感染肺炎疫情刑事案件办理工作的若干规定》亦要求全省各级法院正确运用法律规定加大惩处力度,体现依法从严惩

处精神。

本案中，被告人应鑫迪在预防、控制突发传染病疫情期间，假借销售口罩的名义诈骗他人财物，不仅侵犯了公私财物的所有权，同时容易引发社会紧张情绪，不利于疫情防控工作的开展，体现了被告人较深的主观恶性和更严重的社会危害性。对应鑫迪从重处罚，不仅符合相关司法解释的规定，也符合浙江省公检法三家下发规定的精神。此外，应鑫迪认罪认罚，到案后能如实供述自己的罪行，且退还了全部赃款，依法可以从轻处罚。

综上，法院根据本案事实、情节依法以诈骗罪判处被告人应鑫迪有期徒刑六个月，并处罚金人民币一千元，既体现了依法从重的政策精神，也体现了罪刑相适应的原则。

（撰稿：浙江省高级人民法院　郑晓红
浙江省宁波市鄞州区人民法院　马　晓
审编：最高人民法院刑二庭　韩维中）

[第1342号]黄钰诈骗案

——如何区分诈骗罪与民事欺诈

【关键词】　诈骗罪　民事欺诈　非法占有目的

一、基本案情

被告人黄钰，女，汉族，1985年3月22日出生。2012年2月21日被取保候审。

吉林省长春市朝阳区人民检察院以被告人黄钰犯诈骗罪向长春市朝阳区人民法院提起公诉。

被告人黄钰否认犯罪，辩称其欲使用被害人杨超给的钱去购买车辆时，发现数额不足以买车，就准备还钱给被害人杨超，但杨超说不用，故还款未成。其辩护人提出，黄钰主观上没有占有故意，客观上实施了还钱行为，故黄钰无罪。

长春市朝阳区人民法院经审理查明：2010年7月，被害人杨超通过被告人黄钰的父亲与黄钰结识。同年10月至2011年8月，黄钰以能为杨超在南航长春机场办理接送员工及滞留旅客车辆运营为名，先后3次从杨超处骗取73.5万元。后杨超向黄钰借款7万元。2012年2月3日，黄钰让杨超到其家取走其余66.5万元，杨超因该款只有本金为由拒绝收取。同月15日，杨超向公安机关报案。同月21日，黄钰在家中被抓获。

长春市朝阳区人民法院认为，被告人黄钰以非法占有为目的，使用欺骗方法骗取他人财物，数额特别巨大，其行为构成诈骗罪，应依法惩处。但被告人黄钰能积极返还被害人全部钱款，依法可从轻处罚。依照《中华人民共和国刑法》第二百六十六条、第五十二条、第五十三条、第四十七条之规定，判决如下：

被告人黄钰犯诈骗罪，判处有期徒刑十年，并处罚金人民币六十六万五千元。

宣判后，被告人黄钰不服，提出上诉。黄钰称，案发前，其多次主动向杨超提出返款，且其有能力返款，未能返款责任在杨超；其没有通过虚构事实或隐瞒事实真相达到非法占有杨超财物的目的，其行为不构成诈骗罪；一审法院采信的证据存在瑕疵。其辩护人提出，黄钰的行为不构成诈骗罪。

长春市中级人民法院经审理认为，上诉人黄钰以非法占有为目的，使用欺骗方法骗取他人财物，数额特别巨大，其行为构成诈骗罪，应依法惩处。论罪应判处十年有期徒刑以上刑罚，鉴于黄钰案发前有积极返款的意愿，因客观原因未能返还，案发后将诈骗款全部返还被害人，积极消除、减轻犯罪的实际危害，可对其在法定刑以下处以刑罚，且没有再犯罪的危险，对其可判处缓刑。原审判决定罪准确，审判程序合法，但量刑不当，应予改判。依照《中华人民共和国刑事诉讼法》第二百二十五条第（二）项和《中华人民共和国刑法》第二百六十六条、第七十二条、第七十三条第二款、第三款、第五十二条、第五十三条之规定，判决如下：

一、撤销长春市朝阳区人民法院（2013）朝刑初字第35号刑事判决；

二、上诉人黄钰犯诈骗罪，判处有期徒刑三年，缓刑五年，并处罚金人民币二十万元；

三、依法报请最高人民法院核准。

吉林省高级人民法院经复核认为，被告人黄钰以非法占有为目的，使用欺骗方法骗取他人财物，数额特别巨大，其行为构成诈骗罪。鉴于案发前黄钰有积极返款的意愿，案发后将诈骗款全部返还被害人，积极减轻犯罪的实际危害，可对其在法定刑以下处以刑罚，且没有再犯罪的危险，对其可判处缓刑。据此，同意长春市中级人民法院判决，依法报请最高人民法院核准。

最高人民法院经复核认为，第一审判决、第二审判决认定被告人黄钰犯诈骗罪的部分事实不清，证据不足。据此，裁定如下：

一、不核准吉林省长春市中级人民法院（2013）长刑终字第170号刑事判决。

二、撤销吉林省长春市中级人民法院（2013）长刑终字第170号刑事判决和长春市朝阳区人民法院（2013）朝刑初字第35号刑事判决。

三、发回长春市朝阳区人民法院重新审判。

长春市朝阳区人民法院经重新审理查明：2010年7月，被害人杨超在吉林省长春市朝阳区安达街英海小区做墙体保温，认识了被告人黄钰的父亲，后通过黄钰的父亲认识了黄钰。2010年10月至2011年8月，黄钰以能为杨超在南航长春机场办理接送员工及滞留旅客车辆运营为名，先后3次从杨超手中骗取73.5万元。后杨超向黄钰借款7万元，其余66.5万元黄钰于2012年2月3日让杨超去她家取钱，杨超来到黄钰家，当听到黄钰只给本金66.5万元，杨超拒绝收取。2012年2月15日杨超向长春市公安局朝阳区分局报案，2012年2月21日黄钰在其家中被抓获。

长春市朝阳区人民法院认为，被告人黄钰虽然占用了被害人杨超购车款66.5万元，但杨超从没有向黄钰主张要回此款，并且黄钰要求将购车款66.5万元还给杨超，由于杨超拒绝接受，黄钰才未将购车款返给杨超，说明黄钰并不是以非法占有为目的；相关证据证明案发前，在杨超尚未发觉被骗，也未向黄钰催款的情况下，黄钰主动找杨超提出还款要求，且黄钰在同期有还款能力。因此，黄钰的行为不构成诈骗罪。公诉机关指控被告人黄钰犯诈骗罪不予支持。被告人黄钰及其辩护人的辩解、辩护意见，予以采信。依照《中华人民共和国刑事诉讼法》第一百九十五条第（三）项之规定，判决如下：

被告人黄钰无罪。

宣判后，在法定期限内没有上诉、抗诉。判决已发生法律效力。

二、主要问题

如何把握诈骗罪与民事欺诈的界限？

三、裁判理由

本案在审理过程中，对于被告人黄钰是否构成诈骗罪，存在两种不同观点：第一种观点认为，现有证据证实黄钰有诈骗行为，虽有还款意愿，但是一种畏罪表现，且事实上的还款行为发生在公安立案之后，其行为已构成诈骗罪。第二种观点认为，在案证据证实黄钰虚构了能够买到便宜考斯特车和用购买的考斯特车向银行贷款300万元借给杨超这两个事实，从而实际占用了杨超的66.5万元人民币，但在案发前黄钰多次找杨超、杨超母亲，提出还款，遭到拒绝，且黄钰的银行账户有余款70余万元，有还款能力，故黄钰主观上没有非法占有的目的，不构成诈骗罪。

我们同意第二种观点。理由如下：

诈骗罪，是指以非法占有为目的，采用虚构事实或者隐瞒真相的方法，骗取数额较大的公私财物的行为。由此可见，诈骗罪的构成要件要求行为人不但在客观方面采取虚构事实或者隐瞒真相的方法骗取数额较大的公私财物，在主观方面还必须表现为直接故意，并且具有非法占有公私财物的目的。而民事欺诈，行为人取得对方当事人的财物，也采用了欺骗的方法，例如，编造虚假的理由、占用财物后找理由拖欠不还，等等。但是，民事欺诈，由于其不具有非法占有的目的，因而从其本质上来讲，仍然属于民事纠纷的性质，而不属于诈骗犯罪。民事欺诈与刑事诈骗，在客观上，行为人都实施了占有他人财物的行为。但是，客观上的占有，与行为人主观上是否具有非法占有的目的，并不具有必然的对应关系。不能从客观上存在占有的事实直接推定行为人主观上具有非法占有的目的。判断一个行为是民事欺诈还是诈骗犯罪，关键看其是否具有非法占有的目的。认定诈骗罪，行为人主观上就必须具有非法占有的目的。反之，即使行为人在取得财物时有欺诈行为，只要没有非法占有的目的，不赖账，确实打算偿还的，就仍属于民事纠纷，不应认定为诈骗罪。

如何判断行为人是否具有非法占有的目的？最典型的诈骗案件是针对陌生人的诈骗。在这类案件中，被害人不知道犯罪分子的姓名、住址，犯罪分子一旦骗得被害人财物就逃之夭夭，切断与被害人的联系，非法占有目的非常明显。对这类案件的非法占有目的判断，在实践中不会产生争议。但是，在熟人之间，判断行为人骗取财物是否属于诈骗，就要正确判定行为人是否具有非法占有的目的。我们认为，主要可以从两个方面进行判断：一是看行为人是否有逃避偿还款物的行为。行为人取得财物后即携款（物）逃匿，躲避被害人催债；或者将财物转移、隐匿，拒不返还；或者将财物用于赌博、挥霍等，致使无法返还的，都属于逃避偿还的行为。二是看被骗人能否能够通过民事途径进行救济。一般来说，构成诈骗罪的行为，应当是不能通过民事途径进行救济的行为。欺骗行为尚不严重，不影响被骗人通过民事途径进行救济的，不宜轻易认定为诈骗犯罪。将能够通过民事途径救济的骗取财物行为排除在诈骗犯罪之外，也符合刑法的谦抑性原则。

本案中，现有证据足以证实被告人黄钰虚构事实从被害人杨超处骗取73.5万元，构成了民事欺诈。首先，黄钰虚构了能够买到便宜考斯特车（用于南航长春机场办理接送员工、滞留旅客的车辆运营挣钱）和用购买的考斯特车向银行贷款300万元借给被害人杨超两个事实。杨超提供的录音资料证明，2012年1月27日，杨超与黄钰通话中提及：（1）“咱”的车春节期间外包了，一天300元。此节印证了杨超陈述黄钰告诉其车已买到，春节期间外包的情节；（2）黄钰自称被坑了，并称要追着朋友办理土地分割及其他事项，然后就把钱拿回来。这与杨超陈述，黄钰说她用杨超的2辆考斯特和黄钰的8辆考斯特办理300万元贷款给杨超用，并称贷款下来了，与朋友先压几套房，房卖出去后再给杨超300万元，但后来又说房不卖了，朋友再用房子抵押把300万元拿回来的情节相印证。黄钰对该录音的真实性予以确认。而客观事实是黄钰从未购买考斯特车运营，也无办理贷款一事。其次，杨超共给付黄钰73.5万元。杨超和黄钰均证明杨超在2010年10月26日和11月3日向黄钰账户汇款64万元，让黄钰帮助购买2辆便宜考斯特车，并由黄钰负责用于南航长春机场办理接送员工和滞留旅客车辆运营事宜；2011年7月杨超又给付黄钰现金9.5万元用于上述车辆落籍。此节还有银行账户明细、证人证言等佐证。

但是,本案证据不足以证实被告人黄钰具有非法占有该款项不予归还之目的,反而证明黄钰有归还的意愿:(1)案发前,黄钰主动反复要求还款。被害人杨超提供的录音资料证明,2012 年 1 月 27 日,其与黄钰通话中,黄钰就提及将在同年 2 月 6 日还钱给杨超一事。杨超和黄钰分别提供的录音资料都证明 2012 年 2 月 3 日,黄钰将杨超叫至其家中反复要求还款 66.5 万元,在杨超拒绝后,追下楼提出一共还 75 万元,但杨超坚决拒绝并离开。黄钰提供的录音资料还证明,2012 年 2 月 6 日,黄钰再次反复要求还款,杨超以死相威胁,称没法跟母亲交代;2 月 7 日,黄钰与父亲及律师找杨超母亲谈与杨超之间发生的事。黄钰父亲及律师均证明,当时黄钰要还款给杨超母亲,双方约定次日到银行办理,与黄钰供述一致,杨超母亲虽未承认但亦未否认。银行账户明细证实,同期黄钰账户有 70 余万元,有还款能力。(2)黄钰提出还款前,杨超尚未发现被骗,也从未催要还款。杨超的陈述和黄钰的供述在此情节上是一致的。杨超陈述其在 2012 年 2 月 3 日应黄钰要求去取钱时,以为是取贷款的 300 万元,发现黄钰是要还本金 66.5 万元后,以为黄钰在赚钱后要甩掉其从而拒绝。黄钰仅在第一次供述中供认欺骗杨超,但未供认要非法占有杨超的钱,仅供称"我找杨超借钱,他不会借给我,他跟我不熟,我只有骗他说和他做生意,才能让他把钱给我用。我骗他是为了用他钱自己做点什么"。"我把杨超的钱花了还不上,时间长了怕杨超知道我骗他,2012 年 2 月 3 日就给杨超打电话说还他钱……"(3)黄钰未能在案发前实际还款与被害方拒收和不配合有关。杨超和黄钰提供的录音资料都证实黄钰反复要求还款,杨超拒绝只收本金,并以死相威胁。2012 年 2 月 7 日,黄钰向杨超母亲提出还款,并约好次日一起到银行办理,但次日杨超母亲未赴约,并报案。(4)案发后,黄钰于 2012 年 4 月 15 日向杨超账户汇款 66.5 万元。

综上所述,被告人黄钰虽然编造谎言、隐瞒真相,骗借了被害人杨超的钱款,但主观上并没有非法占有的目的,反而有大量证据证明在杨超尚未发现被骗之前,黄钰就提出了还款要求,且其有偿还能力。故本案本质上属于民间借贷纠纷,构成民事欺诈,而非诈骗罪。原审法院重审后宣告黄钰无罪是正确的。

(撰稿:最高人民法院刑四庭　张　勤
审编:最高人民法院刑四庭　陆建红)

[第 1362 号]陈寅岗等人非法拘禁、敲诈勒索、诈骗案

——如何认定与处理"套路贷"犯罪

【关键词】 诈骗罪　"套路贷"　以侵财类犯罪定罪　宽严相济

一、基本案情

被告人陈寅岗,男,1986 年 10 月 15 日出生。2016 年 9 月 30 日被逮捕。

被告人韩世平,男,1988 年 1 月 19 日出生。2016 年 9 月 30 日被逮捕。

被告人魏伟斌,男,1988 年 10 月 13 日出生。2016 年 9 月 30 日被逮捕。

被告人俞果,男,1988 年 11 月 26 日出生。2016 年 9 月 30 日被逮捕。

被告人朱敏,男,1983 年 2 月 16 日出生。2016 年 9 月 30 日被逮捕。

被告人葛冬亮,男,1987 年 12 月 22 日出生。2016 年 9 月 30 日被逮捕。

被告人曹一帆,男,1987 年 7 月 31 日出生。2016 年 10 月 27 日被逮捕。

被告人徐文正，男，1986年8月25日出生。2016年9月30日被逮捕。

上海市静安区人民检察院分别对陈寅岗等八名被告人以非法拘禁罪、敲诈勒索罪、诈骗罪向上海市静安区人民法院提起公诉。

被告人陈寅岗及其辩护人提出：陈寅岗与许嘉平之间是自愿合意的高利借贷关系，不属于套路贷，指控陈寅岗敲诈勒索许嘉平的数额有误。

被告人韩世平、魏伟斌、俞果及其辩护人提出：指控敲诈勒索许嘉平60万元中包含合法债权；韩世平等人向李淳、姜凤庆、吕卫东提起虚假诉讼行为，应当认定为虚假诉讼罪。

（被告人朱敏、葛东亮、徐文正的辩解及辩护人意见略。）

被告人曹一帆及其辩护人提出：曹一帆提起虚假诉讼，主观上不具有非法占有的目的，不构成诈骗罪，应当以虚假诉讼罪论处；曹一帆系从犯，且系犯罪中止。

上海市静安区人民法院经公开审理查明：

自2014年起，被告人陈寅岗、韩世平以个人名义发放高利贷。2016年3月，陈寅岗、韩世平和被告人魏伟斌、俞果等人经商议注册成立上海衡燊商务咨询有限公司（以下简称衡燊公司），由俞果担任法定代表人，并租借上海市虹口区天宝路578号1108室作为办公地从事高利贷业务。根据约定，陈寅岗、韩世平、魏伟斌各抽取高利贷业务盈利的30%作为提成，俞果抽取盈利的10%作为提成。被告人朱敏、徐文正、葛冬亮及陈凯（另案处理）作为业务员，按月领取工资报酬。

（一）关于被告人陈寅岗等人对许嘉平实施非法拘禁、敲诈勒索的事实

2016年4月25日上午，许嘉平向被告人陈寅岗等人借款20万元并承诺当日还款。当日13时许，俞果将20万元汇入许嘉平银行账户后，跟随许嘉平以确保其还款。在得知许嘉平当日无法归还上述钱款后，陈寅岗纠集被告人韩世平、朱敏、徐文正、葛冬亮及陈凯至上海市静安区灵石路近共和新路处向许嘉平讨要钱款未果，于18时许将许嘉平强行带至被告人魏伟斌登记开房的上海市静安区海防路381号浦江之星酒店8223号房间，在车上陈寅岗、徐文正殴打许嘉平并言语威胁。后陈寅岗、韩世平、魏伟斌、俞果、朱敏、徐文正、陈凯在该房间内对许嘉平实施看管，陈寅岗向许嘉平讨要当日欠款20万元及所谓此前所欠本息合计60余万元。在此期间，陈寅岗、徐文正殴打许嘉平。许嘉平被迫通过家人筹集钱款，并陆续以银行、支付宝、微信转账及取现等方式，直至次日凌晨归还陈寅岗等人20.5万元。

随后，被告人陈寅岗、韩世平又以许嘉平仍欠陈寅岗、韩世平本金及利息合计60万元未还为由，要求许嘉平在4月26日中午前支付60万元结清债务。2016年4月26日凌晨0时40分许，陈寅岗和被告人朱敏、徐文正等人驾车将许嘉平押送至许嘉平父亲居住的小区门口，陈寅岗、朱敏等人继续向许嘉平父亲强行索要60万元。许嘉平及其父亲被迫同意后，陈寅岗等人才将许嘉平放行。当日上午，陈寅岗伙同朱敏、俞果继续向许嘉平索要上述钱款，许嘉平被迫筹集60万元并以现金和转账方式支付给陈寅岗等人，其中韩世平分得18万元。后陈寅岗等人表示已经与许嘉平结清债务并归还了所有欠条。

同年5月，被告人陈寅岗、韩世平、魏伟斌、俞果、朱敏、葛冬亮等人赴泰国旅游期间，因对许嘉平上月为陈寅岗等人订购的泰国旅游行程不满，经共同商议，以葛冬亮留存的一张本应归还许嘉平的20万元借条，再次对许嘉平实施敲诈勒索。同月17日，陈寅岗指使朱敏打电话给许嘉平，以持有该借条为由向许嘉平勒索钱款。许嘉平被迫于同月20日、24日通过转账向俞果、朱敏的账户支付7万元，后葛冬亮受陈寅岗指使将该借条归还给许嘉平。

（二）关于被告人陈寅岗对吕卫东实施敲诈勒索、诉讼诈骗的事实

2016年4月18日，被害人吕卫东至上海市虹口区天宝路578号1108室衡燊公司，提供身份

证、户口簿、结婚证、个人房屋产权调查等材料欲借款15万元，吕卫东写下借款25万元的借条、签订个人借款合同后，由被告人俞果和徐文正带至银行走账。后被告人陈寅岗、韩世平等人发现吕卫东隐瞒房屋已有抵押的情况并未放款。朱敏、徐文正还对吕卫东实施殴打，其中徐文正持电击器殴打吕卫东。当晚，陈寅岗、韩世平、朱敏、俞果、魏伟斌、徐文正共同商议，由朱敏和韩世平先后电话联系吕卫东，以持有借条和相关证件、资料等向吕卫东勒索钱款4万元，后吕卫东并未支付相关钱款。

同年6月，被告人陈寅岗向韩世平、魏伟斌、俞果等人提议，欲委托律师向法院提起民事诉讼，逼迫吕卫东还款。被告人曹一帆在明知吕卫东遭受殴打但实际并未借得任何钱款的情况下，仍接受陈寅岗、俞果的委托，篡改个人借款合同中的借款地点，并于同月27日以虚构的吕卫东借得25万元且未归还的事实，向上海市静安区人民法院提起民事诉讼并申请诉讼保全，要求吕卫东赔偿本金25万元及相应利息。同年7月14日，上海市静安区人民法院作出裁定，冻结吕卫东名下银行存款25万元，不足部分则查封、扣押其相应价值的财产。同年8月8日，上海市静安区人民法院开庭审理该案。庭审中，曹一帆作为俞果的委托代理人，虚构吕卫东向俞果借款25万元的事实，并在举证环节向法庭提供虚假证据。同年9月8日，曹一帆在得知陈寅岗等人被采取强制措施的情况下向上海市静安区人民法院申请撤诉及解除诉讼保全。

（三）关于被告人陈寅岗等人对姜凤庆实施诉讼诈骗的事实

2016年4月11日，姜凤庆至上海市虹口区天宝路578号1108室衡燊公司借款，实际借得28.8万元，但写下借款70万元借条并签订个人借款合同，姜凤庆于次月归还2万元。

同年6月，被告人陈寅岗向被告人韩世平、魏伟斌、俞果等人提议，欲委托律师通过诉讼、查封房产等方式逼迫姜凤庆还款。曹一帆在明知姜凤庆实际借款与借条、合同金额明显不符的情况下，仍接受陈寅岗、俞果等人的委托，篡改个人借款合同中的借款地点，并于同月27日，以捏造的姜凤庆借款70万元的事实，向上海市静安区人民法院提起民事诉讼并申请诉讼保全，要求姜凤庆赔偿本金70万元及相应利息。同年7月14日，上海市静安区人民法院作出裁定，冻结姜凤庆名下银行存款70万元，不足部分则查封、扣押其相应价值的财产。同年8月8日，上海市静安区人民法院开庭审理该案。庭审中，曹一帆作为俞果的委托代理人，在法庭中隐瞒姜凤庆实际借款28.8万元并已归还2万元，虚构姜凤庆向俞果借款70万元且未归还的事实，并在举证环节向法庭提供虚假证据。同年9月8日，曹一帆在得知陈寅岗等人被采取强制措施的情况下向上海市静安区人民法院申请撤诉及解除诉讼保全。

（四）关于被告人陈寅岗、韩世平对李淳实施诉讼诈骗的事实

2014年8月26日、27日，被害人李淳向被告人陈寅岗、韩世平借款5万元，但应二人要求写下借款10万元借条。同年8月至11月，李淳应陈寅岗、韩世平要求向二人还款6.3万元。2015年1月12日，陈寅岗、韩世平明知李淳实际借款5万元，仍虚构李淳向其借款10万元未归还的事实，向上海市虹口区人民法院提起民事诉讼。同年4月29日，上海市虹口区人民法院作出一审判决，判决李淳返还陈寅岗本金10万元及相应利息、律师服务费等。李淳提出上诉，后因未缴纳诉讼费按撤诉处理，一审判决已生效，但李淳并未履行该判决。

2016年9月1日、2日，公安人员先后将被告人陈寅岗、韩世平、魏伟斌、朱敏、俞果、徐文正、葛冬亮抓获，同时查获手铐、电击器、催泪喷射器、甩棍、个人借贷合同、借条、收据、身份证件、钱款等物品；同月28日，公安人员将曹一帆抓获。

上海市静安区人民法院经审理认为，被告人陈寅岗、韩世平、魏伟斌、俞果、朱敏、徐文正为索取债务非法拘禁他人，其行为均已构成非法拘禁罪；陈寅岗、韩世平、俞果、朱敏、徐文正、魏伟斌、

葛冬亮敲诈勒索他人财物,数额特别巨大,其行为均已构成敲诈勒索罪;陈寅岗、韩世平、魏伟斌、俞果、曹一帆以非法占有为目的,以捏造的事实提起民事诉讼,企图通过恶意、虚假诉讼方式骗取他人财物,数额特别巨大,其行为均已构成诈骗罪,依法应予从重惩处。对陈寅岗、韩世平、魏伟斌、俞果、朱敏、徐文正予以数罪并罚。在诈骗犯罪中,陈寅岗、曹一帆等人系犯罪未遂,可以比照既遂犯从轻处罚。在诉讼诈骗中,陈寅岗、韩世平、魏伟斌、俞果意图利用司法机关的强制力,以达到非法占有他人财产的目的,如该行为一旦得逞,将极大损害司法机关在民众中的公信力和权威性,故对上述被告人应当酌情从重处罚。曹一帆身为律师,利用法律专业知识,与犯罪分子相勾结,妨害了正常的司法秩序,也应当酌情从重处罚。据此,依照《中华人民共和国刑法》第二百三十八条第一款、第三款,第二百七十四条,第三百零七条之一第一款、第三款,第二百六十六条,第二十五条第一款,第二十六条,第二十七条,第二十三条,第六十九条第一款、第三款,第六十七条第三款,第六十四条和《最高人民法院关于〈中华人民共和国刑法修正案(九)〉时间效力问题的解释》第七条之规定,判决如下:

1. 被告人陈寅岗犯非法拘禁罪,判处有期徒刑一年;犯敲诈勒索罪,判处有期徒刑十一年,并处罚金人民币二十二万元;犯诈骗罪,判处有期徒刑六年,并处罚金人民币十二万元;决定执行有期徒刑十六年,并处罚金人民币三十四万元。

2. 被告人韩世平犯非法拘禁罪,判处有期徒刑一年;犯敲诈勒索罪,判处有期徒刑十年,并处罚金人民币二十万元;犯诈骗罪,判处有期徒刑五年,并处罚金人民币十万元,决定执行有期徒刑十四年,并处罚金人民币三十万元。

3. 被告人魏伟斌犯非法拘禁罪,判处有期徒刑九个月;犯敲诈勒索罪,判处有期徒刑四年,并处罚金人民币八万元;犯诈骗罪,判处有期徒刑四年,并处罚金人民币八万元,决定执行有期徒刑六年,并处罚金人民币十六万元。

4. 被告人俞果犯非法拘禁罪,判处有期徒刑九个月;犯敲诈勒索罪,判处有期徒刑五年六个月,并处罚金人民币十一万元;犯诈骗罪,判处有期徒刑三年,并处罚金人民币六万元,决定执行有期徒刑六年,并处罚金人民币十七万元。

5. 被告人朱敏犯非法拘禁罪,判处有期徒刑九个月;犯敲诈勒索罪,判处有期徒刑五年,并处罚金人民币十万元,决定执行有期徒刑五年三个月,并处罚金人民币十万元。

6. 被告人徐文正犯非法拘禁罪,判处有期徒刑十一个月;犯敲诈勒索罪,判处有期徒刑四年六个月,并处罚金人民币九万元,决定执行有期徒刑四年九个月,并处罚金人民币九万元。

7. 被告人葛冬亮犯敲诈勒索罪,判处有期徒刑二年,并处罚金人民币四万元。

8. 被告人曹一帆犯诈骗罪,判处有期徒刑三年,并处罚金人民币六万元。

9. 责令退赔违法所得,发还被害人许嘉平;犯罪工具等予以追缴。

一审宣判后,被告人陈寅岗、韩世平、曹一帆等人不服,以陈寅岗、韩世平与许嘉平之间仅是民间借贷关系,没有非法占有目的,不属于套路贷,陈寅岗、韩世平不构成敲诈勒索罪;在诉讼诈骗中,陈寅岗、韩世平对被害人向法院提起诉讼的目的是取回本金,并不是非法占有虚高的借款金额,不构成诈骗罪;曹一帆不具有非法占有他人财物的故意,仅是充当了诉讼代理人的角色,不构成诈骗罪,对曹一帆应当以虚假诉讼罪论处;曹一帆在公安机关尚未调查他涉嫌的两起民事诉讼的情况下,主动提出撤诉,并有效制止了犯罪结果的发生,具有主动性和自愿性,应当认定为犯罪中止等为由提出上诉。

上海市第二中级人民法院经审理认为,原审判决认定事实清楚,定罪准确,量刑适当,诉讼程序合法。各上诉人的上诉理由及其辩护人的意见均不能成立。故裁定驳回上诉,维持原判。

二、主要问题

(一)如何认定与处理“套路贷”性质的犯罪案件?

(二)被告人实施虚假诉讼行为,非法占有他人财产,又构成诈骗罪的,应当如何定罪处罚?

三、裁判理由

(一)“套路贷”犯罪的司法认定

1.“套路贷”犯罪与民间高利贷的区别

“套路贷”,是对以非法占有为目的,假借民间借贷之名,诱使或迫使被害人签订“借贷”或变相“借贷”“抵押”“担保”等相关协议,通过虚增借贷金额、恶意制造违约、肆意认定违约、毁匿还款证据等方式形成虚假债权债务,并借助诉讼、仲裁、公证或者采用暴力、威胁以及其他手段非法占有被害人财物的相关违法犯罪活动的概括性称谓。由于“套路贷”犯罪通常打着民间借贷的幌子,因此实践中很容易将“套路贷”与民间高利贷混淆,具体可以从以下几个方面加以区分。

一是行为目的方面。“套路贷”中的“借款”不过是行为人侵吞被害人财产的借口,行为人是以“借款”为名行非法占有被害人财物之实,其目的是侵占他人的财产。而高利贷的出借人,是为了到期按照合同约定收回本金和高额利息,并不具有非法占有他人财产的目的。

二是侵害客体方面。“套路贷”侵害客体多、社会危害大,从诱骗或者强迫被害人签订合同到暴力讨债、虚假诉讼,不仅侵害被害人财产权、人身权,还危害公共秩序,破坏金融管理秩序,甚至挑战司法权威,严重妨害司法公正。而高利贷主要是破坏金融管理秩序。

三是法律后果方面。“套路贷”在本质上属于违法犯罪行为,借款本金和利息均不受法律保护。而高利贷体现了双方意思自治,借款行为本身是合法的。根据《最高人民法院关于审理民间借贷案件适用法律若干问题的规定》,借贷双方约定的利率超过年利率36%,超过部分的利息约定无效。即高利贷本金及法定利息受法律保护,超过法定的高额利息部分不受法律保护。

2.结合“套路贷”犯罪的主要特征、性质等对本案进行分析

综合全案证据,我们认为,本案中被告人陈寅岗等人的行为完全符合“套路贷”犯罪的主要特征,理由如下:

一是以“小额贷款公司”名义引诱被害人签订借款合同。从2016年3月开始,被告人陈寅岗、韩世平、魏伟斌、俞果等人经商议成立衡燊公司,对外以“小额贷款公司”的名义对外宣传、招揽生意。在日常业务中,陈寅岗等人一般以“行业规矩”“保证金”等名目诱骗被害人签订金额虚高的借款合同、租赁合同等,并以俞果个人名义与被害人签订上述合同,以制造个人民间借贷假象。

二是制造银行流水痕迹以掩盖被害人真实借款数额。如姜凤庆仅借款28.8万元,但写下借款70万元的借条并签订《个人借款合同》。被告人陈寅岗等人在与姜凤庆签订虚高借款合同后,将姜凤庆带至银行进行走账,制造银行流水痕迹,刻意造成已经将全部借款交付被害人的假象。陈寅岗等人通过资金走账的形式,制造银行流水痕迹,取得与借条、借款合同等一致的证据材料,为其之后提起虚假诉讼,索要被害人钱款等做好“充分准备”。

三是以非法占有为目的软硬兼施强行索取“债务”。被告人陈寅岗等人采取非法拘禁、威胁、用留存的本应归还许嘉平的借条为要挟等手段,向许嘉平及其亲属强行索要钱款67万元;明知吕卫东实际上未获得借款、姜凤庆已经归还部分借款的事实,与身为律师的曹一帆串通,篡改合同订立地,以虚构的债权债务关系或者夸大借款数额,向人民法院提起民事诉讼,企图通过法院胜诉判决,非法占有被害人的财产。

3. 对"套路贷"犯罪案件的处理

"套路贷"犯罪具有共通的模式和类型化特征,因此把这一系列行为统称为一个"套路"。"套路贷"犯罪不仅直接侵害被害人的合法财产权益,而且其中掺杂的暴力、威胁、虚假诉讼等索款手段还容易诱发其他犯罪,甚至造成被害人卖房抵债、自杀等严重后果,带来一系列社会问题。因此,对"套路贷"犯罪应从整体上予以否定性评价。

"套路贷"犯罪行为人的主观目的是非法侵占被害人或其近亲属的财产,一般情况下应当以侵财类犯罪定罪处罚。对于行为人以"保证金""中介费""违约金"等虚假理由,非法占有的被害人的财物,应全部计入犯罪数额。如果行为人在索债时使用了殴打、非法拘禁等暴力手段,或者对被害人及其近亲属使用暴力、胁迫等方法,符合非法拘禁罪、敲诈勒索罪或者抢劫罪的犯罪构成要件的,应当按照相关规定定罪处罚。对于"套路贷"犯罪行为同时构成诈骗罪、非法拘禁罪、敲诈勒索罪、抢劫罪等多种犯罪的,依照《刑法》及有关司法解释的规定进行数罪并罚或者择一重处。

由于"套路贷"犯罪具有严重的社会危害性,在审判中应当用准、用足、用好法律,对于"套路贷"犯罪集团的首要分子或者其他共同犯罪中的主犯,要依法从严惩处。同时,对于具有自首、立功、从犯等情节的犯罪分子,要兑现政策,深入贯彻宽严相济的刑事政策。

(二)被告人实施虚假诉讼行为,非法占有他人财产,又构成诈骗罪的,应依照处罚较重的规定定罪从重处罚

所谓虚假诉讼,是指采取伪造证据、虚假陈述等手段,捏造民事法律关系,虚构民事纠纷,向人民法院提起民事诉讼的行为。虚假诉讼严重侵犯了他人的合法权益,妨害正常的司法秩序,损害人民法院的权威,造成司法资源的极大浪费。为有效规制虚假诉讼行为,2015 年 8 月 29 日全国人大常委会审议通过的《刑法修正案(九)》增设了虚假诉讼罪,将以捏造的事实提起民事诉讼,妨害司法秩序或者严重侵害他人合法权益的行为规定为犯罪。2018 年 9 月 26 日,最高人民法院、最高人民检察院公布了《关于办理虚假诉讼刑事案件适用法律若干问题的解释》,就虚假诉讼罪在具体适用中的问题作出明确规定。

本案中,被告人陈寅岗、韩世平、曹一帆等人隐瞒吕卫东实际上未获得借款、李淳已经归还全部借款的情况下,事先共谋,以不存在的债权债务关系,向人民法院提起民事诉讼,企图通过法院胜诉判决,占有被害人的财产。上述行为妨碍司法秩序,严重侵害他人合法权益,其行为已构成虚假诉讼罪。同时,陈寅岗、韩世平、曹一帆等人又以非法占有为目的,以提起民事诉讼为手段,通过提供虚假证据,隐瞒真相的方式,意图使法院作出有利于自己的判决,从而获得他人财产,其行为亦构成诈骗罪。

诈骗罪,作为侵财犯罪,以行为人实际取得财物作为既遂的标准;而虚假诉讼罪侵犯的主要客体是正常的司法秩序,以妨害司法秩序或者严重侵害他人合法权益为既遂标准。

本案中,被告人陈寅岗、韩世平以李淳为被告,向法院提起虚假诉讼,要求李淳还款 10 万元并支付相应利息、律师费等,并在庭审过程中出示了虚假证据。后法院作出了支持陈寅岗、韩世平诉请的判决,但李淳未履行该判决。陈寅岗等人还以吕卫东为被告,向法院提起虚假诉讼,并申请诉讼保全,要求吕卫东还款 25 万元支付相应利息。后法院作出裁定,冻结吕卫东名下银行存款 25 万元,不足部分则查封、扣押其相应价值的财产。在法院开庭审理上述案件后,被告人曹一帆告知陈寅岗等人,法官对曹一帆提供的借款协议等证据的真实性产生怀疑。曹一帆询问陈寅岗等人是否撤诉,陈寅岗了解到俞果和吕卫东在银行走账时的监控记录已经超过保存期限,遂表示不撤诉。俞果和曹一帆也未表示反对。2016 年 9 月 1 日,公安人员将陈寅岗、韩世平、魏伟

斌、俞果等人抓获。同月8日,曹一帆在得知陈寅岗等人被公安人员抓获的情况下,才向法院申请撤诉以及解除相关诉讼保全措施。可见,陈寅岗、韩世平、曹一帆等人凭空捏造根本不存在的民事法律关系,抑或隐瞒借款人债务已经全部清偿的事实,虚构民事纠纷,向法院提起民事诉讼,致使法院基于捏造的事实采取财产保全措施、开庭审理、作出裁判文书。行为人的行为已经妨害了司法秩序、严重侵害了他人合法权益。因此,陈寅岗、韩世平、曹一帆等人构成虚假诉讼罪的既遂。但是,就诈骗罪而言,因李淳未履行法院判决;陈寅岗、韩世平等人被公安人员抓获;曹一帆在得知陈寅岗、韩世平等人被抓后,才不得已向法院申请撤诉以及解除相关诉讼保全措施,陈寅岗、曹一帆等人均是因为意志以外的原因,才使诈骗犯罪未能得逞,属于犯罪未遂。

根据《刑法修正案(九)》第三百零七条之一的规定,既符合虚假诉讼罪的构成要件,又构成诈骗罪的,依照处罚较重的规定定罪从重处罚。根据《刑法》第二十三条的规定,对于未遂犯,可以比照既遂犯从轻或者减轻处罚。如果对被告人陈寅岗、曹一帆等人以虚假诉讼罪定罪处罚,则法定最高刑为七年有期徒刑;如果对陈寅岗、曹一帆等人以诈骗罪定罪处罚,则法定最高刑为无期徒刑。因此,对陈寅岗、曹一帆等人应当以处罚较重的诈骗罪定罪从重处罚,同时考虑他们系犯罪未遂,可以比照既遂从轻或者减轻处罚。此外,曹一帆身为执业律师,却与陈寅岗等人相勾结,藐视法律,欺骗法庭,积极实施诈骗行为,极大地破坏了司法公信力,应当酌情予以从重处罚。

综上,通过本案的审理,人民法院依法严惩了“套路贷”犯罪,切实维护了人民群众利益和社会和谐稳定,取得了较好的法律效果和社会效果。

(撰稿:上海市第二中级人民法院　沈　言　王　霏
审编:最高人民法院刑三庭　周　川)

[第1363号]张凤江等14人诈骗案
——“套路贷”中犯罪数额的认定及计算方法

【关键词】 诈骗罪　“套路贷”　犯罪数额　计算方法

一、基本案情

被告人张凤江,男,1989年2月2日出生,系上海怡智投资咨询有限公司(以下简称怡智公司)负责人。2016年10月14日被逮捕。

(其他被告人基本情况略。)

上海市人民检察院第二分院以被告人张凤江等14人犯诈骗罪一案,向上海市第二中级人民法院提起公诉。

被告人张凤江对公诉机关的指控无异议。其辩护人提出,公诉机关指控数额有误。

上海市第二中级人民法院经审理查明,怡智公司内设后勤部、讨债部、业务部、财务部,自2014年9月起,怡智公司以民间借贷为诱饵,实际以“违约金”“行业操作惯例”等名义诱骗被害人签订虚高借款金额的借条并带被害人至银行转账,制造被害人已取得全部虚高借款金额的痕迹,再以各种借口单方面认定被害人违约,采取与被害人签订空白的房屋租赁合同,网签被害人房产限制其交易,使用言语或身体威胁恐吓、上门骚扰,与其他犯罪团伙之间虚假平账进一步虚增借款金额,向法院提起虚假诉讼等方式诱骗、逼迫被害人按虚高金额的借条还款。被告人施俊杰、程健、李盛、王瑾于2014年9月起陆续加入怡智公司。被告人张凤江、李洋于2015年10月起加入并实际控制怡智公司,此后,招募或组织他人继续共同实施诈骗等犯罪活动。张凤江、李洋主要负责管理、洽谈;施俊杰、程健、韩朋、陈景东、孙文举、王征、李盛、常跃主要负责看房、走账、网签、讨债、诉讼;毕金金、陈慧、胡维静主要负责介绍、接待、初审、洽谈、办理抵押贷款;王瑾主要负责记账、转账。

至案发,被告人张凤江参与诈骗39名被害人,共计骗得1224.5066万元;被告人李洋参与诈骗40名被害人,共计骗得1198.3066万元;被告人施俊杰参与诈骗10名被害人,共计骗得222.13万元;被告人程健参与诈骗36名被害人,共计骗得781.9482万元;被告人韩朋参与诈骗19名被害人,共计骗得581.8万元;被告人陈景东参与诈骗19名被害人,共计骗得756.7366万元;被告人孙文举参与诈骗14名被害人,共计骗得641.9万元;被告人王征参与诈骗9名被害人,共计骗得312.36万元;被告人李盛参与诈骗10名被害人,共计骗得226.5416万元;被告人常跃参与诈骗3名被害人,共计骗得220万元;被告人王瑾参与诈骗44名被害人,共计骗得1283.5582万元;被告人陈慧参与诈骗3名被害人,共计骗得174.89万元;被告人胡维静参与诈骗1名被害人,骗得56.4万元;被告人毕金金参与诈骗1名被害人,骗得30万元。

此外,被告人张凤江还与谢海南、黄华强、张涛等人(均另案处理)通过共同控制的上海天甘资产管理有限公司(以下简称天甘公司),以上述相同方法诈骗27名被害人,共计骗得863.78万余元。

2016年9月9日,被告人张凤江、李洋、施俊杰、程健、韩朋、陈景东、孙文举、李盛、常跃、王瑾、陈慧、胡维静、毕金金分别被公安人员抓获,2017年1月3日,被告人王征被公安人员抓获。在本院审理期间,施俊杰、王征、李盛、陈慧、胡维静、毕金金的家属分别代为退缴了10万元、50万元、16万元、8万元、7万元、1万元。

上海市第二中级人民法院认为,被告人张凤江、李洋伙同施俊杰、程健、韩朋、陈景东、孙文举、王征、李盛、常跃、王瑾、陈慧、胡维静、毕金金以非法占有为目的,采用虚构事实、隐瞒真相的方法骗取他人财物,其中,张凤江、李洋、施俊杰、程健、韩朋、陈景东、孙文举、王征、李盛、常跃、王瑾、陈慧、胡维静诈骗数额特别巨大,毕金金诈骗数额巨大,其行为均已构成诈骗罪,依法应予惩处。张凤江等人为共同实施诈骗犯罪而组成了较为固定的犯罪集团,其中,张凤江、李洋系组织、领导该犯罪集团的首要分子,对其应当按照集团所犯的全部罪行处罚……据此,根据各名被告人犯罪的事实、性质、对于社会的危害程度及在共同犯罪中的作用、地位等,依照《中华人民共和国刑法》第二百六十六条,第二十五条第一款,第二十六条第一款、第二款、第三款,第二十七条,第六十七条第三款,第五十五条第一款,第五十六条第一款,第五十七条第一款,第五十三条,第六十四条之规定,判决如下:

被告人张凤江犯诈骗罪,判处无期徒刑,剥夺政治权利终身,并处罚金人民币二百万元;

(其他被告人判决情况略。)

宣判后,被告人常跃、王瑾提出上诉。上海市高级人民法院审理期间,上诉人常跃、王瑾申请撤回上诉。

上海市高级人民法院经审理认为,原审判决认定事实清楚,证据确实、充分,适用法律正确,量刑适当,诉讼程序合法。裁定准许上诉人常跃、王瑾撤回上诉。

二、主要问题

"套路贷"案件中犯罪数额认定及其计算方法应如何确定?

三、裁判理由

“套路贷”案件具有手段多样、活动隐蔽的特征。犯罪分子为了规避法律,往往以“押金”“利息”“违约金”“保证金”“服务费”“中介费”等各种借口,不断制作虚高的借贷合同、银行流水等。犯罪分子处心积虑设计的情节隐蔽性强,被害人经常轻信犯罪分子,无从察觉,从而落入犯罪分子设计的“法律陷阱”。随着互联网的普及,“套路贷”网络化成为新的趋势,从传统的普通民间借贷,演变成为网络宣传、电话宣传、社交软件宣传为手段,以借贷平台为依托,以广大网民为对象的网络“套路贷”。犯罪分子在网络上以“小额贷款公司”“P2P”“网络兼职”“赚外快”等名义招徕被害人,一旦上钩,“套路”便紧随其后。不断翻新的诈骗手段,愈加复杂的资金往来,都让审判人员在审理“套路贷”案件时面临陷入犯罪数额认定的困境。其原因既包括众多被害人与被告人之间的关于金额的供述不一致,也包括不同被告人之间频繁、复杂的走账环节。本案在审理时,结合“套路贷”案件特点,对犯罪数额的认定及计算方法采取了以下方式,我们认为可为司法实践中解决类似问题提供参考。

(一)犯罪数额的认定方法

最高人民法院、最高人民检察院、公安部、司法部印发的《关于办理黑恶势力犯罪案件若干问题的指导意见》(以下简称《指导意见》)和《关于办理“套路贷”刑事案件若干问题的意见》(以下简称《“套路贷”意见》)均明确指出:在认定“套路贷”犯罪数额时,应当与民间借贷相区别,从整体上予以否定性评价,“虚高债务”和以“利息”“保证金”“中介费”“服务费”“违约金”等名目被犯罪嫌疑人、被告人非法占有的财物,均应计入犯罪数额。犯罪嫌疑人、被告人实际给付的本金数额,不计入犯罪数额。在实际办理“套路贷”案件时,被告人、被害人往往各执一词,且“借贷”过程中被告人为了垒高数额刻意采取多种手段使借贷流程“合法化”、复杂化,使不管是公诉机关还是法院均难以准确地判断出具体的犯罪数额。法院审理本案时,对于犯罪数额的认定总体采取就低认定的原则,但如果被告人未供述具体犯罪数额,而被害人所称的被骗金额合理,且在虚高的借条金额及走银行流水的合理范围内,则可以按照被害人陈述中的被骗数额予以认定。此外,被告人在借贷过程中以“违约金”“保证金”“中介费”“服务费”“利息”等各种名义收取的费用均应计入犯罪数额予以认定,故虽不能采用司法鉴定意见书的结论,但对于鉴定过程中查证的银行账户转让户名、转让金额及网签人等有相关书证予以印证的数据予以采纳。

(二)犯罪数额的计算方法

1. 既遂数额的计算方法

本案中的既遂分为两种情形:一种情形是被害人经催讨或诉讼后,向被告人支付的钱款大于其借款本金;另一种情形是被害人经催讨后无力还款,怡智公司将被害人的债务“平账”至其他团伙,且其他团伙将平账钱款实际支付给怡智公司。所谓“平账”,是指在被害人不能按照被告人张凤江等人的要求归还虚高的借条金额时,张凤江等人介绍被害人向其他人员(或公司)借款,用于清偿张凤江等人的债务。这种“平账”的操作手段在业内也称作“转单”,对于不同被告人来说,针对被害人的诈骗仅仅是一单生意。

在第一种情形下,“既遂数额 = 被害人实际支付的钱款 - 借款本金”,被害人存在实际损失。在第二种情形下,有可能存在平账后被害人尚未归还钱款,但法院审理后认为,怡智公司已完成诈骗行为,且已实现犯罪目的,故“既遂数额 = 平账钱款 - 借款本金”。怡智公司内涉及此种情形的被害人有 8 人,天甘公司内涉及此种情形的被害人有 5 人。

2. 未遂数额的计算方法

《“套路贷”意见》指出:已着手实施“套路贷”,但因意志以外原因未得逞的,可以根据相关罪名所涉及的刑法、司法解释规定,按照已着手非法占有的财物数额认定犯罪未遂。我们认为,未遂数额是指被告人已经着手实施诈骗等犯罪行为,如已经签订虚高的借款合同,但是由于意志以外原因没有得逞,即“未遂数额=虚高借条的数额(或诉讼数额)-借款本金数额”。即使被害人曾经归还过部分钱款(利息),但是从被告人的主观方面而言,其想要骗取的是远高于借款本金数额的虚高借条数额,被害人先行归还的数额,对被告人来说首先要收回其为实施犯罪而支付的诱价(实际出借的数额),所以在被害人没有将实际收到的数额全部归还给被告人之前,犯罪未遂数额一直是虚高借条的数额(或诉讼数额)减去实际借款本金数额。故归还的犯罪成本之内的数额不扣除,只有当被害人归还的数额超过了被告人“出借”数额的部分才可认定为犯罪既遂的数额。所谓诉讼数额,是指当被害人无法按照虚高的借款合同金额给付钱款时,被告人通过向法院起诉的方法实际索要的数额。在司法实践中,被告人出于及时回笼资金或者尽可能获取法院能够支持数额的目的,有可能主动在虚高借条的数额基础上,减免被害人所谓的部分“债务”,减免后的数额即为诉讼数额。

3. 当怡智公司与天甘公司互有平账时,各被告人犯罪数额的计算方法

本案部分犯罪事实中存在怡智公司与天甘公司互有平账的情形,部分事实有证据证明系“虚假平账”,即为垒高被害人借条金额,将被害人的债务转至另一公司,但实际并未平账,用来“平账”的个人或者公司对被害人展开新一轮的诈骗活动,与被害人再次签订虚高的合同、走虚假的银行流水,用来给付怡智公司的钱款往往通过虚假银行流水先进入怡智公司账户,至于双方被告人如何瓜分实际诈骗所得的钱款往往通过事前约定的形式进行操作,即被害人最终归还的钱款由两家公司根据事先的约定比例分配。在这种情况下,认定两家公司系共同犯罪,相关公司实际控制人和参与人员对全部犯罪承担责任。

另有部分事实并没有充分的证据能证明两家公司系虚假平账,在这种情况下,被告人往往将被害人平账至其他公司,由被害人与平账公司签订借款合同,平账公司替其偿还所欠借款。平账数额是虚高的合同数额减去被告人已偿还的数额。实践中,被告人有时会基于及时套现或者回笼资金的需要,“免除”被害人部分债务,所以平账数额往往低于虚高的合同数额减去被害人已偿还的数额。计算被告人的犯罪既遂数额时,应当是平账数额减去借款本金,由于被告人主动“免除”被害人部分债务,这部分债务不能作为犯罪未遂数额予以认定。此外,平账公司与被害人新签订的借款合同数额必然是大于实际平账数额的,实际用于平账的钱款在后续计算平账公司犯罪既遂数额时予以扣除。本案中,由于被告人张凤江在两家公司均有股份且系两家公司的实际控制人,故认定张凤江应对全部犯罪承担责任,但对于其他参与人员,仅就其参与的部分承担责任。

(撰稿:上海市第二中级人民法院　张莺姿　马健博
审编:最高人民法院刑三庭　周　川)

[第1365号]江彬、余志灵、陈浩保险诈骗、诈骗案

——带领侦查人员抓捕同案犯，但并未当场捕获的，能否认定有立功表现

【关键词】 诈骗罪 保险诈骗罪 立功 当场

一、基本案情

被告人江彬，男，1992年4月7日出生。2016年10月21日被逮捕。

被告人余志灵，男，1993年3月20日出生。2015年9月28日被取保候审。

被告人陈浩，男，1993年4月5日出生。2015年8月19日被刑事拘留，同年9月16日被取保候审。

浙江省衢州市柯城区人民检察院指控被告人江彬、余志灵犯诈骗罪，被告人江彬、陈浩犯保险诈骗罪，向柯城区人民法院提起公诉。

被告人江彬、余志灵、陈浩对起诉书指控的事实均无异议。江彬的辩护人提出，江彬在未被采取强制措施前，自动到公安机关接受传唤，属自首；主动提供线索帮助抓捕同案犯陈浩，虽未当场抓获，但符合带领侦查人员抓捕同案犯情形，属立功。

柯城区人民法院经审理查明：

(一)被告人江彬、余志灵诈骗部分

2013年3月至7月，被告人江彬分别驾驶浙H59895号东南菱帅轿车(被保险人系邵某某)、浙HZ6502号桑塔纳轿车(被保险人系陈浩)，在浙江省衢州市柯城区巨化中央大道昌苑菜场附近等地，以驾车故意碰撞路边电线杆、指示牌石墩、护栏，制造轿车撞击电线杆、指示牌石墩、护栏的虚假事故等方式，由其本人或者指使被告人余志灵冒充车辆驾驶员并提供相关材料，分别向中国太平洋财产保险股份有限公司衢州中心支公司(以下简称太平洋财产保险公司)、中国人民财产保险股份有限公司衢州市分公司(以下简称人民财产保险公司)报案并定损理赔，骗得理赔金共计人民币22 130元(以下币种同)。

2014年12月1日12时许，被告人江彬驾驶浙H9330S号东南菱帅轿车(被保险人系陈浩)搭载张文良、徐震南驾驶浙H0D343号丰田凯美瑞轿车至衢州市柯城区阳关水岸小区南侧道路，故意制造了两车刮擦的虚假事故，后江彬指使张文良冒充浙H9330S号东南菱帅轿车驾驶员并提供相关材料向太平洋财产保险公司报案并定损理赔，骗得理赔金4 830元。

(二)被告人江彬、陈浩保险诈骗部分

1. 2013年10月30日12时许，被告人江彬驾驶浙H1126R号名爵轿车(车辆实际所有人系江彬)至浙江省开化县长虹乡附近路段，故意制造了车辆碰撞路边山体的虚假事故，后提供相关材料向人民财产保险公司报案并定损理赔，骗得理赔金9 075元。

2. 2014年7月8日9时许，被告人江彬驾驶浙HAD237号马自达轿车(被保险人系陈浩、车辆实际所有人系江彬)，行驶至320国道衢州市火车站至梅家村路段，故意制造车辆碰撞路边护栏的虚假事故，后江彬指使陈浩赶往现场，冒充该车驾驶员并提供相关材料向太平洋财产保险公司报案并定损理赔，骗得理赔金4 240元。

3. 2014年8月1日19时许，被告人江彬与陈浩为谋取非法利益，预谋故意制造保险事故实

施诈骗。江彬驾驶浙HAD237号马自达轿车行驶至衢州市柯城区双港街道孙姜村老鹰潭路口，故意制造了车辆碰撞路边树墩的虚假事故，后陈浩冒充该车驾驶员并提供相关材料向太平洋财产保险公司报案并定损理赔，骗得理赔金6 200元。

4. 2015年4月25日12时许，被告人江彬与钟理锦为谋取非法利益，预谋故意制造保险事故实施诈骗。后钟理锦驾驶浙K30483号大众帕萨特轿车（车辆实际所有人系钟理锦），搭载江彬至浙江省开化县长虹乡附近路段，故意制造了车辆碰撞路边山体的虚假事故，后钟理锦提供相关材料向太平洋财产保险公司报案并定损理赔，骗得理赔金6 940元。

2015年8月18日，公安机关对被告人江彬抓捕未果后，以通知其领取他案退赔款为由将其传唤到案。江彬归案后主动提供了公安机关尚未掌握的同案犯陈浩的租住地，并带领公安机关前往该地址进行抓捕，虽未当场抓获，但公安机关根据其提供的线索于次日将陈浩抓获。

综上，被告人江彬单独或伙同被告人余志灵、陈浩等人以非法占有为目的，故意制造保险事故，骗取保险金。其中，被告人江彬参与诈骗金额为26 960元，参与保险诈骗金额为26 455元，被告人陈浩参与保险诈骗金额为10 440元，被告人余志灵参与诈骗金额为8 040元。江彬获得赃款50 375元，陈浩、余志灵未参与分赃。2015年9月16日，江彬退赔保险公司共计50 375元保险金。

柯城区人民法院认为：被告人江彬、余志灵以非法占有为目的，多次利用他人车辆制造保险事故，骗取保险金，数额较大，其行为均已构成诈骗罪；被告人江彬、陈浩以非法占有为目的，虚构事实、隐瞒真相，故意制造保险事故，骗取保险金，数额较大，其中江彬以故意造成保险事故方式骗取保险金三次以上，并具有其他严重情节，其行为均已构成保险诈骗罪。江彬一人犯数罪，应实行数罪并罚。江彬系在公安机关对其抓捕未果后，以通知其领取他案退赔款到案的，可见江彬不具有投案的自动性和主动性，不能认定为自首。本案部分属共同犯罪，江彬在共同犯罪中起主要作用，是主犯，应按其参与的全部犯罪处罚；余志灵、陈浩起次要、辅助作用，是从犯，应从轻处罚。江彬主动向公安机关提供同案犯的租住处，协助公安机关抓获同案犯，具有立功表现，可减轻处罚；江彬、余志灵、陈浩归案后如实供述自己的罪行，可从轻处罚；江彬已退赔全部赃款，可酌情从轻处罚。根据陈浩的犯罪情节、悔罪表现及社会危害程度等情况，陈浩符合缓刑的适用条件，可对其宣告缓刑。依照《中华人民共和国刑法》第二百六十六条，第一百九十八条第一款第（四）项，第二十五条第一款，第二十六条第一款、第四款，第二十七条，第六十七条第三款，第六十八条，第六十九条第一款、第三款，第七十二条第一款、第三款之规定，判决如下：

1. 被告人江彬犯保险诈骗罪，判处有期徒刑三年二个月，并处罚金人民币二万元；犯诈骗罪，判处有期徒刑十个月，并处罚金人民币五千元，决定执行有期徒刑三年四个月，并处罚金人民币二万五千元；

2. 被告人陈浩犯保险诈骗罪，判处有期徒刑一年，缓刑一年六个月，并处罚金人民币一万元；

3. 被告人余志灵犯诈骗罪，判处罚金人民币五千元。

一审宣判后，三被告人均未上诉。柯城区人民检察院提出抗诉称，江彬归案后供述同案犯陈浩的居住地等身份信息，并带领民警进行现场辨认，应属如实供述自己罪行的范畴，况在辨认当日并未抓获陈，次日才在陈住处将陈抓获，因此江的行为不能认定为立功。故一审判决认定江彬系立功，属适用法律错误，并导致量刑畸轻，应当依法改判。

衢州市中级人民法院经审理认为，被告人江彬带领公安机关指认同案犯的租住处，协助公安机关抓获同案犯，具有立功表现，可减轻处罚。原判认定事实和适用法律正确，量刑适当，审判程序合法。抗诉意见不予采纳。据此，依照《中华人民共和国刑事诉讼法》第二百二十五条第一款

第(一)项之规定,裁定如下:

驳回抗诉,维持原判。

二、主要问题

(一)如何区分诈骗罪和保险诈骗罪?

(二)带领侦查人员抓捕同案犯,但当时并未捕获的能否认定有立功表现?

三、裁判理由

(一)诈骗罪和保险诈骗罪的区别问题

本案中,被告人江彬同样向保险公司骗取理赔金,但有的认定为诈骗罪,有的认定为保险诈骗罪。这涉及诈骗罪与保险诈骗罪的区别问题。保险诈骗罪是诈骗罪的一种,两者属于法条竞合的关系,一般应遵循特殊法优于一般法的原则。

诈骗罪与保险诈骗罪在犯罪主观方面均表现为有诈骗的故意,但两罪的客观表现不同。诈骗罪是指以非法占有为目的,采用虚构事实或隐瞒真相的方法,骗取数额较大的公私财物的行为。而保险诈骗罪则是指以非法获取保险金为目的,违反保险法规,采用虚构保险标的、保险事故或者制造保险事故等方法,向保险公司骗取保险金,数额较大的行为。即保险诈骗罪是定向的诈骗,没有诈骗罪侵害的范围广。

两罪的犯罪主体不同。诈骗罪的犯罪主体为一般主体,即任何达到刑事责任年龄,具有刑事责任能力的人即可;而保险诈骗罪的主体系特殊主体,只能是投保人、被保险人或受益人;保险事故的鉴定人、证明人、财产评估人若故意提供虚假的证明文件,为他人诈骗提供条件的,以保险诈骗的共犯论处。

本案中,根据查明的事实及在案证据,被告人江彬于2013年10月30日、2014年7月8日、2014年8月1日、2015年4月25日实施的诈骗行为,或者江彬系车辆的所有人即受益人,或者与江彬共同实施诈骗行为的钟理锦系车辆所有人即受益人,其主体符合保险诈骗罪的构成要件的主体特征,因而认定为保险诈骗罪。而除该4起以外的其他诈骗事实,因江彬等人均不是车辆的投保人、被保险人或受益人,故只能认定为诈骗罪。

(二)带领侦查人员抓捕同案犯,当场未抓获并不当然阻却立功的构成,应根据案情具体分析

本案在审理过程中,对于各被告人行为的定性争议不大。但对于被告人江彬归案后供述同案犯相关信息,又带领侦查人员抓捕同案犯,当时并未抓获的情形能否认定为有立功表现,存在两种不同观点:

第一种观点认为,被告人江彬归案后,供述同案犯的居住地等信息,并带领公安人员进行辨认,属如实供述自己罪行的范畴,而当时并未因此捕获同案犯,故江彬的行为不构成立功。

第二种观点认为,根据本案的具体情况,被告人江彬供述同案犯居住地信息不属如实供述自己罪行的范畴,况且江彬有带领侦查人员捕获同案犯的行为,是否当场捕获并不当然阻却立功的认定,江彬的行为应认定有立功表现。

我们同意第二种观点。已归案的犯罪分子协助司法机关抓捕其他犯罪嫌疑人(包括同案犯)的,能否认定有立功表现,关键在于如何理解行为人是否有协助抓捕行为以及协助行为对抓捕其他犯罪嫌疑人(包括同案犯)是否起决定性作用。本案中被告人江彬的行为构成立功,主要理由如下:

1. 应结合案件具体情况综合分析被告人的相关供述是否属于如实供述自己罪行的范畴

《最高人民法院关于处理自首和立功若干具体问题的意见》第五项关于"协助抓捕其他犯罪嫌疑人"的具体认定中规定:"犯罪分子提供同案犯姓名、住址、体貌特征等基本情况,或者提供犯

罪前、犯罪中掌握、使用的同案犯联络方式、藏匿地址，司法机关据此抓捕同案犯的，不能认定为协助司法机关抓捕同案犯。"该项规定明确上述内容属于被告人如实供述的范畴，如果既认定被告人有如实供述这一法定的从轻处罚情节，再认定被告人具有立功情节，有重复评价之嫌。

本案中，三被告人实施的犯罪行为均在2015年5月之前，江彬于犯罪行为完成后在正常社会交往过程中知晓陈浩于同年6月搬到新的租住地点，可见陈浩的租住地与本案的犯罪行为之间没有关联性，那么江彬即便不向公安机关陈述陈浩新的租住地，亦能够把其伙同他人共同实施犯罪的行为说清楚，不影响司法机关对其如实供述情节的认定。江彬对同案犯陈浩租住地的陈述已超出了其应当如实供述的范畴。后公安机关借助江彬提供的信息及时抓获同案犯，江彬供述同案犯的住址信息，可以看作为公安机关捕获同案犯提供了重要线索。

2. 带领公安机关抓捕同案犯的行为与如实供述不能混同

最高人民法院在《全国部分法院审理毒品犯罪案件工作座谈会纪要》规定："共同犯罪中同案犯的基本情况，包括同案犯姓名、住址、体貌特征、联络方式等信息，属于被告人应当供述的范围。公安机关根据被告人供述抓获同案犯的，不应认定其有立功表现。被告人在公安机关抓获同案犯过程中确实起到协助作用的，例如，经被告人现场指认、辨认抓获了同案犯；被告人带领公安人员抓获了同案犯等，属于协助司法机关抓获同案犯，应认定为立功。"

参照上述规定，本案中，被告人江彬带领侦查人员去同案犯的租住地进行现场指认，公安机关依据江彬的指认，最终在该租住处将同案犯陈浩抓获。江彬的带领行为客观上为公安机关顺利捕获同案犯起到很大的协助作用，因此，不能与如实供述相混同。

3. 未当场抓获不影响立功的认定

前述第一种观点认为，该案中被告人江彬带领侦查人员并没有将陈浩当场抓获，所以不构成立功。我们认为，相关司法解释中均只强调构成立功需有其他犯罪嫌疑人（包括同案犯）被抓获的实际结果，并没有规定带领侦查人员抓获其他犯罪嫌疑人（包括同案犯）的，需要当场抓获才构成立功。因此，是否当场抓获并不当然阻却立功的认定。具体到本案，江彬提供了公安机关未掌握的同案犯租住地这一重要线索，并带领侦查人员指认具体地点，其协助抓捕行为已经完成。侦查人员在掌握了以上信息后于次日直接到该地点将陈浩抓获，并未再付出时间和精力去排查，江彬在整个过程中所起的作用与带领侦查人员将陈浩当场抓获基本无异，江彬提供信息的行为与抓获同案犯陈浩的结果之间有因果关系，正是借助于江彬提供的信息，公安机关才得以及时抓获同案犯。如果一定要以是否当场抓获来确定立功与否，则侦查人员若在第二日将江彬从看守所提出，让江彬重复指认一遍，再将同案犯抓获，则江彬构成立功；若侦查人员自行前往抓获，江彬即不构成立功，这显然是不合理的。

4. 被告人的带领抓捕行为客观上节约了司法资源，符合立功制度的本质

本案中，被告人江彬对同案犯的租住地并不能说出具体门牌号，只能提供一个大概的方位，若公安机关通过具体排查、技术侦查或者其他途径抓获同案犯，就说明江彬仅是为抓捕提供方向，并未对抓捕同案犯起到真正的协助作用，不能认定为立功。但本案中，江彬除如实供述同案犯陈浩的租住地外，还有带领侦查人员到现场指认的行为。根据公安机关对抓捕过程出具的说明，侦查人员在当晚根据江彬现场指认确定陈浩的租住处后，因出租房内未亮灯，判断房内无人，未实施抓捕，并将江彬送回看守所。次日民警根据江彬前一天晚上的指认，以检查暂住证的名义敲开房门，核实陈浩身份后将其抓获。如果没有江彬的带领、指认行为，公安机关只能进行排查抓捕，势必消耗大量的人力物力。因而，江彬的协助抓捕行为客观上为公安机关顺利抓捕同案犯起到了关键作用，节约了司法资源，提高了办案效率，符合立功的本质特征，认定其构成立功符合

立法本意。

综上,被告人江彬供述同案犯居住地信息不属应当如实供述自己罪行的范畴,一审、二审法院认定其带领侦查人员现场指认同案犯住处的行为构成立功是准确的。

(撰稿:浙江省衢州市中级人民法院　金朝文
浙江省衢州市龙游县人民法院　李萌欣
审编:最高人民法院刑四庭　陆建红)

[第1371号]朱港春、李俊乐诈骗案

——"单方欺诈型"虚假诉讼行为应当如何定罪处罚和正确适用从旧兼从轻原则

【关键词】　诈骗罪　"单方欺诈型"虚假诉讼　法律适用　从旧兼从轻原则

一、基本案情

被告人朱港春,男,汉族,1973年12月25日出生。2006年3月2日因犯非法拘禁罪被判处拘役四个月,缓刑八个月。2015年5月15日因本案被逮捕,2016年3月3日被取保候审。

被告人李俊乐,曾用名李乃平,男,汉族,1965年10月29日出生。2015年5月15日被逮捕,2016年3月3日被取保候审。

浙江省丽水市莲都区人民检察院以被告人朱港春、李俊乐犯诈骗罪,向丽水市莲都区人民法院提起公诉。

被告人朱港春、李俊乐对指控的犯罪事实均无异议。辩护人提出,二被告人的行为不符合诈骗罪的构成要件,应认定为虚假诉讼罪。

丽水市莲都区人民法院经审理查明:被告人朱港春在丽水市投资开办浙江浩胜投资有限公司,从事帮助他人临时资金周转等方面业务,并从借贷活动中收取高额利息作为盈利,被告人李俊乐参与合作并从中获取利益。2013年4月中旬,被害人徐同亮因一笔总额为200万元的贷款到期急需资金,遂通过朋友项建清找到李俊乐、朱港春借款。同月14日,徐同亮在朱港春提供的格式借条上填写了无出借人、无借款利息、借款总额为200万元的借条,借款时间为同月15日,约定同月30日前归还全部借款,并加盖了自己经营的丽水市同亮贸易有限公司的公章,徐同亮的妻子毕晶作为借款人在借条上签名。徐同亮填好借条后,找到朋友方良斌、项建清、季飞云在借条上签名担保。同月15日,徐同亮将办妥借款担保手续的借条交给朱港春,朱港春预先扣除借款利息后,从自己在浦发银行丽水支行的个人账户中转账145万元至李俊乐在该银行开立的个人账户,朱港春、李俊乐以及吴巧宏、胡光华、徐永进等人凑足200万元后,当日下午由吴巧宏代为办理,从李俊乐的个人账户中同行转账支付给徐同亮。之后,朱港春在徐同亮出具的借条上,分别在方良斌、项建清、季飞云的签名前擅自加注"借款人(1)、(2)、(3)"字样,将上述三位担保人的身份篡改为共同借款人。同月28日,徐同亮将全部200万元欠款转账归还至朱港春的浦发银行丽水支行账户,向朱港春讨要借条时,朱港春以徐同亮之前为他人担保的另一笔借款300万元尚未归还为由拒绝归还。徐同亮经与朱港春多次争吵、协商,朱港春对借条进行彩色复印后,将复印件交给徐同亮。之后,项建清得知朱港春等人欲持借条起诉的消息,要求朱港春将借

条上其名字划去。

2013年下半年至2014年2月，被告人朱港春的律师根据其要求，以被告人李俊乐为原告，徐同亮、方良斌、季飞云、毕晶以及丽水市同亮贸易有限公司为被告撰写民事起诉状，要求上述被告归还原告借款本金200万元并支付利息40万元。同月9日，李俊乐在朱港春的要求下，在律师准备好的特别授权委托书和起诉状上签名，并在徐同亮出具的借条原件上原无出借人和无利息处，分别写上“李俊乐”和“2”字样。同年5月14日，律师以李俊乐为原告，向丽水市莲都区人民法院起诉。丽水市莲都区人民法院审查立案后，经公告送达和审理，于同年11月6日作出民事判决，判令被告徐同亮、方良斌、季飞云、毕晶以及丽水市同亮贸易有限公司于判决生效后十五日归还原告李俊乐借款200万元，并支付自2013年4月15日起按月利率2%计算至判决确定的履行期限届满之日止的利息。

一审判决作出后，民事被告方良斌、季飞云不服，向丽水市中级人民法院提起上诉。二审期间，方良斌、季飞云经与李俊乐的特别授权代理人协商，于2015年3月18日达成和解协议，约定由季飞云、方良斌在2015年8月30日前每人向李俊乐支付10万元，剩余的180万元与方良斌、季飞云无关，方良斌、季飞云撤回上诉。之后，方良斌、季飞云向丽水市中级人民法院申请撤回上诉，丽水市中级人民法院于同月19日作出民事裁定书，裁定准许方良斌、季飞云撤回上诉，双方均按原审判决执行。2015年4月9日，丽水市公安局莲都区分局对季飞云、方良斌等人被诈骗案立案侦查。

丽水市莲都区人民法院认为，被告人朱港春、李俊乐结伙采用捏造事实的方法，通过变造证据等手段向人民法院提起民事诉讼，意图欺骗人民法院作出有利于自己的错误裁判，妨害司法秩序，其行为均已构成虚假诉讼罪。公诉机关指控二被告人的犯罪事实成立，证据确实、充分，予以支持。二被告人的主观故意虽以牟取不正当利益为目的，但其客观表现为以捏造的事实向人民法院提起民事诉讼，行为侵犯的是正常司法秩序和利益相关人的合法权益，符合《刑法》规定的虚假诉讼罪的构成要件，公诉机关指控罪名有误，应予纠正，辩护人提出的本案不符合诈骗罪的辩护意见予以采纳。根据被告人前科犯罪情况、犯罪事实、在共同犯罪中的作用、归案后认罪态度等情节，依照《中华人民共和国刑法》第三百零七条之一第一款，第二十五条第一款，第二十六条第一款、第四款，第二十七条，第六十七条第三款，第六十一条，第六十二条，第四十五条，第五十二条，第七十二条第一款、第三款，第七十三条第二款、第三款之规定，判决如下：

1. 被告人朱港春犯虚假诉讼罪，判处有期徒刑三年，缓刑五年，并处罚金人民币十万元；

2. 被告人李俊乐犯虚假诉讼罪，判处有期徒刑二年，缓刑三年，并处罚金人民币五万元。

宣判后，丽水市莲都区人民检察院提出抗诉：原判认定被告人朱港春、李俊乐构成虚假诉讼罪属定性错误，导致量刑不当，建议依法改判。《浙江省高级人民法院、浙江省人民检察院关于办理虚假诉讼刑事案件具体适用法律的指导意见》第六条规定：“以非法占有为目的，进行虚假诉讼，骗取公私财物的，按照刑法第二百六十六条诈骗罪处理”；根据《刑法修正案（九）》新增的《刑法》第三百零七条之一第二款的规定，实施虚假诉讼行为，非法占有他人财产或者逃避合法债务，又构成其他犯罪的，依照处罚较重的规定定罪处罚。二被告人提起虚假诉讼是手段，非法占有他人财物是目的，属于牵连犯，应依法认定为诈骗罪。丽水市人民检察院支持抗诉，支持抗诉意见和出庭意见认为，《最高人民法院关于〈中华人民共和国刑法修正案（九）〉时间效力问题的解释》第七条规定，对于《刑法修正案（九）》施行前的诉讼诈骗行为，非法占有他人财产或者逃避合法债务，根据修正前《刑法》应当以诈骗罪等追究刑事责任的，适用修正前《刑法》的有关规定。诉讼诈骗属于诈骗具体类型中的“三角诈骗”，符合诈骗罪的构成要件，且即使认定二被告人不构成诈骗罪，原判适用法律亦违反禁止不利溯及既往的要求，请求依法改判。

原审被告人朱港春和李俊乐均辩解称自己不构成诈骗罪，请求维持原判。辩护人提出，抗诉机关认为原审定性错误的理由不能成立，《浙江省高级人民法院、浙江省人民检察院关于办理虚假诉讼刑事案件具体适用法律的指导意见》的效力低于《刑法修正案（九）》，而《刑法修正案（九）》单独设立了虚假诉讼罪，明确规定通过虚假诉讼非法占有他人财物或逃避合法债务的，需审查是否符合其他犯罪的构成要件，二被告人除提起民事诉讼行为以外，不存在诈骗他人的意图和行为，也不存在他人因此被骗而主动交付财物的事实，不符合诈骗罪的构成要件，2002 年 10 月 24 日《最高人民检察院法律政策研究室关于通过伪造证据骗取法院民事裁判占有他人财物的行为如何适用法律问题的答复》亦明确规定，对于虚假诉讼行为，不宜以诈骗罪追究行为人的刑事责任，请求驳回抗诉，维持原判。

丽水市中级人民法院经审理认为，原审被告人朱港春、李俊乐明知借款人所欠借款已经归还，仍然捏造事实起诉借款人及担保人，要求对方归还借款及利息，具有非法占有他人财产的主观目的，客观上实施了虚构事实、隐瞒真相行为，致使人民法院作出错误裁判处分被害人的财产，符合诈骗罪的构成要件。《最高人民法院关于〈中华人民共和国刑法修正案（九）〉时间效力问题的解释》第七条第二款规定，通过虚假诉讼，非法占有他人财产或者逃避合法债务，根据修正前《刑法》应当以诈骗罪等追究刑事责任的，适用修正前《刑法》的有关规定。《最高人民检察院法律政策研究室关于通过伪造证据骗取法院民事裁判占有他人财物的行为如何适用法律问题的答复》不属于司法解释，且与上述司法解释相冲突，不予适用。原判认定朱港春、李俊乐的行为构成虚假诉讼罪属适用法律错误，抗诉机关的抗诉理由成立。朱港春、李俊乐因意志以外的原因未得逞，系诈骗犯罪未遂。依照《中华人民共和国刑法》第二百六十六条，第二十三条，第二十五条第一款，第二十六条第一款、第四款，第二十七条，第六十七条第三款，第七十二条第一款、第三款，第七十三条第二款、第三款，《最高人民法院关于〈中华人民共和国刑法修正案（九）〉时间效力问题的解释》第七条第二款和 2012 年修订的《中华人民共和国刑事诉讼法》第二百二十五条第一款第（二）项之规定，判决如下：

1. 撤销丽水市莲都区人民法院（2015）丽莲刑初字第 878 号刑事判决。
2. 被告人朱港春犯诈骗罪，判处有期徒刑四年六个月，并处罚金人民币十五万元。
3. 被告人李俊乐犯诈骗罪，判处有期徒刑二年，缓刑五年，并处罚金人民币十万元。

二、主要问题

（一）“单方欺诈型”虚假诉讼行为是否构成诈骗罪？

（二）“单方欺诈型”虚假诉讼行为发生在《刑法修正案（九）》施行之前，《刑法修正案（九）》施行之日尚未处理的，应当如何定罪处罚？

三、裁判理由

本案公诉机关以被告人朱港春、李俊乐的行为构成诈骗罪为由提起公诉，辩护人提出应认定为虚假诉讼罪，一审法院采纳了辩护意见，认定二被告人的行为构成虚假诉讼罪。检察机关抗诉提出应认定为诈骗罪，二审法院改判为诈骗罪，反映出诉讼各方对被告人行为性质、适用法律方面的分歧。具体分析如下：

（一）“单方欺诈型”虚假诉讼行为依法构成诈骗罪

本案中，被告人朱港春、李俊乐明知债务人的借款已经全部归还，双方之间的债权债务法律关系已经消灭，仍然故意捏造事实，起诉要求借款人及担保人再次归还借款及利息，属于刑法理论所称的“单方欺诈型”虚假诉讼行为。对于“单方欺诈型”虚假诉讼行为可否认定为诈骗罪，在

《刑法修正案(九)》施行之前和之后,一直存在较大争议,存在多种意见:第一种意见认为,“单方欺诈型”虚假诉讼行为不符合诈骗罪的构成要件,不构成诈骗罪,在刑法无明确规定的情况下,应认定为无罪;第二种意见认为,“单方欺诈型”虚假诉讼行为人的主观目的是借助人民法院的强制执行力,迫使被害人非自愿的交付财物,更加符合敲诈勒索罪的构成要件,应以敲诈勒索罪定罪处罚;第三种意见认为,“单方欺诈型”虚假诉讼行为属于典型的“三角诈骗”,应依法认定为诈骗罪。

我们认为,对“单方欺诈型”虚假诉讼行为依法可以认定为诈骗罪,主要理由如下:

第一,认定“单方欺诈型”虚假诉讼行为构成诈骗罪不存在理论上的障碍。诈骗罪,是指以非法占有为目的,采用虚构事实或者隐瞒真相的方式,骗取他人财物的行为。诈骗犯罪行为的通常表现形式为:行为人向被害人实施虚构事实或者隐瞒真相行为——被害人产生认识错误进而自愿交付自己所有或者占有的财物——被害人遭受财产损失。这种情况下,受骗人处分自己所有或者占有的财物,自己遭受财产损失,受骗人(财产处分人)与被害人具有同一性,完全符合诈骗罪的构成要件,以诈骗罪定罪处罚不存在争议。但是,在“单方欺诈型”虚假诉讼的情况下,因行为人捏造事实而被骗的是人民法院,人民法院在受蒙蔽的情况下处分的是民事被告的财产,遭受损失的是民事被告,受骗人(财产处分人)与被害人并非同一主体,发生了分离。对于这种情况,理论上一般称为“三角诈骗”,是否可以以诈骗罪论处,是理论和实践中的主要分歧所在。我们认为,首先,《刑法》关于诈骗罪的规定并未排除“三角诈骗”,无受骗人与被害人必须是同一主体的规定,“三角诈骗”行为完全符合诈骗罪的构成要件。其次,诈骗罪属于侵犯财产犯罪,《刑法》规定诈骗罪的目的是保护公私财产,“三角诈骗”在侵犯公私财产权益方面与普通诈骗不存在任何区别,对“三角诈骗”以诈骗罪论处,符合刑法关于诈骗罪的立法原意。

第二,相关立法资料反映出立法机关亦认为“单方欺诈型”虚假诉讼行为构成诈骗罪。《刑法修正案(九)》(草案一次审议稿)建议增设刑法第三百零七条之一第二款规定:“以捏造的事实提起民事诉讼,非法侵占他人财产或者逃避合法债务,又构成其他犯罪的,依照本法第二百六十六条(诈骗罪)的规定从重处罚”,明确虚假诉讼犯罪行为可以构成诈骗罪。后续审议过程中,有意见提出,实施虚假诉讼行为非法侵占他人财产,还可能构成职务侵占罪、贪污罪等其他侵财型犯罪,故立法机关对《刑法》第三百零七条之一第二款之规定作了进一步修改,明确此类行为又构成其他犯罪的,依照处罚较重的规定定罪从重处罚。此处的“其他犯罪”,既包括诈骗罪,也包括以欺诈手段实施的职务侵占罪、贪污罪等侵财型犯罪。从《刑法修正案(九)》的审议过程可以看出,立法机关明确认为“单方欺诈型”虚假诉讼行为可以构成诈骗罪。类似本案被告人朱港春、李俊乐实施的捏造事实提起民事诉讼,意图骗取人民法院裁判文书、非法占有他人财产的行为,可以依法认定为诈骗罪。

(二)“单方欺诈型”虚假诉讼行为发生在《刑法修正案(九)》施行之前,《刑法修正案(九)》施行之日尚未处理的,应当适用修正前《刑法》规定,以诈骗罪定罪处罚

被告人朱港春、李俊乐在债务人已经全部清偿借款的情况下,采用拒不偿还借条、将担保人篡改为借款人等手段,捏造他人对自己负有债务的事实,向人民法院提起民事诉讼,该行为符合《刑法》第三百零七条之一规定的虚假诉讼罪的构成要件。但是,虚假诉讼罪是2015年11月1日施行的《刑法修正案(九)》增设的罪名,朱港春、李俊乐的行为发生在《刑法修正案(九)》施行之前,而《刑法修正案(九)》施行之日尚未处理完毕,涉及刑法规范的选择适用问题。

对于刑法规范的选择即刑法的溯及力问题,刑法理论和实践中普遍采用从旧兼从轻原则。《刑法》第十二条第一款规定:“中华人民共和国成立以后本法施行以前的行为,如果当时的法律

不认为是犯罪的，适用当时的法律；如果当时的法律认为是犯罪的，依照本法总则第四章第八节的规定应当追诉的，按照当时的法律追究刑事责任，但是如果本法不认为是犯罪或者处刑较轻的，适用本法。”在立法层面上确立了刑法规范选择的从旧兼从轻原则。为了解决《刑法修正案（九）》施行之后的刑法规范选择问题，最高人民法院出台了《关于〈中华人民共和国刑法修正案（九）〉时间效力问题的解释》（以下简称《时间效力解释》），对《刑法修正案（九）》施行前后虚假诉讼罪的认定问题作出了专门规定。根据《时间效力解释》第七条第二款的规定，实施虚假诉讼行为，非法占有他人财产或者逃避合法债务，根据修正前《刑法》应当以诈骗罪、职务侵占罪或者贪污罪等追究刑事责任的，适用修正前《刑法》的有关规定。

根据《最高人民法院关于适用刑法第十二条几个问题的解释》的规定，《刑法》第十二条规定的“处刑较轻”，是指刑法对某种犯罪规定的刑罚即法定刑比修订前《刑法》轻。法定刑较轻是指法定最高刑较轻；如果法定最高刑相同，则指法定最低刑较轻。据此，在某一行为同时符合虚假诉讼罪构成要件和诈骗罪等侵财型犯罪构成要件的情况下，由于诈骗罪等侵财型犯罪的法定最高刑一般高于虚假诉讼罪，根据《刑法》第三百零七条之一第三款的规定，应以诈骗罪等侵财型犯罪从重处罚。但是，如果适用修正前《刑法》的规定，对该行为应直接以诈骗罪等侵财型犯罪定罪处罚，无从重处罚的要求。《时间效力解释》第七条第二款规定，对发生在《刑法修正案（九）》施行之前，《刑法修正案（九）》施行后尚未处理完毕，同时符合虚假诉讼罪构成要件和诈骗罪等侵财型犯罪构成要件的行为，适用修正前《刑法》的有关规定。因而，本案认定为诈骗罪等侵财型犯罪，是贯彻落实从旧兼从轻原则的必然结果。

综上，本案二审法院适用《时间效力解释》第七条第二款的规定，改判被告人朱港春、李俊乐的行为均构成诈骗罪并根据各自的犯罪事实、情节分别量刑，是适当的。

（撰稿：最高人民法院刑四庭　王凯凯
审编：最高人民法院刑四庭　陆建红）

[第 1373 号]阚莹诈骗案

——诈骗数额的计算与扣除

【关键词】　诈骗罪　诈骗数额　扣除情形

一、基本案情

被告人阚莹，男，汉族，1979 年 3 月 1 日出生。2019 年 8 月 2 日被逮捕。

江苏省苏州市吴中区人民检察院指控被告人阚莹犯诈骗罪，向苏州市吴中区人民法院提起公诉。

苏州市吴中区人民法院经审理查明：被告人阚莹在从事茶叶生意的过程中，与被害人马云峰熟识，获得了对方的信任。在得知马云峰对茶叶收藏很感兴趣且有一定的经济实力后，阚莹于 2018 年 12 月 28 日，谎称其有一提七饼“97 水蓝印”普洱茶出售，以一饼 34 000 元的价格与马云峰达成合意，骗得马云峰支付的货款人民币 238 000 元。后阚莹以云南海鑫堂普洱茶冒充“97 水蓝印”普洱茶向马云峰发货。经鉴定，该云南海鑫堂普洱茶的实际价值仅为 4 389 元。

苏州市吴中区人民法院认为：被告人阚莹以非法占有为目的，诈骗他人财物 238 000 元，数额巨大,其行为已构成诈骗罪。阚莹归案后如实供述了上述事实,可以从轻处罚。阚莹自愿认罪认罚,依法可以从宽处罚。据此,依照《中华人民共和国刑法》第二百六十六条、第六十七条第三款、第六十四条以及《中华人民共和国刑事诉讼法》第十五条之规定,判决如下:

1. 被告人阚莹犯诈骗罪,判处有期徒刑五年六个月,并处罚金人民币五万元。

2. 责令被告人阚莹退赔赃款人民币二十三万八千元给被害人马云峰。

宣判后,被告人阚莹未提出上诉,公诉机关也未提出抗诉。判决已经发生法律效力。

二、主要问题

如何正确计算诈骗犯罪中的诈骗数额?哪些可以进行扣除?

三、裁判理由

本案中,被告人阚莹以云南海鑫堂普洱茶冒充"97水蓝印"普洱茶向马云峰发货。在审理认定被告人的诈骗数额时,关于云南海鑫堂普洱茶的价值能否从诈骗数额中进行扣除,存在以下两种意见:

第一种意见认为,本案诈骗犯罪的数额应以被害人实际所受的财产损失数额为准,云南海鑫堂普洱茶应当从被告人骗得的货款中扣除。理由是,被告人在骗取被害人货款的同时,以交付低档普洱茶的方式向被害人让渡了一部分利益,虽然该普洱茶的价值远低于"97水蓝印"普洱茶,但其仍具有普洱茶所应有的市场流通属性和食用价值,可以满足被害人的基本需求。

第二种意见认为,不应将云南海鑫堂普洱茶的价值从被告人骗得的货款中扣除。理由是,虽然该普洱茶是目前市场上正常流通的商品,有确定的市场价值,并能够满足一般消费者的食用需求,但被害人购买"97水蓝印"普洱茶的目的是收藏和投资,不是日常饮用,被告人以低档普洱茶冒充高档普洱茶向被害人交货,无法满足被害人的上述收藏和投资需求,对弥补被害人所受的财产损失没有实际意义。

我们同意第二种意见,理由如下:

(一)诈骗数额的认定应当考量被害人实际财产损失

《刑法》第二百六十六条规定,诈骗公私财物,数额较大的,构成诈骗罪。从法条的字面含义理解,诈骗数额指的是行为人骗取的财物数额。司法解释、规范性文件中也原则上采用行为人的所得额为标准计算诈骗数额。1996年《最高人民法院关于审理诈骗案件具体应用法律若干问题的解释》(以下简称《96诈骗解释》)中规定,利用经济合同进行诈骗的,诈骗数额应当以行为人实际骗取的数额认定,合同标的数额可以作为量刑情节予以考虑。2001年《全国法院审理金融犯罪案件工作座谈会纪要》(以下简称《金融犯罪纪要》)重申在没有新的司法解释之前,可参照《96诈骗解释》的规定执行。在具体认定金额诈骗犯罪的数额时,应当以行为人实际骗取的数额计算。

实践中,行为人实际骗取的数额与被害人的财产损失数额并非完全对应。但诈骗罪属于财产犯罪,其侵犯的法益是被害人对财物的所有权或占有权。犯罪的本质是法益侵害,诈骗罪也不例外。诈骗罪(既遂)的基本构造可以简化为:行为人实施欺骗行为—对方(受骗者)产生(或继续维持)错误认识—对方基于错误认识处分财产—行为人或第三者取得财产—被害人遭受财产损害。故被害人因诈骗行为遭受的财产损失也应纳入诈骗罪的犯罪构成要件体系作整体评价,在定罪量刑中考量被害人的财产损失也是诈骗犯罪裁量的应有之义。

在诈骗数额难以直接认定的情形下,有时直接以被害人的损失数额作为诈骗数额,如2000年5月24日施行的《最高人民法院关于审理扰乱电信市场管理秩序案件具体应用法律若干问题的解释》第九条规定:"以虚假、冒用的身份证件办理入网手续并使用移动电话,造成电信资费损失数额较大的,依照刑法第二百六十六条的规定,以诈骗罪定罪处罚。"

即使在诈骗数额可以直接认定的情形下,也应当考量被害人的实际损失。实践中可以分为两种情况:一种情况是被害人的实际损失大于被告人的诈骗数额。这可能是因为被害人除了直接被行为人骗取的直接损失外,还存在孳息、利润、被害人其他付出等间接损失,此部分损失数额一般而言不影响被告人的定罪及量刑幅度,但是在量刑中可以适度考虑。如 2009 年《最高人民法院、最高人民检察院关于办理妨害信用卡管理刑事案件具体应用法律若干问题的解释》中规定,信用卡诈骗罪中"恶意透支的金额"不包括复利、滞纳金、手续费等发卡银行收取的费用。另一种情况则是被害人的实际损失小于被告人的诈骗数额,在此种情形下就涉及在计算被告人的诈骗数额时是否应当进行扣除的问题。

(二)应当扣除的情形

实践中,诈骗通常是复杂的、连续的行为,为了诈骗行为的顺利实施,行为人需要进行一定的投入。这种投入既可能是以被害人之外的第三方为支付对象,也可能直接以被害人为支付对象。前者如购买作案工具、伪装道具,以及用于租用场地、交通工具和雇佣他人的支出等;后者如定金、预付金、部分偿还的资金等。对于前者,由于被告人的支出对被害人的损失没有任何弥补,不应进行扣除。2010 年《最高人民法院关于审理非法集资刑事案件具体应用法律若干问题的解释》(以下简称《非法集资案件司法解释》)第五条第三款明确规定,行为人为实施集资诈骗活动而支付的广告费、中介费、手续费、回扣,或者用于行贿、赠与等费用,不予扣除。最高人民检察院侦查监督厅于 2018 年 11 月 9 日颁布的《检察机关办理电信网络诈骗案件指引》(以下简称《诈骗指引》)在谈到诈骗数额的认定时也指出,犯罪嫌疑人为实施犯罪购买作案工具、伪装道具、租用场地、交通工具甚至雇佣他人等诈骗成本不能从诈骗数额中扣除。而对于行为人向被害人支出的财物,考虑其对受损的法律关系有所弥补,在特定情形下可以进行扣除,具体如下:

1. 案发前归还的财物

当前我国关于诈骗类犯罪的司法解释、规范性文件通常规定了"案发前归还"的财物应当从被告人的诈骗数额中进行扣除。如《96 诈骗解释》规定,对于多次进行诈骗,并以后次诈骗财物归还前次诈骗财物,在计算诈骗数额时,应当将案发前已经归还的数额扣除,按实际未归还的数额认定。《金融犯罪纪要》也再次确定,在具体认定金融诈骗犯罪的数额时,应当以行为人实际骗取的数额计算,但应当将案发前已归还的数额扣除。《非法集资案件司法解释》规定,集资诈骗的数额以行为人实际骗取的数额计算,案发前已归还的数额应予扣除。

对于"案发前归还",既包括诈骗犯罪既遂之后,行为人出于修复被侵害的法律关系的主观意愿,对被害人所受财产损失进行的补偿;也包括行为人多次、连续实施诈骗的情形下,以后次诈骗的财物偿还前次诈骗的行为。如 2017 年最高人民检察院发布的《关于办理涉互联网金融犯罪案件有关问题座谈会纪要》在第十七条中明确指出,集资诈骗的数额,应当以犯罪嫌疑人实际骗取的金额计算。犯罪嫌疑人为吸收公众资金制造还本付息的假象,在诈骗的同时对部分投资人还本付息的,集资诈骗的金额以案发时实际未兑付的金额计算。根据上述规定,行为人实际骗取的数额等于被害人向行为人交付的集资款数额减去行为人向被害人还本付息的数额,亦即根据被害人的实际损失,对被害人实际得到部分补偿的部分从犯罪数额中进行了扣除。

2. 行为人支付的部分财物

在诈骗的过程中,行为人为了取得被害人的信任,通常会采取预付定金、抛出小额诱饵等诱使被害人上当受骗,对于此部分财物是否应当扣除,应当根据实际情况进行分析。不能仅仅因为上述财物是行为人为了实现犯罪既遂所必需付出的代价,就主张一律计入犯罪数额,不予扣除,或者机械地比较被害人丧失和取得的财物的客观价值,不考虑利用可能性,一律将此从犯罪数额中扣除。我们认为，可以根据行为人所支付财物的不同表现形式，全面审查上述财物对弥补被害人财产损失的有效性。如果上述财物对于被害人具有利用可能性，能够有效弥补被害人所受的财产损失，有助于恢复被侵害的法益，则可以将上述财物对应的财产价值从诈骗类犯罪的数额中扣除。例如，行为人向被害人购买机床，承诺先期支付部分定金，待被害人交付机床后，再分期支付剩余货款。后行为人如约向被害人支付了定金，但其在收到被害人交付的机床后，立即将机床转卖给他人，并携款逃匿。由于被害人交付机床的目的就是获取机床的对价，行为人支付的定金能够在一定程度上实现被害人的交易目的，弥补其因交付机床而受到的财产损失，故该定金可从行为人的犯罪数额中扣除。具体而言，在司法实践中，这一类财物常表现为货币、黄金等形式，可以固定地充当交易媒介，衡量商品价值，具有一般等价物的属性。对此，《诈骗指引》在谈到诈骗数额的认定时也指出，对通过向被害人交付一定货币，进而骗取其信任并实施诈骗的，由于货币具有流通性和经济价值，该部分货币可以从诈骗数额中扣除。

相反，如果行为人支出的财物对于被害人没有利用可能性，无法实现被害人预期的交易目的，对弥补被害人所受的财产损失也没有实际意义，即使该犯罪成本有与被害人交付的财物相当的市场价值，甚至完全具备正常商品所应有的使用价值，一般也不应从诈骗类犯罪的数额中扣除。

（三）本案中被告人交付的低档普洱茶的价值不应从犯罪数额中进行扣除

本案中，首先，虽然被告人阚莹向马云峰交付低档普洱茶是在马云峰支付货款之后，但收到货款的同时就委托快递发货，并按照对方要求将快递单号发送给马云峰验证，这正是阚莹虚构事实、实践骗术的一部分，也是阚莹获得被害人马云峰信任和隐瞒犯罪事实的条件。交付低档普洱茶并非阚莹出于弥补被害人马云峰损失的主观意愿，而是为了更稳妥地实现非法占有对方财产的犯罪目的。其次，马云峰以投资、收藏的目的向阚莹购买高档普洱茶、支付货款，阚莹实际交付的却是低档普洱茶。虽然该低档普洱茶也有确定的市场价值，能够满足普通消费者的食用需求，但是高档普洱茶所具有的收藏和投资价值是其独有的个性特征，也是低档普洱茶所不具备的，同时，这也是马云峰购买高档普洱茶的初衷和预期的交易目的。低档普洱茶既没有收藏和投资价值，通常也没有货币、黄金所特有的一般等价物属性，阚莹向马云峰交付的低档普洱茶对弥补马云峰所受的财产损失没有多大实际意义。因此，该低档普洱茶的市场价值可不从被告人的诈骗数额中进行扣除。

综上，苏州市吴中区人民法院认定被告人阚莹的诈骗数额为其实际骗取的23.8万元，并依据其犯罪的事实、性质、情节和对社会的危害程度，对其进行定罪、量刑，是正确的。

（撰稿：江苏省苏州市吴中区人民检察院　郑　毅
最高人民法院刑二庭　段　凰
审编：最高人民法院刑二庭　韩维中）

四、抢夺罪

[第 1255 号]金建伟故意杀人、抢夺、非法侵入住宅案
——从案发现场检出了第三人的 DNA,如何排除其他人参与作案的可能

【关键词】 故意杀人罪 抢夺罪 鉴定意见 专家辅助人制度 鉴定人出庭

一、基本案情

被告人金建伟,男,1970 年 1 月 4 日出生,农民。1989 年 3 月 1 日因犯盗窃罪被判处有期徒刑三年六个月,1991 年 9 月 20 日刑满释放;2006 年 1 月 5 日因犯盗窃罪被判处有期徒刑四年六个月,并处罚金人民币一万元,2008 年 8 月 26 日刑满释放,2011 年 2 月 1 日因本案被逮捕。

浙江省湖州市人民检察院以被告人金建伟犯故意杀人罪、抢夺罪、盗窃罪,向湖州市中级人民法院提起公诉。

被告人金建伟对公诉机关指控的犯罪事实没有异议,但辩称没有杀害被害人的故意。其辩护人提出,金建伟系间接故意杀人,其归案后认罪态度好,可以从轻处罚;金建伟盗窃所得不足 2 000元,其行为不构成盗窃罪。

湖州市中级人民法院经审理查明:2011 年 1 月 25 日 17 时许,被告人金建伟在浙江省安吉县递铺镇万亩村坝头自然村 × 号租房内与被害人姚某某(女,殁年 58 岁)发生性关系后因琐事与姚某某发生争执。为制止姚某某反抗呼救,金建伟用手掐姚某某颈部,致姚某某机械性窒息死亡。之后,金建伟用绳子、床单布条捆绑姚某某手脚,用布条缠绕姚某某嘴部,后离开现场。

……(关于抢夺事实和非法侵入住宅事实略)

湖州市中级人民法院认为,被告人金建伟故意非法剥夺他人生命,致一人死亡,其行为已构成故意杀人罪;金建伟以非法占有为目的,乘人不备,公然夺取他人财物,数额较大,其行为已构成抢夺罪;金建伟以非法占有为目的,非法强行侵入他人住宅实施盗窃,其行为已构成非法侵入住宅罪,应依法数罪并罚。金建伟掐被害人颈部,又用绳子捆绑被害人手脚,用布条缠绕被害人嘴部,后离开现场,该行为表明其主观上希望并追求被害人死亡结果的发生。金建伟所犯故意杀人罪情节恶劣,后果严重,且系累犯,应依法严惩。依照《中华人民共和国刑法》第二百三十二条、第二百六十七条第一款、第二百四十五条第一款、第六十五条第一款、第五十七条第一款、第六十九条之规定,判决被告人金建伟犯故意杀人罪,判处死刑,剥夺政治权利终身;犯抢夺罪,判处有期徒刑二年,并处罚金人民币五千元;犯非法侵入住宅罪,判处有期徒刑六个月,决定执行死刑,剥夺政治权利终身,并处罚金人民币五千元。

宣判后,被告人金建伟上诉提出,其主观上没有致被害人死亡的故意,其长期心理抑郁,请求对其做司法精神病鉴定。其辩护人提出,金建伟事先不具备杀人动机,主观上属间接故意,犯罪手段并非特别残忍,案发后坦白认罪,其家属积极筹措钱款愿意赔偿被害人家属经济损失,请求从轻处罚。

浙江省高级人民法院经依法审理认为,被告人金建伟的行为构成故意杀人罪、非法侵入住宅

罪和抢夺罪,依法应对其数罪并罚。金建伟曾有两次盗窃犯罪被判处刑罚,又系累犯,依法应从重处罚。本案中又犯数罪,故意杀人犯罪后果极其严重,主观恶性、社会危害性和人身危险性极大,依法应予严惩。其家属虽有筹措钱款代为赔偿的意愿,但不能取得被害人家属谅解。原判定罪和适用法律正确,量刑适当。审判程序合法。依照《中华人民共和国刑事诉讼法》(1996 年)第一百八十九条第(一)项之规定,裁定驳回上诉,维持原判,并依法报送最高人民法院核准。

最高人民法院经复核认为,被告人金建伟故意非法剥夺他人生命,其行为已构成故意杀人罪;其以非法占有为目的,乘人不备公然夺取他人数额较大的财物和非法强行侵入住宅实施盗窃的行为还构成抢夺罪和非法侵入住宅罪,应依法数罪并罚。金建伟在嫖娼后为琐事杀人,犯罪情节恶劣,所犯罪行极其严重,又系累犯,应依法从重处罚。第一审判决、第二审裁定认定的事实清楚,证据确实、充分,定罪准确,量刑适当。审判程序合法。依照《中华人民共和国刑事诉讼法》(1996 年)第一百九十九条和《最高人民法院关于复核死刑案件若干问题的规定》第二条第一款的规定,裁定核准浙江省高级人民法院(2012)浙刑一终字第 59 号维持第一审对被告人金建伟以故意杀人罪判处死刑,剥夺政治权利终身;以抢夺罪判处有期徒刑二年,并处罚金人民币五千元;以非法侵入住宅罪判处有期徒刑六个月,决定执行死刑,剥夺政治权利终身,并处罚金人民币五千元的刑事裁定。

二、主要问题

本案中,从被告人金建伟实施故意杀人犯罪的案发现场检出了除金建伟、姚某某外第三人的 DNA,如何判断是否有其他人参与作案?

三、裁判理由

在我国,鉴定结论一直属于法定的证据种类,通常被冠以"科学证据"的美誉,在司法实践中备受重视,往往被赋予较大的证明价值。但近年来的刑事审判工作也反映出,司法鉴定的程序、依据、过程和结论等方面还存在一些不容忽视的问题,影响了鉴定结论的真实可靠性。有鉴于此,2005 年 10 月 1 日起实施的《关于司法鉴定管理问题的决定》首次将刑事诉讼法所确立的"鉴定结论"修改为"鉴定意见",2010 年 7 月 1 日起实施的《关于办理死刑案件审查判断证据若干问题的规定》沿用了这样的表述。2012 年刑事诉讼法修改,对这一概念从立法角度正式予以了确认。

这一修改,要求我们不能盲目依赖鉴定意见,必须对其证据能力进行严格的审查,当然也不能因噎废食,忽视了其在司法实践中不可替代的证明价值。在具体案件中,由于鉴定意见往往只涉及案件事实的一部分内容,我们应当综合全案事实和证据对其证据能力和证明力作出判断,确定鉴定意见与其他证据之间是否有矛盾,能否作为定案的根据。

我们认为,本案中虽然从被告人金建伟实施故意杀人犯罪的案发现场检出了除金建伟、姚某某以外第三人的 DNA,但综合全案证据来看,认定被告人金建伟实施故意杀人犯罪,事实清楚,证据确实、充分。分析如下:

1. 本案破案经过清楚

2011 年 1 月 25 日,安吉县公安局接到安吉县递铺镇万亩村村民郑某报警称,在其家中的出租房内发现一具女性尸体。经现场初步勘查,确定死者系姚某某。根据郑某母亲蒋某和周围邻居石某、潘某等人提供的证言,可基本确认系该出租房房客作案。因蒋某不能提供租客身份资料,公安机关现场勘查后从一张光碟上提取到相关可疑指纹,并通过指纹库比对确定被告人金建伟有重大作案嫌疑,蒋某和其女儿郑某 1 月 26 日亦辨认出金建伟即为该出租房房客。2011 年 1 月 27 日通过技术手段在金建伟女友施某的租房处将金建伟抓获。经讯问,金建伟对犯罪事实供认不讳。

2. 有客观性证据指向被告人作案

送检的被害人姚某某五个指甲擦拭物检出了被告人金建伟的DNA物质,姚某某四个指甲擦拭物、现场一只水杯、一只避孕套上检出了金建伟和姚某某的混合DNA,与金建伟所供案发前与姚某某发生性关系、作案期间被姚某某抓伤的情节及对金建伟的人身检查笔录吻合。

3. 被告人金建伟对犯罪事实始终供认不讳,与在案证据相互印证

(1)根据被告人邻居石某、潘某和房东蒋某等人的证言,2011年1月25日下午5点多,石某听到隔壁租房里有女子喊救命和砸东西的声音,之后就没人讲话了,十多分钟后,其告诉了回到家中的母亲潘某,潘某马上告诉了在附近小店的蒋某(路上没有发现其他人),蒋某即回家拿身份证登记簿并让另一租客王某在门口盯着,蒋某返回后敲金建伟房门,金建伟未开门,回答身份证在厂里,过十分钟左右,金建伟开门与蒋某说了几句话后锁门独自骑车离开,潘某透过门缝发现地上有人,告诉蒋某,蒋某打电话给儿子郑某,郑某回家踢门入内发现姚某某躺在地上后报案,此时是下午6点多。这一经过与金建伟所供作案时间、作案期间被害人呼救并踹墙、房东过来敲门要登记身份证、作案后其独自锁门离开及离开时被害人的状态等情节均能吻合。(2)金建伟所供作案期间抽烟、吃橘子、使用三只避孕套及发生性关系后曾用餐巾纸擦拭等情节,均有现场勘查笔录和相关DNA鉴定结论的印证;所供捆绑被害人的方式与现场勘查所证情况吻合;据现场勘查提取了姚某某的戒指和钱包等物品,可排除金建伟劫财的作案动机,其所供因姚某某不愿意留下来聊天,二人遂发生争执的案发起因具有可信性。

但同时,从案发现场也检出了男子B(据侦查人员对蒋某的调查访问,金建伟于2011年1月4日承租案发租房,原来承租人为一对云南籍务工人员。警方分析认为,原来承租人在现场遗留精液、唾液、脱落细胞组织等生物物质的可能性是存在的,并在2011年4月18日找到云南籍承租人徐某,经抽取徐某血样送检比对,确认了徐某与男子B为同一人)和男子C(目前身份无法查明)的DNA,具体如下:(1)所送检的现场烟蒂2号、现场烟蒂3号、现场烟蒂4号、现场水杯3号、现场橘子核2枚均检出混合DNA分型图谱,可以由金建伟和徐某混合而成。(2)所送检的现场地上避孕套1号内侧斑迹、现场地上3号避孕套内侧斑迹均检出人精斑,检出混合DNA分型图谱,可以由金建伟和徐某混合而成。(3)所送检现场地上避孕套3号外侧斑迹检出混合DNA分型图谱,可以由姚某某和徐某混合而成。(4)所送检死者右乳头擦拭物检出混合DNA分型图谱,可以由金建伟和其他男子(排除徐某)混合而成。因此,能否排除其他人参与作案成了本案的焦点问题。

案件审理中,合议庭结合在案证据和浙江省公安厅相关专家出具的DNA检验结果进行深入分析,确认了本案应系被告人金建伟一人所为。主要理由是:

1. 现场出现徐某的DNA可得到合理解释,同时徐某也没有作案时间和作案动机

(1)现场出现徐某的DNA可以得到合理解释。公安技术人员到达现场时距案件发生有1个多小时的时间,但现场地上有多处明显的水迹,从地上提取的5枚烟蒂、3只避孕套、2粒橘子核中,有3枚烟蒂、2只避孕套、2粒橘子核存在明显被水浸泡、染有污渍的现象。根据DNA检验结果,现场提取的3枚烟蒂、2粒橘子核、2只避孕套和1只水杯上均检出金建伟和徐某两人的混合DNA,应当说这个现象是不符合常理的,结合送检的所有检材中徐某的DNA都是伴随金建伟或姚某某共同存在的,因此该问题应是现场检材遭徐某的DNA生物物质污染所致,污染的媒介是地上的水,而检出金建伟和徐某混合DNA的水杯虽是从床边柜子上提取,因徐某使用过该柜子,不排除柜子上留有其DNA生物物质的可能性。

复核期间咨询相关专家，其认可了公安机关出具的DNA检验结果分析说明，认为徐某刚搬离出租房一个月，现场留有其DNA物质是很有可能的，并且现场的水迹可以形成DNA物质的扩散，当然也不排除公安机关提取证据不规范造成检材污染的可能，本案关键是确认徐某不具有作案时间。

（2）徐某没有作案时间和作案动机。根据房东蒋某的证言，徐某从2010年4月左右租住该出租房，2010年12月底退租离开。徐某陈述，其与妻子2010年4月在递铺镇万亩村坝头自然村租房，2010年12月离开安吉回云南过年，2011年2月又到安吉打工。同时，警方经对徐某所在村村主任姚某、徐某父亲徐某某、妻子孙某调查取证，姚某证实徐某大概在腊月初四（2011年1月7日）回家过年，好像正月二十三（2011年2月25日）外出打工；徐某某证实徐某是去年腊月初回家，具体哪天记不清，直至今年正月十四（2011年2月16日）那天出去打工；孙某证实和徐某2010年12月退租之后回云南老家，直至2011年2月才从老家回安吉。虽然证人所证时间在细节上存在差异，但均可排除徐某2011年1月25日在现场出租房参与作案的可能，同时徐某也没有从云南再回到浙江杀害一个年近60岁卖淫女的作案动机。

2. 男子C未到过现场，男子C的生物物质是姚某某案前接待的嫖客遗留的可能性极大

据DNA检验结果分析说明记载，姚某某案发当日全部13条通话记录，除5条与丈夫女儿通话外，其余8条中，2条是与金建伟通话，5条是与以前4名嫖客通话（后警方根据通话记录显示的号码找到嫖客，提取到相关嫖客证言并均抽血化验，4人当天都未与姚某某发生性关系），1条是当天上午8:35安吉车站附近的公用电话，无法查清打电话人的情况。基于被害人姚某某系卖淫女，卖淫后大多没有清洗的习惯等情况，姚某某阴道内、乳房等部位留有其他嫖客部分精液、唾液等生物物质可能性很大。因男子C的DNA伴随金建伟的DNA仅出现在姚某某右乳头，而没有在现场送检的其他检材中出现，由此可基本确定男子C未到过现场，男子C的生物物质是姚某某随身带来的。

3. 根据在案证据，可排除其他人参与作案的可能

（1）金建伟生活圈子狭窄，多是一个人活动。根据金建伟供述，其出于欺骗女友施某在外面已经找到工作的目的，瞒着施某另外租房，白天谎称上班而基本上在万亩村租房里看看电视、睡睡觉，晚上再回施某租房，其没有什么朋友，施某也不知道其在外面租房，万亩村租房除姚某某外没有其他人来过。据施某反映金建伟平时没有什么朋友，蒋某、潘某也反映，金建伟租住该出租房以来，基本上没看见有人来找过他，都是一个人来、一个人走，不怎么与别人接触，这与金建伟的租房目的也是吻合的。

（2）案发时段没有他人出入金建伟的出租房。根据金建伟多名邻居的证言，在案发时段的一个多小时中，所有证人均证实没有看到有他人出入金建伟的租房。同时，有充分证据证明本案是在双方卖淫嫖娼过程中发生的，结合金建伟案发当天的通话记录都是与姚某某的，姚某某案发当日12点多钟离开其朋友陈某之后的通话对象也均已查清，可排除其他人参与作案的可能性。

（3）从尸体解剖情况来看，被害人姚某某系被掐颈致机械性窒息死亡，一人能够完成作案。金建伟作案时年仅41岁，正当壮年，且为男性，而姚某某为58岁的女性，从年龄、力量对比等方面来看，金建伟一人完全能完成作案。此外，被害人姚某某的十个手指指甲的DNA检验，除左手小指未检出外，其余均为金建伟和姚某某的DNA，没有其他人的DNA，姚某某指甲内金建伟的DNA生物物质应该是搏斗时遗留，如果现场有其他人参与打斗掐颈，姚某某反抗又是如此激烈，不可能在其指甲中不发现其他人的DNA。

（4）被告人金建伟归案后一直供认仅一人作案，所供内容与在案证据相互印证，没有出现矛

盾之处。金建伟归案后在第1次供述中即详细供述了作案过程,供述内容非常自然,所供内容包括细节情况都能与在案证据吻合,而且至复核阶段一直供称不认识之前租房的人,也没有其他人参与作案。

值得关注的是,2012年刑事诉讼法第一百九十二条增加一款规定:"公诉人、当事人和辩护人、诉讼代理人可以申请法庭通知有专门知识的人出庭,就鉴定人作出的鉴定意见提出意见。"《关于推进以审判为中心的刑事诉讼制度改革的意见》进一步强调,落实鉴定人出庭作证制度,提高出庭作证率。在以后的司法实践中,我们要积极适用这一规定,进一步正确、科学地对鉴定意见的证据能力和证明力作出审查判断,使之发挥越来越重要的证明作用。

(撰稿:最高人民法院刑三庭　朱晶晶
审编:最高人民法院刑三庭　周　川)

五、职务侵占罪

[第1101号]孙洪亮职务侵占案

——事前与职务侵占罪的犯罪分子通谋，帮助掩饰、隐瞒犯罪所得的，以职务侵占罪的共犯论处

【关键词】 职务侵占罪 事前通谋 掩饰、隐瞒犯罪所得 共同犯罪

一、基本案情

被告人孙洪亮，男，1978年1月11日出生。2011年10月20日被逮捕。

江苏省苏州市吴江区人民检察院以被告人孙洪亮犯掩饰、隐瞒犯罪所得罪，向吴江区人民法院提起公诉。

吴江区人民法院经审理查明：被告人孙洪亮通过送油等业务往来结识了黎光石化厂员工孙黎江（另案处理）。2011年8月的一天，孙黎江向孙洪亮提出要私下“卖”给孙洪亮一批白油，双方约定事成后孙洪亮以远低于市场价的价格付给孙黎江货款。2011年8月13日凌晨零时许，孙黎江让孙洪亮将其送油的油罐车开至石化厂附近的红绿灯处。孙黎江告知孙洪亮他已经跟厂里的门卫、工人讲好了，命令门卫关掉监控，让孙洪亮放心。其后，孙黎江将孙洪亮的油罐车开进石化厂，孙洪亮留在孙黎江的轿车内等候。不久，孙洪亮又接到孙黎江的电话称油罐车已经装好了，但停在石化厂门口的斜坡开不上来，让孙洪亮过去帮忙，孙洪亮遂进石化厂将油罐车开出。事后，孙洪亮付给孙黎江105 000元，并将油卖至无锡赚取人民币30 600元。

吴江区人民法院认为，被告人孙洪亮伙同他人，利用他人职务上的便利，将单位财物非法占为己有，数额巨大，其行为已构成职务侵占罪，应依法惩处。孙洪亮与犯职务侵占罪的孙黎江事先通谋，约定事后对犯罪所得予以收买，且事中直接提供帮助行为，应以职务侵占罪的共犯论处。公诉机关指控孙洪亮犯掩饰、隐瞒犯罪所得罪的罪名有误，应予以纠正。在共同犯罪中，孙洪亮起次要作用，系从犯，依法可以减轻处罚。孙洪亮归案后，如实供述自己的罪行，依法可以从轻处罚。结合孙洪亮的犯罪情节及悔罪表现，宣告缓刑对其所居住社区亦不会产生重大不良影响，可宣告缓刑。据此，依照《中华人民共和国刑法》第二百七十一条第一款，第二十五条第一款，第二十七条第一款、第二款，第六十七条第三款，第七十二条第一款，第七十三条第二款、第三款之规定，以职务侵占罪判处被告人孙洪亮有期徒刑三年，缓刑三年；非法所得人民币30 600元予以没收，上缴国库。

一审宣判后，被告人孙洪亮未提出上诉，公诉机关亦未抗诉，判决已发生法律效力。

二、主要问题

事前与职务侵占罪的犯罪分子通谋，帮助掩饰、隐瞒犯罪所得的，是构成职务侵占罪还是掩饰、隐瞒犯罪所得罪？

三、裁判理由

对被告人孙洪亮的犯罪行为如何定性，审理过程中形成两种不同的意见：第一种意见认为孙洪亮明知是他人犯罪所得而予以收购，构成掩饰、隐瞒犯罪所得罪；第二种意见认为孙洪亮事前

与犯职务侵占罪的犯罪分子通谋，犯罪过程中实施了帮助行为，应以职务侵占罪的共犯论处。

我们同意第二种意见。这是因为：第一，孙黎江身为黎光石化厂的工作人员，利用职务便利买通门卫和工人，用空油罐车私自运走石化厂的一批白油，卖给孙洪亮获利，其行为属于监守自盗，已构成职务侵占罪。第二，根据现有证据足以证实孙洪亮与犯职务侵占罪的犯罪分子孙黎江事前有通谋行为：孙洪亮之前因为送油而多次从黎光石化厂拉油，其知道正规买油、拉油的手续和过程，当孙黎江向其提出私下以低价“卖”给其一批白油时，其明白该价格明显低于市场正常价格，应当知道孙黎江所卖的白油是违法所得，在此情况下其同意购买这批白油，并提供了空的油罐车作为犯罪工具。在作案当晚动手之前，孙黎江又告知孙洪亮已经跟厂里的门卫、工人讲好了，命令门卫关掉监控，让孙洪亮放心。孙洪亮作为一个智力正常的成年人，应当知道“关掉监控”意味着什么，足以说明孙洪亮在事前就知道孙黎江是通过违法犯罪手段获取白油，而其仍在事先与孙黎江商量相关事宜，表明二人有共同的意思联络。因此，孙洪亮事前与职务侵占罪的犯罪分子通谋，并实施了掩饰、隐瞒犯罪所得的行为，应当以职务侵占罪的共犯论处。

上述处理的法理根据在于：掩饰、隐瞒行为人在事前与上游犯罪的行为人有共同的意思联络，承诺事后将为犯罪分子销赃，这对与其形成共犯关系的上游犯罪的实行行为人起到很大的鼓励、帮助作用，对最终的犯罪结果发生具有很强的原因力，因而其所实施的掩饰、隐瞒行为就构成了上游共同犯罪的一部分。当然，在共同犯罪中的地位、作用，可以根据行为人实际所起的地位、作用认定。

《最高人民法院关于审理掩饰、隐瞒犯罪所得、犯罪所得收益刑事案件适用法律若干问题的解释》第五条的规定也体现了这一原则，即“事前与盗窃、抢劫、诈骗、抢夺等犯罪分子通谋，掩饰、隐瞒犯罪所得及其产生的收益的，以盗窃、抢劫、诈骗、抢夺等犯罪的共犯论处”。此外，根据前述理论，即使本案中孙洪亮没有亲自驾驶油罐车到石化厂并在孙黎江开不出来的时候帮助开出厂区的行为，由于孙洪亮在孙黎江实施职务侵占犯罪之前与其通谋，承诺帮助其销赃，只要孙洪亮事后实施了销赃行为，仍然构成职务侵占罪的共犯。

综上，原审法院认定孙洪亮构成职务侵占罪的共犯，并考虑其并非犯意提起者，在共同犯罪中的作用相对于利用职务侵占公司财产的孙黎江来说较小，依法减轻处罚，对其判处有期徒刑三年，缓刑三年是适当的。

（撰稿：江苏省苏州市吴江区人民法院　洪永洋　任远航
审编：最高人民法院刑四庭　陆建红）

[第1137号]谭世豪职务侵占案

——单位员工利用本单位业务合作方的收费系统漏洞，制造代收业务费用结算金额减少的假象，截留本单位受托收取的业务合作方现金费用的行为，应当如何定性

【关键词】　职务侵占罪　侵占罪　盗窃罪　构成要件

一、基本案情

被告人谭世豪，男，1986年10月2日出生，原系广州美霖通信技术有限公司陵园西营业厅营

业员。2014年6月4日因涉嫌犯盗窃罪被逮捕。

广东省广州市越秀区人民检察院以被告人谭世豪犯盗窃罪,向广州市越秀区人民法院提起公诉。

被告人谭世豪对指控的犯罪事实和罪名均无异议,请求对其从轻处罚。其辩护人提出:(1)被告人谭世豪在日常工作操作中对本案涉案财产已经形成事实上的占有,其为维护广州美霖通信技术有限公司(以下简称美霖公司)的利益而代为保管涉案财产,故其截留美霖公司财产的行为属于侵占而非盗窃。(2)被告人谭世豪认罪悔罪,及时全额归还侵占款项,并且得到美霖公司谅解,不属于"拒不归还"的情形。综上,谭世豪的行为既不构成盗窃罪也不构成侵占罪,建议对谭世豪宣告无罪。

广州市越秀区人民法院经公开审理查明:2012年6月至2013年11月间,被告人谭世豪在美霖公司陵园西营业厅担任营业员,负责代表美霖公司代收业务合作方中国电信股份有限公司广州分公司(以下简称中国电信广州公司)的客户电信费用。谭世豪在工作中发现中国电信广州公司的电脑收费系统存在漏洞,即先查出曾因欠费而产生滞纳金、后补缴所有费用的客户号码,然后在系统上进行"返销账"操作,以上述客户错缴为由向系统申请退费,系统便将客户补缴的费用及滞纳金以账面数字(非真实钱款)形式退至操作人的系统账号;因补缴费用被退回,上述客户在系统里的状态便重新变回欠费状态,但此时系统仅显示上述客户欠缴费用,不再显示欠缴滞纳金,上述客户曾经缴纳的滞纳金就留在操作人的系统账户内。当新客户以现金形式缴纳费用时,谭世豪便把账户内的滞纳金当作新客户缴纳的费用缴入系统,从而截留新客户缴纳的现金费用占为己有。谭世豪通过上述操作方式,将代为收取的现金共计152 464.21元截留,占为己有。2014年1月10日,谭世豪的家属代其退还全部截留款。此后,美霖公司对谭世豪的行为予以谅解。

广州市越秀区人民法院认为,被告人谭世豪身为公司工作人员,利用职务上的便利,截留本公司财物,数额较大,其行为已构成职务侵占罪。公诉机关指控被告人谭世豪构成盗窃罪不当,依法予以纠正。谭世豪归案后如实供述自己的罪行,依法予以从轻处罚。谭世豪在家属的协助下退还全部赃款,且得到被害单位谅解,酌情予以从轻处罚。据此,依照《中华人民共和国刑法》第二百七十一条第一款、第六十七条第三款之规定,以被告人谭世豪犯职务侵占罪,判处有期徒刑一年五个月。

宣判后,被告人谭世豪未提出上诉,检察机关亦未抗诉,该判决已经发生法律效力。

二、主要问题

单位员工利用本单位业务合作方的收费系统漏洞,制造代收业务费用结算金额减少的假象,截留本单位受托收取的业务合作方现金费用的行为,应当如何定性?

三、裁判理由

司法实践中,对单位职工将本单位财物占为己有的行为如何定性,要视单位性质、行为人的身份、犯罪手段、涉案财物属性等因素综合判定。本案中,美霖公司与中国电信广州公司存在合作关系,受中国电信广州公司委托代收客户电信费用,被告人谭世豪在美霖公司具体负责该项工作。谭世豪利用中国电信广州公司的MBOSS CRM收费系统漏洞,通过虚构客户错缴电信费及滞纳金的事实进行"返销账"操作,向收费系统申请退费后又重新缴纳电信费,将该收费系统在处理上述操作中自动返还的客户原缴纳的滞纳金冲抵其应代表美霖公司通过银行上交给中国电信广州公司的其他客户缴纳的电信费用现金。关于谭世豪的行为,究竟应当认定为盗窃罪、侵占罪还是职务侵占罪,存在不同意见。我们认为,谭世豪的行为应当构成职务侵占罪,具体分析如下:

首先,被告人谭世豪与美霖公司之间不存在委托保管关系,不构成侵占罪。侵占罪是指行为人将接受他人委托代为保管的他人财物、他人的遗忘物或埋藏物非法占为己有,数额较大,拒不退还或交出的行为。本案中,谭世豪与美霖公司之间存在劳动合同关系,不存在委托保管关系。谭世豪截留的电信费用是其依据工作职责收取的款项,不属于法律上规定的委托代为保管的他人财物,显然也不属于他人的遗忘物或埋藏物,故不符合侵占罪的构成要件。

其次,被告人谭世豪侵占的费用并不处于中国电信广州公司占有之下,故其行为亦不构成盗窃罪。盗窃罪是指行为人以非法占有为目的,窃取他人数额较大的财物的行为。本案中,美霖公司与中国电信广州公司通过签订外包协议,约定美霖公司代理中国电信广州公司收取客户缴纳的电信费用。谭世豪作为美霖公司营业员,负责代收中国电信广州公司的客户电信费用并将其上交至中国电信广州公司的银行账户中。在2012年6月至2013年11月间,谭世豪利用中国电信广州公司MBOSS CRM收费系统漏洞,以“返销账”手段,将本应上交的电信费用现金截留占为己有。谭世豪在违规操作截留费用现金时,客户缴纳的电信费用现金并未被转交给中国电信广州公司,仍属于美霖公司管理、控制的财产。据此,谭世豪截留的电信费用现金并未处于中国电信广州公司占有之下,故不属于中国电信广州公司的财物,其行为依法不构成盗窃罪。

基于前述分析,被告人谭世豪截留的电信费用属于美霖公司管理、控制的财物。谭世豪在美霖公司任职期间,其工作职责包括利用工号通过MBOSS CRM收费系统代收客户缴纳给中国电信广州公司的电信费用。根据美霖公司与中国电信广州公司的外包协议及工号使用人承诺书,每个合作网点的员工都有对应的工号,并利用工号获得使用MBOSS CRM收费系统的权限。谭世豪利用中国电信广州公司的MBOSS CRM收费系统漏洞,将其经手控制的电信费代收款截留占为己有的行为,属于利用职务便利侵占本单位管理控制的财物的行为,符合职务侵占罪的构成要件。谭世豪归案后亦供认其出于贪念而将电信费用占为己有。综上,谭世豪的行为应当认定为职务侵占罪。

（撰稿:广东省广州市越秀区人民法院　林旭群　潘文杰
审编:最高人民法院刑三庭　罗国良）

六、挪用资金罪

[第1055号]王海洋非国家工作人员受贿、挪用资金案

——如何认定国家出资企业中工作人员的主体身份

【关键词】 挪用资金罪 受贿罪 国家出资企业 国家工作人员

一、基本案情

被告人王海洋,男,1981年9月29日出生,原系中国建筑第八工程局有限公司第一建设有限公司(以下简称中建八局第一公司)西客站交通枢纽项目部商务经理。2013年5月9日因涉嫌犯受贿罪被逮捕。

山东省济南市历下区人民检察院以被告人王海洋犯受贿罪、挪用公款罪向历下区人民法院提起公诉。

济南市历下区人民法院经公开审理查明:

(一)受贿事实

中建八局第一公司系国有企业,被告人王海洋在任该公司西客站交通枢纽项目部商务经理期间,利用负责项目工程预、决算签发、审核的职务便利,为分包施工队谋取利益,分别于2011年9月、2012年4月、2013年2月三次收受施工队负责人李忠阳、郭峰好处费共计人民币(以下币种同)27.6万元,据为己有。

(二)挪用公款事实

2011年9月14日,中建八局第一公司会计张娜将公款22万元转入王海洋个人农业银行账户,由王海洋保管。同年11月10日,王海洋利用保管该部分账外资金的职务便利,将其中147 850.65元用于个人购买农业银行理财产品,进行营利活动,同年12月12日归还,获利约700元。

济南市历下区人民法院认为,被告人王海洋身为国有企业工作人员,利用职务便利,为他人谋取利益,收受他人财物;利用职务便利,挪用公款进行营利活动,数额较大,其行为分别构成受贿罪和挪用公款罪。王海洋到案后如实供述了挪用公款的犯罪事实,依法可以从轻处罚。王海洋家属为其积极退缴全部受贿赃款,依法可以酌情从轻处罚。据此,依照《中华人民共和国刑法》的相关规定,历下区人民法院判决如下:

被告人王海洋犯受贿罪,判处有期徒刑十年六个月;犯挪用公款罪,判处有期徒刑二年;决定执行有期徒刑十一年。扣押在案的赃款人民币二十七万六千元予以没收,上缴国库。

一审宣判后,被告人王海洋不服,向济南市中级人民法院提起上诉。其主要上诉理由是:中建八局第一公司是中建八局公司的全资子公司,中建八局公司又是中国建筑股份有限公司(以下简称中建股份公司)的全资子公司,而中建股份公司2009年7月上市,从国有公司演变为国有资本控股公司,中建八局公司和中建八局第一公司也随之转变为非国有公司。因此,其身份不属于国家工作人员,不具备受贿罪、挪用公款罪的主体要件。

济南市中级人民法院经公开审理查明的上诉人王海洋收受郭峰、李忠阳等人27.6万元贿赂

以及挪用本单位资金 147 850.65 元的事实和证据与一审相同。

济南市中级人民法院另查明,2007 年 12 月,经国务院国资委同意,中国建筑工程总公司(以下简称中建总公司)联合中国石油天然气集团公司、宝钢集团有限公司、中国中化集团公司作为发起人(以上均为国有股东,其中中建总公司持股 94%),发起设立中建股份公司。随后,中建总公司决定将中建八局公司 100% 国有法人股权作为其出资的一部分投入中建股份公司,并与中建股份公司签订了股权转让协议,中建八局公司由此成为中建股份公司独家持股的独资有限公司。2009 年 7 月,中建股份公司在上海证券交易所上市,从 2009 年至 2013 年,该公司国有股东持股比例均保持在 60% 以上。2009 年 12 月,中建股份公司为中建八局公司增资 9.65 亿元。2010 年 12 月,经中建股份公司同意,中建八局公司收购上诉人王海洋所在单位中建八局第一公司 49% 的社会法人股及自然人股股权(另 51% 股权继续由中建八局公司持有)。2011 年 3 月 10 日,中建八局第一公司工商登记注册变更为中建八局的独资有限公司。

济南市中级人民法院认为,上诉人王海洋身为非国有公司的工作人员,利用职务上的便利,非法收受他人财物,为他人谋取利益,数额巨大;利用职务上的便利,挪用本单位资金归个人使用,进行营利活动,数额较大,其行为构成非国家工作人员受贿罪和挪用资金罪,依法应当数罪并罚。原审认定王海洋的行为构成受贿罪和挪用公款罪有误,应当予以纠正。鉴于王海洋受贿赃款已全部追回,归案后如实供述其挪用资金的事实,对其依法可以从轻处罚。据此,依照《中华人民共和国刑事诉讼法》第二百二十五条第一款第二项、《中华人民共和国刑法》第一百六十三条第一款、第二百七十二条第一款、第六十九条第一款、第六十七条第三款、第六十四条之规定,济南市中级人民法院改判如下:

上诉人王海洋犯非国家工作人员受贿罪,判处有期徒刑六年;犯挪用资金罪,判处有期徒刑一年;决定执行有期徒刑六年六个月。

二、主要问题

如何认定国家出资企业中工作人员的主体身份?

三、裁判理由

本案被告人王海洋的身份是否属于国家工作人员,应当综合以下两个问题进行分析认定:一是王海洋所在单位是否属于刑法意义上的国有公司;二是如果其单位不属于国有公司,王海洋是否属于《最高人民法院、最高人民检察院关于办理国家出资企业中职务犯罪具体应用法律若干问题的意见》(以下简称《国家出资企业意见》)第六条第二款所规定的国家工作人员类型。二审法院在查明有关事实的基础上,遵循上述思路,认定王海洋不具有国家工作人员主体身份,并据此改判。具体理由如下:

(一)被告人所属公司出资股东的性质决定了该公司的性质是非国有公司,由此被告人不是国有公司中从事公务的人员

刑法意义上的国有公司仅指国家出资的国有独资公司,不包含国有资本控股公司、国有资本参股公司等其他类型的国家出资企业。刑法条文中含有"国有公司""非国有公司"的表述,但刑法条文没有对"国有公司""非国有公司"的内涵和外延作出明确规定,对其界定只能依据最高司法机关出台的规范性指导文件。从最高人民法院 2001 年发布的《关于在国有资本控股、参股的股份有限公司中从事管理工作的人员利用职务便利非法占有本公司财物如何定罪问题的批复》、2003 年发布的《全国法院审理经济犯罪案件工作座谈会纪要》、2005 年出台的《关于如何认定国有控股、参股股份有限公司中的国有公司、企业人员的解释》等规定来看,刑法意义上的国有公司

仅限于国有独资公司,这也是长期刑事司法实践中一贯掌握的标准。“两高”2010年联合出台的《国家出资企业意见》与上述规定一脉相承,在坚持国有公司、企业既定外延的基础上,仅对国家出资企业中“以国家工作人员论”的范围有所突破和扩大。

本案一审之所以认定被告人王海洋所在的中建八局第一公司是国有公司,王海洋的身份是国家工作人员,主要是基于该公司在诉讼阶段出具了一份证明:2010年前该公司的国有法人股占51%,社会法人股占10%,职工股占39%,2010年经上级同意改为国有企业,社会股和职工股资金全部退出。然而问题的关键是,能否仅凭该证明认定中建八局第一公司属于国有公司。我们认为,对公司性质的认定,不能仅凭公司的工商注册登记或者公司自身所做的说明,而应当严格依照《国家出资企业意见》第七条的规定,遵循“谁投资,谁拥有产权”的原则,从公司的实际出资情况进行认定。具体联系本案,从相关文件来看,2011年3月,中建八局第一公司变更为中建八局公司的全资子公司,中建八局公司是中建八局第一公司的唯一股东,因此中建八局公司的国有性质决定了中建八局第一公司的国有性质。然而,从股东实际出资情况来看,中建八局公司后改制为国有控股公司,即非国有公司,从而决定了中建八局第一公司属于国家出资企业,而不属于国有公司。这一过程大致可以划分为两个阶段:(1)中建八局公司原是国有公司中建总公司的全资子公司,2007年12月,该公司的股东即出资人变更为中建股份公司,此时,中建股份公司仍是国有公司,故中建八局公司也是国有公司。(2)2009年7月,中建股份公司在上海证券交易所上市,转变为国有控股公司,由此,中建八局公司因其股东不再是国有独资公司,其在性质上也就不再属于国有公司,而是转变为国有控股公司。相应地,中建八局第一公司的性质也应变为国有控股公司。基于上述分析,可以认定王海洋的身份不属于国有公司中从事公务的人员。

(二)从被告人的任职程序和实际履行的职责来看,被告人不属于《国家出资企业意见》规定的“国家工作人员”

《出资企业意见》第六条将非国有独资的国家出资企业中的国家工作人员分为两种类型:第一种类型与刑法第九十三条第二款对应,属于“委派型”国家工作人员。本案中,被告人王海洋所在公司及上级公司均为国有控股公司,故不属于国有公司委派到非国有公司任职的情形。第二种类型即“间接委派型”或者“代表型”国家工作人员。《国家出资企业意见》第六条第二款规定:“经国家出资企业中负有管理、监督国有资产职责的组织批准或者研究决定,代表其在国有控股、参股公司及其分支机构中从事组织、领导、监督、经营、管理工作的人员,应当认定为国家工作人员。”根据该规定,对于国家出资企业中的工作人员是否属于“国家工作人员”,应当从以下两个方面进行认定:一是形式要件,即经国家出资企业中负有管理、监督国有资产职责的组织批准或者研究决定。这里的“组织”主要是指上级或者本级国家出资企业内部的党委、党政联席会。二是实质要件,即代表负有管理、监督国有资产职责的组织在国有控股、参股公司及其分支机构中从事组织、领导、监督、经营、管理工作,实质要件具有“代表性”和“公务性”两个特征。在判断层次上,对于形式要件、实质要件的判断分别属于形式判断和实质判断,首先要进行形式判断,形式判断是进行实质判断的重要前提和依据。

本案中,被告人王海洋任职本公司西客站交通枢纽项目部商务经理是经本公司总经理办公会研究决定任命,并非经国家出资企业中负有管理、监督国有资产职责的组织批准或者研究决定任命。

综上,本案被告人王海洋不是国家工作人员,其利用职务之便,为他人谋取利益,收受他人贿赂的行为以及挪用本单位资金的行为，不构成受贿罪和挪用公款罪，应当以非国家工作人员受贿罪和挪用资金罪论处。

（撰稿：山东省济南市中级人民法院　张威力　李洪川
审编：最高人民法院刑二庭　逄锦温）

[第1189号]李毅挪用资金案

——挪用资金超过三个月未还的时间节点如何确定

【关键词】　挪用资金罪　犯罪成立时间　持续　时效中止

一、基本案情

被告人李毅，男，1979年8月2日出生，汉族，高中文化，原江苏省无锡市孚润达特种润滑油有限公司业务员。因本案于2012年9月19日被抓获，2014年2月13日被取保候审。

无锡市惠山区人民检察院以被告人李毅犯挪用资金罪，向惠山区人民法院提起公诉。

惠山区人民法院经审理查明：

被告人李毅于2008年进入孚润达公司工作，2010年5月开始担任该公司业务员，从事销售工作。2011年5月至2012年1月间，李毅利用职务之便，从业务单位西格玛集团有限公司（以下简称西格玛公司）、莱阳市桥安机械配件有限公司（以下简称桥安机械公司）、浙江名震机械制造有限公司（以下简称名震机械公司）收取货款合计人民币（以下币种同）289 110元，未经孚润达公司同意，挪用上述货款归个人使用，超过三个月未还。具体事实分述如下：

1. 2011年5月，被告人李毅从桥安机械公司收取货款8万元承兑汇票后，挪用其中的3万元归个人使用；2011年9月，李毅从该公司收取货款8万元承兑汇票后，挪用其中的2万元归个人使用；2012年1月，李毅从该公司收取货款6万元承兑汇票后，归个人使用。

2. 2011年9月，被告人李毅从名震机械公司收取货款29 110元后，归个人使用。

3. 2012年1月，被告人李毅从西格玛公司收取货款3张共计25万元承兑汇票后，挪用其中15万元归个人使用。

另查明：2012年7月5日被害单位孚润达公司因李毅挪用公司资金向公安机关报案。归案后，被告人李毅如实供述了全部犯罪事实。在一审宣判前，其已退出全部赃款，并取得被害单位谅解。

惠山区人民法院认为，被告人李毅身为公司工作人员，利用职务之便，挪用本单位资金归个人使用，数额较大、超过三个月未还，其行为已构成挪用资金罪。公诉机关指控的罪名成立，但犯罪数额不当，应予以纠正。故最终依法认定李毅挪用资金的犯罪数额为289 110元。鉴于其到案后能如实供述自己的罪行，一审宣判前已退还全部赃款，取得被害单位的谅解，可予从轻处罚。根据其犯罪情节及悔罪表现，符合适用缓刑的条件，可宣告缓刑。依照《中华人民共和国刑法》第二百七十二条第一款、第六十七条第三款、第七十二条第一款之规定，以挪用资金罪，判处被告人李毅有期徒刑二年，缓刑三年。

一审宣判后，惠山区人民检察院提出抗诉，认为原审判决事实认定错误，导致适用法律不当，量刑畸轻，主要理由如下：

1. 原审法院以被害单位报案时间作为阻断挪用资金犯罪的事由，缺乏法律依据。原审被告人李毅于2012年4月13日挪用孚润达公司8万元资金的行为，至同年7月5日孚润达公司报案时未超过三个月，原审法院据此将该笔8万元从挪用资金的总额中扣除，仅认定其犯罪数额289 110元，属事实认定错误。

2. 本案应以公安机关立案之日，即2012年8月22日作为原审被告人李毅挪用资金超过三个月未还的截止日期。挪用资金"超过三个月未还"目前无明确的法律规定，鉴于挪用资金与挪用公款同属挪用型犯罪，应参照挪用公款的相关规定处理。

3. 原审被告人李毅挪用资金数额应为369 110元，达到数额巨大的标准，依法应在三年以上十年以下有期徒刑之间量刑，原审法院的量刑畸轻。

无锡市人民检察院支持原公诉机关的抗诉意见。

原审被告人李毅在二审庭审中对抗诉意见不持异议。

无锡市中级人民法院经审理查明：2011年5月至2012年4月间，原审被告人李毅利用担任孚润达公司业务员的职务之便，从业务单位西格玛公司、桥安机械公司、名震机械公司收取货款合计369 110元后，未经孚润达公司同意，归个人使用，超过三个月未还。具体事实分述如下：

1. 2012年4月13日，原审被告人李毅从桥安机械公司收取货款8万元后，归个人使用。

2. 其余挪用289 110元的事实与一审相同。

无锡市中级人民法院认为：原审被告人李毅身为公司工作人员，利用职务之便，挪用本单位资金归个人使用，数额达到36.911万元，且超过三个月未还，其行为已构成挪用资金罪，依法应当在三年以上十年以下有期徒刑的量刑幅度内进行处罚。鉴于原审被告人李毅有坦白、已退出全部赃款并取得被害单位谅解的情节，可以对其从轻处罚；根据其犯罪情节和悔罪表现，符合适用缓刑的条件，可以宣告缓刑。

关于抗诉机关提出的"原审被告人李毅于2012年4月挪用公司资金8万元的时间已超过三个月，其行为已经构成挪用资金罪，该笔挪用资金的数额不应扣除，故其挪用资金总额达到本罪数额巨大的标准，依法应当在三年以上十年以下有期徒刑之间量刑"的抗诉意见，经查：从2012年4月13日原审被告人李毅挪用该笔资金至同年7月5日被害单位向公安机关报案，时间虽未满三个月，但其在被害单位报案后直至超过三个月仍未归还上述资金，其行为已符合挪用资金罪的犯罪构成要件，该笔8万元应当计入其犯罪总额，故李毅挪用资金的数额达到本罪数额巨大的标准，依法应在三年以上十年以下有期徒刑的量刑幅度内判处刑罚，原审法院以挪用资金罪判处其有期徒刑二年，缓刑三年，属量刑不当，应予纠正。故对该点抗诉意见予以采纳。

关于抗诉机关提出的"原审法院以被害单位报案时间作为阻断挪用资金犯罪的事由，缺乏法律依据，而应参照《江苏省高级人民法院、江苏省人民检察院关于办理挪用公款案件有关问题的通知》第九条的规定，以公安机关立案时间作为挪用资金罪超过三个月未还的时间节点"的抗诉意见，经查：(1)挪用资金罪保护的客体是公司、企业的财产权，挪用行为持续的时间越长，社会危害性越大。因此，只要行为人客观上实施了挪用资金归个人使用，数额较大且持续时间超过三个月未还的行为，即构成挪用资金罪。(2)只要资金在挪用行为实施完毕后的三个月内被不法侵占的状态没有发生改变，公司财产权利依然受到侵害，该行为即应受到刑罚处罚。而报案、立案时间易受到外界人为因素的干扰，存在一定的不确定性，将其作为确认挪用资金罪是否构成的时间节点缺乏法律依据。只有根据行为人实际挪用较大数额资金有无超过三个月未归还来认定其是否已构成挪用资金罪，才符合该罪的法律构成要件。故对该点抗诉意见不予采纳。

综上,原审判决认定原审被告人李毅犯挪用资金罪的部分事实认定和适用法律错误,导致量刑不当,依法应予以改判。抗诉机关的抗诉结论成立,但抗诉理由不应采纳。据此,依照《中华人民共和国刑事诉讼法》第二百二十五条第一款第三项,《中华人民共和国刑法》第二百七十二条第一款、第六十七条第三款、第七十二条第一款的规定,判决如下:

1. 维持无锡市惠山区人民法院对原审被告人李毅犯挪用资金罪的定罪部分。

2. 撤销无锡市惠山区人民法院对原审被告人李毅犯挪用资金罪的量刑部分。

3. 原审被告人李毅犯挪用资金罪,判处有期徒刑三年,缓刑四年。

二、主要问题

挪用资金罪中被告人挪用资金超过三个月未还的时间节点应如何认定,是以被害人报案时开始起算,还是以公安机关立案之日起算,抑或是其他方式进行计算?

三、裁判理由

本案在审理过程中,对于被告人李毅于2012年4月15日挪用本单位8万元资金归个人使用的行为是否构成挪用资金罪,存在不同观点:

第一种观点认为,被告人李毅挪用该笔8万元不构成挪用资金罪。因为李毅挪用行为实施完毕到被害单位报案时未满三个月,本案应以2012年7月5日被害单位报案时作为超过三个月未还的时间节点,此时李毅挪用8万元尚未满三个月,故不宜认定为犯罪。

第二种观点认为,被告人李毅挪用该笔8万元构成挪用资金罪。本案应以公安机关立案之日,即2012年8月22日作为挪用资金超过三个月未还的时间节点。

第三种观点认为,被告人李毅挪用该笔8万元构成挪用资金罪,但是认定理由不同于第二种。即应以司法机关对犯罪嫌疑人采取强制措施之日起计算,本案中李毅于2012年9月22日被抓获,距同年4月15日挪用8万元的时间已经超过三个月,应当构成挪用资金罪。

第四种观点认为,被告人李毅挪用该笔8万元构成挪用资金罪,但认定理由不同于第二种和第三种观点。刑法规定的"挪用资金超过三个月未还"属于一种持续行为,不因"报案""立案""采取强制措施"等介入因素而中断。即只要行为人挪用资金归个人使用,数额较大,该行为持续的时间超过三个月即构成本罪。

我们同意第四种观点,理由如下:

(一)挪用型犯罪时间节点的确定,应立足于最大限度地保护单位资金安全

我国刑法将挪用本单位资金归个人使用或者借贷给他人,数额较大,超过三个月未还的行为入罪①是为了保护公私财产的使用收益权,此类犯罪是否达到必须追究刑事责任的程度,要结合挪用的具体数额、目的、用途、时间、是否归还、造成损失等方面综合分析认定。在上述要素中,刑法对挪用的时间仅表述为"超过三个月未还"。综观刑法分则400多个罪名,立法者只在挪用资金罪和挪用公款罪中设定因在规定时间内未履行归还义务而定罪处罚的情形。将时间引入犯罪构成之中,使此两罪与其他犯罪具有一个重要区别,即时间对于违法行为犯罪化具有决定性意义。但是,刑法和司法解释并未对三个月时间的节点作出进一步规定。我们认为,挪用型犯罪时间节点的确定,应立足于最大限度地维护单位资金安全。

前述第一、二、三种观点,虽然各有各的理由,但共同之处在于人为地确定了一个时间截止日。实际上,挪用型犯罪的成立,不存在截止日的问题。无论是被害单位报案时,还是公安机关

---

① 本文所论述的挪用资金罪仅指此情形。挪用资金构成犯罪的情形还包括挪用资金虽未超过三个月,但数额较大、进行营利活动,或者进行非法活动的。

立案时，抑或是对被告人采取强制措施时，甚至是提起公诉抑或法院宣判之日，都不是界定是否满三个月的时间节点。行为人自挪用之日起在三个月内归还的，无论中间发生什么，其行为均不构成犯罪。超过三个月才归还甚至还处于未归还状态的，挪用犯罪即已成立。人为确立一个截止日，至截止日时尚不够三个月，此时挪用犯罪自然尚未成立。但如果以此截止日为界限，而不管截止日后行为人是否归还及归还的实际时间，一则不利于保护单位的资金安全，二则可能导致行为人因司法对行为性质的结论而怠于履行归还义务，三则与刑法关于挪用资金犯罪的要件规定相悖，四则可能导致司法腐败。如公安机关于未满三个月时立案或对行为人采取强制措施，然后以未满三个月为由，得出行为人的挪用行为不构成挪用资金罪的结论，从而让挪用行为处于持续状态，行为人则可以司法机关的结论为据而拒绝归还。甚至到挪用犯罪成立时，行为人仍然以此结论为依据而拒绝归还。

综上，二审判决所称“报案、立案时间易受到外界人为因素的干扰，存在一定的不确定性，将其作为确认挪用资金罪是否构成的时间节点缺乏法律依据”的观点是正确的。实际上，刑法及司法解释均没有对三个月的截止日作出规定。司法解释仅规定了数额计算的截止日。1998 年《最高人民法院关于审理挪用公款案件具体应用法律若干问题的解释》(以下简称《挪用公款解释》)第四条规定：“……多次挪用公款，并以后次挪用的公款归还前次挪用的公款，挪用公款数额以案发时未还的实际数额认定。”这一解释虽然是针对挪用公款罪，但其精神应适用于挪用资金罪。

(二)“超过三个月未还”的认定，应以挪用行为持续的时间为依据

我们认为，任何确定挪用时间的截止日都是不科学的，认定“超过三个月未还”，应以挪用行为持续的时间为依据，只要挪用较大数额资金持续超过三个月，就可以追究刑事责任。理由如下：

1. 有助于最大限度地维护单位资金安全。刑法规定的“挪用资金超过三个月未还”属于一种持续行为，三个月时限一般不因“报案”“立案”“采取强制措施”等介入因素而中断。因为挪用行为持续时间长短，在很大程度上体现了其行为的社会危害性，侵害时间越长，危害性越大。刑法保护的是资金安全，只要行为人挪用单位资金数额较大且超过三个月未还，即构成犯罪，这在期限认定上容易把握，也不会带给行为人规避法律的可乘之机。另外，最高人民法院 2003 年 9 月 18 日通过的《关于挪用公款犯罪如何计算追诉期限问题的批复》明确规定：“挪用公款数额较大，超过三个月未还的，犯罪的追诉期限从挪用公款罪成立之日起计算。挪用公款行为有连续状态的，犯罪的追诉期限应当从最后一次挪用行为实施完毕之日或者犯罪成立之日起计算。”不难看出，挪用公款犯罪的追诉时效应当以犯罪成立之日起计算，即挪用的行为持续时间为三个月，就构成犯罪。挪用资金罪除侵害对象即单位的性质与挪用公款罪不同外，其他要素基本一样，故可以参照此解释执行。

2. 符合我国刑法犯罪构成理论中主客观相一致的要求。只要行为人主观上没有积极归还资金的意图，客观上挪用资金数额较大、持续时间超过三个月没有归还，单位财产权遭到行为人的不法侵害，就应当接受刑罚处罚。至于超过三个月以后，挪用人归还与否、自愿抑或被迫归还，均不是罪与非罪的法定界限，而只是量刑情节问题。另外，本罪设立的基本导向是希望挪用人尽快及时归还所挪用的资金，三个月的期限设置在某种程度上也是防止司法机关过早介入，可先通过民事或者行政手段进行调节，这也在一定程度上体现了刑法的谦抑性。

3. 案发与否对挪用资金罪的成立不具有直接影响。《挪用公款解释》第四条规定：“……多次挪用公款，并以后次挪用的公款归还前次挪用的公款，挪用公款数额以案发时未还的实际数额认

定。”而“案发时”又可以理解为报案时、被主管机关发现时、立案时、被采取强制措施时。传统意义上将“案发时”界定为“司法机关、主管部门或有关单位发现时”。我们认为,无论如何理解“案发时”,案发只是发现案件事实,并不具有终止犯罪危害和恢复被侵害秩序的当然功能。

就本案而言,被告人李毅于2012年4月15日挪用资金8万元归个人使用,判断该行为是否构成挪用资金罪的标准只有一个,即该挪用行为是否实际上超过了3个月。2012年7月5日,因李毅的其他挪用行为而被所在单位向公安机关告发,此时,其挪用8万元的行为确实还不到三个月,但被害单位的告发并未中断李毅的挪用行为,其挪用8万元的行为仍然处于持续状态中。直到同年9月22日李毅被抓获,该挪用行为仍然处于持续状态中。据此,判断李毅的该挪用行为是否构成犯罪的时间节点应是自2012年4月15日起的三个月期限,即2012年7月14日。如果李毅在7月14日归还了该8万元,则该挪用行为不构成犯罪。如果到7月15日,李毅仍然未归还该8万元,则该挪用行为已经成立挪用资金罪。

(三)“超过三个月未还”的期限在特定情况下是否适用诉讼时效中止或终止

司法实践中一些犯罪嫌疑人在挪用资金未超过三个月时主动投案,待司法机关立案调查作出无罪处理后,三个月时限终止计算,犯罪嫌疑人仍可不归还挪用的资金,借此逃避法律制裁。为避免上述情形发生,我们认为,在超过三个月未还型挪用资金案中可引入时效中止理论,在特定因素消灭后继续计算三个月期限,以免使犯罪嫌疑人逃避法律制裁。通常当出现下列两种情形时,三个月的期限可以中止,待相关事由消失后继续计算三个月的期限:

1. 司法机关的介入。一般来说,司法机关介入挪用资金未超过三个月未还的案件,挪用人被采取强制措施后,三个月的时限可以暂时中止,待司法机关经审查后发现挪用人未构成挪用资金罪而作出撤案决定的,因强制措施被取消,挪用人仍不归还的,此时应当将挪用之日后司法机关介入前的时间与司法机关撤案后挪用人未还的时间合并计算,而不是司法机关一经介入,挪用时限就完全终止计算,以避免挪用人借机逃避法律制裁。例外的是,在多次挪用型犯罪中,如果此前的挪用行为已达到追诉的标准,后次挪用行为无论是否达到立案标准,也无论行为人是否被限制了人身自由,后次挪用的三个月时限不能中止,只要挪用时间满三个月且未能归还,均要作为犯罪数额认定。因为犯罪嫌疑人被采取强制措施是针对已经达到刑法追诉标准的挪用资金数额,其之后的挪用行为的不法状态仍在持续,其完全可以要求亲属或者资金实际控制人对被挪用单位的资金进行返还;同时多次挪用行为人的主观恶性及社会危害性较单次挪用行为人更大,故被采取强制措施的时间应当计算到三个月期限内。

2. 单位的承诺。两种情况下,被害单位的承诺可影响三个月的法定期限:一种情况是,被害单位的承诺导致三个月期限的彻底终止。挪用资金罪是侵犯财产犯罪,因此被害单位的意见和态度十分重要。例如,在挪用一个月未还时,被害单位发现后告知挪用人不用再归还单位资金了,此时因单位的承诺或者双方之间协议解决,挪用人便没有了归还的义务和责任,导致三个月期限彻底终止,司法机关不能以三个月未还为由再对挪用人定罪处罚。另一种情况是,被害单位的承诺导致三个月期限的暂时中止。如被害单位为追回损失三个月内与挪用人约定,只要在一年内归还被挪用资金便不向司法机关报案。挪用人基于对单位承诺的信任,选择从挪用之日起超过三个月但在约定期限内归还挪用资金的,三个月期限应当从单位承诺或与单位达成协议之日起停止计算。这是因为根据被害人承诺理论,被害人对于遭受侵害的承诺或同意,对于某些犯罪可以不作犯罪处理。当然,上述两种情况仅限于挪用资金犯罪中适用,不能适用于挪用公款犯罪。因为国有单位对于国有资产并不具有所有权,无权对擅自挪用人作出免除或者延迟还款义务的承诺。

综上，二审法院认定被告人李毅挪用的8万元应当计入其挪用资金总额，属于犯罪数额巨大，由此以挪用资金罪改判其有期徒刑三年，缓刑四年是适当的。

（撰稿：江苏省无锡市中级人民法院　范　凯
审编：最高人民法院刑四庭　陆建红）

[第1343号]王江浩挪用资金案

——小区业主委员会主任挪用业主委员会银行账户资金的行为应当如何定性

【关键词】 挪用资金罪　业主委员会　其他单位　本单位资金

一、基本案情

被告人王江浩，男，1978年11月5日出生，深圳市南山区大冲社区朗景园小区原第二届业主委员会主任。2016年7月15日被逮捕，9月27日被取保候审，2018年3月5日被监视居住。

广东省深圳市南山区人民检察院指控被告人王江浩犯挪用资金罪，向深圳市南山区人民法院提起公诉。

深圳市南山区人民法院经公开审理查明：2014年6月10日，深圳市南山区大冲社区朗景园小区第二届业主委员会（以下简称业主委员会，组织机构代码32654484－1）成立。同日，被告人王江浩被选为业主委员会主任，任期至2017年6月9日止。2015年3月6日，王江浩以业主委员会名义在中国银行高新区支行开设对公账户，用以收取小区业主自行出资购买停车场相关设备和运营维护费用、小区物业修缮费用以及商铺门面的租金。2015年12月1日至8日，王江浩在未经业主大会讨论和表决的情况下私自从业主委员会的中国银行对公账户中分9次共将人民币（以下币种同）44万元转至自己的招商银行账户，并于2015年12月8日将其中40万元转账至一位名叫贺超的招商银行账户，用于购买深圳市创达云睿智能科技有限公司2%的股权投资，又后将剩余的4万元用于借款转账借贷给业主委员会成员李梅。2016年5月20日，因小区业主要求对小区的账目进行财务审计，王江浩从自己名下另一个招商银行账户向业主委员会的中国银行对公账户分九9次转入资金共44万元。

被告人王江浩在开庭审理过程中对指控的事实无异议，但辩称其行为不构成犯罪。理由是：(1)其虽未经业主大会授权挪用资金，但业主委员会主任不符合挪用资金罪的犯罪构成主体要件；(2)其动用小区业主委员会对公账户资金是为对公理财，不具备挪用资金罪的主观故意；(3)以挪用资金罪追究刑事责任，违反罪刑法定原则。

南山区人民法院经审理认为，被告人王江浩作为业主委员会主任，利用职务上的便利，挪用业主委员会资金44万元归个人使用，其中40万元用于营利活动，4万元借贷给他人，数额较大，超过三个月未还，其行为构成挪用资金罪。业主委员会已获深圳市市场监督管理局颁发的组织机构代码证，应当视为《刑法》第二百七十二条规定的"其他单位"，业主委员会工作人员可以成为挪用资金罪的犯罪主体。业主委员会在银行开立账户，账户内资金属于全体业主的集体财产，应当认定为《刑法》第二百七十二条规定的"本单位资金"。王江浩归案后能够如实供述自己的罪行，具有坦白情节，且案发前已将涉案资金全部退还，依法可以从轻处罚。据此，南山区人民法院依照《中华人民共和国刑法》第二百七十二条第一款、第六十七条第三款之规定,判决被告人王江浩犯挪用资金罪,判处有期徒刑九个月。

一审宣判后,被告人王江浩不服原判,向深圳市中级人民法院提出上诉。理由如下:(1)现行法律、司法解释没有把小区业主委员会主任列为挪用资金罪中的"其他单位人员",业主委员会主任不具备挪用资金罪犯罪构成的主体要件;(2)职务侵占罪相关司法解释中"其他单位人员"的规定,不适用挪用资金罪;(3)商业贿赂犯罪相关司法解释中"其他单位"的规定,不适用挪用资金罪;(4)小区众多业主表示谅解,并给予补充授权。

深圳市中级人民法院经审理认为,上诉人王江浩未经业主大会讨论和表决通过,私自挪用业主委员会的中国银行对公账户中44万元的事实属于客观事实。即使小区部分业主事后补充授权、表示谅解,也不能改变既成客观事实,不应将此种授权视为事前讨论表决和授权。因此,业主事后谅解或者补充授权不属于实施挪用资金犯罪的阻却事由。一审法院认定王江浩符合挪用资金罪主体要件的论理充分,理由成立,应予采纳。一审判决认定的事实清楚,证据确实、充分,定罪正确,量刑适当,审判程序合法,裁定驳回上诉,维持原判。

二、主要问题

(一)小区业主委员会是否属于挪用资金罪中的"其他单位"?

(二)业主委员会账户内资金是否属于挪用资金罪中"本单位资金"?

三、裁判理由

随着近年来城市化的发展,小区日渐成为人们生活的常态基本单元。为了维护小区业主们的合法权益,管理小区的集体资产和利益,业主委员会作为一种自发自治组织应运而生。业主委员会作为社会发展的新生事物,在管理制度上尚不健全,职责不清、运作不规范问题比较普遍,业主委员会成员利用职务之便侵犯业主利益的案件时有发生。因业主委员会的法律地位不明导致司法实践中对相关案件的定性处理存在争议。

本案中,控辩双方对被告人王江浩利用担任业主委员会主任职务上的便利,挪用该业主委员会账户内资金40万元进行营利活动,同时挪用4万元借贷给他人、超过三个月未还的事实及证据均无异议,控辩焦点在于对被告人上述行为罪与非罪的定性。审理过程中存在不同看法,主要形成两种意见:

一种意见认为,被告人王江浩的行为不构成犯罪。理由是:刑法及司法解释对业主委员会是否属于《刑法》第二百七十二条挪用资金罪中的"其他单位"、业主委员会名下银行账户内的资金是否属于"本单位资金"未作出明确规定。认定王江浩的行为构成犯罪有违罪刑法定原则。根据刑法的谦抑性原则,对《刑法》第二百七十二条中的"其他单位"应作狭义解释,认定被告人的行为无罪。

另一种意见认为,被告人王江浩的行为构成挪用资金罪。理由是:小区业主委员会系向市场监督管理部门登记注册并取得组织机构代码证的主体,属于挪用资金罪中"其他单位"的范畴,业主委员会成员可以成为挪用资金罪的犯罪主体。业主委员会具有属于自己的财产,业主委员会名下银行账户内的资金属于全体业主共有,应当认定为业主委员会"本单位资金"。业主委员会工作人员利用职务上的便利,挪用业主委员会资金归个人使用,用于营利活动或者借贷给他人,数额较大,超过三个月未还的行为,应当以挪用资金罪定罪处罚。

我们同意后一种意见,即被告人王江浩的行为构成挪用资金罪,具体理由如下:

(一)业主委员会可以被认定为"其他单位"

1. 参照《刑法》规定和相关司法解释,业主委员会可以被认定为"其他单位"

《刑法》第三十条对单位负刑事责任的范围规定如下:"公司、企业、事业单位、机关、团体实施的危害社会的行为,法律规定为单位犯罪的,应当负刑事责任。”该规定列举了五类单位,但实践中对“公司、企业、事业单位”的范围容易引发争议。为此,《最高人民法院关于审理单位犯罪案件具体应用法律有关问题的解释》(法释〔1999〕14号,以下简称《单位解释》)第一条规定:“刑法第三十条规定的‘公司、企业、事业单位’,既包括国有、集体所有的公司、企业、事业单位,也包括依法设立的合资经营、合作经营企业和具有法人资格的独资、私营公司、企业、事业单位。”根据《刑法》总则和《单位解释》的相关规定,对于独资、私营公司、企业、事业单位而言,需要具备法人资格,才能成为《刑法》中单位犯罪的“单位”。这是因为单位犯罪中的“单位”需要对外承担刑事责任,是作为犯罪行为的拟制人来定义,与自然人犯罪相区别和对应。

然而,《刑法》分则中除了单位犯罪外,还有不少条文亦涉及对“单位”的理解,是否均应当按照《刑法》第三十条的规定进行界定呢?如《刑法》第一百六十三条规定了非国家工作人员受贿罪、第一百六十四条规定了对非国家工作人员行贿罪,主体均是“公司、企业或者其他单位的人员”,此处的单位是否限定为具备法人资格的组织呢?为此,2008年最高人民法院、最高人民检察院联合出台的《关于办理商业贿赂刑事案件适用法律若干问题的意见》规定,《刑法》第一百六十三条、第一百六十四条规定的“其他单位”既包括事业单位、社会团体,村民委员会、居民委员会、村民小组等常设性的组织,也包括组织体育赛事、文艺演出或者其他正当活动而设成立的组委会、筹委会、工程承包队等非常设性的组织。显然,上述组织并不要求具备法人资格。可见,刑法中作为单位犯罪的“单位”与散见于分则自然人犯罪条文中出现的“单位”外延并不相同。

除了在主体部分涉及“单位”的概念,还有部分犯罪是将“单位”作为对象,此处作为被害“单位”与单位犯罪中的“单位”是否一致呢?我们认为,并不完全一致。这是因为,从价值取向上来看,单位犯罪中的“单位”主要是用以区别自然人犯罪,对作为犯罪主体的单位的认定,需要承担刑事责任,故而应当从严把握,以打击犯罪,体现公平正义。而“单位”作为被害人出现时,主要是从其遭到犯罪侵害时,保护其合法权益尤其是财产权的角度出发予以考量。与需要承担刑事责任的单位犯罪中的“单位”相比,被害单位只要是能够主张权利的实体即可,因而成立要件、形式要件也相对宽松。随着经济社会的发展,各种形式的实体组织增多,刑法也应当保持适当的社会张力,才能适应社会的发展。1999年最高人民法院在《关于村民小组组长利用职务便利非法占有公共财物行为如何定性问题的批复》中指出,对村民小组组长利用职务便利,将村民集体财产非法占为己有的,数额较大的,以职务侵占罪定罪处罚。2000年最高人民检察院在《关于挪用尚未注册成立公司资金的行为适用法律问题的批复》中指出,筹建公司的工作人员在公司登记注册前,利用职务上的便利,挪用准备设立的公司在银行开立的临时账户上的资金,归个人使用或者借贷给他人,数额较大或者超过三个月未还,应当根据《刑法》第二百七十二条追究刑事责任。而最高人民法院研究室在《关于村民小组是否属于刑法第二百七十二条规定的“其他单位”问题的研究意见的理解与适用》中进一步明确指出,挪用资金罪中规定的“其他单位”包括村民小组,村民小组组长可以成为挪用资金罪的犯罪主体。

挪用资金案件与职务侵占案件,均属于对侵犯公司、企业财产的犯罪。根据上述分析,参照相关司法解释,挪用资金罪中的“其他单位”并不仅限于《刑法》第三十条单位犯罪中“单位”的范围。

2. 参照最高人民法院在相关批复等文件中确立业主委员会在民事诉讼中的主体资格地位,对业主委员会可以认定为《刑法》中的“其他单位”

关于业主委员会的法律地位,《物权法》和国务院发布的《物业管理条例》(2016年2月6日修改)均有涉及,但未直接明确规定。《物权法》第七十八条第二款规定,业主大会或者业主委员会作出的决定侵害业主合法权益的,受侵害的业主可以请求人民法院予以撤销。根据该条规定,业主委员会可以作为民事诉讼的被告,参与到民事诉讼活动中。《物业管理条例》第十五条规定,“业主委员会是业主大会的执行机构,履行下列职责:(一)召集业主大会会议,报告物业管理的实施情况;(二)代表业主与业主大会选聘的物业服务企业签订物业服务合同;(三)及时了解业主、物业使用人的意见和建议,监督和协助物业服务企业履行物业服务合同;(四)监督管理规约的实施;(五)业主大会赋予的其他职责”。《物业管理条例》第十六条第一款规定,业主委员会应当自选举产生之日起30日内,向物业所在的区、县人民政府房地产行政管理部分和街道办事处、乡镇人民政府备案。在对业主委员会民事诉讼地位的认定上,2003年最高人民法院在《关于金湖新村业主委员会是否具备民事诉讼主体资格请示一案的复函》中指出,金湖新村业主委员会符合“其他组织”条件,可以以自己的名义提起诉讼。2005年最高人民法院在《关于春雨花园业主委员会是否具有民事诉讼主体资格的复函》中指出,业主委员会是业主大会的执行机构,根据业主大会的授权对外代表业主进行民事活动,所产生的法律后果由全体业主承担,业主委员会与他人发生民事争议的,可以作为被告参加诉讼。

根据上述法律及司法解释,业主委员会由业主大会选举产生并向相关行政主管部门进行备案,这种备案行为经批准认可,也就赋予了业主委员会具备民事主体资格的合法性,在民事诉讼活动中可以视为非法人组织,具备相应的非法人组织的条件,具有民事诉讼主体资格,可以作为原告或被告,参与民事诉讼活动。在涉及侵害业主合法权益时,可以以其名义参与诉讼。同样,在刑事诉讼领域,当业主委员会具备相应的财产,也就成为具有独立活动和自我发展能力的社会经济实体,特别是作为被害主体情形,在其合法权益遭到侵害时,应当受到刑法保护。

本案中,小区业主委员会已获深圳市市场监督管理局颁发的“中华人民共和国组织机构代码证”(机构类型:其他机构)。业主委员会已经登记注册,在民事上具有诉讼主体资格。虽然《刑法》及现有司法解释未作明确规定,但我们认为,小区业主委员会在刑事上符合同类职务犯罪司法解释所规定的“其他单位”的特征,属于挪用资金罪中的“其他单位”的范畴。

(二)业主委员会账户内资金属于挪用资金罪中“本单位资金”

《深圳经济特区物业管理条例》第二十二条第一款规定,业主大会、业主委员会活动经费、业主委员会委员和执行秘书的薪酬,从物业服务费中按照市政府规定的比例提取,专款专用。第四十三条规定,业主委员会解散的,业主委员会委员、候补委员应当在区主管部门的指导、监督下,做好有关财物清算和资料清理工作。从上述规定看,业主委员会工作人员的薪酬有其专门的资金来源,即从物业服务费中提取,专款专用,业主委员会也有自己本身的财物。

本案中,业主委员会成立后在行政主管机关进行了备案登记,取得统一的组织机构代码证,在中国银行已开立了基本存款账户,该小区业主委员会拥有自己独立的财产。以业主委员会名义开立的银行账户内的资金,应当视为业主委员会“本单位资金”。被告人王江浩挪用业主委员会银行账户内的资金,应当认定为挪用资金罪中的“本单位资金”。

综上所述,一审、二审法院认定被告人王江浩作为业主委员会主任,利用职务上的便利,挪用业主委员会账户内资金40万元进行营利活动,同时挪用4万元借贷给他人、超过三个月未还的行为具有明显的社会危害性,符合挪用资金罪所保护的客体要件,以挪用资金罪追究其刑事责任,是正确的。

(撰稿:广东省深圳市中级人民法院　张　冰　赵　靓
审编:最高人民法院刑二庭　韩维中)

七、敲诈勒索罪

[第1066号]廖举旺等敲诈勒索案

——对农村征地纠纷引发的“索财”行为如何定性

【关键词】 敲诈勒索罪 非法占有目的

一、基本案情

被告人廖举旺,男,1947年2月13日出生,住重庆市梁平县虎城镇虎寨路43号。2011年9月21日因涉嫌犯敲诈勒索罪被逮捕,2013年2月5日被取保候审。

被告人廖国前,男,1974年4月13日出生,住重庆市梁平县虎城镇虎寨路43号。2011年9月21日因涉嫌犯敲诈勒索罪被逮捕,2013年2月5日被取保候审。住址同上。

被告人唐开学,男,1957年3月12日出生,住重庆市梁平县虎城镇聂家村11组86号。2011年9月21日因涉嫌犯敲诈勒索罪被逮捕,同年11月18日被取保候审。

被告人刘琴,女,1972年10月12日出生,住重庆市梁平县虎城镇虎寨路43号。2011年9月21日因涉嫌犯敲诈勒索罪被逮捕,2012年12月27日被取保候审。

重庆市梁平县人民检察院以被告人廖举旺、廖国前、唐开学、刘琴犯敲诈勒索罪,向梁平县人民法院提起公诉。

被告人廖举旺、廖国前、唐开学、刘琴认为其行为不构成犯罪,均提出无罪的意见。

梁平县人民法院经公开审理查明:

2009年至2011年,被告人廖举旺、廖国前、唐开学、刘琴(均系梁平县聂家村11组村民)以梁平县虎城镇聂家煤矿(以下简称聂家煤矿)征用土地补偿过低为由,多次组织村民堵井口、公路,要求聂家煤矿赔偿土地补偿等费用。廖举旺、廖国前、唐开学因此先后被梁平县公安局行政拘留。之后,廖举旺、廖国前、唐开学继续找到聂家煤矿的股东,提出赔偿土地补偿、行政拘留损失等要求,并以堵井口、公路,让煤矿无法正常生产,把煤矿搞垮,提几十斤汽油焚灭煤矿等相威胁。2009年、2010年,聂家煤矿因征地纠纷,两次在梁平县虎城镇的调解下提高补偿标准并兑现。

2010年8月12日,廖国前、唐开学作为聂家村11组村民的诉讼代表人向法院提起诉讼,要求聂家煤矿退出多占的土地。2011年8月1日,法院驳回了原告的诉讼请求。廖举旺、廖国前、唐开学、刘琴积极组织村民张罗上诉事宜。同年8月5日至10日,四人商量找聂家煤矿董事长赵成山赔偿行政拘留、民事诉讼败诉、土地赔偿等损失,并电话要求赵成山来解决赔偿损失问题。8月10日,赵成山应被告方的要求来到廖举旺家中,四被告人向赵成山提出赔偿廖举旺、廖国前、唐开学因被行政拘留造成的损失各人民币(以下币种同)2万元、民事败诉损失费2万元,廖举旺被占土地2万元,集体被占土地2万元,共计12万元。赵成山要求四人出具收条并保证不再堵煤矿井口、公路。随后,赵成山让人将12万元送到廖举旺家交给刘琴,后离开廖举旺家。之后,村民得知,也纷纷找煤矿闹事。2011年8月14日,赵成山向公安机关报案称被敲诈勒索。

本案在审理过程中,梁平县人民检察院于2013年5月30日向梁平县人民法院递交了《撤回起诉决定书》,申请撤回起诉。

梁平县人民法院认为，公诉机关要求撤回起诉，符合法律规定，依照《最高人民法院关于适用〈中华人民共和国刑事诉讼法〉的解释》第二百四十二条之规定，裁定准许梁平县人民检察院撤回起诉。

被告人廖举旺、廖国前、唐开学、刘琴不服，向重庆市第二中级人民法院提起上诉，请求撤销原裁定，继续审理并宣告各上诉人无罪。

重庆市第二中级人民法院认为，原公诉机关以证据不足，要求撤回对四上诉人的起诉，一审法院据此裁定准许撤回，符合法律规定。上诉人的上诉理由，不予采纳。据此，依照《中华人民共和国刑事诉讼法》第二百二十九条之规定，重庆市第二中级人民法院裁定驳回上诉，维持原裁定。

二、主要问题

对农村征地纠纷引发的“索财”行为如何定性?

三、裁判理由

本案是一起典型的农村征地纠纷引发的矛盾，是否以敲诈勒索罪处理，在审理过程中形成两种意见：

一种意见认为，廖举旺等四被告人的行为构成敲诈勒索罪。理由是：四被告人以聂家煤矿占用聂家村 11 组土地补偿过低为由，多次煽动、邀约村民围堵聂家煤矿的公路和井口，严重影响煤矿正常生产。煤矿按照与聂家村的协议支付了占地补偿款，并在村、镇协调下，多次提高标准，但被告人仍向聂家煤矿提出赔偿春芽土补偿费、集体土地补偿费、行政拘留损失、民事诉讼败诉损失等要求，并以堵井口、堵公路、焚灭煤矿等相威胁，迫使聂家煤矿董事长赵成山赔偿 12 万元。本案不宜将案发当天与整个事件分割开来，应当作为一个整体来看，赵成山系受到整个事件的威胁而陷入恐惧并交付财产。故四被告人主观上以非法占有为目的，客观上采用语言威胁和聚众滋事的手段，强索财物，数额巨大，其行为均构成敲诈勒索罪。

另一种意见认为，廖举旺等四被告人的行为不构成敲诈勒索罪。理由是：四被告人的行为系因农村征地中对土地补偿费不满而引发的纠纷，被告人系作为村民主张自己的民事权利，不具有非法占有目的。

我们同意后一种意见，即被告人廖举旺等人的行为不构成敲诈勒索罪。廖举旺等被告人以堵井口、公路，让煤矿无法正常生产，把煤矿搞垮，提几十斤汽油焚灭煤矿等语言相威胁，迫使被害人支付了各种赔偿款、补偿款 12 万元，具备敲诈勒索罪的客观要件。但要正确认定被告人的行为性质，关键在于对其主观故意的认定。如果被告人具有非法占有被害人赵成山财物的主观目的，他们的行为构成敲诈勒索罪；如果不具备非法占有的目的，则不能认定其构成敲诈勒索罪。结合本案的具体事实，我们认为，不能认定廖举旺等被告人具有非法占有赵成山财物的主观目的，其行为不构成敲诈勒索罪。具体理由如下：

首先，要正确理解“非法占有”的含义。根据我国民事法律的相关规定，物权受法律保护，要取得他人财物，要么依照法律规定取得，要么通过民事法律行为取得。同一财物，不同的人往往可以基于不同的原因主张权利并由此产生权利冲突，进而导致民事争讼。基于不同的原因对财物主张权利，本身体现了对法规范和法秩序的尊重。与此相反，行为人蔑视法律的存在，对他人财物没有事实依据和法律依据，又不支付相应代价，违背法规范和法秩序的要求，规避正当市场行为，以零成本的方式，强行获取他人财物，即属于非法占有。盗窃、抢夺、抢劫、敲诈勒索、侵占、诈骗等，就属于非法占有型侵财犯罪。

其次，本案事出有因，系农村发展中企业征地引起的权利纠纷。聂家煤矿征用了被告人所在村组的土地，支付了补偿款，但是，廖举旺等被告人认为补偿标准过低，一直要求增加补偿金额，同时还认为煤矿实际多占了村集体土地，应当对此补偿。客观上，确因补偿标准过低，在梁平县虎城镇人民调解委员会的调解下，聂家煤矿两次提高补偿标准。各被告人系基于与煤矿之间的土地征用关系主张权利，这种权利冲突属于民事争讼的常发案例。

再次，从廖举旺等被告人的行为来看，廖举旺拒绝领取煤矿就春芽土给予的补偿，还就煤矿多占土地，侵犯村民权利提起诉讼，被一审法院驳回起诉，他们又提出了上诉。由此可知，被告人并没有蔑视法律的存在，他们具有通过法律裁断维护权利的主观意愿。

最后，廖举旺等被告人虽然有以堵井口、公路，让煤矿无法正常生产，把煤矿搞垮，提几十斤汽油焚灭煤矿等相威胁的语言，迫使被害人支付了各种赔偿款、补偿款12万元，从客观上看具有一定的危害性。然而，对被告人的上述行为，有必要结合农村地区农民的受教育程度和法制观念进行评价。受法制意识淡薄的影响，农村地区的维权方式难免存在不符合法律规定的情形。如果一律将这些行为入罪，难免打击面过于扩大。因此，对于后果不是特别严重，情节不是特别恶劣的，不宜不加区别地一律作为犯罪处理。

综上，我们认为廖举旺等被告人的行为在性质上不具有非法占有目的，不构成敲诈勒索罪。

（撰稿：重庆市高级人民法院　张　波　蒋佳芸
审编：最高人民法院刑二庭）

[第1304号]刘康等人敲诈勒索案

——“黑中介”恶势力犯罪行为的认定

【关键词】 敲诈勒索罪　恶势力　软暴力　强迫交易　寻衅滋事

一、基本案情

被告人刘康，男，1990年1月27日出生。因涉嫌犯强迫交易罪于2017年10月17日被逮捕。

被告人刘硕，男，1993年10月29日出生。因涉嫌犯强迫交易罪于2017年10月17日被逮捕。

被告人刘峰，男，1994年7月19日出生。因涉嫌犯强迫交易罪于2017年10月17日被逮捕。

被告人刘少波，男，1992年5月26日出生。因涉嫌犯强迫交易罪于2017年10月17日被逮捕。

被告人刘广乐，曾用名刘乐，男，1988年4月9日出生。因涉嫌犯强迫交易罪于2017年10月17日被逮捕。

被告人刘明瑞，男，1994年9月3日出生。因涉嫌犯强迫交易罪于2017年10月17日被逮捕。

被告人李玲，女，1992年2月13日出生。因涉嫌犯强迫交易罪于2017年10月17日被逮捕。

北京市朝阳区人民检察院以被告人刘康、刘硕、刘峰、刘少波、刘广乐、刘明瑞、李玲犯敲诈勒索罪，向北京市朝阳区人民法院提起公诉。

北京市朝阳区人民法院经审理查明：

2016年11月间，被告人刘康、刘硕共同出资购得北京通达置地房地产经纪有限公司（以下简称通达置地公司）的营业执照后，合谋通过强迫客户交纳本来无须交纳的费用以及制造客户“违约”来获取非法利益。刘康、刘硕先后纠集了被告人刘峰、刘少波、刘广乐、刘明瑞、李玲以通达置地公司的名义，并使用伪造的“北京市通达置地房地产经纪有限公司财务专用章”从事房屋租赁中介活动。

被告人刘康、刘硕将位于北京市朝阳区管庄乡常意路4号院等地的多套房源交由被告人刘峰、刘明瑞对外出租。在被害人按照合同约定将租金、押金、管理费等款项打入被告人李玲的银行账户并入住租赁房屋后不久，被告人刘少波、刘广乐等人便以语言威胁、辱骂、骚扰等方式强迫被害人交纳物业费、供暖费、中介费等额外费用，若不交纳就构成“违约”，必须搬离所居住的房屋。被害人被迫搬离后理应退还的剩余款项亦会被强行扣除。有的被害人即使交纳了额外费用，仍会被刘康、刘硕等人以各种理由认定为“违约”。截至2017年9月案发时，种某等25名被害人被强行收取或者因“违约”被强行扣除的钱款共达人民币30万余元，其中刘峰、刘广乐的参与金额为28万余元，刘少波的参与金额为26万余元，刘明瑞的参与金额为4万余元。2017年9月11日，刘康、刘硕、刘峰、刘广乐、刘明瑞、李玲被抓获归案；9月13日，刘少波被抓获归案。

北京市朝阳区人民法院认为，被告人刘康、刘硕、刘峰、刘少波、刘广乐、刘明瑞、李玲以非法占有为目的，在与被害人签订房屋租赁合同后，采用威胁、滋扰等方法强行收取不合理费用，或者强行终止合同并迫使被害人搬出房屋，后拒不退还应退钱款，从而获利。其中刘康、刘硕、刘峰、刘少波、刘广乐、李玲敲诈勒索数额巨大，刘明瑞敲诈勒索数额较大，七被告人的行为均已构成敲诈勒索罪。根据各被告人敲诈勒索的金额，各自在共同犯罪中的地位以及所起的作用大小，依照《中华人民共和国刑法》第二百七十四条，第六十一条，第二十五条第一款，第二十六条第一款、第四款，第二十七条，第六十七条第三款，第四十五条，第四十七条，第五十六条第一款，第五十五条第一款，第五十二条，第五十三条，第六十四条及《最高人民法院、最高人民检察院关于办理敲诈勒索刑事案件适用法律若干问题的解释》第一条、第八条的规定，判决被告人刘康犯敲诈勒索罪，判处有期徒刑七年，剥夺政治权利一年，罚金人民币七万元；被告人刘硕犯敲诈勒索罪，判处有期徒刑七年，剥夺政治权利一年，罚金人民币七万元；被告人刘峰犯敲诈勒索罪，判处有期徒刑四年，罚金人民币四万元；被告人刘少波犯敲诈勒索罪，判处有期徒刑四年，罚金人民币四万元；被告人刘广乐犯敲诈勒索罪，判处有期徒刑四年，罚金人民币四万元；被告人刘明瑞犯敲诈勒索罪，判处有期徒刑二年，罚金人民币二万元；被告人李玲犯敲诈勒索罪，判处有期徒刑一年六个月，罚金人民币二万元。

一审宣判后，七被告人以定性错误及量刑过重为由，提出上诉。

北京市第三中级人民法院经依法审理，认为一审判决定性准确，量刑适当，于2019年2月19日作出(2019)京03刑终73号刑事裁定，驳回七被告人上诉，维持原判。

二、主要问题

1. 恶势力犯罪行为如何认定？

2. “黑中介”与承租人签订房屋租赁合同后，采用威胁、滋扰等软暴力手段强行收取不合理费用，或者编造各种理由，强行终止合同并迫使承租人搬出房屋，拒不退还应退钱款的行为，应当如何定性？

三、裁判理由

（一）“黑中介”为非作恶、欺压百姓的行为属于恶势力犯罪行为

最高人民法院、最高人民检察院、公安部、司法部发布的《关于办理黑恶势力犯罪案件若干问题的指导意见》《关于办理恶势力刑事案件若干问题的意见》《关于办理实施“软暴力”的刑事案件若干问题的意见》等文件对“恶势力”进行了界定，即经常纠集在一起，以暴力、威胁或“软暴

力”，在一定区域或行业内多次实施违法犯罪活动，为非作恶，欺压百姓，扰乱经济、社会生活秩序，造成较为恶劣的社会影响，但尚未形成黑社会性质组织的违法犯罪组织。恶势力一般为三人以上，纠集者相对固定，违法犯罪活动主要为强迫交易罪、故意伤害罪、非法拘禁罪等，同时还可能伴随实施开设赌场、组织卖淫、聚众扰乱公共场所秩序、聚众“打砸抢”等违法犯罪活动。

根据上述规定，恶势力有如下特征：(1)组织特征。恶势力的组织结构相对紧密，人数为三人以上，纠集者相对固定，在违法犯罪活动中起到组织、策划、指挥的作用。包括纠集者在内，至少应有两名相同的成员经常纠集在一起，多次参与实施违法犯罪活动。(2)行为特征。多次以暴力、威胁或者滋扰、纠缠、哄闹、聚众造势等软暴力手段，在一定区域或者行业内两年内多次实施违法犯罪活动，至少应有一次犯罪活动。(3)危害特征。通过暴力、威胁或者软暴力，大肆进行强迫交易、故意伤害、非法拘禁、敲诈勒索、故意毁坏财物、聚众斗殴、寻衅滋事等犯罪活动，为非作恶，欺压百姓，扰乱经济、社会生活秩序，造成较为恶劣的社会影响。(4)尚未形成黑社会性质组织。

当前，租房市场上存在大量“黑中介”的现象，从事“黑中介”的行为人通过网络等渠道发布租房信息，以低价、个人直租等优惠条件吸引租客，与租客签订房屋租赁合同收取押金、房租等费用，在租客入住不久后，强迫租客交纳额外费用，如果租客拒绝交纳，就故意利用合同陷阱，制造违约事由，采取恐吓、威胁、骚扰等手段强迫租客交纳违约金或强迫租客搬离。租客不堪其扰搬离后，行为人以租客违约为由不退还押金和多余租金，从而达到占有租客钱款的目的。对于“黑中介”是否能认定为恶势力，应根据案件实际情况，从以下几个方面进行把握：

首先，从组织特征上看，通常“黑中介”由三人以上组成“房屋租赁中介”，纠集者相对固定，其他成员分工明确，联系相对紧密，能够随时纠集。但领导者对团伙的管控制约力相对松散，经济实力相对薄弱，尚未形成黑社会性质组织。其次，从行为方式上看，“黑中介”为牟取不法经济利益，与承租人签订房屋租赁合同后，通常多次采用威胁、滋扰等“软暴力”手段强行收取不合理费用，或者编造各种理由，强行终止合同并迫使承租人搬出房屋，拒不退还应退钱款，在房屋租赁领域为非作恶、欺压百姓。最后，从危害结果上看，“黑中介”行为严重扰乱了正常的房屋租赁市场的经营秩序，给承租人的经济、生活造成了恶劣的影响。本案中，被告人刘康、刘硕作为纠集者先后纠集了多名被告人，各被告人之间分工明确、组织紧密，在刘康、刘硕的纠集下能够迅速行动，以非法占有为目的，在房屋租赁行业多次通过滋扰、威胁等“软暴力”手段强迫被害人交纳物业费、供暖费等额外费用，若不交纳就必须搬离，且被害人被迫搬离租住处后理应退还的剩余款项亦会被强行扣除。被告人为非作恶、欺压被害人，严重影响正常房屋租赁市场，影响人民群众生活幸福感，但尚未达到黑社会性质组织犯罪行为的程度，符合恶势力犯罪的认定标准。

(二)本案中，“黑中介”强行收取或拒不退还相关费用的行为构成敲诈勒索罪

关于本案的定性，有以下三种意见：

第一种意见认为，被告人刘康等七人与被害人签订房屋租赁合同，后用言语威胁、更换密码锁等胁迫手段，强迫被害人交纳合同约定之外的费用或以被害人“违约”为由，终止租赁合同，严重扰乱了租赁市场的经济秩序，符合《刑法》第二百二十六条规定的强迫他人退出特定的经营活动，构成强迫交易罪。

第二种意见认为，被告人刘康等七人以语言威胁、辱骂、换密码锁等骚扰方式扰乱被害人的生活，强迫被害人交纳物业费、供暖费、中介费等额外费用，手段上强拿硬要、耍强逞横，构成寻衅滋事罪。

第三种意见认为，被告人刘康等七人用签订房屋租赁合同的形式掩盖其非法占有的目的，采

用言语威胁等“软暴力”方式使被害人产生恐惧、恐慌，进而形成心理强制，使得被害人交纳额外的费用或放弃应当退还的费用，构成敲诈勒索罪。

我们同意第三种观点，具体理由如下：

1. 被告人的行为不构成强迫交易罪

本案公诉机关最初按照强迫交易罪起诉，后变更指控罪名为敲诈勒索罪。我们认为，本案被告人行为不构成强迫交易罪。

根据《现代汉语词典》的解释，交易原指以物易物，后泛指买卖商品或者服务，通常指平等民事主体遵循等价交换的市场经济原则，进行商业性或者经营性的活动。《刑法》中交易的含义应在《刑法》分则条文规定中把握。强迫交易罪规定在《刑法》分则第三章“破坏社会主义市场经济秩序罪”中。根据《刑法》第二百二十六条的规定，强迫交易罪有五种行为模式，实质是违背了市场经济下等价有偿、平等自愿的交易原则。行为人欲通过强迫交易获得交易利益，但构成该罪的前提是存在实质性的交易。换言之，行为人通过强迫交易行为获得的经济利益，应当与正常市场交易相差不大。《最高人民法院关于审理抢劫、抢夺刑事案件适用法律若干问题的意见》规定，从事正常商品买卖、交易或者劳动服务的人，以暴力、胁迫手段迫使他人交出与合理价钱、费用相差不大的钱物，情节严重的，以强迫交易罪定罪处罚；以非法占有为目的，以买卖、交易、服务为幌子采用暴力、胁迫手段迫使他人交出与合理价钱、费用相差悬殊的钱物的，以抢劫罪定罪处罚。

在强迫交易罪下，行为人主观上欲通过强迫交易行为牟取经公平竞争无法得到的交易机会或者无法成交的价格；客观上，采用暴力、威胁等手段，且暴力、威胁等手段要与交易存在关联。暴力、威胁是排除被害人自主选择，实现交易的手段行为，交易是使用暴力、威胁的目的。暴力、威胁的强度要低于抢劫罪等罪的强度，不要求被害人不能、不敢、不知反抗，仅要求足以侵犯他人的自主选择权即可，在手段行为上与敲诈勒索罪类似。

就本案而言，被告人等从事“黑中介”行为，已经形成了固定的行业模式。被告人以非法获取经济利益为目的，虽然形式上与被害人签订了合同，营造了进行市场交易的外观假象，但其主观上没有提供租赁服务、满足客户租房需求的意图，合同不过是被告人等实施违法犯罪活动的幌子，双方不存在实质性交易。被告人等在租客入住后不久采取换锁、辱骂等胁迫手段，强迫被害人交纳额外费用或不退租金，从而非法获利，其行为直接侵犯的法益是被害人的财产权益，且被告人获取的经济利益与正常市场交易可以获取的利益相差悬殊，也不符合强迫交易罪的特征。从罪责刑相适应的角度分析，本案被告人社会危害性大，违法所得数额高，以强迫交易罪定罪处罚明显偏轻。

2. 被告人的行为不构成寻衅滋事罪

《刑法》第二百九十三条规定，下列行为构成寻衅滋事罪：(1)随意殴打他人，情节恶劣的；(2)追逐、拦截、辱骂、恐吓他人情节恶劣的；(3)强拿硬要或者任意损毁、占用公私财物，情节严重的；(4)在公共场所起哄闹事，造成公共场所秩序严重混乱的。寻衅滋事是近年来恶势力犯罪中常见的一种方式，具有头目指挥幕后化、打手市场化等特点，恶势力团伙通过逞强耍横、强拿硬要，借助人多势众，制造现场紧张、恐慌气氛等行为，对被害人及其周围的群众造成了强烈的心里恐吓和震慑的效果，具有较大社会危害性。

其中，强拿硬要型的寻衅滋事，往往表现为行为人在逞强斗狠、寻求精神刺激的心理支配下，采取一定程度的胁迫等手段，违背他人意志，强行索取公私财物(财产性利益)。行为人侵害公民公私财物(财产性利益)的所有权和公民的人身权通常是为了实现其要横逞强的主观心态，属于公众理解的“流氓”行为的一种。

本案中,被告人刘康等人从事"黑中介"行业,其直接目的是占有和索取他人的财产,虽然在手段行为上有逞强耍横、称霸一方、无赖下作等流氓做派,但主观目的不是通过侵占他人财物展现团伙实力,其与被害人签订房屋租赁合同的行为是为了掩盖其想占有和索要他人财产的目的,不是事出无因、无事生非,而是"有备而来",因而不符合寻衅滋事罪的构成。

3. 被告人行为构成敲诈勒索罪

一般意义上的敲诈勒索罪的行为模式为:对他人实施威胁(恐吓)→对方产生恐惧心理→对方基于恐惧心理处分财产→行为人或者第三人取得财产→被害人财产遭受损失。通常行为人的胁迫行为发生在对方处理财产之前。"黑中介"行为中,敲诈勒索的行为模式出现了新的变化,行为人通过所谓的市场交易掩饰非法占有的目的,被害人按照交易规则支付对价后,行为人采取暴力、胁迫手段,或让被害人给付额外的财产,或让被害人放弃对其不当得利的返还请求权。其行为模式为:制造"交易"行为→对方基于交易约定规则给付财产→行为人采取威胁手段→对方产生恐惧心理→对方基于恐惧心理处分财产→行为人或第三人取得财产→对方遭受财产损失。但上述行为的本质仍是通过胁迫手段使被害人基于恐惧处分财产,与一般的敲诈勒索并无实质不同。如前文分析,被告人刘康等人主观上以非法占有租客财产的目的,客观上在租客入住后,采用电话威胁、上门骚扰、更换房间密码锁的方式强迫被害人交纳额外的物业费、取暖费,不交就限期搬离,被害人由于不堪其扰,基于担心不交纳费用被限期搬离,以及即使搬离也会以各种违约的理由不退剩余租金的心理恐惧,非自愿地向被告人给付财产,符合敲诈勒索罪的犯罪构成。

需要指出的是,受害人基于恐惧处分财产,其中"处分财产"的含义应作扩大性的解释。敲诈勒索罪的被害人处分财产的方式既可以通过现实交付的方式,也可以通过放弃对债权请求权的方式;被害人遭受财产损失既可以表现为狭义的财物损失,也可以表现为财产性利益的损失。由于"黑中介"采取了交易的伪装形式,使被害人先给付财产,其中部分敲诈勒索行为是通过强迫对方交纳额外费用的方式实现,还有部分敲诈勒索行为则是通过不退还多余租金的方式实现。本案中,被害人遭受威胁搬离出租屋后,被告人不退还的剩余租金,是典型的侵犯性不当得利,被害人对于这部分的财产依法享有不当得利返还请求权,但基于被告人的胁迫、恐吓行为,被害人处分财产的方式是放弃自己的不当得利返还请求权,仍然是处分了自己财产并造成财产损失。

综上,本案被告人行为符合敲诈勒索罪的犯罪构成,属于侵犯财产的犯罪,法院认定被告人等构成敲诈勒索罪,并将被害人被强行收取或者因"违约"被强行扣除的钱款认定为犯罪数额,在此基础上综合全案事实、情节确定量刑,定罪准确,量刑适当。

(撰稿:北京市朝阳区人民法院 付想兵 刘 杰
审编:最高人民法院刑二庭 韩维中)

[第1360号]吴强等人敲诈勒索、抢劫、贩卖毒品、故意伤害案

——如何区分恶势力犯罪集团和普通犯罪集团

【关键词】 敲诈勒索罪 恶势力犯罪集团 普通犯罪集团

一、基本案情

被告人吴强,男,1996年10月4日出生。2017年4月21日被逮捕。

（其他被告人基本情况略。）

江苏省南通市通州区人民检察院以被告人吴强犯抢劫罪、敲诈勒索罪，被告人季凯文、姜东东、曹立强犯抢劫罪，被告人季少廷犯敲诈勒索罪、贩卖毒品罪，被告人曹静怡、李颖、邵添麒、曹兵犯敲诈勒索罪，向南通市通州区人民法院提起公诉。审理中，南通市通州区人民检察院追加起诉吴强犯故意伤害罪，同时追加认定本案是以吴强为首带有恶势力性质的犯罪集团。

被告人吴强辩称：本案因没有稳定的组织，没有相对固定的成员和相对固定的收入，不能认定为犯罪集团。其辩护人提出：本案是否属于持枪抢劫存疑。

南通市通州区人民法院经审理查明：

2017 年 2 月初，被告人吴强、季少廷为谋取非法利益，与被告人曹兵共同计议，商定通过约熟人吃饭时"劝酒"，诱使被害人酒后驾驶机动车，而后制造交通事故，以被害人系酒后驾驶机动车欲报警相要挟，索要他人钱财。后被告人曹静怡、李颖明知吴强等人欲实施上述违法犯罪活动而积极加入，并在吴强、季少廷的组织、安排下，逐步形成相对稳定、分工明确的犯罪团伙开始实施敲诈勒索犯罪。

被告人吴强通过被告人邵添麒将季某峰、徐某炜（均系未成年人，另案处理）带入团伙。2017 年 2 月底 3 月初开始，季某峰、徐某炜紧密跟随吴强，并由吴强负责二人的住宿、生活及日常开销。在短时间内，快速形成以吴强为首要分子，被告人季少廷等人为其他成员的犯罪集团。吴强纠集被告人季少廷、曹静怡、李颖、邵添麒、曹兵以及季某峰、徐某炜等人，以威胁、恐吓等手段，先后五次实施敲诈勒索犯罪行为。后吴强发现赌场内流动资金较多，且参与赌博人员害怕处理一般不敢报警，遂纠集被告人季凯文、曹立强、姜东东及季某峰、徐某炜、应某维等人持气手枪、管制刀具、电棍等，采用暴力手段实施抢劫。具体犯罪事实如下：

（一）敲诈勒索事实

1. 2017 年 2 月 18 日下午，被告人季少廷出面约被害人曹帅帅在江苏省南通市经济技术开发区世贸广场吃饭。其间，季少廷安排被告人曹静怡、李颖故意劝曹帅帅饮酒。后曹帅帅酒后驾驶汽车离开，被告人吴强、曹兵驾驶汽车尾随并故意与曹帅帅碰撞，制造交通事故。吴强以曹帅帅系酒后驾驶机动车欲报警相要挟，向曹帅帅索要人民币 50 000 元。后曹帅帅的母亲及姨妈赶至现场，经双方"协商"由曹帅帅向吴强支付"赔偿款"人民币 5000 元。

2. 2017 年 2 月的一天晚上，被告人吴强出面约被害人熊春波等人在南通市通州高新技术产业开发区希格马 KTV 唱歌。其间，吴强安排被告人曹静怡、李颖故意劝被害人熊春波等人饮酒。后熊春波酒后驾驶汽车离开，被告人季少廷故意与熊春波碰撞，制造交通事故。季少廷以熊春波系酒后驾驶机动车欲报警相要挟，向熊春波索要人民币 3000 元，后熊春波向季少廷支付"赔偿款"人民币 3000 元现金。

（其他敲诈勒索的事实略。）

（二）抢劫事实

2017 年 3 月 13 日夜至 14 日凌晨，被告人吴强提议抢劫南通市通州区川姜镇义成小区一棋牌室内参赌人员的赌资，季某峰、徐某炜等人赞同。同月 14 日下午，吴强和季某峰、徐某炜三人购买了口罩、帽子，又准备气手枪（未充压缩气体、未装钢珠）、砍刀、电棍、伸缩甩棍等工具。后季某峰纠集被告人姜东东及应某维（系未成年人，另案处理），徐某炜纠集被告人季凯文，季凯文又纠集被告人曹立强。当日 23 时许，吴强等七人来到棋牌室楼下并设法持作案工具进入棋牌室，因发现没有进行大规模赌博，且被打牌的被害人陈菊发现而离开现场。此次进屋期间，吴强单独偷了被害人倪东人民币 150 元。

在离开的途中，被告人季凯文和季某峰提议返回实施抢劫，众人都表示同意，遂再次持作案工具进入棋牌室。被害人陆美红到客厅发现被告人吴强等七人后，随即返回其打牌的里屋把门关上。季凯文持砍刀上前将门踹开，吴强等人分别手持气手枪、砍刀等作案工具恐吓被害人，要求交出随身钱财。在抢得人民币2100余元后，吴强等七人离开现场，离开时吴强还踹了倪东一脚，威胁对方不准报警。经鉴定，扣押涉案枪支为气手枪，以压缩气体为动力，可发射6毫米0.86克钢珠弹丸，弹丸比动能为2.05J/cm^2，对人体具有致伤力。

（故意伤害、贩卖毒品的事实略。）

江苏省南通市通州区人民法院认为，被告人吴强、季少廷、曹静怡、李颖、邵添麒、季凯文、姜东东、曹立强、曹兵等人与另案处理的季某峰、徐某炜、应某维等人为共同实施犯罪而组成较为固定的犯罪组织，其间采取暴力、威胁等手段，在一定区域内多次实施敲诈勒索、抢劫等犯罪活动，且在实施犯罪过程中目的明确、分工明细，可认定为犯罪集团。本案中，吴强等人从聚集在一起开始作案，到最后实施持枪抢劫犯罪，时间较短，所实施的犯罪行为不符合恶势力犯罪集团的认定要求，故不能认定为恶势力犯罪集团，按一般犯罪集团对各被告人定罪量刑……吴强伙同季凯文、姜东东、曹立强等人持枪抢劫他人钱财，上述四被告人的行为均已构成抢劫罪；吴强伙同季少廷、曹静怡、李颖、邵添麒、曹兵等人，多次实施敲诈勒索他人钱财，数额较大，上述六被告人的行为均已构成敲诈勒索罪；吴强故意伤害他人身体，致人轻伤，其行为已构成故意伤害罪；季少廷明知是毒品而少量贩卖，其行为已构成贩卖毒品罪。依照《中华人民共和国刑法》第二百六十三条第（七）项，第二百七十四条，第二百三十四条第一款，第三百四十七条第一款、第四款，第二十五条第一款，第二十六条，第五十五条第一款，第五十六条第一款，第六十九条第一款、第三款，第六十四条；《最高人民法院关于审理抢劫案件具体应用法律若干问题的解释》第五条；《最高人民法院、最高人民检察院关于办理敲诈勒索刑事案件适用法律若干问题的解释》第一条、第三条、第八条等规定，判决如下：

被告人吴强犯抢劫罪，判处有期徒刑十二年，剥夺政治权利二年，并处罚金人民币四千元；犯敲诈勒索罪，判处有期徒刑二年，并处罚金人民币一万元；犯故意伤害罪，判处有期徒刑十个月，决定执行有期徒刑十三年六个月，剥夺政治权利二年，并处罚金人民币一万四千元。

（其他被告人判决情况略。）

一审宣判后，被告人均未上诉，检察机关亦未抗诉。一审判决已发生法律效力。

二、主要问题

如何区分恶势力犯罪集团和普通犯罪集团？

三、裁判理由

恶势力犯罪集团是一个随着司法实践不断深入而产生的概念，用以理顺由“恶”到“黑”的演进脉络，标定恶势力与黑社会性质组织之间的中间发展阶段，进而充分运用《刑法》总则关于犯罪集团的规定实现依法从严惩处，防止此类犯罪组织继续发展，形成新的黑社会性质组织。此前，最高人民法院、最高人民检察院、公安部印发的《办理黑社会性质组织犯罪案件座谈会纪要》虽然提出“对符合犯罪集团特征的，要按照犯罪集团处理，以加大对‘恶势力’团伙依法惩处的力度”，但是并未直接界定恶势力犯罪集团。扫黑除恶专项斗争伊始，最高人民法院、最高人民检察院、公安部、司法部联合制定印发的《关于办理黑恶势力犯罪案件若干问题的指导意见》（以下简称《指导意见》）对恶势力犯罪集团进行了定义，即“恶势力犯罪集团是符合犯罪集团法定条件的恶势力犯罪组织”。之后，最高人民法院、最高人民检察院、公安部、司法部印发的《关于办理恶势力刑事案件若干问题的意见》（以下简称《意见》）在《指导意见》的基础上对恶势力犯罪集团的定义作出了进一步明确，“恶势力犯罪集团，是指符合恶势力全部认定条件，同时又符合犯罪集团法定条件的犯罪组织”。

从前述定义来看，恶势力犯罪集团与普通犯罪集团的界限较为清晰，主要审查在符合犯罪集团法定条件的同时，是否还符合恶势力的全部认定条件。但综合比较分析，便可发现由于犯罪集团是三人以上为共同实施犯罪而组成的较为固定的犯罪组织，其当然具备“一般为三人以上”“多次实施违法犯罪活动”等特征；同时，恶势力主要实施和伴随实施的违法犯罪活动许多又是多发性违法犯罪，普通犯罪集团亦常会涉及。因此，单从“人数”、“行为次数”和“罪名”等形式特征出发，很难对恶势力犯罪集团和普通犯罪集团作以准确区分，容易导致恶势力犯罪集团认定的扩大化。

那么如何解决恶势力犯罪集团与普通犯罪集团的区分问题呢？我们认为，恶势力与普通犯罪团伙、恶势力犯罪集团与普通犯罪集团的区别都可从“恶”与“黑”的关系入手加以把握。具体来说，恶势力是黑社会性质组织的雏形，恶势力犯罪集团是恶势力的下一个发展形态，如果不加以限制和打击，二者都有可能发展成为黑社会性质组织。《指导意见》和《意见》在恶势力的定义中，使用“尚未形成黑社会性质组织的违法犯罪组织”这一表述，正是对“恶”与“黑”演进关系和内在联系的明示。基于这种内在联系和演进关系，恶势力、恶势力犯罪集团在主观方面虽然没有同黑社会性质组织一样强烈的自我发展要求，但二者实施违法犯罪活动一般都会不同程度带有“形成非法影响、谋求强势地位”的意图，并在这一意图的支配下完成“量”的积累，最终实现由“恶”到“黑”的蜕变。换言之，恶势力、恶势力犯罪集团“形成非法影响、谋求强势地位”的意图在一定程度上可以看作黑社会性质组织“争霸一方”总体意图的“前奏”。在客观方面，相对于黑社会性质组织行为特征中的“为非作恶，欺压、残害群众”和危害性特征中的“形成非法控制或者重大影响”，恶势力、恶势力犯罪集团实施违法犯罪活动必然带有“为非作恶，欺压百姓”的特征，并且“造成较为恶劣的社会影响”。而普通犯罪团伙、普通犯罪集团则尚不具有前述“恶”与“黑”的演进关系，因此不具备恶势力、恶势力犯罪集团实施违法犯罪活动的全部主客观特征，在打击方式上也不需要通过“定恶”来增强否定性评价，提升惩治力度。

在司法实践中，恶势力、恶势力犯罪集团实施违法犯罪活动的主客观特征往往通过危害结果、行为公开性、违法犯罪手段等事实要素表现出来，需要结合具体案情综合分析、把握：一是由于恶势力、恶势力犯罪集团具有“形成非法影响、谋求强势地位”的意图，其实施违法犯罪活动所造成的危害往往具有复合性，不仅侵犯公民人身、财产权利，还破坏市场经济秩序或者社会管理秩序。二是恶势力、恶势力犯罪集团由于不同程度带有“形成非法影响、谋求强势地位”的意图，且需要“在一定区域或者行业内，造成较为恶劣的社会影响”，其所实施的违法犯罪活动必然具有一定的公开性。三是恶势力、恶势力犯罪集团实施违法犯罪活动必然带有“为非作恶，欺压百姓”的特征。其中，“欺压百姓”要求恶势力、恶势力犯罪集团实施违法犯罪活动应当以暴力、威胁为主要手段，带有欺凌、强制、压迫的性质。

具体到本案，被告人吴强等人为共同实施敲诈勒索等侵犯财产犯罪，在短时间内形成以吴强为首要分子，重要成员较为固定的犯罪组织，多次有预谋地实施敲诈勒索、抢劫等犯罪活动，造成严重社会危害，依法应当认定为犯罪集团。关于吴强等人是否同时符合恶势力的认定标准，进而认定为恶势力犯罪集团，从本案查明事实来看，吴强等人虽然在犯罪人数、构成犯罪的类型（敲诈勒索系恶势力主要实施的违法犯罪活动、抢劫系恶势力伴随实施的违法犯罪活动）、犯罪次数等形式特征上与恶势力犯罪集团相符，但其实施犯罪活动明显仅是为了牟取不法经济利益，缺乏“形成非法影响、谋求强势地位”的意图，也不具有“为非作恶，欺压百姓”的特征。在敲诈勒索犯罪中,吴强等人的主要犯罪手段是约熟人吃饭,设局"劝酒"造成被害人酒后驾车,再"碰瓷"制造交通事故,利用被害人害怕报警处理的心理,通过所谓的"协商""私了"实现对他人财物的非法占有。从物色被害人到达成犯罪目的,吴强等人预备、实施犯罪的整个过程都是在较为隐蔽的情况下进行,极力避免被他人察觉而"穿帮"。在唯一一起抢劫犯罪中,吴强等人同样抱有刻意隐匿踪迹的心理。比如,吴强等人起意抢劫赌场的重要原因是参赌人员害怕被处理一般不敢报警,持气手枪、砍刀等作案工作第一次进入现场后又随即离开的原因之一是被被害人陈菊发现。综上,吴强等人在单纯"谋财"意图的支配下实施敲诈勒索、抢劫犯罪,"为非作恶,欺压百姓"的特征尚不明显,犯罪手段、行为方式与典型的恶势力犯罪集团存在明显差异,实际侵犯的法益基本也都集中在公民财产权利方面。故吴强等人实施违法犯罪活动的特征与恶势力犯罪集团的认定要求不符,应作为普通犯罪集团依法处理。

（撰稿:江苏省南通市中级人民法院　李梦龙
审编:最高人民法院刑三庭　周　川）

八、故意毁坏财物罪

[第1276号]宋某胜等故意伤害、故意毁坏财物案

——事出有因非法拘禁他人向其亲属索取赔偿金的行为性质如何认定

【关键词】 故意伤害罪 故意毁坏财物罪 绑架罪 非法拘禁 索取赔偿金

一、基本案情

被告人宋某胜,男,1969年3月12日出生,农民。2015年1月25日被刑事拘留,同年2月13日因涉嫌犯绑架罪被逮捕。

被告人宋某群,男,1958年10月30日出生,农民。2015年1月25日被刑事拘留,同年2月13日因涉嫌犯绑架罪被逮捕。

被告人宋某学,男,1956年5月9日出生,农民。2015年1月25日被刑事拘留,同年2月13日因涉嫌犯绑架罪被逮捕。

被告人宋某山,男,1978年8月8日出生,农民。2015年5月26日被刑事拘留,同年6月12日因涉嫌犯绑架罪被逮捕。

被告人宋某柱,男,1970年11月12日出生,农民。2015年1月25日被刑事拘留,同年2月13日因涉嫌犯绑架罪被逮捕。

被告人李某英,女,1973年5月10日出生,农民。2015年1月25日被刑事拘留,同年2月14日因涉嫌犯绑架罪被逮捕。

河北省某市人民检察院指控,2014年11月,被害人王某与宋某某(女,未成年,另案处理)通过QQ聊天认识,并发生性关系,宋某某将此事告知其父被告人宋某胜。2015年1月23日,被告人宋某胜及妻子李某英决定对此事私了,宋某胜让宋某某将王某叫至本村,宋某胜与其子宋某安(在逃)、侄子宋某柱、宋某山在村口等候,当日13时30分许,王某驾驶冀F0××××长安面包车到达村口,被告人宋某胜、宋某安、宋某山持羊角锤、木棍等工具殴打王某,后将王某带至宋某胜家旧院内。其间,宋某胜、宋某群、宋某学、宋某山、宋某柱、李某英、宋某安持棍棒等工具多次殴打王某,并向其家人索要人民币50万元,后王某死亡。经法医鉴定,王某系创伤性休克死亡。当晚,被告人宋某胜、宋某安、宋某柱等人将王某的面包车及尸体推入邻县道路边悬崖下,造成面包车损毁,经鉴定面包车价值人民币24 300元。

公诉机关认为,被告人宋某胜、宋某柱、宋某山绑架他人,故意毁坏他人财物,数额较大,其行为触犯了《中华人民共和国刑法》第二百三十九条第二款、第二百七十五条之规定,应当以绑架罪、故意毁坏财物罪追究其刑事责任;被告人宋某群、宋某学、李某英绑架他人,其行为触犯了《中华人民共和国刑法》第二百三十九条第二款之规定,应当以绑架罪追究其刑事责任。

河北省某市中级人民法院经过审理认定的事实与公诉机关指控的事实基本一致。

河北省某市中级人民法院认为,被害人王某生前通过QQ聊天和宋某某相识并发生性关系后,又以公开宋某某裸照胁迫宋某某与其继续发生性关系。被告人宋某胜得知后,纠集被告人宋

某群、宋某学、宋某山、宋某柱、李某英将王某拘禁,使用暴力致被害人王某死亡,六被告人的行为均构成故意伤害罪;被告人宋某胜、宋某柱、宋某山将王某的面包车推下悬崖,故意毁坏他人财物,数额较大,三被告人的行为构成故意毁坏财物罪。公诉机关指控三被告人构成故意毁坏财物罪成立,指控各被告人构成绑架罪不当。被告人宋某胜在非法拘禁、暴力伤害致人死亡的犯罪中,直接策划、指挥、参与拘禁、殴打、索赔行为,系主犯;被告人宋某群、宋某学、宋某山、宋某柱、李某英起帮助作用,系从犯;被告人李某英协助侦查机关抓捕同案犯宋某群、宋某学、宋某柱,依法构成立功;对被告人宋某群、宋某学、宋某山、宋某柱、李某英均减轻处罚。宋某胜主动投案,如实供述所犯罪行,依法构成自首。依照《中华人民共和国刑法》第二百三十八条第二款、第二百三十四条、第二百七十五条、第六十九条、第五十七条第一款、第二十五条第一款、第二十六条第一款、第二十七条、第六十七条第一款、第六十八条、第三十六条第一款,《中华人民共和国民法通则》第一百三十条及《最高人民法院关于适用〈中华人民共和国刑事诉讼法〉的解释》第一百五十五条第一款、第二款之规定,判决如下:

1. 被告人宋某胜犯故意伤害罪,判处无期徒刑,剥夺政治权利终身;犯故意毁坏财物罪,判处有期徒刑二年,决定执行无期徒刑,剥夺政治权利终身。

2. 被告人宋某群犯故意伤害罪,判处有期徒刑十一年。

3. 被告人宋某学犯故意伤害罪,判处有期徒刑十一年。

4. 被告人宋某山犯故意伤害罪,判处有期徒刑六年;犯故意毁坏财物罪,判处有期徒刑二年;决定执行有期徒刑七年。

5. 被告人宋某柱犯故意伤害罪,判处有期徒刑四年;犯故意毁坏财物罪,判处有期徒刑二年,决定执行有期徒刑五年。

6. 被告人李某英犯故意伤害罪,判处有期徒刑三年。

一审宣判后,被告人宋某胜等五人不服,向河北省高级人民法院提出上诉。河北省高级人民法院经过阅卷,不开庭审理,认定原判决认定事实清楚,适用法律正确,量刑适当,审判程序合法。裁定驳回上诉,维持原判。

二、主要问题

1. 事出有因将他人非法拘禁,后向其家人索要赔偿金的行为性质如何认定?

2. 将被非法拘禁的被害人殴打致死的行为性质如何认定?

三、裁判理由

(一)事出有因将他人非法拘禁,后向其家人索要赔偿金的行为应定性为非法拘禁罪

公诉机关指控宋某胜等人的行为构成绑架罪,一、二审判决均认为,被告人宋某胜等人的行为构成非法拘禁罪,我们认同法院的裁判意见。理由如下:

《最高人民法院关于审理抢劫、抢夺刑事案件适用法律若干问题的意见》中明确规定,行为人仅以其所输赌资或所赢赌债为抢劫对象,一般不以抢劫罪定罪处罚。构成其他犯罪的,依照刑法的相关规定处罚。该理论也同样适用于为索取非法债务而拘禁他人的情形。最高人民法院在2000年7月13日公布的《关于对为索取法律不予保护的债务非法拘禁他人行为如何定罪问题的解释》规定,行为人为索取高利贷、赌债等法律不予保护的债务,非法扣押、拘禁他人的,依照刑法第二百三十八条定罪处罚,即以非法拘禁罪论处。

设立非法拘禁罪的目的主要在于保护他人的人身权利而非财产权利。依据法律规定,无论行为人索取的是合法债务还是非法债务,一般都定性为非法拘禁。以索取债务为目的的非法拘禁罪与绑架罪的区别在于:一是犯罪对象不同,为索取债务而非法拘禁的对象,与行为人都有某

种债权债务关系，表现为“事出有因”，并且被害人通常都有一定过错或责任，犯罪对象比较固定；绑架罪中双方一般不具有债权债务关系，或是以无中生有的借口，或是无缘无故向他人索取财物，犯罪对象通常是不特定的具有一定经济实力的人，很多时候双方并不认识，没有矛盾纠纷。二是客观方面不同，非法拘禁行为对人身的伤害程度一般远远小于绑架，非法拘禁造成人身伤亡的危险性远低于绑架。三是主观目的、主观恶性不同，非法拘禁索取财物中，行为人的目的是要回认为是自己应得的财物，而非凭空索取；绑架行为多以无故勒索他人财物为目的。

基于上述分析，本案中被告人宋某胜等人因被害人王某与宋某某发生性关系，拘禁王某并向王某的家人索要所谓的赔偿款，其行为符合非法拘禁罪的构成要件，不符合绑架罪的构成要件。

（二）非法拘禁并实施伤害行为，致被害人死亡的，应定性为故意伤害罪

刑法第二百三十八条规定，犯非法拘禁罪，使用暴力致人伤残、死亡的，依照刑法第二百三十四条、第二百三十二条的规定定罪处罚，即转化为故意伤害罪或故意杀人罪，不实行数罪并罚。通常而言，非法拘禁罪必须同时符合以下两个条件才能转化为故意伤害罪或者故意杀人罪：一是在主观故意方面，由非法剥夺他人人身自由的故意转化为非法损害他人身体健康或者非法剥夺他人生命的故意；二是在客观行为方面，必须使用暴力，并因此造成被害人伤残或者死亡的危害结果。在审理过程中有观点认为，依照该规定，非法拘禁使用暴力致人伤残的，对行为人定性为故意伤害罪；致人死亡的，对行为人应以故意杀人罪处罚。我们不同意此观点，对行为人使用暴力致人伤残、死亡的情形，不能单纯地以造成被害人伤残或者死亡的危害结果来确定行为人的罪名，否则容易陷入客观归罪的错误。正确的做法是要区分行为人主观故意的内容是非法剥夺他人生命还是要损害他人身体健康，综合犯罪构成的主客观要件认定罪名，只有这样才符合罪刑相适应原则。

本案中，被告人宋某胜、李某英等人，在得知其未成年女儿与成年男子王某发生性关系之后，基于气愤将被害人王某长时间非法控制之后，对王某进行殴打，向王某及其家人索取赔偿款，虽然上述赔偿款是法律上所不保护的非法债务，但基于有关司法解释的规定，宋某胜等人的行为应构成非法拘禁罪。后宋某胜等人多次殴打王某，致王某创伤性休克死亡，根据刑法的规定，应以故意杀人罪或故意伤害罪定罪处罚。根据本案事实，在王某生命处于危险状态时，有被告人给王某服药，并找来村医给王某治疗。各被告人显然不希望王某死亡，不具有非法剥夺他人生命的故意，各被告人的行为不符合故意杀人罪的构成要件，依法应当认定各被告人的行为由非法拘禁罪转化为故意伤害罪。一、二审法院对各被告人以故意伤害罪定罪处罚是正确的。

（撰稿：河北省保定市中级人民法院　赵雪莲　张胜利
审编：最高人民法院刑二庭　韩维中）

刑事立法、司法规范

一、综　合

最高人民法院
关于办理减刑、假释案件具体应用法律的规定

（2016年9月19日最高人民法院审判委员会第1693次会议通过　2016年11月14日公布　自2017年1月1日起施行　法释〔2016〕23号）

为确保依法公正办理减刑、假释案件，依据《中华人民共和国刑法》《中华人民共和国刑事诉讼法》《中华人民共和国监狱法》和其他法律规定，结合司法实践，制定本规定。

第一条　减刑、假释是激励罪犯改造的刑罚制度，减刑、假释的适用应当贯彻宽严相济刑事政策，最大限度地发挥刑罚的功能，实现刑罚的目的。

第二条　对于罪犯符合刑法第七十八条第一款规定“可以减刑”条件的案件，在办理时应当综合考察罪犯犯罪的性质和具体情节、社会危害程度、原判刑罚及生效裁判中财产性判项的履行情况、交付执行后的一贯表现等因素。

第三条　“确有悔改表现”是指同时具备以下条件：

（一）认罪悔罪；

（二）遵守法律法规及监规，接受教育改造；

（三）积极参加思想、文化、职业技术教育；

（四）积极参加劳动，努力完成劳动任务。

对职务犯罪、破坏金融管理秩序和金融诈骗犯罪、组织（领导、参加、包庇、纵容）黑社会性质组织犯罪等罪犯，不积极退赃、协助追缴赃款赃物、赔偿损失，或者服刑期间利用个人影响力和社会关系等不正当手段意图获得减刑、假释的，不认定其“确有悔改表现”。

罪犯在刑罚执行期间的申诉权利应当依法保护，对其正当申诉不能不加分析地认为是不认罪悔罪。

第四条　具有下列情形之一的，可以认定为有“立功表现”：

（一）阻止他人实施犯罪活动的；

（二）检举、揭发监狱内外犯罪活动，或者提供重要的破案线索，经查证属实的；

（三）协助司法机关抓捕其他犯罪嫌疑人的；

（四）在生产、科研中进行技术革新，成绩突出的；

（五）在抗御自然灾害或者排除重大事故中，表现积极的；

（六）对国家和社会有其他较大贡献的。

第（四）项、第（六）项中的技术革新或者其他较大贡献应当由罪犯在刑罚执行期间独立或者为主完成，并经省级主管部门确认。

第五条　具有下列情形之一的，应当认定为有“重大立功表现”：

(一)阻止他人实施重大犯罪活动的;

(二)检举监狱内外重大犯罪活动,经查证属实的;

(三)协助司法机关抓捕其他重大犯罪嫌疑人的;

(四)有发明创造或者重大技术革新的;

(五)在日常生产、生活中舍己救人的;

(六)在抗御自然灾害或者排除重大事故中,有突出表现的;

(七)对国家和社会有其他重大贡献的。

第(四)项中的发明创造或者重大技术革新应当是罪犯在刑罚执行期间独立或者为主完成并经国家主管部门确认的发明专利,且不包括实用新型专利和外观设计专利;第(七)项中的其他重大贡献应当由罪犯在刑罚执行期间独立或者为主完成,并经国家主管部门确认。

第六条 被判处有期徒刑的罪犯减刑起始时间为:不满五年有期徒刑的,应当执行一年以上方可减刑;五年以上不满十年有期徒刑的,应当执行一年六个月以上方可减刑;十年以上有期徒刑的,应当执行二年以上方可减刑。有期徒刑减刑的起始时间自判决执行之日起计算。

确有悔改表现或者有立功表现的,一次减刑不超过九个月有期徒刑;确有悔改表现并有立功表现的,一次减刑不超过一年有期徒刑;有重大立功表现的,一次减刑不超过一年六个月有期徒刑;确有悔改表现并有重大立功表现的,一次减刑不超过二年有期徒刑。

被判处不满十年有期徒刑的罪犯,两次减刑间隔时间不得少于一年;被判处十年以上有期徒刑的罪犯,两次减刑间隔时间不得少于一年六个月。减刑间隔时间不得低于上次减刑减去的刑期。

罪犯有重大立功表现的,可以不受上述减刑起始时间和间隔时间的限制。

第七条 对符合减刑条件的职务犯罪罪犯,破坏金融管理秩序和金融诈骗犯罪罪犯,组织、领导、参加、包庇、纵容黑社会性质组织犯罪罪犯,危害国家安全犯罪罪犯,恐怖活动犯罪罪犯,毒品犯罪集团的首要分子及毒品再犯,累犯,确有履行能力而不履行或者不全部履行生效裁判中财产性判项的罪犯,被判处十年以下有期徒刑的,执行二年以上方可减刑,减刑幅度应当比照本规定第六条从严掌握,一次减刑不超过一年有期徒刑,两次减刑之间应当间隔一年以上。

对被判处十年以上有期徒刑的前款罪犯,以及因故意杀人、强奸、抢劫、绑架、放火、爆炸、投放危险物质或者有组织的暴力性犯罪被判处十年以上有期徒刑的罪犯,数罪并罚且其中两罪以上被判处十年以上有期徒刑的罪犯,执行二年以上方可减刑,减刑幅度应当比照本规定第六条从严掌握,一次减刑不超过一年有期徒刑,两次减刑之间应当间隔一年六个月以上。

罪犯有重大立功表现的,可以不受上述减刑起始时间和间隔时间的限制。

第八条 被判处无期徒刑的罪犯在刑罚执行期间,符合减刑条件的,执行二年以上,可以减刑。减刑幅度为:确有悔改表现或者有立功表现的,可以减为二十二年有期徒刑;确有悔改表现并有立功表现的,可以减为二十一年以上二十二年以下有期徒刑;有重大立功表现的,可以减为二十年以上二十一年以下有期徒刑;确有悔改表现并有重大立功表现的,可以减为十九年以上二十年以下有期徒刑。无期徒刑罪犯减为有期徒刑后再减刑时,减刑幅度依照本规定第六条的规定执行。两次减刑间隔时间不得少于二年。

罪犯有重大立功表现的,可以不受上述减刑起始时间和间隔时间的限制。

第九条 对被判处无期徒刑的职务犯罪罪犯,破坏金融管理秩序和金融诈骗犯罪罪犯,组织、领导、参加、包庇、纵容黑社会性质组织犯罪罪犯,危害国家安全犯罪罪犯,恐怖活动犯罪罪犯,毒品犯罪集团的首要分子及毒品再犯,累犯以及因故意杀人、强奸、抢劫、绑架、放火、爆炸、投放危险物质或者有组织的暴力性犯罪的罪犯，确有履行能力而不履行或者不全部履行生效裁判中财产性判项的罪犯，数罪并罚被判处无期徒刑的罪犯，符合减刑条件的，执行三年以上方可减刑，减刑幅度应当比照本规定第八条从严掌握，减刑后的刑期最低不得少于二十年有期徒刑；减为有期徒刑后再减刑时，减刑幅度比照本规定第六条从严掌握，一次不超过一年有期徒刑，两次减刑之间应当间隔二年以上。

罪犯有重大立功表现的，可以不受上述减刑起始时间和间隔时间的限制。

第十条 被判处死刑缓期执行的罪犯减为无期徒刑后，符合减刑条件的，执行三年以上方可减刑。减刑幅度为：确有悔改表现或者有立功表现的，可以减为二十五年有期徒刑；确有悔改表现并有立功表现的，可以减为二十四年以上二十五年以下有期徒刑；有重大立功表现的，可以减为二十三年以上二十四年以下有期徒刑；确有悔改表现并有重大立功表现的，可以减为二十二年以上二十三年以下有期徒刑。

被判处死刑缓期执行的罪犯减为有期徒刑后再减刑时，比照本规定第八条的规定办理。

第十一条 对被判处死刑缓期执行的职务犯罪罪犯，破坏金融管理秩序和金融诈骗犯罪罪犯，组织、领导、参加、包庇、纵容黑社会性质组织犯罪罪犯，危害国家安全犯罪罪犯，恐怖活动犯罪罪犯，毒品犯罪集团的首要分子及毒品再犯，累犯以及因故意杀人、强奸、抢劫、绑架、放火、爆炸、投放危险物质或者有组织的暴力性犯罪的罪犯，确有履行能力而不履行或者不全部履行生效裁判中财产性判项的罪犯，数罪并罚被判处死刑缓期执行的罪犯，减为无期徒刑后，符合减刑条件的，执行三年以上方可减刑，一般减为二十五年有期徒刑，有立功表现或者重大立功表现的，可以比照本规定第十条减为二十三年以上二十五年以下有期徒刑；减为有期徒刑后再减刑时，减刑幅度比照本规定第六条从严掌握，一次不超过一年有期徒刑，两次减刑之间应当间隔二年以上。

第十二条 被判处死刑缓期执行的罪犯经过一次或者几次减刑后，其实际执行的刑期不得少于十五年，死刑缓期执行期间不包括在内。

死刑缓期执行罪犯在缓期执行期间不服从监管、抗拒改造，尚未构成犯罪的，在减为无期徒刑后再减刑时应当适当从严。

第十三条 被限制减刑的死刑缓期执行罪犯，减为无期徒刑后，符合减刑条件的，执行五年以上方可减刑。减刑间隔时间和减刑幅度依照本规定第十一条的规定执行。

第十四条 被限制减刑的死刑缓期执行罪犯，减为有期徒刑后再减刑时，一次减刑不超过六个月有期徒刑，两次减刑间隔时间不得少于二年。有重大立功表现的，间隔时间可以适当缩短，但一次减刑不超过一年有期徒刑。

第十五条 对被判处终身监禁的罪犯，在死刑缓期执行期满依法减为无期徒刑的裁定中，应当明确终身监禁，不得再减刑或者假释。

第十六条 被判处管制、拘役的罪犯，以及判决生效后剩余刑期不满二年有期徒刑的罪犯，符合减刑条件的，可以酌情减刑，减刑起始时间可以适当缩短，但实际执行的刑期不得少于原判刑期的二分之一。

第十七条 被判处有期徒刑罪犯减刑时，对附加剥夺政治权利的期限可以酌减。酌减后剥夺政治权利的期限，不得少于一年。

被判处死刑缓期执行、无期徒刑的罪犯减为有期徒刑时，应当将附加剥夺政治权利的期限减为七年以上十年以下，经过一次或者几次减刑后，最终剥夺政治权利的期限不得少于三年。

第十八条 被判处拘役或者三年以下有期徒刑，并宣告缓刑的罪犯，一般不适用减刑。

前款规定的罪犯在缓刑考验期内有重大立功表现的，可以参照刑法第七十八条的规定予以减刑，同时应当依法缩减其缓刑考验期。缩减后，拘役的缓刑考验期限不得少于二个月，有期徒刑的缓刑考验期限不得少于一年。

第十九条 对在报请减刑前的服刑期间不满十八周岁，且所犯罪行不属于刑法第八十一条第二款规定情形的罪犯，认罪悔罪，遵守法律法规及监规，积极参加学习、劳动，应当视为确有悔改表现。

对上述罪犯减刑时，减刑幅度可以适当放宽，或者减刑起始时间、间隔时间可以适当缩短，但放宽的幅度和缩短的时间不得超过本规定中相应幅度、时间的三分之一。

第二十条 老年罪犯、患严重疾病罪犯或者身体残疾罪犯减刑时，应当主要考察其认罪悔罪的实际表现。

对基本丧失劳动能力，生活难以自理的上述罪犯减刑时，减刑幅度可以适当放宽，或者减刑起始时间、间隔时间可以适当缩短，但放宽的幅度和缩短的时间不得超过本规定中相应幅度、时间的三分之一。

第二十一条 被判处有期徒刑、无期徒刑的罪犯在刑罚执行期间又故意犯罪，新罪被判处有期徒刑的，自新罪判决确定之日起三年内不予减刑；新罪被判处无期徒刑的，自新罪判决确定之日起四年内不予减刑。

罪犯在死刑缓期执行期间又故意犯罪，未被执行死刑的，死刑缓期执行的期间重新计算，减为无期徒刑后，五年内不予减刑。

被判处死刑缓期执行罪犯减刑后，在刑罚执行期间又故意犯罪的，依照第一款规定处理。

第二十二条 办理假释案件，认定“没有再犯罪的危险”，除符合刑法第八十一条规定的情形外，还应当根据犯罪的具体情节、原判刑罚情况，在刑罚执行中的一贯表现，罪犯的年龄、身体状况、性格特征，假释后生活来源以及监管条件等因素综合考虑。

第二十三条 被判处有期徒刑的罪犯假释时，执行原判刑期二分之一的时间，应当从判决执行之日起计算，判决执行以前先行羁押的，羁押一日折抵刑期一日。

被判处无期徒刑的罪犯假释时，刑法中关于实际执行刑期不得少于十三年的时间，应当从判决生效之日起计算。判决生效以前先行羁押的时间不予折抵。

被判处死刑缓期执行的罪犯减为无期徒刑或者有期徒刑后，实际执行十五年以上，方可假释，该实际执行时间应当从死刑缓期执行期满之日起计算。死刑缓期执行期间不包括在内，判决确定以前先行羁押的时间不予折抵。

第二十四条 刑法第八十一条第一款规定的“特殊情况”，是指有国家政治、国防、外交等方面特殊需要的情况。

第二十五条 对累犯以及因故意杀人、强奸、抢劫、绑架、放火、爆炸、投放危险物质或者有组织的暴力性犯罪被判处十年以上有期徒刑、无期徒刑的罪犯，不得假释。

因前款情形和犯罪被判处死刑缓期执行的罪犯，被减为无期徒刑、有期徒刑后，也不得假释。

第二十六条 对下列罪犯适用假释时可以依法从宽掌握：

（一）过失犯罪的罪犯、中止犯罪的罪犯、被胁迫参加犯罪的罪犯；

（二）因防卫过当或者紧急避险过当而被判处有期徒刑以上刑罚的罪犯；

（三）犯罪时未满十八周岁的罪犯；

（四）基本丧失劳动能力、生活难以自理，假释后生活确有着落的老年罪犯、患严重疾病罪犯或者身体残疾罪犯；

（五）服刑期间改造表现特别突出的罪犯；

(六)具有其他可以从宽假释情形的罪犯。

罪犯既符合法定减刑条件,又符合法定假释条件的,可以优先适用假释。

第二十七条 对于生效裁判中有财产性判项,罪犯确有履行能力而不履行或者不全部履行的,不予假释。

第二十八条 罪犯减刑后又假释的,间隔时间不得少于一年;对一次减去一年以上有期徒刑后,决定假释的,间隔时间不得少于一年六个月。

罪犯减刑后余刑不足二年,决定假释的,可以适当缩短间隔时间。

第二十九条 罪犯在假释考验期内违反法律、行政法规或者国务院有关部门关于假释的监督管理规定的,作出假释裁定的人民法院,应当在收到报请机关或者检察机关撤销假释建议书后及时审查,作出是否撤销假释的裁定,并送达报请机关,同时抄送人民检察院、公安机关和原刑罚执行机关。

罪犯在逃的,撤销假释裁定书可以作为对罪犯进行追捕的依据。

第三十条 依照刑法第八十六条规定被撤销假释的罪犯,一般不得再假释。但依照该条第二款被撤销假释的罪犯,如果罪犯对漏罪曾作如实供述但原判未予认定,或者漏罪系其自首,符合假释条件的,可以再假释。

被撤销假释的罪犯,收监后符合减刑条件的,可以减刑,但减刑起始时间自收监之日起计算。

第三十一条 年满八十周岁、身患疾病或者生活难以自理、没有再犯罪危险的罪犯,既符合减刑条件,又符合假释条件的,优先适用假释;不符合假释条件的,参照本规定第二十条有关的规定从宽处理。

第三十二条 人民法院按照审判监督程序重新审理的案件,裁定维持原判决、裁定的,原减刑、假释裁定继续有效。

再审裁判改变原判决、裁定的,原减刑、假释裁定自动失效,执行机关应当及时报请有管辖权的人民法院重新作出是否减刑、假释的裁定。重新作出减刑裁定时,不受本规定有关减刑起始时间、间隔时间和减刑幅度的限制。重新裁定时应综合考虑各方面因素,减刑幅度不得超过原裁定减去的刑期总和。

再审改判为死刑缓期执行或者无期徒刑的,在新判决减为有期徒刑之时,原判决已经实际执行的刑期一并扣减。

再审裁判宣告无罪的,原减刑、假释裁定自动失效。

第三十三条 罪犯被裁定减刑后,刑罚执行期间因故意犯罪而数罪并罚时,经减刑裁定减去的刑期不计入已经执行的刑期。原判死刑缓期执行减为无期徒刑、有期徒刑,或者无期徒刑减为有期徒刑的裁定继续有效。

第三十四条 罪犯被裁定减刑后,刑罚执行期间因发现漏罪而数罪并罚的,原减刑裁定自动失效。如漏罪系罪犯主动交代的,对其原减去的刑期,由执行机关报请有管辖权的人民法院重新作出减刑裁定,予以确认;如漏罪系有关机关发现或者他人检举揭发的,由执行机关报请有管辖权的人民法院,在原减刑裁定减去的刑期总和之内,酌情重新裁定。

第三十五条 被判处死刑缓期执行的罪犯,在死刑缓期执行期内被发现漏罪,依据刑法第七十条规定数罪并罚,决定执行死刑缓期执行的,死刑缓期执行期间自新判决确定之日起计算,已经执行的死刑缓期执行期间计入新判决的死刑缓期执行期间内,但漏罪被判处死刑缓期执行的除外。

第三十六条 被判处死刑缓期执行的罪犯,在死刑缓期执行期满后被发现漏罪,依据刑法第七十条规定数罪并罚，决定执行死刑缓期执行的，交付执行时对罪犯实际执行无期徒刑，死缓考验期不再执行，但漏罪被判处死刑缓期执行的除外。

在无期徒刑减为有期徒刑时，前罪死刑缓期执行减为无期徒刑之日起至新判决生效之日止已经实际执行的刑期，应当计算在减刑裁定决定执行的刑期以内。

原减刑裁定减去的刑期依照本规定第三十四条处理。

第三十七条 被判处无期徒刑的罪犯在减为有期徒刑后因发现漏罪，依据刑法第七十条规定数罪并罚，决定执行无期徒刑的，前罪无期徒刑生效之日起至新判决生效之日止已经实际执行的刑期，应当在新判决的无期徒刑减为有期徒刑时，在减刑裁定决定执行的刑期内扣减。

无期徒刑罪犯减为有期徒刑后因发现漏罪判处三年有期徒刑以下刑罚，数罪并罚决定执行无期徒刑的，在新判决生效后执行一年以上，符合减刑条件的，可以减为有期徒刑，减刑幅度依照本规定第八条、第九条的规定执行。

原减刑裁定减去的刑期依照本规定第三十四条处理。

第三十八条 人民法院作出的刑事判决、裁定发生法律效力后，在依照刑事诉讼法第二百五十三条、第二百五十四条的规定将罪犯交付执行刑罚时，如果生效裁判中有财产性判项，人民法院应当将反映财产性判项执行、履行情况的有关材料一并随案移送刑罚执行机关。罪犯在服刑期间本人履行或者其亲属代为履行生效裁判中财产性判项的，应当及时向刑罚执行机关报告。刑罚执行机关报请减刑时应随案移送以上材料。

人民法院办理减刑、假释案件时，可以向原一审人民法院核实罪犯履行财产性判项的情况。原一审人民法院应当出具相关证明。

刑罚执行期间，负责办理减刑、假释案件的人民法院可以协助原一审人民法院执行生效裁判中的财产性判项。

第三十九条 本规定所称“老年罪犯”，是指报请减刑、假释时年满六十五周岁的罪犯。

本规定所称“患严重疾病罪犯”，是指因患有重病，久治不愈，而不能正常生活、学习、劳动的罪犯。

本规定所称“身体残疾罪犯”，是指因身体有肢体或者器官残缺、功能不全或者丧失功能，而基本丧失生活、学习、劳动能力的罪犯，但是罪犯犯罪后自伤致残的除外。

对刑罚执行机关提供的证明罪犯患有严重疾病或者有身体残疾的证明文件，人民法院应当审查，必要时可以委托有关单位重新诊断、鉴定。

第四十条 本规定所称“判决执行之日”，是指罪犯实际送交刑罚执行机关之日。

本规定所称“减刑间隔时间”，是指前一次减刑裁定送达之日起至本次减刑报请之日止的期间。

第四十一条 本规定所称“财产性判项”是指判决罪犯承担的附带民事赔偿义务判项，以及追缴、责令退赔、罚金、没收财产等判项。

第四十二条 本规定自 2017 年 1 月 1 日起施行。以前发布的司法解释与本规定不一致的，以本规定为准。

最高人民法院
关于实施修订后的《关于常见犯罪的量刑指导意见》的通知

（2017年3月9日公布　自2017年4月1日起施行　法发〔2017〕7号）

各省、自治区、直辖市高级人民法院，解放军军事法院，新疆维吾尔自治区高级人民法院生产建设兵团分院：

最高人民法院《关于常见犯罪的量刑指导意见》从2014年起在全国中级、基层法院正式实施。各高级人民法院高度重视，积极稳妥组织实施，取得良好效果。我院在总结实践经验的基础上，对量刑指导意见作了进一步修改、完善。现印发修订后的《关于常见犯罪的量刑指导意见》（以下简称《量刑指导意见》），并从2017年4月1日起实施。现将有关事项通知如下：

（一）认真修改实施细则。《量刑指导意见》进一步完善量刑方法，明确"以定性分析为主，定量分析为辅"的量刑方法；进一步修改完善常见量刑情节的适用和个罪的量刑规范。各高级人民法院要认真学习领会，在总结经验的基础上，结合新出台的刑事法律、司法解释、业务指导文件和审判实际，对照修改完善实施细则，保证实施细则依法有据，符合罪责刑相适应原则，符合量刑实际，具有可操作性。实施细则经审判委员会讨论通过后实施，并于4月底前报最高人民法院备案。

（二）全面深入组织实施。量刑规范化工作是一项长期的工作。各级人民法院要以这次修改《量刑指导意见》和实施细则为契机，认真总结经验，全面深入推进量刑规范化工作，将十五种常见犯罪全部纳入规范范围，所有中级、基层法院全面实施到位。要结合审判实际，主动对接以审判为中心的刑事诉讼制度改革、认罪认罚从宽制度改革和刑事速裁程序改革，建立完善量刑规范化长效工作机制，促进量刑规范化工作制度化、常态化，努力让人民群众在每一个司法案件中感受到公平正义。

（三）切实加强培训指导。《量刑指导意见》对量刑方法等内容作了重要修改，各地法院要结合工作实际，加强对中级、基层法院办案法官特别是新任法官的业务培训，保证《量刑指导意见》及实施细则的正确实施。在量刑过程中，定性分析始终处于主导地位，应在定性分析的基础上进行定量分析，依法确定量刑起点、基准刑和宣告刑，保证罪责刑相适应。上级法院要切实加强调研指导，对实施过程中出现的新情况新问题，及时加以研究解决，不断总结提高。实施中遇到的重大疑难问题，要及时层报最高人民法院，保证量刑规范化工作持续、深入发展。

最高人民法院

2017年3月9日

关于常见犯罪的量刑指导意见

为进一步规范刑罚裁量权，落实宽严相济刑事政策，增强量刑的公开性，实现量刑公正，根据刑法和刑事司法解释等有关规定，结合审判实践，制定本指导意见。

一、量刑的指导原则

1. 量刑应当以事实为根据，以法律为准绳，根据犯罪的事实、性质、情节和对于社会的危害程度，决定判处的刑罚。

2. 量刑既要考虑被告人所犯罪行的轻重，又要考虑被告人应负刑事责任的大小，做到罪责刑相适应,实现惩罚和预防犯罪的目的。

3. 量刑应当贯彻宽严相济的刑事政策,做到该宽则宽,当严则严,宽严相济,罚当其罪,确保裁判法律效果和社会效果的统一。

4. 量刑要客观、全面把握不同时期不同地区的经济社会发展和治安形势的变化,确保刑法任务的实现;对于同一地区同一时期、案情相似的案件,所判处的刑罚应当基本均衡。

二、量刑的基本方法

量刑时,应以定性分析为主,定量分析为辅,依次确定量刑起点、基准刑和宣告刑。

1. 量刑步骤

(1)根据基本犯罪构成事实在相应的法定刑幅度内确定量刑起点。

(2)根据其他影响犯罪构成的犯罪数额、犯罪次数、犯罪后果等犯罪事实,在量刑起点的基础上增加刑罚量确定基准刑。

(3)根据量刑情节调节基准刑,并综合考虑全案情况,依法确定宣告刑。

2. 调节基准刑的方法

(1)具有单个量刑情节的,根据量刑情节的调节比例直接调节基准刑。

(2)具有多个量刑情节的,一般根据各个量刑情节的调节比例,采用同向相加、逆向相减的方法调节基准刑;具有未成年人犯罪、老年人犯罪、限制行为能力的精神病人犯罪、又聋又哑的人或者盲人犯罪,防卫过当、避险过当、犯罪预备、犯罪未遂、犯罪中止,从犯、胁从犯和教唆犯等量刑情节的,先适用该量刑情节对基准刑进行调节,在此基础上,再适用其他量刑情节进行调节。

(3)被告人犯数罪,同时具有适用于各个罪的立功、累犯等量刑情节的,先适用该量刑情节调节个罪的基准刑,确定个罪所应判处的刑罚,再依法实行数罪并罚,决定执行的刑罚。

3. 确定宣告刑的方法

(1)量刑情节对基准刑的调节结果在法定刑幅度内,且罪责刑相适应的,可以直接确定为宣告刑;如果具有应当减轻处罚情节的,应依法在法定最低刑以下确定宣告刑。

(2)量刑情节对基准刑的调节结果在法定最低刑以下,具有法定减轻处罚情节,且罪责刑相适应的,可以直接确定为宣告刑;只有从轻处罚情节的,可以依法确定法定最低刑为宣告刑;但是根据案件的特殊情况,经最高人民法院核准,也可以在法定刑以下判处刑罚。

(3)量刑情节对基准刑的调节结果在法定最高刑以上的,可以依法确定法定最高刑为宣告刑。

(4)综合考虑全案情况,独任审判员或合议庭可以在20%的幅度内对调节结果进行调整,确定宣告刑。当调节后的结果仍不符合罪责刑相适应原则的,应提交审判委员会讨论,依法确定宣告刑。

(5)综合全案犯罪事实和量刑情节,依法应当判处无期徒刑以上刑罚、管制或者单处附加刑、缓刑、免刑的,应当依法适用。

三、常见量刑情节的适用

量刑时要充分考虑各种法定和酌定量刑情节,根据案件的全部犯罪事实以及量刑情节的不同情形,依法确定量刑情节的适用及其调节比例。对严重暴力犯罪、毒品犯罪等严重危害社会治安犯罪,在确定从宽的幅度时,应当从严掌握;对犯罪情节较轻的犯罪,应当充分体现从宽。具体确定各个量刑情节的调节比例时,应当综合平衡调节幅度与实际增减刑罚量的关系,确保罪责刑相适应。

1. 对于未成年人犯罪,应当综合考虑未成年人对犯罪的认识能力、实施犯罪行为的动机和目的、犯罪时的年龄、是否初犯、偶犯、悔罪表现、个人成长经历和一贯表现等情况，予以从宽处罚。

（1）已满十四周岁不满十六周岁的未成年人犯罪，减少基准刑的30%—60%；

（2）已满十六周岁不满十八周岁的未成年人犯罪，减少基准刑的10%—50%。

2. 对于未遂犯，综合考虑犯罪行为的实行程度、造成损害的大小、犯罪未得逞的原因等情况，可以比照既遂犯减少基准刑的50%以下。

3. 对于从犯，应当综合考虑其在共同犯罪中的地位、作用等情况，予以从宽处罚，减少基准刑的20%—50%；犯罪较轻的，减少基准刑的50%以上或者依法免除处罚。

4. 对于自首情节，综合考虑自首的动机、时间、方式、罪行轻重、如实供述罪行的程度以及悔罪表现等情况，可以减少基准刑的40%以下；犯罪较轻的，可以减少基准刑的40%以上或者依法免除处罚。恶意利用自首规避法律制裁等不足以从宽处罚的除外。

5. 对于坦白情节，综合考虑如实供述罪行的阶段、程度、罪行轻重以及悔罪程度等情况，确定从宽的幅度。

（1）如实供述自己罪行的，可以减少基准刑的20%以下；

（2）如实供述司法机关尚未掌握的同种较重罪行的，可以减少基准刑的10%—30%；

（3）因如实供述自己罪行，避免特别严重后果发生的，可以减少基准刑的30%—50%。

6. 对于当庭自愿认罪的，根据犯罪的性质、罪行的轻重、认罪程度以及悔罪表现等情况，可以减少基准刑的10%以下。依法认定自首、坦白的除外。

7. 对于立功情节，综合考虑立功的大小、次数、内容、来源、效果以及罪行轻重等情况，确定从宽的幅度。

（1）一般立功的，可以减少基准刑的20%以下；

（2）重大立功的，可以减少基准刑的20%—50%；犯罪较轻的，减少基准刑的50%以上或者依法免除处罚。

8. 对于退赃、退赔的，综合考虑犯罪性质，退赃、退赔行为对损害结果所能弥补的程度，退赃、退赔的数额及主动程度等情况，可以减少基准刑的30%以下；其中抢劫等严重危害社会治安犯罪的应从严掌握。

9. 对于积极赔偿被害人经济损失并取得谅解的，综合考虑犯罪性质、赔偿数额、赔偿能力以及认罪、悔罪程度等情况，可以减少基准刑的40%以下；积极赔偿但没有取得谅解的，可以减少基准刑的30%以下；尽管没有赔偿，但取得谅解的，可以减少基准刑的20%以下。其中抢劫、强奸等严重危害社会治安犯罪的应从严掌握。

10. 对于当事人根据刑事诉讼法第二百七十七条达成刑事和解协议的，综合考虑犯罪性质、赔偿数额、赔礼道歉以及真诚悔罪等情况，可以减少基准刑的50%以下；犯罪较轻的，可以减少基准刑的50%以上或者依法免除处罚。

11. 对于累犯，应当综合考虑前后罪的性质、刑罚执行完毕或赦免以后至再犯罪时间的长短以及前后罪罪行轻重等情况，增加基准刑的10%—40%，一般不少于3个月。

12. 对于有前科的，综合考虑前科的性质、时间间隔长短、次数、处罚轻重等情况，可以增加基准刑的10%以下。前科犯罪为过失犯罪和未成年人犯罪的除外。

13. 对于犯罪对象为未成年人、老年人、残疾人、孕妇等弱势人员的，综合考虑犯罪的性质、犯罪的严重程度等情况，可以增加基准刑的20%以下。

14. 对于在重大自然灾害、预防、控制突发传染病疫情等灾害期间故意犯罪的，根据案件的具体情况，可以增加基准刑的20%以下。

四、常见犯罪的量刑

(一)交通肇事罪

1. 构成交通肇事罪的,可以根据下列不同情形在相应的幅度内确定量刑起点:

(1)致人重伤、死亡或者使公私财产遭受重大损失的,可以在二年以下有期徒刑、拘役幅度内确定量刑起点。

(2)交通运输肇事后逃逸或者有其他特别恶劣情节的,可以在三年至五年有期徒刑幅度内确定量刑起点。

(3)因逃逸致一人死亡的,可以在七年至十年有期徒刑幅度内确定量刑起点。

2. 在量刑起点的基础上,可以根据事故责任、致人重伤、死亡的人数或者财产损失的数额以及逃逸等其他影响犯罪构成的犯罪事实增加刑罚量,确定基准刑。

(二)故意伤害罪

1. 构成故意伤害罪的,可以根据下列不同情形在相应的幅度内确定量刑起点:

(1)故意伤害致一人轻伤的,可以在二年以下有期徒刑、拘役幅度内确定量刑起点。

(2)故意伤害致一人重伤的,可以在三年至五年有期徒刑幅度内确定量刑起点。

(3)以特别残忍手段故意伤害致一人重伤,造成六级严重残疾的,可以在十年至十三年有期徒刑幅度内确定量刑起点。依法应当判处无期徒刑以上刑罚的除外。

2. 在量刑起点的基础上,可以根据伤害后果、伤残等级、手段残忍程度等其他影响犯罪构成的犯罪事实增加刑罚量,确定基准刑。

故意伤害致人轻伤的,伤残程度可在确定量刑起点时考虑,或者作为调节基准刑的量刑情节。

(三)强奸罪

1. 构成强奸罪的,可以根据下列不同情形在相应的幅度内确定量刑起点:

(1)强奸妇女一人的,可以在三年至六年有期徒刑幅度内确定量刑起点。

奸淫幼女一人的,可以在四年至七年有期徒刑幅度内确定量刑起点。

(2)有下列情形之一的,可以在十年至十三年有期徒刑幅度内确定量刑起点:强奸妇女、奸淫幼女情节恶劣的;强奸妇女、奸淫幼女三人的;在公共场所当众强奸妇女的;二人以上轮奸妇女的;强奸致被害人重伤或者造成其他严重后果的。依法应当判处无期徒刑以上刑罚的除外。

2. 在量刑起点的基础上,可以根据强奸妇女、奸淫幼女情节恶劣程度、强奸人数、致人伤害后果等其他影响犯罪构成的犯罪事实增加刑罚量,确定基准刑。

强奸多人多次的,以强奸人数作为增加刑罚量的事实,强奸次数作为调节基准刑的量刑情节。

(四)非法拘禁罪

1. 构成非法拘禁罪的,可以根据下列不同情形在相应的幅度内确定量刑起点:

(1)犯罪情节一般的,可以在一年以下有期徒刑、拘役幅度内确定量刑起点。

(2)致一人重伤的,可以在三年至五年有期徒刑幅度内确定量刑起点。

(3)致一人死亡的,可以在十年至十三年有期徒刑幅度内确定量刑起点。

2. 在量刑起点的基础上,可以根据非法拘禁人数、拘禁时间、致人伤亡后果等其他影响犯罪构成的犯罪事实增加刑罚量,确定基准刑。

非法拘禁多人多次的,以非法拘禁人数作为增加刑罚量的事实,非法拘禁次数作为调节基准刑的量刑情节。

3. 有下列情节之一的，可以增加基准刑的10%—20%：

（1）具有殴打、侮辱情节的；

（2）国家机关工作人员利用职权非法扣押、拘禁他人的。

（五）抢劫罪

1. 构成抢劫罪的，可以根据下列不同情形在相应的幅度内确定量刑起点：

（1）抢劫一次的，可以在三年至六年有期徒刑幅度内确定量刑起点。

（2）有下列情形之一的，可以在十年至十三年有期徒刑幅度内确定量刑起点：入户抢劫的；在公共交通工具上抢劫的；抢劫银行或者其他金融机构的；抢劫三次或者抢劫数额达到数额巨大起点的；抢劫致一人重伤的；冒充军警人员抢劫的；持枪抢劫的；抢劫军用物资或者抢险、救灾、救济物资的。依法应当判处无期徒刑以上刑罚的除外。

2. 在量刑起点的基础上，可以根据抢劫情节严重程度、抢劫次数、数额、致人伤害后果等其他影响犯罪构成的犯罪事实增加刑罚量，确定基准刑。

（六）盗窃罪

1. 构成盗窃罪的，可以根据下列不同情形在相应的幅度内确定量刑起点：

（1）达到数额较大起点的，两年内三次盗窃的，入户盗窃的，携带凶器盗窃的，或者扒窃的，可以在一年以下有期徒刑、拘役幅度内确定量刑起点。

（2）达到数额巨大起点或者有其他严重情节的，可以在三年至四年有期徒刑幅度内确定量刑起点。

（3）达到数额特别巨大起点或者有其他特别严重情节的，可以在十年至十二年有期徒刑幅度内确定量刑起点。依法应当判处无期徒刑的除外。

2. 在量刑起点的基础上，可以根据盗窃数额、次数、手段等其他影响犯罪构成的犯罪事实增加刑罚量，确定基准刑。

多次盗窃，数额达到较大以上的，以盗窃数额确定量刑起点，盗窃次数可作为调节基准刑的量刑情节；数额未达到较大的，以盗窃次数确定量刑起点，超过三次的次数作为增加刑罚量的事实。

（七）诈骗罪

1. 构成诈骗罪的，可以根据下列不同情形在相应的幅度内确定量刑起点：

（1）达到数额较大起点的，可以在一年以下有期徒刑、拘役幅度内确定量刑起点。

（2）达到数额巨大起点或者有其他严重情节的，可以在三年至四年有期徒刑幅度内确定量刑起点。

（3）达到数额特别巨大起点或者有其他特别严重情节的，可以在十年至十二年有期徒刑幅度内确定量刑起点。依法应当判处无期徒刑的除外。

2. 在量刑起点的基础上，可以根据诈骗数额等其他影响犯罪构成的犯罪事实增加刑罚量，确定基准刑。

（八）抢夺罪

1. 构成抢夺罪的，可以根据下列不同情形在相应的幅度内确定量刑起点：

（1）达到数额较大起点或者两年内三次抢夺的，可以在一年以下有期徒刑、拘役幅度内确定量刑起点。

（2）达到数额巨大起点或者有其他严重情节的，可以在三年至五年有期徒刑幅度内确定量刑起点。

(3)达到数额特别巨大起点或者有其他特别严重情节的,可以在十年至十二年有期徒刑幅度内确定量刑起点。依法应当判处无期徒刑的除外。

2. 在量刑起点的基础上,可以根据抢夺数额、次数等其他影响犯罪构成的犯罪事实增加刑罚量,确定基准刑。

多次抢夺,数额达到较大以上的,以抢夺数额确定量刑起点,抢夺次数可作为调节基准刑的量刑情节;数额未达到较大的,以抢夺次数确定量刑起点,超过三次的次数作为增加刑罚量的事实。

(九)职务侵占罪

1. 构成职务侵占罪的,可以根据下列不同情形在相应的幅度内确定量刑起点:

(1)达到数额较大起点的,可以在二年以下有期徒刑、拘役幅度内确定量刑起点。

(2)达到数额巨大起点的,可以在五年至六年有期徒刑幅度内确定量刑起点。

2. 在量刑起点的基础上,可以根据职务侵占数额等其他影响犯罪构成的犯罪事实增加刑罚量,确定基准刑。

(十)敲诈勒索罪

1. 构成敲诈勒索罪的,可以根据下列不同情形在相应的幅度内确定量刑起点:

(1)达到数额较大起点的,或者两年内三次敲诈勒索的,可以在一年以下有期徒刑、拘役幅度内确定量刑起点。

(2)达到数额巨大起点或者有其他严重情节的,可以在三年至五年有期徒刑幅度内确定量刑起点。

(3)达到数额特别巨大起点或者有其他特别严重情节的,可以在十年至十二年有期徒刑幅度内确定量刑起点。

2. 在量刑起点的基础上,可以根据敲诈勒索数额、次数、犯罪情节严重程度等其他影响犯罪构成的犯罪事实增加刑罚量,确定基准刑。

多次敲诈勒索,数额达到较大以上的,以敲诈勒索数额确定量刑起点,敲诈勒索次数可作为调节基准刑的量刑情节;数额未达到较大的,以敲诈勒索次数确定量刑起点,超过三次的次数作为增加刑罚量的事实。

(十一)妨害公务罪

1. 构成妨害公务罪的,可以在二年以下有期徒刑、拘役幅度内确定量刑起点。

2. 在量刑起点的基础上,可以根据妨害公务造成的后果、犯罪情节严重程度等其他影响犯罪构成的犯罪事实增加刑罚量,确定基准刑。

3. 暴力袭击正在依法执行职务的人民警察的,可以增加基准刑的10%—30%。

(十二)聚众斗殴罪

1. 构成聚众斗殴罪的,可以根据下列不同情形在相应的幅度内确定量刑起点:

(1)犯罪情节一般的,可以在二年以下有期徒刑、拘役幅度内确定量刑起点。

(2)有下列情形之一的,可以在三年至五年有期徒刑幅度内确定量刑起点:聚众斗殴三次的;聚众斗殴人数多,规模大,社会影响恶劣的;在公共场所或者交通要道聚众斗殴,造成社会秩序严重混乱的;持械聚众斗殴的。

2. 在量刑起点的基础上,可以根据聚众斗殴人数、次数、手段严重程度等其他影响犯罪构成的犯罪事实增加刑罚量,确定基准刑。

（十三）寻衅滋事罪

1. 构成寻衅滋事罪的，可以根据下列不同情形在相应的幅度内确定量刑起点：

（1）寻衅滋事一次的，可以在三年以下有期徒刑、拘役幅度内确定量刑起点。

（2）纠集他人三次寻衅滋事（每次都构成犯罪），严重破坏社会秩序的，可以在五年至七年有期徒刑幅度内确定量刑起点。

2. 在量刑起点的基础上，可以根据寻衅滋事次数、伤害后果、强拿硬要他人财物或任意损毁、占用公私财物数额等其他影响犯罪构成的犯罪事实增加刑罚量，确定基准刑。

（十四）掩饰、隐瞒犯罪所得、犯罪所得收益罪

1. 构成掩饰、隐瞒犯罪所得、犯罪所得收益罪的，可以根据下列不同情形在相应的幅度内确定量刑起点：

（1）犯罪情节一般的，可以在一年以下有期徒刑、拘役幅度内确定量刑起点。

（2）情节严重的，可以在三年至四年有期徒刑幅度内确定量刑起点。

2. 在量刑起点的基础上，可以根据犯罪数额等其他影响犯罪构成的犯罪事实增加刑罚量，确定基准刑。

（十五）走私、贩卖、运输、制造毒品罪

1. 构成走私、贩卖、运输、制造毒品罪的，可以根据下列不同情形在相应的幅度内确定量刑起点：

（1）走私、贩卖、运输、制造鸦片一千克，海洛因、甲基苯丙胺五十克或者其他毒品数量达到数量大起点的，量刑起点为十五年有期徒刑。依法应当判处无期徒刑以上刑罚的除外。

（2）走私、贩卖、运输、制造鸦片二百克，海洛因、甲基苯丙胺十克或者其他毒品数量达到数量较大起点的，可以在七年至八年有期徒刑幅度内确定量刑起点。

（3）走私、贩卖、运输、制造鸦片不满二百克，海洛因、甲基苯丙胺不满十克或者其他少量毒品的，可以在三年以下有期徒刑、拘役幅度内确定量刑起点；情节严重的，可以在三年至四年有期徒刑幅度内确定量刑起点。

2. 在量刑起点的基础上，可以根据毒品犯罪次数、人次、毒品数量等其他影响犯罪构成的犯罪事实增加刑罚量，确定基准刑。

3. 有下列情节之一的，可以增加基准刑的10%—30%：

（1）利用、教唆未成年人走私、贩卖、运输、制造毒品的；

（2）向未成年人出售毒品的；

（3）毒品再犯。

4. 有下列情节之一的，可以减少基准刑的30%以下：

（1）受雇运输毒品的；

（2）毒品含量明显偏低的；

（3）存在数量引诱情形的。

五、附则

1. 本指导意见规范上列十五种犯罪判处有期徒刑、拘役的案件。其他判处有期徒刑、拘役的案件，可以参照量刑的指导原则、基本方法和常见量刑情节的适用规范量刑。

2. 各高级人民法院应当结合当地实际制定实施细则。

3. 本指导意见自2017年4月1日起实施。

4. 相关刑法条文：

第一百三十三条 【交通肇事罪】违反交通运输管理法规,因而发生重大事故,致人重伤、死亡或者使公私财产遭受重大损失的,处三年以下有期徒刑或者拘役;交通运输肇事后逃逸或者有其他特别恶劣情节的,处三年以上七年以下有期徒刑;因逃逸致人死亡的,处七年以上有期徒刑。

第二百三十四条 【故意伤害罪】故意伤害他人身体的,处三年以下有期徒刑、拘役或者管制。

犯前款罪,致人重伤的,处三年以上十年以下有期徒刑;致人死亡或者以特别残忍手段致人重伤造成严重残疾的,处十年以上有期徒刑、无期徒刑或者死刑。本法另有规定的,依照规定。

第二百三十六条 【强奸罪】以暴力、胁迫或者其他手段强奸妇女的,处三年以上十年以下有期徒刑。

奸淫不满十四周岁的幼女的,以强奸论,从重处罚。

强奸妇女、奸淫幼女,有下列情形之一的,处十年以上有期徒刑、无期徒刑或者死刑:

(一)强奸妇女、奸淫幼女情节恶劣的;

(二)强奸妇女、奸淫幼女多人的;

(三)在公共场所当众强奸妇女的;

(四)二人以上轮奸的;

(五)致使被害人重伤、死亡或者造成其他严重后果的。

第二百三十八条 【非法拘禁罪】非法拘禁他人或者以其他方法非法剥夺他人人身自由的,处三年以下有期徒刑、拘役、管制或者剥夺政治权利。具有殴打、侮辱情节的,从重处罚。

犯前款罪,致人重伤的,处三年以上十年以下有期徒刑;致人死亡的,处十年以上有期徒刑。使用暴力致人伤残、死亡的,依照本法第二百三十四条、第二百三十二条的规定定罪处罚。

为索取债务非法扣押、拘禁他人的,依照前两款的规定处罚。

国家机关工作人员利用职权犯前三款罪的,依照前三款的规定从重处罚。

第二百六十三条 【抢劫罪】以暴力、胁迫或者其他方法抢劫公私财物的,处三年以上十年以下有期徒刑,并处罚金;有下列情形之一的,处十年以上有期徒刑、无期徒刑或者死刑,并处罚金或者没收财产:

(一)入户抢劫的;

(二)在公共交通工具上抢劫的;

(三)抢劫银行或者其他金融机构的;

(四)多次抢劫或者抢劫数额巨大的;

(五)抢劫致人重伤、死亡的;

(六)冒充军警人员抢劫的;

(七)持枪抢劫的;

(八)抢劫军用物资或者抢险、救灾、救济物资的。

第二百六十四条 【盗窃罪】盗窃公私财物,数额较大的,或者多次盗窃、入户盗窃、携带凶器盗窃、扒窃的,处三年以下有期徒刑、拘役或者管制,并处或者单处罚金;数额巨大或者有其他严重情节的,处三年以上十年以下有期徒刑,并处罚金;数额特别巨大或者有其他特别严重情节的,处十年以上有期徒刑或者无期徒刑,并处罚金或者没收财产。

第二百六十六条 【诈骗罪】诈骗公私财物,数额较大的,处三年以下有期徒刑、拘役或者管制,并处或者单处罚金;数额巨大或者有其他严重情节的,处三年以上十年以下有期徒刑,并处罚金;数额特别巨大或者有其他特别严重情节的,处十年以上有期徒刑或者无期徒刑,并处罚金或者没收财产。本法另有规定的，依照规定。

第二百六十七条 【抢夺罪】抢夺公私财物，数额较大的，或者多次抢夺的，处三年以下有期徒刑、拘役或者管制，并处或者单处罚金；数额巨大或者有其他严重情节的，处三年以上十年以下有期徒刑，并处罚金；数额特别巨大或者有其他特别严重情节的，处十年以上有期徒刑或者无期徒刑，并处罚金或者没收财产。

第二百七十一条 【职务侵占罪】公司、企业或者其他单位的人员，利用职务上的便利，将本单位财物非法占为己有，数额较大的，处五年以下有期徒刑或者拘役；数额巨大的，处五年以上有期徒刑，可以并处没收财产。

第二百七十四条 【敲诈勒索罪】敲诈勒索公私财物，数额较大或者多次敲诈勒索的，处三年以下有期徒刑、拘役或者管制，并处或者单处罚金；数额巨大或者有其他严重情节的，处三年以上十年以下有期徒刑，并处罚金；数额特别巨大或者有其他特别严重情节的，处十年以上有期徒刑，并处罚金。

第二百七十七条 【妨害公务罪】以暴力、威胁方法阻碍国家机关工作人员依法执行职务的，处三年以下有期徒刑、拘役、管制或者罚金。

以暴力、威胁方法阻碍全国人民代表大会和地方各级人民代表大会代表依法执行代表职务的，依照前款的规定处罚。

在自然灾害和突发事件中，以暴力、威胁方法阻碍红十字会工作人员依法履行职责的，依照第一款的规定处罚。

故意阻碍国家安全机关、公安机关依法执行国家安全工作任务，未使用暴力、威胁方法，造成严重后果的，依照第一款的规定处罚。

暴力袭击正在依法执行职务的人民警察的，依照第一款的规定从重处罚。

第二百九十二条 【聚众斗殴罪】聚众斗殴的，对首要分子和其他积极参加的，处三年以下有期徒刑、拘役或者管制；有下列情形之一的，对首要分子和其他积极参加的，处三年以上十年以下有期徒刑：

（一）多次聚众斗殴的；

（二）聚众斗殴人数多，规模大，社会影响恶劣的；

（三）在公共场所或者交通要道聚众斗殴，造成社会秩序严重混乱的；

（四）持械聚众斗殴的。

第二百九十三条 【寻衅滋事罪】有下列寻衅滋事行为之一，破坏社会秩序的，处五年以下有期徒刑、拘役或者管制：

（一）随意殴打他人，情节恶劣的；

（二）追逐、拦截、辱骂、恐吓他人，情节恶劣的；

（三）强拿硬要或者任意损毁、占用公私财物，情节严重的；

（四）在公共场所起哄闹事，造成公共场所秩序严重混乱的。

纠集他人多次实施前款行为，严重破坏社会秩序的，处五年以上十年以下有期徒刑，可以并处罚金。

第三百一十二条 【掩饰、隐瞒犯罪所得、犯罪所得收益罪】明知是犯罪所得及其产生的收益而予以窝藏、转移、收购、代为销售或者以其他方法掩饰、隐瞒的，处三年以下有期徒刑、拘役或者管制，并处或者单处罚金；情节严重的，处三年以上七年以下有期徒刑，并处罚金。

第三百四十七条 【走私、贩卖、运输、制造毒品罪】走私、贩卖、运输、制造毒品，无论数量多少，都应当追究刑事责任，予以刑事处罚。

走私、贩卖、运输、制造毒品，有下列情形之一的，处十五年有期徒刑、无期徒刑或者死刑，并处没收财产：

（一）走私、贩卖、运输、制造鸦片一千克以上、海洛因或者甲基苯丙胺五十克以上或者其他毒品数量大的；

（二）走私、贩卖、运输、制造毒品集团的首要分子；

（三）武装掩护走私、贩卖、运输、制造毒品的；

（四）以暴力抗拒检查、拘留、逮捕，情节严重的；

（五）参与有组织的国际贩毒活动的。

走私、贩卖、运输、制造鸦片二百克以上不满一千克、海洛因或者甲基苯丙胺十克以上不满五十克或者其他毒品数量较大的，处七年以上有期徒刑，并处罚金。

走私、贩卖、运输、制造鸦片不满二百克、海洛因或者甲基苯丙胺不满十克或者其他少量毒品的，处三年以下有期徒刑、拘役或者管制，并处罚金；情节严重的，处三年以上七年以下有期徒刑，并处罚金。

单位犯第二款、第三款、第四款罪的，对单位判处罚金，并对其直接负责的主管人员和其他直接责任人员，依照各该款的规定处罚。

利用、教唆未成年人走私、贩卖、运输、制造毒品，或者向未成年人出售毒品的，从重处罚。

对多次走私、贩卖、运输、制造毒品，未经处理的，毒品数量累计计算。

全国人大常委会法工委
解答疫情防控有关法律问题（节录）

问题5：目前有些人严重违反疫情防控措施已经被公安机关立案侦查，请问实践中如何区分及正确适用以危险方法危害公共安全罪及妨害传染病防治罪？

全国人大常委会法工委刑法室主任王爱立答：刑法第一百一十四条、第一百一十五条规定了以危险方法危害公共安全罪，是与放火罪、决水罪、爆炸罪、投放危险物质罪并列规定的，是危害不特定多数人安全、社会公共安全的严重犯罪。刑法第三百三十条规定了妨害传染病防治罪，违反传染病防治法的规定，拒绝执行卫生防疫机构依照传染病防治法提出的预防、控制措施，引起甲类传染病传播或者有传播严重危险的，依照该罪追究刑事责任。实践中，对于抗拒疫情防控措施的犯罪，要区分违反的措施种类、抗拒行为的表现和危险性、主观恶性、造成的后果和情节等，正确适用罪名，做到罪刑均衡，防止轻罪重判和重罪轻判，既坚决维护疫情防控秩序，又要坚持法治原则、依法防控。

2020年2月6日，最高人民法院、最高人民检察院、公安部、司法部发布了《关于依法惩治妨害新型冠状病毒感染肺炎疫情防控违法犯罪的意见》，对两罪的适用作了规定。根据该意见规定，对以下两种情形适用以危险方法危害公共安全罪：一是已经确诊的病人、病原携带者，拒绝隔离治疗或者隔离期未满擅自脱离隔离治疗，并进入公共场所或者公共交通工具的；二是疑似病人拒绝隔离治疗或者隔离期未满擅自脱离隔离治疗，并进入公共场所或者公共交通工具，造成新型冠状病毒传播的。其他拒绝执行卫生防疫机构依照《传染病防治法》提出的防控措施，引起新型冠状病毒传播或者有传播严重危险的，依照妨害传染病防治罪定罪处罚。从上述规定看，适用以危险方法危害公共安全罪的情形和条件是明确的。除上述两个罪名的适用以外，拒绝执行有关防控措施过程中，对以暴力、威胁方法阻碍国家机关工作人员（包括在依照法律、法规规定行使国家有关疫情防控行政管理职权的组织中从事公务的人员，在受国家机关委托代表国家机关行使疫情防控职权的组织中从事公务的人员，虽未列入国家机关人员编制但在国家机关中从事疫情防控公务的人员）依法履行为防控疫情而采取的防疫、检疫、强制隔离、隔离治疗等措施，构成犯罪的，依照妨害公务罪定罪处罚，情节轻微的，依照治安管理处罚法的规定予以治安处罚。

问题 6：这次疫情暴发很大可能与野生动物传播有关。请问如何用最严厉的法律规定，彻底禁止非法捕猎、交易、食用野生动物的行为，保护公共卫生安全？是否有必要完善刑法相关规定？

全国人大常委会法工委刑法室主任王爱立答：我国刑事立法高度重视对野生动物的保护。1988 年 11 月 8 日第七届全国人大常委会第四次会议审议通过了《全国人民代表大会常务委员会关于惩治捕杀国家重点保护的珍贵、濒危野生动物犯罪的补充规定》，将非法捕杀国家重点保护的珍贵、濒危野生动物和非法出售倒卖、走私的行为明确规定为犯罪。1997 年刑法（现行刑法）对上述规定作了吸收和完善，进一步规定了非法猎捕、杀害珍贵、濒危野生动物罪，非法收购、运输、出售珍贵、濒危野生动物、珍贵、濒危野生动物制品罪，走私珍贵动物、珍贵动物制品罪，以及非法狩猎罪、非法捕捞水产品罪，对各个环节的破坏野生动物资源的行为作了规定。

为加大惩治滥食野生动物和破坏非国家重点保护野生动物资源的违法犯罪，2014 年 4 月第十二届全国人大常委会第八次会议审议通过了《全国人民代表大会常务委员会关于〈中华人民共和国刑法〉第三百四十一条、第三百一十二条的解释》，规定：第一，知道或者应当知道是国家重点保护的珍贵、濒危野生动物及其制品，为食用或者其他目的而非法购买的，属于刑法第三百四十一条第一款规定的非法收购国家重点保护的珍贵、濒危野生动物及其制品的行为。第二，知道或者应当知道是刑法第三百四十一条第二款规定的非法狩猎的野生动物而购买的，属于刑法第三百一十二条第一款规定的明知是犯罪所得而收购的行为。也就是说，购买食用国家重点保护的野生动物，以及购买非法狩猎来源的其他野生动物，构成犯罪的，应当依法追究刑事责任。

同时，我们也看到，疫情发生以来，一些专家和社会意见提出，刑法的上述规定侧重的是对国家重点保护的珍贵、濒危野生动物的保护，建议从保护公共卫生安全和人体健康的视角，适当扩大刑法保护的野生动物范围，规定非法猎捕、交易其他野生动物的犯罪。2020 年 2 月 24 日，全国人大常委会通过了《关于全面禁止非法野生动物交易、革除滥食野生动物陋习、切实保障人民群众生命健康安全的决定》，全面禁止食用野生动物和以食用为目的猎捕、交易、运输，接着还将修改野生动物保护法等法律，对有关野生动物保护管理制度作出修改调整。下一步，我们将结合上述法律的修改完善，把握好法律衔接，会同有关部门深入研究，为禁止非法野生动物交易、革除滥食野生动物陋习提供刑法保障。

问题 7：当前口罩、防护服等成为紧俏资源，这让一些不法分子看到了牟利空间，有的大肆制造、出售假劣防护用品，有的囤积居奇、哄抬物价，还有的更是谎称有购货渠道、空手套取爱心人士支付的货款。公安机关近期破获大量相关案件。请问我国现行法律中有哪些禁止性规定？对于上述种种“发国难财”的行为，可以依法采取哪些措施进行打击呢？

全国人大常委会法工委经济法室主任王瑞贺答：关于制造、出售假劣防护用品。制造、出售假劣防护用品，严重损害了消费者合法权益，扰乱了社会经济秩序，是法律所明令禁止的违法行为，主要涉及的法律是产品质量法。我国早在 1993 年即制定了《产品质量法》，对产品质量的监督、生产者和销售者的产品质量责任和义务以及损害赔偿、行政处罚等均作了规定。例如，《产品质量法》第三十二条、第三十九条规定，生产者生产产品，销售者销售产品，不得掺杂、掺假，不得以假充真、以次充好，不得以不合格产品冒充合格产品。又如，《产品质量法》第十三条规定，可能危及人体健康和人身、财产安全的工业产品，必须符合保障人体健康和人身、财产安全的国家标准、行业标准；未制定国家标准、行业标准的，必须符合保障人体健康和人身、财产安全的要求。禁止生产、销售不符合保障人体健康和人身、财产安全的标准和要求的工业产品。

同时，《产品质量法》还规定了严格的法律责任：例如，第五十条规定，在产品中掺杂、掺假，以假充真，以次充好，或者以不合格产品冒充合格产品的，责令停止生产、销售，没收违法生产、销售的产品，并处违法生产、销售产品货值金额百分之五十以上三倍以下的罚款；有违法所得的，并处没收违法所得；情节严重的，吊销营业执照；构成犯罪的，依法追究刑事责任。第四十九条规定，生产、销售不符合保障人体健康和人身、财产安全的国家标准、行业标准的产品的，责令停止生产、销售，没收违法生产、销售的产品，并处违法生产、销售产品货值金额等值以上三倍以下的罚款；有违法所得的，并处没收违法所得；情节严重的，吊销营业执照；构成犯罪的，依法追究刑事责任。此外，《产品质量法》第六十条还规定，对生产者专门用于生产不符合保障人体健康和人身、财产安全的国家标准、行业标准的产品和以假充真的产品的原辅材料、包装物、生产工具，应当予以没收；第六十一条规定，知道或者应当知道属于本法规定禁止生产、销售的产品而为其提供运输、保管、仓储等便利条件的，或者为以假充真的产品提供制假生产技术的，没收全部运输、保管、仓储或者提供制假生产技术的收入，并处违法收入百分之五十以上三倍以下的罚款；构成犯罪的，依法追究刑事责任。

关于囤积商品、哄抬物价。在疫情防控过程中，囤积防护用品、哄抬物价，是一种严重的价格违法行为，价格法对此作出了明确规定，并规定了严格的法律责任。《价格法》第十四条规定，经营者不得有捏造、散布涨价信息，哄抬价格，推动商品价格过高上涨的不正当价格行为。《价格法》第四十条规定，经营者有这一行为的，责令改正，没收违法所得，可以并处违法所得五倍以下的罚款；没有违法所得的，予以警告，可以并处罚款。情节严重的，监管部门可以责令停业整顿，或者吊销营业执照。

全国人大常委会法工委刑法室主任王爱立答：习近平总书记指出，疫情防控不只是医药卫生问题，而是全方位的工作，是总体战，各项工作都要为打赢疫情防控阻击战提供支持。做好维护社会稳定各项工作是打赢疫情阻击战的重要保障。疫情发生以来，面对突发情况和巨大需求，口罩、防护服等医疗物资一时难以保障，成为紧俏资源，而一些不法分子利欲熏心，非法生产、销售伪劣产品、哄抬物价等，妨碍疫情防控，扰乱社会秩序，对这些违法犯罪必须依法坚决严厉打击。

从实践看，刑法、相关司法解释及其实施为疫情防控工作的顺利开展发挥了重要作用，刑事法律依据和措施规定总体上是充分的、有效的。2020 年 2 月 6 日最高人民法院、最高人民检察院、公安部、司法部发布《关于依法惩治妨害新型冠状病毒感染肺炎疫情防控违法犯罪的意见》，对适用刑法有关规定作了解释、指导。根据刑法和上述司法解释规定，对所提到的破坏有关防护用品资源的违法犯罪，可区分情况，适用刑法相关规定追究刑事责任。一是在疫情防控期间，生产、销售伪劣的防治、防护产品、物资，生产不符合保障人体健康的国家标准、行业标准的医用口罩、护目镜、防护服等医用器材，或者销售明知是不符合标准的医用器材，构成犯罪的，依照《刑法》第一百四十条生产、销售伪劣产品罪，第一百四十五条生产、销售不符合标准的医用器材罪定罪处罚。二是违反国家有关市场经营、价格管理等规定，囤积居奇、哄抬疫情防控急需的口罩、防护服、消毒液等防护用品价格，扰乱市场秩序，情节严重，构成犯罪的，依照《刑法》第二百二十五条非法经营罪定罪处罚。三是对以销售疫情防控用品为名，实施诈骗等其他犯罪的，依照《刑法》第二百六十六条诈骗罪定罪处罚。

最高人民法院　最高人民检察院
关于办理妨害预防、控制突发传染病疫情等灾害的刑事案件具体应用法律若干问题的解释

（2003年5月13日最高人民法院审判委员会第1269次会议、2003年5月13日最高人民检察委员会第3次会议通过　2003年5月14日公布　自2003年5月15日起施行　法释〔2003〕8号）

为依法惩治妨害预防、控制突发传染病疫情等灾害的犯罪活动，保障预防、控制突发传染病疫情等灾害工作的顺利进行，切实维护人民群众的身体健康和生命安全，根据《中华人民共和国刑法》等有关法律规定，现就办理相关刑事案件具体应用法律的若干问题解释如下：

第一条　故意传播突发传染病病原体，危害公共安全的，依照刑法第一百一十四条、第一百一十五条第一款的规定，按照以危险方法危害公共安全罪定罪处罚。

患有突发传染病或者疑似突发传染病而拒绝接受检疫、强制隔离或者治疗，过失造成传染病传播，情节严重，危害公共安全的，依照刑法第一百一十五条第二款的规定，按照过失以危险方法危害公共安全罪定罪处罚。

第二条　在预防、控制突发传染病疫情等灾害期间，生产、销售伪劣的防治、防护产品、物资，或者生产、销售用于防治传染病的假药、劣药，构成犯罪的，分别依照刑法第一百四十条、第一百四十一条、第一百四十二条的规定，以生产、销售伪劣产品罪，生产、销售假药罪或者生产、销售劣药罪定罪，依法从重处罚。

第三条　在预防、控制突发传染病疫情等灾害期间，生产用于防治传染病的不符合保障人体健康的国家标准、行业标准的医疗器械、医用卫生材料，或者销售明知是用于防治传染病的不符合保障人体健康的国家标准、行业标准的医疗器械、医用卫生材料，不具有防护、救治功能，足以严重危害人体健康的，依照刑法第一百四十五条的规定，以生产、销售不符合标准的医用器材罪定罪，依法从重处罚。医疗机构或者个人，知道或者应当知道系前款规定的不符合保障人体健康的国家标准、行业标准的医疗器械、医用卫生材料而购买并有偿使用的，以销售不符合标准的医用器材罪定罪，依法从重处罚。

第四条　国有公司、企业、事业单位的工作人员，在预防、控制突发传染病疫情等灾害的工作中，由于严重不负责任或者滥用职权，造成国有公司、企业破产或者严重损失，致使国家利益遭受重大损失的，依照刑法第一百六十八条的规定，以国有公司、企业、事业单位人员失职罪或者国有公司、企业、事业单位人员滥用职权罪定罪处罚。

第五条　广告主、广告经营者、广告发布者违反国家规定，假借预防、控制突发传染病疫情等灾害的名义，利用广告对所推销的商品或者服务作虚假宣传，致使多人上当受骗，违法所得数额较大或者有其他严重情节的，依照刑法第二百二十二条的规定，以虚假广告罪定罪处罚。

第六条　违反国家在预防、控制突发传染病疫情等灾害期间有关市场经营、价格管理等规定，哄抬物价、牟取暴利，严重扰乱市场秩序，违法所得数额较大或者有其他严重情节的，依照刑法第二百二十五条第（四）项的规定，以非法经营罪定罪，依法从重处罚。

第七条　在预防、控制突发传染病疫情等灾害期间，假借研制、生产或者销售用于预防、控制突发传染病疫情等灾害用品的名义，诈骗公私财物数额较大的，依照刑法有关诈骗罪的规定定罪，依法从重处罚。

第八条 以暴力、威胁方法阻碍国家机关工作人员、红十字会工作人员依法履行为防治突发传染病疫情等灾害而采取的防疫、检疫、强制隔离、隔离治疗等预防、控制措施的，依照刑法第二百七十七条第一款、第三款的规定，以妨害公务罪定罪处罚。

第九条 在预防、控制突发传染病疫情等灾害期间，聚众“打砸抢”，致人伤残、死亡的，依照刑法第二百八十九条、第二百三十四条、第二百三十二条的规定，以故意伤害罪或者故意杀人罪定罪，依法从重处罚。对毁坏或者抢走公私财物的首要分子，依照刑法第二百八十九条、第二百六十三条的规定，以抢劫罪定罪，依法从重处罚。

第十条 编造与突发传染病疫情等灾害有关的恐怖信息，或者明知是编造的此类恐怖信息而故意传播，严重扰乱社会秩序的，依照刑法第二百九十一条之一的规定，以编造、故意传播虚假恐怖信息罪定罪处罚。

利用突发传染病疫情等灾害，制造、传播谣言，煽动分裂国家、破坏国家统一，或者煽动颠覆国家政权、推翻社会主义制度的，依照刑法第一百零三条第二款、第一百零五条第二款的规定，以煽动分裂国家罪或者煽动颠覆国家政权罪定罪处罚。

第十一条 在预防、控制突发传染病疫情等灾害期间，强拿硬要或者任意损毁、占用公私财物情节严重，或者在公共场所起哄闹事，造成公共场所秩序严重混乱的，依照刑法第二百九十三条的规定，以寻衅滋事罪定罪，依法从重处罚。

第十二条 未取得医师执业资格非法行医，具有造成突发传染病病人、病原携带者、疑似突发传染病病人贻误诊治或者造成交叉感染等严重情节的，依照刑法第三百三十六条第一款的规定，以非法行医罪定罪，依法从重处罚。

第十三条 违反传染病防治法等国家有关规定，向土地、水体、大气排放、倾倒或者处置含传染病病原体的废物、有毒物质或者其他危险废物，造成突发传染病传播等重大环境污染事故，致使公私财产遭受重大损失或者人身伤亡的严重后果的，依照刑法第三百三十八条的规定，以重大环境污染事故罪定罪处罚。

第十四条 贪污、侵占用于预防、控制突发传染病疫情等灾害的款物或者挪用归个人使用，构成犯罪的，分别依照刑法第三百八十二条、第三百八十三条、第二百七十一条、第三百八十四条、第二百七十二条的规定，以贪污罪、侵占罪、挪用公款罪、挪用资金罪定罪，依法从重处罚。

挪用用于预防、控制突发传染病疫情等灾害的救灾、优抚、救济等款物，构成犯罪的，对直接责任人员，依照刑法第二百七十三条的规定，以挪用特定款物罪定罪处罚。

第十五条 在预防、控制突发传染病疫情等灾害的工作中，负有组织、协调、指挥、灾害调查、控制、医疗救治、信息传递、交通运输、物资保障等职责的国家机关工作人员，滥用职权或者玩忽职守，致使公共财产、国家和人民利益遭受重大损失的，依照刑法第三百九十七条的规定，以滥用职权罪或者玩忽职守罪定罪处罚。

第十六条 在预防、控制突发传染病疫情等灾害期间，从事传染病防治的政府卫生行政部门的工作人员，或者在受政府卫生行政部门委托代表政府卫生行政部门行使职权的组织中从事公务的人员，或者虽未列入政府卫生行政部门人员编制但在政府卫生行政部门从事公务的人员，在代表政府卫生行政部门行使职权时，严重不负责任，导致传染病传播或者流行，情节严重的，依照刑法第四百零九条的规定，以传染病防治失职罪定罪处罚。

在国家对突发传染病疫情等灾害采取预防、控制措施后，具有下列情形之一的，属于刑法第四百零九条规定的“情节严重”：

（一）对发生突发传染病疫情等灾害的地区或者突发传染病病人、病原携带者、疑似突发传染病病人，未按照预防、控制突发传染病疫情等灾害工作规范的要求做好防疫、检疫、隔离、防护、救治等工作，或者采取的预防、控制措施不当，造成传染范围扩大或者疫情、灾情加重的；

（二）隐瞒、缓报、谎报或者授意、指使、强令他人隐瞒、缓报、谎报疫情、灾情，造成传染范围扩大或者疫情、灾情加重的；

（三）拒不执行突发传染病疫情等灾害应急处理指挥机构的决定、命令，造成传染范围扩大或者疫情、灾情加重的；

（四）具有其他严重情节的。

第十七条 人民法院、人民检察院办理有关妨害预防、控制突发传染病疫情等灾害的刑事案件，对于有自首、立功等悔罪表现的，依法从轻、减轻、免除处罚或者依法作出不起诉决定。

第十八条 本解释所称“突发传染病疫情等灾害”，是指突然发生，造成或者可能造成社会公众健康严重损害的重大传染病疫情、群体性不明原因疾病以及其他严重影响公众健康的灾害。

最高人民法院
公布人民法院依法惩处妨害疫情防控犯罪典型案例（一）

案例1：田某某妨害传染病防治案

——隐瞒武汉旅居史致多人被隔离观察

简要案情

2019年12月22日，被告人田某某乘坐火车从山东济宁前往湖北武昌打工。2020年1月9日，田某某乘坐火车辗转湖北荆州、汉口、河南商丘等地后，返回山东成武县大田集镇家中。1月20日，田某某出现发热、干咳等症状，即到本村卫生室就诊。1月22日，田某某到大田集镇医院就诊，被诊断为肺炎。医护人员询问其是否有武汉旅居史，田某某隐瞒到过武昌、汉口的事实，谎称从石家庄返回家中。1月23日，田某某到成武县人民医院就诊，医护人员询问其近期是否到过武汉，其仍故意隐瞒到过武昌、汉口的事实，被收治于该院呼吸内科普通病房。1月25日，田某某在医护人员得知其有汉口旅居史再次询问时，仍予以否认，在被诊断疑似患有新型冠状病毒肺炎（以下简称新冠肺炎）而转入感染科隔离治疗过程中，不予配合并要求出院。1月26日，田某某被确诊患有新冠肺炎。因田某某违反新冠肺炎疫情防控的相关规定，故意隐瞒从武昌、汉口返乡的事实，造成医护人员及同病房病人共37人被隔离观察。

裁判结果

山东省成武县人民法院经审理认为，被告人田某某违反传染病防治法规定，在国家卫生健康委员会宣布对新冠肺炎采取甲类传染病预防、控制措施后，明知应当报告武汉旅居史，却故意隐瞒，拒绝配合医护人员采取防治措施，造成新型冠状病毒传播的严重危险，致37人被隔离观察，其行为构成妨害传染病防治罪，应依法惩处。田某某如实供述自己的犯罪事实，认罪认罚。据此，于2020年3月1日以妨害传染病防治罪判处被告人田某某有期徒刑十个月。

案例2：马某某故意杀人案

——持刀杀害两名防疫卡点工作人员

简要案情

2020年2月5日，云南省红河县石头寨乡根据上级安排，在该乡么索村委会通往阿扎河乡洛孟村委会之间设置新冠肺炎疫情防控卡点，开展疫情防控和监测工作，对往来车辆及人员进行信息登记、监测和防疫宣传。2月6日11时许，被告人马某某驾车载么索村委会马某龙（另案处理）等人经过么索村委会疫情防控卡点，到洛孟村委会马某光（另案处理）家吃饭喝酒，之后马某某驾车搭载马某龙等人准备到马某龙家KTV唱歌。18时20分许，当车辆行至么索村委会疫情防控卡点时，马某龙下车搬除卡点路障，并与前来劝阻的卡点工作人员发生争执。在此过程中，马某某因对卡点工作人员张某某（红河县财政局下派扶贫干部，殁年39岁）持手机拍摄取证的行为不满，遂持随身携带的折叠刀朝张某某胸腹部连续捅刺，又向前来劝阻的卡点工作人员李某某（红河县石头寨乡干部，殁年50岁）腹部捅刺，致张某某、李某某经送医院抢救无效于当日死亡。经鉴定，张某某系因被单刃锐器刺击胸腹部致胸腹腔多脏器破裂急性出血死亡；李某某系因被单刃锐器刺击腹部致肝脏破裂出血死亡。

裁判结果

云南省红河哈尼族彝族自治州中级人民法院经审理认为，被告人马某某在云南省重大突发公共卫生事件一级响应期间，无视国家法律和疫情防控秩序，故意非法剥夺他人生命，其行为构成故意杀人罪。马某某在疫情期间杀害两名疫情防控工作人员，主观恶性极深，犯罪手段残忍，情节极其恶劣，后果特别严重。马某某曾因犯故意伤害罪被判处有期徒刑，在刑罚执行完毕后五年内再犯应当判处有期徒刑以上刑罚之罪，系累犯，应依法从重处罚。马某某虽在案发后自动投案并如实供述犯罪事实，具有自首情节，但其罪行极其严重，不足以从轻处罚。据此，于2020年3月1日以故意杀人罪判处被告人马某某死刑，剥夺政治权利终身。

案例3：业某某抢劫案

——冒充疫情防控人员持刀入户抢劫

简要案情

2020年2月11日14时许，被告人业某某经事先踩点，携带水果刀、透明胶带到南京市江宁区禄口街道某小区，冒充疫情防控人员，以登记疫情为由骗得小区住户赵某某（被害人，女）打开房门。业某某闯入室内，采取胶带捆绑、持刀威胁等方式向赵某某强行索要8 000元。赵某某被迫通过微信向他人借款2 000元，后通过支付宝将2 000元转入业某某的赌博游戏账户内。业某某威胁赵某某不准报警后逃离现场。

裁判结果

江苏省南京江宁经济技术开发区人民法院经审理认为，被告人业某某在疫情防控期间，冒充疫情防控人员，骗开小区住户房门，持刀入户抢劫，其行为构成抢劫罪，应依法从严惩处。业某某如实供述自己的犯罪事实，认罪认罚。据此，于2020年3月4日以抢劫罪判处被告人业某某有期徒刑十一年，并处罚金人民币四万元，剥夺政治权利二年。

案例4：刘某某编造、故意传播虚假信息案

——编造感染新型冠状病毒在公共场所传播的虚假信息

简要案情

2020年1月24日，被告人刘某某在北京市通州区某小区暂住地内，利用微信号编造其感染新型冠状病毒后到公共场所通过咳嗽方式向他人传播的虚假信息，发送至其另一微信号，并将聊天记录截图后通过微信朋友圈、微信群、QQ群传播，直接覆盖人员共计2 700余人，并被其他个人微博转发。公安机关掌握该信息后，采取了相应紧急应对措施。

裁判结果

北京市通州区人民法院经审理认为，被告人刘某某在疫情防控期间编造虚假疫情信息，在信息网络上传播，严重扰乱社会秩序，其行为构成编造、故意传播虚假信息罪。刘某某如实供述自己的犯罪事实，认罪认罚。据此，于2020年2月28日以编造、故意传播虚假信息罪判处被告人刘某某有期徒刑八个月。

案例5:赵某某诈骗案

——疫情防控期间虚构销售口罩诈骗财物

简要案情

2020年2月3日至2月9日，被告人赵某某谎称其有稳定的医用一次性口罩、N95口罩来源，通过微信兜售口罩，将收到的货款用于网络赌博挥霍等。在被害人催要口罩时，赵某某采取给被害人寄送零食的方式拖延，随后变更手机号码、微信等联系方式，使被害人无法与其联系。赵某某采取上述手段先后骗取被害人朱某某、周某、王某等人口罩款合计34.18万余元。

裁判结果

安徽省淮北市相山区人民法院经审理认为，被告人赵某某以非法占有为目的，采取虚构事实的方式，利用网络多次骗取他人财物，其行为构成诈骗罪，且数额巨大。赵某某在疫情防控期间，虚构销售疫情防护用品事实，骗取他人财物，应依法从严惩处。据此，于2020年2月25日以诈骗罪判处被告人赵某某有期徒刑七年九个月，并处罚金人民币四十万元。

案例6:孙某某、蒋某诈骗案

——假冒慈善机构骗取疫情募捐

简要案情

2020年1月27日12时许，被告人孙某某、蒋某经预谋打印虚假宣传材料3 000份，在北京市西城区多地张贴、散发，假借"市希望工程办公室""市志愿者协会"之名，以"为抗击新冠肺炎募捐"为由，谎称已联系到口罩等物资的购买渠道，欲欺骗他人向孙某某微信账户转募捐款。当日16时许，孙某某、蒋某到案。截至案发，尚无钱款转入孙某某微信账户。

裁判结果

北京市西城区人民法院经审理认为，被告人孙某某、蒋某以非法占有为目的，在新冠肺炎疫情防控期间假冒慈善机构的名义，以赈灾募捐为由，欲骗取公私财物，情节严重，其行为均构成诈骗罪。孙某某、蒋某假借抗疫之名，实施诈骗行为，主观恶性深，社会影响恶劣，应依法从严惩处。孙某某、蒋某已着手实施诈骗，因被及时查获而未得逞，系犯罪未遂，可以比照既遂从轻处罚。据此，于2020年2月28日以诈骗罪分别判处被告人孙某某、蒋某有期徒刑十个月，并处罚金人民币一万元。

案例7:叶某妨害公务案

——拒不配合疫情防控管理暴力袭警

简要案情

2020年2月2日17时许，被告人叶某驾车载其舅父和胞兄途经湖北省崇阳县新冠肺炎防控指挥部金塘镇寒泉村疫情监测点时，工作人员要求叶某等人监测体温。叶某等人拒绝检测，辱骂工作人员并用车辆堵住监测点，后经人劝导移开，工作人员报警。当日18时许，崇阳县公安局金塘派出所所长张某某带领民警万某、辅警姜某等人到叶某家传唤其接受调查，叶某拒绝并用拳头殴打张某某、姜某等人，其亲属亦撕扯、推搡民警，阻碍民警依法传唤叶某。经鉴定，被害人张某某、姜某损伤程度均为轻微伤。

裁判结果

湖北省崇阳县人民法院经审理认为，被告人叶某在疫情防控期间，拒不配合防控管理，以暴力方法阻碍人民警察执行公务，致二人轻微伤，其行为构成妨害公务罪，应依法从重处罚。叶某有坦白情节，且认罪认罚。综合其犯罪情节，于2020年2月10日以妨害公务罪判处被告人叶某有期徒刑一年三个月。

案例8：唐某某寻衅滋事案

——疫情防控期间在医院暴力伤医

简要案情

2020年2月6日22时许，被告人唐某某酒后未戴口罩至江苏省建湖县上冈镇草堰口卫生院探望其住院的父亲。因值班医生周某某提醒其戴口罩，并制止其在正在使用的输氧病房内抽烟，唐某某心生不满，与周某某发生口角，继而殴打周某某头面部及颈部，并致周某某衣物损坏。后唐某某又先后殴打前来劝阻的医生王某某、群众姚某某和唐某。经鉴定，被害人周某某、王某某和姚某某的损伤程度均为轻微伤。

裁判结果

江苏省建湖县人民法院经审理认为，被告人唐某某在疫情防控期间在医院随意殴打他人，造成三人轻微伤，情节恶劣，其行为构成寻衅滋事罪，应依法惩处。唐某某如实供述自己的犯罪事实，且已赔偿被害人周某某的经济损失，取得了三被害人的谅解。据此，于2020年2月28日以寻衅滋事罪判处被告人唐某某有期徒刑一年。

案例9：黄某某非法制造枪支、非法猎捕、杀害珍贵、濒危野生动物、非法持有枪支案

——自制枪支猎杀果子狸、小灵猫等野生动物

简要案情

2016年至2017年，被告人黄某某从他人处获得自制预充气式气步枪和自制气枪各一支。2018年购买一支射钉枪及钢管、瞄准仪等部件，并将射钉枪改造为猎枪用于捕杀野生动物。2019年5月至11月，黄某某利用其改装的射钉枪在东印山猎捕4只(1只已被煮食)疑似果子狸的野生动物。11月13日黄某某被抓获，公安机关在其住处搜查出“快排”气枪1支、“突鹰”气枪1支、射钉枪改装的疑似枪支1支、瞄准镜1个、钢珠94颗、射钉弹86颗，并从其亲属处查获黄某某猎杀的3只疑似果子狸。经鉴定，3支疑似枪支均具备致伤力，认定为枪支，其中射钉枪改装的枪支是以火药为动力发射非制式枪弹的非制式枪；3只疑似果子狸中有1只为小灵猫，系国家二级重点保护野生动物，另2只为花面狸(俗称果子狸)，属于国家保护的有益的或者有重要经济、科学研究价值的陆生野生动物。

裁判结果

重庆市垫江县人民法院经审理认为，被告人黄某某违反国家有关法规，私自制造以火药为动力的非军用枪支1支，其行为构成非法制造枪支罪；违反野生动物保护法规，猎捕、杀害国家二级重点保护野生动物，其行为构成非法猎捕、杀害珍贵、濒危野生动物罪；违反枪支管理规定，非法

持有枪支 2 支,其行为还构成非法持有枪支罪,应依法并罚。黄某某主动投案,如实供述自己的犯罪事实,具有自首情节,依法从轻处罚。据此,于 2020 年 3 月 4 日对被告人黄某某以非法制造枪支罪判处有期徒刑三年;以非法猎捕、杀害珍贵、濒危野生动物罪判处有期徒刑一年六个月,并处罚金人民币一万元;以非法持有枪支罪判处拘役六个月,决定执行有期徒刑四年,并处罚金人民币一万元。

案例 10:陈某某非法收购珍贵、濒危野生动物案

——介绍他人非法收购穿山甲

简要案情

2019 年 2 月至 3 月,被告人陈某某得知薛某(在逃)及吴某某、高某某(均因涉嫌其他犯罪另案处理,尚在审查起诉中)等人走私入境一批穿山甲死体后,介绍杨某某(因涉嫌其他犯罪由广西另案处理)向吴某某、高某某等人购买。3 月 2 日,陈某某伙同杨某某一起到高某某入住的广东省广州市花都区某公寓,吴某某、高某某等人提供穿山甲死体一箱交由杨某某验货。次日,陈某某陪同杨某某按照约定到广州市花都区一路段,杨某某以 41.75 万元向吴某某、高某某等人购得穿山甲死体 20 余箱(每箱装有穿山甲死体至少 4 只,合计达 80 只以上),共重 747 公斤。9 月 25 日,陈某某在广西壮族自治区东兴市楠木山边境检查站被民警抓获。

裁判结果

广东省广州市花都区人民法院经审理认为,被告人陈某某违反野生动物保护法规,非法收购国家重点保护的珍贵、濒危野生动物,情节特别严重,其行为构成非法收购珍贵、濒危野生动物罪。陈某某在共同犯罪中实施了介绍杨某某与卖家联系、陪同验货和交易等行为,系从犯。据此,于 2020 年 3 月 5 日以非法收购珍贵、濒危野生动物罪判处被告人陈某某有期徒刑八年,并处罚金人民币五万元。

附:最高法刑一庭负责人就依法惩处妨害疫情防控犯罪典型案例答记者问

问题 1:最高人民法院此次发布的典型案例主要有哪些特点?

此次发布的案例,一是涉及犯罪类型较全面。随着妨害疫情防控刑事案件逐渐进入审判环节,人民法院近期审理的涉疫情刑事案件数量较疫情防控初期有所增加,案件的类型也增多了。在此基础上,我们梳理并发布了 10 个典型案例,基本涵盖妨害疫情防控的一些主要犯罪类型。二是聚焦打击重点。在案例选取方面,主要聚焦直接严重妨害疫情防控、给疫情扩散带来重大风险、给人民群众生命健康造成严重威胁、给社会造成极大恐慌、给大局稳定造成严重破坏的案件。三是具有一定参考价值。这些案例较好体现了人民法院发挥刑事审判职能服务党和国家的工作大局,体现了人民法院坚持以事实为根据、以法律为准绳,严格依法办案,准确把握政策,确保案件法律效果和社会效果的统一,对相关刑事案件的审判工作具有一定的参考价值。

问题 2:请介绍一下人民法院对依法惩治妨害疫情防控犯罪具体开展了哪些工作?

疫情发生后,最高人民法院高度重视,立即研究妨害疫情防控犯罪案件的情况和问题,牵头会同最高人民检察院、公安部、司法部及时发布了《关于依法惩治妨害新型冠状病毒感染肺炎疫情防控违法犯罪的意见》(以下简称"两高两部意见"),指导、规范相关案件的办理,为依法及时、

从严惩处涉疫情犯罪提供了有效法律指引。此后,又通过“两高”研究室负责人答记者问的形式,对司法实践中集中反映的法律适用问题予以明确,有效指导了各地法院依法办理此类案件。最高人民法院还会同国家卫健委、最高人民检察院、公安部联合印发《关于做好新型冠状病毒肺炎疫情防控期间保障医务人员安全维护良好医疗秩序的通知》,严厉打击暴力伤医和扰乱正常医疗秩序的违法犯罪,为医务人员和广大患者创造良好诊疗环境,全力保障疫情防控工作顺利开展。同时,最高人民法院注重发挥案例指导作用,通过分批编发典型案例,加强审判指导,进一步明确法律适用标准,统一定罪量刑尺度。

地方各级法院严格贯彻“两高两部意见”,依法及时从严惩处了一批妨害疫情防控的犯罪,发挥震慑作用,有效维护医疗秩序、防疫秩序、市场秩序和社会秩序,切实保障人民群众生命安全和身体健康,坚决维护国家政治安全和社会大局稳定。同时,最高人民法院和地方各级人民法院充分运用官网、微信、微博等平台,及时报道妨害疫情防控刑事案件的审判情况。最高人民法院联合央视社会与法频道开展了五期网络庭审直播,约八千万网民在线观看。江苏南通港闸区、陕西西安长安区、四川南充顺庆区等法院,也选取当地首例涉疫情案件进行庭审直播,使妨害疫情防控刑事案件的审判成为一堂堂生动的依法防疫“公开课”,为疫情防控营造良好的舆论氛围和法治环境。

问题 3:请介绍一下人民法院在新冠肺炎疫情防控期间是如何开展刑事审判工作的?

新冠肺炎疫情给人民法院的审判工作带来了一定的困难。各地法院在做好疫情防控的前提下,想方设法将对审判工作的影响降到最低程度。对于时效性较强的涉疫情等案件,在确保安全的前提下,优先考虑,重点安排,依法及时审判。这对及时惩治相关犯罪、保障疫情防控顺利开展起到了积极作用。对于符合事实清楚、证据充分,被告人承认自己罪行等法定条件的案件采取速裁程序或者简易程序审理,实现了“快立、快审、快判”。截至 3 月 4 日,采用速裁程序、简易程序审理的妨害疫情防控刑事案件分别达51.66%、40.53%。当然,对案件相对复杂的,当事人对事实证据或者定罪量刑有异议的,还是要按照普通程序进行。值得一提的是,为有效防控新冠肺炎疫情,最大限度减少人员流动和聚集,各地法院充分运用信息化建设和智慧法院成果有效开展在线诉讼活动,在确保合法、公正、效果的前提下,创新工作方式,通过视频、短信等非接触方式完成文书送达、指定辩护等工作,其中 59.30% 的案件采取视频开庭审理,效果很好。既防止了羁押场所的病毒输入风险,又确保了刑事审判工作平稳有序运行。可以说,这些年人民法院速裁程序司法改革和信息化建设的成果对疫情防控期间的审判工作带来极大的方便。

问题 4:从前期各地法院审结案件的情况看,都突出了一个“快”字,在“快审、快判”的情况下,人民法院如何保证审判质量?

此次疫情是中华人民共和国成立以来在我国发生的最大的一次重大突发公共卫生事件。疫情形势发展变化快,防控工作任务重,给刑事审判工作带来许多新问题、新挑战,而且时间紧、任务重。刑事审判既要及时,又必须严格依法办案。要坚持以事实为根据、以法律为准绳,要坚持罪刑法定、证据裁判、罪责刑相适应原则,确保所判决的每一起妨害疫情防控刑事案件都经得起法律和历史检验。要严格遵守刑事诉讼法,依法保障当事人诉讼权利。前段时间以来,各地法院审理的妨害疫情防控刑事案件,多数是案情比较简单、明了,处刑较轻的案件,本着简案快审,疑案精审原则,很多案件是适用速裁程序或者简易程序进行审理的,尤其是被告人认罪认罚的案件,提高了审判效率。人民法院适用速裁程序或者简易程序,严格依照法律关于速裁程序或者简易程序的规定,依法保障被告人的各项诉讼权利,简化程序但不减损权利。对不符合适用速裁程序、简易程序条件的案件,就必须按照普通程序审理。

问题5：人民法院审理妨害疫情防控刑事案件时，在政策把握上有什么考虑？

首先要坚持依法严惩，积极服务疫情防控工作大局。人民法院依法打击妨害疫情防控犯罪，是打赢疫情防控总体战的重要组成部分。要通过依法及时严惩一批妨害疫情防控犯罪，保障疫情防控工作顺利开展，维护人民群众生命健康和社会大局稳定。同时，也要突出重点，精准打击妨害疫情防控犯罪。疫情防控要精准施策，做好疫情防控期间的案件审判，同样也要精准发力，不能简单地“一刀切”。2019年，周强院长在全国第七次刑事审判工作会议就对我们刑事审判提出了要精准适用刑罚，体现区别对待，轻重有别，聚焦重点，精准发力的工作要求。我们要根据疫情形势的发展变化，因地制宜，因时制宜，聚焦打击锋芒，突出打击重点。需要强调的是，由于各地面临的疫情形势和防控任务差异较大，人民法院在案件审理中也要充分考虑各地这种分区分级差异化防控形势任务。因为同样的行为在疫情风险等级不同的地区，其危害性是不一样的，裁判中要有所体现，要平衡国法、天理、人情，实事求是，做到罪责刑相适应，避免政策把握粗放化、简单化。

最高人民法院　最高人民检察院　公安部　司法部
关于依法惩治妨害新型冠状病毒感染肺炎疫情防控违法犯罪的意见

（2020年2月6日公布施行　法发〔2020〕7号）

为依法惩治妨害新型冠状病毒感染肺炎疫情防控违法犯罪行为，保障人民群众生命安全和身体健康，保障社会安定有序，保障疫情防控工作顺利开展，根据有关法律、司法解释的规定，制定本意见。

一、提高政治站位，充分认识疫情防控时期维护社会大局稳定的重大意义

各级人民法院、人民检察院、公安机关、司法行政机关要切实把思想和行动统一到习近平总书记关于新型冠状病毒感染肺炎疫情防控工作的系列重要指示精神上来，坚决贯彻落实党中央决策部署、中央应对新型冠状病毒感染肺炎疫情工作领导小组工作安排，按照中央政法委要求，增强“四个意识”、坚定“四个自信”、做到“两个维护”，始终将人民群众的生命安全和身体健康放在第一位，坚决把疫情防控作为当前压倒一切的头等大事来抓，用足用好法律规定，依法及时、从严惩治妨害疫情防控的各类违法犯罪，为坚决打赢疫情防控阻击战提供有力法治保障。

二、准确适用法律，依法严惩妨害疫情防控的各类违法犯罪

（一）依法严惩抗拒疫情防控措施犯罪。故意传播新型冠状病毒感染肺炎病原体，具有下列情形之一，危害公共安全的，依照刑法第一百一十四条、第一百一十五条第一款的规定，以以危险方法危害公共安全罪定罪处罚：

1. 已经确诊的新型冠状病毒感染肺炎病人、病原携带者，拒绝隔离治疗或者隔离期未满擅自脱离隔离治疗，并进入公共场所或者公共交通工具的；

2. 新型冠状病毒感染肺炎疑似病人拒绝隔离治疗或者隔离期未满擅自脱离隔离治疗，并进入公共场所或者公共交通工具，造成新型冠状病毒传播的。

其他拒绝执行卫生防疫机构依照传染病防治法提出的防控措施，引起新型冠状病毒传播或者有传播严重危险的，依照刑法第三百三十条的规定，以妨害传染病防治罪定罪处罚。

以暴力、威胁方法阻碍国家机关工作人员（含在依照法律、法规规定行使国家有关疫情防控行政管理职权的组织中从事公务的人员，在受国家机关委托代表国家机关行使疫情防控职权的组织中从事公务的人员，虽未列入国家机关人员编制但在国家机关中从事疫情防控公务的人员）依法履行为防控疫情而采取的防疫、检疫、强制隔离、隔离治疗等措施的，依照刑法第二百七十七条第一款、第三款的规定，以妨害公务罪定罪处罚。暴力袭击正在依法执行职务的人民警察的，以妨害公务罪定罪，从重处罚。

（二）依法严惩暴力伤医犯罪。在疫情防控期间，故意伤害医务人员造成轻伤以上的严重后果，或者对医务人员实施撕扯防护装备、吐口水等行为，致使医务人员感染新型冠状病毒的，依照刑法第二百三十四条的规定，以故意伤害罪定罪处罚。

随意殴打医务人员，情节恶劣的，依照刑法第二百九十三条的规定，以寻衅滋事罪定罪处罚。

采取暴力或者其他方法公然侮辱、恐吓医务人员，符合刑法第二百四十六条、第二百九十三条规定的，以侮辱罪或者寻衅滋事罪定罪处罚。

以不准离开工作场所等方式非法限制医务人员人身自由，符合刑法第二百三十八条规定的，以非法拘禁罪定罪处罚。

（三）依法严惩制假售假犯罪。在疫情防控期间，生产、销售伪劣的防治、防护产品、物资，或者生产、销售用于防治新型冠状病毒感染肺炎的假药、劣药，符合刑法第一百四十条、第一百四十一条、第一百四十二条规定的，以生产、销售伪劣产品罪，生产、销售假药罪或者生产、销售劣药罪定罪处罚。

在疫情防控期间，生产不符合保障人体健康的国家标准、行业标准的医用口罩、护目镜、防护服等医用器材，或者销售明知是不符合标准的医用器材，足以严重危害人体健康的，依照刑法第一百四十五条的规定，以生产、销售不符合标准的医用器材罪定罪处罚。

（四）依法严惩哄抬物价犯罪。在疫情防控期间，违反国家有关市场经营、价格管理等规定，囤积居奇，哄抬疫情防控急需的口罩、护目镜、防护服、消毒液等防护用品、药品或者其他涉及民生的物品价格，牟取暴利，违法所得数额较大或者有其他严重情节，严重扰乱市场秩序的，依照刑法第二百二十五条第四项的规定，以非法经营罪定罪处罚。

（五）依法严惩诈骗、聚众哄抢犯罪。在疫情防控期间，假借研制、生产或者销售用于疫情防控的物品的名义骗取公私财物，或者捏造事实骗取公众捐赠款物，数额较大的，依照刑法第二百六十六条的规定，以诈骗罪定罪处罚。

在疫情防控期间，违反国家规定，假借疫情防控的名义，利用广告对所推销的商品或者服务作虚假宣传，致使多人上当受骗，违法所得数额较大或者有其他严重情节的，依照刑法第二百二十二条的规定，以虚假广告罪定罪处罚。

在疫情防控期间，聚众哄抢公私财物特别是疫情防控和保障物资，数额较大或者有其他严重情节的，对首要分子和积极参加者，依照刑法第二百六十八条的规定，以聚众哄抢罪定罪处罚。

（六）依法严惩造谣传谣犯罪。编造虚假的疫情信息，在信息网络或者其他媒体上传播，或者明知是虚假疫情信息，故意在信息网络或者其他媒体上传播，严重扰乱社会秩序的，依照刑法第二百九十一条之一第二款的规定，以编造、故意传播虚假信息罪定罪处罚。

编造虚假信息，或者明知是编造的虚假信息，在信息网络上散布，或者组织、指使人员在信息网络上散布，起哄闹事，造成公共秩序严重混乱的，依照刑法第二百九十三条第一款第四项的规定，以寻衅滋事罪定罪处罚。

利用新型冠状病毒感染肺炎疫情，制造、传播谣言，煽动分裂国家、破坏国家统一，或者煽动颠覆国家政权、推翻社会主义制度的，依照刑法第一百零三条第二款、第一百零五条第二款的规定,以煽动分裂国家罪或者煽动颠覆国家政权罪定罪处罚。

网络服务提供者不履行法律、行政法规规定的信息网络安全管理义务,经监管部门责令采取改正措施而拒不改正,致使虚假疫情信息或者其他违法信息大量传播的,依照刑法第二百八十六条之一的规定,以拒不履行信息网络安全管理义务罪定罪处罚。

对虚假疫情信息案件,要依法、精准、恰当处置。对恶意编造虚假疫情信息,制造社会恐慌,挑动社会情绪,扰乱公共秩序,特别是恶意攻击党和政府,借机煽动颠覆国家政权、推翻社会主义制度的,要依法严惩。对于因轻信而传播虚假信息,危害不大的,不以犯罪论处。

(七)依法严惩疫情防控失职渎职、贪污挪用犯罪。在疫情防控工作中,负有组织、协调、指挥、灾害调查、控制、医疗救治、信息传递、交通运输、物资保障等职责的国家机关工作人员,滥用职权或者玩忽职守,致使公共财产、国家和人民利益遭受重大损失的,依照刑法第三百九十七条的规定,以滥用职权罪或者玩忽职守罪定罪处罚。

卫生行政部门的工作人员严重不负责任,不履行或者不认真履行防治监管职责,导致新型冠状病毒感染肺炎传播或者流行,情节严重的,依照刑法第四百零九条的规定,以传染病防治失职罪定罪处罚。

从事实验、保藏、携带、运输传染病菌种、毒种的人员,违反国务院卫生行政部门的有关规定,造成新型冠状病毒毒种扩散,后果严重的,依照刑法第三百三十一条的规定,以传染病毒种扩散罪定罪处罚。

国家工作人员,受委托管理国有财产的人员,公司、企业或者其他单位的人员,利用职务便利,侵吞、截留或者以其他手段非法占有用于防控新型冠状病毒感染肺炎的款物,或者挪用上述款物归个人使用,符合刑法第三百八十二条、第三百八十三条、第二百七十一条、第三百八十四条、第二百七十二条规定的,以贪污罪、职务侵占罪、挪用公款罪、挪用资金罪定罪处罚。挪用用于防控新型冠状病毒感染肺炎的救灾、优抚、救济等款物,符合刑法第二百七十三条规定的,对直接责任人员,以挪用特定款物罪定罪处罚。

(八)依法严惩破坏交通设施犯罪。在疫情防控期间,破坏轨道、桥梁、隧道、公路、机场、航道、灯塔、标志或者进行其他破坏活动,足以使火车、汽车、电车、船只、航空器发生倾覆、毁坏危险的,依照刑法第一百一十七条、第一百一十九条第一款的规定,以破坏交通设施罪定罪处罚。

办理破坏交通设施案件,要区分具体情况,依法审慎处理。对于为了防止疫情蔓延,未经批准擅自封路阻碍交通,未造成严重后果的,一般不以犯罪论处,由主管部门予以纠正。

(九)依法严惩破坏野生动物资源犯罪。非法猎捕、杀害国家重点保护的珍贵、濒危野生动物的,或者非法收购、运输、出售国家重点保护的珍贵、濒危野生动物及其制品的,依照刑法第三百四十一条第一款的规定,以非法猎捕、杀害珍贵、濒危野生动物罪或者非法收购、运输、出售珍贵、濒危野生动物、珍贵、濒危野生动物制品罪定罪处罚。

违反狩猎法规,在禁猎区、禁猎期或者使用禁用的工具、方法进行狩猎,破坏野生动物资源,情节严重的,依照刑法第三百四十一条第二款的规定,以非法狩猎罪定罪处罚。

违反国家规定,非法经营非国家重点保护野生动物及其制品(包括开办交易场所、进行网络销售、加工食品出售等),扰乱市场秩序,情节严重的,依照刑法第二百二十五条第四项的规定,以非法经营罪定罪处罚。

知道或者应当知道是国家重点保护的珍贵、濒危野生动物及其制品,为食用或者其他目的而非法购买,符合刑法第三百四十一条第一款规定的,以非法收购珍贵、濒危野生动物、珍贵、濒危野生动物制品罪定罪处罚。

知道或者应当知道是非法狩猎的野生动物而购买，符合刑法第三百一十二条规定的，以掩饰、隐瞒犯罪所得罪定罪处罚。

（十）依法严惩妨害疫情防控的违法行为。实施上述（一）至（九）规定的行为，不构成犯罪的，由公安机关根据治安管理处罚法有关虚构事实扰乱公共秩序，扰乱单位秩序、公共场所秩序、寻衅滋事，拒不执行紧急状态下的决定、命令，阻碍执行职务，冲闯警戒带、警戒区，殴打他人，故意伤害，侮辱他人，诈骗，在铁路沿线非法挖掘坑穴、采石取沙，盗窃、损毁路面公共设施，损毁铁路设施设备，故意损毁财物、哄抢公私财物等规定，予以治安管理处罚，或者由有关部门予以其他行政处罚。

对于在疫情防控期间实施有关违法犯罪的，要作为从重情节予以考量，依法体现从严的政策要求，有力惩治震慑违法犯罪，维护法律权威，维护社会秩序，维护人民群众生命安全和身体健康。

三、健全完善工作机制，保障办案效果和安全

（一）及时查处案件。公安机关对于妨害新型冠状病毒感染肺炎疫情防控的案件，要依法及时立案查处，全面收集固定证据。对于拒绝隔离治疗或者隔离期未满擅自脱离隔离治疗的人员，公安机关要依法协助医疗机构和有关部门采取强制隔离治疗措施。要严格规范公正文明执法。

（二）强化沟通协调。人民法院、人民检察院、公安机关、司法行政机关要加强沟通协调，确保案件顺利侦查、起诉、审判、交付执行。对重大、敏感、复杂案件，公安机关要及时听取人民检察院的意见建议。对社会影响大、舆论关注度高的重大案件，要加强组织领导，按照依法处置、舆论引导、社会面管控"三同步"要求，及时向社会通报案件进展情况，澄清事实真相，做好舆论引导工作。

（三）保障诉讼权利。要依法保障犯罪嫌疑人、被告人的各项诉讼权利特别是辩护权。要按照刑事案件律师辩护全覆盖的要求，积极组织律师为没有委托辩护人的被告人依法提供辩护或者法律帮助。各级司法行政机关要加强对律师辩护代理工作的指导监督，引导广大律师依法依规履行辩护代理职责，切实维护犯罪嫌疑人、被告人的合法权益，保障法律正确实施。

（四）加强宣传教育。人民法院、人民检察院、公安机关、司法行政机关要认真落实"谁执法谁普法"责任制，结合案件办理深入细致开展法治宣传教育工作。要选取典型案例，以案释法，加大警示教育，震慑违法犯罪分子，充分展示坚决依法严惩此类违法犯罪、维护人民群众生命安全和身体健康的决心。要引导广大群众遵纪守法，不信谣、不传谣，依法支持和配合疫情防控工作，为疫情防控工作的顺利开展营造良好的法治和社会环境。

（五）注重办案安全。在疫情防控期间，办理妨害新型冠状病毒感染肺炎疫情防控案件，办案人员要注重自身安全，提升防范意识，增强在履行接处警、抓捕、羁押、讯问、审判、执行等职能时的自我保护能力和防范能力。除依法必须当面接触的情形外，可以尽量采取书面审查方式，必要时，可以采取视频等方式讯问犯罪嫌疑人、询问被害人、证人、听取辩护律师意见。人民法院在疫情防控期间审理相关案件的，在坚持依法公开审理的同时，要最大限度减少人员聚集，切实维护诉讼参与人、旁听群众、法院干警的安全和健康。

全国人民代表大会常务委员会

关于授权最高人民法院、最高人民检察院在部分地区开展刑事案件速裁程序试点工作的决定

(2014年6月27日第十二届全国人民代表大会常务委员会第九次会议通过 2014年6月27日公布施行)

为进一步完善刑事诉讼程序,合理配置司法资源,提高审理刑事案件的质量与效率,维护当事人的合法权益,第十二届全国人民代表大会常务委员会第九次会议决定:授权最高人民法院、最高人民检察院在北京、天津、上海、重庆、沈阳、大连、南京、杭州、福州、厦门、济南、青岛、郑州、武汉、长沙、广州、深圳、西安开展刑事案件速裁程序试点工作。对事实清楚,证据充分,被告人自愿认罪,当事人对适用法律没有争议的危险驾驶、交通肇事、盗窃、诈骗、抢夺、伤害、寻衅滋事等情节较轻,依法可能判处一年以下有期徒刑、拘役、管制的案件,或者依法单处罚金的案件,进一步简化刑事诉讼法规定的相关诉讼程序。试点刑事案件速裁程序,应当遵循刑事诉讼法的基本原则,充分保障当事人的诉讼权利,确保司法公正。试点办法由最高人民法院、最高人民检察院制定,报全国人民代表大会常务委员会备案。试点期限为二年,自试点办法印发之日起算。

最高人民法院、最高人民检察院应当加强对试点工作的组织指导和监督检查。试点进行中,最高人民法院、最高人民检察院应当就试点情况向全国人民代表大会常务委员会作出中期报告。试点期满后,对实践证明可行的,应当修改完善有关法律;对实践证明不宜调整的,恢复施行有关法律规定。

本决定自公布之日起施行。

最高人民法院 最高人民检察院

关于适用犯罪嫌疑人、被告人逃匿、死亡案件违法所得没收程序若干问题的规定

(2016年12月26日最高人民法院审判委员会第1705次会议、最高人民检察院第十二届检察委员会第59次会议通过 2017年1月4日公布 自2017年1月5日起施行 法释〔2017〕1号)

为依法适用犯罪嫌疑人、被告人逃匿、死亡案件违法所得没收程序,根据《中华人民共和国刑事诉讼法》《中华人民共和国刑法》《中华人民共和国民事诉讼法》等法律规定,现就办理相关案件具体适用法律若干问题规定如下:

第一条 下列犯罪案件,应当认定为刑事诉讼法第二百八十条第一款规定的“犯罪案件”:

(一)贪污、挪用公款、巨额财产来源不明、隐瞒境外存款、私分国有资产、私分罚没财物犯罪案件;

(二)受贿、单位受贿、利用影响力受贿、行贿、对有影响力的人行贿、对单位行贿、介绍贿赂、单位行贿犯罪案件;

(三)组织、领导、参加恐怖组织,帮助恐怖活动,准备实施恐怖活动,宣扬恐怖主义、极端主义、煽动实施恐怖活动,利用极端主义破坏法律实施,强制穿戴宣扬恐怖主义、极端主义服饰、标志,非法持有宣扬恐怖主义、极端主义物品犯罪案件;

(四)危害国家安全、走私、洗钱、金融诈骗、黑社会性质的组织、毒品犯罪案件。

电信诈骗、网络诈骗犯罪案件,依照前款规定的犯罪案件处理。

第二条 在省、自治区、直辖市或者全国范围内具有较大影响,或者犯罪嫌疑人、被告人逃匿境外的,应当认定为刑事诉讼法第二百八十条第一款规定的“重大”。

第三条 犯罪嫌疑人、被告人为逃避侦查和刑事追究潜逃、隐匿,或者在刑事诉讼过程中脱逃的,应当认定为刑事诉讼法第二百八十条第一款规定的“逃匿”。

犯罪嫌疑人、被告人因意外事故下落不明满二年,或者因意外事故下落不明,经有关机关证明其不可能生存的,依照前款规定处理。

第四条 犯罪嫌疑人、被告人死亡,依照刑法规定应当追缴其违法所得及其他涉案财产的,人民检察院可以向人民法院提出没收违法所得的申请。

第五条 公安机关发布通缉令或者公安部通过国际刑警组织发布红色国际通报,应当认定为刑事诉讼法第二百八十条第一款规定的“通缉”。

第六条 通过实施犯罪直接或者间接产生、获得的任何财产,应当认定为刑事诉讼法第二百八十条第一款规定的“违法所得”。

违法所得已经部分或者全部转变、转化为其他财产的,转变、转化后的财产应当视为前款规定的“违法所得”。

来自违法所得转变、转化后的财产收益,或者来自已经与违法所得相混合财产中违法所得相应部分的收益,应当视为第一款规定的“违法所得”。

第七条 刑事诉讼法第二百八十一条第三款规定的“利害关系人”包括犯罪嫌疑人、被告人的近亲属和其他对申请没收的财产主张权利的自然人和单位。

刑事诉讼法第二百八十一条第二款、第二百八十二条第二款规定的“其他利害关系人”是指前款规定的“其他对申请没收的财产主张权利的自然人和单位”。

第八条 人民检察院向人民法院提出没收违法所得的申请,应当制作没收违法所得申请书。

没收违法所得申请书应当载明以下内容:

(一)犯罪嫌疑人、被告人的基本情况;

(二)案由及案件来源;

(三)犯罪嫌疑人、被告人涉嫌犯罪的事实及相关证据材料;

(四)犯罪嫌疑人、被告人逃匿、被通缉、脱逃、下落不明、死亡的情况;

(五)申请没收的财产的种类、数量、价值、所在地以及已查封、扣押、冻结财产清单和相关法律手续;

(六)申请没收的财产属于违法所得及其他涉案财产的相关事实及证据材料;

(七)提出没收违法所得申请的理由和法律依据;

(八)有无利害关系人以及利害关系人的姓名、身份、住址、联系方式;

(九)其他应当载明的内容。

上述材料需要翻译件的,人民检察院应当将翻译件随没收违法所得申请书一并移送人民法院。

第九条 对于没收违法所得的申请,人民法院应当在三十日内审查完毕,并根据以下情形分别处理:

(一)属于没收违法所得申请受案范围和本院管辖,且材料齐全、有证据证明有犯罪事实的,应当受理;

（二）不属于没收违法所得申请受案范围或者本院管辖的，应当退回人民检察院；

（三）对于没收违法所得申请不符合“有证据证明有犯罪事实”标准要求的，应当通知人民检察院撤回申请，人民检察院应当撤回；

（四）材料不全的，应当通知人民检察院在七日内补送，七日内不能补送的，应当退回人民检察院。

第十条 同时具备以下情形的，应当认定为本规定第九条规定的“有证据证明有犯罪事实”：

（一）有证据证明发生了犯罪事实；

（二）有证据证明该犯罪事实是犯罪嫌疑人、被告人实施的；

（三）证明犯罪嫌疑人、被告人实施犯罪行为的证据真实、合法。

第十一条 人民法院受理没收违法所得的申请后，应当在十五日内发布公告，公告期为六个月。公告期间不适用中止、中断、延长的规定。

公告应当载明以下内容：

（一）案由、案件来源以及属于本院管辖；

（二）犯罪嫌疑人、被告人的基本情况；

（三）犯罪嫌疑人、被告人涉嫌犯罪的事实；

（四）犯罪嫌疑人、被告人逃匿、被通缉、脱逃、下落不明、死亡的情况；

（五）申请没收的财产的种类、数量、价值、所在地以及已查封、扣押、冻结财产的清单和相关法律手续；

（六）申请没收的财产属于违法所得及其他涉案财产的相关事实；

（七）申请没收的理由和法律依据；

（八）利害关系人申请参加诉讼的期限、方式以及未按照该期限、方式申请参加诉讼可能承担的不利法律后果；

（九）其他应当公告的情况。

第十二条 公告应当在全国公开发行的报纸、信息网络等媒体和最高人民法院的官方网站刊登、发布，并在人民法院公告栏张贴。必要时，公告可以在犯罪地、犯罪嫌疑人、被告人居住地或者被申请没收财产所在地张贴。公告最后被刊登、发布、张贴日期为公告日期。人民法院张贴公告的，应当采取拍照、录像等方式记录张贴过程。

人民法院已经掌握境内利害关系人联系方式的，应当直接送达含有公告内容的通知；直接送达有困难的，可以委托代为送达、邮寄送达。经受送达人同意的，可以采用传真、电子邮件等能够确认其收悉的方式告知其公告内容，并记录在案；人民法院已经掌握境外犯罪嫌疑人、被告人、利害关系人联系方式，经受送达人同意的，可以采用传真、电子邮件等能够确认其收悉的方式告知其公告内容，并记录在案；受送达人未作出同意意思表示，或者人民法院未掌握境外犯罪嫌疑人、被告人、利害关系人联系方式，其所在地国（区）主管机关明确提出应当向受送达人送达含有公告内容的通知的，受理没收违法所得申请案件的人民法院可以决定是否送达。决定送达的，应当将公告内容层报最高人民法院，由最高人民法院依照刑事司法协助条约、多边公约，或者按照对等互惠原则，请求受送达人所在地国（区）的主管机关协助送达。

第十三条 利害关系人申请参加诉讼的，应当在公告期间内提出，并提供与犯罪嫌疑人、被告人关系的证明材料或者证明其可以对违法所得及其他涉案财产主张权利的证据材料。

利害关系人可以委托诉讼代理人参加诉讼。利害关系人在境外委托的，应当委托具有中华人民共和国律师资格并依法取得执业证书的律师，依照《最高人民法院关于适用〈中华人民共和国刑事诉讼法〉的解释》第四百零三条的规定对授权委托进行公证、认证。

利害关系人在公告期满后申请参加诉讼，能够合理说明理由的，人民法院应当准许。

第十四条 人民法院在公告期满后由合议庭对没收违法所得申请案件进行审理。

利害关系人申请参加及委托诉讼代理人参加诉讼的，人民法院应当开庭审理。利害关系人及其诉讼代理人无正当理由拒不到庭，且无其他利害关系人和其他诉讼代理人参加诉讼的，人民法院可以不开庭审理。

人民法院对没收违法所得申请案件开庭审理的，人民检察院应当派员出席。

人民法院确定开庭日期后，应当将开庭的时间、地点通知人民检察院、利害关系人及其诉讼代理人、证人、鉴定人员、翻译人员。通知书应当依照本规定第十二条第二款规定的方式至迟在开庭审理三日前送达；受送达人在境外的，至迟在开庭审理三十日前送达。

第十五条 出庭的检察人员应当宣读没收违法所得申请书，并在法庭调查阶段就申请没收的财产属于违法所得及其他涉案财产等相关事实出示、宣读证据。

对于确有必要出示但可能妨碍正在或者即将进行的刑事侦查的证据，针对该证据的法庭调查不公开进行。

利害关系人及其诉讼代理人对申请没收的财产属于违法所得及其他涉案财产等相关事实及证据有异议的，可以提出意见；对申请没收的财产主张权利的，应当出示相关证据。

第十六条 人民法院经审理认为，申请没收的财产属于违法所得及其他涉案财产的，除依法应当返还被害人的以外，应当予以没收；申请没收的财产不属于违法所得或者其他涉案财产的，应当裁定驳回申请，解除查封、扣押、冻结措施。

第十七条 申请没收的财产具有高度可能属于违法所得及其他涉案财产的，应当认定为本规定第十六条规定的“申请没收的财产属于违法所得及其他涉案财产”。

巨额财产来源不明犯罪案件中，没有利害关系人对违法所得及其他涉案财产主张权利，或者利害关系人对违法所得及其他涉案财产虽然主张权利但提供的相关证据没有达到相应证明标准的，应当视为本规定第十六条规定的“申请没收的财产属于违法所得及其他涉案财产”。

第十八条 利害关系人非因故意或者重大过失在第一审期间未参加诉讼，在第二审期间申请参加诉讼的，人民法院应当准许，并发回原审人民法院重新审判。

第十九条 犯罪嫌疑人、被告人逃匿境外，委托诉讼代理人申请参加诉讼，且违法所得或者其他涉案财产所在地国（区）主管机关明确提出意见予以支持的，人民法院可以准许。

人民法院准许参加诉讼的，犯罪嫌疑人、被告人的诉讼代理人依照本规定关于利害关系人的诉讼代理人的规定行使诉讼权利。

第二十条 人民检察院、利害关系人对第一审裁定认定的事实、证据没有争议的，第二审人民法院可以不开庭审理。

第二审人民法院决定开庭审理的，应当将开庭的时间、地点书面通知同级人民检察院和利害关系人。

第二审人民法院应当就上诉、抗诉请求的有关事实和适用法律进行审查。

第二十一条 第二审人民法院对不服第一审裁定的上诉、抗诉案件，经审理，应当按照下列情形分别处理：

（一）第一审裁定认定事实清楚和适用法律正确的，应当驳回上诉或者抗诉，维持原裁定；

（二）第一审裁定认定事实清楚，但适用法律有错误的，应当改变原裁定；

（三）第一审裁定认定事实不清的，可以在查清事实后改变原裁定，也可以撤销原裁定，发回原审人民法院重新审判；

（四）第一审裁定违反法定诉讼程序，可能影响公正审判的，应当撤销原裁定，发回原审人民法院重新审判。

第一审人民法院对于依照前款第三项规定发回重新审判的案件作出裁定后，第二审人民法院对不服第一审人民法院裁定的上诉、抗诉，应当依法作出裁定，不得再发回原审人民法院重新审判。

第二十二条 违法所得或者其他涉案财产在境外的，负责立案侦查的公安机关、人民检察院等侦查机关应当制作查封、扣押、冻结的法律文书以及协助执行查封、扣押、冻结的请求函，层报公安、检察院等各系统最高上级机关后，由公安、检察院等各系统最高上级机关依照刑事司法协助条约、多边公约，或者按照对等互惠原则，向违法所得或者其他涉案财产所在地国（区）的主管机关请求协助执行。

被请求国（区）的主管机关提出，查封、扣押、冻结法律文书的制发主体必须是法院的，负责立案侦查的公安机关、人民检察院等侦查机关可以向同级人民法院提出查封、扣押、冻结的申请，人民法院经审查同意后制作查封、扣押、冻结令以及协助执行查封、扣押、冻结令的请求函，层报最高人民法院后，由最高人民法院依照刑事司法协助条约、多边公约，或者按照对等互惠原则，向违法所得或者其他涉案财产所在地国（区）的主管机关请求协助执行。

请求函应当载明以下内容：

（一）案由以及查封、扣押、冻结法律文书的发布主体是否具有管辖权；

（二）犯罪嫌疑人、被告人涉嫌犯罪的事实及相关证据，但可能妨碍正在或者即将进行的刑事侦查的证据除外；

（三）已发布公告的，发布公告情况、通知利害关系人参加诉讼以及保障诉讼参与人依法行使诉讼权利等情况；

（四）请求查封、扣押、冻结的财产的种类、数量、价值、所在地等情况以及相关法律手续；

（五）请求查封、扣押、冻结的财产属于违法所得及其他涉案财产的相关事实及证据材料；

（六）请求查封、扣押、冻结财产的理由和法律依据；

（七）被请求国（区）要求载明的其他内容。

第二十三条 违法所得或者其他涉案财产在境外，受理没收违法所得申请案件的人民法院经审理裁定没收的，应当制作没收令以及协助执行没收令的请求函，层报最高人民法院后，由最高人民法院依照刑事司法协助条约、多边公约，或者按照对等互惠原则，向违法所得或者其他涉案财产所在地国（区）的主管机关请求协助执行。

请求函应当载明以下内容：

（一）案由以及没收令发布主体具有管辖权；

（二）属于生效裁定；

（三）犯罪嫌疑人、被告人涉嫌犯罪的事实及相关证据，但可能妨碍正在或者即将进行的刑事侦查的证据除外；

（四）犯罪嫌疑人、被告人逃匿、被通缉、脱逃、死亡的基本情况；

（五）发布公告情况、通知利害关系人参加诉讼以及保障诉讼参与人依法行使诉讼权利等情况；

（六）请求没收违法所得及其他涉案财产的种类、数量、价值、所在地等情况以及查封、扣押、冻结相关法律手续；

(七)请求没收的财产属于违法所得及其他涉案财产的相关事实及证据材料;

(八)请求没收财产的理由和法律依据;

(九)被请求国(区)要求载明的其他内容。

第二十四条 单位实施本规定第一条规定的犯罪后被撤销、注销,单位直接负责的主管人员和其他直接责任人员逃匿、死亡,导致案件无法适用刑事诉讼普通程序进行审理的,依照本规定第四条的规定处理。

第二十五条 本规定自2017年1月5日起施行。之前发布的司法解释与本规定不一致的,以本规定为准。

《关于适用犯罪嫌疑人、被告人逃匿、死亡案件违法所得没收程序若干问题的规定》的理解与适用

□裴显鼎[*] 王晓东[**] 刘晓虎[***]

2017年1月5日,最高人民法院、最高人民检察院联合发布《关于适用犯罪嫌疑人、被告人逃匿、死亡案件违法所得没收程序若干问题的规定》(法释〔2017〕1号,以下简称《规定》)。《规定》共25条,就违法所得没收程序适用的罪名范围、概念认定、证明标准以及具体操作规范进行了明确。《规定》从追逃追赃实际出发,针对新情况、新问题,突破传统诉讼理念,进行了一系列全新的制度设计。《规定》是目前唯一对违法所得没收程序进行系统解释的司法文件,实践运用时存在一定理解和适用难度。为帮助办案人员正确理解与适用《规定》,现对《规定》的制定背景、意义和主要内容说明如下:

一、《规定》制定的背景、意义

党的十八大以来,以习近平同志为核心的新一届中央领导集体把从严惩治腐败放在突出位置,坚持有腐必反、有贪必肃,坚持"老虎""苍蝇"一起打,体现了中央反腐败的坚强决心和鲜明态度。追逃追赃工作,是反腐败斗争的重要组成部分。在党中央的坚强领导和统一部署下,国际追逃追赃工作取得了重大成果。仅2016年,就从70多个国家和地区追回外逃人员1 032人,追回赃款人民币24.08亿余元,赢得了党心、民心,国际社会高度认同,海内外舆论高度评价。

追逃与追赃工作相辅相成。追逃若不彻底,就意味着犯罪分子找到了避罪的"天堂",逍遥法外;追赃若不彻底,就必然会助长更多的腐败分子携款外逃,国家和人民的经济损失就无法挽回。只有坚持追逃与追赃两手抓,最终人赃俱获,才能实现除恶务尽、大快人心之目的。为了严密追逃追赃法网,2012年刑事诉讼法修正时首次规定了违法所得没收程序,为犯罪嫌疑人、被告人逃匿、死亡情况下没收违法所得及其他涉案财产提供了直接法律依据。但因违法所得没收程序在我国是一个新的制度设计,已有的立法及相关司法解释规定比较原则,法律适用存在较多困惑,难以满足办案需要。2013年至2016年年底,全国检察机关公诉部门共受理违法所得没收程序案件62件,向法院提出没收违法所得申请案件38件。大多数案件还处在公告、延长审理期限状态,难以向前推进。特别是犯罪嫌疑人携款潜逃境外后取得外国国籍的案件,最大的问题是如果

---

* 最高人民法院审判委员会副部级专职委员、刑事审判第二庭庭长。

** 最高人民法院刑事审判庭第二庭副庭长,法学博士。

*** 最高人民法院刑事审判庭第二庭代理审判长,法学博士。

没有具体的可供操作的司法程序，限制或者没收境外赃款的请求就难以获取被请求国的协助执行。这种现状严重影响了反腐败战略的实施和成效。综合分析，导致上述现状的原因主要集中在以下四个方面：一是适用范围过窄。刑事诉讼法仅明文规定了贪污贿赂、恐怖活动犯罪，而诸如国家安全、黑社会性质组织、走私、毒品、金融诈骗、电信诈骗、网络诈骗等大量犯罪均未明确是否在适用范围之内。除了罪名限制，刑事诉讼法对违法所得没收程序的适用还设置了“重大犯罪案件”的条件，而“重大”的认定标准在理解上不一，这就使很多案件无法进入程序；二是对违法所得没收程序的本质是刑事程序还是民事程序存在不同看法，对此类案件中有关事实证据证明标准存在较大争议；三是缺少实践经验指引，各地司法机关对于如何申请和审理，如何制作相关法律文书，以及如何执行，认识不足，基本都是“摸着石头过河”，普遍存在严重的畏难情绪；四是违法所得没收程序涉及诉讼环节较多，特别是有的案件涉及境外诉讼保全措施和没收裁定协助执行，司法机关职责不清，难以有效衔接。

为充分发挥违法所得没收程序的积极作用，切实提高反腐败国际追逃追赃工作成效，极大促进国内规则与国际规则形成良性互动和有效对接，推动违法所得没收程序规范、统一适用，2014年11月，最高人民法院、最高人民检察院对违法所得没收程序开展专项调研。2015年5月至7月，最高人民法院课题组对美加澳新等外逃人员比较集中的国家的相关法律制度和对外协作部门进行了考察访问。在总结吸收国际国内先进理论和实践经验的基础上，“两高”针对当前办理没收违法所得申请案件比较突出的法律适用问题起草了系统指导意见，并广泛征求了立法机关、各级司法机关及社会各界人士的意见，经提交最高人民法院审判委员会、最高人民检察院检察委员会审议，形成了本《规定》。

《规定》从我国司法实际出发，不仅对实践中容易引发争议的概念进行了界定，明确了认定犯罪事实、申请没收的财产与犯罪事实关联性的证明标准，而且对没收申请的审查、一审开庭、二审裁定、利害关系人参加诉讼方式、请求境外协助执行等相关程序，公告等法律文书格式、内容以及送达方式作了具体规定，增强了违法所得没收程序的实践可操作性，既有利于推进违法所得没收程序的规范、统一适用，也有利于与国外追逃追赃机制制度形成良性互动和对接，推进反腐败国际追逃追赃工作取得更大成效。

二、《规定》的主要内容

（一）关于标题和导语

《规定》仅针对违法所得没收程序适用过程中的重点突出问题明确了处理原则，故《规定》在标题和导语中采用了“若干问题”的表述。虽然违法所得没收程序整体架构在刑事诉讼理念基础上，但其中多个诉讼环节又借鉴吸收了民事诉讼理念，甚至直接援引了民事诉讼法相关规定，故适用依据包括民事诉讼法相关规定。同时，关于违法所得没收程序适用的罪名范围、没收原理主要依据的是刑法原理和刑法规定，故适用依据又包括刑法相关规定。

（二）关于违法所得没收程序适用的罪名范围

理论界和实务界对违法所得没收程序适用的罪名范围存在一定争议。一种观点认为，应当严格限制罪名范围，刑事诉讼法第二百八十条规定的“等”应当作等内解释，违法所得没收程序仅适用于贪污贿赂、恐怖活动犯罪。另一种观点认为，从当前犯罪形势和打击犯罪的需要出发，刑事诉讼法第二百八十条规定的“等”应当作等外解释。当前，危害国家安全、黑社会性质组织、毒品犯罪以及洗钱犯罪、走私犯罪、金融诈骗、电信诈骗等犯罪态势十分猖獗，犯罪所得往往特别巨大，有必要将此类犯罪纳入适用范围。经研究，《规定》基本采纳了后一种观点。

《规定》第一条所列罪名共五项：第一项以占有性、挪用性犯罪为主。第二项基本上是受贿类、行贿类犯罪。第三项是恐怖活动犯罪,包括刑法修正案(九)新增设的几类恐怖活动犯罪。第四项是类罪,包括洗钱罪及其上游犯罪。从体系上讲,似乎应当将破坏金融管理秩序罪规定在内,但在征求意见过程中,不少观点提出破坏金融管理秩序罪在实践中难以妥善处理,建议删去破坏金融管理秩序罪。经研究,基于实践可操作性的考虑,《规定》删去破坏金融管理秩序罪,保留了洗钱罪。第五项是两类新型特殊诈骗犯罪。由于在电信诈骗、网络诈骗案件中,犯罪嫌疑人、被告人违法所得往往特别巨大,且多数无法通过普通刑事诉讼程序处理,故纳入违法所得没收程序适用范围。

鉴于我国违法所得没收程序适用的罪名范围相比国外民事没收制度适用的罪名范围以及《联合国反腐败公约》明确的没收制度适用的罪名范围要窄,《规定》最初规定了兜底项。后不少观点建议,鉴于没收违法所得申请案件毕竟是在犯罪嫌疑人、被告人缺席的情况下进行审判,在一定程度上限制了犯罪嫌疑人、被告人陈述、辩解等诉讼权利,对其适用范围应当审慎把握,不宜将罪名范围过于扩大,故《规定》在具体列举罪名后未规定兜底项。

(三)关于"重大"的认定标准

在《规定》第二条起草过程中,不少观点主张从刑罚轻重和犯罪数额的角度明确违法所得没收程序所适用的重大犯罪案件的标准。经研究,无论从刑罚轻重还是从犯罪数额角度都难以明确一个普遍适用的标准。

1. 难以从刑罚轻重角度明确"重大"的认定标准。对"重大"案件明确认定标准的司法解释主要有两个:一是 1998 年出台的《最高人民法院关于处理自首和立功具体应用法律若干问题的解释》(以下简称《自首立功解释》)第七条第二款明确的"可能被判处无期徒刑以上刑罚或者案件在本省、自治区、直辖市或者全国范围内有较大影响的"犯罪案件;二是 2016 年"两高"出台的《关于办理贪污贿赂刑事案件适用法律若干问题的解释》(以下简称《贪污贿赂解释》)第十四条第二款明确的"已经或者可能被判处十年有期徒刑以上刑罚或者案件在本省、自治区、直辖市或者全国范围内有较大影响的"犯罪案件。《贪污贿赂解释》对"重大案件"明确的刑罚标准显然轻于《自首立功解释》。主要理由是:立功作为法定从轻、减轻处罚情节,在认定上应严格把握,同时要建立均衡阶梯,将重大立功与一般立功对应的刑罚标准区别开来,故当时《自首立功解释》将"重大案件"的标准明确为无期徒刑以上刑罚有一定道理。18 年后,随着司法理念的发展,职务犯罪定罪量刑标准的整体调整,判处无期徒刑以上刑罚的职务犯罪大幅减少,因此《贪污贿赂解释》将"重大案件"的标准明确为十年有期徒刑以上刑罚。违法所得没收程序仅是针对犯罪所得及其他涉案财产的追缴,最基本的目的是不让犯罪分子通过犯罪受益,切断外逃人员财源,迫使其回国受审。在这一理念主导下,将违法所得没收程序的适用范围限制在可能判处无期徒刑以上刑罚犯罪或者十年有期徒刑以上刑罚犯罪,对可能判处轻于上述刑罚的犯罪放任其违法所得不管与立法原意不符,也不利于反腐败斗争的深入推进。

2. 难以从数额角度明确"重大"的标准。从数额角度明确"重大"案件的认定标准,面临一个难以绕开的难题,即如何寻求境内违法所得没收程序适用数额与境外违法所得没收程序适用数额的平衡。例如,确定境外标准高于境内标准则有鼓励犯罪嫌疑人、被告人逃匿境外之嫌;如境内与境外按照统一标准,则缺乏可操作性。又如,以 50 万元为标准,对于境内高于 30 万元不满 50 万元的贪污所得,不适用违法所得没收程序同样违反了不让犯罪分子通过犯罪受益的基本原理,但对于境外 50 万元贪污所得启动违法所得没收程序,则可能不够办案成本,即与当前追逃追赃实践不符。

基于上述考虑,《规定》第二条采取了原则性规定:一是援引《自首立功解释》《贪污贿赂解释》关于“在全省、自治区、直辖市或者全国范围内具有较大影响的”犯罪案件的标准；二是明确了犯罪嫌疑人、被告人逃匿境外的犯罪案件应当认定为“重大犯罪案件”。此类案件一般犯罪数额都较大，不仅在本省、自治区、直辖市，甚至在全国都具有较大影响，更何况对逃匿境外的犯罪嫌疑人、被告人进行追赃，是严密法网，挽回国家和人民损失，切断外逃人员财路，促使其回国受审的重要途径。在某种意义上可以说，对逃匿境外的犯罪嫌疑人、被告人进行追赃是刑事诉讼法增设违法所得没收程序最基本的动因，故将此项条件明确为没收违法所得申请案件的“重大”标准符合立法原意。

（四）关于“逃匿”的认定

《规定》第三条对“逃匿”的一般情形和特殊情形进行了明确。

1. 关于“逃匿”的一般认定

司法实践中对“逃匿”的认定存在一定争议。有观点认为，只要犯罪嫌疑人、被告人离开居住地、工作地，对外失联，即可认定为“逃匿”。也有观点建议借鉴加拿大的规定，进行客观推定，“自逮捕令签发之日起六个月不能到案的”，即可认定为“逃匿”。但多数观点认为，应当坚持主客观统一原则，与司法机关及其工作人员失去联系未必一定与其他人失去联系；即使与外界所有人失去联系，也未必是主观上想“逃匿”。因此，仅以对外失联或者客观不能到案认定“逃匿”都难免失之偏颇。对于超过一定期限不能到案情形，要结合主观方面认定是否属于“逃匿”。如果不是故意，而是因为生病或者其他不可抗力因素不能到案，则不属于“逃匿”。

基于上述考虑，《规定》从客观和主观两个维度对“逃匿”作了界定：客观方面，犯罪嫌疑人、被告人存在潜逃、隐匿行为；主观方面，犯罪嫌疑人、被告人必须是为了逃避侦查和刑事追究。犯罪嫌疑人、被告人离开居住地、工作地，逃避侦查和刑事追究的，属于最典型的“逃匿”；犯罪嫌疑人、被告人未离开居住地、工作地，在原地隐匿起来逃避侦查和刑事追究的，亦属于“逃匿”情形；犯罪嫌疑人、被告人为了将来逃避侦查和刑事追究逃匿境外，后因各种原因不能或者不愿回国受审的，均应视为“逃匿”。

2. 关于“逃匿”的特殊认定

（1）将犯罪嫌疑人、被告人“在刑事诉讼过程中脱逃的”情形明确为“逃匿”。《最高人民法院、最高人民检察院、公安部、国家安全部、司法部、全国人大常委会法制工作委员会关于实施刑事诉讼法若干问题的规定》（以下简称《六部门规定》）第三十八条第二款对“死亡”“脱逃”两种情形作了突破现行法律的规定，即对此两种情形适用违法所得没收程序没有设置罪名范围和“通缉一年后不能到案”的限制条件。《最高人民法院关于适用〈中华人民共和国刑事诉讼法〉的解释》（以下简称《刑诉法解释》）第五百零七条第二项仅对死亡情形未设置罪名范围和“通缉一年后不能到案”的限制。鉴于《六部门规定》与《刑诉法解释》规定不尽统一，《规定》对此作了明确。《规定》起草过程中，多数观点认为，“脱逃”和“死亡”存在本质不同，“脱逃”在本质上是一种“逃匿”，应设置罪名范围和“通缉一年后不能到案”的限制。《规定》对此意见予以采纳，将刑事诉讼过程中的脱逃行为明确为“逃匿”情形。

（2）将民事程序中两类宣告死亡情形明确为“逃匿”。《规定》明确，犯罪嫌疑人、被告人因意外事故下落不明满二年，或者因意外事故下落不明，经有关机关证明该公民不可能生存的，依照“逃匿”情形处理。这样规定的考虑是，如果犯罪嫌疑人、被告人通过实施贪污贿赂犯罪获得大量财产，发生上述两种情形后，对其不法财产放任不管显然与立法原意不符。在坚持这一前提下，需要考虑的是，能否按照民事诉讼程序采取先由利害关系人申请再宣告死亡的办法处理？根据民事诉讼法第一百八十四条第一款规定，上述两种情形“经利害关系人申请，人民法院可以宣告死亡”。有观点据此提出，犯罪嫌疑人、被告人出现上述情况的，也应由利害关系人申请宣告死亡。经研究，在没收违法所得申请案件中，利害关系人多是犯罪嫌疑人、被告人的近亲属，由近亲属提出申请进而作出对犯罪嫌疑人、被告人的财产不利的处理，既不现实，也不合情理。另外，对公民宣告死亡不仅涉及非法财产的处置，还涉及合法财产和人身关系的确认，如遗产继承等，故不宜将人民法院宣告犯罪嫌疑人、被告人死亡作为上述两种情形没收违法所得申请的前置条件。那么能否考虑采取不经利害关系人申请而直接推定死亡的办法？《规定》最初明确，犯罪嫌疑人、被告人因意外事故下落不明满二年，或者因意外事故下落不明，经有关机关证明该公民不可能生存的，人民检察院可以向人民法院提出没收违法所得的申请。后在征求意见过程中，有关部门提出，这样规定有推定死亡之嫌，与刑事诉讼不得推定死亡精神相违背。这个问题必然涉及违法所得没收程序本质认识问题，即该程序究竟是民事程序还是刑事程序，抑或是民事和刑事之间的特别程序？而且即使认为其是一种特别程序，也难以在是否允许推定死亡问题上达成共识。经反复研究，《规定》将上述两种下落不明情形明确了依照“逃匿”情形处理。考虑到因意外事故下落不明毕竟在直观上与“逃匿”不同，故《规定》未直接将上述两种下落不明情形明确为“逃匿”，而是采取了技术性表述，明确规定依照逃匿情形处理。这样规定，意味着上述两种情形适用违法所得没收程序依然受到罪名范围和“通缉一年后不能到案”的限制。虽然程序相对烦琐，但相对于由利害关系人申请和人民法院宣告死亡，则更加便于把握和操作执行。

值得提及的是，民事诉讼法第一百八十四条还规定了公民下落不明满 4 年的宣告死亡情形。此种情形相对于犯罪嫌疑人、被告人实施犯罪后不久下落不明，更有理由推定犯罪嫌疑人、被告人具有逃避侦查和刑事追究的目的。如犯罪嫌疑人、被告人实施犯罪后下落不明满 4 年，在没有客观意外情况发生的情况下，更有理由认定犯罪嫌疑人、被告人逃匿。故此类情形可直接依照一般逃匿情形处理。

（五）关于死亡情形下违法所得没收的条件

在没收违法所得申请案件中，必须坚持一个最基本的前提，即依照刑法规定应当追缴违法所得及其他涉案财产，故《规定》第四条明确，对于犯罪嫌疑人、被告人死亡案件，只有依照刑法规定应当追缴其违法所得及其他涉案财产的，人民检察院才可以向人民法院提出没收违法所得的申请。

司法实践中对以下四种情形能否适用违法所得没收程序，认识不一，故有必要探讨：

1. 申请没收的财产不足以返还被害人的情形。即在认定申请没收的财产属于违法所得及其他涉案财产后，按照优先返还被害人的原则，最终无剩余财产予以没收。有观点据此认为，既然返还被害人后无剩余财产予以没收，就应认定不属于依照刑法规定应当追缴违法所得及其他涉案财产的情形，人民检察院不能提出没收违法所得申请。经研究认为，只要犯罪嫌疑人、被告人逃匿、死亡，符合没收违法所得申请条件，即应提起没收违法所得申请。至于审理后，是否有剩余财产予以没收上缴国库，不能作为检察机关是否提出没收违法所得申请的依据。

2. 行为人在纪检监察阶段或者在公安立案侦查前就死亡的情形。此类情形能否适用违法所得没收程序存在一定争议。有观点认为，刑事诉讼法规定适用违法所得没收程序的主体必须是犯罪嫌疑人，而“犯罪嫌疑人”的称谓必须是在司法机关刑事立案后，因而上述情形不应适用违法所得没收程序。经研究认为，刑事诉讼法表述的“犯罪嫌疑人”的外延包括但不限于刑事立案后的主体。例如，刑事诉讼法第一百零八条第一款、第二款规定：“任何单位和个人发现有犯罪事实或者犯罪嫌疑人，有权利也有义务向公安机关、人民检察院或者人民法院报案或者举报。被害人对侵犯其人身、财产权利的犯罪事实或者犯罪嫌疑人，有权向公安机关、人民检察院或者人民法院报案或者控告。”由上述“犯罪嫌疑人”的表述推之，对于实施《规定》第一条所列罪名的主体，即便是在刑事立案之前，也可以“犯罪嫌疑人”进行表述。据此，行为人在纪检监察阶段或者在公安立案侦查前就死亡的，适用违法所得没收程序没有法律障碍。

值得注意的是，在具体案件中，是表述为犯罪嫌疑人还是被告人，不是以行为人逃匿、死亡后法院是否受理没收违法所得申请案件为标准，而是以行为人逃匿、死亡前案件是否起诉到法院为标准。例如，行为人逃匿、死亡前，案件已起诉到法院，行为人应表述为“被告人”；否则，应表述为“犯罪嫌疑人”。

3. 犯罪嫌疑人、被告人“丧失诉讼行为能力经有关机关鉴定不可能恢复的”情形。有观点主张将此种情形纳入违法所得没收程序适用的范围，后考虑到此种情形与逃匿、死亡情形存在较大差别，跨越立法界限太大，故《规定》最终未采纳。

4. “犯罪已过追诉期限”情形。一种观点认为，刑事追诉期限已过，刑事责任不追究，故犯罪嫌疑人、被告人的违法所得及涉案财产不能没收。另一种观点认为，无论是否已过追诉期限，对违法所得及涉案财产都应当予以没收。理由是：所有权各项权能的分离是暂时的，最终都要回复到所有权中来。无论时间过多久，国家或者被害人的财产所有权不因追诉期限已过而丧失；基于不让犯罪者通过犯罪受益的原理，无论时间过多久，只要犯罪者通过犯罪获取利益，就要一追到底。后一种观点似有一定道理，但“犯罪已过追诉期限”毕竟情况特殊，在具体操作程序上会带来一系列全新的问题。例如，对于一般没收违法所得申请案件，犯罪嫌疑人、被告人到案即终止违法所得没收程序，但在犯罪已过追诉期限情形下，对行为人如何称谓、是否允许其参与诉讼、能否允许其就刑事部分事实提出意见以及是否允许其委托代理人等，都是全新的问题，故《规定》暂未对此种情形予以明确。

（六）关于通缉的认定

1. 关于“网上追逃”是否认定为“通缉”。一种观点认为，应当将“网上追逃”纳入“通缉”的范围。实践中已有将“网上追逃”作为“通缉”使用，并且有诸多成功的案例。另一种观点认为，“网上追逃”既可以适用于逮捕对象，也可以适用于刑事拘留对象，甚至包括侦查、调查的对象，门槛太低，不应将“网上追逃”纳入“通缉”的范围。《规定》第三条采纳了后一种观点。理由是：(1)从刑事诉讼法第一百五十三条、《公安机关办理刑事案件程序规定》第二百六十五条的规定分析，“通缉”的对象只能是应当逮捕的犯罪嫌疑人，而“网上追逃”的对象则是可能被刑事拘留的犯罪嫌疑人。例如，《公安机关办理刑事案件程序规定》第二百六十五条规定，“应当逮捕的犯罪嫌疑人如果在逃，公安机关可以发布通缉令，采取有效措施，追捕归案”。(2)从规范违法所得没收程序的角度分析，不应将“网上追逃”纳入“通缉”的范围。“网上追逃”不属于实质意义上的“通缉”，实践中经常出现侦查机关既不对犯罪嫌疑人、被告人采取任何强制措施，也不深入调查了解，而简单以“网上追逃”方式结案的情形。为督促侦查机关规范通缉权限，不应将“网上追逃”认定为“通缉”。《公安机关办理刑事案件程序规定》第二百七十一条修改过去通缉令的发布方法，规定通缉令应当广泛张贴，并可以通过广播、电视、报刊、互联网等方式发布。从上述关于规范“通缉”发布方式的规定分析，不应将“网上追逃”认定为“通缉”。

“协查通报”“内部通报”比“网上追逃”随意性更大，同理推之，更不应认定为刑事诉讼法第二百八十条第一款规定的“通缉”。实践中，有观点提出，“悬赏广告”能否认定为“通缉”。经研究，“悬赏广告”不属于法律正式用语，也不必然是司法机关的行为，故“悬赏广告”不应认定为“通缉”。

2. 是否有必要规定A、B级通缉令。根据《公安部关于实行“破案追逃”新机制的通知》（公通字〔1999〕91号），A、B级通缉令仅指公安部发布的通缉令。而实践中，重大犯罪案件并非都是由公安部发布通缉令，各地公安机关根据刑事诉讼法的相关规定，可以在自己管辖的地区范围内发布通缉令。基于上述考虑，《规定》未对通缉令作A、B级限制。

3. 关于国际刑警组织发布红色通报（俗称“红色通缉令”）。公安部凭逮捕证可以向国际刑警组织请求发布红色通报。红色通报在有些国家可以作为提请临时羁押的事由，故国际刑警组织发布红色通报在国际惯例上往往被视为“通缉”。《规定》最初明确国际刑警组织发布蓝色通报亦应认定为“通缉”。后经向有关部门进一步了解，向国际刑警组织请求发布蓝色通报无须提交逮捕证，国际刑警组织发布蓝色通报后，相关国家亦不会采取临时羁押措施，仅是作一些协助性盘问，故《规定》第五条仅明确公安部通过国际刑警组织发布红色国际通报应当认定为“通缉”。实践中，公安部向国际刑警组织请求发布红色通报，不以国内发布通缉令为前提，特别是在明知犯罪嫌疑人、被告人已逃往境外的情况下，如李华波案件，公安机关在国内对李华波未发布通缉令，而是直接向国际刑警组织请求发布红色通报。

（七）关于违法所得的认定

《规定》第六条对违法所得的认定进行了明确。在征求意见过程中，不少观点建议就违法所得已经部分或者全部转变、转化为其他财产以及违法所得已经与从合法来源获得的财产相混合的情形是否属于违法所得进行明确。如有观点提出，犯罪嫌疑人、被告人将犯罪所得款物用于投资所形成的财产系违法所得还是属于涉案财产。例如，受贿后用于购买房产、购买书画、玉石珠宝、投资股票或者开设公司等形成的财产，并非行为人直接犯罪所得，其中还包含了行为人的投资能力甚至是直接生产经营活动，如认定为违法所得似有不妥，宜认定为与案件相关的涉案财产；因认定犯罪金额只能以犯罪时所获得的款物来计算，如上述款物通过投资经营行为获得了增值，没收的是其犯罪所得金额还是现有的财产价值，等等。基于上述疑问，参考《联合国反腐败公约》第二条“术语的使用”第五项及第三十一条“冻结、扣押和没收”第四款、第五款、第六款的规定，《规定》第六条明确了不同情形下对违法所得的认定：

第一种情形，即原始形态的违法所得，是指通过实施犯罪直接或者间接产生、获得的任何财产；第二种情形，即转变、转化形态的违法所得，是指违法所得已经部分或者全部转变、转化为其他财产的，转变、转化后的财产；第三种情形，即单纯收益和添附收益形态的违法所得，是指来自违法所得转变、转化后的财产收益，或者来自已经与违法所得相混合财产中违法所得相应部分的收益。

（八）关于利害关系人、其他利害关系人的认定

刑事诉讼法既规定了“利害关系人”，又规定了“其他利害关系人”，但对“其他利害关系人”的概念未作明确。考虑到实践中“其他利害关系人”和“利害关系人”的认定可能发生争议，《规定》明确了两者逻辑种属关系。另外，虽然《刑诉法解释》对“其他利害关系人”的概念作了解释，但将“利害关系人”限制为对申请没收的财产主张所有权的范围似乎过窄，故《规定》将此概念扩大到对财物主张权利的人，除了对财物主张所有权的人外，还包括主张部分物权的人，如主张留置权、担保物权等。

关于被害人是否属于利害关系人，即两者是否属于种属关系，实践中存在不同看法。经研究，只有被害人依法可以对申请没收的财产主张权利时，才能认定为利害关系人；被害人对申请没收的财产不主张权利（即仅主张赔偿权利）时，被害人与利害关系人不属于同一主体。从这个角度分析，被害人与利害关系人不存在种属关系，两者在外延上不同，但在具体案件中可能存在交叉重合关系。

（九）关于违法所得申请书的内容及附件

《规定》第八条主要明确了违法所得申请书的内容及附件移送要求。申请书的内容参考了《刑诉法解释》第五百一十条、《人民检察院刑事诉讼规则（试行）》（以下简称《规则试行》）第五百二十六条的规定，并作了以下调整：一是考虑到“两高”联发，从人民法院审查的角度调整为没收违法所得申请书自身具备的内容；二是增加了列明犯罪嫌疑人、被告人的基本情况以及案件来源的要求；三是增加了列明脱逃、下落不明的情形；四是增加了列明申请没收财产价值的要求，此项要求与《联合国反腐败公约》相关条款相呼应；五是增加了列明有无利害关系人的内容。此项内容旨在避免申请机关在具体案件中不认真审查有无利害关系人；六是增加了列明申请没收的财产与犯罪嫌疑人、被告人犯罪事实的关联性及相关证据的要求；七是增加了兜底项的规定；八是增加了翻译件随案移送的要求。该项内容主要是针对申请没收的财产在境外的情形。

对于申请没收的财产，部分在境内，部分在境外的，宜一并提出申请，即在同一没收申请中提出。在征求意见过程中，有观点提出，检察机关提出没收违法所得申请时，是否需要明确犯罪嫌疑人、被告人涉嫌犯罪的具体罪名。经研究认为，申请书应当载明相关的犯罪事实及证据，这些犯罪事实及证据的认定一般是围绕犯罪构成要件进行的，如不明确罪名，反而显得检察机关缺乏申请没收财产的法律依据，甚至容易引发外界法律质疑，故在认定事实时应当确定相关罪名。

（十）关于没收违法所得申请案件的立案审查处理

1.《规定》第九条主要明确了没收违法所得申请案件立案审查的期限和处理原则，对《刑诉法解释》第五百一十一条进行了以下主要调整：

（1）增加了“有证据证明有犯罪事实”的审查内容。将此项内容的审查作为人民法院受理条件，是《规定》对立案审查的一个创设性规定。“有证据证明有犯罪事实”在普通刑事程序中是法院审理阶段认定的内容。但对于没收违法所得申请案件，如将此项内容的审查安排在开庭审理阶段，则可能会存在以下难题。开庭前难题：一是是否允许诉讼代理人复制、查阅案卷。二是是否将检察机关移送法院的刑事部分证据提供给诉讼参与人。如不提供便构成证据突袭，也不利于保障诉讼权利；如提供便可能会妨碍正在或者即将进行的刑事侦查。开庭审理过程中难题：一是证明犯罪事实的证据是否全部出示。二是是否允许参与诉讼的利害关系人及其诉讼代理人就证明犯罪事实的证据进行质证。例如，出庭的检察人员在庭审过程中宣读犯罪事实但不允许诉讼参与人提出意见，则对犯罪事实的审理完全流于形式。三是在部分案件中，犯罪嫌疑人、被告人所在国可能依据其本国法将允许犯罪嫌疑人、被告人的诉讼代理人参与诉讼作为协助执行我国法院裁定的条件。在此情况下，如果诉讼代理人就犯罪事实部分提出异议，则其身份与辩护人几乎无异，如此便体现不出违法所得没收程序与普通刑事诉讼程序的差异，这样的做法不仅违背了特别程序的本意，而且审判的社会效果也不好。将刑事部分的审理提前至立案审查阶段，既可以有效解决庭审难题，又可以提前对犯罪事实证据进行审查，避免合法财产因没收申请错误而遭受不必要的损害。

（2）调整了立案审查期限。《刑诉法解释》规定的立案审查期限为7日。由于《规定》将立案审查由形式审查调整为包含实体内容的审查，难以在7日期限内审查完毕，故将审查期限调整为30日。

2.对不同情形的处理方式。（1）对于同时具备四项条件的，应当立案受理。该四项条件分别是：属于没收违法所得申请受案范围；受理法院具有管辖权；申请材料齐全；有证据证明有犯罪事实。（2）对于不符合形式受理条件的，应当退回人民检察院。具体又分为两种情形：一种是不属于没收违法所得申请受案范围或者本院管辖的，应当退回人民检察院；另一种是材料不全的，应当通知人民检察院在7日内补送，7日内不能补送的，应当退回人民检察院。(3)对于不符合实体受理条件的，即没收违法所得申请不符合“有证据证明有犯罪事实”标准要求的，应当通知人民检察院撤回申请。为避免实践中出现人民法院通知人民检察院撤回申请，人民检察院不主动撤回的现象，《规定》在“通知人民检察院撤回申请”后，专门增加了“人民检察院应当撤回”的规定。

3.应当退回人民检察院的文书形式。起草过程中，有观点提出，退回人民检察院是采用决定退回还是裁定退回。经研究认为，退回人民检察院不宜采用裁定形式，宜采用决定形式。基于篇幅考虑，《规定》对此未予明确。

（十一）关于“有证据证明有犯罪事实”的认定标准

对于没收违法所得申请案件，由于犯罪嫌疑人、被告人逃匿、死亡，对犯罪事实认定及相关证据收集的难度比普通刑事案件要大，如坚持普通刑事案件证据证明标准，则绝大多数案件难以顺利推进。加上此类案件仅是对财产进行处理，且犯罪嫌疑人、被告人如到案，则终止审理，这些特征决定了此类案件的证明标准相对于普通刑事案件要有所降低。除犯罪嫌疑人、被告人死亡外，“通缉一年不能到案”是适用违法所得没收程序的前提条件，而在此类案件中对犯罪嫌疑人、被告人进行通缉的条件，即是“逃匿+逮捕”的条件，故参照逮捕阶段对证据证明标准的要求，明确没收违法所得申请案件立案审查阶段刑事部分的证据证明标准，具有一定的合理性。

从立法趋势来看，1996年刑事诉讼法第六十条第一款（关于逮捕条件的规定）将1979年刑事诉讼法第四十条第一款中的“主要犯罪事实已经查清”修改为“有证据证明有犯罪事实”，在一定程度上体现了降低逮捕证明标准和以审判为中心的立法态势。《规则试行》第一百三十九条亦使用了该表述，并在第二款明确了“有证据证明有犯罪事实”的认定标准：(1)有证据证明发生了犯罪事实；(2)有证据证明该犯罪事实是犯罪嫌疑人、被告人实施的；(3)证明犯罪嫌疑人、被告人实施犯罪行为的证据已经查证属实。参考上述规定，《规定》第十条明确，同时具备以下情形的，应当认定为“有证据证明有犯罪事实”：(1)有证据证明发生了犯罪事实；(2)有证据证明该犯罪事实是犯罪嫌疑人、被告人实施的；(3)证明犯罪嫌疑人、被告人实施犯罪行为的证据真实、合法。其中第一项、第二项是关于证明内容的表述，《规定》对《规则试行》第一百三十九条第一项、第二项未作改动。第三项是对证据资格的表述，要求证据必须客观的，且不属于非法手段取得。鉴于未经庭审质证认定，“证据已经查证属实”在表述上不够严谨，可能引发质疑，故《规定》将《规则试行》第三项“证据已经查证属实”的规定修改为“证明犯罪嫌疑人、被告人实施犯罪行为的证据真实、合法”。

没收违法所得申请的案件既不同于普通的刑事案件，也不同于一般的民事财产关系确权案件，它是一个特别程序，兼具两者的特点。上述标准提高了没收违法所得申请案件的立案门槛。这种门槛的提高，正是出于庭审过程中对财产所有权确权采用高度盖然性证据证明标准的必要补充，也是针对该类案件特征进行的专门制度设计。

（十二）关于公告时间、方式及内容的规定

《规定》第十一条明确了公告期间为6个月，且不适用中止、中断、延长的规定。公告的发布日期必须自人民法院受理没收违法所得申请案件之日起15日之内。

与《刑诉法解释》第五百一十二条相比，《规定》本条增加了以下几项内容：(1)增加了申请没收的财产与犯罪嫌疑人、被告人犯罪事实的关联性，此项内容非常重要，有利于保护无辜财产权利人免受侵害。(2)增加了案件来源，属于受理法院管辖，犯罪嫌疑人、被告人的基本情况，脱逃、下落不明，查封、扣押、冻结财产价值以及已查封、扣押、冻结财产的清单和相关法律手续，等等。(3)增加了不按规定期限、方式申请参加诉讼所应承担的不利后果。公告主要起到公示催告利害关系人尽快行使权利的作用，故在载明申请参加诉讼的期限、方式的同时，应当明确不按规定期限、方式申请参加诉讼所应承担的不利法律后果。

此外，与没收违法所得申请书相比，鉴于公告是公开对外的，故与犯罪事实相关的刑事部分证据不作为公告内容。

在征求意见过程中，有观点提出，在公告期间，以通知形式告知公告内容且已有利害关系人申请参加诉讼的，公告是否仍然需要持续至6个月。经研究认为，公告的作用在于发现利害关系人和公示催告利害关系人行使权利，利害关系人是一个不确定的群体，即使根据在案证据能够确信所有利害关系人已申请参加诉讼，也不排除根据新的证据发现新的利害关系人，或者权利人根据新发现的证据申请参加诉讼而成为新的利害关系人，以及因新的证据出现利害关系人撤回参与诉讼申请的情形。因此，公告依然要持续到6个月的法定期限。

（十三）关于公告内容的发布、张贴、送达方式

1. 关于公告的意义、方式、日期。

（1）公告的意义。公告是没收违法所得申请案件审理的必经程序。公告除了公示催告犯罪嫌疑人、被告人外，还有发现利害关系人、公示催告利害关系人申请参加诉讼的功能。因此，没收违法所得申请案件在审理前都必须公告。

（2）公告内容的刊登、发布。《规定》第十二条第一款明确，公告内容应当在全国公开发行的报纸、信息网络等媒体和最高人民法院的官方网站刊登、发布。《规定》起草过程中，有观点提出，全国各地的市、县级报纸等官方媒体，公众关注比较少，但亦属于全国公开发行或者公开的媒体。实践中，利害关系人可能以地方媒体不为本人知晓为由进行抗辩。经研究，固然报纸等级越高，其刊载信息就越容易传播，利害关系人也就越容易知悉信息内容。但这一情况也不尽然，如果犯罪嫌疑人、被告人的近亲属都集中居住在某一地区，接触更多的可能是当地有影响力的报纸，因此当地有影响力的报纸刊登的信息更容易被知悉。综合考虑公告的途径，除了报纸刊登，还有网络媒体和张贴，特别是对于境外犯罪嫌疑人、被告人、利害关系人而言，通过信息网络发布是更为重要的途径，故《规定》未对报纸等级作特别要求，但对信息网络作了刚性限制，即公告内容必须在最高人民法院官方网站刊登、发布。

（3）公告的张贴。《规定》第十二条第一款明确，公告在人民法院公告栏张贴。必要时，公告可以在犯罪地、犯罪嫌疑人、被告人居住地或者被申请没收财产所在地张贴。与《刑诉法解释》第五百一十二条第二款相比，本条将"申请没收的不动产所在地"修改为"被申请没收财产所在地"。这一考虑是，张贴公告旨在发挥补充公示催告的作用。有的案件中，动产价值可能比不动产价值更高，针对不同人群，如不关注网络媒体、报纸人群，采取在财产所在地张贴公告，更能起到补充公示催告的作用。参考《最高人民法院关于适用〈中华人民共和国民事诉讼法〉的解释》（以下简称《民诉法解释》）第一百三十八条的表述，《规定》明确，人民法院张贴公告的，应当采取拍照、录像等方式记录张贴过程。

（4）公告的日期。对于公告刊登、发布、张贴日期不同的，为避免引发争议，从有利于犯罪嫌疑人、被告人、利害关系人出发，《规定》明确公告最后被刊登、发布、张贴日期为公告日期。

2. 关于境外犯罪嫌疑人、被告人、利害关系人公告内容的补充送达。《规定》根据是否掌握联系方式两种情形，对公告内容的补充送达方式作了区分。对于掌握联系方式的又进一步区分受送达人是否同意采用传真、电子邮件收悉方式两种情形。对于已掌握境外犯罪嫌疑人、被告人、利害关系人的联系方式，参考民事诉讼法第八十七条的规定，《规定》明确，经受送达人同意的，可以采取传真、电子邮件等方式直接告知其公告内容，并记录在案。受送达人不同意或者不

掌握境外受送达人联系方式的,也可以不补充送达。出于对被请求国法律和司法主权的尊重,为顺利推进境外协助执行请求最终得到执行,参考近年来刑事司法协助条约、多边条约以及国际惯例的做法,《规定》明确,如果所在地国(区)主管机关明确提出应当向受送达人送达含有公告内容的通知的,受理没收违法所得申请案件的法院可以综合案情决定是否送达。决定送达的,应当将公告内容层报最高人民法院,由最高人民法院依照刑事司法协助条约、多边公约,或者按照对等互惠原则,请求受送达人所在地国(区)的主管机关协助送达。上述送达是对公告送达的补充,旨在进一步确认受送达人知悉公告内容,确保其诉讼权利。补充送达日期不影响公告日期的认定。

值得注意的是,在我国,中央主管机关未必是司法部,还有可能是外交部以及其他机关。例如,根据《中俄刑事司法协助条约》,最高人民检察院可能是主管机关,故本条未直接明确规定具体部门。

3. 关于在国外是否需要补充公告。《规定》起草过程中,一种观点认为,除了在国内公告外,还有必要在犯罪嫌疑人、被告人、利害关系人所在地国(区)公告,唯有如此,才能避免犯罪嫌疑人、被告人、利害关系人以不知晓国内公告为由提出抗辩,同时,在国外进行公告,更有利于体现正当程序,提高国外协助执行我国没收请求的效率。有观点提出,对于全球范围内的公告,建议参照美国民事没收程序公告的方式,将相关公告发布在特定权威网站上。另一种观点认为,在国内公告后没必要再在国外公告。目前,刑事司法协助合作的内容不包括请求外国协助进行相关公告。我国部分在全国发行的报纸以及信息网络等媒体,特别是最高人民法院官方网站,在世界其他国家也可以阅悉,因此没必要将公告再发布在外国报纸和网站。经研究,《规定》采纳了后一种观点。

(十四)关于利害关系人参加诉讼的条件、方式

1.《规定》第十三条第一款明确了利害关系人参加诉讼的申请时间以及所需提交的证明材料。与《刑诉法解释》第五百一十三条相比,本条第一款将"并提供证明申请没收的财产系其所有的证据材料的"修改为"可以对违法所得及其他涉案财产主张权利的证据材料",主要考虑是利害关系人包括但不限于主张财产所有权的人,主张留置权、质押权、抵押权等担保物权的,也属于利害关系人。

2.《规定》第十三条第二款明确了利害关系人可以委托诉讼代理人参加诉讼。同时,对利害关系人在境外委托诉讼代理人的情形作了限制性要求,即境外委托的,应当比照外国籍当事人的做法,只能委托具有中华人民共和国执业资格的律师进行诉讼。一国的司法制度只能在本国领域内适用,不能延伸至他国,司法主权原则是世界各国公认的准则。案件审判国(区)的律师对本国的法律更为熟知。因此,任何主权国家都禁止外国律师在本国范围内以律师名义从事诉讼业务。特别强调的是,中华人民共和国律师通常指的是中国内地执业律师,不包括港澳台地区执业律师。同时,在司法实践中,为了保证境外委托合法有效,《刑诉法解释》第四百零三条、民事诉讼法第二百六十四条分别要求对授权委托进行公证、认证。即在中华人民共和国领域外居住的相关人员寄给中国律师的授权委托书,必须经所在国公证机关证明、所在国外交部或者其授权机关认证,并经中国驻该国使、领馆认证,才具有法律效力。但中国与该国之间有互免认证协定的除外。

3.《规定》第十三条第三款明确了利害关系人未申请参加诉讼的救济原则。如果利害关系人无正当理由在公告期内不申请参加诉讼,待公告期满后申请参加诉讼的,视为对其法律权利的放弃;但因正当理由而未申请参加诉讼的,如正处于生病期间、被他人非法拘禁或者因其他不可抗

力因素而无法申请参加诉讼的，人民法院应当准许其参加诉讼。

（十五）关于审判组织、审理方式、通知送达

1.《规定》第十四条第一款明确了不得独任审判原则，即没收违法所得申请案件应当组成合议庭进行审理。有观点提出，合议庭组成人员是否包括人民陪审员。经研究认为，没收违法所得申请案件在合议庭的组成人员方面并无特殊要求，可以包括人民陪审员。

2.《规定》第十四条第二款明确了开庭审理和不开庭审理的情形。有利害关系人申请参加诉讼的，必须开庭审理。利害关系人本人参加及委托诉讼代理人参加诉讼的，人民法院应当开庭审理。利害关系人本人及委托诉讼代理人都不参加诉讼的，人民法院不开庭审理。利害关系人及其诉讼代理人无正当理由拒不到庭，且无其他利害关系人和其他诉讼代理人参加诉讼的，相当于无人参与诉讼。因此，人民法院可以不开庭审理。同理推之，对于已经开庭审理的案件，利害关系人及其诉讼代理人无正当理由退庭，且无其他利害关系人和其他诉讼代理人参加诉讼的，人民法院可以转为不开庭审理。做此规定，除了可以在一定程度上限制利害关系人及其代理人随意退庭，还可以起到节约司法资源的功效。

3.《规定》第十四条第三款明确了凡是开庭审理案件，检察机关必须派员出席。关于庭审设置，《规定》未作明确。实践中，可以将出庭的检察人员席位设置在审判台的右侧，利害关系人及其诉讼代理人席位并排设置在审判台左侧，证人、鉴定人、翻译人员席位设置在审判台对面两侧（通常检察机关申请出庭的证人、鉴定人设置在审判台对面右侧，即靠近检察人员席位一侧；利害关系人申请出庭的证人、鉴定人设置在审判台对面左侧，即靠近利害关系人席位一侧）。犯罪嫌疑人、被告人委托诉讼代理人参加诉讼，人民法院准许的，犯罪嫌疑人、被告人的诉讼代理人席位设置在证人席位与利害关系人及其诉讼代理人席位中间。

4.《规定》第十四条第四款明确了开庭通知以及通知送达方式、日期。通知送达的对象包括：人民检察院、利害关系人及其诉讼代理人、证人、鉴定人员、翻译人员。通知送达的方式依照《规定》第十二条第二款的规定，即依照公告通知送达方式执行。除了上述内容，考虑到境外通知的送达需要的时间比国内一般更长，故《规定》第十四条第四款明确了开庭准备的时间，即受送达人在国内的，开庭准备时间至少为 3 日；受送达人在境外的，开庭准备时间至少为 30 日。

（十六）关于开庭审理过程中法庭调查

由于人民法院对犯罪事实及证据的审查提前至立案审查环节，故《规定》第十五条第一款明确，出庭的检察人员宣读没收违法所得申请书后，在法庭调查阶段仅就申请没收的财产与犯罪的关联性事实出示、宣读证据。

考虑到没收违法所得申请案件中犯罪嫌疑人、被告人完全有可能因将来被缉拿归案或者主动到案而适用普通刑事诉讼程序，此类案件的法庭调查应当尽可能不妨碍正在或者即将进行的刑事侦查，故《规定》第十五条第二款规定，对于确有必要出示但可能妨碍正在或者即将进行的刑事侦查的证据，针对该证据的法庭调查不公开进行。

既然出庭的检察人员未出示、宣读刑事部分的证据，利害关系人及其诉讼代理人就不可能对相关犯罪事实及证据提出异议，故《规定》第十五条第一款明确在开庭过程中上述人员仅能围绕申请没收的财产与犯罪的关联性事实及证据进行举证、质证并提出意见。根据“谁主张，谁举证”原则，如果利害关系人及其诉讼代理人对申请没收的财产主张权利的，应当出示相关证据。

（十七）关于一审裁判结果

1. 关于没收违法所得申请案件审理的一般结果。大致包括两种情形：

（1）申请没收的财产属于违法所得或者其他涉案财产。此种情形又具体包括有被害人和无

被害人两种处理结果。有被害人的,《规定》第十六条明确,除依法应当返还被害人的以外,应当予以没收。

(2)申请没收的财产不属于违法所得或者其他涉案财产。如果利害关系人有证据证明其对申请没收的财产具有合法权利,人民法院应当裁定驳回申请,解除查封、扣押、冻结措施。《刑诉法解释》第三百六十四条第三款规定,经审查,不能确认查封、扣押、冻结的财物及其孳息属于违法所得或者依法应当追缴的其他涉案财物的,不得没收。刑法第六十四条规定,对被害人的合法财产,应当及时返还。因此,人民法院对于经查证查封、扣押、冻结的财物及其孳息不属于违法所得及其他涉案财产,为了维护真正财产权利人的合法权利,同时防止刑事司法过度干预民事财产关系领域,应当及时解除查封、扣押、冻结措施,恢复财产原来的权利状态。如果有新的证据足以证明解除查封、扣押、冻结的财产属于违法所得及其他涉案财产的,检察机关可以再次提出没收申请。

2. 关于等价返还被害人的问题。与刑法第六十四条规定不同,刑事诉讼法第二百八十二条没有规定"责令退赔"处理办法,对于不属于应当追缴的财产,仅规定"应当裁定驳回申请,解除查封、扣押、冻结措施",这就导致实践中本来应当依法等价返还被害人的财产得不到妥善处理,甚至因解除限制措施而使该部分财产有了转移的风险。例如,犯罪嫌疑人甲 2001 年用自己的合法财产在北京买下 10 套房产,现升值为 1 亿元左右。2003 年,甲侵吞单位乙公款 1 亿余元后畏罪潜逃。检察机关紧急查封、扣押该 10 套房产,并依法提起没收违法所得申请。后经法院审判,该 10 套房产不属于违法所得及其他涉案财产,应当裁定驳回申请,解除查封、扣押措施。这样的处理,让甲可能重新获得转移资产的空间。基于上述考虑,《规定》最初明确,对申请没收的财产不属于违法所得或者其他涉案财产的情形,除依法应当等价返还被害人的以外,应当裁定驳回申请,解除查封、扣押、冻结措施。这样规定,才能与刑法第六十四条及相关指导性文件的规定保持协调一致。后在征求过程中,不少观点认为其违反了刑事诉讼法的规定,故《规定》最终未对上述内容进行明确。

(十八)关于申请没收的财产与犯罪的关联性的证明标准

1. 关于申请没收的财产与犯罪的关联性的一般证明标准。《规定》第十七条第一款规定:申请没收的财产具有高度可能属于违法所得及其他涉案财产的,应当认定为属于违法所得及其他涉案财产。这一规定明确了高度盖然性标准,借鉴了"优势证据"证明标准的表述。主要考虑是:

(1)符合立法原意和司法实践需求。违法所得没收程序是刑事诉讼法规定的一个特别程序,与普通刑事诉讼程序存在较大区别。普通刑事诉讼程序旨在查明犯罪事实,对被告人定罪处罚,适用的是"事实清楚,证据确实、充分"的证明标准。而违法所得没收程序的基本法理依据在于"不让犯罪分子通过犯罪获得任何收益",旨在查明申请没收的财产与犯罪事实之间的关联性,确认申请没收的财产是否属于违法所得及其他涉案财产。两者最大的区别在于:在普通刑事诉讼程序中,被告人在场,不但可以获取其供述,而且可以根据其供述进一步获取客观性证据。而在违法所得没收程序中,犯罪嫌疑人、被告人不在案,既不能获取其供述,也不能收集根据其供述而可能产生的其他客观性证据。此种情况下,绝大多数案件都难以达到普通刑事诉讼程序排除合理怀疑的标准。如果坚持排除合理怀疑的标准,则绝大多数案件都只能裁定驳回申请。2012 年刑事诉讼法在刑事诉讼程序中增设违法所得没收程序,旨在满足实践需要,有效解决实践存在的问题。因此,在没收违法所得申请案件中采用是高度盖然性的证明标准,是基于立法原意和实践需要而作出的合理解释。

(2)符合违法所得没收程序的本质特性。首先,违法所得没收程序是针对犯罪行为相关联的财产的没收程序，与普通刑事诉讼程序不同，不涉及对犯罪嫌疑人、被告人的人身自由以及名誉权的剥夺，而是针对犯罪嫌疑人、被告人因犯罪行为而获得的财产的处理，本质上是对财产所有权的确认之诉。这一本质特征决定了其证明标准与普通刑事诉讼程序相比可以有所降低。其次，高度盖然性证据证明标准既适用于检察机关没收违法所得的申请，也适用于利害关系人对申请没收的财产主张权利。一方面，根据"谁主张，谁举证"的举证原则，只要检察机关提出的证据证明，申请没收的财产具有高度可能属于违法所得及其他涉案财产，除返还被害人以外，就应当没收；另一方面，只要利害关系人提出的证据证明，申请没收的财产具有高度可能不属于犯罪所得及其他涉案财产的，就应当支持其诉讼请求。保持这种平衡，可以有效避免因为适用高度盖然性标准而出现单向损害犯罪嫌疑人、被告人、利害关系人合法权利的现象产生。因此，对双方都采用高度盖然性标准，符合没收违法所得程序的基本特质。

(3)借鉴部分外国理论和实践。在国际上，很多国家将违法所得没收规定为民事诉讼程序，其中，对于申请没收财产与犯罪事实的关联性，美国、英国、加拿大、澳大利亚和新西兰等国家均采用的是优势证据的证明标准。例如，美国民事没收只需以优势证据(a preponderance of the evidence)证明拟没收的财产被用于或者源于非法活动。2000年，《美国民事资产没收改革法》(The Civil Asset Forfeiture Reform Act of 2000)改变之前的做法，是由联邦政府负责证明财产与非法活动的关联性。《美国法典》第十八章第九百八十三条民事没收违法所得一般规定也明确了举证责任，并明确只需优势证据，联邦政府就算履行了举证责任，即可提出民事没收程序。又如，根据澳大利亚《2002年犯罪所得法》(Proceeds of Crime Act 2002)的规定，民事没收程序适用民事举证标准(proof on the balance of probabilities rather than beyond reasonable doubts)。这些国家用自身的经验和做法证明了优势证据用于不定罪没收制度的可行性和重要意义。这些立法规定和司法实践经验为在违法所得没收程序中采用高度盖然性证明标准，增加了实践认同和确信。

2. 关于巨额财产来源不明案件中的关联性证明标准。对于巨额财产来源不明罪，由于刑法规定由犯罪嫌疑人、被告人说明来源，属于举证责任倒置，人民检察院向人民法院提出申请没收财产时无须收集证据证明不能说明来源的财产属于违法所得及其他涉案财产。在巨额财产来源不明案件中，如果法院经审查，认定有证据证明犯罪嫌疑人、被告人具有巨额财产来源不明的犯罪事实，在犯罪嫌疑人、被告人不到案的情况下，没有利害关系人对违法所得及其他涉案财产主张权利或者虽然主张权利但提供的相关证据没有达到高度盖然性证明标准的，应当认定涉案财产与利害关系人无关，故《规定》第十七条第二款明确此种情形下"申请没收的财产属于违法所得及其他涉案财产"。

(十九)关于利害关系人申请参加二审的处理

违法所得没收程序实质上是一种在犯罪嫌疑人、被告人缺席的情况下对申请没收的财产权属进行的确权之诉，如果人民法院认定申请没收的财产属于违法所得及其他涉案财产就会产生没收的法律后果，这可能会侵害无辜财产权利人的合法权利。因此，一审人民法院在审理过程中发现无辜财产权利人的，应告知其可以作为利害关系人依法参加诉讼，以维护其实体权利。二审期间，如果利害关系人申请参加诉讼的，只要非因故意或者重大过失在第一审期间未参加诉讼，人民法院应予准许，并发回重新审判。关于"非因故意或者重大过失"的表述，《规定》参考了《民诉法解释》第一百零二条对逾期提供证据规定的表述。"非因故意或者重大过失"在外延上比"客观原因"更广。客观原因，仅限于客观情由，而非因故意或者重大过失，除了客观情由外，还包括主观上的轻微过失。即如果利害关系人因不可抗力等客观因素或主观上轻微过失而在第一审期间未申请参加诉讼，在第二审期间申请参加诉讼的，人民法院应当准许，并发回原审人民法院重新审判。

（二十）关于犯罪嫌疑人、被告人逃匿境外后委托诉讼代理人参加诉讼的处理

是否允许犯罪嫌疑人、被告人委托诉讼代理人是《规定》起草过程中比较难把握的一个问题。一种观点认为，出于对犯罪嫌疑人、被告人逃匿行为的严惩，借鉴“不采纳逃犯证言”规则，不应允许逃匿的犯罪嫌疑人、被告人委托诉讼代理人。另一种观点认为，出于提高境外协助执行没收裁定的效率考虑，可以允许犯罪嫌疑人、被告人委托诉讼代理人。鉴于国外对我国扣押、冻结令和没收令的协助执行，特别注重正当程序的审查，加大对犯罪嫌疑人、被告人诉讼权利的保障，更有利于我国扣押、冻结令和没收令获取国外有关部门的协助执行。从境外追逃追赃工作实际出发，为顺利推进境外协助执行效率，《规定》基本采纳了后一种观点。《规定》第十九条第一款明确，此种情形由审理法院根据案件情况，综合违法所得或者其他涉案财产所在地国（区）主管部门依照其本国法提出的意见，决定是否准许犯罪嫌疑人、被告人委托诉讼代理人参加诉讼。准许参加诉讼的，犯罪嫌疑人、被告人的诉讼代理人依照有关利害关系人的诉讼代理人的规定行使诉讼权利。

（二十一）关于二审审理方式、通知事项及审查内容

《规定》第二十条第一款明确的是第二审人民法院可以不开庭审理的情形，即人民检察院、利害关系人对第一审裁定认定的事实、证据没有争议的，第二审人民法院可以不开庭审理。

《规定》第二十条第二款明确的是通知开庭的方式和对象，即第二审人民法院决定开庭审理的，应当将开庭的时间、地点书面通知同级人民检察院和利害关系人。在征求意见过程中，有的法院建议对二审出庭的检察机关是原检察机关还是与受理法院同级的检察机关进行明确。《规定》采纳了该建议，明确了出庭的检察机关必须是同级检察机关。

《规定》第二十条第三款明确的是第二审审查的内容，即第二审人民法院应当就上诉、抗诉请求的有关事实和适用法律进行审查。

（二十二）关于上诉、抗诉案件的处理情形

《规定》第二十一条，既参考了刑事诉讼法第二百二十五条的规定，又参考了《刑诉法解释》第五百一十八条的规定。结合没收违法所得申请案件司法实际，本条删去了刑事诉讼法关于量刑不当的规定，同时将《刑诉法解释》原裁定内容分解为事实清楚、适用法律正确两种情形，将原裁定确有错误分解为事实不清、适用法律错误两种情形，并作了区别处理。

《规定》第二十一条明确了第二审人民法院对上诉、抗诉案件四种情形处理的结果：一是第一审裁定认定事实清楚和适用法律正确的，应当驳回上诉、抗诉，维持原裁定；二是第一审裁定认定事实清楚，但适用法律有错误的，应当改变原裁定；三是第一审裁定认定事实不清的，可以在查清事实后改变原裁定，也可以撤销原裁定，发回原审人民法院重新审判；四是第一审裁定违反法定诉讼程序，可能影响公正审判的，应当撤销原裁定，发回原审人民法院重新审判。《规定》同时明确，第一审人民法院对于依照前述第三种情形发回重新审判的案件作出裁定后，第二审人民法院对不服第一审人民法院裁定的上诉、抗诉，应当依法作出裁定，不得再发回原审人民法院重新审判。

（二十三）关于境外限制措施协助执行和请求函

1. 关于侦查机关的范围。随着违法所得没收程序适用罪名范围的扩大，侦查机关包括公安机关、检察机关、国家安全机关等以及即将成立的监察委员会。基于上述情况，《规定》第二十二条第一款对侦查机关未一一列明，采取了“等侦查机关”的“等外”表述，各侦查机关的最高上级机关表述为“等各系统最高上级机关”。

2. 关于请求境外限制措施协助执行规程。《规定》第二十二条第一款参考 1992 年《司法部、最高人民法院、外交部关于执行海牙送达公约的实施办法》第八条、第九条关于刑事司法协助条约、多边条约以及国际惯例的做法，明确规定："违法所得或者其他涉案财产在境外的，负责立案侦查的公安机关、人民检察院等侦查机关应当制作查封、扣押、冻结的法律文书以及协助执行查封、扣押、冻结的请求函，层报公安、检察院等各系统最高上级机关后，由公安、检察院等各系统最高上级机关依照刑事司法协助条约、多边公约，或者按照对等互惠原则，向违法所得或者其他涉案财产所在地国（区）的主管机关请求协助执行。"

3. 关于境外要求限制令发文主体必须是法院的处理。在不少国家中，法院被认为比行政执法机关更具有中立性。因此这些国家的司法制度要求扣押、冻结等限制令的制发主体必须是法院。这种要求在一定程度上影响了我国境外追逃追赃工作效率，但这种制度要求并非针对某个国家作出的特别规定，旨在明确扣押、冻结措施的中立性。从境外追赃实际出发，基于对等互惠原则，根据具体情况，明确境外限制、没收请求符合被请求国制度要求，既有必要也可行。故《规定》第二十二条第二款明确规定："被请求国（区）的主管机关提出，查封、扣押、冻结法律文书的制发主体必须是法院的，负责立案侦查的公安机关、人民检察院等侦查机关可以向同级人民法院提出查封、扣押、冻结的申请，人民法院经审查同意后制作查封、扣押、冻结令以及协助执行查封、扣押、冻结令的请求函，层报最高人民法院后，由最高人民法院依照刑事司法协助条约、多边公约，或者按照对等互惠原则，向违法所得或者其他涉案财产所在地国（区）的主管机关请求协助执行。"

4. 关于请求函的内容。鉴于查封、冻结、扣押令普遍简单直观，不宜记载过多内容，故将有关案情、证据、主张以及理由都在请求函中说明。为规范统一请求函的内容，《规定》明确了请求函以下内容要点：(1)案由以及查封、扣押、冻结法律文书的发布主体是否具有管辖权。制发主体是否具有管辖权，往往是被请求国协助执行的基本条件。(2)犯罪嫌疑人、被告人涉嫌犯罪的事实及相关证据，但可能妨碍正在或者即将进行的刑事侦查的证据除外。一般被请求国都要求请求国提供犯罪嫌疑人、被告人涉嫌犯罪的事实、证据，但考虑到犯罪嫌疑人、被告人毕竟在逃，尽量不要妨碍正在或者进一步对犯罪嫌疑人、被告人犯罪事实的侦查。(3)已发布公告的，发布公告情况、通知利害关系人参加诉讼以及保障诉讼参与人依法行使诉讼权利等情况。这是对利害关系人正当权利保护的情况。(4)请求查封、扣押、冻结的财产的种类、数量、价值、所在地等情况以及相关法律手续。关于价值及法律手续的内容，旨在进一步从制度上防范限制措施的滥用，防止不当侵害利害关系人的财产权利。(5)请求查封、扣押、冻结的财产属于违法所得及其他涉案财产的相关事实及证据材料。此项内容是请求限制的财产与犯罪的关联性的认定。(6)请求查封、扣押、冻结财产的理由和法律依据。(7)被请求国（区）要求载明的其他内容。因不同国家在具体协助执行我国请求函时提出的要求不一定相同，故《规定》规定了兜底项。

（二十四）关于境外没收协助执行及请求函

《规定》第二十三条规定的原理基本同第二十二条。另外，有必要说明的是，国外协助执行没收令要求必须是生效裁判，故《规定》本条明确了这一条件。例如，《联合国反腐败公约》第五十五条第三款明确要求，向缔约国提出的没收的请求应当包括下列内容：(1)应当提供有关于应当予以没收财产的说明，尽可能包括财产的所在地和相关情况下的财产估计价值，以及关于请求缔约国所依据的事实的充分陈述，以便被请求缔约国能够根据本国法律取得没收令；(2)应当有请求缔约国发出的据以提出请求的法律上可以采信的没收令副本、关于事实和对没收令所请求执行的范围的说明、关于请求缔约国为向善意第三人提供充分通知并确保正当程序而采取的措施的具体陈述，以及关于该没收令为已经生效的没收令的陈述；(3)应当有请求缔约国所依据的事实陈述和对请求采取的行动的说明；如有据以提出请求的法律上可以采信的没收令副本，应当一并附上。参考上述内容，《规定》第二十三条明确了没收请求函的各项内容，理由基本同限制措施请求函。

（二十五）关于单位违法所得没收程序的适用

1. 单位实施《规定》第一条规定的犯罪后被撤销、注销的情形相当于犯罪嫌疑人、被告人死亡情形，故《规定》第二十四条对此种情形作了规定。鉴于单位被撤销、注销，如单位直接负责的主管人员和其他责任人员未逃匿、死亡，可能不会影响适用普通刑事诉讼程序，故本条将“导致案件无法适用刑事诉讼普通程序进行审理”作为适用违法所得没收程序的前提条件。值得注意的是，考虑到单位毕竟不同于自然人，涉及方方面面的利益，为慎重起见，《规定》明确单位被撤销、注销情形，必须受罪名范围的限制，同时受到“单位直接负责的主管人员和其他直接责任人员必须在通缉一年后不到案”的限制。在《规定》起草意见过程中，有观点提出，应当将单位被吊销、破产亦作为被撤销、注销情形对待。经研究认为，被吊销只是一个行政处罚程序，而破产只是单位主体消亡前的一个法定程序。宣告股份有限公司破产以后，由清算组接管公司，对破产财产进行清算、评估和处理、分配。清算组应当通知已知的债权人并在报纸上公告，债权人在规定时间内向清算组申报债权，由此可能形成新的法律关系。可见，单位被吊销、破产后还要经历清算、注销登记等程序，才能认定为主体消亡，故本条未将此两种情形规定在内。

2. 关于犯罪主体是单位的情形，没收违法所得申请案件的管辖原则应当比照自然人的情形处理。即没收违法所得的申请，由犯罪地或者单位主要办事机构所在地的中级人民法院管辖。单位主要办事机构所在地不能确定的，由其注册地或者登记地的中级人民法院管辖。

3. 实践中有的单位尚在，但因单位直接负责的主管人员、其他直接责任人员逃匿、死亡，导致案件无法适用普通程序进行审理，其大量违法所得无法追缴、没收。有观点主张，对此类案件应当适用违法所得没收程序。经调研，此类案件目前尚不普遍，问题尚不突出，故《规定》暂未明确。

（二十六）关于施行时间、冲突规范

1. 此条属一般技术规范。关于生效日期，《规定》第二十五条明确，本规定自 2017 年 1 月 5 日起生效。按照程序从新原则，司法实践中尚未审理的案件，按照本规定审理。

2. 关于适用冲突原则。《规定》对已公布的司法解释的修改始终保持慎之又慎的态度，但基于实际需要，借鉴吸收国际国内先进理论和成熟经验，最终从司法实际需要出发，对《刑诉法解释》相关规定进行了修改完善。考虑到篇幅问题，为凸显重点，《规定》对刑事诉讼、民事诉讼中的部分共性问题未作规定，未规定部分，仍然可以适用相关法律及司法解释的规定。

最高人民法院　最高人民检察院　公安部
关于办理网络犯罪案件适用刑事诉讼程序若干问题的意见

（2014 年 5 月 4 日公布施行　公通字〔2014〕10 号）

各省、自治区、直辖市高级人民法院，人民检察院，公安厅、局，新疆维吾尔自治区高级人民法院生产建设兵团分院，新疆生产建设兵团人民检察院、公安局：

为解决近年来公安机关、人民检察院、人民法院在办理网络犯罪案件中遇到的新情况、新问题，依法惩治网络犯罪活动，根据《中华人民共和国刑法》、《中华人民共和国刑事诉讼法》及有关司法解释的规定，结合侦查、起诉、审判实践，现就办理网络犯罪案件适用刑事诉讼程序问题提出以下意见：

一、关于网络犯罪案件的范围

1. 本意见所称网络犯罪案件包括：

（1）危害计算机信息系统安全犯罪案件；

（2）通过危害计算机信息系统安全实施的盗窃、诈骗、敲诈勒索等犯罪案件；

（3）在网络上发布信息或者设立主要用于实施犯罪活动的网站、通讯群组，针对或者组织、教唆、帮助不特定多数人实施的犯罪案件；

（4）主要犯罪行为在网络上实施的其他案件。

二、关于网络犯罪案件的管辖

2. 网络犯罪案件由犯罪地公安机关立案侦查。必要时，可以由犯罪嫌疑人居住地公安机关立案侦查。

网络犯罪案件的犯罪地包括用于实施犯罪行为的网站服务器所在地，网络接入地，网站建立者、管理者所在地，被侵害的计算机信息系统或其管理者所在地，犯罪嫌疑人、被害人使用的计算机信息系统所在地，被害人被侵害时所在地，以及被害人财产遭受损失地等。

涉及多个环节的网络犯罪案件，犯罪嫌疑人为网络犯罪提供帮助的，其犯罪地或者居住地公安机关可以立案侦查。

3. 有多个犯罪地的网络犯罪案件，由最初受理的公安机关或者主要犯罪地公安机关立案侦查。有争议的，按照有利于查清犯罪事实、有利于诉讼的原则，由共同上级公安机关指定有关公安机关立案侦查。需要提请批准逮捕、移送审查起诉、提起公诉的，由该公安机关所在地的人民检察院、人民法院受理。

4. 具有下列情形之一的，有关公安机关可以在其职责范围内并案侦查，需要提请批准逮捕、移送审查起诉、提起公诉的，由该公安机关所在地的人民检察院、人民法院受理：

（1）一人犯数罪的；

（2）共同犯罪的；

（3）共同犯罪的犯罪嫌疑人、被告人还实施其他犯罪的；

（4）多个犯罪嫌疑人、被告人实施的犯罪存在关联，并案处理有利于查明案件事实的。

5. 对因网络交易、技术支持、资金支付结算等关系形成多层级链条、跨区域的网络犯罪案件，共同上级公安机关可以按照有利于查清犯罪事实、有利于诉讼的原则，指定有关公安机关一并立案侦查，需要提请批准逮捕、移送审查起诉、提起公诉的，由该公安机关所在地的人民检察院、人民法院受理。

6. 具有特殊情况，由异地公安机关立案侦查更有利于查清犯罪事实、保证案件公正处理的跨省（自治区、直辖市）重大网络犯罪案件，可以由公安部商最高人民检察院和最高人民法院指定管辖。

7. 人民检察院对于公安机关移送审查起诉的网络犯罪案件，发现犯罪嫌疑人还有犯罪被其他公安机关立案侦查的，应当通知移送审查起诉的公安机关。

人民法院受理案件后，发现被告人还有犯罪被其他公安机关立案侦查的，可以建议人民检察院补充侦查。人民检察院经审查，认为需要补充侦查的，应当通知移送审查起诉的公安机关。

经人民检察院通知，有关公安机关根据案件具体情况，可以对犯罪嫌疑人所犯其他犯罪并案侦查。

8. 为保证及时结案，避免超期羁押，人民检察院对于公安机关提请批准逮捕、移送审查起诉的网络犯罪案件，第一审人民法院对于已经受理的网络犯罪案件，经审查发现没有管辖权的，可以依法报请共同上级人民检察院、人民法院指定管辖。

9. 部分犯罪嫌疑人在逃,但不影响对已到案共同犯罪嫌疑人、被告人的犯罪事实认定的网络犯罪案件,可以依法先行追究已到案共同犯罪嫌疑人、被告人的刑事责任。在逃的共同犯罪嫌疑人、被告人归案后,可以由原公安机关、人民检察院、人民法院管辖其所涉及的案件。

三、关于网络犯罪案件的初查

10. 对接受的案件或者发现的犯罪线索,在审查中发现案件事实或者线索不明,需要经过调查才能够确认是否达到犯罪追诉标准的,经办案部门负责人批准,可以进行初查。

初查过程中,可以采取询问、查询、勘验、检查、鉴定、调取证据材料等不限制初查对象人身、财产权利的措施,但不得对初查对象采取强制措施和查封、扣押、冻结财产。

四、关于网络犯罪案件的跨地域取证

11. 公安机关跨地域调查取证的,可以将办案协作函和相关法律文书及凭证电传或者通过公安机关信息化系统传输至协作地公安机关。协作地公安机关经审查确认,在传来的法律文书上加盖本地公安机关印章后,可以代为调查取证。

12. 询(讯)问异地证人、被害人以及与案件有关联的犯罪嫌疑人的,可以由办案地公安机关通过远程网络视频等方式进行询(讯)问并制作笔录。

远程询(讯)问的,应当由协作地公安机关事先核实被询(讯)问人的身份。办案地公安机关应当将询(讯)问笔录传输至协作地公安机关。询(讯)问笔录经被询(讯)问人确认并逐页签名、捺指印后,由协作地公安机关协作人员签名或者盖章,并将原件提供给办案地公安机关。询(讯)问人员收到笔录后,应当在首页右上方写明"于某年某月某日收到",并签名或者盖章。

远程询(讯)问的,应当对询(讯)问过程进行录音录像,并随案移送。

异地证人、被害人以及与案件有关联的犯罪嫌疑人亲笔书写证词、供词的,参照本条第二款规定执行。

五、关于电子数据的取证与审查

13. 收集、提取电子数据,应当由二名以上具备相关专业知识的侦查人员进行。取证设备和过程应当符合相关技术标准,并保证所收集、提取的电子数据的完整性、客观性。

14. 收集、提取电子数据,能够获取原始存储介质的,应当封存原始存储介质,并制作笔录,记录原始存储介质的封存状态,由侦查人员、原始存储介质持有人签名或者盖章;持有人无法签名或者拒绝签名的,应当在笔录中注明,由见证人签名或者盖章。有条件的,侦查人员应当对相关活动进行录像。

15. 具有下列情形之一,无法获取原始存储介质的,可以提取电子数据,但应当在笔录中注明不能获取原始存储介质的原因、原始存储介质的存放地点等情况,并由侦查人员、电子数据持有人、提供人签名或者盖章;持有人、提供人无法签名或者拒绝签名的,应当在笔录中注明,由见证人签名或者盖章;有条件的,侦查人员应当对相关活动进行录像:

(1)原始存储介质不便封存的;

(2)提取计算机内存存储的数据、网络传输的数据等不是存储在存储介质上的电子数据的;

(3)原始存储介质位于境外的;

(4)其他无法获取原始存储介质的情形。

16. 收集、提取电子数据应当制作笔录,记录案由、对象、内容,收集、提取电子数据的时间、地点、方法、过程,电子数据的清单、规格、类别、文件格式、完整性校验值等,并由收集、提取电子数据的侦查人员签名或者盖章。远程提取电子数据的,应当说明原因,有条件的,应当对相关活动进行录像。通过数据恢复、破解等方式获取被删除、隐藏或者加密的电子数据的,应当对恢复、破解过程和方法作出说明。

17. 收集、提取的原始存储介质或者电子数据,应当以封存状态随案移送,并制作电子数据的复制件一并移送。

对文档、图片、网页等可以直接展示的电子数据,可以不随案移送电子数据打印件,但应当附有展示方法说明和展示工具;人民法院、人民检察院因设备等条件限制无法直接展示电子数据的,公安机关应当随案移送打印件。

对侵入、非法控制计算机信息系统的程序、工具以及计算机病毒等无法直接展示的电子数据,应当附有电子数据属性、功能等情况的说明。

对数据统计数量、数据同一性等问题,公安机关应当出具说明。

18. 对电子数据涉及的专门性问题难以确定的,由司法鉴定机构出具鉴定意见,或者由公安部指定的机构出具检验报告。

六、关于网络犯罪案件的其他问题

19. 采取技术侦查措施收集的材料作为证据使用的,应当随案移送批准采取技术侦查措施的法律文书和所收集的证据材料。使用有关证据材料可能危及有关人员的人身安全,或者可能产生其他严重后果的,应当采取不暴露有关人员身份、技术方法等保护措施,必要时,可以由审判人员在庭外进行核实。

20. 对针对或者组织、教唆、帮助不特定多数人实施的网络犯罪案件,确因客观条件限制无法逐一收集相关言词证据的,可以根据记录被害人数、被侵害的计算机信息系统数量、涉案资金数额等犯罪事实的电子数据、书证等证据材料,在慎重审查被告人及其辩护人所提辩解、辩护意见的基础上,综合全案证据材料,对相关犯罪事实作出认定。

最高人民法院
最高人民检察院
公安部
2014 年 5 月 4 日

《关于办理网络犯罪案件适用刑事诉讼程序若干问题的意见》的解读

□喻海松

为解决近年来公安机关、人民检察院、人民法院在办理网络犯罪案件中遇到的新情况、新问题,依法惩治网络犯罪活动,最高人民法院、最高人民检察院、公安部联合发布了《关于办理网络犯罪案件适用刑事诉讼程序若干问题的意见》(公通字〔2014〕10 号,以下简称《意见》)。为便于司法实践中正确理解和适用,现就《意见》的制定背景、主要内容等问题介绍如下。

一、《意见》的制定背景

近年来,我国互联网迅速发展,特别是移动互联网发展势头迅猛。信息技术是一把“双刃剑”。随着信息技术的飞速发展,信息技术的安全隐患和威胁也逐渐显现,特别是,利用计算机网络实施的各类犯罪迅速蔓延,社会危害严重。对此,人民群众反映强烈,党中央高度关注。党的十八届三中全会提出:“坚持积极利用、科学发展、依法管理、确保安全的方针,加大依法管理网络力度,加快完善互联网管理领导体制,确保国家网络和信息安全。”适应信息时代网络犯罪的新形势,有力惩治和防范网络犯罪,促进互联网的健康发展,是一项重要的任务。

网络犯罪是传统犯罪在互联网上的新型表现形式，虽然其犯罪本质与传统犯罪并无差异，但具有迥异于传统犯罪的特点：(1)形成利益链条。当前网络犯罪已形成分工负责、利益共享的利益链条，不同的行为人分别负责网站建设、广告推广、资金流转、技术支持等各个环节，一个行为人可能同时为大量其他行为人提供帮助。这使得行为人之间形成错综复杂的关系，同时也大大降低犯罪技术门槛，导致网络犯罪进一步泛滥。(2)跨地域针对或者组织、教唆、帮助不特定多数人实施犯罪。一方面，借助网络跨地域针对不特定人实施诈骗、敲诈勒索等犯罪活动，以积少成多的方式牟取暴利；另一方面，借助网络跨地域组织、教唆、帮助不特定人共同实施网络攻击、网络赌博等犯罪活动。(3)技术性、隐蔽性强。很多传统犯罪与网络技术方法相结合，形成新的技术型犯罪，如通过盗窃QQ号码后骗好友汇款，通过非法获取银行账户、密码进而窃取资金，虽然本质上仍属于诈骗、盗窃的范畴，但其作案技术性特征更加明显。而且，此类犯罪借助互联网实施，容易通过加密等技术措施隐蔽犯罪行为、隐藏身份，侦查、取证难度进一步加大。

网络犯罪的分工合作、跨地域性、技术性等特点，导致传统办案程序相关规定直接适用于网络犯罪案件尚存在很多不适应的地方，主要表现在以下几个方面：

1. 案件管辖不明确。计算机网络具有跨地域特性，相应的网络犯罪也存在跨地域特性，与犯罪相关的人员（犯罪嫌疑人、被害人）以及相关的资源（银行账户、虚拟身份、网站）等基本要素分布在不同的地方。例如，在网络赌博、传销等案件中，嫌疑人通过层层发展下线形成金字塔型的组织结构，涉及全国多地，且人数众多。此类案件中，由于法律缺乏明确规定，导致有关机关常因管辖权问题产生争议。

2. 跨地域取证困难。网络犯罪相关网络数据、银行账户等要素分布在不同地方，动辄涉及全国各地，根据传统取证程序，通常需要办案地派民警携带法律文书到证据所在地开展调取工作，工作量巨大，难以有效调取相关证据。特别是，行为人借助计算机网络针对或者组织、教唆、帮助不特定多数人实施的网络犯罪案件，被害人、涉案人员众多，公安机关难以逐一取证认定被害人数、被侵害的计算机信息系统数量、涉案资金数额等犯罪事实。

3. 立案前可采取的侦查措施不明。刑事诉讼法对刑事立案前公安机关可以采取的调查措施未作明确规定。然而，大量的网上违法犯罪线索如不经过调查则很难确定是否达到立案标准，如网上发布信息声称销售枪支、毒品，如未进行调查则无法确定是否存在销售枪支的事实，难以立案。这一问题致使大量网上违法犯罪线索难以进入侦查程序，很多违法犯罪嫌疑人肆无忌惮地发布销售违禁品的信息。因此，有必要对网络犯罪案件立案前的调查措施作出规范。

4. 电子数据取证程序有待规范。认定网络犯罪事实都需要电子证据的支撑，虽然刑事诉讼法已明确将电子数据作为新的法定证据类型，但对于电子数据的提取、固定、出示、辨认、质证等活动缺乏具体规定，亟须作进一步明确。

人民法院历来重视依法惩治网络犯罪。近年来，根据刑法、刑事诉讼法的规定，最高人民法院会同有关部门，先后制定了多个司法解释和规范性文件，对网络犯罪的法律适用问题作了规定。在此基础上，为了进一步规范网络犯罪案件刑事诉讼程序的问题，更为有力地惩治网络犯罪，2012年1月，根据公安部网络安全保卫局的建议，最高人民法院研究室会同最高人民检察院法律政策研究室、公安部网络安全保卫局，联合启动了《意见》的起草工作。在充分了解当前网络犯罪活动情况、司法实践遇到的问题的基础上，有关部门多次研究论证，于2012年6月拟出了解释初稿。根据2013年1月1日起正式实施的修改后刑事诉讼法的规定，经进一步听取北京、上海、浙江、江苏、福建等部分案件多发地方人民法院、人民检察院、公安机关的意见，形成了征求意见稿，送请相关部门征求意见。经综合各方意见，认真研究修改，形成了《意见》，于2014年5月正式对外发布。

二、《意见》的主要内容

《意见》根据刑法、刑事诉讼法及有关司法解释的规定，结合侦查、起诉、审判实践，对网络犯罪案件的范围、管辖、初查、跨地域取证、电子数据的取证与审查及其他问题作了规定。

（一）关于网络犯罪案件的范围

当前，随着网络的普及和应用，越来越多的犯罪与网络交织或者发生关联。但是，《意见》针对网络犯罪司法实践难题的解决，对网络犯罪的有关法律适用问题作了特别规定，不宜不加区别适用于所有与网络有关的犯罪（涉网犯罪）。实际上，有些犯罪虽然与网络有关联，但实际上与传统犯罪并无差异，如通过网络聊天工具与他人结识后实施伤害行为。基于司法实践的情况，《意见》将所称网络犯罪案件限定如下：(1)危害计算机信息系统安全犯罪案件，涉及刑法第二百八十五条、第二百八十六条规定的非法侵入计算机信息系统罪，非法获取计算机信息系统数据、非法控制计算机信息系统罪，提供侵入、非法控制计算机信息系统程序、工具罪，破坏计算机信息系统罪四个罪名；(2)通过危害计算机信息系统安全实施的盗窃、诈骗、敲诈勒索等犯罪案件；(3)涉众型网络犯罪案件，即在网络上发布信息或者设立主要用于实施犯罪活动的网站、通讯群组，针对或者组织、教唆、帮助不特定多数人实施的犯罪案件；(4)主要犯罪行为在网络上实施的其他案件，以将一般涉网犯罪排除在外。

（二）关于网络犯罪案件的管辖

1. 网络犯罪案件的管辖原则。根据《意见》的规定，网络犯罪案件的管辖与传统犯罪一样，由犯罪地公安机关立案侦查，必要时，可以由犯罪嫌疑人居住地公安机关立案侦查。需要注意的是，关于网络犯罪案件犯罪地的具体情形，《意见》对《最高人民法院关于适用〈中华人民共和国刑事诉讼法〉的解释》（法释〔2012〕21号，以下简称《刑事诉讼法解释》）第二条第二款作了适当完善。主要有三处：一是用"用于实施犯罪行为的网站服务器所在地"替代"犯罪行为发生地的网络服务器所在地"，以使表述更准确。二是用"被侵害的计算机信息系统或其管理者所在地"替代"被侵害的计算机信息系统及其管理者所在地"，以强调二者均可，避免适用中引发歧义。三是考虑到网络犯罪案件的跨地域性特征，特别是犯罪嫌疑人与受害人、帮助犯与实行犯往往处于分离状态，特别明确被害人被侵害时所在地，以及帮助犯犯罪地或者居住地公安机关也可以立案侦查。

2. 网络犯罪案件管辖争议的处理。根据刑事诉讼法和相关规定，《意见》明确有多个犯罪地的网络犯罪案件，由最初受理的公安机关或者主要犯罪地公安机关立案侦查。有争议的，按照有利于查清犯罪事实、有利于诉讼的原则，由共同上级公安机关指定有关公安机关立案侦查。需要提请批准逮捕、移送审查起诉、提起公诉的，由该公安机关所在地的人民检察院、人民法院受理。

3. 网络犯罪案件的并案处理。网络犯罪分工合作，形成了错综复杂的关系，导致了此类犯罪在管辖方面更为复杂。根据六部委《关于实施刑事诉讼法若干问题的规定》第三条的规定，《意见》明确，具有下列情形之一的，有关公安机关可以在其职责范围内并案侦查，需要提请批准逮捕、移送审查起诉、提起公诉的，由该公安机关所在地的人民检察院、人民法院受理：(1)一人犯数罪的；(2)共同犯罪的；(3)共同犯罪的犯罪嫌疑人、被告人还实施其他犯罪的；(4)多个犯罪嫌疑人、被告人实施的犯罪存在关联，并案处理有利于查明案件事实的。

4. 涉众型网络犯罪案件的并案处理。从司法实践看，并案范围为两个案件之间具有直接帮助、组织和非法交易等关系。而网络犯罪的特性恰恰在于间接的帮助、组织和非法交易关系，犯罪形态一般呈金字塔结构，位于犯罪链顶端的嫌疑人（比如诈骗网站制作者、枪支生产者、计算机病毒等破坏性程序研发者等）往往会给多个不同的下游团伙提供犯罪帮助或支持，但是公安机关往往只对其中的某条犯罪链条(甚至只是某条链条中相互关联的环节)具有管辖权,不利于查清全部犯罪事实。例如,在侦查网络赌博案件的过程中,发现有第三方支付平台为该赌博网站提供第三方支付帮助,对于该第三方支付平台所涉案件无疑可以并案侦查。并案侦查后进一步发现,该第三方支付平台同时还为其他非法传销网站、诈骗网站提供第三方支付帮助,现在的问题是,可否对非法传销网站、诈骗网站涉及的犯罪一并管辖。如果按照传统做法,对于此类跨省(自治区、直辖市)案件,需要由公安部商最高人民检察院、最高人民法院指定管辖,往往需要耗费较长时间。而且,网络犯罪案件涉及的环节众多、人员分散,绝大多数案件需要跨省调查,特别是一些重特大团伙案件往往需要全国的警力协同作战,如果每起案件均需要一案一指定,耗费的人力、时间资源难以计数,也会极大地延误侦查时机。

经研究认为,上述情形实际也属于"多个犯罪嫌疑人、被告人实施的犯罪存在关联"的情形,理应允许并案处理。而且,基于网络犯罪案件的特性,并案处理有利于查明案件事实,有利于严厉惩治网络犯罪。为消除司法实践中的疑虑,确保对形成多层级利益链条的网络犯罪案件顺利并案处理,进一步提升对此类犯罪的打击实效,《意见》对此类犯罪案件的并案处理作了专门强调。根据《意见》的规定,对因网络交易、技术支持、资金支付结算等关系形成多层级链条、跨区域的网络犯罪案件,共同上级公安机关可以按照有利于查清犯罪事实、有利于诉讼的原则,指定有关公安机关一并立案侦查,需要提请批准逮捕、移送审查起诉、提起公诉的,由该公安机关所在地的人民检察院、人民法院受理。需要注意的是,考虑到司法实践中的复杂情况,为确保后续诉讼程序的顺利进行,主办地公安机关在报请上级公安机关指定一并立案侦查前宜听取同级检法意见,协商一致。而对于涉案人数特别多、涉及面特别广的涉众型网络犯罪案件,公安部在决定指定有关公安机关一并立案侦查前也宜通过适当方式同最高人民法院、最高人民检察院进行沟通,听取意见。

5. 跨省(自治区、直辖市)重大网络犯罪案件的异地指定管辖。实践中,对于极个别具有特殊情况的网络犯罪案件,如犯罪嫌疑人与本地有关部门有密切联系,有必要指定其他省(自治区、直辖市)公安机关立案侦查。因此,《意见》明确,具有特殊情况,由异地公安机关立案侦查更有利于查清犯罪事实、保证案件公正处理的跨省(自治区、直辖市)重大网络犯罪案件,可以由公安部商最高人民检察院和最高人民法院指定管辖。

6. 网络犯罪案件的合并处理。对于被害人众多的涉众型网络犯罪案件,宜根据《意见》第四条、第五条的规定,予以并案处理,以更好地查明案件事实和定罪量刑。然而,从当前的司法实践来看,由于主客观原因,经常存在不同地方公安机关根据不同被害人的报案分别立案侦查的情形。人民法院或者人民检察院发现这一问题后,如果继续分案处理,难以对涉众型网络犯罪案件的事实作出全面、准确的审查、认定,影响案件公正处理;对本可合并审理的案件分案处理,也影响诉讼效率,耗费司法资源,且无法及时疏导和化解社会矛盾,不利于维护社会的稳定。此外,分案处理后,将来需要对被告人的同种漏罪并罚,可能加重其刑罚,不利于维护被告人的权益,也影响人民法院判决的稳定性。为此,《意见》专门对网络犯罪案件的合并处理作了规定,明确不同诉讼阶段对网络犯罪案件合并处理的情形:(1)在人民检察院审查起诉阶段,发现犯罪嫌疑人因犯罪被其他公安机关立案侦查的,应当通知移送审查起诉的公安机关。经人民检察院通知,有关公安机关根据案件具体情况,可以对犯罪嫌疑人所犯其他犯罪并案侦查。(2)人民法院受理案件后,发现被告人因犯罪被其他公安机关立案侦查的,可以建议人民检察院补充侦查。人民检察院经审查,认为需要补充侦查的,应当通知移送审查起诉的公安机关。经人民检察院通知,有关公安机关根据案件具体情况,可以对犯罪嫌疑人所犯其他犯罪并案侦查。

7. 对已受理的网络犯罪案件发现没有管辖权的处理。由于网络犯罪具有管辖地复杂、犯罪活动关系复杂的特点，人民检察院对于公安机关提请批准逮捕、移送审查起诉的网络犯罪案件，第一审人民法院对于已经受理的网络犯罪案件，可能出现经审查发现没有管辖权的情形。为保证及时结案，避免超期羁押，《意见》明确，人民检察院对于公安机关提请批准逮捕、移送审查起诉的网络犯罪案件，第一审人民法院对于已经受理的网络犯罪案件，经审查发现没有管辖权的，可以依法报请共同上级人民检察院、人民法院指定管辖。

8. 网络共同犯罪的先行追诉及后到案犯罪嫌疑人、被告人的管辖。网络犯罪由于跨地域实施且分工合作，经常出现只抓获部分犯罪嫌疑人，而其他犯罪嫌疑人没到案的情况（有些案件的犯罪嫌疑人甚至位于境外）。针对这一情况，《意见》明确，部分犯罪嫌疑人在逃，但不影响对已到案共同犯罪嫌疑人、被告人的犯罪事实认定的网络犯罪案件，可以依法先行追究已到案共同犯罪嫌疑人、被告人的刑事责任。据实践反映，在对部分犯罪嫌疑人、被告人先行追究刑事责任后，对于后到案的犯罪嫌疑人的管辖问题，实践中存在较大争议，特别是指定管辖的案件。为此，《意见》进一步明确，在逃的共同犯罪嫌疑人、被告人归案后，可以由原公安机关、人民检察院、人民法院管辖其所涉及的案件。

（三）关于网络犯罪案件的初查

为了进一步明确网络犯罪案件的初查问题，规范公安机关在网络犯罪案件初查中可以采取的调查措施，《意见》明确，对接受的案件或者发现的犯罪线索，在审查中发现案件事实或者线索不明，需要经过调查才能够确认是否达到犯罪追诉标准的，经办案部门负责人批准，可以进行初查。初查过程中，可以采取询问、查询、勘验、检查、鉴定、调取证据材料等不限制初查对象人身、财产权利的措施，但不得对初查对象采取强制措施和查封、扣押、冻结财产。需要注意的是，对于初查阶段通过询问、查询、勘验、检查、鉴定、调取证据材料等措施收集的证据材料，符合上述规定的，在刑事诉讼中可以作为证据使用。

（四）关于网络犯罪案件的跨地域取证

网络犯罪相关银行账户、网络数据往往分布在不同地方，根据传统取证程序，工作量巨大，且难以有效调取相关证据。为此，《意见》根据实践中的具体情况，专门对跨地域取证的有关问题作了规定。具体而言：（1）公安机关跨地域调查取证的，可以将办案协作函和相关法律文书及凭证电传或者通过公安机关信息化系统传输至协作地公安机关。协作地公安机关经审查确认，在传来的法律文书上加盖本地公安机关印章后，可以代为调查取证。（2）询（讯）问异地证人、被害人以及与案件有关联的犯罪嫌疑人的，可以由办案地公安机关通过远程网络视频等方式进行询（讯）问并制作笔录。远程询（讯）问的，应当由协作地公安机关事先核实被询（讯）问人的身份。办案地公安机关应当将询（讯）问笔录传输至协作地公安机关。询（讯）问笔录经被询（讯）问人确认并逐页签名、捺指印后，由协作地公安机关协作人员签名或者盖章，并将原件提供给办案地公安机关。询（讯）问人员收到笔录后，应当在首页右上方写明“于某年某月某日收到”，并签名或者盖章。远程询（讯）问的，应当对询（讯）问过程进行录音录像，并随案移送。异地证人、被害人以及与案件有关联的犯罪嫌疑人亲笔书写证词、供词的，参照上述规定执行。

（五）关于电子数据的取证与审查

科学技术的发展，使得证明案件事实的材料不断扩展，不断有新的证据种类被纳入刑事诉讼法之中。在互联网时代，以计算机和网络为依托的电子数据在证明案件事实的过程中发挥着越来越重要的作用，缺乏电子数据的支撑将难以认定相关犯罪事实。为此，修改后刑事诉讼法将电子数据增列为新的证据种类。根据刑事诉讼法的规定，《意见》对电子数据取证与审查的有关问题作了进一步规定。

1. 电子数据取证人员资质与技术要求。电子数据的取证与传统物证的取证方式和过程有很大差别，需要取证人员具有一定的专业知识和技术水平，且取证设备和过程也要符合一定的技术规范和操作流程。基于此，《意见》明确，收集、提取电子数据，应当由二名以上具备相关专业知识的侦查人员进行。取证设备和过程应当符合相关技术标准，并保证所收集、提取的电子数据的完整性、客观性。需要注意的是，本条只是原则性规定，具体标准公安部将通过相关规范性文件作出详细规定。

2. 电子数据取证原则。《意见》明确电子数据取证以原始存储介质为原则、以直接提取电子数据为例外的规则。同其他证据种类不同，电子数据不存在“原始电子数据”的概念，但是有“原始存储介质”的概念。由于电子数据的电子性，电子数据不同于物证、书证等其他证据种类，其可以完全同原始存储介质分离开来。例如，存储于计算机中的电子文档，可以同计算机这一存储介质分离开来，存储于移动硬盘、U 盘等存储介质之中。而且，对电子数据的复制可以确保与原数据的完全一致性，复制后的电子数据与原数据没有任何差异。与此不同，物证、书证等证据无法同原始存储介质完全区分开来，更无法采取确保与原物、原件完全一致的方式予以复制。例如，一封作为书证使用的书信，书信的原始内容无法同原始载体完全分离开来，只能存在于原始的纸张这一载体之上，即使采取彩色复印等方式进行复制，也无法确保复制后的书信同原件的完全一致性。基于上述考虑，使用“原始电子数据”这个概念没有任何意义，对于电子数据而言，不存在“原始电子数据”的概念。但是，电子数据原始存储介质这个概念是有意义的，这表明电子数据是存储在原始的介质之中，即取证时是将存储介质予以扣押，并作为证据移送，而非运用其他存储介质将该电子数据从原始介质中提取。因此，可以将电子数据区分为电子数据是随原始存储介质移送，或是在无法获取原始存储介质的情况下通过其他存储介质予以收集。

为保证电子数据的完整性，收集电子数据时应尽量获取电子数据原始存储介质，对于无法获取或者封存原始存储介质的，应当通过见证人、录音录像等方式确保其完整性。具体而言：(1)收集、提取电子数据，能够获取原始存储介质的，应当封存原始存储介质，并制作笔录，记录原始存储介质的封存状态，由侦查人员、原始存储介质持有人签名或者盖章；持有人无法签名或者拒绝签名的，应当在笔录中注明，由见证人签名或者盖章。有条件的，侦查人员应当对相关活动进行录像。(2)无法获取原始存储介质的，可以提取电子数据，但应当在笔录中注明不能获取原始存储介质的原因、原始存储介质的存放地点等情况，并由侦查人员、电子数据持有人、提供人签名或者盖章；持有人、提供人无法签名或者拒绝签名的，应当在笔录中注明，由见证人签名或者盖章；有条件的，侦查人员应当对相关活动进行录像。

从实践来看，无法获取原始存储介质的情形主要如下：(1)原始存储介质不便封存的。从实践来看，有些情况下难以将原始存储介质封存或者全盘复制、提取，如网络服务器一般采取集中存储的方式，其硬盘动辄成百上千 T，但其中很多内容与案件无关，不必收集，在这种情况下一般只提取与案件相关的部分数据。此外，银行、网络运营商、服务商等证据持有人，在配合公安机关调取注册信息、登录日志、交易流水等证据材料时，一般也是不便对原始存储介质进行封存，而是提供电子版材料。(2)提取计算机内存存储的数据、网络传输的数据等不是存储在存储介质上的电子数据的。由于这些数据不是存储在存储介质之上，自然无法封存原始存储介质。而且，这些信息必须在开机运行的状态下获取，一旦关机或者重新启动系统，电子数据就会消失，难以再次获取。(3)原始存储介质位于境外的。对位于境外的服务器无法直接获取原始存储介质，一般只能通过远程方式提取电子数据。(4)其他无法获取原始存储介质的情形。

3. 收集、提取电子数据的笔录制作要求。为保证获取的电子数据的完整性和真实性，应当对相关案件情况，对象信息以及取证过程、方法和获取的电子数据的完整性校验值等信息做出记录，以便必要时可以追溯。因此，《意见》要求电子数据取证应当制作笔录，并对笔录的具体内容作了规定。具体而言，收集、提取电子数据应当制作笔录，记录案由、对象、内容，收集、提取电子数据的时间、地点、方法、过程，电子数据的清单、规格、类别、文件格式、完整性校验值等，并由收集、提取电子数据的侦查人员签名或者盖章。远程提取电子数据的，应当说明原因，有条件的，应当对相关活动进行录像。通过数据恢复、破解等方式获取被删除、隐藏或者加密的电子数据的，应当对恢复、破解过程和方法作出说明。实践中应当特别注意的是，为了确保电子数据的真实性，应当按照要求在第一时间计算完整性校验值，并在笔录中注明，以确保其在分析前不会被修改。

4. 电子数据的移送规则。关于电子数据的移送规则，《意见》主要明确了如下几个问题：(1)考虑到电子数据存在易丢失的问题，同时也为了便于审查电子数据是否被改动，《意见》要求收集、提取的原始存储介质或者电子数据，应当以封存状态随案移送，并制作电子数据的复制件一并移送。(2)从司法实践看，电子数据可以分为两类：一类是可以直接展示的电子数据，如电子文档、图片等；另一类是无法直接展示的电子数据，如计算机病毒等破坏性程序等。对于前者，可以直接通过展示电子数据查看，没有必要移送打印件（特别是在电子文档等特别大，导致打印件的数量繁多的情况下）；而对于后者，则无法以打印件的形式予以展示，无法移送打印件。因此，《刑事诉讼法解释》未要求移送电子数据的打印件。此次征求意见过程中，有意见提出，当前少数基层法院的法庭设备尚无法展示诸多格式的电子数据，庭审中对关键电子数据的质证和审查仍通过打印件的形式进行。基于这一实际情况，《意见》专门规定："人民法院、人民检察院因设备等条件限制无法直接展示电子数据的，公安机关应当随案移送打印件。"同时，为了便于检法审查，《意见》专门规定对于可以直接展示的电子数据必须附有展示方法说明和展示工具。此外，对于计算机病毒等无法直接展示的电子数据，无所谓打印件的问题。为了便于检法审查，《意见》专门要求附有相关说明。(3)实践中，对于数据统计数量、数据同一性等问题审查经常出现，且审查的难度较大，故《意见》专门要求由公安机关出具说明。数据统计数量在网络赌博、网络传销等案件中经常涉及，不同网站对投注额与虚拟点数对应的算法不一致，同一网站对不同层级用户计算方法也会不同，侦查人员需要根据不同算法将虚拟点数折算成真实金额后再提交证据。数据同一性在网络侵犯知识产权犯罪案件中经常涉及，即认定盗版软件与正版软件的同一性，一般包括软件代码的相似度，安装软件后生成的文件对比，或者在使用过程中屏幕显示内容、功能设置等项目比对，通常情况下相似度达到一定程度的都会认定为侵权盗版。

5. 电子数据的鉴定与检验。电子数据鉴定难是困扰网络犯罪案件办理的难题。为解决这一实际困难，根据《刑事诉讼法解释》的相关规定，《意见》规定对电子数据涉及的专门性问题难以确定的，可以由司法鉴定机构出具鉴定意见，或者由公安部指定的机构出具检验报告，从而确立了鉴定与检验"两条腿走路"的原则。对于电子数据的检验机构（包括公安部门的检验机构和社会检验机构），公安部可以根据《意见》的规定进行指定。在对相关机构的确定过程中，宜综合考虑有关机构的技术、设备情况，并适度考虑区域平衡性。

（六）关于网络犯罪案件的其他问题

1. 网络犯罪案件的技术侦查措施。从实践来看，网络犯罪案件侦查过程中技术侦查措施的运用也待进一步规范。为此，《意见》对办理网络犯罪案件采取技术侦查措施的有关问题作了规定，特别强调采取技术侦查措施收集的材料作为证据使用的，应当随案移送批准采取技术侦查措施的法律文书和所收集的证据材料。使用有关证据材料可能危及有关人员的人身安全,或者可能产生其他严重后果的,应当采取不暴露有关人员身份、技术方法等保护措施,必要时,可以由审判人员在庭外进行核实。

2. 涉众型网络犯罪案件的证明规则。网络犯罪的一个重要特点就是其被害人、嫌疑人分散在全国各地,对于以被害人数、被侵害的计算机信息系统数量、涉案资金数额等作为定罪量刑标准的犯罪案件,通常难以逐一对被害人、涉案资金、被侵害的计算机信息系统数量进行取证。例如,对于网络诈骗案件,被害人动辄成千上万,不具备向所有被害人逐一取证认定诈骗数额的可能性;对于非法控制计算机信息系统犯罪案件,黑客通过网站挂木马等方式可以在短时间内控制上百万台计算机,不可能逐一核实被控制的侵计算机信息系统,从而认定被控制的计算机信息系统数量。为解决这一问题,《意见》对涉众型网络犯罪案件的证明规则作出明确:"对针对或者组织、教唆、帮助不特定多数人实施的网络犯罪案件,确因客观条件限制无法逐一收集相关言词证据的,可以根据记录被害人数、被侵害的计算机信息系统数量、涉案资金数额等犯罪事实的电子数据、书证等证据材料,在慎重审查被告人及其辩护人所提辩解、辩护意见的基础上,综合全案证据材料,对相关犯罪事实作出认定。"

具体而言,对于涉众型网络犯罪案件的特殊证明规则需要注意以下几点:(1)适用范围为针对或者组织、教唆、帮助不特定多数人实施的网络犯罪案件,即涉众型网络犯罪案件,对于一般的网络犯罪案件,不能适用。(2)有电子数据、书证等证据记录被害人数、被侵害的计算机信息系统数量、涉案资金数额等犯罪事实,即对于基本犯罪事实已经有相应的客观性证据证明,如通过诈骗网站后台获得被诈骗的受害人数,通过银行资金流水记录获取网络盗窃金额等。然而,对这些证据由于客观条件的限制无法逐一收集相关的言词证据。如电信诈骗中犯罪嫌疑人的银行账号中往往有成千上万笔汇款记录,无法一一找到被害人并做笔录。(3)在慎重审查被告人及其辩护人所提辩解、辩护意见的基础上,综合全案证据材料,对相关犯罪事实作出认定。例如,犯罪嫌疑人提出涉嫌诈骗的账户里有合法收入并提供相反证据,经查证属实或不能排除相关财产系合法收入的合理怀疑的,则不能认定该笔犯罪事实。

(作者单位:最高人民法院研究室)

二、抢劫罪

最高人民法院　最高人民检察院　公安部　国家工商行政管理总局
关于依法查处盗窃、抢劫机动车案件的规定(节录)

(1998年5月8日公布施行　公通字〔1998〕31号印发)

二、明知是盗窃、抢劫所得机动车而予以窝藏、转移、收购或者代为销售的,依照《刑法》第三百一十二条的规定处罚。

对明知是盗窃、抢劫所得机动车而予以拆解、改装、拼装、典当、倒卖的,视为窝藏、转移、收购或者代为销售,依照《刑法》第三百一十二条的规定处罚。

三、国家指定的车辆交易市场、机动车经营企业(含典当、拍卖行)以及从事机动车修理、零部件销售企业的主管人员或者其他直接责任人员,明知是盗窃、抢劫的机动车而予以窝藏、转移、拆解、拼装、收购或者代为销售的,依照《刑法》第三百一十二条的规定处罚。单位组织实施上述行为的,由工商行政管理机关予以处罚。

四、本规定第二条和第三条中的行为人事先与盗窃、抢劫机动车辆的犯罪分子通谋的,分别以盗窃、抢劫犯罪的共犯论处。

五、机动车交易必须在国家指定的交易市场或合法经营企业进行,其交易凭证经工商行政管理机关验证盖章后办理登记或过户手续,私下交易机动车辆属于违法行为,由工商行政管理机关依法处理。

明知是赃车而购买,以收购赃物罪定罪处罚。单位的主管人员或者其他直接责任人员明知是赃车购买的,以收购赃物罪定罪处罚。

明知是赃车而介绍买卖的,以收购、销售赃物罪的共犯论处。

十七、本规定所称的"明知",是指知道或者应当知道。有下列情形之一的,可视为应当知道,但有证据证明属被蒙骗的除外:

(一)在非法的机动车交易场所和销售单位购买的;

(二)机动车证件手续不全或者明显违反规定的;

(三)机动车发动机号或者车架号有更改痕迹,没有合法证明的;

(四)以明显低于市场价格购买机动车的。

三、盗窃罪

最高人民法院　最高人民检察院　公安部
印发《关于办理盗窃油气、破坏油气设备等刑事案件适用法律若干问题的意见》的通知

(2018 年 9 月 28 日公布施行　法发〔2018〕18 号)

各省、自治区、直辖市高级人民法院、人民检察院、公安厅(局),解放军军事法院、军事检察院,新疆维吾尔自治区高级人民法院生产建设兵团分院、新疆生产建设兵团人民检察院、公安局:

为依法惩治盗窃油气、破坏油气设备等犯罪,维护公共安全、能源安全和生态安全,最高人民法院、最高人民检察院、公安部制定了《关于办理盗窃油气、破坏油气设备等刑事案件适用法律若干问题的意见》。现印发给你们,请认真贯彻执行。执行中遇到的问题,请及时分别层报最高人民法院、最高人民检察院、公安部。

最高人民法院
最高人民检察院
公安部
2018 年 9 月 28 日

关于办理盗窃油气、破坏油气设备等刑事案件适用法律若干问题的意见

为依法惩治盗窃油气、破坏油气设备等犯罪,维护公共安全、能源安全和生态安全,根据《中华人民共和国刑法》《中华人民共和国刑事诉讼法》和《最高人民法院、最高人民检察院关于办理盗窃油气、破坏油气设备等刑事案件具体应用法律若干问题的解释》等法律、司法解释的规定,结合工作实际,制定本意见。

一、关于危害公共安全的认定

在实施盗窃油气等行为过程中,破坏正在使用的油气设备,具有下列情形之一的,应当认定为刑法第一百一十八条规定的"危害公共安全":

(一)采用切割、打孔、撬砸、拆卸手段的,但是明显未危害公共安全的除外;

(二)采用开、关等手段,足以引发火灾、爆炸等危险的。

二、关于盗窃油气未遂的刑事责任

着手实施盗窃油气行为,由于意志以外的原因未得逞,具有下列情形之一的,以盗窃罪(未遂)追究刑事责任:

(一)以数额巨大的油气为盗窃目标的;

(二)已将油气装入包装物或者运输工具,达到"数额较大"标准三倍以上的;

(三)携带盗油卡子、手摇钻、电钻、电焊枪等切割、打孔、撬砸、拆卸工具的;

(四)其他情节严重的情形。

三、关于共犯的认定

在共同盗窃油气、破坏油气设备等犯罪中，实际控制、为主出资或者组织、策划、纠集、雇佣、指使他人参与犯罪的，应当依法认定为主犯；对于其他人员，在共同犯罪中起主要作用的，也应当依法认定为主犯。

在输油输气管道投入使用前擅自安装阀门，在管道投入使用后将该阀门提供给他人盗窃油气的，以盗窃罪、破坏易燃易爆设备罪等有关犯罪的共同犯罪论处。

四、关于内外勾结盗窃油气行为的处理

行为人与油气企业人员勾结共同盗窃油气，没有利用油气企业人员职务便利，仅仅是利用其易于接近油气设备、熟悉环境等方便条件的，以盗窃罪的共同犯罪论处。

实施上述行为，同时构成破坏易燃易爆设备罪的，依照处罚较重的规定定罪处罚。

五、关于窝藏、转移、收购、加工、代为销售被盗油气行为的处理

明知是犯罪所得的油气而予以窝藏、转移、收购、加工、代为销售或者以其他方式掩饰、隐瞒，符合刑法第三百一十二条规定的，以掩饰、隐瞒犯罪所得罪追究刑事责任。

"明知"的认定，应当结合行为人的认知能力、所得报酬、运输工具、运输路线、收购价格、收购形式、加工方式、销售地点、仓储条件等因素综合考虑。

实施第一款规定的犯罪行为，事前通谋的，以盗窃罪、破坏易燃易爆设备罪等有关犯罪的共同犯罪论处。

六、关于直接经济损失的认定

《最高人民法院、最高人民检察院关于办理盗窃油气、破坏油气设备等刑事案件具体应用法律若干问题的解释》第二条第三项规定的"直接经济损失"包括因实施盗窃油气等行为直接造成的油气损失以及采取抢修堵漏等措施所产生的费用。

对于直接经济损失数额，综合油气企业提供的证据材料、犯罪嫌疑人、被告人及其辩护人所提辩解、辩护意见等认定；难以确定的，依据价格认证机构出具的报告，结合其他证据认定。

油气企业提供的证据材料，应当有工作人员签名和企业公章。

七、关于专门性问题的认定

对于油气的质量、标准等专门性问题，综合油气企业提供的证据材料、犯罪嫌疑人、被告人及其辩护人所提辩解、辩护意见等认定；难以确定的，依据司法鉴定机构出具的鉴定意见或者国务院公安部门指定的机构出具的报告，结合其他证据认定。

油气企业提供的证据材料，应当有工作人员签名和企业公章。

《关于办理盗窃油气、破坏油气设备等刑事案件适用法律若干问题的意见》的理解与适用

□郝方昉

日前，最高人民法院、最高人民检察院、公安部联合发布《关于办理盗窃油气、破坏油气设备等刑事案件适用法律若干问题的意见》（法发〔2018〕18号，以下简称《意见》）。《意见》的发布施行，对于依法惩处盗窃油气、破坏油气设备等犯罪，维护公共安全、能源安全和生态安全将发挥重要作用。为便于司法实践中正确理解与适用，现就《意见》的制定背景与经过、起草中的主要考虑以及主要内容介绍如下。

一、《意见》的制定背景与经过

为依法打击盗窃油气、破坏油气设备犯罪行为，最高人民法院、最高人民检察院于2007年联合发布了《关于办理盗窃油气、破坏油气设备等刑事案件具体应用法律若干问题的解释》（法释〔2007〕3号，以下简称《解释》）。从实施情况来看，《解释》为依法维护油气的生产经营安全和公共安全提供了有力司法保障。然而，近年来涉油气犯罪呈现出专业化、职业化态势，犯罪分子作案手法花样翻新、反侦查能力不断增强，《解释》中有些规定亟须进一步细化和明确，以有效解决司法实践面临的法律适用难题。

为确保法律准确统一适用，依法惩治、有效防范盗窃油气、破坏油气设备犯罪行为，最高人民法院研究室会同最高人民检察院法律政策研究室、公安部治安局启动了《意见》的起草工作。在深入调查研究的基础上，经反复论证形成了征求意见稿。经广泛征求各方意见，认真研究修改后完成会签程序，于2018年10月以最高人民法院、最高人民检察院、公安部名义正式对外发布了《意见》。

二、《意见》起草中的主要考虑

为了确保《意见》的内容科学合理，能够适应形势发展、满足实践需要，在起草过程中，着重注意把握了以下几点：

一是贯彻宽严相济刑事政策，严惩盗窃油气、破坏油气设备犯罪。油气资源是关系到我国经济社会发展的重要战略资源。盗窃油气、破坏油气设备犯罪不仅造成国家能源损失，而且带来极大的生态和安全隐患。近年来，我国投入大量人力物力排查整治油气管道安全隐患。然而，受暴利驱使，打孔盗油现象屡禁不绝，且日渐形成由踩点、打孔、盗油、运输、收油、炼油等环节组成的利益链条。就危害而言，打孔盗油极易造成火灾、爆炸、大面积跑油事件和严重的土地污染、水体污染等公共安全事件。基于此，《意见》保持了对盗窃油气、破坏油气设备犯罪行为严厉打击的高压态势，确保刑事惩治力度不减。当然，这并非意味着对此类犯罪一律从重，而是仍然要区分情况，突出重点，体现宽严相济，充分发挥刑罚的威慑和教育功能。

二是坚持问题导向，有效解决司法实务问题。《意见》没有面面俱到，而是紧扣司法实践中反映出来的重点难点问题、亟待明确的问题、争议较大的问题做了明确规定，主要涉及危害公共安全的认定，盗窃油气未遂的刑事责任，共犯的认定，内外勾结盗窃油气行为的处理，窝藏、转移、收购、加工、代为销售被盗油气行为的处理，直接经济损失的认定，专门性问题的认定等。

三是注重规则延续，实现与既有司法解释、规范性文件的有序协调。《意见》不是对《解释》的替代，而是在《解释》基础上的进一步细化。《意见》发布后，《解释》仍然继续适用。而且，《意见》高度重视与盗窃罪等其他司法解释、规范性文件的衔接和协调，坚持立场的统一，尽量避免在解决问题的同时带来新的问题。

三、《意见》的主要内容

《意见》结合当前盗窃油气、破坏油气设备等刑事案件的特点和司法实践反映的问题，依照刑法、刑事诉讼法和《解释》的规定，对相关犯罪的法律适用问题做了明确。大体而言，可以归纳为如下六个方面的问题：

（一）关于危害公共安全的认定

石油、天然气属易燃易爆物品。依据《危险化学品安全管理条例》（国务院令第344号）和《危险化学品目录》，石油原油、汽油、石油气、液化石油气、天然气（富含甲烷的）均属于危险化学品。油气的生产、储存、运输等环节处于相对密闭的空间和高温高压的条件，各项操作也有严格的规程。

当前,很多盗窃油气的行为采用破坏性手段,危害公共安全。因此,《解释》第一条规定:“在实施盗窃油气等行为过程中,采用切割、打孔、撬砸、拆卸、开关等手段破坏正在使用的油气设备的,属于刑法第一百一十八条规定的‘破坏燃气或者其他易燃易爆设备’的行为;危害公共安全,尚未造成严重后果的,依照刑法第一百一十八条的规定定罪处罚。”但是,实践反映对“危害公共安全”的内涵难以把握,导致一些盗窃油气案件虽未达到盗窃罪入罪标准,但实际危害公共安全的,没有被定罪处罚;或者达到了盗窃罪入罪标准,但同时危害公共安全的,没有在盗窃罪和破坏易燃易爆设备罪之间择一重罪处断。基于此,为进一步统一法律适用,《意见》在《解释》的基础上,对如何认定“危害公共安全”的问题区分两种情况做了进一步明确:

一是采用切割、打孔、撬砸、拆卸手段破坏正在使用的油气设备的,一般应当直接认定为“危害公共安全”。采用上述破坏性手段的,在盗放和装运的过程中油气会与外界空气、土壤、水体等直接接触,特别是与石油伴生的可燃性气体会直接挥发到空气中,不仅严重污染周边环境,而且一旦遇到火星或者静电,极易引发火灾或者爆炸,已经使公共安全处于危险状态。这种因盗油引发的火灾甚至爆炸事件曾经在全国多地发生过。调研中各方一致认为,切割、打孔、撬砸、拆卸正在使用的油气设备的,应当认定为“危害公共安全”。同时,根据有关方面的意见,为了防止出现极端情形,作出“明显未危害公共安全的除外”的但书规定,以更好地适应实践复杂情况。

二是采用开、关等手段破坏正在使用的油气设备的,则需有进一步的证据证明“足以引发火灾、爆炸等危险”,才能认定为“危害公共安全”。输油输气管道、油气井等油气设备输送的是高压、易燃、易爆油气,有严格的操作规程,不得随意开关。如果违反操作规程擅自打开油气设备的阀门等,或者擅自关闭油气设备造成“憋罐”,可能引发火灾、爆炸等危险,危害公共安全。实践中,盗窃油气的“开、关”行为,主要有三种类型:(1)与盗窃油气人员勾结在一起的油田技术人员按照操作规程开、关正规阀门;(2)盗窃油气人员自行开、关正规阀门;(3)盗窃油气人员开、关“打孔栽阀”的阀门(在管道上打孔后安装的非正规阀门)。这三种行为可能引起的危险大小不一样,不应一概而论。考虑到实践中情况比较复杂,“开、关”行为本身的破坏性不明显,因此《意见》把“开、关”与“切割、打孔、撬砸、拆卸”区分开来,要求只有在足以引发火灾、爆炸等危险,使不特定多数人的生命、健康或者重大公私财产处于危险状态时,才能认定为“危害公共安全”。此外,如果盗窃油气人员采取了切割、打孔、撬砸、拆卸、开关以外的其他手段,也需要根据实际情况判断是否“足以引发火灾、爆炸等危险”,从而对是否“危害公共安全”作出准确认定。

(二)关于盗窃油气未遂的刑事责任

实践中,盗窃油气人员经常是在盗窃时被当场查获,并且往往否认此前有盗窃油气行为。《解释》第三条第二款规定:“盗窃油气,数额巨大但尚未运离现场的,以盗窃未遂定罪处罚。”这一规定符合认定未遂的基本理论。据此,盗窃油气人员在盗窃油气的过程中当场被抓获的,因为还没有将油气运离现场,只能认定为盗窃未遂。关于盗窃未遂能否追究刑事责任,《最高人民法院、最高人民检察院关于办理盗窃刑事案件适用法律若干问题的解释》(法释〔2013〕8号,以下简称《盗窃解释》)第十二条第一款规定:“盗窃未遂,具有下列情形之一的,应当依法追究刑事责任:(一)以数额巨大的财物为盗窃目标的;(二)以珍贵文物为盗窃目标的;(三)其他情节严重的情形。”具体到盗窃油气未遂,上述规定中可以直接适用的主要是“以数额巨大的财物为盗窃目标的”,追究刑事责任的范围失之偏窄。从实践情况来看,亟须对盗窃油气未遂,虽未“以数额巨大的财物为盗窃目标”,但应当依法追究刑事责任的“其他情节严重的情形”作出明确。

基于上述考虑,《意见》在《盗窃解释》第十二条第一款规定的基础上,进一步对盗窃油气未遂追究刑事责任的范围做了明确,主要包括:(1)以数额巨大的油气为盗窃目标的。这是针对盗窃油气未遂重申了《盗窃解释》第十二条第一款第一项的规定。司法适用中,对于是否以数额巨大的油气为盗窃目标,一般应当根据包装物或者运输工具的容量,结合犯罪嫌疑人、被告人供述和辩解等作出准确判断。(2)已经装入包装物或者运输工具的油气数额达到"数额较大"标准三倍以上的。这主要针对的是当场抓获,但无法证明行为人以数额巨大的油气为盗窃目标的情况。在这种情况下,行为人已经将大量油气装载到自己的油气运输包装物或者运输工具上,其危害性已经达到应当予以刑事处罚的程度。因此,参考《最高人民法院、最高人民检察院关于办理非法生产、销售烟草专卖品等刑事案件具体应用法律若干问题的解释》(法释〔2010〕7号)第二条第一款的规定,设置了一个"三倍标准"(3 000元至9 000元),达到该标准以上的,应当以盗窃罪未遂定罪处罚。(3)携带盗油卡子、手摇钻、电钻、电焊枪等切割、打孔、撬砸、拆卸工具的。这主要针对的是具有较大危险性的盗窃油气人员和盗窃油气惯犯,其携带专门工具,往往实际盗窃油气的数额很大。因此,即使查获的盗窃油气数额未达到"数额巨大"或者"数额较大三倍以上"的标准,但也应认定其盗窃未遂行为属于情节严重,依法应当追究刑事责任。

需要注意的是,有观点认为,盗窃油气人员在盗窃油气的过程中当场被抓获的,已经从油气设备中盗出的油气应属于盗窃既遂。经慎重研究,《意见》没有采纳这种观点。主要考虑如下:其一,这种观点与《解释》的基本立场不一致,脱离油气设备但尚未运离现场的油气,很难被理解为"已经失控"。做此理解后,可能会导致盗窃油气未遂的认定与其他盗窃未遂的认定存在不一致。其二,当前对油气设备的防范设施已经比较完善,除了传统的实体防范、巡逻防范外,更重要的是技术防范。对于虽然没有围墙、金属栅栏等实体防范措施,但是一旦有盗窃油气行为,摄像头等设备能即时发现并随即采取控制措施的,也不好理解为"已经失控"。其三,实践中盗窃油气的行为样态比较复杂,如果一律将正在盗窃、尚未运离现场的行为均视为盗窃既遂,难免造成扩大刑事打击面,或者导致打击不准的问题。

(三)关于共同犯罪的认定

关于共同犯罪的认定,《意见》主要明确了三个问题:

1. 主犯的认定问题。在盗窃油气行为多发地区,盗窃油气行为已经呈现组织化、规模化趋势,分工较细,受雇于人在输油输气管道打孔或偷开油气设备排放油气的情况比较突出,而组织策划者经常并不出现在犯罪现场,由此导致认定主犯困难,打击力度有限。故而,有必要对主犯的认定加以明确。《意见》规定:"在共同盗窃油气、破坏油气设备等犯罪中,实际控制、为主出资或者组织、策划、纠集、雇佣、指使他人参与犯罪的,应当依法认定为主犯;对于其他人员,在共同犯罪中起主要作用的,也应当依法认定为主犯。"

2. "卖阀"的认定问题。输油输气管道从开始铺设到投入使用,时间跨度较长,有的达数年之久,这就给了犯罪分子可乘之机。有的人在管道铺设时"栽阀"(私下安装非正规阀门),待管道投入使用后向盗窃油气人员"卖阀"。针对此种情形,《意见》明确规定:"在输油输气管道投入使用前擅自安装阀门,在管道投入使用后将该阀门提供给他人盗窃油气的,以盗窃罪、破坏易燃易爆设备罪等有关犯罪的共同犯罪论处。"

3. 关于内外勾结盗窃油气行为的认定问题。关于身份犯与非身份犯的共犯如何认定,理论上有主犯说、身份犯说、实行犯说、分别说,各种学说均有争议,操作起来都有难度。目前生效司法解释的基本立场体现在《最高人民法院关于审理贪污、职务侵占案件如何认定共同犯罪几个问题的解释》(法释〔2000〕15号,以下简称《共同犯罪解释》)中,概括而言就是:一方有身份、一方无身份的,采取"身份犯说";双方均有身份的,采取"主犯说"。从调研来看,内外勾结盗窃油气的现象在全国各油气田均不同程度存在,自从贪污罪、职务侵占罪的定罪量刑标准作出调整以后,按照身份犯说，内外勾结，达到盗窃罪数额标准但是未能达到贪污罪、职务侵占罪数额标准的，反而不能定罪。有的地方甚至出现油田企业员工争当主犯来让全体涉案人员逃避刑事处罚的情况。针对上述现象，《意见》着重强调对于“利用职务便利”的理解应当严格把握，对于内外勾结盗窃油气的，如果仅仅是利用油气企业人员易于接近油气设备、熟悉环境、参与巡护等方便条件的，以盗窃罪论处。

（四）关于掩饰、隐瞒犯罪所得罪的认定

《解释》第五条第一款规定：“明知是盗窃犯罪所得的油气或者油气设备，而予以窝藏、转移、收购、加工、代为销售或者以其他方法掩饰、隐瞒的，依照刑法第三百一十二条的规定定罪处罚。”需要注意的是，作为盗窃油气、破坏油气设备的下游犯罪，掩饰、隐瞒犯罪所得罪的上游犯罪不仅包括盗窃罪，还包括破坏易燃易爆设备罪等其他犯罪。为此，《意见》在《解释》规定的基础上，进一步明确为“明知是犯罪所得”。

从实践来看，一部分盗窃油气犯罪是在运输环节查获的。综合运用证据判断是否“明知”，是正确处理此类犯罪的关键。经充分调研，《意见》对“明知”的认定方法做了归纳，认为应当结合行为人的认知能力、所得报酬、运输工具、运输路线、收购价格、收购形式、加工方式、销售地点、仓储条件等因素综合考虑。

此外，对于事前通谋，事后窝藏、转移、收购、加工、代为销售或者以其他方式掩饰、隐瞒所盗窃的油气的，《意见》明确规定以盗窃罪、破坏易燃易爆设备罪等有关犯罪的共同犯罪论处。

（五）关于直接经济损失的认定

根据《解释》第二条的规定，实施破坏油气设备行为，危害公共安全，造成直接经济损失数额在50万元以上的，属于刑法第一百一十九条第一款规定的破坏易燃易爆设备罪“造成严重后果”，依照刑法第一百一十九条第一款的规定定罪处罚。然而亟须明确的是如何把握“直接经济损失”的范围。司法实践中，通常仅把“被盗油气损失”作为直接经济损失。但是，破坏易燃易爆设备罪的直接经济损失，还体现在“破坏”所造成的损失上。如果不把这部分计算在内，会造成对此类犯罪的打击不力。因此，《意见》进一步明确直接经济损失包括：(1)因实施盗窃油气等行为直接造成的油气损失。其中，不仅包括被盗油气的价值，还包括虽未被窃走，但是因盗窃油气行为造成的脱离油气设备而损失的油气价值。(2)采取抢修堵漏等措施所产生的费用，即油气企业因维修被损坏油气设备支付的各项费用，含人工费、材料费等。

此外，对于管输费损失（在打孔等破坏行为发生后，管道企业在紧急停输抢修期间造成的运输费用损失）和污染处置费用（油气企业为处置由于油气泄漏引发的土壤、水体等污染而向专门的污染处理公司支付的费用）是否应当纳入“直接经济损失”的范围，存在不同认识。经慎重研究，《意见》未将上述两项损失明确纳入，主要考虑如下：其一，通常而言，只有在长输管道、跨国管道适用“照付不议”条款的情况下，才可能存在管输费损失。此种情形不具有普遍性。其二，按照《解释》，造成直接经济损失数额在50万元以上的，即属“造成严重后果”，应当适用“十年以上有期徒刑、无期徒刑或死刑”的量刑档次。调研中发现，目前的污染处置费用一般都比较高，极易达到“五十万元”的标准。如将上述费用纳入直接经济损失之中，将导致本罪的重刑率畸形上升。

此外，为了规范直接经济损失数额的计算，《意见》进一步规定，对于直接经济损失数额，综合油气企业提供的证据材料，犯罪嫌疑人、被告人及其辩护人所提辩解、辩护意见等认定；难以确定的，依据价格认证机构出具的报告，结合其他证据认定。油气企业提供的证据材料应当有工作人员签名和企业公章。

（六）关于专门性问题的认定

部分涉油气案件中，需要对原油含水量、成品油标准等专门性问题作出判断。但是实践中，司法鉴定机构一般没有油气检验能力，而具有油气检验能力的机构或单位（主要是指油气企业中通过有关质量/计量认证的机构或单位）通常没有司法鉴定资质。基于此，为便利相关案件的办理，《意见》确定了鉴定意见与报告“两条腿走路”原则，即对于油气的质量、标准等专门性问题，综合油气企业提供的证据材料，犯罪嫌疑人、被告人及其辩护人所提辩解、辩护意见等认定；难以确定的，依据司法鉴定机构出具的鉴定意见或者国务院公安部门指定的机构出具的报告，结合其他证据认定。油气企业提供的证据材料，应当有工作人员签名和企业公章。

（作者单位：最高人民法院研究室）

四、诈骗罪

最高人民法院　最高人民检察院　公安部　工业和信息化部
中国人民银行　中国银行业监督管理委员会
关于防范和打击电信网络诈骗犯罪的通告

(2016年9月23日公布施行)

电信网络诈骗犯罪是严重影响人民群众合法权益、破坏社会和谐稳定的社会公害,必须坚决依法严惩。为切实保障广大人民群众合法权益,维护社会和谐稳定,根据《中华人民共和国刑法》《中华人民共和国刑事诉讼法》《全国人民代表大会常务委员会关于加强网络信息保护的决定》等有关规定,现就防范和打击电信网络诈骗犯罪相关事项通告如下:

一、凡是实施电信网络诈骗犯罪的人员,必须立即停止一切违法犯罪活动。自本通告发布之日起至2016年10月31日,主动投案、如实供述自己罪行的,依法从轻或者减轻处罚,在此规定期限内拒不投案自首的,将依法从严惩处。

二、公安机关要主动出击,将电信网络诈骗案件依法立为刑事案件,集中侦破一批案件、打掉一批犯罪团伙、整治一批重点地区,坚决拔掉一批地域性职业电信网络诈骗犯罪"钉子"。对电信网络诈骗案件,公安机关、人民检察院、人民法院要依法快侦、快捕、快诉、快审、快判,坚决遏制电信网络诈骗犯罪发展蔓延势头。

三、电信企业(含移动转售企业,下同)要严格落实电话用户真实身份信息登记制度,确保到2016年10月底前全部电话实名率达到96%,年底前达到100%。未实名登记的单位和个人,应按要求对所持有的电话进行实名登记,在规定时间内未完成真实身份信息登记的,一律予以停机。电信企业在为新入网用户办理真实身份信息登记手续时,要通过采取二代身份证识别设备、联网核验等措施验证用户身份信息,并现场拍摄和留存用户照片。

四、电信企业立即开展一证多卡用户的清理,对同一用户在同一家基础电信企业或同一移动转售企业办理有效使用的电话卡达到5张的,该企业不得为其开办新的电话卡。电信企业和互联网企业要采取措施阻断改号软件网上发布、搜索、传播、销售渠道,严禁违法网络改号电话的运行、经营。电信企业要严格规范国际通信业务出入口局主叫号码传送,全面实施语音专线规范清理和主叫鉴权,加大网内和网间虚假主叫发现与拦截力度,立即清理规范一号通、商务总机、400等电话业务,对违规经营的网络电话业务一律依法予以取缔,对违规经营的各级代理商责令限期整改,逾期不改的一律由相关部门吊销执照,并严肃追究民事、行政责任。移动转售企业要依法开展业务,对整治不力、屡次违规的移动转售企业,将依法坚决查处,直至取消相应资质。

五、各商业银行要抓紧完成借记卡存量清理工作,严格落实"同一客户在同一商业银行开立借记卡原则上不得超过4张"等规定。任何单位和个人不得出租、出借、出售银行账户(卡)和支付账户,构成犯罪的依法追究刑事责任。自2016年12月1日起,同一个人在同一家银行业金融机构只能开立一个Ⅰ类银行账户,在同一家非银行支付机构只能开立一个Ⅲ类支付账户。自2017年起,银行业金融机构和非银行支付机构对经设区市级及以上公安机关认定的出租、出借、出售、购买银行账户(卡)或支付账户的单位和个人及相关组织者,假冒他人身份或虚构代理关系开立银行账户(卡)或支付账户的单位和个人,5 年内停止其银行账户(卡)非柜面业务、支付账户所有业务,3 年内不得为其新开立账户。对经设区市级及以上公安机关认定为被不法分子用于电信网络诈骗作案的涉案账户,将对涉案账户开户人名下其他银行账户暂停非柜面业务,支付账户暂停全部业务。自 2016 年 12 月 1 日起,个人通过银行自助柜员机向非同名账户转账的,资金 24 小时后到账。

六、严禁任何单位和个人非法获取、非法出售、非法向他人提供公民个人信息。对泄露、买卖个人信息的违法犯罪行为,坚决依法打击。对互联网上发布的贩卖信息、软件、木马病毒等要及时监控、封堵、删除,对相关网站和网络账号要依法关停,构成犯罪的依法追究刑事责任。

七、电信企业、银行、支付机构和银联,要切实履行主体责任,对责任落实不到位导致被不法分子用于实施电信网络诈骗犯罪的,要依法追究责任。各级行业主管部门要落实监管责任,对监管不到位的,要严肃问责。对因重视不够,防范、打击、整治措施不落实,导致电信网络诈骗犯罪问题严重的地区、部门、国有电信企业、银行和支付机构,坚决依法实行社会治安综合治理"一票否决",并追究相关责任人的责任。

八、各地各部门要加大宣传力度,广泛开展宣传报道,形成强大舆论声势。要运用多种媒体渠道,及时向公众发布电信网络犯罪预警提示,普及法律知识,提高公众对各类电信网络诈骗的鉴别能力和安全防范意识。

九、欢迎广大人民群众积极举报相关违法犯罪线索,对在捣毁特大犯罪窝点、打掉特大犯罪团伙中发挥重要作用的,予以重奖,并依法保护举报人的个人信息及安全。

本通告自发布之日起施行。

最高人民法院　最高人民检察院　公安部　司法部
印发《关于办理"套路贷"刑事案件若干问题的意见》的通知

(2019 年 2 月 28 日公布　2019 年 4 月 9 日起施行　法发〔2019〕11 号)

各省、自治区、直辖市高级人民法院、人民检察院、公安厅(局)、司法厅(局),解放军军事法院、军事检察院,新疆维吾尔自治区高级人民法院生产建设兵团分院、新疆生产建设兵团人民检察院、公安局、司法局:

为持续深入开展扫黑除恶专项斗争,准确甄别和依法严厉惩处"套路贷"违法犯罪分子,最高人民法院、最高人民检察院、公安部、司法部联合印发了《关于办理"套路贷"刑事案件若干问题的意见》,请认真贯彻执行。

最高人民法院
最高人民检察院
公安部
司法部
2019 年 2 月 28 日

关于办理"套路贷"刑事案件若干问题的意见

为持续深入开展扫黑除恶专项斗争,准确甄别和依法严厉惩处"套路贷"违法犯罪分子,根据刑法、刑事诉讼法、有关司法解释以及最高人民法院、最高人民检察院、公安部、司法部《关于办理黑恶势力犯罪案件若干问题的指导意见》等规范性文件的规定，现对办理“套路贷”刑事案件若干问题提出如下意见：

一、准确把握“套路贷”与民间借贷的区别

1.“套路贷”，是对以非法占有为目的，假借民间借贷之名，诱使或迫使被害人签订“借贷”或变相“借贷”“抵押”“担保”等相关协议，通过虚增借贷金额、恶意制造违约、肆意认定违约、毁匿还款证据等方式形成虚假债权债务，并借助诉讼、仲裁、公证或者采用暴力、威胁以及其他手段非法占有被害人财物的相关违法犯罪活动的概括性称谓。

2.“套路贷”与平等主体之间基于意思自治而形成的民事借贷关系存在本质区别，民间借贷的出借人是为了到期按照协议约定的内容收回本金并获取利息，不具有非法占有他人财物的目的，也不会在签订、履行借贷协议过程中实施虚增借贷金额、制造虚假给付痕迹、恶意制造违约、肆意认定违约、毁匿还款证据等行为。

司法实践中，应当注意非法讨债引发的案件与“套路贷”案件的区别，犯罪嫌疑人、被告人不具有非法占有目的，也未使用“套路”与借款人形成虚假债权债务，不应视为“套路贷”。因使用暴力、威胁以及其他手段强行索债构成犯罪的，应当根据具体案件事实定罪处罚。

3. 实践中，“套路贷”的常见犯罪手法和步骤包括但不限于以下情形：

(1)制造民间借贷假象。犯罪嫌疑人、被告人往往以“小额贷款公司”“投资公司”“咨询公司”“担保公司”“网络借贷平台”等名义对外宣传，以低息、无抵押、无担保、快速放款等为诱饵吸引被害人借款，继而以“保证金”“行规”等虚假理由诱使被害人基于错误认识签订金额虚高的“借贷”协议或相关协议。有的犯罪嫌疑人、被告人还会以被害人先前借贷违约等理由，迫使对方签订金额虚高的“借贷”协议或相关协议。

(2)制造资金走账流水等虚假给付事实。犯罪嫌疑人、被告人按照虚高的“借贷”协议金额将资金转入被害人账户，制造已将全部借款交付被害人的银行流水痕迹，随后便采取各种手段将其中全部或者部分资金收回，被害人实际上并未取得或者完全取得“借贷”协议、银行流水上显示的钱款。

(3)故意制造违约或者肆意认定违约。犯罪嫌疑人、被告人往往会以设置违约陷阱、制造还款障碍等方式，故意造成被害人违约，或者通过肆意认定违约，强行要求被害人偿还虚假债务。

(4)恶意垒高借款金额。当被害人无力偿还时，有的犯罪嫌疑人、被告人会安排其所属公司或者指定的关联公司、关联人员为被害人偿还“借款”，继而与被害人签订金额更大的虚高“借贷”协议或相关协议，通过这种“转单平账”“以贷还贷”的方式不断垒高“债务”。

(5)软硬兼施“索债”。在被害人未偿还虚高“借款”的情况下，犯罪嫌疑人、被告人借助诉讼、仲裁、公证或者采用暴力、威胁以及其他手段向被害人或者被害人的特定关系人索取“债务”。

二、依法严惩“套路贷”犯罪

4. 实施“套路贷”过程中，未采用明显的暴力或者威胁手段，其行为特征从整体上表现为以非法占有为目的，通过虚构事实、隐瞒真相骗取被害人财物的，一般以诈骗罪定罪处罚；对于在实施“套路贷”过程中多种手段并用，构成诈骗、敲诈勒索、非法拘禁、虚假诉讼、寻衅滋事、强迫交易、抢劫、绑架等多种犯罪的，应当根据具体案件事实，区分不同情况，依照刑法及有关司法解释的规定数罪并罚或者择一重处。

5. 多人共同实施“套路贷”犯罪，犯罪嫌疑人、被告人在所参与的犯罪中起主要作用的，应当认定为主犯，对其参与或组织、指挥的全部犯罪承担刑事责任；起次要或辅助作用的，应当认定为从犯。

明知他人实施"套路贷"犯罪,具有以下情形之一的,以相关犯罪的共犯论处,但刑法和司法解释等另有规定的除外:

(1)组织发送"贷款"信息、广告,吸引、介绍被害人"借款"的;

(2)提供资金、场所、银行卡、账号、交通工具等帮助的;

(3)出售、提供、帮助获取公民个人信息的;

(4)协助制造走账记录等虚假给付事实的;

(5)协助办理公证的;

(6)协助以虚假事实提起诉讼或者仲裁的;

(7)协助套现、取现、办理动产或不动产过户等,转移犯罪所得及其产生的收益的;

(8)其他符合共同犯罪规定的情形。

上述规定中的"明知他人实施'套路贷'犯罪",应当结合行为人的认知能力、既往经历、行为次数和手段、与同案人、被害人的关系、获利情况、是否曾因"套路贷"受过处罚、是否故意规避查处等主客观因素综合分析认定。

6. 在认定"套路贷"犯罪数额时,应当与民间借贷相区别,从整体上予以否定性评价,"虚高债务"和以"利息""保证金""中介费""服务费""违约金"等名目被犯罪嫌疑人、被告人非法占有的财物,均应计入犯罪数额。

犯罪嫌疑人、被告人实际给付被害人的本金数额,不计入犯罪数额。

已经着手实施"套路贷",但因意志以外原因未得逞的,可以根据相关罪名所涉及的刑法、司法解释规定,按照已着手非法占有的财物数额认定犯罪未遂。既有既遂,又有未遂,犯罪既遂部分与未遂部分分别对应不同法定刑幅度的,应当先决定对未遂部分是否减轻处罚,确定未遂部分对应的法定刑幅度,再与既遂部分对应的法定刑幅度进行比较,选择处罚较重的法定刑幅度,并酌情从重处罚;二者在同一量刑幅度的,以犯罪既遂酌情从重处罚。

7. 犯罪嫌疑人、被告人实施"套路贷"违法所得的一切财物,应当予以追缴或者责令退赔;对被害人的合法财产,应当及时返还。有证据证明是犯罪嫌疑人、被告人为实施"套路贷"而交付给被害人的本金,赔偿被害人损失后如有剩余,应依法予以没收。

犯罪嫌疑人、被告人已将违法所得的财物用于清偿债务、转让或者设置其他权利负担,具有下列情形之一的,应当依法追缴:

(1)第三人明知是违法所得财物而接受的;

(2)第三人无偿取得或者以明显低于市场的价格取得违法所得财物的;

(3)第三人通过非法债务清偿或者违法犯罪活动取得违法所得财物的;

(4)其他应当依法追缴的情形。

8. 以老年人、未成年人、在校学生、丧失劳动能力的人为对象实施"套路贷",或者因实施"套路贷"造成被害人或其特定关系人自杀、死亡、精神失常、为偿还"债务"而实施犯罪活动的,除刑法、司法解释另有规定的外,应当酌情从重处罚。

在坚持依法从严惩处的同时,对于认罪认罚、积极退赃、真诚悔罪或者具有其他法定、酌定从轻处罚情节的被告人,可以依法从宽处罚。

9. 对于"套路贷"犯罪分子,应当根据其所触犯的具体罪名,依法加大财产刑适用力度。符合刑法第三十七条之一规定的,可以依法禁止从事相关职业。

10. 三人以上为实施"套路贷"而组成的较为固定的犯罪组织,应当认定为犯罪集团。对首要分子应按照集团所犯全部罪行处罚。

符合黑恶势力认定标准的，应当按照黑社会性质组织、恶势力或者恶势力犯罪集团侦查、起诉、审判。

三、依法确定“套路贷”刑事案件管辖

11.“套路贷”犯罪案件一般由犯罪地公安机关侦查，如果由犯罪嫌疑人居住地公安机关立案侦查更为适宜的，可以由犯罪嫌疑人居住地公安机关立案侦查。犯罪地包括犯罪行为发生地和犯罪结果发生地。

“犯罪行为发生地”包括为实施“套路贷”所设立的公司所在地、“借贷”协议或相关协议签订地、非法讨债行为实施地、为实施“套路贷”而进行诉讼、仲裁、公证的受案法院、仲裁委员会、公证机构所在地，以及“套路贷”行为的预备地、开始地、途经地、结束地等。

“犯罪结果发生地”包括违法所得财物的支付地、实际取得地、藏匿地、转移地、使用地、销售地等。

除犯罪地、犯罪嫌疑人居住地外，其他地方公安机关对于公民扭送、报案、控告、举报或者犯罪嫌疑人自首的“套路贷”犯罪案件，都应当立即受理，经审查认为有犯罪事实的，移送有管辖权的公安机关处理。

黑恶势力实施的“套路贷”犯罪案件，由侦办黑社会性质组织、恶势力或者恶势力犯罪集团案件的公安机关进行侦查。

12.具有下列情形之一的，有关公安机关可以在其职责范围内并案侦查：

(1)一人犯数罪的；

(2)共同犯罪的；

(3)共同犯罪的犯罪嫌疑人还实施其他犯罪的；

(4)多个犯罪嫌疑人实施的犯罪存在直接关联，并案处理有利于查明案件事实的。

13.本意见自2019年4月9日起施行。

《关于办理“套路贷”刑事案件若干问题的意见》的理解与适用

□朱和庆　周　川　李梦龙

一、《关于办理“套路贷”刑事案件若干问题的意见》的制定背景和过程

近年来，假借民间借贷之名实施的侵犯财产类违法犯罪活动开始出现并日益猖獗，政法机关在司法实践中对此类违法犯罪逐渐形成了“套路贷”这一称谓。在一些地区，“套路贷”已逐步发展成为黑恶势力较常实施的违法犯罪活动，严重侵害人民群众的人身权利、财产权利，严重破坏经济秩序、社会秩序，严重影响人民群众的安全感和社会和谐稳定，社会危害性极大，人民群众反映强烈。针对“套路贷”犯罪，最高人民法院、最高人民检察院、公安部、司法部于2018年1月出台的《关于办理黑恶势力犯罪案件若干问题的指导意见》(法发〔2018〕1号，以下简称《指导意见》)虽然没有明确使用“套路贷”这一称谓，但已在《指导意见》第二十条对“套路贷”犯罪的认定和处理作出了初步规定；多个地方也就办理“套路贷”刑事案件研究出台了地方性指导意见。但由于“套路贷”在全国各地的发案分布极不均衡，表现形式千差万别，一些地方对此类案件的理解、认识存在偏差，在办理“套路贷”刑事案件时不同程度上出现了“不会打”或“打不准”的问题。为贯彻落实2018年10月全国扫黑除恶专项斗争推进会的有关部署要求，进一步统一执法办案思想，提高专项斗争的法治化水平，最高人民法院第一时间成立了专题调研小组，经过充分调研，在深入总结实践经验和突出问题的基础上研究起草了《关于办理“套路贷”刑事案件若干问题的意见》(以下简称《意见》)稿,并以《意见》稿为基础通过召开调研座谈会、书面征求意见等多种形式广泛听取意见,几经修改和完善后形成《意见》。《意见》经最高人民法院、最高人民检察院、公安部、司法部会签,于2019年4月9日向社会公布并施行。

二、准确把握“套路贷”与民间借贷的区别

(一)关于“套路贷”的概念

《意见》第一条对于什么是“套路贷”作出了定义。“套路贷”既不是一个法律概念也不是一个政策概念,而是在办案实践中对假借民间借贷之名非法占有他人财物的类型化违法犯罪的概括性称谓。因此,“套路贷”在之前并没有统一的定义,各地出台的有关文件对其的界定也存在不同程度的差异。经认真总结各地经验,充分研究“套路贷”的不同行为方式,《意见》在《指导意见》第二十条规定的基础上明确了“套路贷”的概念,其概念主要包括以下三个方面:

一是行为目的非法性,即犯罪分子是以非法占有被害人财物为目的实施“套路贷”。明确非法占有目的,既是为了从主观方面将“套路贷”与民间借贷区分开来,也是为了在具体犯罪中区分此罪与彼罪。

二是债权债务虚假性,即犯罪分子假借民间借贷之名,通过使用“套路”,诱使或迫使被害人签订“借贷”或变相“借贷”“抵押”“担保”等相关协议,进而通过虚增借贷金额、恶意制造违约、肆意认定违约等方式形成虚假债权债务。对于犯罪分子来说,“借贷”是假,侵犯被害人的财产权利是真,“借贷”仅是一个虚假表象。

三是“讨债”手段多样性,即在被害人未按照要求交付财物时,“套路贷”犯罪分子会借助诉讼、仲裁、公证等方法或者采用暴力、威胁以及其他手段向被害人强行“讨债”,以此实现对被告人财物的非法占有。其中,“套路贷”犯罪分子借助公证,既有可能是为之后以虚假事实提起诉讼或者仲裁准备证据,也有可能是利用民事诉讼法中公证债权文书执行的相关规定,直接申请强制执行案涉“公证债权文书”,非法占有被害人财物。

(二)关于“套路贷”与民间借贷的区别

《意见》第二条重点解读了应当如何区分“套路贷”与民间借贷。通过前期调研,我们发现将“套路贷”与民间高利放贷、非法讨债相混淆,是当前一些地方对“套路贷”犯罪存在误解的主要原因。为此,《意见》第二条专门从主客观两个方面明确了“套路贷”与民间借贷的区别。在主观上,要注意把握行为人有无非法占有他人财物的目的,这是“套路贷”与民间借贷的本质区别。民间借贷的目的是获取利息收益,借贷双方都对实际借得的本金和将产生的利息有清醒认识,出借人通常希望借款人能按时还本付息。而“套路贷”是以借款为幌子,通过设计套路,引诱、逼迫借款人垒高债务,最终达到非法占有借款人财产的目的。在客观上,要注意把握行为人是否处心积虑设计各种套路,制造债权债务假象,非法强占他人财产的行为。例如,犯罪分子往往会以低息、无抵押等为诱饵吸引被害人“上钩”,以行业规矩为由诱使被害人签订虚高借款合同,谎称只要按时还款,虚高的借款金额就不用还,然后制造虚假给付痕迹,采用拒绝接受还款等方式刻意制造违约,通过一系列“套路”形成高额债务,达到非法占有他人财物的目的。而在民间借贷中,虽然常会出现出借人从借款本金中预扣利息、收“砍头费”的现象,但在这种情况下,预扣的利息、收取的费用是基于借贷双方的约定,借款人对于扣除利息、收取费用的金额也心知肚明,出借人后续亦不会实施故意制造违约、恶意垒高借款等行为。因此,区分“套路贷”和民间借贷,要根据案件事实和证据综合评判,不能只关注某个因素、某个情节。

此外,因为“套路贷”违背被害人的意志,或制造虚高的借款金额,或恶意垒高债务,被害人一般不可能自愿还债,所以犯罪嫌疑人、被告人往往软硬兼施"索债",其外在行为表现与非法讨债引发的案件有相似之处。在司法实践中,要牢牢把握有无非法占有他人财物目的这一本质区别特征,对于犯罪嫌疑人、被告人不具有非法占有目的,也未使用"套路"与借款人形成虚假债权债务,因使用暴力、威胁以及其他手段强行索债构成犯罪的,不视为"套路贷",应当根据具体案件事实定罪处罚。

(三)关于"套路贷"常见的犯罪手法和步骤

《意见》第三条共列举了制造民间借贷假象、制造资金走账流水等虚假给付事实、故意制造违约或者肆意认定违约、恶意垒高借款金额、软硬兼施"索债"这五类"套路贷"常见犯罪手法和步骤,在实践中应当注意把握以下几个方面:

一是列举五类常见犯罪手法和步骤的目的是回应实践需要。蔓延发展迅速和地区间发案不均衡,是当前"套路贷"犯罪呈现的两个特征。在"套路贷"犯罪出现较早的地区,当地政法机关已经接触了不少"套路贷"刑事案件,对"套路贷"犯罪已经有了一定认识,积累了一定的办案经验。而有些地方的政法机关由于尚未接触或刚刚开始接触"套路贷"刑事案件,对"套路贷"犯罪尚缺乏足够的认识,但却同样面临严防严惩"套路贷"犯罪的紧要任务。列举五类常见的犯罪手法和步骤,就是为了帮助办案一线直观认识"套路贷"犯罪,进而有效甄别、打击。

二是在具体的"套路贷"犯罪中,五类犯罪手法和步骤并不必然全部出现。实践中,"套路贷"犯罪在犯罪手法的具体选择上多种多样,可能多种犯罪手法并用,通过多个犯罪步骤实现对被害人财产的非法占有,也可能仅采用少量犯罪手法就达成了犯罪目的。因此,不能认为全部具备所列举的五类犯罪手法和步骤才是"套路贷"犯罪。

三是"套路贷"犯罪的犯罪手法和步骤不局限于所列举的范围。实践中,"套路贷"犯罪的表现形式千差万别,且为了逃避打击、继续攫取不法利益,不断转型变化、花样翻新,在认定"套路贷"犯罪时还是应当着重根据其假借民间借贷之名行非法占有之实的主要特征来甄别、判断。

三、依法严惩"套路贷"犯罪

(一)关于"套路贷"的定罪问题

《意见》第四条对于"套路贷"犯罪案件的罪名确定问题作了提示性规定。"套路贷"犯罪在主观上以非法占有为目的,在客观上行侵财之实,但由于犯罪手段、行为表现各有不同。在办理"套路贷"刑事案件时,司法机关需要根据"套路贷"行为人非法取得他人财产的具体手段、方式,依照《刑法》有关犯罪的构成要件,确定具体罪名。对于未采用明显的暴力或者威胁手段,主要靠"骗"取得被害人财物的"套路贷",一般以诈骗罪论处。例如,在有的案件中,被告人谎称自己的公司需要"冲业绩",帮公司签订借贷协议不仅不用还款,还可以获取"好处费",待被害人落入圈套后,便利用对方法律知识欠缺的弱点以及害怕"惹事"的心理索取所谓"债务"。由于该案中被告人主要是靠虚构事实、隐瞒真相实现非法占有目的,故应以诈骗罪定罪处罚。但在实践中,犯罪分子实施"套路贷"的手段经常变换,还有可能构成敲诈勒索、非法拘禁、虚假诉讼、寻衅滋事、强迫交易、抢劫、绑架等多种犯罪。例如,在实施"套路贷"过程中,主要通过威胁或者要挟的方法非法占有被害人财物的,构成敲诈勒索罪。在常见的"车贷"型"套路贷"中,有的被告人在诱骗被害人签订虚高"借款"合同时,要求给被害人车辆安装GPS定位器,并编造各种借口拿走汽车备用钥匙。嗣后,通过损毁GPS定位器等方式故意造成被害人违约,再采用滋扰、恐吓等手段进行威胁,或者利用备用钥匙将车辆开走,逼迫被害人付款赎车。在该类案件中,被告人主要是利用威胁或者要挟对被害人形成心理强制,实现非法占有财物目的,因此应以敲诈勒索罪追究刑事责任。再如,对于在实施"套路贷"过程中,以暴力、胁迫或者其他方法当场劫取被害人财物的,应以抢劫罪定罪处罚。在某起"套路贷"案件中,一名被害人与被告人开设的公司签订借款4万元的合同,之后被告人肆意认定违约,指使手下挟持并殴打该被害人,通过被害人微信转账方式当场劫取16万元,应当认定该起犯罪构成抢劫罪。

在具体个案中,"套路贷"的表现形式不胜枚举,不同犯罪手段的组合、不同的犯罪情境等都可能导致案件定性或者罪数处断截然不同。以前述构成抢劫罪的案例作进一步分析,假如被告人不是当场劫取被害人本人的财物,而是在使用暴力手段挟持被害人后要求其亲友交钱赎人,那么就应以绑架罪定罪处罚。此外,犯罪分子多种手段并用,导致办案时往往需要对"一行为"或"数行为"以及是否存在竞合、牵连关系进行判断,所以,对于不同案件,应当根据具体案件事实,区分不同情况,依照《刑法》及有关司法解释的规定确定罪名和罪数。

(二)关于"套路贷"的共犯认定

《意见》第五条对于"套路贷"犯罪案件中的共犯问题作出了规定。实践中,"套路贷"犯罪多为共同犯罪,分工日趋细化,环节众多,其中"拉客户"、协助制造走账记录等配合、支持、帮助行为对于"套路贷"犯罪顺利实施并最终达成非法占有目的发挥了重要作用。由于"套路贷"犯罪的暴利性,围绕"套路贷"俨然已经形成了一个犯罪链条,不仅产生了所谓"贷款中介"等专门为"套路贷"犯罪分子提供"服务"的职业化群体,而且还有一些具有专业知识背景或者在相关行业从业的人员参与其中,在加剧"套路贷"犯罪社会危害的同时也增加了发现、惩治犯罪的难度。为实现对"套路贷"犯罪的全链条打击,《意见》明确了"套路贷"共同犯罪人的处理,规定明知他人实施"套路贷"犯罪,仍具有组织发送"贷款"信息、广告,吸引、介绍被害人"借款"等情形的,除《刑法》和司法解释等另有规定外,以相关犯罪的共犯论处。

根据《刑法》第二十五条的规定,共同犯罪离不开共同犯意,而共同犯意历来又是司法实践中的认定难点。在《意见》起草过程中,《意见》稿一度采用"与'套路贷'犯罪分子事先通谋"才能以共犯论处的观点。在后续修改中将"通谋"改为"明知",主要考虑"通谋"一般会被理解为二名以上行为人通过交流沟通形成共同犯罪故意的过程,而反映这一过程的证据往往难以获取,大多数情况下严重依赖口供,容易出现只要一方否认就难以形成闭合证据链的情况。尤其在当前"套路贷"犯罪链条化的背景下,"套路贷"共同犯罪人之间分工明确、配合默契,往往通过心照不宣的方式形成犯意联络,不再依赖明示沟通,如果以"通谋"作为入罪条件,可能会在实践中抬高认定标准,从而放纵犯罪。但是,将"通谋"改为"明知"并不意味着可以无视共同犯罪基本原理,摒弃共同犯意这一共同犯罪成立的主观要件,办案时,对于行为人之间有无意思联络应当作出准确的审查判断。对于如何审查判断行为人是否"明知他人实施'套路贷'犯罪",《意见》第五条第三款中规定:"应当结合行为人的认知能力、既往经历、行为次数和手段、与同案人、被害人的关系、获利情况、是否曾因'套路贷'受过处罚、是否故意规避查处等主客观因素综合分析认定。"在实践中,对"明知"作出判断需要基于一定的事实基础,指向行为人主观"明知"的因素越多、指向性越强,司法工作人员也就越能作出准确判断。因此,对于前述认定"明知"的考量因素,应当准确理解、通盘考虑、综合评定,不能"只看一点、不及其余",要切实防止认定范围不当扩大。

(三)关于"套路贷"犯罪数额的认定

《意见》第六条对"套路贷"犯罪数额认定进行了说明。由于"套路贷"假借民间借贷之名行非法占有之实,其非法占有被害人的财物多以"利息""保证金"等名目混淆视听。在办理"套路贷"刑事案件时,要牢牢把握"套路贷"的本质是以非法占有为目的而实施的违法犯罪,不能适用民间借贷法律关系,也不可能产生合法收入。因此,除犯罪嫌疑人、被告人实际给付被害人的本金数额之外,"虚高债务"和以"利息""保证金""中介费""服务费""违约金"等名目被非法占有的财物，均应计入犯罪数额。《意见》基于以上分析，在吸收《指导意见》有关规定的基础上，进一步提出了“从整体上予以否定性评价”的“套路贷”犯罪数额认定原则，并分别明确了计入“套路贷”犯罪数额的对象范围。此外，《意见》第六条第三款还根据《关于办理诈骗刑事案件具体应用法律若干问题的解释》（法释〔2011〕7号）等有关司法解释、规范性文件规定的数额犯犯罪未遂认定及处罚方法，明确了“套路贷”犯罪未遂的认定以及既遂、未遂情形并存时应如何处罚的问题。

（四）关于“套路贷”刑事案件中的涉案财产处置

根据《刑法》第六十四条以及有关司法解释、规范性文件的规定，《意见》第七条中明确了“套路贷”犯罪违法所得财物的追缴或者责令退赔、被害人合法财产的返还以及为实施“套路贷”而交付给被害人本金的处置等问题。其中，根据《刑法》的相关规定，为实施“套路贷”而交付给被害人的本金属于犯罪所用之物，应予没收。但从司法实践来看，在被害人自身损失没有得到补偿的情况下，直接让被害人退出犯罪嫌疑人、被告人先前为实施“套路贷”而交付的本金，显然有悖常理常情，相关裁判也难以得到有效执行。为便于办案一线人员操作，《意见》规定，有证据证明是犯罪嫌疑人、被告人为实施“套路贷”而交付给被害人的本金，赔偿被害人损失后如有剩余，应依法予以没收。

（五）关于“套路贷”犯罪的量刑情节

《意见》第八条秉持有关司法解释、规范性文件的一贯精神，明确对以社会弱势群体为对象实施，以及造成后果的“套路贷”犯罪酌情从重处罚。在强调依法从严惩处“套路贷”犯罪的同时，《意见》还坚持贯彻宽严相济的刑事政策，明确对于认罪认罚、积极退赃、真诚悔罪或者具有其他法定、酌定从轻处罚情节的被告人，可以依法从宽处罚，鼓励被告人认罪伏法、退赔退赃，确保案件的裁判效果。

（六）关于“套路贷”犯罪集团和涉“套路贷”黑恶势力的认定

实践中，“套路贷”是一些黑恶势力常用的犯罪手段，经常会出现“套路贷”犯罪与黑恶势力犯罪之间相互交织的情形。一方面，“套路贷”犯罪获利快、收益高，所采用的“套路”易于复制，容易被黑恶势力利用，用以聚敛财富。另一方面，一些“套路贷”犯罪分子正在逐渐采用公司化模式有组织地实施犯罪，加上常常借助暴力、威胁的方式“讨债”，如果任其肆意发展，很容易蜕变为黑恶势力。正因为“套路贷”犯罪与黑恶势力犯罪之间客观上存在关联，所以《意见》才作为扫黑除恶专项斗争系列规范性文件出台，目的就是准确甄别、依法严惩“套路贷”犯罪，及时铲除黑恶势力犯罪滋生蔓延的土壤。但是，我们要认识到“套路贷”犯罪并不必然就是黑恶势力犯罪，不能因为二者存在关联就简单地在“套路贷”犯罪与黑恶势力犯罪之间画等号。首先，从犯罪主体上看，“套路贷”犯罪可以是黑恶势力实施，也可以是普通的个人、团伙或者犯罪集团实施。只有实施“套路贷”犯罪的行为人同时具备黑恶势力特征的，才能认定为黑恶势力。反之，即使有的团伙、人员实施了“套路贷”犯罪，只要黑恶势力特征不齐备，不完全符合黑恶势力认定标准，就不能认定为黑恶势力。其次，从犯罪目的上看，黑恶势力犯罪意图多元化，既包括聚敛财富，也包括形成非法秩序、非法影响力。而一般“套路贷”犯罪的目的就是侵财，虽然在实现该犯罪目的的过程中，时常会伴随发生其他违法犯罪活动，但是这些活动都是围绕侵财目的实施的，具有附属性。为准确界分“套路贷”犯罪与涉“套路贷”黑恶势力犯罪，《意见》在第十条第一款规定“套路贷”犯罪集团认定条件、处罚原则的基础上，在第二款明确要求对符合黑恶势力认定标准的“套路贷”犯罪，应当按照黑社会性质组织、恶势力或者恶势力犯罪集团侦查、起诉、审判。

四、关于“套路贷”刑事案件的管辖问题

目前，“套路贷”犯罪往往具有被害人多、涉及范围广、各犯罪环节实施地点分散等特点。为解决实践出现的新问题,《意见》第十一条、第十二条严格依照《刑事诉讼法》有关规定,本着有利于查清犯罪事实,有利于诉讼的原则,对“套路贷”刑事案件管辖和并案侦查作出针对性规定,较为全面地列举了“套路贷”犯罪的“犯罪行为发生地”和“犯罪结果发生地”,并明确在一人犯数罪、共同犯罪等四类情形下,有关公安机关可以在其职责范围内并案侦查,为公正、高效执法办案提供了保障。对于涉“套路贷”黑恶势力犯罪,考虑“套路贷”通常只是黑恶势力犯罪事实中的一个部分,为确保黑恶势力犯罪案件办理的完整性、全面性,《意见》规定此类案件由侦办黑社会性质组织、恶势力或者恶势力犯罪集团案件的公安机关进行侦查。此外,《意见》还明确公民扭送、报案、控告、举报“套路贷”犯罪的,公安机关都应当立即受理,经审查认为有犯罪事实的,依照管辖的规定处理或移送,确保人民群众能够在第一时间得到司法保障。

(作者单位:最高人民法院)

五、敲诈勒索罪

最高人民法院　最高人民检察院　公安部　司法部
关于办理黑恶势力犯罪案件若干问题的指导意见(节录)

(2018年1月16日公布施行　法发〔2018〕1号)

为贯彻落实《中共中央、国务院关于开展扫黑除恶专项斗争的通知》精神,统一执法思想,提高执法效能,依法、准确、有力惩处黑恶势力犯罪,严厉打击"村霸"、宗族恶势力、"保护伞"以及"软暴力"等犯罪,根据《刑法》、《刑事诉讼法》及有关司法解释等规定,针对实践中遇到的新情况、新问题,现就办理黑恶势力犯罪案件若干问题制定如下指导意见:

一、总体要求

1. 各级人民法院、人民检察院、公安机关和司法行政机关应充分发挥职能作用,密切配合,相互支持,相互制约,形成打击合力,加强预防惩治黑恶势力犯罪长效机制建设。正确运用法律规定加大对黑恶势力违法犯罪以及"保护伞"惩处力度,在侦查、起诉、审判、执行各阶段体现依法从严惩处精神,严格掌握取保候审,严格掌握不起诉,严格掌握缓刑、减刑、假释,严格掌握保外就医适用条件,充分运用《刑法》总则关于共同犯罪和犯罪集团的规定加大惩处力度,充分利用资格刑、财产刑降低再犯可能性。对黑恶势力犯罪,注意串并研判、深挖彻查,防止就案办案,依法加快办理。坚持依法办案、坚持法定标准、坚持以审判为中心,加强法律监督,强化程序意识和证据意识,正确把握"打早打小"与"打准打实"的关系,贯彻落实宽严相济刑事政策,切实做到宽严有据,罚当其罪,实现政治效果、法律效果和社会效果的统一。

2. 各级人民法院、人民检察院、公安机关和司法行政机关应聚焦黑恶势力犯罪突出的重点地区、重点行业和重点领域,重点打击威胁政治安全特别是政权安全、制度安全以及向政治领域渗透的黑恶势力;把持基层政权、操纵破坏基层换届选举、垄断农村资源、侵吞集体资产的黑恶势力;利用家族、宗族势力横行乡里、称霸一方、欺压残害百姓的"村霸"等黑恶势力;在征地、租地、拆迁、工程项目建设等过程中煽动闹事的黑恶势力;在建筑工程、交运运输、矿产资源、渔业捕捞等行业、领域,强揽工程、恶意竞标、非法占地、滥开滥采的黑恶势力;在商贸集市、批发市场、车站码头、旅游景区等场所欺行霸市、强买强卖、收保护费的市霸、行霸等黑恶势力;操纵、经营"黄赌毒"等违法犯罪活动的黑恶势力;非法高利放贷、暴力讨债的黑恶势力;插手民间纠纷,充当"地下执法队"的黑恶势力;组织或雇佣网络"水军"在网上威胁、恐吓、侮辱、诽谤、滋扰的黑恶势力;境外黑社会入境发展渗透以及跨国跨境的黑恶势力。同时,坚决深挖黑恶势力"保护伞"。

二、依法认定和惩处黑社会性质组织犯罪

3. 黑社会性质组织应同时具备《刑法》第二百九十四条第五款中规定的"组织特征""经济特征""行为特征"和"危害性特征"。由于实践中许多黑社会性质组织并非这"四个特征"都很明显,在具体认定时,应根据立法本意,认真审查、分析黑社会性质组织"四个特征"相互间的内在联系,准确评价涉案犯罪组织所造成的社会危害,做到不枉不纵。

4. 发起、创建黑社会性质组织,或者对黑社会性质组织进行合并、分立、重组的行为,应当认定为"组织黑社会性质组织";实际对整个组织的发展、运行、活动进行决策、指挥、协调、管理的行为,应当认定为“领导黑社会性质组织 ”。黑社会性质组织的组织者、领导者,既包括通过一定形式产生的有明确职务、称谓的组织者、领导者,也包括在黑社会性质组织中被公认的事实上的组织者、领导者。

5. 知道或者应当知道是以实施违法犯罪为基本活动内容的组织,仍加入并接受其领导和管理的行为,应当认定为“参加黑社会性质组织”。没有加入黑社会性质组织的意愿,受雇到黑社会性质组织开办的公司、企业、社团工作,未参与黑社会性质组织违法犯罪活动的,不应认定力“参加黑社会性质组织”。

参加黑社会性质组织并具有以下情形之一的,一般应当认定为“积极参加黑社会性质组织”:多次积极参与黑社会性质组织的违法犯罪活动,或者积极参与较严重的黑社会性质组织的犯罪活动且作用突出,以及其他在组织中起重要作用的情形,如具体主管黑社会性质组织的财务、人员管理等事项。

6. 组织形成后,在一定时期内持续存在,应当认定为“形成较稳定的犯罪组织”。

黑社会性质组织一般在短时间内难以形成,而且成员人数较多,但鉴于“恶势力”团伙和犯罪集团向黑社会性质组织发展是一个渐进的过程,没有明显的性质转变的节点,故对黑社会性质组织存在时间、成员人数问题不宜作出“一刀切”的规定。

黑社会性质组织未举行成立仪式或者进行类似活动的,成立时间可以按照足以反映其初步形成非法影响的标志性事件的发生时间认定。没有明显标志性事件的,可以按照本意见中关于黑社会性质组织违法犯罪活动认定范围的规定,将组织者、领导者与其他组织成员首次共同实施该组织犯罪活动的时间认定为该组织的形成时间。该组织者、领导者因未到案或者因死亡等法定情形未被起诉的,不影响认定。

黑社会性质组织成员既包括已有充分证据证明但尚未归案的组织成员,也包括虽有参加黑社会性质组织的行为但因尚未达到刑事责任年龄或因其他法定情形而未被起诉,或者根据具体情节不作为犯罪处理的组织成员。

7. 在组织的形成、发展过程中通过以下方式获取经济利益的,应当认定为“有组织地通过违法犯罪活动或者其他手段获取经济利益”:

(1)有组织地通过违法犯罪活动或其他不正当手段聚敛;

(2)有组织地以投资、控股、参股、合伙等方式通过合法的生产、经营活动获取;

(3)由组织成员提供或通过其他单位、组织、个人资助取得。

8. 通过上述方式获得一定数量的经济利益,应当认定为“具有一定的经济实力”,同时也包括调动一定规模的经济资源用以支持该组织活动的能力。通过上述方式获取的经济利益,即使是由部分组织成员个人掌控,也应计入黑社会性质组织的“经济实力”。组织成员主动将个人或者家庭资产中的一部分用于支持该组织活动,其个人或者家庭资产可全部计入“一定的经济实力”,但数额明显较小或者仅提供动产、不动产使用权的除外。

由于不同地区的经济发展水平、不同行业的利润空间均存在很大差异,加之黑社会性质组织存在、发展的时间也各有不同,在办案时不能一般性地要求黑社会性质组织所具有的经济实力必须达到特定规模或特定数额。

9. 黑社会性质组织实施的违法犯罪活动包括非暴力性的违法犯罪活动,但暴力或以暴力相威胁始终是黑社会性质组织实施违法犯罪活动的基本手段,并随时可能付诸实施。暴力、威胁色彩虽不明显,但实际是以组织的势力、影响和犯罪能力为依托,以暴力、威胁的现实可能性为基础,足以使他人产生恐惧、恐慌进而形成心理强制或者足以影响、限制人身自由、危及人身财产安全或者影响正常生产、工作、生活的手段,属于《刑法》第二百九十四条第五款第(三)项中的“其他手段”,包括但不限于所谓的“谈判”“协商”“调解”以及滋扰、纠缠、哄闹、聚众造势等手段。

10.为确立、维护、扩大组织的势力、影响、利益或者按照纪律规约、组织惯例多次实施违法犯罪活动,侵犯不特定多人的人身权利、民主权利、财产权利,破坏经济秩序、社会秩序,应当认定为“有组织地多次进行违法犯罪活动,为非作恶,欺压、残害群众”。

符合以下情形之一的,应当认定为是黑社会性质组织实施的违法犯罪活动:

(1)为该组织争夺势力范围、打击竞争对手、形成强势地位、谋取经济利益、树立非法权威、扩大非法影响、寻求非法保护、增强犯罪能力等实施的;

(2)按照该组织的纪律规约、组织惯例实施的;

(3)组织者、领导者直接组织、策划、指挥、参与实施的;

(4)由组织成员以组织名义实施,并得到组织者、领导者认可或者默许的;

(5)多名组织成员为逞强争霸、插手纠纷、报复他人、替人行凶、非法敛财而共同实施,并得到组织者、领导者认可或者默许的;

(6)其他应当认定为黑社会性质组织实施的。

11.鉴于黑社会性质组织非法控制和影响的“一定区域”的大小具有相对性,不能简单地要求“一定区域”必须达到某一特定的空间范围,而应当根据具体案情,并结合黑社会性质组织对经济、社会生产秩序的危害程度加以综合分析判断。

通过实施违法犯罪活动,或者利用国家工作人员的包庇或者不依法履行职责,放纵黑社会性质组织进行违法犯罪活动的行为,称霸一方,并具有以下情形之一的,可认定为“在一定区域或者行业内,形成非法控制或者重大影响,严重破坏经济、社会生活秩序”:

(1)致使在一定区域内生活或者在一定行业内从事生产、经营的多名群众,合法利益遭受犯罪或严重违法活动侵害后,不敢通过正当途径举报、控告的;

(2)对一定行业的生产、经营形成垄断,或者对涉及一定行业的准入、经营、竞争等经济活动形成重要影响的;

(3)插手民间纠纷、经济纠纷,在相关区域或者行业内造成严重影响的;

(4)干扰、破坏他人正常生产、经营、生活,并在相关区域或者行业内造成严重影响的;

(5)干扰、破坏公司、企业、事业单位及社会团体的正常生产,经营、工作秩序,在相关区域、行业内造成严重影响,或者致使其不能正常生产、经营、工作的;

(6)多次干扰、破坏党和国家机关、行业管理部门以及村委会、居委会等基层群众自治组织的工作秩序,或者致使上述单位、组织的职能不能正常行使的;

(7)利用组织的势力、影响,帮助组织成员或他人获取政治地位,或者在党政机关、基层群众自治组织中担任一定职务的;

(8)其他形成非法控制或者重大影响,严重破坏经济、社会生活秩序的情形。

12.对于组织者、领导者和因犯参加黑社会性质组织罪被判处五年以上有期徒刑的积极参加者,可根据《刑法》第五十六条第一款的规定适用附加剥夺政治权利。对于符合《刑法》第三十七条之一规定的组织成员,应当依法禁止其从事相关职业。符合《刑法》第六十六条规定的组织成员,应当认定为累犯,依法从重处罚。

对于因有组织的暴力性犯罪被判处死刑缓期执行的黑社会性质组织犯罪分子,可以根据《刑法》第五十条第二款的规定同时决定对其限制减刑。对于因有组织的暴力性犯罪被判处十年以上有期徒刑、无期徒刑的黑社会性质组织犯罪分子,应当根据《刑法》第八十一条第二款规定,不得假释。

13. 对于组织者、领导者一般应当并处没收个人全部财产。对于确属骨干成员或者为该组织转移、隐匿资产的积极参加者,可以并处没收个人全部财产。对于其他组织成员,应当根据所参与实施违法犯罪活动的次数、性质、地位、作用、违法所得数额以及造成损失的数额等情节,依法决定财产刑的适用。

三、依法惩处恶势力犯罪

14. 具有下列情形的组织,应当认定为"恶势力":经常纠集在一起,以暴力、威胁或者其他手段,在一定区域或者行业内多次实施违法犯罪活动,为非作恶,欺压百姓,扰乱经济、社会生活秩序,造成较为恶劣的社会影响,但尚未形成黑社会性质组织的违法犯罪组织。恶势力一般为三人以上,纠集者相对固定,违法犯罪活动主要为强迫交易、故意伤害、非法拘禁、敲诈勒索、故意毁坏财物、聚众斗殴、寻衅滋事等,同时还可能伴随实施开设赌场、组织卖淫、强迫卖淫、贩卖毒品、运输毒品、制造毒品、抢劫、抢夺、聚众扰乱社会秩序、聚众扰乱公共场所秩序、交通秩序以及聚众"打砸抢"等。

在相关法律文书中的犯罪事实认定部分,可使用"恶势力"等表述加以描述。

15. 恶势力犯罪集团是符合犯罪集团法定条件的恶势力犯罪组织,其特征表现为:有三名以上的组织成员,有明显的首要分子,重要成员较为固定,组织成员经常纠集在一起,共同故意实施三次以上恶势力惯常实施的犯罪活动或者其他犯罪活动。

16. 公安机关、人民检察院、人民法院在办理恶势力犯罪案件时,应当依照上述规定,区别于普通刑事案件,充分运用《刑法》总则关于共同犯罪和犯罪集团的规定,依法从严惩处。

四、依法惩处利用"软暴力"实施的犯罪

17. 黑恶势力为谋取不法利益或形成非法影响,有组织地采用滋扰、纠缠、哄闹、聚众造势等手段侵犯人身权利、财产权利,破坏经济秩序、社会秩序,构成犯罪的,应当分别依照《刑法》相关规定处理:

(1)有组织地采用滋扰、纠缠、哄闹、聚众造势等手段扰乱正常的工作、生活秩序,使他人产生心理恐惧或者形成心理强制,分别属于《刑法》第二百九十三条第一款第(二)项规定的"恐吓"、《刑法》第二百二十六条规定的"威胁",同时符合其他犯罪构成条件的,应分别以寻衅滋事罪、强迫交易罪定罪处罚。

《关于办理寻衅滋事刑事案件适用法律若干问题的解释》第二条至第四条中的"多次"一般应当理解为二年内实施寻衅滋事行为三次以上。二年内多次实施不同种类寻衅滋事行为的,应当追究刑事责任。

(2)以非法占有为目的强行索取公私财物,有组织地采用滋扰、纠缠、哄闹、聚众造势等手段扰乱正常的工作、生活秩序,同时符合《刑法》第二百七十四条规定的其他犯罪构成条件的,应当以敲诈勒索罪定罪处罚。同时由多人实施或者以统一着装、显露纹身、特殊标识以及其他明示或者暗示方式,足以使对方感知相关行为的有组织性的,应当认定为《关于办理敲诈勒索刑事案件适用法律若干问题的解释》第二条第(五)项规定的"以黑恶势力名义敲诈勒索"。

采用上述手段,同时又构成其他犯罪的,应当依法按照处罚较重的规定定罪处罚。

雇佣、指使他人有组织地采用上述手段强迫交易、敲诈勒索,构成强迫交易罪、敲诈勒索罪的,对雇佣者、指使者,一般应当以共同犯罪中的主犯论处。为强索不受法律保护的债务或者因其他非法目的,雇佣、指使他人有组织地采用上述手段寻衅滋事,构成寻衅滋事罪的,对雇佣者、指使者，一般应当以共同犯罪中的主犯论处；为追讨合法债务或者因婚恋、家庭、邻里纠纷等民间矛盾而雇佣、指使，没有造成严重后果的，一般不作为犯罪处理，但经有关部门批评制止或者处理处罚后仍继续实施的除外。

18. 黑恶势力有组织地多次短时间非法拘禁他人的，应当认定为《刑法》第二百三十八条规定的"以其他方法非法剥夺他人人身自由"。非法拘禁他人三次以上、每次持续时间在四小时以上，或者非法拘禁他人累计时间在十二小时以上的，应以非法拘禁罪定罪处罚。

五、依法打击非法放贷讨债的犯罪活动

19. 在民间借贷活动中，如有擅自设立金融机构、非法吸收公众存款、骗取贷款、套取金融机构资金发放高利贷以及为强索债务而实施故意杀人、故意伤害、非法拘禁、故意毁坏财物等行为的，应当按照具体犯罪侦查、起诉、审判。依法符合数罪并罚条件的，应当并罚。

20. 对于以非法占有为目的，假借民间借贷之名，通过"虚增债务""签订虚假借款协议""制造资金走账流水""肆意认定违约""转单平账""虚假诉讼"等手段非法占有他人财产，或者使用暴力、威胁手段强立债权、强行索债的，应当根据案件具体事实，以诈骗、强迫交易、敲诈勒索、抢劫、虚假诉讼等罪名侦查、起诉、审判。对于非法占有的被害人实际所得借款以外的虚高"债务"和以"保证金""中介费""服务费"等各种名目扣除或收取的额外费用，均应计入违法所得。对于名义上为被害人所得、但在案证据能够证明实际上却为犯罪嫌疑人、被告人实施后续犯罪所使用的"借款"，应予以没收。

21. 对采用讨债公司、"地下执法队"等各种形式有组织地进行上述活动，符合黑社会性质组织、犯罪集团认定标准的，应当按照组织、领导、参加黑社会性质组织罪或者犯罪集团侦查、起诉、审判。

六、依法严惩"保护伞"

22.《刑法》第二百九十四条第三款中规定的"包庇"行为，不要求相关国家机关工作人员利用职务便利。利用职务便利包庇黑社会性质组织的，酌情从重处罚。包庇、纵容黑社会性质组织，事先有通谋的，以具体犯罪的共犯论处。

23. 公安机关、人民检察院、人民法院对办理黑恶势力犯罪案件中发现的涉嫌包庇、纵容黑社会性质组织犯罪、收受贿赂、渎职侵权等违法违纪线索，应当及时移送有关主管部门和其他相关部门，坚决依法严惩充当黑恶势力"保护伞"的职务犯罪。

24. 依法严惩农村"两委"等人员在涉农惠农补贴申领与发放、农村基础设施建设、征地拆迁补偿、救灾扶贫优抚、生态环境保护等过程中，利用职权恃强凌弱、吃拿卡要、侵吞挪用国家专项资金的犯罪，以及放纵、包庇"村霸"和宗族恶势力，致使其坐大成患；或者收受贿赂、徇私舞弊，为"村霸"和宗族恶势力充当"保护伞"的犯罪。

25. 公安机关在侦办黑恶势力犯罪案件中，应当注意及时深挖其背后的腐败问题，对于涉嫌特别重大贿赂犯罪案件的犯罪嫌疑人，及时会同有关机关，执行《刑事诉讼法》第三十七条的相关规定，辩护律师在侦查期间会见在押犯罪嫌疑人的，应当经相关侦查机关许可。

七、依法处置涉案财产

26. 公安机关、人民检察院、人民法院根据黑社会性质组织犯罪案件的诉讼需要，应当依法查询、查封、扣押、冻结全部涉案财产。公安机关侦查期间，要会同工商、税务、国土、住建、审计、人民银行等部门全面调查涉黑组织及其成员的财产状况。

对于不宜查封、扣押、冻结的经营性资产，可以申请当地政府指定有关部门或者委托有关机构代管或者托管。

对黑社会性质组织及其成员聚敛的财产及其孳息、收益的数额，办案单位可以委托专门机构评估；确实无法准确计算的，可以根据有关法律规定及查明的事实、证据合理估算。

27. 对于依法查封、冻结、扣押的黑社会性质组织涉案财产，应当全面收集、审查证明其来源、性质、用途、权属及价值大小的有关证据。符合下列情形之一的，应当依法追缴、没收：

（1）组织及其成员通过违法犯罪活动或其他不正当手段聚敛的财产及其孳息、收益；

（2）组织成员通过个人实施违法犯罪活动聚敛的财产及其孳息、收益；

（3）其他单位、组织、个人为支持该组织活动资助或主动提供的财产；

（4）通过合法的生产、经营活动获取的财产或者组织成员个人、家庭合法资产中，实际用于支持该组织活动的部分；

（5）组织成员非法持有的违禁品以及供犯罪所用的本人财物；

（6）其他单位、组织、个人利用黑社会性质组织及其成员的违法犯罪活动获取的财产及其孳息、收益；

（7）其他应当追缴、没收的财产。

28. 违法所得已用于清偿债务或者转让给他人，具有下列情形之一的，应当依法追缴：

（1）对方明知是通过违法犯罪活动或者其他不正当手段聚敛的财产及其孳息、收益的；

（2）对方无偿或者以明显低于市场价格取得的；

（3）对方是因非法债务或者违法犯罪活动而取得的；

（4）通过其他方式恶意取得的。

29. 依法应当追缴、没收的财产无法找到、被他人善意取得、价值灭失或者与其他合法财产混合且不可分割的，可以追缴、没收其他等值财产。

30. 黑社会性质组织犯罪嫌疑人、被告人逃匿，在通缉一年后不能到案，或者犯罪嫌疑人、被告人死亡的，应当依照法定程序没收其违法所得。

31. 对于依法查封、扣押、冻结的涉案财产，有证据证明确属被害人合法财产，或者确与黑社会性质组织及其违法犯罪活动无关的应予以返还。

八、其他

……（具体内容略）

35. 公安机关、人民检察院、人民法院办理黑社会性质组织犯罪案件，应当按照《刑事诉讼法》《关于办理黑社会性质组织犯罪案件若干问题的规定》《公安机关办理刑事案件证人保护工作规定》的有关规定，对证人、报案人、控告人、举报人、鉴定人、被害人采取保护措施。

犯罪嫌疑人、被告人，积极配合侦查、起诉、审判工作，在查明黑社会性质组织的组织结构和组织者、领导者的地位作用，组织实施的重大犯罪事实，追缴、没收赃款赃物，打击“保护伞”等方面提供重要线索和证据，经查证属实的，可以根据案件具体情况，依法从轻、减轻或者免除处罚，并对其参照证人保护的有关规定采取保护措施。前述规定，对于确属组织者、领导者的犯罪嫌疑人、被告人应当严格掌握。

对于确有重大立功或者对于认定重大犯罪事实或追缴、没收涉黑财产具有重要作用的组织成员，确有必要通过分案审理予以保护的，公安机关可以与人民检察院、人民法院在充分沟通的基础上作出另案处理的决定。

对于办理黑社会性质组织犯罪案件的政法干警及其近亲属，需要采取保护措施的，可以参照《刑事诉讼法》等关于证人保护的有关规定，采取禁止特定的人员接触、对人身和住宅予以专门性保护等必要的措施，以确保办理案件的司法工作人员及其近亲属的人身安全。

36. 本意见颁布实施后，最高人民法院、最高人民检察院、公安部、司法部联合发布或者单独制定的其他相关规范性文件，内容如与本意见中有关规定不一致的，应当按照本意见执行。

最高人民法院　最高人民检察院　公安部　司法部 关于办理恶势力刑事案件若干问题的意见

（2019年2月28日公布　自2019年4月9日起施行　法发〔2019〕10号）

为认真贯彻落实中央开展扫黑除恶专项斗争的部署要求，正确理解和适用最高人民法院、最高人民检察院、公安部、司法部《关于办理黑恶势力犯罪案件若干问题的指导意见》（法发〔2018〕1号，以下简称《指导意见》），根据刑法、刑事诉讼法及有关司法解释、规范性文件的规定，现对办理恶势力刑事案件若干问题提出如下意见：

一、办理恶势力刑事案件的总体要求

1. 人民法院、人民检察院、公安机关和司法行政机关要深刻认识恶势力违法犯罪的严重社会危害，毫不动摇地坚持依法严惩方针，在侦查、起诉、审判、执行各阶段，运用多种法律手段全面体现依法从严惩处精神，有力震慑恶势力违法犯罪分子，有效打击和预防恶势力违法犯罪。

2. 人民法院、人民检察院、公安机关和司法行政机关要严格坚持依法办案，确保在案件事实清楚，证据确实、充分的基础上，准确认定恶势力和恶势力犯罪集团，坚决防止人为拔高或者降低认定标准。要坚持贯彻落实宽严相济刑事政策，根据犯罪嫌疑人、被告人的主观恶性、人身危险性、在恶势力、恶势力犯罪集团中的地位、作用以及在具体犯罪中的罪责，切实做到宽严有据，罚当其罪，实现政治效果、法律效果和社会效果的统一。

3. 人民法院、人民检察院、公安机关和司法行政机关要充分发挥各自职能，分工负责，互相配合，互相制约，坚持以审判为中心的刑事诉讼制度改革要求，严格执行"三项规程"，不断强化程序意识和证据意识，有效加强法律监督，确保严格执法、公正司法，充分保障当事人、诉讼参与人的各项诉讼权利。

二、恶势力、恶势力犯罪集团的认定标准

4. 恶势力，是指经常纠集在一起，以暴力、威胁或者其他手段，在一定区域或者行业内多次实施违法犯罪活动，为非作恶，欺压百姓，扰乱经济、社会生活秩序，造成较为恶劣的社会影响，但尚未形成黑社会性质组织的违法犯罪组织。

5. 单纯为牟取不法经济利益而实施的"黄、赌、毒、盗、抢、骗"等违法犯罪活动，不具有为非作恶、欺压百姓特征的，或者因本人及近亲属的婚恋纠纷、家庭纠纷、邻里纠纷、劳动纠纷、合法债务纠纷而引发以及其他确属事出有因的违法犯罪活动，不应作为恶势力案件处理。

6. 恶势力一般为3人以上，纠集者相对固定。纠集者，是指在恶势力实施的违法犯罪活动中起组织、策划、指挥作用的违法犯罪分子。成员较为固定且符合恶势力其他认定条件，但多次实施违法犯罪活动是由不同的成员组织、策划、指挥，也可以认定为恶势力，有前述行为的成员均可以认定为纠集者。

恶势力的其他成员，是指知道或应当知道与他人经常纠集在一起是为了共同实施违法犯罪，仍按照纠集者的组织、策划、指挥参与违法犯罪活动的违法犯罪分子，包括已有充分证据证明但尚未归案的人员，以及因法定情形不予追究法律责任，或者因参与实施恶势力违法犯罪活动已受到行政或刑事处罚的人员。仅因临时雇佣或被雇佣、利用或被利用以及受蒙蔽参与少量恶势力违法犯罪活动的,一般不应认定为恶势力成员。

7.“经常纠集在一起,以暴力、威胁或者其他手段,在一定区域或者行业内多次实施违法犯罪活动”,是指犯罪嫌疑人、被告人于2年之内,以暴力、威胁或者其他手段,在一定区域或者行业内多次实施违法犯罪活动,且包括纠集者在内,至少应有2名相同的成员多次参与实施违法犯罪活动。对于“纠集在一起”时间明显较短,实施违法犯罪活动刚刚达到“多次”标准,且尚不足以造成较为恶劣影响的,一般不应认定为恶势力。

8.恶势力实施的违法犯罪活动,主要为强迫交易、故意伤害、非法拘禁、敲诈勒索、故意毁坏财物、聚众斗殴、寻衅滋事,但也包括具有为非作恶、欺压百姓特征,主要以暴力、威胁为手段的其他违法犯罪活动。

恶势力还可能伴随实施开设赌场、组织卖淫、强迫卖淫、贩卖毒品、运输毒品、制造毒品、抢劫、抢夺、聚众扰乱社会秩序、聚众扰乱公共场所秩序、交通秩序以及聚众“打砸抢”等违法犯罪活动,但仅有前述伴随实施的违法犯罪活动,且不能认定具有为非作恶、欺压百姓特征的,一般不应认定为恶势力。

9.办理恶势力刑事案件,“多次实施违法犯罪活动”至少应包括1次犯罪活动。对于反复实施强迫交易、非法拘禁、敲诈勒索、寻衅滋事等单一性质的违法行为,单次情节、数额尚不构成犯罪,但按照刑法或者有关司法解释、规范性文件的规定累加后应作为犯罪处理的,在认定是否属于“多次实施违法犯罪活动”时,可将已用于累加的违法行为计为1次犯罪活动,其他违法行为单独计算违法活动的次数。

已被处理或者已作为民间纠纷调处,后经查证确属恶势力违法犯罪活动的,均可以作为认定恶势力的事实依据,但不符合法定情形的,不得重新追究法律责任。

10.认定“扰乱经济、社会生活秩序,造成较为恶劣的社会影响”,应当结合侵害对象及其数量、违法犯罪次数、手段、规模、人身损害后果、经济损失数额、违法所得数额、引起社会秩序混乱的程度以及对人民群众安全感的影响程度等因素综合把握。

11.恶势力犯罪集团,是指符合恶势力全部认定条件,同时又符合犯罪集团法定条件的犯罪组织。

恶势力犯罪集团的首要分子,是指在恶势力犯罪集团中起组织、策划、指挥作用的犯罪分子。恶势力犯罪集团的其他成员,是指知道或者应当知道是为共同实施犯罪而组成的较为固定的犯罪组织,仍接受首要分子领导、管理、指挥,并参与该组织犯罪活动的犯罪分子。

恶势力犯罪集团应当有组织地实施多次犯罪活动,同时还可能伴随实施违法活动。恶势力犯罪集团所实施的违法犯罪活动,参照《指导意见》第十条第二款的规定认定。

12.全部成员或者首要分子、纠集者以及其他重要成员均为未成年人、老年人、残疾人的,认定恶势力、恶势力犯罪集团时应当特别慎重。

三、正确运用宽严相济刑事政策的有关要求

13.对于恶势力的纠集者、恶势力犯罪集团的首要分子、重要成员以及恶势力、恶势力犯罪集团共同犯罪中罪责严重的主犯,要正确运用法律规定加大惩处力度,对依法应当判处重刑或死刑的,坚决判处重刑或死刑。同时要严格掌握取保候审,严格掌握不起诉,严格掌握缓刑、减刑、假释,严格掌握保外就医适用条件,充分利用资格刑、财产刑等法律手段全方位从严惩处。对于符合刑法第三十七条之一规定的,可以依法禁止其从事相关职业。

对于恶势力、恶势力犯罪集团的其他成员,在共同犯罪中罪责相对较小、人身危险性、主观恶性相对不大的,具有自首、立功、坦白、初犯等法定或酌定从宽处罚情节,可以依法从轻、减轻或免除处罚。认罪认罚或者仅参与实施少量的犯罪活动且只起次要、辅助作用,符合缓刑条件的,可以适用缓刑。

14. 恶势力犯罪集团的首要分子检举揭发与该犯罪集团及其违法犯罪活动有关联的其他犯罪线索,如果在认定立功的问题上存在事实、证据或法律适用方面的争议,应当严格把握。依法应认定为立功或者重大立功的,在决定是否从宽处罚、如何从宽处罚时,应当根据罪责刑相一致原则从严掌握。可能导致全案量刑明显失衡的,不予从宽处罚。

恶势力犯罪集团的其他成员如果能够配合司法机关查办案件,有提供线索、帮助收集证据或者其他协助行为,并在侦破恶势力犯罪集团案件、查处"保护伞"等方面起到较大作用的,即使依法不能认定立功,一般也应酌情对其从轻处罚。

15. 犯罪嫌疑人、被告人同时具有法定、酌定从严和法定、酌定从宽处罚情节的,量刑时要根据所犯具体罪行的严重程度,结合被告人在恶势力、恶势力犯罪集团中的地位、作用、主观恶性、人身危险性等因素整体把握。对于恶势力的纠集者、恶势力犯罪集团的首要分子、重要成员,量刑时要体现总体从严。对于在共同犯罪中罪责相对较小、人身危险性、主观恶性相对不大,且能够真诚认罪悔罪的其他成员,量刑时要体现总体从宽。

16. 恶势力刑事案件的犯罪嫌疑人、被告人自愿如实供述自己的罪行,承认指控的犯罪事实,愿意接受处罚的,可以依法从宽处理,并适用认罪认罚从宽制度。对于犯罪性质恶劣、犯罪手段残忍、社会危害严重的犯罪嫌疑人、被告人,虽然认罪认罚,但不足以从轻处罚的,不适用该制度。

四、办理恶势力刑事案件的其他问题

17. 人民法院、人民检察院、公安机关经审查认为案件符合恶势力认定标准的,应当在起诉意见书、起诉书、判决书、裁定书等法律文书中的案件事实部分明确表述,列明恶势力的纠集者、其他成员、违法犯罪事实以及据以认定的证据;符合恶势力犯罪集团认定标准的,应当在上述法律文书中明确定性,列明首要分子、其他成员、违法犯罪事实以及据以认定的证据,并引用刑法总则关于犯罪集团的相关规定。被告人及其辩护人对恶势力定性提出辩解和辩护意见,人民法院可以在裁判文书中予以评析回应。

恶势力刑事案件的起诉意见书、起诉书、判决书、裁定书等法律文书,可以在案件事实部分先概述恶势力、恶势力犯罪集团的概括事实,再分述具体的恶势力违法犯罪事实。

18. 对于公安机关未在起诉意见书中明确认定,人民检察院在审查起诉期间发现构成恶势力或者恶势力犯罪集团,且相关违法犯罪事实已经查清,证据确实、充分,依法应追究刑事责任的,应当作出起诉决定,根据查明的事实向人民法院提起公诉,并在起诉书中明确认定为恶势力或者恶势力犯罪集团。人民检察院认为恶势力相关违法犯罪事实不清、证据不足,或者存在遗漏恶势力违法犯罪事实、遗漏同案犯罪嫌疑人等情形需要补充侦查的,应当提出具体的书面意见,连同案卷材料一并退回公安机关补充侦查;人民检察院也可以自行侦查,必要时可以要求公安机关提供协助。

对于人民检察院未在起诉书中明确认定,人民法院在审判期间发现构成恶势力或恶势力犯罪集团的,可以建议人民检察院补充或者变更起诉;人民检察院不同意或者在七日内未回复意见的,人民法院不应主动认定,可仅就起诉指控的犯罪事实依照相关规定作出判决、裁定。

审理被告人或者被告人的法定代理人、辩护人、近亲属上诉的案件时,一审判决认定黑社会性质组织有误的,二审法院应当纠正,符合恶势力、恶势力犯罪集团认定标准,应当作出相应认定;一审判决认定恶势力或恶势力犯罪集团有误的,应当纠正,但不得升格认定;一审判决未认定恶势力或恶势力犯罪集团的,不得增加认定。

19. 公安机关、人民检察院、人民法院应当分别以起诉意见书、起诉书、裁判文书所明确的恶势力、恶势力犯罪集团，作为相关数据的统计依据。

20. 本意见自2019年4月9日起施行。

《关于办理恶势力刑事案件若干问题的意见》的理解与适用

□朱和庆　周　川　李梦龙

为认真贯彻落实中央开展扫黑除恶专项斗争的部署要求，依法严惩恶势力违法犯罪，在全国扫黑办的统筹协调下，最高人民法院会同最高人民检察院、公安部、司法部联合制定印发了《关于办理恶势力刑事案件若干问题的意见》(法发〔2019〕10号，以下简称《意见》)，自2019年4月9日起施行。为便于司法实践中准确理解和正确适用，现对《意见》的制定背景、制定过程中的总体考虑和重点内容予以简要介绍和说明。

一、《意见》的制定背景

在全国开展扫黑除恶专项斗争，是以习近平同志为核心的党中央站在中国特色社会主义进入新时代、“两个一百年”奋斗目标进入历史交汇期的战略高度作出的一项重大决策部署。为依法、准确、有力惩处黑恶势力犯罪，最高人民法院、最高人民检察院、公安部、司法部于2018年1月出台了《关于办理黑恶势力犯罪案件若干问题的指导意见》(法发〔2018〕1号，以下简称《指导意见》)，对于指导办理黑恶势力犯罪案件发挥了重要作用。随着专项斗争全面深入推进，新情况、新问题不断出现，在办理恶势力刑事案件方面，一些《指导意见》未作规定或者有关规定尚需进一步细化、完善的问题，越发困扰执法办案一线。

2018年10月，中央政法委召开全国扫黑除恶专项斗争推进会，对深入推进扫黑除恶专项斗争作出全面部署，明确提出要进一步统一执法办案思想，在提高法治化水平上实现新突破。根据全国扫黑办的部署安排，最高人民法院第一时间成立了专题调研小组，经过充分调研，在深入总结实践经验和突出问题的基础上研究起草了《意见》稿，并广泛征求和听取意见，经多次修改和完善后形成《意见》。《意见》经最高人民法院、最高人民检察院、公安部、司法部会签，于2019年4月9日向社会发布并施行。

二、制定《意见》的总体考虑

第一，满足实践需要，解决突出问题。由于恶势力不是一个法定概念，导致有的地方公检法机关对于恶势力的认识分歧较大、执法尺度把握不一，一定程度上影响了打击效果。为此，《意见》研究起草牢固坚持问题导向，力求通过进一步明晰法律、政策适用，回应司法实践中依法严惩恶势力、恶势力犯罪集团的迫切需要。从前期调研情况来看，各地政法机关反映的问题基本都集中在恶势力违法犯罪认定、宽严相济刑事政策把握和恶势力刑事案件的办理程序三个方面。基于这一情况，《意见》在设计总体框架时，即明确将前述三个方面问题作为规制重点，在《意见》的第二部分、第三部分、第四部分分别作出详细规定，以期有效指导司法实践，解决办理恶势力刑事案件中的突出问题。

第二，坚持依法办案，体现从严惩处。在研究起草《意见》时，我们坚持充分运用法治思维和法治方式，确保将依法严惩的要求落到实处。首先，《意见》有关内容和办案要求均严格依照《刑法》、刑事诉讼法及有关司法解释、规范性文件的规定，强调要在案件事实清楚，证据确实、充分的基础上，准确认定恶势力和恶势力犯罪集团，坚决防止人为拔高或者降低认定标准，确保严守法律底线，保障政法机关依法办案。其次，《意见》明确要毫不动摇地坚持依法严惩方针，强调要在侦查、起诉、审判、执行各阶段体现全程从严，要运用多种法律手段体现全面从严。同时，还强调要坚持贯彻落实宽严相济刑事政策，切实做到宽严有据，罚当其罪，防止将依法从严理解为片面从严。最后，《意见》明确要坚持“分工负责，互相配合，互相制约”等刑事诉讼基本原则，坚持以审判为中心的刑事诉讼制度改革要求，不断强化程序意识和证据意识。其中，《意见》强调严格执行“三项规程”，就是要突出“三项规程”在办理恶势力刑事案件中对于规范办案程序的重要意义，提示办案人员要“规行矩步”“照章办事”，推动侦查机关、公诉机关按照证据裁判的要求和标准收集、固定、审查、运用证据，审判机关充分发挥庭前会议程序作用、规范有序组织庭审，确保将每一起恶势力刑事案件都办成经得起法律和历史检验的铁案。

第三，继承既有成果，指导长远实践。《指导意见》对恶势力作出的相关规定，是对以往司法经验的深刻总结，对于依法办理恶势力刑事案件具有重要影响。《意见》的定位不是对《指导意见》作出变更、修改，而是在继受、吸收《指导意见》既有规定的基础上进行进一步细化、补充、完善，力争在满足当前扫黑除恶专项斗争需要的同时，能够在今后较长一个时期内指导司法实践，并逐步建立起办理恶势力刑事案件的规范体系。

三、对于《意见》重点内容的解读

（一）关于恶势力、恶势力犯罪集团的认定标准

1. 关于“为非作恶，欺压百姓”特征，以及恶势力与普通违法犯罪团伙的区别

《意见》第四条沿用了《指导意见》对恶势力的定义，其中“尚未形成黑社会性质组织的违法犯罪组织”这一表述，既明确了恶势力与黑社会性质组织间的内在联系，也厘清了恶势力与普通违法犯罪团伙的关系。作为一种共同违法犯罪的特殊形式，恶势力在组织形式、行为方式、危害后果等方面与黑社会性质组织均有一定的相似之处，虽尚未达到黑社会性质组织的严重程度，但已经初具雏形，如果不加以限制和打击，就有可能发展成为黑社会性质组织。扫黑除恶专项斗争之所以明确提出“扫黑”与“除恶”并重，正是因为准确洞察“黑”与“恶”的内在联系，故而要以“打早打小”的惩治策略来实现“斩草除根”的惩治效果。基于同样的理由，恶势力的定义与黑社会性质组织的认定标准也具有明显的相似性和对应性。比如，二者都要求“以暴力、威胁或者其他手段，多次实施违法犯罪活动”；又如，恶势力定义中的“为非作恶，欺压百姓”，与黑社会性质组织行为特征中的“为非作恶，欺压、残害群众”相对应，“造成较为恶劣的社会影响”与黑社会性质组织危害性特征中的“形成非法控制或者重大影响”相对应。因此，在认定恶势力时，要深刻理解和准确把握“黑”与“恶”的关系以及恶势力与普通违法犯罪团伙的区别，避免认定扩大化、随意化，确保“打准打实”的原则落到实处。

（1）办案时要认真审查违法犯罪活动是否带有“为非作恶，欺压百姓”特征。黑社会性质组织的危害性特征中有“称霸一方”的要求，这实际上不仅勾勒出黑社会性质组织形成的不法状态，同时也反映了黑社会性质组织的总体违法犯罪意图，从而可以清晰地划定黑社会性质组织与恐怖组织、邪教组织等其他犯罪组织的楚河汉界。恶势力的定义中未包含类似的主观方面要求，主要是考虑恶势力尚处于相对松散的低端形态，不宜完全参照黑社会性质组织的认定标准。但是，“恶”与“黑”的演进关系和内在联系，决定了恶势力实施违法犯罪活动一般都会不同程度地带有“形成非法影响、谋求强势地位”的意图，并会通过不断累积的非法影响、日益巩固的强势地位攫取不法利益，壮大自身实力，最终形成对一定区域或者行业的非法控制，完成恶势力向黑社会性质组织的蜕变。在司法实践中，违法犯罪意图往往较为抽象和复杂，不易判断和把握，这就需要根据犯罪嫌疑人、被告人的客观行为，特别是违法犯罪活动的动机、起因、手段等情节来认定。就恶势力“形成非法影响、谋求强势地位”的意图而言，其表征于外的便是实施违法犯罪活动必然带

有“为非作恶，欺压百姓”的特征。因此，“为非作恶，欺压百姓”这一特征便成了区分恶势力和普通共同犯罪团伙的关键标志。所谓“为非作恶，欺压百姓”，从字面上来理解，是指做坏事、施恶行，欺负、压迫群众，办案时要注意全面、准确地把握其含义。首先，“为非作恶”，不仅是指行为性质具有不法性，同时也要求行为的动机、目的、起因带有不法性，因婚恋纠纷、家庭纠纷、邻里纠纷、劳动纠纷、合法债务纠纷而引发以及其他确属事出有因的违法犯罪活动，就不宜归入“为非作恶”之列。其次，“欺压百姓”，要求“为非作恶”的方式、手段带有欺凌、强制、压迫的性质，也就是要利用物理强制或心理强制手段侵害群众权益。因此，暴力、威胁应是恶势力较常采用的违法犯罪活动手段。此处需要说明的是，实践中经常会有这样的案件：恶势力之间互相争斗，违法犯罪活动未伤及无辜群众，是否属于“欺压百姓”？我们认为，“欺压百姓”既包括直接以普通群众为对象实施违法犯罪活动的情形，也包括因逞强争霸、好勇斗狠、树立恶名、抢夺地盘等不法动机实施违法犯罪活动，直接或间接破坏人民群众安全感的情形。这是因为，恶势力处于不断发展过程中，违法犯罪活动对象并不特定，即便在个案中未直接侵害普通群众权益，但其发展壮大后必然会对人民群众的人身权利、财产权利、民主权利形成威胁或造成损害，故对“欺压百姓”不应作狭义理解。

（2）办案时要准确区分恶势力与普通违法犯罪团伙。恶势力与普通违法犯罪团伙都具有一定的组织性、稳定性，但二者在有无“为非作恶，欺压百姓”特征、有无“造成较为恶劣的社会影响”等方面存在区别。在具体案件中，可以从以下方面分解细化：

一是违法犯罪手段具有特定性。如前所述，“欺压百姓”的特定含义，决定了恶势力实施违法犯罪活动应当以暴力、威胁为主要手段。而普通违法犯罪团伙则没有这方面要求，犯罪手段要根据其具体实施的犯罪行为而定。

二是行为方式具有公开性。恶势力实施违法犯罪活动一般都会不同程度地带有“形成非法影响、谋求强势地位”的意图，而且客观上要求“在一定区域或者行业内，造成较为恶劣的社会影响”，因此，其实施违法犯罪活动必然具有一定的公开性，也就是通常所说的“横行乡里，肆无忌惮”。而普通共同违法犯罪通常采用较为隐蔽的方式实施，在实现犯罪目的后就设法隐匿踪迹、毁灭痕迹，不会有意制造或者放任形成不法影响。

三是危害后果具有多重性。恶势力因为意图“形成非法影响、谋求强势地位”，其违法犯罪活动带来的危害往往具有复合性，在侵犯公民人身、财产权利的同时，还会破坏市场经济秩序或者社会管理秩序。而普通违法犯罪团伙一般是出于某种特定的违法犯罪目的而聚集，造成的危害后果通常具有单一性。因此，《意见》第五条作出排除性规定，将“单纯为牟取不法经济利益而实施的‘黄、赌、毒、盗、抢、骗’等违法犯罪活动，不具有为非作恶、欺压百姓特征的”排除在恶势力案件之外。同时，在《意见》其他条款中也有类似提示，认定恶势力、恶势力犯罪集团时，应杜绝只看“人数”、“行为次数”和“罪名”的错误倾向。

2. 关于恶势力的成员人数及各类成员的认定、区分

《意见》第六条吸收了《指导意见》中“恶势力一般为 3 人以上，纠集者相对固定”的规定，并明确了恶势力纠集者、其他成员的认定和区分。关于恶势力的成员人数，有一种观点认为，由于《指导意见》规定恶势力是“一般”而非“应当”为 3 人以上，因此，对于 2 人共同实施，甚至 1 人单独实施多次违法犯罪活动，造成较为恶劣社会影响的，也完全可以认定为“2 人恶势力”甚至“1 人恶势力”。我们认为，这种观点并不准确，在绝大多数案件中应当将恶势力的成员人数把握在 3 人以上。主要理由是，恶势力是一类违法犯罪组织，作为共同违法犯罪的特殊形式，不论是从《刑法》相关规定还是从文义解释来看，其人数下限原则上都应高于一般的共同违法犯罪，只有在“为

非作恶,欺压百姓"特征十分明显、危害后果特别严重的极个别情况下,才可以考虑认定"2人恶势力"。至于"1人恶势力",则明显不符合违法犯罪组织的基本构成条件,应当坚决排除在外。

关于恶势力的纠集者,《指导意见》规定"纠集者相对固定"却没有明确纠集者的概念,使实践中各地、政法各单位对恶势力的纠集者理解、把握有不同程度差异。为此,《意见》明确"纠集者,是指在恶势力实施的违法犯罪活动中起组织、策划、指挥作用的违法犯罪分子"。需要说明,由于恶势力属于相对松散的违法犯罪组织,故其纠集者所起的组织、策划、指挥作用主要体现在恶势力实施的具体违法犯罪活动中,不必然及于整个违法犯罪组织的运行、活动。此外,有意见提出,实践中常有多名较为固定的违法犯罪分子相互纠集,除多次实施违法犯罪活动是由不同的人员组织、策划、指挥外,均符合恶势力其他认定条件,建议将此类情况也认定为恶势力。我们经研究认为,在前述情况下,多名违法犯罪分子通常关系较为紧密、地位基本相当,在多次违法犯罪活动中起组织、策划、指挥作用的具体人员虽有不同,但也是视情况在特定几人中产生,因而符合"恶势力纠集者相对固定"这一规定的本质要求。故《意见》采纳了这一观点,并且明确有组织、策划、指挥具体违法犯罪活动行为的成员均可以认定为纠集者。

关于恶势力的其他成员,《意见》坚持了主客观相一致原则,要求行为人需要在主观认识上"知道或者应当知道与他人经常纠集在一起是为了共同实施违法犯罪",在主观意志上要有加入恶势力的意愿,即"仍按照纠集者的组织、策划、指挥",在客观行为上"参与违法犯罪活动",方可认定为恶势力成员。对于那些主观上并无加入恶势力意愿,仅因临时雇佣或被雇佣、利用或被利用以及受蒙蔽参与少量恶势力违法犯罪活动的人员,一般不应认定为恶势力成员。从实践情况来看,行为人有无参与恶势力实施的违法犯罪活动一般能够通过充分的证据直观反映,而行为人的主观认知与态度则要结合其参与违法犯罪活动时的具体行为、所起作用、与其他恶势力成员间的关系等事实予以认定。在办理案件时,应当结合《意见》规定注意把握以下两点:一是行为人在知晓与他人经常纠集在一起是为了共同实施违法犯罪的情况下,依然按照纠集者组织、策划、指挥行事,通常会具体表现为与其他成员平时联系较紧密、对所参与实施的违法犯罪活动的动机、起因、对象比较了解且行为积极、作用明显等;二是在适用恶势力成员的排除性规定时,要注意把握参与违法犯罪活动的"临时""少量"。对于表面虽有雇佣或被雇佣、利用或被利用关系,但是长时间或者多次参与恶势力违法犯罪活动的,应当视为行为人已具有加入恶势力的意愿,避免违法犯罪分子利用规定逃避打击。

3. 关于"经常纠集在一起"的把握

根据《指导意见》规定,认定恶势力要求犯罪嫌疑人、被告人经常纠集在一起,并且多次实施违法犯罪活动。但对于"经常纠集在一起"应当如何理解、把握,《指导意见》并未明确。我们认为,认定"经常纠集在一起",要审查犯罪嫌疑人、被告人日常联系是否紧密,但更主要的是看有无在一定时期内共同"多次实施违法犯罪活动",前者很大程度上需要通过后者的时间跨度和参与人员稳定性来反映和证明。

(1)关于多次实施违法犯罪活动的时间跨度

"经常纠集在一起",实际上反映了对违法犯罪组织持续性的要求,而这种持续性主要是靠一定时期内违法犯罪活动的反复实施来体现。一方面,"多次实施违法犯罪活动"需要达到一定的频密度,不能相隔过久;另一方面,也要求违法犯罪活动不能过于集中。换言之,就是"纠集在一起"的时间不能过于短暂。因此,有必要对"多次实施违法犯罪活动"的时间跨度加以适当限定。例如,甲、乙、丙三人曾经共同实施过两起寻衅滋事违法活动,之后很长一段时间里没有惹是生非,直至六七年后又共同实施了一起故意伤害犯罪,在形式上虽然符合"多人""多次"标准,但由于违法活动和犯罪活动的时间间隔过长，实际上已经难以认定甲、乙、丙三人"经常纠集在一起"，不应以恶势力来评价。又如，甲、乙、丙三人在短短数天内连续共同实施三起违法犯罪活动，但除此之外再无其他违法犯罪事实，尽管在形式上同样也已符合"多人""多次"标准，但由于"纠集在一起"的时间明显较短，故不足以作为违法犯罪组织来评价。当然这种情形并不绝对，如果时间虽短，但违法犯罪活动远超"多次"标准，且已造成较为恶劣的社会影响，同时符合其他认定条件的，也可以认定为恶势力。

(2)关于成员的稳定性

恶势力作为一类违法犯罪组织，其成员需要有一定的稳定性，如果每次参与实施违法犯罪活动的人员都变化不定，那么也很难认定其已形成"组织"。因此，本次出台的《意见》规定"包括纠集者在内，至少应有 2 名相同的成员多次参与实施违法犯罪活动"，办案时要特别注意这一点，不能不区分情况，简单地将若干不同人员实施违法犯罪活动叠加，打包后作为恶势力刑事案件来处理。

4. 关于恶势力主要实施和伴随实施的违法犯罪活动

恶势力主要实施的违法犯罪活动，是指恶势力惯常实施且能够较明显地反映恶势力"为非作恶，欺压百姓"特征的违法犯罪活动。《指导意见》提示性地列举了强迫交易、故意伤害、非法拘禁、敲诈勒索、故意毁坏财物、聚众斗殴、寻衅滋事，并在之后加了一个"等"字。实践中有观点认为，犯罪嫌疑人、被告人只要多次共同实施上述七类中的一种或数种违法犯罪活动，就可以认定为恶势力。对此，前文已作分析，不能简单地以罪名来认定恶势力，办案时还要根据案件的动机、起因、对象、危害后果等综合判断。此外，实践中对于"等"字也有不同理解，《意见》第八条第一款针对该问题作出回应。

与"主要实施"相对应，开设赌场、组织卖淫、强迫卖淫、贩卖毒品、运输毒品、制造毒品、抢劫、抢夺、聚众扰乱社会秩序、聚众扰乱公共场所秩序、交通秩序以及聚众"打、砸、抢"等，是恶势力案件中伴随实施的违法犯罪活动。之所以称为"伴随实施"，是因为这些违法犯罪活动在恶势力案件中虽然也很常见，但有的缺少公开性，有的没有具体被害人，有的危害后果仅限于侵害财产权，还有的往往事出有因，故在通常情况下，仅有这些违法犯罪活动还不足以体现恶势力"为非作恶，欺压百姓"的特征。因此，如果犯罪嫌疑人、被告人仅仅是共同实施了以上一种或数种违法犯罪活动，一般不应认定为恶势力。但这也并不绝对，诸如聚众"打、砸、抢"等违法犯罪活动，在不少案件中也可以明显地反映出犯罪嫌疑人、被告人"为非作恶，欺压百姓"的特征，如果同时符合其他认定条件，也可认定为恶势力。基于以上理解，《意见》第八条第二款对《指导意见》中恶势力伴随实施的违法犯罪活动有关规定进行了进一步完善。

5. 关于反复实施单一性质违法行为的评价

《意见》第九条第一款规定："对于反复实施强迫交易、非法拘禁、敲诈勒索、寻衅滋事等单一性质的违法行为，单次情节、数额尚不构成犯罪，但按照刑法或者有关司法解释、规范性文件的规定累加后应作为犯罪处理的，在认定是否属于'多次实施违法犯罪活动'时，可将已用于累加的违法行为计为一次犯罪活动，其他违法行为单独计算违法活动的次数。"以上规定，主要考虑违法行为是恶势力违法犯罪活动的重要组成部分，对于认定恶势力意义重大。特别是对那些"大罪不犯，小恶不断"的团伙，如果其行为符合"为非作恶，欺压百姓"特征，且已造成较为恶劣的社会影响的，完全有必要作为恶势力打击处理。以寻衅滋事为例，假如犯罪嫌疑人、被告人共同实施了 5 次随意殴打他人的寻衅滋事违法行为，虽然只能按照一罪处理，但超出"多次随意殴打他人"入罪标准的那部分违法行为，可以单独计算违法活动的次数，也就是视为 1 次犯罪活动和 2 次违法活动，这样就符合了恶势力“多次实施违法犯罪活动”的要求，如果同时符合其他认定条件的，应当作为恶势力案件处理。如此认定，可以更加全面、准确评价相关违法犯罪活动所造成的社会危害。

6.关于恶势力危害后果的认定

《指导意见》规定，恶势力“扰乱经济、社会生活秩序，造成较为恶劣的社会影响”，但没有明确前述后果应当如何认定。我们认为，恶势力“造成较为恶劣的社会影响”并不是仅指案件的社会知晓度或者产生的轰动效应，而是与黑社会性质组织形成的非法控制或者重大影响相类似，表现为对经济、社会生活秩序干扰、破坏和影响程度。故《意见》第十条借鉴黑社会性质组织犯罪危害性特征的规定，从侵害对象及其数量、违法犯罪次数、手段、规模、人身损害后果、经济损失数额、违法所得数额、引起社会秩序混乱的程度以及对人民群众安全感的影响程度等方面提出了认定恶势力危害后果的方向性指引，供办案机关结合案情和本地区实际情况综合把握。

7.恶势力犯罪集团的有关问题

《意见》第十一条在《指导意见》有关规定的基础上对恶势力犯罪集团的定义作出了进一步明确，即符合恶势力全部认定条件，同时又符合犯罪集团法定条件的犯罪组织。可以说，恶势力是形成恶势力犯罪集团的基础，恶势力犯罪集团是恶势力的下一发展形态。与恶势力的纠集者不同，由于犯罪集团是一个法定概念，《刑法》中对犯罪集团的首要分子已有明确界定，因而《意见》对于恶势力犯罪集团首要分子的定义也宜与之保持一致。

对恶势力犯罪集团的首要分子，按照恶势力集团所犯全部罪行处罚，是用足用好《刑法》总则关于犯罪集团的规定，实现依法从严惩处的重要途径。为此，只有准确认定恶势力犯罪集团实施的违法犯罪活动，将集团与成员个人的违法犯罪区分开来，才能确保精准打击、不枉不纵。由于黑社会性质组织属于特殊的犯罪集团，因而在违法犯罪活动区分问题上与恶势力犯罪集团具有一致性，故《意见》明确直接参照《指导意见》第十条第二款的规定认定恶势力犯罪集团所实施的违法犯罪活动。

8.关于特定群体认定恶势力、恶势力犯罪集团的问题

考虑未成年人、老年人、残疾人由于心智、身体等方面的特点，在实施违法犯罪的方式和行为表现上往往与典型的恶势力、恶势力犯罪集团有所区别。故《意见》第十二条明确，全部成员或者首要分子、纠集者以及其他重要成员均为未成年人、老年人、残疾人的，认定恶势力、恶势力犯罪集团时应当特别慎重。

（二）关于正确运用宽严相济刑事政策的有关要求

1.关于运用宽严相济刑事政策的总体把握

宽严相济刑事政策是我国的基本刑事政策，贯穿于刑事立法、刑事司法和刑罚执行的全过程，在办理恶势力刑事案件过程中同样需要一以贯之。宽严相济的核心就是要根据犯罪的具体情况，实行区别对待，做到该宽则宽，当严则严，宽严相济，罚当其罪。首先，对于恶势力犯罪整体来说，由于其严重的社会危害性，与办理其他刑事案件相比，在总体上应当体现依法从严惩处方针，这是宽严相济刑事政策的内在要求。其次，对具体的恶势力刑事案件而言，要深刻认识“没有区别就没有政策”，不能将依法严惩简单理解为一律从严，而是要充分体现区分情况、区别对待的原则，根据犯罪嫌疑人、被告人的主观恶性、人身危险性、在恶势力、恶势力犯罪集团中的地位、作用以及在具体犯罪中的罪责来确定不同的刑罚，切实全面发挥刑罚功能，做到坚持宽严并举、突出惩治重点，实现政治效果、法律效果和社会效果的统一。最后，要注重综合运用多种法律手段充分体现依法从“严”、从“宽”的政策要求，这也是《意见》第十三条着重解决的问题。

2. 对恶势力犯罪集团不同类型成员立功情节的把握

根据《意见》第十四条的规定，对恶势力犯罪集团首要分子的立功情节应当从严把握、区别对待。这一规定是宽严相济刑事政策的具体体现，是对既往严格把握黑社会性质组织的组织者、领导者立功情节相关规定的借鉴和发展，进一步体现了不让犯罪分子利用优势地位得利的从严惩处精神。在研究起草过程中，有观点认为，对恶势力纠集者的立功情节也应从严把握、区别对待。我们认为，恶势力犯罪集团属于为共同实施犯罪而组成的较为固定的犯罪组织，已经达到了相当高的组织化程度，离黑社会性质组织更近一步，但恶势力还处在“纠集”层面，组织较为松散，纠集者的作用一般只体现在具体违法犯罪活动中，平时与其他成员大多没有领导、管理关系，故其没有明显的优势地位，难以与恶势力犯罪集团的首要分子相提并论，故《意见》未采纳这种观点。此外，《意见》还昭示了对于恶势力犯罪集团的其他成员通过提供线索、帮助收集证据或者其他协助行为，配合司法机关查办案件的应予积极评价，并且明确提出，在侦破恶势力犯罪集团案件、查处“保护伞”等方面起到较大作用的，即使依法不能认定立功，一般也应酌情对其从轻处罚，可以起到分化、瓦解犯罪分子，提高案件查办效率的效果。

3. 对同时具有从严、从宽处罚情节的把握

实践中，常有恶势力刑事案件的犯罪嫌疑人、被告人同时具有法定、酌定从严和法定、酌定从宽处罚情节，需要在量刑时作出总体把握。对此，《意见》在吸收《最高人民法院关于贯彻宽严相济刑事政策的若干意见》（法发〔2010〕9 号）有关规定的基础上，进一步强调对于恶势力的纠集者、恶势力犯罪集团的首要分子、重要成员，量刑时要体现总体从严；对于在共同犯罪中罪责相对较小、人身危险性、主观恶性相对不大，且能够真诚认罪悔罪的其他成员，量刑时要体现总体从宽。通过这一规定，《意见》力求实现对宽和严两种手段的综合运用，对不同的犯罪和犯罪分子作出区别对待，切实做到严中有宽、宽以济严；宽中有严、严以济宽。

4. 关于认罪认罚从宽制度的适用

2018 年 10 月 26 日，第十三届全国人大常委会第六次会议通过《关于修改〈中华人民共和国刑事诉讼法〉的决定》，将认罪认罚从宽制度改革成果以法律形式固定下来。认罪认罚从宽制度对于更好落实坦白从宽、全面贯彻宽严相济，推进繁简分流，实现公正与效率相统一都有着重要意义。但是，在办理恶势力刑事案件过程中能否适用该制度存在争议，实践中也确实存在“不敢用”的问题。我们认为，认罪认罚从宽制度是宽严相济、坦白从宽刑事政策的具体化和制度化，其制度定位决定了认罪认罚从宽制度没有特别的案件范围限制。故《意见》规定，恶势力刑事案件的犯罪嫌疑人、被告人自愿如实供述自己的罪行，承认指控的犯罪事实，愿意接受处罚的，可以依法从宽处理，并适用认罪认罚从宽制度。但是，需要注意，根据《刑事诉讼法》第十五条的规定，认罪认罚从宽绝不是“一律从宽”，而是“依法”从宽、“可以”从宽，在适用时必须坚持宽严相济刑事政策。因此，对那些犯罪性质恶劣、犯罪手段残忍、社会危害严重的犯罪嫌疑人、被告人，其认罪认罚不足以从轻处罚的，《意见》也明确对其排除适用认罪认罚从宽制度。

（三）办理恶势力刑事案件的其他问题

1. 关于恶势力刑事案件的文书表述问题

《指导意见》第十四条第二款规定：“在相关法律文书的犯罪事实认定部分，可使用‘恶势力’等表述加以描述”。这是相比以往规范性文件的一大创新之处，首次提出了恶势力的法律文书表述问题，对于办理恶势力刑事案件的制度化、规范化具有重要意义。《意见》基于一年多来扫黑除恶专项斗争的司法实践，对恶势力刑事案件法律文书的制作规范作了进一步完善，主要体现在以下两个方面：

一是《意见》第十七条将“可使用‘恶势力’等表述加以描述”的要求上升为“应当”明确表述或者定性。主要考虑,认定恶势力、恶势力犯罪集团是对犯罪嫌疑人、被告人的否定性评价,一旦认定就要在刑事诉讼各阶段对其体现整体从严,对犯罪嫌疑人、被告人的实体和程序利益影响重大。《意见》要求在法律文书中一律明确表述恶势力或者明确恶势力犯罪集团的定性,不仅体现了司法公开的基本精神,也是对当事人知情权和辩解、辩护权的进一步保障。此外,在相关法律文书中明确表述恶势力或者明确恶势力犯罪集团的定性,还有利于侦查、审查起诉、审判、执行各阶段工作的顺畅衔接,进一步提高恶势力刑事案件办理的法治化、规范化水平。

二是《意见》提出了恶势力刑事案件法律文书的制作要求和指引。《意见》明确要求认定恶势力的案件,要同时在法律文书事实部分列明恶势力的纠集者、其他成员、违法犯罪事实以及据以认定的证据;符合恶势力犯罪集团认定标准的,同时应当列明首要分子、其他成员、违法犯罪事实以及据以认定的证据,并引用《刑法》总则关于犯罪集团的相关规定。同时,《意见》还明确“被告人及其辩护人对恶势力定性提出辩解和辩护意见,人民法院可以在裁判文书中予以评析回应”,既统一了实践中的不同做法,也符合裁判说理的工作要求。

2. 关于不诉不理原则和上诉不加刑原则的适用问题

根据不诉不理原则,《意见》规定,人民检察院如果没有指控恶势力或恶势力犯罪集团的,人民法院不应主动认定,可仅就起诉指控的犯罪事实依照相关规定作出判决、裁定;还根据上诉不加刑原则规定,审理上诉案件时,一审认定黑恶势力有误,二审可以纠正,但不能增加或者升格认定,充分保障被告人的上诉权,防止上诉可能给被告人带来的不利后果。对此,在《意见》研究起草过程中曾有不同观点,认为恶势力不是独立的罪名,仅属于司法认定的事实和酌定的量刑情节,所以即便人民检察院未在起诉书中指控,人民法院在审判期间发现构成恶势力,可以主动认定;同理,一审判决在认定恶势力存在错误,该定未定的,二审法院可以通过增加认定来予以纠正。我们认为,产生这一分歧的关键在于对认定恶势力的法律意义应如何定位。根据《指导意见》和《意见》规定,认定恶势力不仅会导致量刑从重,还会产生其他不利于被告人的法律后果:一是在执行刑罚时,减刑、假释、保外就医等均会被从严掌握;二是认定恶势力后,在适用部分罪名(如敲诈勒索罪)时入罪标准会有相应降低。因此,是否认定恶势力,事实上对被告人实体、程序利益均有重大影响,应当受到不诉不理原则和上诉不加刑原则的限制,故《意见》未采纳前述观点。

(作者单位:最高人民法院)

最高人民法院　最高人民检察院　公安部　司法部
关于办理实施“软暴力”的刑事案件若干问题的意见

(2019年4月9日公布施行)

为深入贯彻落实中央关于开展扫黑除恶专项斗争的决策部署,正确理解和适用最高人民法院、最高人民检察院、公安部、司法部《关于办理黑恶势力犯罪案件若干问题的指导意见》(法发〔2018〕1号,以下简称《指导意见》)关于对依法惩处采用“软暴力”实施犯罪的规定,依法办理相关犯罪案件,根据《刑法》《刑事诉讼法》及有关司法解释、规范性文件,提出如下意见:

一、“软暴力”是指行为人为谋取不法利益或形成非法影响,对他人或者在有关场所进行滋扰、纠缠、哄闹、聚众造势等,足以使他人产生恐惧、恐慌进而形成心理强制,或者足以影响、限制人身自由、危及人身财产安全,影响正常生活、工作、生产、经营的违法犯罪手段。

二、“软暴力”违法犯罪手段通常的表现形式有:

(一)侵犯人身权利、民主权利、财产权利的手段,包括但不限于跟踪贴靠、扬言传播疾病、揭发隐私、恶意举报、诬告陷害、破坏、霸占财物等;

(二)扰乱正常生活、工作、生产、经营秩序的手段,包括但不限于非法侵入他人住宅、破坏生活设施、设置生活障碍、贴报喷字、拉挂横幅、燃放鞭炮、播放哀乐、摆放花圈、泼洒污物、断水断电、堵门阻工,以及通过驱赶从业人员、派驻人员据守等方式直接或间接地控制厂房、办公区、经营场所等;

(三)扰乱社会秩序的手段,包括但不限于摆场架势示威、聚众哄闹滋扰、拦路闹事等;

(四)其他符合本意见第一条规定的“软暴力”手段。

通过信息网络或者通讯工具实施,符合本意见第一条规定的违法犯罪手段,应当认定为“软暴力”。

三、行为人实施“软暴力”,具有下列情形之一,可以认定为足以使他人产生恐惧、恐慌进而形成心理强制或者足以影响、限制人身自由、危及人身财产安全或者影响正常生活、工作、生产、经营:

(一)黑恶势力实施的;

(二)以黑恶势力名义实施的;

(三)曾因组织、领导、参加黑社会性质组织、恶势力犯罪集团、恶势力以及因强迫交易、非法拘禁、敲诈勒索、聚众斗殴、寻衅滋事等犯罪受过刑事处罚后又实施的;

(四)携带凶器实施的;

(五)有组织地实施的或者足以使他人认为暴力、威胁具有现实可能性的;

(六)其他足以使他人产生恐惧、恐慌进而形成心理强制或者足以影响、限制人身自由、危及人身财产安全或者影响正常生活、工作、生产、经营的情形。

由多人实施的,编造或明示暴力违法犯罪经历进行恐吓的,或者以自报组织、头目名号、统一着装、显露纹身、特殊标识以及其他明示、暗示方式,足以使他人感知相关行为的有组织性的,应当认定为“以黑恶势力名义实施”。

由多人实施的,只要有部分行为人符合本条第一款第(一)项至第(四)项所列情形的,该项即成立。

虽然具体实施“软暴力”的行为人不符合本条第一款第(一)项、第(三)项所列情形,但雇佣者、指使者或者纠集者符合的,该项成立。

四、“软暴力”手段属于《刑法》第二百九十四条第五款第(三)项“黑社会性质组织行为特征”以及《指导意见》第 14 条“恶势力”概念中的“其他手段”。

五、采用“软暴力”手段,使他人产生心理恐惧或者形成心理强制,分别属于《刑法》第二百二十六条规定的“威胁”、《刑法》第二百九十三条第一款第(二)项规定的“恐吓”,同时符合其他犯罪构成要件的,应当分别以强迫交易罪、寻衅滋事罪定罪处罚。

《关于办理寻衅滋事刑事案件适用法律若干问题的解释》第二条至第四条中的“多次”一般应当理解为二年内实施寻衅滋事行为三次以上。三次以上寻衅滋事行为既包括同一类别的行为,也包括不同类别的行为;既包括未受行政处罚的行为,也包括已受行政处罚的行为。

六、有组织地多次短时间非法拘禁他人的,应当认定为《刑法》第二百三十八条规定的“以其他方法非法剥夺他人人身自由”。非法拘禁他人三次以上、每次持续时间在四小时以上，或者非法拘禁他人累计时间在十二小时以上的，应当以非法拘禁罪定罪处罚。

七、以“软暴力”手段非法进入或者滞留他人住宅的，应当认定为《刑法》第二百四十五条规定的“非法侵入他人住宅”，同时符合其他犯罪构成要件的，应当以非法侵入住宅罪定罪处罚。

八、以非法占有为目的，采用“软暴力”手段强行索取公私财物，同时符合《刑法》第二百七十四条规定的其他犯罪构成要件的，应当以敲诈勒索罪定罪处罚。

《关于办理敲诈勒索刑事案件适用法律若干问题的解释》第三条中“二年内敲诈勒索三次以上”，包括已受行政处罚的行为。

九、采用“软暴力”手段，同时构成两种以上犯罪的，依法按照处罚较重的犯罪定罪处罚，法律另有规定的除外。

十、根据本意见第五条、第八条规定，对已受行政处罚的行为追究刑事责任的，行为人先前所受的行政拘留处罚应当折抵刑期，罚款应当抵扣罚金。

十一、雇佣、指使他人采用“软暴力”手段强迫交易、敲诈勒索，构成强迫交易罪、敲诈勒索罪的，对雇佣者、指使者，一般应当以共同犯罪中的主犯论处。

为强索不受法律保护的债务或者因其他非法目的，雇佣、指使他人采用“软暴力”手段非法剥夺他人人身自由构成非法拘禁罪，或者非法侵入他人住宅、寻衅滋事，构成非法侵入住宅罪、寻衅滋事罪的，对雇佣者、指使者，一般应当以共同犯罪中的主犯论处；因本人及近亲属合法债务、婚恋、家庭、邻里纠纷等民间矛盾而雇佣、指使，没有造成严重后果的，一般不作为犯罪处理，但经有关部门批评制止或者处理处罚后仍继续实施的除外。

十二、本意见自2019年4月9日起施行。

最高人民法院　最高人民检察院　公安部　司法部
关于办理利用信息网络实施黑恶势力犯罪刑事案件若干问题的意见

（2019年7月23日公布　自2019年10月21日起施行）

为认真贯彻中央关于开展扫黑除恶专项斗争的部署要求，正确理解和适用最高人民法院、最高人民检察院、公安部、司法部《关于办理黑恶势力犯罪案件若干问题的指导意见》（法发〔2018〕1号，以下简称《指导意见》），根据刑法、刑事诉讼法、网络安全法及有关司法解释、规范性文件的规定，现对办理利用信息网络实施黑恶势力犯罪案件若干问题提出以下意见：

一、总体要求

1. 各级人民法院、人民检察院、公安机关及司法行政机关应当统一执法思想、提高执法效能，坚持“打早打小”，坚决依法严厉惩处利用信息网络实施的黑恶势力犯罪，有效维护网络安全和经济、社会生活秩序。

2. 各级人民法院、人民检察院、公安机关及司法行政机关应当正确运用法律，严格依法办案，坚持“打准打实”，认真贯彻落实宽严相济刑事政策，切实做到宽严有据、罚当其罪，实现政治效果、法律效果和社会效果的统一。

3. 各级人民法院、人民检察院、公安机关及司法行政机关应当分工负责，互相配合、互相制约，切实加强与相关行政管理部门的协作，健全完善风险防控机制，积极营造线上线下社会综合治理新格局。

二、依法严惩利用信息网络实施的黑恶势力犯罪

4. 对通过发布、删除负面或虚假信息，发送侮辱性信息、图片，以及利用信息、电话骚扰等方式，威胁、要挟、恐吓、滋扰他人，实施黑恶势力违法犯罪的，应当准确认定，依法严惩。

5. 利用信息网络威胁他人，强迫交易，情节严重的，依照刑法第二百二十六条的规定，以强迫交易罪定罪处罚。

6. 利用信息网络威胁、要挟他人，索取公私财物，数额较大，或者多次实施上述行为的，依照刑法第二百七十四条的规定，以敲诈勒索罪定罪处罚。

7. 利用信息网络辱骂、恐吓他人，情节恶劣，破坏社会秩序的，依照刑法第二百九十三条第一款第二项的规定，以寻衅滋事罪定罪处罚。

编造虚假信息，或者明知是编造的虚假信息，在信息网络上散布，或者组织、指使人员在信息网络上散布，起哄闹事，造成公共秩序严重混乱的，依照刑法第二百九十三条第一款第四项的规定，以寻衅滋事罪定罪处罚。

8. 侦办利用信息网络实施的强迫交易、敲诈勒索等非法敛财类案件，确因被害人人数众多等客观条件的限制，无法逐一收集被害人陈述的，可以结合已收集的被害人陈述，以及经查证属实的银行账户交易记录、第三方支付结算账户交易记录、通话记录、电子数据等证据，综合认定被害人人数以及涉案资金数额等。

三、准确认定利用信息网络实施犯罪的黑恶势力

9. 利用信息网络实施违法犯罪活动，符合刑法、《指导意见》以及最高人民法院、最高人民检察院、公安部、司法部《关于办理恶势力刑事案件若干问题的意见》等规定的恶势力、恶势力犯罪集团、黑社会性质组织特征和认定标准的，应当依法认定为恶势力、恶势力犯罪集团、黑社会性质组织。

认定利用信息网络实施违法犯罪活动的黑社会性质组织时，应当依照刑法第二百九十四条第五款规定的“四个特征”进行综合审查判断，分析“四个特征”相互间的内在联系，根据在网络空间和现实社会中实施违法犯罪活动对公民人身、财产、民主权利和经济、社会生活秩序所造成的危害，准确评价，依法予以认定。

10. 认定利用信息网络实施违法犯罪的黑恶势力组织特征，要从违法犯罪的起因、目的，以及组织、策划、指挥、参与人员是否相对固定，组织形成后是否持续进行犯罪活动、是否有明确的职责分工、行为规范、利益分配机制等方面综合判断。利用信息网络实施违法犯罪的黑恶势力组织成员之间一般通过即时通讯工具、通讯群组、电子邮件、网盘等信息网络方式联络，对部分组织成员通过信息网络方式联络实施黑恶势力违法犯罪活动，即使相互未见面、彼此不熟识，不影响对组织特征的认定。

11. 利用信息网络有组织地通过实施违法犯罪活动或者其他手段获取一定数量的经济利益，用于违法犯罪活动或者支持该组织生存、发展的，应当认定为符合刑法第二百九十四条第五款第二项规定的黑社会性质组织经济特征。

12. 通过线上线下相结合的方式，有组织地多次利用信息网络实施违法犯罪活动，侵犯不特定多人的人身权利、民主权利、财产权利，破坏经济秩序、社会秩序的，应当认定为符合刑法第二百九十四条第五款第三项规定的黑社会性质组织行为特征。单纯通过线上方式实施的违法犯罪活动，且不具有为非作恶、欺压残害群众特征的，一般不应作为黑社会性质组织行为特征的认定依据。

13. 对利用信息网络实施黑恶势力犯罪非法控制和影响的“一定区域或者行业”，应当结合危害行为发生地或者危害行业的相对集中程度，以及犯罪嫌疑人、被告人在网络空间和现实社会中的控制和影响程度综合判断。虽然危害行为发生地、危害的行业比较分散，但涉案犯罪组织利用信息网络多次实施强迫交易、寻衅滋事、敲诈勒索等违法犯罪活动，在网络空间和现实社会造成重大影响，严重破坏经济、社会生活秩序的，应当认定为“在一定区域或者行业内，形成非法控制或者重大影响”。

四、利用信息网络实施黑恶势力犯罪案件管辖

14. 利用信息网络实施的黑恶势力犯罪案件管辖依照《关于办理黑社会性质组织犯罪案件若干问题的规定》和《关于办理网络犯罪案件适用刑事诉讼程序若干问题的意见》的有关规定确定，坚持以犯罪地管辖为主、被告人居住地管辖为辅的原则。

15. 公安机关可以依法对利用信息网络实施的黑恶势力犯罪相关案件并案侦查或者指定下级公安机关管辖，并案侦查或者由上级公安机关指定管辖的公安机关应当全面调查收集能够证明黑恶势力犯罪事实的证据，各涉案地公安机关应当积极配合。并案侦查或者由上级公安机关指定管辖的案件，需要提请批准逮捕、移送审查起诉、提起公诉的，由立案侦查的公安机关所在地的人民检察院、人民法院受理。

16. 人民检察院对于公安机关提请批准逮捕、移送审查起诉的利用信息网络实施的黑恶势力犯罪案件，人民法院对于已进入审判程序的利用信息网络实施的黑恶势力犯罪案件，被告人及其辩护人提出的管辖异议成立，或者办案单位发现没有管辖权的，受案人民检察院、人民法院经审查，可以依法报请与有管辖权的人民检察院、人民法院共同的上级人民检察院、人民法院指定管辖，不再自行移交。对于在审查批准逮捕阶段，上级检察机关已经指定管辖的案件，审查起诉工作由同一人民检察院受理。人民检察院、人民法院认为应当分案起诉、审理的，可以依法分案处理。

17. 公安机关指定下级公安机关办理利用信息网络实施的黑恶势力犯罪案件的，应当同时抄送同级人民检察院、人民法院。人民检察院认为需要依法指定审判管辖的，应当协商同级人民法院办理指定管辖有关事宜。

18. 本意见自2019年10月21日起施行。

在全国法院依法惩处妨害疫情防控犯罪工作会议上的讲话（节录）

□最高人民法院党组成员、副院长　李少平

（2020年3月6日）

今天，我们召开全国法院依法惩处妨害疫情防控犯罪工作会议，主要任务是，深入学习贯彻习近平总书记关于疫情防控工作的重要指示精神和党中央决策部署，认真落实中央政法委和最高人民法院党组具体工作部署，全面、正确执行《最高人民法院、最高人民检察院、公安部、司法部关于依法惩治妨害新型冠状病毒感染肺炎疫情防控违法犯罪的意见》（以下简称“两高两部意见”），充分发挥刑事审判职能作用，为统筹推进新冠肺炎疫情防控和经济社会发展工作提供有力的司法服务和保障。

下面，我讲四点意见。

一、深入学习贯彻习近平总书记重要指示精神，切实把思想和行动统一到党中央决策部署上来

新冠肺炎疫情发生以来，以习近平同志为核心的党中央高度重视疫情防控工作，习近平总书记亲自部署、亲自指挥，多次作出重要指示、主持重要会议、发表重要讲话，对做好疫情防控工作作出全面部署，为打赢疫情防控人民战争、总体战、阻击战指明了前进方向、提供了根本遵循。2月5日，习近平总书记在中央全面依法治国委员会第三次会议上强调，疫情防控越是到最吃劲的时候，越要坚持依法防控，在法治轨道上统筹推进各项防控工作，保障疫情防控工作顺利开展。2月23日，习近平总书记出席统筹推进新冠肺炎疫情防控和经济社会发展工作部署会议并发表重要讲话，全面总结疫情防控工作，明确提出统筹推进疫情防控和经济社会发展工作的总体要求、目前的形势、重点任务和重大举措。习近平总书记强调，要坚决打好湖北保卫战、武汉保卫战，全力做好北京疫情防控工作，强调要切实维护社会稳定，落实分区分级精准复工复产，统筹推进疫情防控和经济社会发展工作。习近平总书记指出，疫情防控期间采取一些严格的管控措施是完全必要的，到了现在这个阶段，除湖北和武汉等疫情防控任务重的地区外，要注意把握好度，尽量采取对群众生产生活影响小、带来不便少的措施。3月4日，习近平总书记主持中央政治局常委会会议并发表重要讲话，指出，经过全国上下艰苦努力，当前已初步呈现疫情防控形势持续向好、生产生活秩序加快恢复的态势，必须深入贯彻落实统筹推进疫情防控和经济社会发展工作部署会议精神，加快建立同疫情防控相适应的经济社会运行秩序，完善相关举措，巩固和拓展这一来之不易的良好势头，力争全国经济社会发展早日全面步入正常轨道，为实现决胜全面建成小康社会、决战脱贫攻坚目标任务创造条件。

习近平总书记重要讲话高屋建瓴、内涵丰富，深刻分析疫情形势，对统筹推进疫情防控和经济社会发展工作、推进依法防控提出明确要求，思想性、指导性、针对性强，对人民法院依法审理妨害疫情防控刑事案件指明了方向、提供了遵循。最高人民法院党组书记、院长周强同志多次主持召开党组会议、疫情防控领导小组会议进行传达学习，研究贯彻落实的具体措施。一段时间以来，最高人民法院多次下发指导意见和通知，对相关工作作出了一系列安排。各级人民法院要深入学习贯彻习近平总书记重要讲话精神，增强“四个意识”、坚定“四个自信”、做到“两个维护”，全面贯彻坚定信心、同舟共济、科学防治、精准施策的总要求，切实把思想和行动统一到党中央决策部署上来，按照最高人民法院党组部署要求，充分发挥刑事审判职能作用，为统筹推进疫情防控和经济社会发展提供有力司法服务和保障。

二、认真总结疫情发生以来人民法院惩治妨害疫情防控犯罪工作情况及取得的成效

疫情发生以来，各级人民法院认真贯彻习近平总书记关于疫情防控工作的一系列重要指示精神和党中央决策部署，按照最高人民法院部署要求，充分发挥刑事审判职能作用，依法及时、从严惩处一批抗拒疫情防控措施、暴力伤医、制假售假、哄抬物价、诈骗、造谣传谣、破坏野生动物资源等妨害疫情防控的犯罪，有力维护了人民群众生命健康和社会大局稳定。截至3月4日，全国各地法院一审受理妨害疫情防控刑事案件1 177件1 462人，审结598件677人，其中59.30%采取视频开庭。从案由来看，适用罪名相对集中，其中诈骗罪占37.70%，妨害公务罪占24.40%，二者合计占62.10%。从量刑来看，量刑超过三年有期徒刑的占11.80%。从地区来看，案件较多的省份有广东、陕西、江苏、浙江、安徽、云南。

前一阶段开展的主要工作有：

一是加强审判指导。最高人民法院牵头会同最高人民检察院、公安部、司法部及时研究制定“两高两部意见”，会同国家卫生健康委员会、最高人民检察院和公安部发布《关于做好新型冠状病毒肺炎疫情防控期间保障医务人员安全维护良好医疗秩序的通知》，为依法及时严惩妨害疫情防控犯罪提供法律指引。最高人民法院、最高人民检察院（以下简称“两高”）研究室负责人就妨害疫情防控犯罪案件法律适用答记者问，对司法实践集中反映的问题予以明确，有效指导各地法院依法办理此类案件。最高人民法院成立工作专班，协调对下指导、新闻宣传等工作。各地法院健全完善工作机制，统筹指导，强化上下联动、部门协调。处于疫情防控主战场、最前线的湖北省高级人民法院，成立刑事审判指导小组，对全省涉疫情案件加强监督指导。山西省高级人民法院协调建立政法部门案件信息实时通报和会商机制。浙江省高级人民法院成立审判研究小组，及时研究相关法律适用问题，确保案件依法稳妥处理。

二是坚持依法严惩。各地法院严格贯彻“两高两部意见”，依法严惩扰乱医疗秩序、防疫秩序、市场秩序、社会秩序等犯罪行为，切实保障人民群众生命安全和身体健康，坚决维护国家政治安全和社会大局稳定，并结合本地实际，出台指导意见，细化办案标准，统一定罪量刑尺度。湖北法院坚持总体从严，突出打击重点，严格依法办案，确保案件质效。江苏省高级人民法院发布审理指南，对41个罪名细化事实证据和定罪量刑标准，统一裁判尺度。

三是优化审理程序。各地法院合理调配审判资源，对认罪认罚案件和符合速裁程序、简易程序适用条件的案件，开辟绿色通道，依法快审快结。同时，严格遵循法定程序，依法保障当事人各项诉讼权利，坚决防止一味求快导致程序瑕疵。北京市高级人民法院要求积极适用认罪认罚从宽制度，对符合条件的案件依法适用速裁程序、简易程序快速审理。广东省高级人民法院要求依法保障被告人诉讼权利和律师辩护权，按照刑事辩护全覆盖的要求，对没有委托辩护人的被告人，通知法律援助机构指派律师提供辩护。

四是完善办案机制。各地法院依托智慧法院建设成果，在确保公正、符合保密和防疫要求的前提下，通过电话、视频、微信等方式完成卷宗流转、文书送达、指定辩护、开庭审理等工作，最大限度减少了人员接触和聚集，做到防疫与审判两不误。北京、河南、浙江等地法院，利用“云间互联网庭审系统”、政法大数据协同平台等办案系统，依法为律师会见在押被告人提供便利。

五是加强法治宣传。各地法院运用官网、微信、微博等平台，以案释法，弘扬主旋律，传播正能量,为疫情防控营造良好的舆论氛围和法治环境。湖北、黑龙江、安徽、山东、广东等高级人民法院发布多个典型案例。江苏南通港闸区、陕西西安长安区、四川南充顺庆区法院选取当地首例妨害疫情防控案件进行庭审直播,1 000 余万网民在线观看,给全社会上了一堂生动的依法防疫“公开课”。

总体来看,疫情发生以来,各地法院提高政治站位,充分发挥刑事审判职能作用,依法及时严惩一批妨害疫情防控犯罪,实现政治效果、法律效果和社会效果有机统一,为保障疫情防控工作顺利开展、维护人民群众生命健康和社会大局稳定提供了有力的刑事司法保障,彰显了人民法院的责任担当,值得充分肯定。

在看到成绩的同时,我们也要清醒看到,有的案件还存在司法尺度不一、政策把握不准、裁判说理不到位、审判质效有待提升等问题,一些工作还有待改进。我们要对照党中央、中央政法委和最高人民法院党组各项要求,查找差距不足,完善工作举措,进一步做好疫情防控期间的刑事审判工作,不断提高刑事司法能力和水平,更好地服务疫情防控和经济社会发展大局。

三、充分发挥刑事审判职能作用,依法惩处妨害疫情防控犯罪

打击妨害疫情防控犯罪,人民法院承担着重要的职责任务。相信同志们都看了 2 月 28 日、3 月 5 日《人民法院报》新闻稿及近期的《最高人民法院简报》。周强院长主持召开党组会议时两次专门强调要加强审判工作指导,严把案件事实关、证据关、程序关、法律适用关,依法保障被告人、辩护人和其他诉讼参与人诉讼权利,确保严格公正文明司法。我们要认真贯彻落实周强院长讲话要求,依法审理妨害疫情防控犯罪案件,确保定罪公正、量刑公正、程序公正,确保每一起案件经得起法律和历史的检验。

一要坚持严字当头,积极服务疫情防控工作大局。此次疫情,是中华人民共和国成立以来在我国发生的传播速度最快、感染范围最广、防控难度最大的一次重大突发公共卫生事件。疫情形势变化快,防控工作任务重,给刑事审判工作带来许多新问题、新挑战,而且时间紧、任务重。各地法院要充分认识到,打击妨害疫情防控犯罪,维护社会正常秩序,是打赢疫情防控总体战的重要组成部分。要立足疫情防控总体态势,充分发挥刑事审判职能作用,把依法惩处妨害疫情防控犯罪作为当前刑事审判工作的中心任务抓紧抓好,该出手时就要果断出手,该重判的就要坚决重判,发挥震慑作用,切实保障疫情防控工作有序开展,有力保护人民群众生命安全和身体健康,坚决维护国家政治安全和社会大局稳定。

二要坚持依法办案,统一裁判尺度。各地法院要严格执行刑法、相关司法解释和“两高两部意见”,正确适用法律,准确定罪量刑,依法妥善审理相关案件,既要与其他政法机关加强配合协调,更要坚持严格依法办案。要坚持罪刑法定,在全面查清案件事实的基础上,根据被告人的主观罪过、客观行为和危害后果,准确把握罪与非罪、违法与犯罪、此罪与彼罪的界限,坚持以事实为根据、以法律为准绳,既不随意“拔高”,也不人为“降格”,坚守法律底线。针对前一段司法实践中较为突出的法律适用问题,如妨害公务罪犯罪对象的范围如何把握,制售伪劣一次性使用医用口罩如何定罪,囤积居奇、哄抬物价认定为非法经营罪如何把握界限等,“两高”研究室负责人就妨害疫情防控犯罪案件法律适用答记者问已经作出明确解答,希望各地认真学习、严格执行。

目前,各高级人民法院基本上都已经单独或者会同其他政法部门,就依法严惩妨害疫情防控犯罪出台了政策性文件,这对于统一司法尺度、指导司法实践、做好当地相关刑事案件审判工作起到了积极作用。各高级人民法院要对已出台的政策性文件进行一次系统梳理,确保与“两高两部意见”相协调、相一致,确保法律适用统一。

三要突出重点,精准打击妨害疫情防控犯罪。疫情防控要精准施策,做好疫情防控期间的刑事审判工作，同样也要精准施策，不能简单地“一把尺子量到底”。要根据防控形势及发展变化，因地制宜，因时制宜，聚焦打击锋芒，突出打击重点。周强院长2019年在七刑会上突出强调，要精准适用刑罚，体现区别对待、轻重有别，聚焦重点、精准发力。这一要求，对于妥善审理妨害疫情防控犯罪案件，具有重要指导意义，要结合审判工作实际进一步抓好落实。

要区分案件性质。对于直接严重妨害疫情防控、给疫情扩散带来巨大风险、给人民群众生命健康造成巨大威胁、给社会造成恐慌、给大局稳定造成严重破坏的案件，要旗帜鲜明地依法严惩，绝不姑息。如确诊病人恶意传播病毒的，暴力伤医的，制售伪劣医用器材的，以及其他直接严重妨害疫情防控、人民群众深恶痛绝、严重危害社会治安的案件，该重判的要重到位，彰显人民法院维护人民群众生命健康安全和社会大局稳定的立场和决心。同时也要注意到，疫情防控前期，为快速阻断疫情传播蔓延，各地采取了严格的交通管控措施，这是必要的，但在执行过程中一些地方出现了过头行为，中央已经及时督促各地予以纠正。对于由此引发的刑事案件，以及其他情节一般、事出有因、社会反映不大的案件，要充分考虑人民群众的公平正义观念，平衡国法、天理、人情，依法妥善处理，刑罚要保持一定的谦抑性，对疫情防控没有重大影响、未造成严重后果，不是必须给予刑事处罚的，要尽量缩小打击面，给行政处罚留足空间，即使要给予刑罚处罚也可以酌情依法从轻。

要区分各地疫情防控形势。由于各地面临的疫情形势和防控任务差异较大，人民法院在案件审理中也要充分考虑各地分区分级差异化防控任务，同样的行为在疫情风险等级不同的地区，其危害性是不一样的，案件审判中要有所体现。对湖北、北京等重点地区及其他高风险地区的妨害疫情防控案件，总体上要坚持依法从严惩处。疫情低风险地区要充分考虑本地疫情防控实际情况和案件具体情节，实事求是，做到罪责刑相适应，避免政策把握粗放化、简单化。

四要严格遵守法定程序，依法保障诉讼权利。要严格落实《刑事诉讼法》及司法解释规定，依法保障被告人及其他诉讼参与人的各项诉讼权利，为符合条件的被告人提供法律帮助或者指定辩护人，依法保障辩护律师阅卷权，充分听取辩护意见，确保程序公正和实体公正相统一。目前已审结的妨害疫情防控案件，多数是被告人认罪认罚，通过速裁程序或者简易程序审理，实现“快立、快审、快判”，这对及时惩治相关犯罪、保障疫情防控顺利开展起到积极作用，也是对社会公众的一轮普法教育。需要强调的是，适用速裁程序或者简易程序，必须严格依照法律规定，不符合适用条件的，必须通过普通程序审理。对于被告人认罪认罚并签署具结书的案件，要依法审查认罪认罚是否自愿、是否知悉认罪认罚的法律后果，是否得到值班律师帮助，量刑建议是否适当，等等。要严格执行案件审理期限规定，依法扣除、延长审限或者延期审理，必要时及时对被告人变更强制措施。

五要确保办案质量，实现“三个效果”有机统一。审理妨害疫情防控犯罪案件，时效性强，很多案件案情简单明了，各地依法快审快结，适应形势需要，这是完全正确的。同时也要注意，案件的审理绝不能一味求快，放松质量把关。要严把案件事实证据关，坚决贯彻证据裁判原则，确保裁判经得起法律和历史的检验。要严把裁判文书关。此类案件往往社会关注度高，要增强敏锐性和风险意识，从疫情、案情等多方面，准确预判社会关注点，案件事实认定要客观全面、求精求准，裁判说理也要求精求准。即便是适用速裁程序，裁判文书也要把事实叙述清楚，该说的法理、事理、情理要说到位，让公众理解、认同裁判结果，实现案件审理的政治效果、法律效果和社会效果有机统一。裁判文书质量高低，直接影响到裁判效果好坏，一定要防止文书表述不准确、说理不到位甚至出现低级错误。

四、健全工作机制，统筹做好相关工作

一要加强审判指导。前一段审结的案件，真正疑难、复杂、有分量的案件还不算太多，许多案件还在侦查取证、审查起诉阶段，下一步会逐步进入审判程序。各地法院要组织骨干力量，投入精兵强将，做好监督指导和案件办理工作，在办要案、处急事、破难题中受考验、长才干、出实效。各高级人民法院要坚决落实守土有责、守土担责、守土尽责要求，加强监督指导，全面、准确、及时掌握辖区案件态势和审判工作存在的问题、困难，做到底数清、情况明，特别是对于在本地有重大影响的疑难复杂案件，要提前预判，做到心中有数。

二要加强沟通协调。各地法院要在当地党委政法委统一领导下，加强与公安机关、检察机关的沟通协调，建立信息共享和会商机制，共同研究当前疫情防控形势下相关案件的政策把握等问题，促进办案理念和执法司法尺度统一。要充分考虑看守所严防输入性风险的疫情防控要求，研究提出可行性方案，加强沟通协调，尽量减少对审判工作的影响。要区分案件轻重缓急，对于时效性较强的涉疫情等案件，应当在确保安全的前提下，优先考虑，重点安排，依法及时审判。

三要统筹做好疫情防控和刑事审判工作。各地法院要认真落实党中央关于分区分级精准复工复产的决策部署，按照当地党委、政府制定的分区分级差异化防控策略，统筹抓好疫情防控和刑事审判工作。要注重办案安全，加强自身防护，减少人员聚集和流动。要充分运用信息化和智慧法院建设成果，推进网上办公、网上办案，具备条件的地区可采用远程视频方式听取辩护律师意见、讯问被告人、宣告判决，对适用速裁程序、简易程序的案件，可采取远程视频方式开庭审理，并引导公众通过网络直播等方式旁听庭审，切实保护当事人、诉讼参与人、旁听群众、法院干警的身体健康和安全，严防发生聚集性疫情风险。

同志们，依法服务保障疫情防控和经济社会发展大局，人民法院和广大干警承担着重要职责使命。我们要深入学习贯彻习近平总书记关于疫情防控的一系列重要指示精神和党中央决策部署，发扬斗争精神，切实肩负起责任，充分发挥刑事审判职能作用，依法惩治妨害疫情防控犯罪，坚决保护人民群众生命健康安全，全力维护国家政治安全和社会大局稳定，为全面打赢疫情防控人民战争、总体战、阻击战，实现决胜全面建成小康社会、决战脱贫攻坚目标任务提供有力的刑事司法服务和保障。

抢劫杀人案件定性研讨会综述

□高丹丹

最高人民法院于2001年5月23日下发的《关于抢劫过程中故意杀人案件如何定罪问题的批复》规定:“行为人为劫取财物而预谋故意杀人,或者在劫取财物过程中,为制服被害人反抗而故意杀人的,以抢劫罪定罪处罚。行为人实施抢劫后,为灭口而故意杀人的,以抢劫罪和故意杀人罪定罪,实行数罪并罚。”如何正确理解、适用这一司法解释,实践中仍然存在一些争议。近日,上海市第一中级人民法院与上海市人民检察院第一分院联合举办了抢劫杀人案件定性研讨会。来自最高人民法院、上海市高级人民法院、上海市人民检察院、上海市第二中级人民法院以及上海市第一中级人民法院辖区法院的法官、检察官共计50余人参与研讨。现就主要研讨内容综述如下:

问题一:对于预谋故意杀人并劫取财物的行为,是否只能认定抢劫罪一罪?

【案例1】被告人汤某无业,因经济拮据,预谋以独居女性为抢劫对象。某日夜里,汤某潜入被害人朱某的住处,对朱某实施了殴打、捆绑、堵嘴等暴力行为,当场劫得现金若干。而后,汤某将朱某勒死,掩埋于事先已挖好的土坑里。

一种意见认为,对于汤某的行为应当认定抢劫一罪。主要理由是:汤某在实施抢劫犯罪前就已经形成杀人灭口的故意,抢劫杀人是在一个完整的犯罪故意支配下实施的犯罪行为过程,完全符合司法解释中“行为人为劫取财物而预谋故意杀人”的情形,故应当以抢劫罪定罪处罚。

另一种意见认为,对于汤某的行为应当分别认定抢劫罪和故意杀人罪,实行数罪并罚。也就是说,在抢劫案件中,事前预谋故意杀人不能成为认定抢劫一罪的依据,不能排除事前形成两个独立犯罪故意并付诸实施的情况。汤某的行为就是预谋实行数罪的适例,应当以两罪论处。

多数观点倾向同意后一种意见,即产生杀人故意的时间不是认定一罪与数罪的关键因素。区分一罪与数罪的标准,应当以危害行为符合犯罪构成的数量多寡为考量。具体说,故意杀人系劫取财物的必要手段行为的,就只符合抢劫罪一个犯罪构成,应当认定一罪。如果行为人在事前预谋既要采用暴力、胁迫手段逼迫被害人交出财物,又要在劫取财物后杀人灭口的,就分别符合两个独立的犯罪构成,应当认定抢劫罪与故意杀人罪,实行数罪并罚。据此分析本案,被告人汤某在采用捆绑、堵嘴等暴力手段致使被害人无法反抗并劫取财物之后,又将被害人杀害,其故意杀人行为与取得财物行为之间并不存在手段与目的的关系,且前后两个行为存在明显的分界,分别认定抢劫与故意杀人两罪是适宜的。实践中,有观点认为对于抢劫杀人案件分别认定抢劫和故意杀人罪的情形,只存在于抢劫行为完成以后另起杀人灭口犯意的行为之中,从而排除了事前形成数个犯罪故意的可能性。这种观点既与司法解释规定的精神不符,也在法理上存在明显偏颇之处,故不足可取。

问题二:如何认定劫取财物行为的时间节点?

【案例2】被告人李某夜间持匕首伺机拦路抢劫,当路人王某途经时,李某上前猛击王某头部,致王某倒地,而后劫取王某随身携带的挎包逃跑。因包中除钱款外还有重要证件,王某爬起后追上李某欲夺回挎包。李某遂持刀猛刺王某胸腹部数刀,致王某两天后不治身亡。

一种意见认为,对于李某的行为应当认定抢劫罪与故意杀人罪两罪。主要理由是:从主观犯意来看,李某先前只有采用暴力手段劫取被害人财物的故意,其杀人犯意产生于被害人追赶、抓捕的过程之中,属于另起新的犯意。从客观行为表现来看,李某系在抢劫财物到手,也即劫财行为完成以后,在被害人追赶、抓捕过程中才实施持刀杀人行为。前后两个行为具有明显的阶段性和独立性,后者不能再行作为前者的手段行为来评价。从主客观两方面综合考量,李某的行为符合两个犯意支配下实施的两个独立的犯罪行为,应当认定为两罪。

另一种意见认为,对于李某的行为只能认定为抢劫一罪。主要理由是:对于普通抢劫罪而言,抢劫行为是否实行终了,应当以行为人是否非法占有他人财物为认定标准。本案中,李某虽然已经劫取了被害人的挎包,但被害人仍在紧追不舍,并未完全失去对自己财物的控制,也即李某并未达到实际控制的程度。因此,整个抢劫犯罪并未实行完毕,李某在抢劫过程中为顺利实现抢劫目的而故意杀人,符合司法解释所规定的"在劫取财物过程中,为制服被害人反抗而故意杀人的,以抢劫罪定罪处罚"的情形。

多数观点倾向同意后一种观点。主要理由是:抢劫犯罪系复合危害行为,一般应当以"失控加控制说"作为认定犯罪既遂的标志。由于公民控制自己财物的方式具有多样性,既可以由身体直接掌控,也可以采用目击控制方式,且两种控制方式可以产生相互连接作用,故不能简单认为行为人夺过了被害人手中的财物,就等于实际控制了他人财物。本案情况正是如此。李某虽然夺取了他人财物(即被害人暂时失去对财物的身体掌控),但被害人无间断地跟进了对财物的目击控制。在被害人尚未完全失控并及时追赶的情况下,李某的抢劫行为就没有实行完毕。故李某还是在抢劫过程中为制服被害人的反抗、抓捕而故意杀人,其行为符合抢劫罪的犯罪构成,只能认定抢劫一罪。

问题三:抢劫银行卡后的取现行为,是否系抢劫行为的必要组成部分?劫取银行卡后的杀人行为,如何正确定罪?

【案例3】被告人陈某因经济拮据,预谋以其先前结识的驾校女同学傅某作为抢劫对象。某日,陈某将傅某骗约至某郊外酒店的客房,采用麻醉、捆绑手脚等手段,从傅某身上搜得两张银行卡,并逼问得知密码。嗣后,陈某将傅某勒死并抛尸于荒野,然后连续赶赴数台 ATM 机提取银行卡内钱款共计 8 万余元。

一种意见认为,对于陈某的行为应当认定抢劫和故意杀人两罪。主要理由是:(1)抢劫银行卡的行为一般分为三个阶段,即劫卡、逼问密码与提取现金。在行为人非法获取银行卡并知晓密码以后,行为人就取得了对于卡内现金的实际支配力,可以认定为抢劫既遂。(2)行为人的取现行为明显缺乏暴力性,在时空上也脱离了抢劫行为的现场,实际上系对所劫财物的事后处置行为。其危害性可以作为抢劫罪的量刑情节考量,并不影响行为性质的认定。虽然取款行为发生在杀人行为之后,但杀人行为不能评价为抢劫的手段行为。(3)本案中,被告人陈某将傅某勒死,属于最高人民法院 2001 年《关于抢劫过程中故意杀人案件如何定罪问题的批复》所指的"灭口"。陈某采用捆绑等暴力手段劫取被害人的银行卡及密码以后,因系熟人作案为灭口而决意杀人,其杀人行为不是劫取财物的必要手段,应当独立认定为故意杀人罪。该种意见是倾向性观点。

另一种意见认为,行为人劫取银行卡及密码的行为,与其后续非法提取银行卡内钱款的行为,都是抢劫实行行为的必要组成部分。陈某在劫取财物过程中为排除妨碍而故意杀人,应当认定为抢劫一罪。具体理由是:(1)从主观犯意来看,行为人预谋实行的劫财犯罪本身就包括两部分危害行为,先行实施劫卡并逼问密码的行为是手段,继而非法提现才是实行犯罪的真正目的。

二者共同构成此类抢劫犯罪不可或缺的行为整体。尽管行为人的后续取款和先行劫卡行为在时间和空间上多有分离,但从主观故意的整体性考虑,可以认为是在一个侵财犯意支配下的复合危害行为。当然,并非所有的后续取款行为均能认定为抢劫复合行为。如果取款行为与先前行为间隔的时间较长,明显属于冒用他人信用卡的新的犯意,则宜另当别论。(2)从客观行为来看,劫取他人银行卡及密码的先行行为,仅对法益(即他人财产权利)构成现实威胁,并未形成实际非法占有他人财物的状态。如果把这种现实威胁状态与其他抢劫行为造成实际侵害结果一样,均作抢劫既遂形态评价,二者危害程度不同,评价势必有失公允。事实上,银行卡与不计名、不挂失的有价票证不同,作为财产替代物的银行卡本身没有财产价值,控制银行卡和密码不能等同于实际控制了卡内钱款;只有实施后续的取款行为,才能完成对于他人财物的有效控制。(3)从日常生活经验来看,要提取银行卡内资金,一般都会受到一次最高提现额的限制。如果行为人欲完成非法提现行为,大多需要经历一段时间。在没有共犯控制被害人的情况下,单一行为人的后续取款行为很可能因为告发或者挂失而被迫停止。因此,把故意杀人作为排除非法提现妨碍的手段行为,符合经验法则。(4)从司法实践情况来看,在一些预谋抢劫杀人的案件中,行为人的杀人灭口与制服被害人反抗的犯意往往交织在一起,或曰二者兼而有之。此种情形下,究竟是认定抢劫一罪还是另定故意杀人罪,关键取决于杀人行为在客观上是否作为劫取财物的手段行为而存在。能够认定或者不能排除二者存在手段与目的行为关系的,就宜作抢劫一罪评价,以免产生对于杀人行为进行重复评价的弊端。只有确有证据证明系作为单纯的杀人灭口行为而存在的事实,才可另定故意杀人罪,以体现对于犯罪行为的充分评价原则。(5)从法律逻辑层面来看,在劫卡杀人取现案件中,如果认定抢劫与故意杀人两罪,则表明在故意杀人行为之前抢劫行为已经结束或者完成。然而,直接反映劫财行为危害程度的后续取款数额又必须作为抢劫事实来认定。如何解说一个抢劫犯罪被故意杀人罪人为分为两段的逻辑关系或者道理,必然成为难题。综上,从主客观相一致的立场出发,对于劫卡杀人取款行为作抢劫一罪评价是妥当的。

(作者单位:上海市第一中级人民法院)

江苏省高级人民法院
关于妨害新型冠状病毒肺炎疫情防控相关刑事案件的审理指南(节录)

(2020年2月11日江苏省高级人民法院审判委员会第1次刑事专业委员会会议讨论通过)

为加强全省法院妨害新型冠状病毒肺炎疫情防控相关刑事案件审判工作,充分发挥刑事审判职能,有力维护社会大局稳定和保障人民群众生命健康财产安全,根据《中华人民共和国刑法》《中华人民共和国刑事诉讼法》《中华人民共和国传染病防治法》《中华人民共和国突发事件应对法》《中华人民共和国野生动物保护法》《最高人民法院、最高人民检察院关于办理妨害预防、控制突发传染病疫情等灾害的刑事案件具体应用法律若干问题的解释》(法释〔2003〕8号)(以下简称《解释》)、《国家卫生健康委员会、最高人民法院、最高人民检察院、公安部关于做好新型冠状病毒肺炎疫情防控期间保障医务人员安全维护良好医疗秩序的通知》(国卫医函〔2020〕43号)、《最高人民法院、最高人民检察院、公安部、司法部关于依法惩治妨害新型冠状病毒感染肺炎疫情防控违法犯罪的意见》(法发〔2020〕7号)(以下简称《意见》)以及《江苏省人民代表大会常务委员会关于依法防控新型冠状病毒感染肺炎疫情切实保障人民群众生命健康安全的决定》(2020

年2月8日公布)等法律法规,制定如下审理指南:

一、总体要求

1. 强化思想认识。全省各级法院要切实把思想和行动统一到习近平总书记系列重要指示精神,中央、省委和最高人民法院关于疫情防控的决策部署上来,认真贯彻落实习近平总书记在中央全面依法治国委员会第三次会议上的重要讲话精神,增强"四个意识",坚定"四个自信",做到"两个维护"。要立足司法审判职能,依法严厉打击抗拒疫情防控、暴力伤医、制假售假、造谣传谣等破坏疫情防控的犯罪行为,为加强疫情防控工作,全面提高依法防控、依法治理能力提供有力的司法保障,切实维护国家安全和社会大局稳定。

2. 严格依法审理。坚持罪刑法定原则和证据裁判规则,准确理解和把握刑法规定的妨害疫情防控相关犯罪的构成要件,严格适用法律和司法解释,做到主客观相统一、罪责刑相适应、程序公正合法,确保案件事实证据和定罪量刑经得起法律的检验。

3. 坚持从严惩处。对新型冠状病毒肺炎疫情防控期间发生的抗拒疫情防控措施、暴力伤医、制假售假、哄抬物价、诈骗、造谣传谣、破坏野生动物资源、疫情防控失职渎职、贪污挪用等各类犯罪行为,应当按照刑法、《解释》《意见》等规定,依法从重处罚。

二、规范审判程序

4. 坚持依法从快审理。在准确认定案件事实证据的基础上,对妨害疫情防控的各类刑事犯罪案件,做到快立、快审、快判,积极适用认罪认罚从宽制度,对符合条件的案件依法适用速裁、简易程序快速审理。

5. 坚持以审判为中心。在疫情防控期间积极运用智慧法院建设成果,采用远程提讯、开庭等方式组织诉讼活动,保证庭审在查明事实、认定证据、保护诉权、公正裁判中的决定性作用,确保案件审判质量。

6. 充分保障诉讼权利。落实辩护全覆盖,为认罪认罚以及适用速裁、简易程序的被告人提供法律帮助,为其他未委托辩护人的被告人指派法律援助,充分听取值班律师、辩护人意见,切实保障当事人特别是被告人的各项诉讼权利。

三、准确认定事实和适用法律

(一)依法从严惩处抗拒疫情防控的犯罪行为

7.【以危险方法危害公共安全罪】故意传播新型冠状病毒肺炎病原体,危害公共安全的,依照刑法第一百一十四条、第一百一十五条的规定,按照以危险方法危害公共安全罪定罪处罚。

审理该类案件,应当重点审查以下事实证据:

(1)行为人是否实施了进入公共场所或者公共交通工具等与他人密切接触的传播传染病病原体的行为。

(2)行为人的行为是否危害了公共安全。新型冠状病毒肺炎确诊患者,拒绝或者擅自脱离隔离治疗,进入公共场所或者公共交通工具的,以及新型冠状病毒肺炎疑似患者,拒绝或者擅自脱离隔离治疗,进入公共场所或者公共交通工具,造成新型冠状病毒传播的,应当认定为危害公共安全。

(3)行为人是否明知自己系新型冠状病毒肺炎确诊或疑似患者而故意传播传染病病原体。对行为人主观故意的认定,应当根据行为人对自身携带传染病病原体的认知程度,行为传播传染病病原体的危险程度以及有无采取必要的防护措施等综合判断。

8.【妨害传染病防治罪】违反传染病防治法的规定,拒绝执行疾病预防控制机构依照传染病防治法提出的预防、控制措施,引起新型冠状病毒传播或者有传播严重危险的,依照刑法第三百三十条的规定,以妨害传染病防治罪定罪处罚。

审理该类案件,应当重点审查以下事实证据:

(1)行为人是否实施了拒绝执行疾病预防控制机构依照传染病防治法提出的预防、控制措施等违反传染病防治法规定的行为。

(2)行为人的行为是否客观上引起传染病传播或者有传播严重危险。因行为人的行为造成共同生活以外的多人被隔离进行医学观察的,属于"有传播严重危险"。

新型冠状病毒肺炎确诊或疑似患者隐瞒接触史、旅居史,导致未及时发现密切接触人员或者场所,引起新型冠状病毒传播或者有传播严重危险的,以妨害传染病防治罪论处。

在就诊或防疫检疫等过程中,隐瞒疫情相关接触史、旅居史,逃避接受检疫、强制隔离、隔离治疗,或者以暴力、威胁等方法拒不接受医疗卫生机构的检疫、强制隔离、隔离治疗措施,引起新型冠状病毒传播或者有传播严重危险的,以妨害传染病防治罪论处。

实施上述行为后,及时主动向医疗、疫情防控机构报告相关接触史、旅居史,接受检疫、强制隔离或者治疗的,可以酌情从轻处罚;构成坦白、自首情节的,依法从宽处罚。

9.【破坏交通设施罪】未经批准擅自断路堵路,损毁、破坏道路、桥梁等,足以使汽车、火车等发生颠覆、毁坏风险的,依照刑法第一百一十七条、第一百一十九条的规定,以破坏交通设施罪定罪处罚。

审理该类案件,应当重点审查以下事实证据:

(1)行为人是否实施了损毁、破坏公路、桥梁等行为;

(2)行为人的行为是否足以使汽车、火车等发生颠覆、毁坏风险。

未经批准实施断路堵路行为,但设立明显标识或安排专人拦截予以警示,足以防止汽车等发生颠覆、毁坏风险的,不构成"破坏交通设施罪";违法造成道路损毁,构成故意毁坏财物等其他犯罪的,以其他罪名定罪处罚;未造成严重后果的,一般不以犯罪论处,由主管部门予以纠正。

10.【妨害公务罪】以暴力、威胁方法阻碍国家机关工作人员等依法履行为防治新型冠状病毒肺炎传染病疫情而采取的防疫、检疫、强制隔离、隔离治疗等预防、控制措施的,依照刑法第二百七十七条第一款、第三款的规定,以妨害公务罪定罪处罚。

审理该类案件,应当重点审查以下事实证据:

行为人是否有以暴力、威胁方法阻碍国家机关工作人员等履行预防、控制突发传染病疫情措施的行为。在依照法律、法规规定行使国家有关疫情防控行政管理职权的组织中从事公务的人员,在受国家机关委托代表国家机关行使疫情防控职权的组织中从事公务的人员,虽未列入国家机关人员编制但在国家机关中从事疫情防控公务的人员,属于国家机关工作人员。以暴力、威胁方法阻碍传染病管理监督员等卫生监督执法人员或者具有红十字会成员身份的医疗人员履行预防、控制突发传染病疫情措施的,以妨害公务罪论处。

(二)依法从严惩处暴力伤医等妨害医疗活动的犯罪行为

11.【故意伤害罪】【故意杀人罪】故意伤害医务人员身体,造成轻伤以上后果的,依照刑法第二百三十四条的规定,以故意伤害罪定罪处罚。故意杀害医务人员的,依照刑法第二百三十二条的规定,以故意杀人罪定罪处罚。

审理该类案件,应当重点审查以下事实证据:

(1)行为人的行为是否造成医务人员轻伤以上的损害后果;

(2)行为人是否有伤害或致人死亡的故意。

在疫情防控期间,故意撕扯、损坏医务人员防护装备或者吐口水等恶意接触医务人员,造成医务人员感染新型冠状病毒,以故意伤害罪论处。确有致人伤亡的故意,实施伤医害医行为,但未造成相应损害后果的,以犯罪未遂论处。

12.【非法拘禁罪】以不准离开工作场所等方式非法限制医务人员人身自由,符合刑法第二百三十八条规定的,以非法拘禁罪定罪处罚。

审理该类案件,应当重点审查以下事实证据:

(1)行为人的行为是否达到了剥夺人身自由的程度;

(2)行为人非法拘禁的持续时间,以及有无殴打、侮辱、虐待、捆绑、使用械具等情节。

13.【侮辱罪】【诽谤罪】采取暴力或者其他方法公然侮辱医务人员或者捏造事实诽谤医务人员,符合刑法第二百四十六条规定的,以侮辱罪或者诽谤罪定罪处罚。

审理该类案件,应当重点审查以下事实证据:

(1)行为人是否实施了足以贬损他人名誉的公然侮辱或者捏造事实诽谤的行为;

(2)行为人的行为是否达到情节严重的程度。实施本罪行为,具有引发群体性事件,造成恶劣社会影响或国际影响,严重损害国家形象、危害国家利益等严重危害社会秩序和国家利益情形的,可以按照公诉案件程序审理。

14.【寻衅滋事罪】有下列寻衅滋事行为之一的,依照刑法第二百九十三条的规定,以寻衅滋事罪定罪处罚:

(1)随意殴打或者追逐、拦截、辱骂、恐吓医务人员或其他疫情防控人员,严重妨害医疗、疫情防控工作或者有其他恶劣情节的;

(2)强拿硬要或者任意损毁、占用防护器具、医疗设备等公私财物,情节严重的;

(3)在医疗卫生机构、隔离点等公共场所起哄闹事,造成公共场所秩序严重混乱的。

审理该类案件,应当重点审查以下事实证据:

(1)行为人是否属于无事生非、借故生非,具有寻衅滋事的故意;

(2)行为人的行为是否严重妨害医疗、疫情防控工作,是否达到情节恶劣的程度或造成公共场所秩序严重混乱的后果。

行为人寻衅滋事,推搡、撕扯医务人员或损坏医务人员防护装备,严重影响医疗工作的,以寻衅滋事罪论处,同时构成故意伤害罪的,择一重罪处罚。

行为人在医疗卫生机构等场所违规停放尸体、私设灵堂,或者阻碍医疗卫生机构依法处置传染病患者尸体,严重影响医疗、疫情防控工作的,以寻衅滋事罪论处,同时构成危害公共安全犯罪、妨害传染病防治罪或者聚众扰乱社会秩序罪等其他犯罪的,择一重罪处罚。

15.【聚众扰乱社会秩序罪】聚众扰乱医疗卫生机构、隔离点等场所社会秩序,致使医疗、疫情防控等工作无法进行,造成严重损失的,对首要分子或其他积极参加的,依照刑法第二百九十条第一款的规定,以聚众扰乱社会秩序罪定罪处罚。

审理该类案件,应当重点审查以下事实证据:

(1)行为人是否实施了聚众扰乱医疗卫生机构等场所社会秩序的行为;

(2)行为人的行为是否致使生产、经营及医疗、疫情防控等工作无法进行,造成严重损失。

16.【聚众哄抢罪】聚众哄抢公私财物,数额达到三千元以上或者有其他严重情节的,对首要分子和积极参加的,依照刑法第二百六十八条的规定,以聚众哄抢罪定罪处罚。聚众哄抢疫情防控和保障物资的,从重处罚。

审理该类案件,应当重点审查以下事实证据:

(1)行为人是否带头或积极参加哄抢行为;

(2)行为人所哄抢物资的价值,以及是否属于疫情防控和保障物资。哄抢物资数额虽未达到三千元,但造成延误治疗等严重后果的,视为“有其他严重情节”。

17.【非法行医罪】未取得医师执业资格非法行医,具有造成新型冠状病毒肺炎确诊患者、疑似患者贻误诊治或者造成交叉感染等严重情节的,依照刑法第三百三十六条第一款的规定,以非法行医罪定罪处罚。

审理该类案件,应当重点审查以下事实证据:

(1)行为人是否未取得医师执业资格而非法行医;

(2)行为人的行为有无造成传染病病人贻误诊治或者交叉感染等严重情节。

(三)依法从严惩处制假售假等破坏市场秩序的犯罪行为

18.【生产、销售伪劣产品罪】【生产、销售假药罪】【生产、销售劣药罪】生产、销售伪劣的口罩、防护服、护目镜等防治、防护产品、物资,或者生产、销售用于防治传染病的假药、劣药,构成犯罪的,分别依照刑法第一百四十条、第一百四十一条、第一百四十二条的规定,以生产、销售伪劣产品罪,生产、销售假药罪或者生产、销售劣药罪定罪处罚。

【生产、销售不符合标准的医用器材罪】生产用于防治传染病的不符合保障人体健康的国家标准、行业标准的医疗器械、医用卫生材料,或者销售明知是用于防治传染病的不符合保障人体健康的国家标准、行业标准的医疗器械、医用卫生材料,不具有防护、救治功能,足以严重危害人体健康的,依照刑法第一百四十五条的规定,以生产、销售不符合标准的医用器材罪定罪处罚。

审理该类案件,应当重点审查以下事实证据:

(1)生产、销售的疫情防控产品、物资是否属于医疗器械或医用卫生材料;

(2)涉案物品的数量及销售价格,对涉案物品是否为伪劣产品、假药、劣药或者不符合标准的医用器械、医用卫生材料,或者货物价值存在争议的,必要时应委托专业机构进行鉴定和评估;

(3)行为人是否明知销售的产品系伪劣商品,主要审查进货渠道、价格、销售方式以及是否曾因同类行为受过行政处罚等;

(4)涉案产品是否足以严重危害人体健康。

19.【假冒注册商标罪】【销售假冒注册商标的商品罪】未经防治、防护用品注册商标所有人许可,在同一种商品上使用与其注册商标相同的商标,非法经营数额在五万元以上或者违法所得数额在三万元以上,或者有其他严重情节的,依照刑法第二百一十三条的规定,以假冒注册商标罪定罪处罚。销售明知是假冒注册商标的防治、防护用品,销售金额在五万元以上的,依照刑法第二百一十四条的规定,以销售假冒注册商标的商品罪定罪处罚。

审理该类案件,应当重点审查以下事实证据:

(1)行为人所使用的商标是否与注册商标相同;

(2)使用行为是否未经注册商标所有人许可;

(3)行为人的经营数额、销售数额。对于涉案防治、防护产品符合相关国家标准、行业标准的,可以根据案件客观情况酌情从轻处罚。

20.【虚假广告罪】广告主、广告经营者、广告发布者违反国家规定,假借预防、控制突发传染病疫情等灾害的名义,利用广告对所推销的商品或者服务作虚假宣传,致使多人上当受骗,违法所得数额在三万元以上,或者有其他严重情节的,依照刑法第二百二十二条的规定,以虚假广告罪定罪处罚。

审理该类案件,应着重审查以下事实证据:

(1)行为人的行为是否违反广告法等相关国家规定;

(2)行为人的违法所得数额、上当受骗人数及损失数额,行为人是否曾因虚假广告行为受过行政处罚,以及是否有虚假广告所推销的商品或者服务造成人身伤残等其他情节严重的情形。

对明知他人在疫情防控期间实施生产、销售伪劣的防治、防护产品、物资或假药、劣药或不符合标准的医用器材等犯罪行为,或者明知他人利用疫情实施诈骗犯罪行为而提供广告宣传帮助行为的,以相关犯罪的共犯论处。

21.【非法经营罪】违反国家在疫情防控期间有关市场经营、价格管理等规定,哄抬物价、牟取暴利,严重扰乱市场秩序,个人违法所得在一万元以上、单位违法所得在十万元以上,或者有其他严重情节的,依照刑法第二百二十五条第(四)项的规定,以非法经营罪定罪,依法从重处罚。

审理该类案件,应当重点审查以下事实证据:

(1)行为人的行为是否违反价格法、国务院《价格违法行为行政处罚规定》等国家规定;

(2)涉案产品的真伪、质量、进货渠道、购销价格以及政府限价、指导价及市场一般行情;

(3)非法经营数额和违法所得数额。因生产、销售成本大幅度上涨导致定价过高的,可不认定为哄抬物价的行为。

22.【竞合的适用】上述破坏市场秩序的行为,同时构成生产、销售伪劣产品罪,生产、销售假药罪,生产、销售劣药罪,生产、销售不符合标准的医用器材罪,非法经营罪,假冒注册商标罪,销售假冒注册商标的商品罪的,择一重罪处罚。

(四)依法从严惩处造谣传谣的犯罪行为

23.【编造、故意传播虚假恐怖信息罪】【编造、故意传播虚假信息罪】编造与新型冠状病毒肺炎疫情有关的虚假信息、虚假恐怖信息或者明知是编造的此类虚假信息、虚假恐怖信息而故意传播,严重扰乱社会秩序的,依照刑法第二百九十一条之一第一款、第二款的规定,以编造、故意传播虚假恐怖信息罪或编造、故意传播虚假信息罪定罪处罚。

编造与疫情有关的虚假信息,或者明知是编造的虚假信息,在信息网络散布或者组织、指使人员在信息网络上散布,起哄闹事,造成公共秩序严重混乱的,以寻衅滋事罪定罪处罚。

对此类案件,应当依法、精准、恰当处置。行为人编造、散布的信息内容有一定根据,并非完全捏造,其主观上没有危害社会的意图,客观上没有造成严重社会危害后果的,不得定罪处罚。

审理该类案件,应当重点审查以下事实证据:

(1)行为人编造、传播的信息、恐怖信息内容是否虚假;

(2)行为人是否明知是虚假信息、虚假恐怖信息而故意编造、传播;

(3)行为人的行为有无严重扰乱社会秩序,或者造成严重后果。

【煽动分裂国家罪】【煽动颠覆国家政权罪】利用疫情制造、传播谣言,煽动分裂国家、破坏国家统一,或者煽动颠覆国家政权、推翻社会主义制度的,依照刑法第一百零三条第二款、第一百零五条第二款的规定,以煽动分裂国家罪或者煽动颠覆国家政权罪定罪处罚。

24.【拒不履行信息网络安全管理义务罪】网络服务者未履行法律、行政法规规定的信息网络安全管理义务,经监管部门责令采取改正措施而拒不改正,致使有关疫情的虚假、违法信息大量传播的,依照刑法第二百八十六条之一的规定,以拒不履行信息网络安全管理义务罪定罪处罚。

审理该类案件,应当重点审查以下事实证据:

(1)行为人是否负有法律、行政法规规定的信息网络安全管理义务而未履行;

(2)行为人是否经监管部门责令采取改正措施而拒不改正;

(3)行为人的行为是否致使有关疫情的虚假、违法信息大量传播。

（五）依法从严惩处破坏野生动物资源类犯罪

25.【非法猎捕、杀害珍贵、濒危野生动物罪】【非法收购、运输、出售珍贵、濒危野生动物、珍贵、濒危野生动物制品罪】【非法狩猎罪】非法猎捕、杀害国家重点保护的珍贵、濒危野生动物的，或者非法收购、运输、出售国家重点保护的珍贵、濒危野生动物及其制品的，依照刑法第三百四十一条第一款的规定，分别以非法猎捕、杀害珍贵、濒危野生动物罪和非法收购、运输、出售珍贵、濒危野生动物、珍贵、濒危野生动物制品罪定罪处罚；违反狩猎法规，在禁猎区、禁猎期或者使用禁用的工具、方法进行狩猎，破坏野生动物资源，情节严重的，依照刑法第三百四十一条第二款的规定，以非法狩猎罪定罪处罚。

审理该类案件，应当重点审查以下事实证据：

（1）捕猎野生动物的种类、数量；

（2）捕猎方式、捕猎行为对野生动物迁徙、栖息、繁殖的危害，特别是此类行为对公共安全、人民生命健康安全的危害。

除对直接实施猎捕的行为人依法惩处外，要依法追究故意贩卖、运输、加工、销售野生动物及其制品等行为人的刑事责任，实现全链条打击。

违反国家规定，非法经营非国家重点保护野生动物及其制品（包括开办交易场所、进行网络销售、加工食品出售等），扰乱市场秩序，情节严重的，依照刑法第二百二十五条第（四）项的规定，以非法经营罪定罪处罚。

【掩饰、隐瞒犯罪所得罪】知道或者应当知道是非法狩猎的野生动物而购买，符合刑法第三百一十二条规定的，以掩饰、隐瞒犯罪所得罪定罪处罚。对明知他人非法狩猎野生动物，长期性、经常性多次向他人收购被猎捕野生动物的收购者，应当以非法狩猎罪共犯论处，同时触犯掩饰、隐瞒犯罪所得罪等其他罪名的，择一重罪处罚。

对以食用为最终目的，可能造成重大公共安全隐患的非法捕猎、运输、加工、销售野生动物及其制品的犯罪行为和非法购买、销售未经检疫的野生动物及其制品的犯罪行为，依法从重处罚。

（六）依法严惩其他妨害疫情防控的犯罪行为

26.【诈骗罪】假借研制、生产或者销售用于防控疫情用品的名义骗取公私财物，以及假借救治传染病、防控疫情名义骗取医疗、防疫专项款物或者社会捐助款物，数额较大的，依照刑法第二百六十六条的规定，以诈骗罪定罪，依法从重处罚。

审理该类案件，应当重点审查以下事实证据：

（1）行为人是否具有“以非法占有为目的”的主观故意，主要审查行为人是否有真实的货源、是否具备供货能力、所获财物的实际用途等；

（2）诈骗是否同时存在既遂和未遂的情形。

对以赈灾募捐名义实施诈骗或者骗取救济、医疗专项款物，数额接近六千元、六万元、五十万元的，应当以诈骗罪定罪或认定有刑法第二百六十六条规定的“其他严重情节”“其他特别严重情节”。

对利用通信工具、互联网等技术手段骗取不特定多数人财物的，应当按照《最高人民法院、最高人民检察院、公安部关于办理电信网络诈骗等刑事案件适用法律若干问题的意见》的规定确定定罪量刑标准。

27.【污染环境罪】违反传染病防治法等疫情防控规定，随意处置含新型冠状病毒病原体的医疗防护用品、器材、医疗生活废物以及其他有毒有害物质，严重污染环境的，依照刑法第三百三十八条的规定，以污染环境罪定罪处罚。

审理该类案件，应着重审查以下事实证据：

（1）行为人随意处置有毒有害物质的行为是否违反传染病防治法等国家规定；

（2）行为人的行为是否严重污染环境；

（3）行为人是否有严重污染环境的故意。

对此，应根据行为人的任职情况、职业经历，对有毒有害物质的认知程度以及污染方式、损害后果等综合判断。

28.【贪污罪】【职务侵占罪】【挪用公款罪】【挪用资金罪】贪污、侵占用于预防、控制突发传染病疫情等灾害的款物或者挪用上述款物归个人使用，构成犯罪的，分别依照刑法第三百八十二条、第三百八十三条、第二百七十一条、第三百八十四条、第二百七十二条的规定，以贪污罪、职务侵占罪、挪用公款罪、挪用资金罪定罪处罚。

【挪用特定款物罪】挪用用于防控突发传染病疫情等灾害的救灾、优抚、救济等款物，构成犯罪的，对直接责任人员，依照刑法第二百七十三条的规定，以挪用特定款物罪定罪处罚。

审理该类案件，应着重审查以下事实证据：

（1）行为人是否为国家工作人员；

（2）行为人是否具有“非法占有”的主观故意；

（3）涉案款物是否为特定款物。

同时，严格按照《最高人民法院、最高人民检察院关于办理贪污贿赂刑事案件适用法律若干问题的解释》的规定确定定罪量刑的标准。

29.【滥用职权罪】【玩忽职守罪】在防控疫情工作中，负有组织、协调、指挥、疫情调查、控制、医疗救治、信息传递、交通运输、物资保障等职责的国家机关工作人员，滥用职权或者玩忽职守，致使公共财产、国家和人民利益遭受重大损失的，依照刑法第三百九十七条的规定，以滥用职权罪或者玩忽职守罪定罪处罚。

【传染病防治失职罪】从事传染病防治的政府卫生行政部门的工作人员严重不负责任，导致新型冠状病毒肺炎传染病传播或者流行，情节严重的，依照刑法第四百零九条的规定，以传染病防治失职罪定罪处罚。

审理该类案件，应着重审查以下事实证据：

（1）行为人是否为国家机关工作人员，或者受国家机关委托代表国家机关行使职权的组织中从事公务的人员，或者虽未列入国家机关人员编制但在国家机关中从事公务的人员；

（2）行为人是否具有防控疫情相关工作职责；

（3）渎职行为与传染范围扩大或者疫情加重后果之间的因果关系。

30.【传染病毒种扩散罪】从事实验、保藏、携带、运输传染病菌种、毒种的人员，违反国务院卫生行政部门的有关规定，造成新型冠状病毒毒种扩散，后果严重的，依照刑法第三百三十一条的规定，以传染病毒种扩散罪定罪处罚。

审理该类案件，应着重审查以下事实证据：

（1）行为人是否属于从事实验、保藏、携带、运输传染病菌种、毒种的人员，是否对新型冠状病毒毒种具有管理权限；

（2）行为人的行为是否造成新型冠状病毒毒种扩散，且后果严重。导致新型冠状病毒肺炎传染病传播或者造成人员重伤、死亡以及严重影响正常生产、生活秩序等后果的，应当认定为“后果严重”。

四、坚持宽严相济刑事政策

31. 充分认识疫情防控期间妨害疫情防控犯罪行为的社会危害性，严格控制对妨害疫情防控相关犯罪的缓刑、免予刑事处罚的适用。对生产、销售疫情防控急需物资的被告人，符合缓刑条件的可以适用缓刑。加大对犯罪分子的财产刑处罚力度，采取有效措施依法追缴犯罪违法所得，坚决不让犯罪分子在经济上非法获利。对利用职业便利实施犯罪或违背职业要求特定义务的犯罪，可依法决定对被告人的职业禁止。

32. 综合把握妨害疫情防控犯罪的事实，定罪量刑时既要考虑犯罪数额、对象、损害后果等一般情节，也要考虑犯罪发生的特殊时期、地点以及相关信息通过互联网传播等造成的危害后果，避免“唯数额论”。要充分考量被告人的主观恶性和人身危险性，对因实施相关违法行为被行政处理后又实施相关犯罪行为的，依法从重处罚。重视对犯罪分子的“教育、感化、挽救”方针，对具有自首、立功、坦白等情节以及认罪认罚的犯罪分子，依法从宽处罚。

五、其他要求

33. 加强与纪检监察、公安、检察、司法行政等机关的协调配合，畅通指定管辖、案件移送、涉案款物移交等工作渠道，提高案件办理效率。积极会商处理妨害疫情防控相关犯罪案件的法律适用难题，及时通报重点个案的查处情况。对审理中发现的党员和国家工作人员职务违法及犯罪线索，及时向同级纪检监察机关移送。加强与医疗主管、卫生防疫等部门沟通配合，及时研究解决案件审理中的专业问题。

34. 坚持司法为民、公正司法，落实司法公开各项要求，加强和规范裁判文书释法说理，既严格遵循法律、司法解释的规定，也要兼顾国法天理人情，旗帜鲜明弘扬社会主义核心价值观。要及时向社会公布人民法院依法从严惩治妨害疫情防控相关犯罪的典型案件，有效震慑犯罪分子，切实增加人民群众的社会安全感，实现案件裁判的法律效果和社会效果有机统一。

浙江省高级人民法院　浙江省人民检察院　浙江省公安厅
关于涉新型冠状病毒感染肺炎疫情刑事案件办理工作的若干规定

（2020年2月7日）

一、案件范围

涉新型冠状病毒感染肺炎疫情刑事案件范围主要包括：

在疫情防控期间实施的哄抬物价、囤积居奇等非法经营刑事案件；

在疫情防控期间实施的生产、销售用于防治涉新型冠状病毒感染肺炎的伪劣防治、防护产品、物资，假药、劣药以及不符合保障人体健康的国家标准、行业标准的医疗器械、医用卫生材料等刑事案件；

利用疫情实施的诈骗、敲诈勒索等刑事案件；

贪污、侵占、挪用、盗窃、诈骗、抢劫、抢夺用于防控疫情的物资、救灾救济、医疗款物等刑事案件；

故意传播新型冠状病毒，或者患有新型冠状病毒感染肺炎或疑似病症而拒绝接受检疫、强制隔离或治疗、过失造成传染病传播且情节严重的刑事案件；

以暴力、威胁方法阻碍国家机关工作人员、红十字会工作人员依法履行为防治疫情而采取的防疫、检疫、强制隔离、隔离治疗等预防、控制措施的刑事案件；

编造与疫情有关的恐怖信息、虚假疫情、警情，或明知是编造的此类恐怖信息、虚假疫情、警

情而故意传播,严重扰乱社会秩序的刑事案件;

疫情防控期间“暴力伤医”、扰乱医疗机构秩序等涉医刑事案件;

其他涉新型冠状病毒感染肺炎疫情刑事案件。

二、总体要求

各级人民法院、人民检察院、公安机关应充分发挥职能作用,加强协同配合,形成打击合力。对于涉疫情刑事案件要优先办理,严格依法快侦快诉快审;正确运用法律规定加大惩处力度,体现依法从严惩处精神。要坚持依法办案,严格入罪标准,贯彻落实宽严相济刑事政策,切实做到宽严有据,罚当其罪,实现政治效果、法律效果和社会效果的统一。要加强案件指导,各办案单位分管领导应靠前指挥,部门负责人原则上是第一承办人;上级部门要加强指导和督办,统一执法尺度。要重视法治宣传,注意疫情防控期间矛盾纠纷化解。为坚持依法防控,在法治轨道上统筹推进各项防控工作,保障疫情防控工作顺利开展提供坚强司法保障。

(一)信息实时通报机制

各级人民法院、人民检察院、公安机关应当建立涉疫情刑事犯罪案件实时信息共享通报制度。公安机关应当在立案侦查当日通报同级人民检察院、人民法院。人民检察院应当在决定提前介入当日通报同级人民法院;对拟提起公诉的,应在提起公诉二日前通报人民法院。人民法院在案件判决后,应在当日将判决结果告知同级人民检察院、公安机关。

(二)案件内部报备机制

各级人民法院、人民检察院、公安机关应当建立涉疫情刑事案件情况内部报备机制。各办案单位对受理或介入的涉疫情刑事案件情况应及时向省法院、省检察院、省公安厅指定部门报备。重大敏感涉疫情刑事案件应实时报备。

(三)提前介入机制

对于涉疫情重大刑事案件,公安机关应及时商请同级人民检察院提前介入,人民检察院应在二日内指定专人或组织专班开展介入工作,引导公安机关全面收集、固定证据,并对侦查活动合法性进行监督。人民检察院提前介入后,应同时通报同级人民法院。同级人民法院应指派专人对接,熟悉案情,及时跟进,并就疑难问题进行分析研判,为依法快审快判打好基础。

(四)案件会商机制

在办理涉疫情刑事案件中,对于事实认定、证据标准、法律适用等存在争议的,应在提起公诉前启动会商机制,必要时报请当地政法委牵头会商研究。

对重大、疑难、复杂的涉疫情刑事案件,或经会商仍未形成统一意见的,要分别及时向上级部门请示汇报。上级部门要加强指导,及时会商,尽早答复,统一执法标准,确保涉疫情刑事案件依法、及时、准确、稳妥办理。

(五)宣传协同机制

各级人民法院、人民检察院、公安机关要在依法办理涉疫情刑事案件的同时,加强正面宣传和舆情引导,确保案件办理效果。在宣传报道前,办案部门要按照“三同步”工作机制,与新闻宣传部门共同研判,做好风险评估。各部门要加强协作,必要时可共同制订宣传方案,适时、协同发布信息,努力形成对外宣传合力。

(六)典型案例发布机制

各级人民法院、人民检察院、公安机关应当建立涉疫情刑事案件典型案例发布机制。各办案单位要及时收集梳理涉疫情刑事案件典型案例,对于有利于宣传预防犯罪的案件,应适时向社会公众发布。上级人民法院、人民检察院、公安机关对于在事实认定、适用法律等方面有重大典型意义的案件，应及时总结、联合下发，以加强对下指导，统一执法思想和标准。

（七）一体化单轨制协同办案机制

各级人民法院、人民检察院、公安机关应当充分发挥政法一体化办案系统网上单轨制协同办案的优势，最大限度减少人员接触，防止疫情传播，切实保障干警的生命安全和身体健康。

安徽省高级人民法院　安徽省人民检察院　安徽省公安厅
关于依法严厉打击新冠肺炎疫情防控期间刑事犯罪的通告

（2020年2月13日）

为全面做好新冠肺炎疫情防控工作，切实保障人民群众生命安全和身体健康，维护社会秩序安全稳定，根据《中华人民共和国刑法》《中华人民共和国传染病防治法》《突发公共卫生事件应急条例》等法律法规及相关司法解释规定，现就依法惩治妨害疫情防控犯罪活动，通告如下：

一、患有或者疑似患有新冠肺炎，拒绝隔离治疗或者违反隔离治疗相关规定，进入公共场所或公共交通工具，参与人员聚集活动，故意传播新冠病毒或造成病毒传播危险，危害公共安全的，按照以危险方法危害公共安全罪追究刑事责任。

二、以暴力、威胁等方法阻碍疫情防控工作人员依法采取防疫、检疫、隔离等应急管制措施的，按照妨害公务罪追究刑事责任。

三、在卫生医疗机构寻衅滋事，对医务人员实施阻拦、推搡等严重妨碍卫生医疗秩序行为的，按照寻衅滋事罪追究刑事责任。对医务人员实施撕扯防护装备、吐口水等行为，致使医务人员感染新冠病毒的，按照故意伤害罪追究刑事责任。恐吓、殴打、侮辱医务人员情节严重的，分别按照寻衅滋事罪、侮辱罪追究刑事责任。

四、编造疫情虚假信息，在信息网络或者其他媒体上传播，或者明知虚假疫情信息故意传播、指使他人散布，制造社会恐慌、挑动社会情绪，严重扰乱社会秩序的，按照编造、故意传播虚假信息罪追究刑事责任。借机制造、传播谣言，煽动分裂国家、破坏国家统一，或者煽动颠覆国家政权、推翻社会主义制度的，按照煽动分裂国家罪、煽动颠覆国家政权罪追究刑事责任。

五、生产、销售伪劣的防治、防护产品、物资，或者生产、销售用于疫情防治的假药、劣药，构成犯罪的，按照生产、销售伪劣产品罪，生产、销售假药罪，生产、销售劣药罪追究刑事责任。

六、生产不符合国家标准、行业标准的医用口罩、护目镜、防护服等医疗器械、医用卫生材料，或者销售明知是不符合标准的医疗器械、医用卫生材料，足以严重危害人体健康的，按照生产、销售不符合标准的医用器材罪追究刑事责任。

七、违反国家有关市场经营、价格管理等规定，在疫情防控期间，囤积居奇，哄抬疫情防控急需防护用品、药品或者其他民生用品价格，牟取暴利，违法所得数额较大或有其他严重情节，严重扰乱市场秩序的，按照非法经营罪追究刑事责任。

八、假借研制、生产或者销售用于疫情防控的物品的名义骗取公私财物，或者捏造事实骗取公众捐赠物，数额较大的，按照诈骗罪追究刑事责任。

九、广告主、广告经营者、广告发布者违反国家规定，假借疫情防控的名义，利用广告对所推销的商品或者服务作虚假宣传，致使多人上当受骗，违法所得数额较大或者有其他严重情节的，按照虚假广告罪追究刑事责任。

十、国家机关工作人员或经指派、委托参加疫情防控的其他工作人员，未按照规范要求做好防疫、检疫、隔离、防护、救治等工作，或故意瞒报、缓报、谎报疫情，以及故意指使、强迫他人瞒报、缓报、谎报疫情，造成疫情扩大或加重的，分别按照滥用职权罪、玩忽职守罪、传染病防治失职罪追究刑事责任。

十一、国家工作人员，受委托管理国有财产的人员，公司、企业或者其他单位的人员，利用职务上的便利，侵吞、截留或者以其他手段非法占有用于疫情防控款物，或者挪用上述款物归个人使用的，分别按照贪污罪、职务侵占罪、挪用公款罪、挪用资金罪追究刑事责任。挪用用于防控疫情的救灾、优抚、救济等款物，对直接责任人员，按照挪用特定款物罪追究刑事责任。特此通告。

安徽省高级人民法院

安徽省人民检察院

安徽省公安厅

2020 年 2 月 13 日

妨害传染病防治行为的类型及罪名适用

□李　勇

防控新型冠状病毒肺炎(以下简称新冠肺炎)疫情,必须采取强有力的措施,这些措施应当在法治的轨道上运行,拒不执行防控措施妨害疫情防治的行为应依法处理。在疫情防控期间,一些地方发生了妨害传染病防治的案例,有的隐瞒病情和行程,有的拒不接受隔离,有的对执行防控措施人员实施暴力,等等。在突发事件中,刑法应当有所为,但也不能乱为,准确运用刑法手段应对妨害传染病防治的犯罪行为至关重要。妨害传染病防治犯罪可以分为狭义的和广义的,狭义的妨害传染病防治犯罪仅指刑法第三百三十条的妨害传染病防治罪;广义的妨害传染病防治犯罪是指以故意毁坏财物、寻衅滋事、妨害公务、以危险方法危害公共安全等方式妨害传染病防治的犯罪行为。

一、狭义的妨害传染病防治罪之适用

我国刑法第三百三十条第一款规定,"违反传染病防治法的规定,有下列情形之一,引起甲类传染病传播或者有传播严重危险的,处三年以下有期徒刑或者拘役;后果特别严重的,处三年以上七年以下有期徒刑:(一)供水单位供应的饮用水不符合国家规定的卫生标准的;(二)拒绝按照卫生防疫机构提出的卫生要求,对传染病病原体污染的污水、污物、粪便进行消毒处理的;(三)准许或者纵容传染病病人、病原携带者和疑似传染病病人从事国务院卫生行政部门规定禁止从事的易使该传染病扩散的工作的;(四)拒绝执行卫生防疫机构依照传染病防治法提出的预防、控制措施的"。2020 年 2 月 6 日最高人民法院、最高人民检察院、公安部、司法部印发《关于依法惩治妨害新型冠状病毒感染肺炎疫情防控违法犯罪的意见》(以下简称 2020 年《意见》)发布之前,该罪名适用率极低,甚至有"僵尸化"趋势。主要原因在于人们对该罪名的适用前提、行为主体等存在认识偏差。

(一)适用前提

刑法第三百三十条妨害传染病防治罪的适用前提是甲类传染病,我国《传染病防治法》规定的甲类传染病只有鼠疫、霍乱,其他的可以由国务院有关规定确定。新冠肺炎疫情发生后,2020 年 1 月 20 日经国务院批准,将其纳入乙类传染病,但采取甲类传染病的预防、控制措施。这就给刑法第三百三十条的适用造成了困扰。这个困扰在 2003 年"非典"疫情期间就已出现。尽管 2003 年 4 月 11 日国务院原卫生部发布通知将"非典"列入法定传染病并决定执行甲类传染病控制措施,但是刑法界普遍认为,由于"非典"不属于甲类传染病,按照罪刑法定原则,没有适用该罪名的余地。2003 年 5 月最高人民法院、最高人民检察院发布《关于办理妨害预防、控制突发传染病疫情等灾害的刑事案件具体应用法律若干问题的解释》(以下简称 2003 年《解释》)没有提及刑法第三百三十条,其原因也在于此。现在,该问题再次出现,学者要么对该罪名采取回避策略,要么明确否定该罪名的适用余地。事实上,最高人民检察院、公安部于 2008 年 6 月 26 日联合发布的《关于公安机关管辖的刑事案件立案追诉标准的规定(一)》(以下简称《追诉标准》)已注意到该问题,其第四十九条明确规定,违反传染病防治法的规定,引起甲类或者按照甲类管理的传

染病传播或者有传播严重危险,应以妨害传染病防治罪立案追诉。2020 年《意见》再次明确规定,"其他拒绝执行卫生防疫机构依照传染病防治法提出的防控措施,引起新型冠状病毒传播或者有传播严重危险的,依照刑法第三百三十条的规定,以妨害传染病防治罪定罪处罚"。换言之,《追诉标准》和 2020 年《意见》将"采取甲类传染病的预防、控制措施"的传染病解释为刑法第三百三十条的"甲类传染病"。笔者认为这样的解释可以说是扩大解释,但不属于类推解释,具有合理性,并不违反罪刑法定原则。

首先,从刑法用语含义上看。罪刑法定禁止类推解释,但并不禁止扩大解释和实质解释。当某种行为虽不在刑法用语核心含义之内,但具有处罚必要性时,在刑法用语射程范围内可以作扩大解释,以实现刑法的合理性。刑法第三百三十条赋予公民的义务是遵守"甲类传染病的预防、控制措施",既然国家对新冠肺炎采取"甲类传染病的预防和控制措施",而行为人拒不履行,其违反的显然是"甲类传染病的预防和控制措施",而非乙类传染病的预防和控制措施。这完全符合刑法用语的含义,也不违反公民的预测可能性,因为 2020 年 1 月 20 日国家已经发布公告对新冠肺炎采取甲类传染病的预防、控制措施。公民所知晓的预防、控制措施是甲类传染病的,而非乙类传染病的。这意味着,在 2020 年 1 月 20 日以后违反刑法第三百三十条的行为,以该罪名论处是完全合法合理的。

其次,从处罚的实质必要性看。当前新型冠状病毒的高危害性及强传染性,短期内与鼠疫、霍乱相比,具有相当性。从政府采取的防控措施的范围和强度看,实际上超过鼠疫、霍乱。违反相关的防控措施义务,所导致的风险及后果与鼠疫、霍乱具有一定可比性,因此,防控新冠肺炎防治的行为具有实质的处罚必要性。国家之所以没有将新冠肺炎规定为甲类传染病,主要原因是这种新型病毒有很多未知领域,疫苗经过一段时间很可能研制成功,如果研制出疫苗和药物,其传染性和危害性会显著降低;病毒经过一段时间以后其毒性可能会大大降低,也可能经过一定时间后会发展成类似于流感一样的季节性轻症呼吸系统疾病,而法定的甲类传染病具有稳定性,不能朝令夕改,但又考虑到当前的传染性和危险性已经达到甲类传染病的程度,因此"采取甲类传染病的预防、控制措施"。刑法适用要顺应这种大局和背景,理应将其解释为刑法第三百三十条的"甲类传染病"。

最后,从罪刑均衡的角度看。传统观点回避刑法第三百三十条的适用,但是也认为类似拒绝隔离、隐瞒病情等恶劣行为有实质处罚必要性,于是只能求助于刑法第一百一十四条的以危险方法危害公共安全罪。其实这种解释路径反而有类推、违反罪刑法定之嫌。以危险方法危害公共安全罪的法定最高刑是死刑(致人重伤、死亡或者重大财产损失的处十年以上有期徒刑、无期徒刑或者死刑)。但刑法第三百三十条妨害传染病防治罪法定最高刑是七年有期徒刑(造成特别严重后果的处三年以上七年以下有期徒刑)。这就导致罪刑不均衡:妨害甲类传染病防治行为的处罚(按照刑法第三百三十条处罚)反而比妨害乙类传染病防治行为(按照刑法第一百一十四条处罚)更轻。以危险方法危害公共安全罪属于重罪,适用条件应当严格限制,不能动辄以该罪名定罪处罚;同时,也会导致放纵一些尚未达到以危险方法危害公共安全但是需要以妨害传染病防治罪处罚的犯罪行为。只有将"纳入乙类传染病,并采取甲类传染病预防、控制措施"解释为刑法中的"甲类传染病"才能解决上述双重不均衡刑罚问题。正确的做法是优先考虑适用刑法第三百三十条,有些行为同时触犯刑法第一百一十四条的再按照罪数原理解决(下文详述)。

(二)适用主体

刑法第三百三十条妨害传染病防治罪"僵尸化"的另一个重要原因是一些学者认为,该罪的主体是特殊主体,即只能适用于对疫情防控负有特定职责的单位和个人。这种观点不够妥当。

事实上,刑法第三百三十条第一款共计有四项,规定了四种行为,前三项确实是针对特定职责的主体,但是第四项并没有限定,而是包括一般社会公众。具体来说:第一种行为的适用主体是供水单位,即供水单位供应的饮用水不符合国家规定的卫生标准,而引起甲类传染病传播或者有传播严重危险;第二种行为的适用主体主要是指具有对传染病病原体污染的污水、污物、粪便具有消毒、处理职责的单位和个人,这些单位和个人拒绝按照卫生防疫机构提出的要求对传染病病原体污染的污水、污物、粪便进行处理,而引起甲类传染病传播或者有传播严重危险;第三种行为的适用主体从事餐饮、医疗、教学等易使传染病扩散工作的用人单位及其个人,这些单位和个人准许或者纵容传染病病人、病原携带者和疑似传染病病人从事国务院卫生行政部门规定禁止从事的易使该传染病扩散的工作,而引起甲类传染病传播或者有传播严重危险;第四种行为的适用主体是一般社会公众,包括传染病确诊病人、疑似病人以及其他社会公众,即一般社会公众拒绝执行卫生防疫机构依照传染病防治法提出的预防、控制措施,而引起甲类传染病传播或者有传播严重危险。这里就包含了一般社会公众拒绝执行国家依法采取的隔离、封路、检查、检疫措施等行为。

(三)行为特征

刑法第三百三十条第一款规定的前三项行为较为特定和明确,在适用和认定上较为容易。实践中难以把握的是第(四)项,即一般社会公众"拒绝执行卫生防疫机构依照传染病防治法提出的预防、控制措施",其行为方式一般表现为不作为,即不履行政府采取的预防控制措施,这与以危险方法危害公共安全罪一般表现为积极的作为、主动传播是不同的。比如,行为人没有主动报告疫情高发地区行程史,是以消极不作为的方式"拒绝执行卫生防疫机构依照传染病防治法提出的预防、控制措施",应当定性为妨害传染病防治罪。根据实践情形,刑法第三百三十条第一款第(四)项规定的情形主要有:(1)拒不履行指定场所单独治疗、隔离观察及其他防控措施的行为;(2)拒不配合政府依法对疫点以及相关场所进行的卫生处理、戴口罩、测体温以及其他管制措施等行为;(3)拒不遵守政府依法采取的限制或者停止集市、影剧院演出或者其他群体性活动的行为;(4)拒不遵守政府依法采取的停工、停业、停课措施的行为;(5)拒不遵守政府依法采取的封闭、封存被传染病病原体污染的水源、食品以及相关物品,禁止买卖、捕食野生动物等措施的行为;(6)拒不遵守政府依法采取的紧急封闭相关场所措施的行为;(7)拒不遵守政府依法采取的对出入疫情区或其他区域的人员、物资和交通工具实施卫生检疫、交通管制或封锁等措施的行为。由此可见,有上述行为,并引起新型冠状病毒传播或者有严重传播危险的行为,涉嫌刑法第三百三十条的妨害传染病防治罪。

需要特别指出的是,该罪既是实害犯,也是危险犯,实害犯就是刑法第三百三十条规定的"引起甲类传染病传播";危险犯就是刑法第三百三十条规定的"有严重传播危险"。这里的实害犯可以通过事后的结果证明有无导致不特定人或多数人被感染来认定。这里的危险犯属于具体危险,即"严重传播危险",在认定时不能随意将具体危险犯偷换为抽象危险犯,不能认为只要拒绝履行防控措施的行为在理论上就有传播的严重危险。对"严重传播危险"这一具体危险的认定,应当严格限制解释,防止不当扩大打击面。实践中,行为人的具体行为是否具有严重的传播危险要把握两个方面的要点:一是从事后看,该行为有无导致疫情传播、扩散的严重危险;二是应当坚持医学的科学标准来判断其行为传播、扩散疫情的危险性。

二、广义的妨害传染病防治犯罪之适用

对于一般社会公众来说,广义的妨害传染病防治犯罪行为主要包括以下行为类型(限于篇幅仅列四类,实践中还可能有故意伤害型、制假售假型、造谣传谣型等):

（一）以危险方法危害公共安全型

刑法第一百一十四条规定了以危险方法危害公共安全罪，该罪与放火、决水、爆炸、投放危险物质罪规定在同一条款中，即“放火、决水……或者以其他危险方法危害公共安全”。根据体系解释和同类解释规则，这里的“其他危险方法”应当与该条款列举的放火、决水、爆炸、投放危险物质具有相当性，这种相当性应当满足两个特征：一是性质上，行为一经实施就具备了难以控制的高度危险性，直接导致不特定多数人生命、健康安全，具有即时性和直接性；二是程度上，须达到放火、爆炸、投放危险物质所能产生的同等的危险状态，具有难以控制性和一定的恐怖性。不能认为只要客观上危害公共安全就构成本罪，本罪所要求的危害公共安全必须要与放火、爆炸等具有相当性，这种相当性可以具体化为对不特定多数人危险的即时性、直接性、难以控制性和恐怖性。2020年《意见》列举了故意传播新冠肺炎危害公共安全构成以危险方法危害公共安全罪的两种情形：一是已经确诊的新冠肺炎病人、病原携带者，拒绝隔离治疗或者隔离期未满擅自脱离隔离治疗，并进入公共场所或者公共交通工具的（以下简称确诊型）；二是新冠肺炎疑似病人拒绝隔离治疗或者隔离期未满擅自脱离隔离治疗，并进入公共场所或者公共交通工具，造成新型冠状病毒传播的（以下简称疑似型）。这两种类型符合上述相当性的两个特征，在本质上符合以危险方法危害公共安全罪的犯罪构成。司法实践中，对上述两种类型需要根据以危险方法危害公共安全罪的本质特征，慎重把握以下几个方面：

1. 确诊型有三个限制条件。根据2020年《意见》，这三个限制条件分别为：一是行为人必须是在实施行为之前已经确诊的新冠肺炎病人、病原携带者，并且行为人对自己已经确诊的事实是明知的。根据《传染病防治法》的规定，传染病的确诊病人是指根据国务院卫生行政部门发布的《传染病防治法规定管理的传染病诊断标准》，符合传染病病人诊断标准的人；病原携带者是指感染病原体无临床症状但能排出病原体的人，不能从事后确诊去反推确诊之前的行为。在证据上表现为有相应的医学诊断书、检验报告等。二是已经确诊的行为人拒绝隔离治疗或者隔离期未满擅自脱离隔离治疗。这两个条件的限制意味着，确诊型的以危险方法危害公共安全罪主要表现为确诊病人从隔离场所逃离的情形。三是确诊的行为人进入公共场所或者公共交通工具。已经是确诊的新冠肺炎患者、病原携带者，这种情况下进入公共场所或公共交通工具就可以推定其具有危害公共安全的故意与行为。

2. 疑似型有四个限制条件。根据2020年《意见》，这四个限制条件分别是：一是行为人必须是新冠肺炎的疑似病人。这里的疑似病人是特定的传染病学专业术语，不能根据生活常识怀疑行为人是新冠肺炎患者就认为是疑似病人。实践中，不能认为只要行为人是来自武汉、湖北等疫情高发地区的都是疑似病人，也不能认为只要是确诊病人的密切接触者、一般接触者、接受医学观察者都是疑似病人。根据《传染病防治法》第七十八条的规定，疑似传染病病人，是指根据国务院卫生行政部门发布的《传染病防治法规定管理的传染病诊断标准》，符合疑似传染病病人诊断标准的人。新冠肺炎疫情发生后，国家卫生健康委员会制定了《新型冠状病毒感染的肺炎诊疗方案》，具体规定了相应的诊断标准。因此，这里的疑似病人也是要有专业的医疗机构或人员诊断而确定的。在证据上，要有相应的诊断报告或材料等。二是被确定为疑似病人的行为人拒绝隔离治疗或者隔离期未满擅自脱离隔离治疗。三是行为人进入公共场所或者公共交通工具。四是造成新型冠状病毒传播。第四个条件需要从事后结果的角度进行评价和认定，也就是实际上有无造成病毒传播。2020年《意见》针对疑似型以危险方法危害公共安全罪增加了“造成新型冠状病毒传播”这个条件，这是因为疑似病人并不能确定就是新冠肺炎患者，是否会危害公共安全也处于不确定状态，只有最终确实造成了新型冠状病毒传播，才能评价为危害公共安全。

3. 无论是确诊型还是疑似型都有"进入公共场所或公共交通工具"等积极作为行为。"进入公共场所或公共交通工具"等积极行为是侵害不特定、多数人的生命健康安全这一以危险方法危害公共安全罪法益的关键所在。对于单纯的拒不履行报告义务、拒不执行相关防控措施的消极不作为,即使是确诊病人、疑似病人也不能轻易地以危险方法危害公共安全罪论处。

4. 除确诊型和疑似型以外的其他人也有可能成立以危险方法危害公共安全罪。有人认为,根据2020年《意见》,涉疫情案件,只有确诊病人、病原携带者和疑似病人才能构成以危险方法危害公共安全罪。笔者认为这种观点是不妥的。2020年《意见》关于以危险方法危害公共安全罪的规定,只是提示性列举,而非定义。换言之,2020年《意见》只是对涉疫情案件中常见的以危险方法危害公共安全罪的表现形式进行了提示性的列举,而并没有穷尽。事实上,是否构成以危险方法危害公共安全罪,还必须按照刑法第一百一十四条规定的该罪名的构成要件进行判断,实质地评价是否符合给罪的本质特征。例如,健康的第三人故意用确诊新冠肺炎病人的排泄物涂抹公共场所的电梯、门把手,或者投掷到水源地等,这种行为完全符合上述两个特征,与投放危险物质相当,与确诊新冠肺炎病人进入公共场所或公共交通工具相比,危害性更大,理当构成以危险方法危害公共安全罪。

5. 除"进入公共场所或公共交通工具"以外的其他危险性行为也可能成立以危险方法危害公共安全罪。与前述第四点一样,2020年《意见》所规定的"进入公共场所或者公共交通工具"也是一种提示性列举,并不能穷尽,其本质是进入公共场所或公共交通工具会危及不特定、多数人的生命健康安全。"进入公共场所或公共交通工具"只是常见的表现形式,实践中完全存在没有进入公共场所或公共交通工具,但是具有传播给不特定多数人的高度危险性的行为。例如,确诊新冠肺炎病人故意用口水涂抹电梯、故意抛洒排泄物等,应当认定为以危险方法危害公共安全罪。

总之,是否构成以危险方法危害公共安全罪,必须严格解释刑法第一百一十四条规定的"其他危险方法",实质地看是否符合该罪的本质特征。

(二)妨害公务型

在新冠肺炎疫情防控期间,行为人以暴力、威胁方法阻碍国家机关工作人员依法执行检疫、强制隔离、交通管制、场所封闭等职务行为,根据刑法第二百七十七条的规定,涉嫌妨害公务罪。实践中需要注意以下三点:一是履行防疫职责的红十字会工作人员属于本罪的保护对象,即以暴力、威胁方法阻碍其依法履行职责的,构成妨害公务罪。二是受委托履行防疫公务职责的人员属于本罪保护对象,既包括不具有国家工作人员身份而受委托从事防疫职责的人员,如协助交通管制的辅警,受委托协助强制隔离、封闭场所的社区工作人员等;也包括原本不具有卫生管理职责的其他政府机关人员临时受委托从事防疫公务的人员,如检察官、法官临时受委托从事强制隔离、排查等工作。这里的委托可以是书面委托,也可以是紧急情况下的通知、命令、口头传达等。三是威胁的方法,包括吐口水、抛洒污染物等以传播新型冠状病毒的方法相威胁。

(三)故意毁坏财物型

疫情防控期间,行为人故意冲撞隔离设施、交通管制设施、检验检疫设施、小区道闸设施等,毁坏财物数额较大或者有其他严重情节的,构成故意毁坏财物罪。

(四)寻衅滋事型

在疫情防控期间,强拿硬要、任意毁损或占用公私财物,情节严重的;在公共场所起哄闹事,造成公共场所秩序混乱的,构成寻衅滋事罪。例如,不按照防疫规定戴口罩进入商场、车站、住宅小区等,遇工作人员阻止而随意殴打工作人员,撒泼打滚、起哄闹事,情节严重的行为。

三、关于罪数关系问题

狭义的妨害传染病防治罪与广义的妨害传染病防治犯罪中的以危险方法危害公共安全罪、妨害公务罪、寻衅滋事罪等之间存在复杂的罪数关系，需要结合刑法罪数的基本原理进行分析。

行为人以暴力、威胁等方法拒绝执行防疫措施，阻碍从事防疫工作的国家工作人员防疫工作，其行为触犯刑法第二百七十七条的妨害公务罪；如果这种妨害公务的行为同时导致新冠肺炎传播或者有传播严重危险，则同时触犯刑法第三百三十条的妨害传染病防治罪。这种情况同样属于一行为触犯数罪名，系想象竞合犯，从一重处。有观点认为这种情况属于牵连犯，这是不妥的。牵连犯与想象竞合的本质区别在于行为个数。牵连犯是数行为触犯数罪名，且数行为之间有原因与结果、手段与目的的牵连关系；而想象竞合犯是一行为触犯数罪名。因此，区别的关键是看为一行为还是数行为。关于行为数量的判断标准，理论上有主要部分重合说和一部重复说、着手一体说等，主流观点是主要部分重合说。行为人通过对从事防疫的国家工作人员实施暴力、威胁的方法拒绝执行防疫措施，妨害公务的行为与妨害传染病防治的行为几乎完全重合，显然是一行为，属于想象竞合而非牵连犯。

行为人故意毁坏防疫用品及物质、随意殴打防疫工作人员，达到故意毁坏财物罪或者寻衅滋事罪标准的，触犯故意毁坏财物罪或者寻衅滋事罪，如果同时导致新冠肺炎传播或者有传播严重危险的，则同时触犯妨害传染病防治罪，同样属于想象竞合，从一重处。

（作者单位：江苏省南京市建邺区人民检察院）

审理抢劫案件几个疑难问题探讨

——对《关于审理抢劫刑事案件适用法律若干问题的指导意见》的再次解读

□陆建红 *

2016 年 1 月，最高人民法院公布实施《关于审理抢劫刑事案件适用法律若干问题的指导意见》（以下简称《指导意见》），并配合该《指导意见》的实施，起草小组成员撰写了《〈关于审理抢劫刑事案件适用法律若干问题的指导意见〉的理解与适用》（以下简称《解读》）一文。《指导意见》实施一年多来，总的来看，大家基本能正确理解和运用。但仍有不少地方法院的同志来电咨询有关问题，表达了对审理抢劫案件有关问题的不同看法。此外，确实还有一些问题，《指导意见》并未涉及。基于这些原因，笔者拟以《指导意见》为指导，结合《最高人民法院关于审理抢劫案件具体应用法律若干问题的解释》（以下简称《解释》）、《最高人民法院关于审理抢劫、抢夺刑事案件适用法律若干问题的意见》（以下简称《两抢意见》）等，对审理抢劫案件中的几个疑难问题，谈点个人看法。

一、关于《指导意见》《解释》《两抢意见》的效力关系

1997 年刑法修订后，最高人民法院于 2001 年 1 月发布了《解释》，于 2005 年 7 月印发了《两抢意见》，又于 2016 年 1 月印发了《指导意见》，对抢劫案件的法律适用作出了规范。应该说，这三个解释和解释类文件，至今仍然都具有司法适用效力。但具体到个别问题，三个文件中有发展和变化的情况。例如，关于入户抢劫问题，《解读》一文已经作了理顺，《抢劫解释》解决了户的

---

* 最高人民法院刑四庭审判长。

“概念”问题,《两抢意见》阐明了“户”的功能特征和场所特征,并以举例的方式,明确集体宿舍、旅店宾馆、临时搭建工棚在不具有户的功能特征和场所特征的情况下,应排除在“户”的范围之外。《指导意见》则在总结司法实践经验的基础上,以规范性文件的形式确认司法实践中的做法,以便各级法院审理此类案件时有据可依。因此,三者之间的关系是递进式的补充和完善,而不是简单地否定。司法实践中,对非以抢劫为目的入户,而是“以侵害户内人员的人身、财产为目的”而入户,而后实施抢劫的,应当以《指导意见》为依据,认定为“入户抢劫”,而不能以《解释》第一条关于“‘入户抢劫’,是指为实施抢劫行为而进入他人生活的与外界相对隔离的住所,包括封闭的院落、牧民的帐篷、渔民作为家庭生活场所的渔船、为生活租用的房屋等进行抢劫的行为”的规定为依据,不认定为“入户抢劫”。也就是说,三个文件中,凡是内容有发展变化的,均以发展变化了的后一个文件为依据。

二、关于“携带凶器抢夺”的认定和处理

《解释》第六条规定:“刑法第二百六十七条第二款规定的‘携带凶器抢夺’,是指行为人随身携带枪支、爆炸物、管制刀具等国家禁止个人携带的器械进行抢夺或者为了实施犯罪而携带其他器械进行抢夺的行为。”《两抢意见》第四条在此基础上,补充规定:“行为人随身携带国家禁止个人携带的器械以外的其他器械抢夺,但有证据证明该器械确实不是为了实施犯罪准备的,不以抢劫罪定罪;行为人将随身携带凶器有意加以显示、能为被害人察觉到的,直接适用刑法第二百六十三条的规定定罪处罚;行为人携带凶器抢夺后,在逃跑过程中为窝藏赃物、抗拒抓捕或者毁灭罪证而当场使用暴力或者以暴力相威胁的,适用刑法第二百六十七条第二款的规定定罪处罚。”实践中,有人对携带凶器抢夺是否构成法定加重处罚提出疑问。

1.关于携带凶器抢夺的本质特性

笔者认为,携带凶器抢夺以抢劫罪定罪处罚,是刑法的一种特别规定。行为人所实施的行为,就行为本身而言,其实是一种抢夺行为。而抢夺,是指以非法占有为目的,公然夺取公私财产的行为。其客观方面是实施了夺取他人财物的行为,如趁本人不备夺取其财物等。抢夺罪以没有针对被害人人身使用暴力或者胁迫为前提,如果以针对人身使用暴力或者胁迫的方式夺取他人财物,应当以抢劫罪处罚。① 1979 年刑法并没有携带凶器抢夺以抢劫罪论处的规定,1997 年修订刑法时,根据司法实践,对抢夺罪的量刑作了细化规定并增加了携带凶器抢夺按照抢劫罪定罪处罚的规定。这主要是考虑到携带凶器抢夺具有很大的危险性,行为性质本身已经包含了以暴力、威胁方法侵犯他人财产权,为了严厉打击这类犯罪行为,以抢劫罪定罪处罚较为合适②。

2.“携带凶器抢夺”不存在转化抢劫的问题

综上,“携带凶器抢夺”是从一般“抢夺”中剥离出来进行特别规定的一种法律拟制。与一般的抢劫是存在区别的。最主要是,行为人携带凶器抢夺,虽然行为本身包含了暴力、威胁方法,但并未实际使用凶器,而且,于被害人而言,也未必感受到这种暴力、威胁。如果行为人在抢夺过程中使用了凶器,如将随身携带的凶器有意加以显示、能为被害人察觉到的,表明其主观上具有以暴力相威胁劫取他人财物的故意,客观上实施了以暴力相威胁劫取他人财物的行为,符合抢劫罪的特征,应直接以抢劫罪定罪处罚。也就是说,对于凶器本身、抢夺所处地点等,只是量刑时考虑

---

① 全国人大常委会法制工作委员会刑法室编著:《中华人民共和国刑法解读》(第 4 版),中国法制出版社 2015 年版,第 621 页。

② 全国人大常委会法制工作委员会刑法室编著:《中华人民共和国刑法解读》(第 4 版),中国法制出版社 2015 年版,第 620 页。

的酌情因素，而不是必然地构成刑法第二百六十三条规定的八种加重处罚情形。例如：(1)行为人携带枪支抢夺。此种情形，以抢劫论处的原因是其携带了枪支进行抢夺，是法定的以抢劫论，而本身行为不是典型的抢劫，因此，不再以持枪抢劫罪论，避免对携带枪支行为进行重复评价。(2)在公共交通工具上抢夺、入户抢夺等，同样是法定将抢夺行为以抢劫罪论处，而不能认定为在公共交通工具上抢劫或者入户抢劫等。但是，如果行为人三次以上携带凶器抢夺的，自然构成"多次抢劫"。

如果行为人携带凶器抢夺行为实施后，为窝藏赃物、抗拒抓捕或者毁灭罪证而当场使用暴力或者以暴力相威胁的，也仍然是适用刑法第二百六十七条第二款和第二百六十三条的规定，以抢劫罪定罪处罚，而不是适用刑法第二百六十九条的规定，以转化型抢劫处理。此时，其抢劫的地点如果在户内或者公共交通工具上，则因行为本身就是抢劫，故应当认定为"入户抢劫"或者"在公共工具上抢劫"。如果以枪支作为暴力或者威胁的工具的，则可认定为"持枪抢劫"。如果使用暴力致人死亡的，则构成"抢劫致人死亡"。

三、关于转化型抢劫的几个问题

（一）转化型抢劫是否存在未遂的情况

理论界对转化型抢劫是否存在未遂形态一直争论不休。司法实践中，也存在转化型抢劫存在未遂形态的观点，其依据是《两抢意见》第十条规定的"既未劫取财物，又未造成他人人身伤害后果的属抢劫未遂"。

笔者认为，转化型抢劫罪是一种独立的犯罪形态，作为法律拟制的转化犯，其犯罪构成要件不同于一般抢劫罪，并不存在因犯罪分子意志以外的原因而未得逞的情形，只要发生转化即应为既遂，并不存在未遂形态。《两抢意见》第十条关于"既未劫取财物，又未造成他人人身伤害后果的属抢劫未遂"的规定，只适用于认定一般抢劫犯罪的既未遂，并不适用于认定转化型抢劫的既未遂。

1. 无论从犯罪未遂形态的构成还是从犯罪构成的基本理论及法律规定分析，转化型抢劫罪均不应存在未遂形态

刑法第二十三条规定："已经着手实行犯罪，由于犯罪分子意志以外的原因而未得逞的，是犯罪未遂。"这里的"未得逞"应理解为犯罪行为没有具备刑法分则条文规定的全部构成要件。一般抢劫案件，如果"既未劫取财物，又未造成他人人身伤害后果"的，认定为抢劫未遂，是完全符合刑法关于犯罪未遂的规定的。但是，转化型抢劫的犯罪构成与一般抢劫的犯罪构成是不一样的。根据刑法第二百六十九条的规定，认定转化的抢劫罪必须具备三个条件：第一，前提条件是必须实行盗窃、诈骗、抢夺行为，不论取得财物数额的大小，都存在转化为抢劫罪的可能；第二，行为人在实施盗窃、诈骗、抢夺行为后，还必须当场使用暴力或以暴力相威胁，强调"当场"性；第三，行为人使用暴力或以暴力相威胁的目的是窝藏赃物，抗拒抓捕或者毁灭罪证。行为的转化过程，只要求行为人具备犯前三罪的故意并着手实行了为窝藏赃物、抗拒抓捕、毁灭罪证使用暴力或以暴力相威胁的行为，即应视为其转化行为实行完毕，并不存在未遂形态。因此，《指导意见》第三条规定，认定转化型抢劫时，一般不考察盗窃、诈骗、抢夺行为是否既遂。也就是说，即使其前行为处于未遂状态的情况下，只要行为人出于抗拒抓捕等目的而当场使用暴力或者以暴力相威胁的，即构成转化型抢劫。

2. 不能从量刑的角度考虑认为转化的抢劫罪存在未遂形态

司法实践中，有观点认为：转化型抢劫较一开始就意图抢劫的标准抢劫犯罪而言，其主观恶性和人身危险程度较低，其处罚也应较有相同情节的标准抢劫犯罪为轻。所以既未劫取财物，也

未造成人身伤害后果的，应认定为转化的抢劫罪的未遂。笔者认为，转化的抢劫罪是一种法律拟制化的罪名，是抢劫罪的一种特殊形式，应与一般抢劫有所区别。《两抢意见》第五条已明确转化的抢劫要么是抢劫既遂，要么是"不认为是犯罪"这样两种结果。相应地，从量刑角度，如果认定为既遂，依法应处以三年以上有期徒刑，而"不认为是犯罪"则不需要科处刑罚。因此不能因为从量刑考虑就要牵强地认为转化型抢劫存在未遂形态而从轻或减轻处罚。

（二）如何正确区分"使用暴力、以暴力相威胁"和"以摆脱的方式逃脱抓捕"

《指导意见》规定，对于以摆脱的方式逃脱抓捕，暴力强度较小，未造成轻伤以上后果的，可不认定为"使用暴力"，不以抢劫罪论处。《指导意见》实施一年多来，有的地方法院提出，所有的暴力行为都是为了逃脱抓捕，实践中如何理解和掌握"摆脱"的适用条件？笔者认为，这里存在一个如何理解抗拒抓捕和逃脱抓捕，如何理解主动使用暴力和被动实施摆脱行为的问题。为抗拒抓捕而采取暴力行为，其主观上的主动性极强，且对抓捕人的威胁程度较大，因其暴力的主动性，也极容易致抓捕人受到伤害。而摆脱，则体现了以下三个方面：一是行为人只是想逃脱抓捕，而未主动抗拒抓捕，这两者之间是有区别的；二是行为人逃脱抓捕的方式只是被动地实施摆脱行为，并未主动采取暴力行为；三是摆脱的方式，一般情况下对抓捕人的人身损害不大，因此，对该类行为认定为"使用暴力"的前提条件相对比较宽松，即"造成轻伤以上后果"的，才认定为"使用暴力"。而根据《两抢意见》第五条规定，行为人如果是主动抗拒抓捕的，即使盗窃、诈骗、抢夺行为未达到"数额较大"，只要其使用暴力抗拒抓捕，致人轻微伤以上后果的，即依照刑法第二百六十九条的规定，以转化型抢劫论处。

（三）共同犯罪转化案件中的主从犯认定问题

共同犯罪中的转化犯问题是学界比较忽视的一个问题，也是共同犯罪中的一种特殊的复杂的犯罪形态。共同犯罪中的转化犯是转化犯在共同犯罪中的特殊表现形态①。而司法实践中的做法也不尽统一。为此，《指导意见》明确规定：两人以上共同实施盗窃、诈骗、抢夺犯罪，其中部分行为人为窝藏赃物、抗拒抓捕或者毁灭罪证而当场使用暴力或者以暴力相威胁的，对于其余行为人是否以抢劫罪共犯论处，主要看其对实施暴力或者以暴力相威胁的行为人是否形成共同犯意、提供帮助。基于一定意思联络，对实施暴力或者以暴力相威胁的行为人提供帮助或实际成为帮凶的，可以抢劫共犯论处。司法实践中，应当注意以下两个问题：

1. 前行为的主犯是否必然成为后行为的主犯，或者后行为的主犯必须是前行为的主犯？

笔者认为，不能完全以其前行为的主从犯地位决定转化后的主从犯地位，而应主要考虑在后行为即暴力或者威胁行为中的地位和作用。如在前行为中，望风的人为抗拒抓捕等而提出实施暴力或者以暴力威胁，前行为中的实行行为人听从了该望风人的提议，集体实施了暴力或暴力威胁的行为。在这种情况下，望风者在前行为中居于从犯地位，但转化行为中其即处于指挥者的主犯地位。

因此，转化的前提是有共同的转化意愿并实施了共同转化的行为。共同盗窃、诈骗、抢夺的意愿是转化型抢劫的前提条件和必要条件，但不是充分条件。是否转化，不能仅仅考察行为人是否有共同盗窃、诈骗、抢夺的故意，还必须考察是否有共同转化的故意。例如，以盗窃为宗旨的犯罪集团进行盗窃时，主犯明确要求不要实施暴力行为，但是在盗窃过程中，部分行为人单独为窝藏赃物、抗拒逮捕或者毁灭罪证而当场使用暴力或者以暴力相威胁，那么该实施暴力的行为人就

---

① 李心强：《共同犯罪的转化犯问题研究——以转化型抢劫为视角》，载《广西政法管理干部学院学报》2009年第2期。

属于转化型抢劫,而主犯仍按盗窃罪定罪;在盗窃前,主犯事先就预谋如果被发现就想尽一切办法逃脱,那么部分行为人实施暴力而窝藏赃物、抗拒逮捕或者毁灭罪证,在这种情况下,主犯也应当按照转化型抢劫处罚①。其他共同犯罪也如此,不以行为人前行为即盗窃、诈骗、抢夺行为中的地位、作用决定主从犯是否转化为抢劫犯罪,而完全应当依照其在转化的客观行为即“当场实施暴力或者以暴力相威胁”中是否有共同的犯意和共同的行为来决定。也就是说,在共同犯罪的转化犯中,前行为主犯的“暴力或者以暴力相威胁”行为引起犯罪转化的,对该主犯以转化型抢劫论,前行为从犯、胁从犯不是必然随前行为主犯的犯罪转化而转化。如果是前行为的从犯、胁从犯的“暴力或者以暴力相威胁”行为引起犯罪转化,则对该从犯、胁从犯以转化型抢劫论处,但前行为的主犯未必随前行为从犯的犯罪转化而转化。前行为的各共同犯罪分子之间,无论其在盗窃、诈骗、抢夺犯罪行为中是主犯还是从犯,只能确定其首先在盗窃、诈骗、抢夺罪的范围内成立共同犯罪,但是否一律转化为抢劫犯罪,标准和界线只有一个,即对实施暴力或者以暴力相威胁的行为人是否形成共同犯意、提供帮助。

2. 关于教唆犯的转化问题

刑法第二十九条规定,教唆他人犯罪的,应当按照他在共同犯罪中所起的作用处罚。教唆不满十八周岁的人犯罪的,应当从重处罚。如果被教唆的人没有犯被教唆的罪,对于教唆犯,可以从轻或者减轻处罚。

教唆犯是故意教唆他人犯罪的人,教唆犯本身不直接实行犯罪,而是故意唆使他人产生犯罪意图进而实行犯罪。教唆犯同被教唆者之间,既有共同故意,又有共同行为,构成共同犯罪。那么,教唆者是否当然地随着被教唆者转化而转化呢?笔者认为,教唆犯者只对其教唆的犯罪负责,不存在转化的问题。理由是:我国刑法总则明确规定了教唆他人犯罪的,应当按照他在共同犯罪中所起的作用处罚;如果被教唆的人没有犯被教唆的罪(如盗窃、诈骗、抢夺),对于教唆犯也应该处罚,只是可以从轻或者减轻处罚。一般认为,教唆者教唆他人犯某一特定的罪,只要教唆行为完成后,教唆者的犯罪行为就已经完成。至于如何处罚,那就看其教唆行为在共同犯罪中的作用等情况而定,而不完全取决于被教唆者是否实施被教唆的犯罪。被教唆者在实施犯罪过程中转化的,则对被教唆者另行按转化犯论处。当然,如果教唆犯事前即教唆被教唆人如果遇见有抓捕等情形可以采取暴力或者暴力威胁的,那么教唆犯也存在转化的问题。

被教唆人只实施了盗窃、诈骗、抢夺行为,而没有发生抓捕等情况,因而并没有发生转化型抢劫的问题,是否能够依照刑法关于“如果被教唆的人没有犯被教唆的罪,对于教唆犯,可以从轻或者减轻处罚”?笔者认为不能。因为在这种情形下,教唆者教唆的内容是盗窃、诈骗、抢夺,而不是转化型抢劫。转化型抢劫之所以没有发生,不是因为被教唆人没有实施,而是因为没有发生可能被抓捕等情况。

(四)转化型抢劫的法律适用问题

我国刑法第二百六十九条规定,犯盗窃、诈骗、抢夺罪,为窝藏赃物、抗拒抓捕或者毁灭罪证当场使用暴力或者以暴力相威胁的,依照本法第二百六十三条的规定定罪处罚。这就是刑法关于转化型抢劫的规定。转化型抢劫罪是指行为人先行实行盗窃、诈骗、抢夺行为,由于发生法定事由,行为性质发生了变化,最终以抢劫罪定罪处罚的情况。由此可知,转化型抢劫不是一个具体的刑法罪名,只是抢劫犯罪的一种特殊构成形式,由一种犯罪构成转化为另一种犯罪构成。也

---

① 李心强:《共同犯罪的转化犯问题研究——以转化型抢劫为视角》,载《广西政法管理干部学院学报》2009年第2期。

就是说，在刑法中只有抢劫罪这一罪名，而没有转化抢劫罪这一罪名。因此，它在构成要件方面具有其特殊之处。如果仅仅用转化前的犯罪构成或者转化后的犯罪构成来认定转化型犯罪的成立，都难以得出正确结论。因此，我国刑法理论一般认为，刑法第二百六十九条规定的犯罪情况，是由盗窃、诈骗、抢夺转化为抢劫性质的，最终要以抢劫罪处理，可以说是一种特殊形式的抢劫罪。

司法实践中，有的法院对转化型抢劫在适用法律条文时直接适用刑法第二百六十三条，而不是先援引第二百六十九条，然后适用第二百六十三条。这实际上是对转化型抢劫的性质认识不充分的体现。如前所述，转化型抢劫是由于发生了转化的情形因而最终以抢劫罪处理。裁判文书在论述犯罪构成时应当对转化过程进行论述。如入户盗窃转化为入户抢劫的，不宜直接认定为入户抢劫，因先论证行为人入户盗窃的行为，然后论述行为人为窝藏赃物、抗拒抓捕或者毁灭罪证而当场使用暴力或者以暴力相威胁，因而应当依照抢劫罪定罪处罚。因使用暴力或者以暴力相威胁的行为发生在户内，因而构成“入户抢劫”。在适用法条上，应当先援引第二百六十九条，然后援引第二百六十三条。

四、正确理解死刑适用条件中的“三个特别”“一个严重”

对于共同抢劫致一人死亡案件如何适用死刑的问题，《指导意见》确立了一般只判处一名主犯死刑的原则，即除犯罪手段特别残忍、情节及后果特别严重、社会影响特别恶劣、严重危害社会治安的外，一般只对共同抢劫犯罪中作用最突出、罪行最严重的那名主犯判处死刑立即执行。罪行最严重的主犯如因系未成年人而不适用死刑，或者因具有自首、立功等法定从宽处罚情节而不判处死刑立即执行的，不能不加区别地对其他主犯判处死刑立即执行。据此，可以认为，共同抢劫致一人死亡的，一般只判处一个人死刑立即执行。所谓“一般只判处一个人死刑立即执行”，实际上就是严格控制抢劫致一人死亡判处二人以上死刑立即执行。也就是说，没有非常特殊的情况就只杀一个。杀两个必须有非常充足的理由，只有在非杀两个不可的情况下，才判处两人以上死刑立即执行。司法实践中，执行此条款应当注意以下几点：

1. 关于“三个特别”“一个严重”。“犯罪手段特别残忍、情节及后果特别严重、社会影响特别恶劣、严重危害社会治安”是共同抢劫致一人死亡案件可以判处二人以上死刑立即执行的先决条件。这里的“三个特别”“一个严重”，其实质是强调共同抢劫致一人死亡案件原则上只判处一人死刑立即执行，而判处两人以上死刑立即执行，则只能是非常特别的情况。至于什么情况下非常特别，必须严格按照“三个特别”的要求。其中，犯罪手段特别残忍，不是一般的残忍。情节及后果特别严重，对后果特别严重怎么理解？只死一人，肯定不能说后果特别严重，而应当还有其他众多情节，如多次抢劫、抢劫数额巨大、持枪抢劫等。社会影响特别恶劣也不是泛泛而谈的恶劣，而是应当具体到如何特别恶劣。“三个特别”中，每一个“特别”，都是注重它的“特别”性，而不是一般性，即不是一般的“手段残忍、情节及后果严重，影响恶劣”。而且，“三个特别”必须同时具备。“一个严重”，则可以理解为是对“三个特别”的综合评价。

2. 对共同犯罪致一人死亡的案件，在难以区分谁的作用最突出、罪行最严重的情况下，如何处理？笔者认为，根据《指导意见》第五条提供的方法论，法官应当从犯罪提意、预谋、准备、行为实施、赃物处理等方面区分出罪责最大者和较大者，这是法官的职责。从理论上说，区分不出“罪责最大者和较大者”的情况是不存在的。但是，根据案件的证据情况，确实存在难以区分“罪责最大者和较大者”的情况，此种情况下，要避免不知道选择对哪一个适用死刑立即执行时，简单地对二名以上共同犯罪人均判处死刑立即执行。思路有两个：一是再细加区分，找出罪责稍大者和罪责略小者，对罪责稍大者适用死刑立即执行。二是如果案件情况允许，全案不适用死刑立即执行。当然,前者是上策,后者是下策。但后者与“保留死刑,严格控制、慎重适用死刑”的政策并不矛盾。

少年抢劫、抢夺、寻衅滋事等罪名之辨析

□张 华

一、问题的提出

中国青少年犯罪研究会在全国18个省市抽样调查发现,少年犯罪中抢劫和盗窃罪占总数的60% ~80%,①两者轮流排在各类犯罪第一位和第二位。② 实践中,少年实施轻微暴力获取少量财物的行为往往均被以抢劫罪名定罪,从而导致少年抢劫罪案一直处在高位运行,容易给决策者造成判断偏差。然而,少年抢劫犯罪真有如此严重吗?

我们选取2006年最高人民法院出台《关于审理未成年人刑事案件具体应用法律若干问题的解释》(以下简称《2006年未成年人司法解释》)后上海市第二中级人民法院(以下简称二中院)所辖法院5个年度内判决的少年抢劫案件为样本。通过研究发现,这一阶段判决少年抢劫案777件1392人,③占各类少年刑事案件总数26.2%,和同期盗窃案1233件相加,与中国青少年犯罪研究会的统计数据一致,而同期与抢劫罪名相近的抢夺案129件、敲诈勒索案43件、寻衅滋事案170件,寻衅滋事案件中,以“强拿硬要”认定的仅7件。

从罪犯基本情况看:(1)少年暴力行为主体以男性为主。(2)主体年龄多为16~18岁,但限制刑事责任年龄的占了总人数的近1/3。对这一年龄段的少年而言,由于刑法第十七条第二款仅规定对包括抢劫在内的八种犯罪行为处罚,除此之外不承担刑事责任,如果实施劫财暴力的程度轻微,则直接涉及罪与非罪的问题。(3)主体身份多为社会人员,在校学生所占比例不大,但仍应引起重视。(4)文化程度偏低,多为初中及以下,少年暴力与文化程度具有相关性。(5)罪犯以非沪籍人员为主。(6)被侵害对象多为不特定社会成员,说明少年侵害的对象无选择性。

从案件基本特点分析:(1)案件多发地段在社区以及周边。案件发生地点呈多元化,反映出少年事先对作案地点、环境等条件往往不加考虑和选择。(2)犯罪手段上以言语威胁和使用刀具、棍棒等器械方式大体相当。(3)暴力程度较轻微。上述2459起抢劫(即抢劫次数,非案件数)造成受害人轻微伤124人、轻伤56人、重伤4人,死亡的1人系一起17岁少年由盗窃转化为抢劫杀人案的被害人,其余均没有造成人身伤害。相当多的少年暴力并未达到足以危及他人生命或健康的程度,是否认定为抢劫性质有待商榷。(4)从被劫财物数额来看,被劫财物数额不大,一般为数百元,多则两三千元,最少的为5元;财物种类最多的是手机还有各类银行卡、交通卡、摩托车、电瓶车、游戏机、金饰品等。(5)抢劫次数为偶尔一次的占68%。(6)大多为团伙作案,占95%,其中,成年人与少年共同犯罪的461起,占团伙作案35%,判决区分主从关系的93件,占成年人与少年共同犯罪的20%。团伙作案依然是少年暴力的一大特点。

从案件判决情况分析:(1)案件罪名变更率为零。在判决的全部少年抢劫案件中,检察机关

---

① 本文所称少年为已满14周岁未满18周岁的未成年人。

② 操学诚:《对我国未成年人犯罪动向的分析》,载上海市长宁区人民检察院、华东政法大学青少年犯罪研究所、上海市法学会未成年人法研究会:《社会管理创新与检察机关预防未成年人犯罪理论研讨会论文集》2010年4月9日印制。

③ 此处件数为判决的案件数,下同。

起诉抢劫罪名，法院依法判决少年抢劫罪成立，罪名变更率为零，结合前述相关数据及以下案例分析，个别案件是否认定抢劫罪名值得研究，但遗憾的是，统计中未发现由抢劫罪变更为寻衅滋事或敲诈勒索等罪名的案例。(2)上述已判决的少年抢劫罪犯中，被判处有期徒刑三年以上的195人，具有各种从轻减轻条件，被减轻判处有期徒刑三年以下的1022人，其中，判处一年有期徒刑以下的550人，另判处拘役的119人、免予刑事处罚56人。(3)适用缓刑比例不高。上述已判决的少年抢劫罪犯中，适用缓刑的365人，占26%。在适用缓刑的365人中，沪籍少年共291人，占80%。

再就若干起典型案例分析：

【案例1】 15岁的小C于2009年11月9日19时许，在上海市某绿地附近，脚踹被害人身体，抢得挎包一只，内有现金人民币(以下币种同)30元及价值970元手机。赃物已被追缴。

法院以抢劫罪判处小C有期徒刑一年六个月，罚金一千元。

【案例2】 刚14岁零11天的小B于2008年11月5日晚6时许，与小A、小K携带小割刀至上海市某新村小花园处，由小A抢得一被害人价值80元MP3播放机。当晚7时许，三人将一9岁被害人带至某新村空地处，以轻微暴力，抢得价值530元游戏机。案发后，小B有立功表现。

法院以抢劫罪判处小B有期徒刑一年，罚金一千元。

【案例3】 刚15岁的小D与小X等人，于2008年2月2日晚，携带木棍等至上海市某地7号桥附近，拦下骑车途经该处的被害人，以持棍殴打、言语威胁、搜身等方式，抢得现金30元等。

法院以抢劫罪判处小D有期徒刑一年三个月，罚金一千元。

【案例4】 2007年10月11日，16岁的G某伙同他人，在上海市某路见一学生单行，上前对其拳打脚踢，抢得人民币80元。

法院以抢劫罪对G某免予刑事处罚。

【案例5】 2007年暑期某日晚，17岁的小E、16岁的小R在上海市某大学宿舍区篮球场内拦下小K，言语威胁抢得手机一部，后小E销赃后花用。2007年12月某日下午，小E、小R、17岁的小Q等人在某技工学校门口，对小M夹头颈、打耳光，将其拖至某车站，小R搜包得手机一部，销赃花用。小E案发后自首。诉讼中，小E法定代理人认为本案被告人的行为应当认定构成寻衅滋事罪。

法院以抢劫罪分别判处小E、小R有期徒刑并宣告缓刑；小Q拘役并宣告缓刑。

【案例6】 2009年6月30日上午，16岁的W某、Z某伙同“小飞”至上海市某文化宫游戏机房，以欠钱为由，向在该房内打游戏的被害人索要钱财，遭拒绝后，三人拳打脚踢，其间，“小飞”让被害人交出现金20元。被害人伤势构成轻微伤。

案发后，公安机关以抢劫罪立案侦查，检察机关改由寻衅滋事罪批准逮捕并提起公诉，法院据此判决。

二、少年抢劫、抢夺、寻衅滋事等行为性质的区分

(一)抢劫、抢夺与寻衅滋事行为特征存在差异

在少年犯罪案件中，研究暴力、胁迫的程度对甄别和区分抢劫、抢夺、寻衅滋事行为具有积极的现实意义。实践中，采用轻微暴力劫取财物行为很容易与寻衅滋事犯罪中的强拿硬要相混淆。在一般刑法意义上，抢劫、抢夺和寻衅滋事行为的区分在于：抢劫是指以暴力、胁迫或者其他方法抢劫公私财物的行为。抢夺是乘人不备，强行夺取数额较大财物之行为，而强行夺取并不排除含有一定程度的暴力，有观点称之为“强力”，以区别抢劫罪的暴力，通常直接针对所要夺取的财物，有时也会伤及人身。寻衅滋事是在公共场所肆意挑衅，起哄捣乱，进行破坏骚扰，侵犯公共秩序。

其中,以蛮不讲理手段强行索要市场、商店商品以及他人财物,或者随心所欲损坏公私财物的行为,即可归为“强拿硬要或者任意损毁、占用公私财物”性质,可以依照治安管理处罚法进行处理,但尚属行政违法行为,不构成犯罪;如果情节严重,则构成寻衅滋事罪。可见,我国没有从立法上明确界定抢劫罪的暴力程度,以致司法实务中对少年轻微暴力劫财行为处罚时,会产生抢劫、抢夺抑或寻衅滋事罪名适用上的混淆。实践中,部分法院对抢劫犯罪的认定在认识上存在一定偏差,只要认定行为人实施了暴力,不管暴力程度,都简单地一律认定为抢劫罪。这种定罪观点片面认为,抢夺有数额要求而抢劫没有,对于进入诉讼被指控抢劫罪名的,即使存疑,也作“消化”结案,不恰当地增加了抢劫罪的定罪案件数量,造成了少年抢劫案定罪率的虚高。5 年来,上海市二中院辖区法院针对指控抢劫的罪名变更率为零,足以说明该问题。

显然,抢劫比抢夺危害性大得多,处罚也重得多。以轻微无损于健康的暴力夺取财物,其危害性达不到抢劫暴力那样严重的程度,而与普通抢夺罪无大差别,故不宜以抢劫罪论处。本次调研发现,已作抢劫罪判决的案件绝大部分未造成人身伤害。尽管刑法没有规定抢劫暴力的下限,但是,对暴力只作形式理解,根本不考虑其对人身权利侵犯的程度和其他情节是不妥当的。实践中,我们首先应当着眼于暴力、胁迫本身的客观性质,要考虑其强度、样态以及工具、时间、场所,考虑行为人的人数、年龄、性别等,同时也要考虑被害人的人数、年龄、性别、性格等,然后以一般人为标准综合判断暴力、胁迫是否达到足以压制对方反抗的程度,达不到该程度的,就不应认定为抢劫,而可以考虑认定为抢夺或者寻衅滋事。

寻衅滋事罪的强拿硬要等方式,其主要目的不在于非法占有公私财物,而在于寻求精神刺激,且常发生在大庭广众之下的公共场所,手段在强度上比抢劫暴力方法弱,一般不实施抢劫所要求的严重侵犯人身权利的方法和立即以实施暴力为内容的胁迫方法以及与暴力方法强度相当的其他方法。行为人还常通过滞留在现场炫耀武力、逞强耍威来达到追求精神刺激的目的。① 根据刑法第十三条的规定,某些情节显著轻微危害不大的行为,如偶尔恶作剧式的抢劫,行为有节制,数额极其有限,强索少量财物,抢吃少量食品等属于违法行为,尚不构成抢劫罪。②

(二)少年暴力的特质有别于成年人

实践中,少年实施数量较多、较常见的案件,发生在校园周边或者校内,年龄大的欺负年龄小的,高年级学生欺负低年级学生,强拿硬要、强索财物。这类案件情况较为复杂,其中,相当一部分少年出于欺负弱小、称王称霸或者戏弄其他少年等目的向低年级同学强行索要随身携带的用品或者少量钱物;也有的少年使用暴力或者威胁的情节较轻微,例如,仅是推搡、打一拳或者踢一脚的,这类强索案件的社会危害性一般小于成年人实施的抢劫犯罪,即使极个别案件暴力程度重于成年人的,也因为是少年,其人身危险性相对要小于成年人。

从犯罪学角度分析,成年人的人身危险性有一个长期形成过程,危险性会逐渐人格化,这可以追溯到他们的少年时期。从某种意义上说,这种危险性人格是成年犯罪人内在的、固化了的人身特征。一旦转变为这种性态,便会导致其某种持久的、坚定的犯罪倾向,对犯罪生成起着积极、能动的促进作用。而处在心理和生理成长阶段的少年人格特征尚不完整、不定型,这一时期即使有人身危险性,也只是模糊的、初期的犯罪可能性,并不是定型化、人格化的犯罪倾向性。少年在人格形成阶段遭遇的成长缺失和障碍一般都来自监护、教育、生活环境等方面各种不利于少年正

---

① 沈德咏主编、最高人民法院刑事审判第二庭编:《经济犯罪审判指导与参考》2003 年第 3 卷(总第 3 卷),人民法院出版社 2004 年版,第 27 ~ 31 页。

② 周道鸾、张军主编:《刑法罪名精释》(第 3 版),人民法院出版社 2008 年版,第 496 页。

常成长发育的因素。在此作用下导致的人格异化,从实质上讲是少年成长权利受到损害。① 正因如此,我们认为,在少年犯罪中不宜过分强调"人身危险性"。人身危险性是对少年犯罪后的人身评价,是通过事实上的犯罪证实的一种性格倾向。然而,与成年人相比,未成年人可塑性大,因此人身危险性认定的不可预知性要高于成年人。成人社会中,人们对自己行为选择是趋利避害的,而少年被看作是从生物人向社会人过渡的一个人生阶段,在此阶段中少年的行为选择是非理性的,少年犯罪大多具有无明确预谋和不计后果等特征,因缺乏足够的认知而无法在行动前对自己行为进行趋利避害的理智计算,也没有条件预测到后果中蕴含的风险和危机。

同时,从少年暴力的特质分析,我们认为,少年暴力与人类普遍存在的成人暴力相比,更具有本能的和自发的倾向,社会化不足和不良都会使这一特定人群更难以控制自身的攻击性冲动,更易于把内心因压力或者挫折而形成的愤怒情绪外化为攻击行动,也更难以预见到自己的攻击行动可能造成的危害后果,包括对社会秩序、社会环境、被害人以及双方家庭的危害后果,当然也包括对施暴者本人造成的危害。调查发现,少年暴力大多集中在十七八岁这一年龄段,这是青春期危机的一种暂时性过渡现象,这种侵犯性在青春期的发生频率要普遍高于青春期前后的发展阶段,以至于在青春期后出现急剧衰减,大多数的孩子自身都有能力大幅度减少攻击行为的可能性,而采取理性与和平的方式解决彼此的纠纷,这是良性社会化的结果。

在犯罪学研究中,我们还发现少年暴力中存在特有的"主体身份重合"现象,即在施暴少年出现之后,同一主体具有施暴者和受害者双重身份。如前所述,从社会化理论来讲,少年成为施暴者是社会环境所造成的后果。大量实证研究表明,犯罪少年具有不良社会化的经历。如在校园勒索、抢劫案件中可看到,违法少年大多是在幼年曾受过他人勒索抢劫的孩子,他们的侵害活动与其先前受害经历有较高相关性。少年在遭受暴力侵害的过程中,眼中见到的和他们头脑里意识到的是有力量的人可以侵害没有力量的,力量加野蛮使侵害者获得尊严,而没有力量和文明使他们自身失去尊严、受到伤害。这一后果还可延续到他们成年以后可能实施虐待妻儿、抢劫钱财等更为严重的暴力行为。此处是把施暴少年也看作是施暴的被害人,施暴者同样具有受害性②。少年作为独立的权利主体,在受暴力侵害后得到权利保护是易于理解的,但在实施暴力、造成社会危害后果之后,其权利依然将得到保护。"主体身份重合"要求社会在少年保护上贯彻全方位保护的理念,从而成为少年保护中最有特色、最为引人注目的一个现象。

(三)相关司法解释体现了区别对待的政策精神

最高人民法院于 1995 年出台的《关于办理未成年人刑事案件适用法律的若干问题的解释》(以下简称《1995 年未成年人解释》)第二条规定,已满 14 岁不满 16 岁的人出于以大欺小,以强凌弱,使用语言威胁或者使用轻微暴力强行索要其他未成年人的生活、学习用品或者钱财的,可以不认为是犯罪。多年实践证明,对虽然实施了一定危害行为,但情节轻微的部分少年不予定罪,而采取教育挽救等其他方法,完全可以达到使其改过自新的目的,也有利于家庭和社会的稳定。2006 年,最高人民法院废止了《1995 年未成年人解释》,颁布《关于审理未成年人刑事案件具体应用法律若干问题的解释》(以下简称《2006 年未成年人解释》)将上述规定分列于第七条、第八条两个条文。其中,第七条对未成年人强索行为何种情况下属于刑法第十三条规定的"情节显著轻微危害不大"作了解释,规定已满 14 周岁不满 16 周岁年龄段的人使用轻微暴力强行索要其他未成年人随身携带的生活、学习用品或者钱财数量不大,且未造成被害人轻微伤以上或者不敢

---

① 衣家奇:《危险性与被害性:未成年犯罪人人身特征分析》,载《青少年犯罪问题》2009 年第 5 期。

② 佟丽华:《校园暴力以及对策研究》,载《未成年人法学(学校保护卷)》,法律出版社 2007 年版,第 81 页。

正常到校学习、生活等危害后果的，不认为是犯罪。该条第二款还规定："已满十六周岁不满十八周岁的人具有前款规定情形的，一般也不认为是犯罪。"由于该条明确规定如有上述情形，即不认为犯罪，从而厘清了《1995 年未成年人解释》中"可以不认为是犯罪"的模棱两可。

《2006 年未成年人解释》第八条对少年抢劫犯罪与寻衅滋事罪作了界分。根据该条规定，出于以大欺小，以强凌弱或者寻求精神刺激，随意殴打其他未成年人、多次对其他未成年人强拿硬要或者任意损毁公私财物，扰乱学校及其他公共场所秩序，情节严重的，以寻衅滋事罪定罪处罚。

此外，最高人民法院 2005 年出台的《关于审理抢劫、抢夺刑事案件适用法律若干问题的意见》（以下简称《两抢意见》）再次明确，对于未成年人使用或者威胁使用轻微暴力强抢少量财物的行为，一般不宜以抢劫罪定罪处罚，其行为特征符合寻衅滋事罪特征的，可以寻衅滋事罪定罪处罚。

以下结合前述案例 6 进行分析：李某等人以欠钱为借口，先向他人索要钱财遭拒绝，然后拳打脚踢，虽有轻微暴力，但此种暴力与抢劫暴力区别在于有所节制，程度较弱，只以获取少量财物为目的，属于寻衅滋事犯罪中的"随意殴打、强拿硬要"，尚不构成抢劫犯罪中的暴力或以暴力相威胁。因为抢劫暴力不仅针对财物，且还直接指向人身的健康或安全，有时有预谋，有时临时起意，暴力程度以获取财物为必要，常有过之而无不及，人身致害可能性大于财物。可见，少年在这类犯罪中以寻衅、敲诈、抢夺的居多。

三、对策研究及建议

通过上述分析，可以把少年强索行为界定为以大欺小、以多欺少、以强凌弱，采取语言威胁或暴力手段，用强拿、硬要、假借、敲诈、勒索等方法，公开非法获取他人财物的行为。正是因为强索行为方式比较广泛，从轻微到严重的方式不等，才造成刑法适用上可能进入抢劫、抢夺、寻衅滋事等罪名的评价范围，[①]引起司法实践中法律适用的不统一。

（一）处理此类案件应当把握的几个原则

1. 对犯罪的少年处罚应做到罪责刑一致及与少年利益相称，即"相称原则"，并应把少年福祉作为主导因素。我国批准加入的《联合国少年司法最低限度标准规则》（又称"北京规则"）规定，"主管当局采取的反应不仅应当与犯罪的情况和严重性相称，而且应当与少年情况和需要以及社会的需要相称"；"在考虑少年的案件时，应把其福祉作为主导因素"。该规则同时建议，不仅应当根据违法行为的严重程度而且也应根据本人的情况来对少年犯做出反应。罪犯个人的情况，如社会地位、家庭情况、罪行造成的危害或影响个人情况的因素，应对做出相称的反应产生影响，如考虑到罪犯为赔偿受害人而做出的努力，或注意到其愿意重新做人过有益生活的表示。

2. 宽宥原则。宽宥原则体现在双向保护的另一方面，即对少年罪犯的保护，这一原则是基于少年犯罪人的责任年龄和能力不完备及事后较易接受教育感化的特点而确立的，反映了罪责刑一致原则及少年司法的最终目的和要求。同时，在宽严相济刑事政策背景下，还可从定罪和量刑两方面考虑，即在具体适用时提倡"可轻罪不重罪，可轻刑不重刑"，并做到宽容而不纵容。

3. 非监禁处遇原则。非监禁处遇是把监禁当作是社会对少年犯罪所做的最后反应。20 世纪 60 年代初，《最高人民法院、最高人民检察院、公安部关于对少年儿童一般犯罪不予逮捕判刑的联合通知》指出："少年儿童犯罪的人，还没有刑法观念，判刑与否对他们作用不大。"《2006 年未成年人解释》第十一条规定，对符合管制、缓刑、单处罚金或者免予刑事处罚适用条件的未成年罪犯，应当适用管制、缓刑、单处罚金或者免予刑事处罚。2010 年 2 月 8 日，最高人民法院下发的《关于贯彻宽严相济刑事政策的若干意见》较好地重申和阐释了对未成年犯罪人的从宽原则，并

---

① 田相夏、姚建龙：《未成年人"强索类"案件疑难问题与破解》，载《青少年犯罪问题》2011 年第 3 期。

分别不同情形对未成年人犯罪的处理作出了更为具体的规定，更具实际可操作性。刑法修正案（八）第十一条对前述司法解释及执法意见予以吸纳，规定对符合缓刑适用条件的未成年犯罪分子应当宣告缓刑，说明最高人民法院等实务部门多年以来一贯倡导的对轻罪少年适用非监禁处遇终于得到了立法的确认。

（二）综合考虑各种因素准确判断少年强索案件的性质

1. 查明犯罪动因。由于少年辨认能力和控制能力还不成熟，从而导致少年暴力动因存在特殊性，他们实施强索行为更多的是盲目逞强、虚荣心等不成熟的心理状态在作祟，另外较少事先预谋，常常是受到某种因素诱发或一时感情冲动而突然犯罪。只有少数惯犯或连续作案的才有预谋性，多数在作案前犯意并不明显，其人身危险性不大，主观恶性也较小。实践中，根据主观动机和心理的不同，可将少年强索行为区分为追求物质和精神满足两种形式，前者为获取财物，往往伴随着故意或放任对被害者身体权利的伤害，即使这样，其主观直接动机仍为获取财物，但如暴力程度及伤害后果严重的，可以抢劫性质论处；后者动机起因较单纯和随意，主观并非追求财物，劫取财物、破坏社会秩序只是满足其不成熟心理的手段，可以寻衅滋事性质论处。由于青少年处于生理和心理生长发育期，大多数少年强索行为更多的是为了填补空虚的心灵，获得精神上的慰藉，一定程度上反映其主观恶性程度并不严重。

2. 甄别暴力程度。少年强索行为往往夹杂着暴力，在暴力程度上，多数少年以拳打脚踢或威胁打人方法索要钱财；有时在被害人难以制服时就地取材，使用砖头、木棍等器具作案，也有些会使用随身携带的小刀等威胁被侵害的对象。在伤害程度上，大多数对被害人未造成任何身体损伤，少数造成皮肤挫伤，或个别导致轻微伤、轻伤等后果。① 我们认为，实践中对一些暴力轻微或不明显、抢劫特征不完整的少年强索类案件，依照刑法谦抑原则认定抢夺、寻衅滋事或敲诈勒索等相对轻罪，同样能起到教育、挽救的效果。

3. 把握发案时间、地点及团伙等特点。少年强索行为由于其游戏性的心理，无预谋是其重要的一般行为特征，作案往往不考虑时间、地点等条件对自己是否有利，而是不加选择，其强拿硬要行为多发生在公共场合，在众目睽睽之下进行。其中，学生之间的强索行为一般发生校园周围或校园合理辐射区，时间多发生在课间和学生上学放学回家的途中。这些特征有别于明显带有主观恶意的成年人犯罪。

同时，正因为年龄、认知能力等原因，少年暴力的团伙化是其一大特点，调查发现少年团伙比例为95%就是例证，但这有别于成人社会有组织的犯罪结构和模式。就成年人而言，因其对自己的行为结果有明确认知，往往犯意坚决，团伙成员配合紧密，社会危害极大。实践中，对于少年与成年人实施强索他人财物的共同犯罪如何处理是少年司法的一大难点，即是否可以认定成年被告人构成抢劫，而对同案未成年被告人适用《2006年未成年人解释》等"不以犯罪论处或者以寻衅滋事罪论处"的规定。我们认为，此问题较为复杂，可结合其中占支配地位的主体身份、各共犯角色、所起作用，对共同犯罪的整体行为进行考察，判断其情节是否轻微可不以犯罪论处，以及行为性质是符合抢劫罪还是寻衅滋事罪。就当前而言，少年司法分流措施为解决这一难题提供了可能：其一，尽可能司法分流，除个别少年为主犯以及罪责难以区分等原因外，在诉讼阶段，一般应当分案起诉和审判，对少年罪犯适用少年诉讼特别程序，罪名的适用和量刑可轻于同案的成年人。其二，尽可能区分案件的主从关系。本次调研发现，在与成年人的共同犯罪中区分主从关系的仅占20%。一般来说，大多数少年在共同犯罪中的地位、作用相对成年人为次要，少年是主犯

① 田相夏、姚建龙：《未成年人"强索类"案件疑难问题与破解》，载《青少年犯罪问题》2011年第3期。

的为个例。依法分案审理,既可避免少年夹杂其中被参照成年人标准从轻、减轻处罚而丧失得到最大限度"教育、感化、挽救"的机会,同时,也可在罪责刑一致原则下,使各同案人定罪量刑整体平衡,以避免在沟通不良情形下造成定罪量刑的失衡。当然,因该问题关系到分别定罪与共同犯罪理论的协调,尚存争议,我们所提意见仅供参考。

总之,对于少年强索案件,我们应当依照《2006 年未成年人解释》和《两抢意见》等规定的精神,综合考虑各种事实、情节,慎重判断是否构成犯罪。对于确有必要予以刑事处罚的,首先要考虑是否构成相对较轻的寻衅滋事罪或者抢夺罪等罪名;其次,对于劫财动机明确、手段或者危害后果严重,符合抢劫罪构成的,按照"教育为主、惩罚为辅"的原则,依法定罪,合理确定量刑幅度,做到刑罚与罪责相适应。对部分非罪或者非重罪的强索案件予以司法分流,改变少年抢劫、抢夺、寻衅滋事等定罪的倒挂现象,使其回归到相对合理区间。

(作者单位:上海市第二中级人民法院)

意大利刑法对于窃取虚拟财产行为的评价

□耿佳宁*

【编者按】

对于侵入网络系统盗窃虚拟财产(如游戏币、游戏点数)的行为如何定性,在当前司法实践中存在较大争议,部分案件按照盗窃罪予以追究刑事责任。本刊近年来也曾刊登过此类案例。但据了解,在 2013 年制定《最高人民法院、最高人民检察院关于办理盗窃刑事案件适用法律若干问题的解释》过程中曾研究该问题,起草者认为对此类行为不宜认定为盗窃罪,符合条件的,可以按照非法获取计算机信息系统数据等计算机犯罪定罪处罚(参见有关该司法解释的解读性文章,载《人民司法》2014 年第 15 期)。这一研究意见需要高度重视。为加强对国外处理此类案件情况的了解,本期特刊登正在意大利攻读博士学位的耿佳宁撰写的《意大利刑法对于窃取虚拟财产行为的评价》一文。该文较为详细地介绍了意大利刑法理论界和实务界对盗窃虚拟财产行为的定性问题,对于我们更好地认定此类行为性质及把握盗窃罪的规制范围,具有一定的参考价值。

意大利理论界和判例均不承认窃取虚拟财产的行为构成《意大利刑法典》(以下简称《刑法典》)第六百二十四条盗窃罪,而是主张应当根据行为人在将虚拟财产据为己有的过程中所采用的技术手段,适用相应信息类犯罪的规定。

一、理论界基本观点

意大利理论界通说认为,《刑法典》第六百二十四条盗窃罪的传统犯罪对象仅限于那些可用于满足人类需求,并且能够为人所实际取得、占有或者窃取的实体,但根据第六百二十四条第二款的规定,电能和其他具有经济价值的能源也被纳入其中。不过无论如何,不应涵盖权利或者信息、数据、程序等计算机环境中的"存在",即使可以肯定它们的经济价值。① 理论界的此种立场

---

* 耿佳宁,罗马第一大学法学院刑法学博士研究生。

本论文得到教育部国家留学基金资助(留金发〔2013〕3009 号)。

① Cfr. Giovanni Fiandaca, Enzo Musco, *Diritto penale. Parte speciale*, Ⅱ, Bologna, 2008, 28; Ercole Aprile et al. (a cura di), *Codice penale: rassegna di giurisprudenza e di dottrina*, Ⅻ, *I delitti contro il patrimonio* (*artt.* 624 – 649), Milano, 2010, 7.

取向与意大利刑法对涉及网络信息、数据或者虚拟财产的行为的规范路径密切相关，立法者在将上述行为纳入刑法的调整范畴时基本采取以下两种模式：

大多数情况是将行为类型化为新的、独立的构成要件规定于刑事法律（包括《刑法典》和单行刑法）中，作为分条添加于传统犯罪之后。例如，立法者通过1993年12月23日第547号法律（以下简称"第547号法律"）第九条在《刑法典》第六百三十五条毁坏罪之后新增一条作为第六百三十五条第二分条，即毁坏信息、数据和程序罪。随后通过2008年3月18日第48号法律第五条第二款在其后又增加三条作为第六百三十五条第三分条（毁坏由国家或者其他公共职能团体使用的信息、数据和程序罪）、第四分条（毁坏信息或者通讯系统罪）和第五分条（毁坏具有公共用途的信息或者通讯系统罪）。据此，意大利学界遵循体系解释原则的观点认为，既然第六百三十五条毁坏罪中的"cosa"（直译为"物、东西"）不能被扩张解释为包括信息、数据、程序等虚拟物，而盗窃罪又与之同属《刑法典》第二章第十三节侵犯财产犯罪，《刑法典》在描述此二罪的构成要件时，对于犯罪对象使用的都是同一个名词"cosa"，那么，第六百二十四条盗窃罪的对象就不应当被过分地扩张解释为信息、数据、程序等虚拟物。这种解释是一种类推，与现代刑法精神相违背。①

少数情况是在《刑法典》中直接对原条文已经规定的客观构成要件要素作扩张解释。例如，立法者通过第547号法律第三条在《刑法典》第四百九十一条"在处罚的意义上等同于公文书的文件"之后新增一条作为第四百九十一条第二分条，规定："如果本节规定的某一虚假行为涉及公共的或者私人的信息文件，分别适用本节关于公文书和私文书的规定。"通过这种立法上的扩张解释，本节伪造文书犯罪中的"文书"可以突破传统有体物的界限，将数字化的信息文件也纳入其中。但立法者在使用这种解释方法的同时，一般会在条文中明确限定该解释的适用范围。例如，经由第547号法律第七条增加的《刑法典》第六百二十一条第二款就规定，只有"在第一款的意义上"，即在泄露秘密文件内容罪的范围内，"包含数据、信息或者程序的信息载体也被视为文件"。换言之，从消极层面来看，这种对扩张解释明文规定的限制意味着在泄露秘密文件内容罪之外，不能一概认为包含数据、信息或者程序的信息载体属于刑法意义上的"文件"。有鉴于此，意大利理论界主张，既然第六百二十四条盗窃罪第二款已经对第一款中的"动产"作了扩张解释，将电能和其他具有经济价值的能源也明确包括在内，同时该款还特别将此扩张解释的适用范围限定于"在刑事法律的意义上"，那么基本表明立法者在整个刑事法律的效力范围内对"动产"概念作出的扩张到此为止。因此，不宜将刑法意义上的"动产"进一步延展到能源以外的其他无体物或者虚拟物。②

二、判例处理意见

与理论界的看法基本一致，意大利判例对于窃取虚拟财产的行为构成《刑法典》第六百二十

① Cfr. Lucia Scopinaro, *Internet e reati contro il patrimonio*, Torino, 2007, 29 - 31; Sola, *Tutela dei beni immateriali e reati contro il patrimonio*, in *Ind. pen.*, 1990, 782.

② Cfr. Lucia Scopinaro, *Internet e reati contro il patrimonio*, Torino, 2007, 120; Ferrando Mantovani, *Diritto penale. Parte speciale. Ⅱ. Delitti contro il patrimonio*, Padova, 2012, 24; Francesco Antolisei, *Manuale di diritto penale. Parte speciale*, Ⅱ, Milano, 2008, 279 - 280.

四条盗窃罪也持否定意见。[①] 都灵(Torino)地方法院 1997 年 12 月 4 日的判决即认为,[②]窃取具有经济价值的数据、信息资料或者程序的行为不构成第六百二十四条盗窃罪,因为“如果立法者想要以盗窃罪来处罚这种行为,法典中就会有明确规定。”热那亚(Genova)上诉法院曾试图通过肯定其经济价值以判决被告人窃取自己所在公司发行的电子抵扣券的行为成立第六百二十四条盗窃罪。但意大利最高法院2010 年10 月26 日第44840 号判决撤销了热那亚上诉法院的裁定,[③]意大利最高法院的判决援引《关于 1993 年 12 月 23 日第 547 号法律草案的报告》(意大利正是通过第 547 号法律将欧盟委员会 1989 年 9 月 13 日第 R(89)9 号建议所附的“最低要求清单”和“任择性清单”中列出的各种信息犯罪行为引入《刑法典》),认为:“对于窃取具有经济价值的数据、信息、程序等的行为,第六百二十四条的可适用性严重存疑,尤其是考虑到该条第二款对‘动产’所做的特别扩张解释——在刑事法律的意义上,电能和其他具有经济价值的能源也被视为动产——应当认为对盗窃罪中‘动产’概念的扩张不能够超出‘能源’的范畴,而电子抵扣券显然属于信息数据,而非能源,因此不能被视作‘动产’。”

在意大利,对于窃取虚拟财产的行为,判例一般将之与刑法中现有的构成要件一一对应,以确定其成立哪种信息犯罪。即使网络信息类的犯罪对行为评价不足,也不能认为其构成第六百二十四条盗窃罪。在《刑法典》既未将盗窃罪中的“动产”扩张适用于信息数据,又未将窃取虚拟财产的行为单独类型化之前,只能根据窃取虚拟财产时所用技术手段的不同,或评价为第六百一十五条第三分条非法进入信息或者通讯系统罪[④](较多情况,具体见下引判例),或评价为第四百

---

① 《意大利刑法典》第六百二十四条盗窃罪规定:

“以为自己或他人取得利益为目的,使他人的动产脱离持有人的控制,将其据为己有的,处六个月至三年有期徒刑,并处一百五十四至五百一十六欧元罚金。

“在刑事法律的意义上,电能和其他具有经济价值的能源也被视为动产。

“犯罪经被害人告诉才处罚,除非出现第六十一条第七项和第六百二十五条中的一项或数项情节。”

② Trib. Torino, 4 dicembre 1997, in *Giur. merito*, 1998, 708 ss.

③ Cass., Sez. Ⅳ, 26 ottobre 2010 (dep. 21 dicembre 2010), n. 44840, in *Stu. iur.*, 2011, 873 ss.

④ 《刑法典》第六百一十五条第三分条非法进入信息或通讯系统罪规定:

“非法进入受到安全措施保护的信息或通讯系统的,或者违反有权拒绝其进入者明示或默示的意志继续停留在该系统之中的,处三年以下有期徒刑。

“有下列情形之一者,处一年至五年有期徒刑:

“(1)如果行为是由公务员或受委托从事公共服务的人员滥用权力或违反与其职责或服务相关的义务而实施的,或者是由从事包括非法从事私人侦探职业的人实施的,或者是在滥用系统操作者身份的情况下实施的;

“(2)如果犯罪人为实施行为而对物或对人使用暴力,或者明显地带有武器;

“(3)如果行为造成系统的毁坏或损坏、系统功能的部分或完全中断或者系统所储存的数据、信息或软件的毁坏或损坏。

“如果第一款和第二款所列行为涉及军事信息或通讯系统,或者有关系统与公共安全、保健、民事保护或其他公共利益相关,分别处一年至五年有期徒刑和三年至八年有期徒刑。

“在第一款规定的情况下,犯罪经被害人告诉才处罚;在其他情况下,实施公诉。”

九十四条人身顶替罪①,或评价为第六百三十五条第二分条毁坏信息、数据和程序罪②,或评价为第六百四十条第三分条信息欺诈罪③(很少情况④)。

(一)构成第六百一十五条第三分条非法进入信息或者通讯系统罪的典型判例

意大利最高法院2000年11月7日第12732号判决⑤认定窃取其他用户密码,并转移可用于兑换物品的积分至自己名下的行为构成第六百一十五条第三分条非法进入信息或者通讯系统罪。该案被告人侵入游戏公司网站,盗取其他用户的登录密码等资料,随后用所盗取的密码登录其他用户账号,将积分转移至自己名下,之前该游戏公司为吸引客户在广告中提到达到相应积分可以换购一定物品。该判决认为:"由于缺少用以调整非法取得数据、信息资料的行为的刑罚规范(即构成要件后附带相应刑罚的刑法分则条文),只有通过《刑法典》第六百一十五条第三分条这种行为才是可罚的。"意大利最高法院2008年7月8日第37322号判决⑥、2009年12月10日第2987号判决⑦以及米兰(Milano)地方法院2007年9月28日的判决⑧都认同了这种意见。罗维来度(Rovereto)地方法院2003年12月2日的判决⑨认为,如果行为人窃取的积分、密码等不具有经济价值,一般认为不构成第六百一十五条第三分条非法进入信息或者通讯系统罪。意大利最高法院2006年12月4日第6459号判决⑩随后肯定了这种意见。

(二)构成第四百九十四条人身顶替罪的典型判例

意大利最高法院2011年12月15日第12479号判决⑪认定盗用他人电子邮箱账号,并使用账户内部分积分的行为构成第四百九十四条人身顶替罪。该案被告人盗用他人邮箱账号,登录后使用了部分积分。经查,该账户内存有高额积分,部分为免费获得,部分为用户付费购买,使用积分可以参与网上优惠拍卖活动,并能够抵扣所买物品的部分价款。

---

① 《刑法典》第四百九十四条人身顶替罪规定:

"以为自己或他人取得好处或者使他人遭受损害为目的,非法以自己顶替他人,赋予自己或他人以假姓名、假身份或者具有法律后果的资格,以至于使某人陷于错误的,如果行为不构成其他侵犯公共信义的犯罪,处一年以下有期徒刑。"

② 《刑法典》第六百三十五条第二分条毁坏信息、数据和程序罪规定:

"毁坏、破坏、删除、更改或去除他人的信息、数据或程序的,除非行为构成更为严重的犯罪,经被害人告诉,处六个月至三年有期徒刑。

"如果出现第六百三十五条第二款第一项中的情节,或者行为是滥用系统操作者身份的情况下实施的,处一年至四年有期徒刑,并公诉。"

③ 《刑法典》第六百四十条第三分条信息欺诈罪规定:

"以任何方式改变自动信息系统的功能,或者以任何方式非法干预包含在信息或通讯系统中的或与上述系统有关的数据、信息或程序,为自己或他人带来不正当利益并使他人遭受损害的,处六个月至三年有期徒刑,并处五十一至一千零三十二欧元罚金。

"如果出现第六百四十条第二款第一项规定的情节之一,或者行为是滥用系统操作者身份的情况下实施的,处一年至五年有期徒刑,并处三百零九至一千五百四十九欧元罚金。"

④ "从总体上看,适用第六百四十条第三分条信息欺诈罪的判例还是很少的。"Ercole Aprile et al. (a cura di), *Codice penale: rassegna di giurisprudenza e di dottrina*, Ⅻ, *I delitti contro il patrimonio* (*artt.* 624 – 649), Milano, 2010, 566.

⑤ Cass., Sez. Ⅴ, 7 novembre 2000, n. 12732, in *Cass. pen.*, 2002, 1015 ss.

⑥ Cass., Sez. Ⅴ, 8 luglio 2008, n. 37322, in *Cass. pen.*, 2009, 3454 ss.

⑦ Cass., Sez. Ⅴ, 10 dicembre 2009, n. 2987, in *C. E. D. Cass.*, n. 245842.

⑧ Trib. Milano, 28 settembre 2007, in *Foro ambr.*, 2007, Ⅲ, 325 ss.

⑨ Trib. Rovereto, 2 dicembre 2003, in *Dir. pen. e proc.*, 2005, 81 ss.

⑩ Cass., Sez. Ⅴ, 4 dicembre 2006, n. 6459, in *Cass. pen.*, 2008, 180 ss.

⑪ Cass., Sez. Ⅲ, 15 dicembre 2011, n. 12479, in *C. E. D. Cass.*, n. 252227.

(三)构成毁坏信息、数据和程序罪的典型判例

意大利最高法院2011年11月18日第8555号判决①认定大量删除付费视频网站上的重要资源代码,并将之转移于硬盘中的行为构成第六百三十五条第二分条毁坏信息、数据和程序罪。该案被告人为某视频网站的管理员,该网站实行全面会员制,只有付费注册才能登录观影,被告人进入该网站主服务器并复制其中的重要资源代码信息于自己准备的硬盘之中,随后将这些数据全部删除,造成该网站瞬间部分无法运行。意大利最高法院认为:“被告人使得用以维持信息系统运行的特定数据脱离特定环境,致使网站部分瘫痪…… 该行为对网站信息系统的损害尽管可以事后修复,但毕竟不能完全回到服务器原来的工作状态……应当依照《刑法典》第六百三十五条第二分条毁坏信息、数据和程序罪承担责任。”

(四)认为构成信息欺诈罪的典型判例

意大利最高法院2003年11月24日第4576号判决②认定冒用他人账号和密码登录某付费数据库,并使用该账户的可用下载量大量下载文献的行为构成第六百四十条第三分条信息欺诈罪。该案被告人无意中得知他人在某电子数据库中的用户名和密码,使用该数据库下载文献须事先注册账户,并向账户内充值以换取下载量,被告人冒用他人用户名和密码登录后,大量下载文献,最终耗尽该账户的全部可用下载量。意大利最高法院判决认为:“信息欺诈罪所保护的法益既包括财产,也包括信息系统的安定性和规则性,使他人遭受损害是该罪的构成要件要素。”同时该判决还援引了最高法院1999年12月14日第3065号判决的观点,特别说明本罪与第六百四十条诈骗罪的不同之处即在于本罪诈欺性活动触及的是信息系统,而不要求使被害人陷入错误认识。

三、学理及判例检视

(一)构成要件层面的检视

根据《意大利民法典》(以下简称《民法典》)第八百一十条的规定:“能够成为权利客体之物为财产。”第八百一十二条随后区分了不动产与动产:“土地、泉水、河流、树木、房屋和其他建筑物,即使是临时附着于土地的建筑物以及在一般情况下那些或是自然或是人为地与土地结为一体的物品是不动产。所有其他的财产是动产。”亦即,所有除了不动产之外的其他能够成为权利客体之物为民法意义上的动产。对于能源的属性第八百一十四条也给出了明确答案:“具有经济价值的自然能源被视为动产。”但这里值得关注的是《民法典》在第八百一十条和第八百一十二条第三款分别定义“财产”和“动产”时,使用的均是“sono”(原形为“essere”,译为“是”),而在第八百一十四条赋予具有经济价值的能源以民法上的动产属性时则使用了“si considerano”(原形为“considerare”,译为“视为、当作”)。这种语词上的细微差别表明第八百一十四条的规定是法律拟制。换言之,“具有经济价值的自然能源”这种被《民法典》拟制出来的动产属性仅在民法的意义上被承认。也正因如此,《刑法典》第六百二十四条没有想当然地直接援用《民法典》第八百一十四条的解释,而是在本条第二款中特别规定:“在刑事法律的意义上,电能和其他具有经济价值的能源也被视为动产。”但和《民法典》一样,这里使用的仍旧是“considerare”,而非“essere”。

从前两部分的综述不难看出,意大利理论界和判例基本肯定《刑法典》第六百二十四条第2

① Cass., Sez. V, 18 novembre 2011 (dep. 5 marzo 2012), n. 8555, sul sito http://www.iusexplorer.it/Giurisprudenza/Sentenze? idDocMaster = 3121416&idDataBanks = 3&idUnitaDoc = 0&nVigUnitaDoc = 1&pagina = 1&NavId = 1484720467&pid = 19, 最后访问时间:2014年12月1日。

② Cass., Sez. V, 24 novembre 2003, n. 4576, in *Giur. it.*, 2004, 2363 ss.

款是法律拟制而非提示性规定。法律拟制可以被视为立法者在法典中直接作出的扩张解释，这种扩张解释不具有普适性，其适用范围在法条中有明确限定。试图在此种扩张解释的基础上提炼所谓的“立法者原意”，进而在学理上作进一步“扩张”解释是不被接受的。例如，有观点认为，既然《刑法典》第六百二十四条第二款认为具有经济价值的能源也被视为动产，那么在立法者看来，盗窃罪中的“动产”概念更注重“存在”的经济价值而非有体性。因此，信息、数据、程序或者其他具有经济价值的虚拟物也可以被视为“动产”，成为盗窃罪的对象。这种观点，根据前述意大利理论界和判例的观点，违反合法性原则，不能成立。而且，意大利理论界通说和前引意大利最高法院2010年10月26日第44840号判决都采纳了对《刑法典》第六百二十四条第二款的反向观察结论：该条文使用的语词是“agli effetti della legge penale”，而非“agli effetti del codice penale”，即表明不仅在《刑法典》的效力范围内，而是在所有刑事法律的意义上，可将盗窃罪中的传统“动产”概念扩展到电能和其他具有经济价值的能源，那么这也从反面在一定程度上印证了在所有刑事法律的范围内，对“动产”概念的解释都不宜超越“具有经济价值的能源”这样已经确定了的边界。正如意大利最高法院1974年2月12日的判决所言，在意大利，民法上动产的概念和刑法上动产的概念并不能严格对应。① 一方面，刑法意义上的动产范围较民法更窄，因为前者不包括无形财产和权利这些被《民法典》第八百一十三条准用动产规则的存在；另一方面，刑法意义上的动产范围又较民法更宽，因为其中包括了那些可从不动产中分离之物，而《民法典》第八百一十八条规定这些物受不动产制度调整。② 总之，意大利民法理论和判例对虚拟财产属性的讨论于刑法学研究此问题而言，只能作为一种参考，在逻辑论证的层面既不具有充分性效力，也不具有必要性效力。

在多种多样的信息犯罪行为之中，意大利的刑事立法者选择了一部分，或将之类型化为新的、独立的构成要件，或将之解释为传统犯罪的构成要件要素所能涵盖的范畴。如前所述，这种选择的主要依据是欧盟委员会1989年第R(89)9号建议中所附的“最低要求清单”和“任择性清单”，第547号法律将“最低要求清单”中的全部构成要件和“任择性清单”中的重要犯罪形式纳入《刑法典》，其中包括非法进入信息、通讯系统，信息欺诈，伪造信息文件，毁坏信息、数据和程序等行为。但由于两个清单中均未提及非法取得计算机信息数据的行为，意大利刑法（包括《刑法典》和单行刑法）中自然也就没有与我国刑法第二百八十五条第二款非法获取计算机信息系统数据罪相类似的罪名。因此，意大利的法官在适用刑法评价窃取虚拟财产的行为时，事实上较之于我国缺少一项可供援引的罪名。

一方面，由于意大利刑法并未将非法取得信息、数据或程序的行为类型化为构成要件，又考虑到游戏积分、网络资源代码、数据库下载量等虚拟财产不属于第六百二十四条盗窃罪的犯罪对象的基本立场，所以，仅仅是将他人的虚拟财产据为己有的行为本身并不构成犯罪；但另一方面，即使在网络中，行为人也不可能凭空得到他人的虚拟财产，必须要借助一定的技术手段，第六百一十五条第三分条非法进入信息或者通讯系统罪和第六百三十五条第二分条毁坏信息、数据和程序罪评价的正是整个窃取虚拟财产行为中的手段行为。换言之，行为人通过上述技术方式在计算机环境中将他人的虚拟财产据为己有，而这些技术方式符合《刑法典》已经规定的构成要件。事实上，无论是适用非法进入信息或者通讯系统罪，还是适用毁坏信息、数据和程序罪，抑或援用

---

① Cass., Sez., Ⅰ, 12 febbraio 1974, in *Cass. pen.*, 1975, 1083.

② Cfr. Ercole Aprile et al. (a cura di), *Codice penale: rassegna di giurisprudenza e di dottrina*, Ⅻ, *I delitti contro il patrimonio* (*artt.* 624 - 649), Milano, 2010, 8.

信息欺诈罪和人身顶替罪,都不能实现对窃取虚拟财产行为的充分评价。从应然的角度出发,能够最为完整地囊括该行为负价值的处理方式要么是将之类型化为新的、独立的构成要件,要么是将之评价为盗窃罪和非法获取计算机信息数据类犯罪的想象竞合。但根据意大利刑法的现有规定,这些显然都不现实。不过我们也应当看到,在不突破合法性原则的前提下,意大利实务界正在努力使现有信息类犯罪的适用对该行为的评价更为充分:游戏积分、网站会员积分、数据库下载量等虚拟财产就法律属性而言,无疑是计算机信息系统或者互联网中的数据、信息,按理来说在构成要件符合性的层面,本不需要再考虑其经济价值。但如前所述,罗维来度地方法院 2003 年 12 月 2 日的判决及意大利最高法院 2006 年 12 月 4 日第 6459 号判决均坚持,如果行为人所窃取的积分、密码等不具有经济价值,一般认为不构成第六百一十五条第三分条非法进入信息或者通讯系统罪。

(二)罪刑相当层面的检视

意大利最高法院 2006 年 5 月 4 日第 30663 号判决认为:“对于以获利为目的窃取具有经济价值的计算机数据信息的行为,出于合法性原则的考虑,不能成立第六百二十四条盗窃罪,但是,对该行为的评价应当考虑那些能够与盗窃罪的刑罚相适应的信息类犯罪。例如,第六百一十五条第三分条的非法进入信息或者通讯系统罪。”①事实上,针对窃取虚拟财产的行为,意大利刑法判例援用最多的即是该罪名,除了构成要件符合性层面的要求,正如意大利最高法院 2006 年第 30663 号判决所言,这里面可能也有罪刑相适应方面的考量。首先对于基本犯,盗窃罪处 6 个月至 3 年有期徒刑,而非法进入信息或者通讯系统罪处 3 年以下有期徒刑,此二罪基本犯的法定刑大体相当。更重要的是,此二罪升格后的法定刑幅度仍大体相当,并且能够引起它们法定刑幅度升高的因素尽管具体内容不同,但性质相似。在盗窃罪的范围内,无论是《刑法典》第六百二十四条第二分条的入室盗窃、抢夺罪,还是第六百二十五条的对物使用暴力或者使用欺诈手段等加重情节,能够引起法定刑升格(1 年至 6 年有期徒刑)的只有被《刑法典》类型化了的行为方式,所窃取之物的数额不是刑法所关心的问题;而在非法进入信息或者通讯系统罪之中,根据第六百一十五条第三分条第二款的规定,能够引起法定刑升格(1 年至 5 年有期徒刑)的情节涉及的也均为诸如公务员或者受委托从事公共服务的人员滥用权力犯本罪或者行为人在犯本罪的过程中对物或者对人使用暴力等行为方式。此即存在于意大利刑法中的罪刑相适应的规范可能性或者曰文本保障。

反观我国,对于窃取虚拟财产的行为,应当被评价为我国刑法第二百八十五条第二款非法获取计算机信息系统数据罪,还是第二百六十四条盗窃罪,同样为问题焦点之所在。而这个问题之所以重要,除了因为它在理论上涉及对我国刑法盗窃罪中“公私财物”的解释之外,还因为定此罪还是彼罪,在最终的量刑上可能差异较大。尽管我国刑法对两罪的基本犯规定的法定刑上限均是 3 年有期徒刑,但由于此二罪中导致法定刑幅度升格的因素差别较大,定此罪还是彼罪最终判处的刑罚可能相去甚远。蚌埠市蚌山区人民法院 2010 年第 3 号判决认定被告人通过输入病毒的方式远程控制他人计算机,盗取他人网络游戏金币,并通过网络销售获利 7 万余元的行为构成盗窃罪,且属于数额特别巨大。这种案件定盗窃罪,一旦数额特别巨大,法定刑幅度即为 10 年以上有期徒刑或者无期徒刑。即使靠底线裁量,蚌山区人民法院仍判处被告人有期徒刑 11 年,并处罚金人民币 1 万元。而蚌埠市中级人民法院 2010 年第 97 号判决对原判作了改判,认为原判认定被告人的行为构成盗窃罪定性不准,导致量刑不当。被告人窃取的网络游戏金币属于计算机

---

① Cass., Sez. Ⅱ, 4 maggio 2006, n. 30663, in *Dir. pen. e proc.*, 2007, 363.

信息系统数据，且累计作案达200余次，情节严重，行为构成非法获取计算机信息系统数据罪，判处有期徒刑1年7个月，并处罚金1万元。有期徒刑11年和有期徒刑1年7个月的巨大差异，使得我们在评价窃取虚拟财产行为时不得不谨慎。尤其在现阶段，一方面，我国刑法对盗窃罪仍采取数额加重为主的立法模式；另一方面，对被窃取的虚拟财产数额，我国又缺乏能够被普遍接受的计算方式。① 若定盗窃罪，在数额认定上稍有不慎就可能违背罪刑相当原则，出现量刑畸重。

如何认定诈骗罪的非法占有目的

□虞伟华**

诈骗罪是指以非法占有为目的，采用虚构事实、隐瞒真相的方法骗取他人财物，数额较大的行为。诈骗罪与其他采用欺骗手段实施的犯罪以及民事欺诈行为的根本区别在于有无非法占有目的。而诈骗罪非法占有目的的认定是审判实务中的一个难点。本文拟对此作粗浅探讨。

一、常见诈骗案件中的非法占有目的认定

非法占有目的属于人的主观意识范畴，难以被人们直接感知和把握。但是，一个人的主观意识会通过其言行表现出来。因此，判断诈骗案件被告人有无非法占有目的，一是要看被告人供述，二是要看被告人实施的客观行为。但被告人供述具有易变性，供述是否可信，仍要看供述与客观行为是否相符。因此，被告人有无非法占有目的，归根结底要根据其客观行为进行判断。

那么，根据哪些行为可以认定被告人具有非法占有目的呢？我们先对几类常见诈骗案件进行考察。

最典型的诈骗案件是针对陌生人的诈骗。20世纪八九十年代常见的丢钱分钱、卖假“金元宝”、易拉罐中奖等街头诈骗，近年较为多发的电信网络诈骗，都是针对陌生人的诈骗。在这类案件中，被害人不知道犯罪分子的姓名、住址，犯罪分子一旦骗得被害人财物就逃之夭夭，切断与被害人的联系，非法占有目的非常明显。对这类案件的非法占有目的判断，在实践中不会产生争议。

在熟人之间也可能出现诈骗，较为常见的是以借贷为名实施的诈骗。在这类案件中，被告人取得“借款”的方式与民间借贷没有差别，但是，从被告人取得“借款”后的行为表现可以判断其具有非法占有目的。被告人或者居无定所，取得“借款”后即携款逃匿，躲避被害人催债；或者将“借款”转移、隐匿，拒不返还；或者将“借款”用于赌博、挥霍等，致使款项无法返还。

1996年发布的《最高人民法院关于审理诈骗案件具体应用法律的若干问题的解释》对合同诈骗案件中如何认定非法占有目的作了规定：“行为人具有下列情形之一的，应认定其行为属于以非法占有为目的，利用经济合同进行诈骗：(一)明知没有履行合同的能力或者有效的担保，采取下列欺骗手段与他人签订合同，骗取财物数额较大并造成较大损失的：1. 虚构主体；2. 冒用他人名义；3. 使用伪造、变造或者无效的单据、介绍信、印章或者其他证明文件的；4. 隐瞒真相，使用明知不能兑现的票据或者其他结算凭证作为合同履行担保的；5. 隐瞒真相，使用明知不符合担保条件的抵押物、债权文书等作为合同履行担保的；6. 使用其他欺骗手段使对方交付款、物的；(二)合同签订后携带对方当事人交付的货物、货款、预付款或者定金、保证金等担保合同履行的财产逃跑的；(三)挥霍对方当事人交付的货物、货款、预付款或者定金、保证金等担保合同履行的

---

① 参见胡云腾等：《〈关于办理盗窃刑事案件适用法律若干问题的解释〉的理解与适用》，载《人民司法》2014年第15期。

** 作者为浙江省高级人民法院刑二庭法官。

财产,致使上述款物无法返还的;(四)使用对方当事人交付的货物、货款、预付款或者定金、保证金等担保合同履行的财产进行违法犯罪活动,致使上述款物无法返还的;(五)隐匿合同货物、货款、预付款或者定金、保证金等担保合同履行的财产,拒不返还的;(六)合同签订后,以支付部分货款,开始履行合同为诱饵,骗取全部货物后,在合同规定的期限内或者双方另行约定的付款期限内,无正当理由拒不支付其余货款的。"这些规定详尽地列举了合同诈骗案件中常见的足以认定为具有非法占有目的的情形,对实践具有重要指导意义。

最高人民法院于2001年印发的《全国法院审理金融犯罪案件工作座谈会纪要》对金融诈骗案件中如何认定非法占有目的作了归纳总结:"根据司法实践,对于行为人通过诈骗的方法非法获取资金,造成数额较大资金不能归还,并具有下列情形之一的,可以认定为具有非法占有的目的:(1)明知没有归还能力而大量骗取资金的;(2)非法获取资金后逃跑的;(3)肆意挥霍骗取资金的;(4)使用骗取的资金进行违法犯罪活动的;(5)抽逃、转移资金、隐匿财产,以逃避返还资金的;(6)隐匿、销毁账目,或者搞假破产、假倒闭,以逃避返还资金的;(7)其他非法占有资金、拒不返还的行为。但是,在处理具体案件的时候,对于有证据证明行为人不具有非法占有目的的,不能单纯以财产不能归还就按金融诈骗罪处罚。"这虽然是针对金融诈骗罪的归纳,对于其他诈骗犯罪中非法占有目的的判断也有重要意义。

2010年发布的《最高人民法院关于审理非法集资刑事案件具体应用法律若干问题的解释》对集资诈骗案件中如何认定非法占有目的作了规定:"使用诈骗方法非法集资,具有下列情形之一的,可以认定为'以非法占有为目的':(一)集资后不用于生产经营活动或者用于生产经营活动与筹集资金规模明显不成比例,致使集资款不能返还的;(二)肆意挥霍集资款,致使集资款不能返还的;(三)携带集资款逃匿的;(四)将集资款用于违法犯罪活动的;(五)抽逃、转移资金、隐匿财产,逃避返还资金的;(六)隐匿、销毁账目,或者搞假破产、假倒闭,逃避返还资金的;(七)拒不交代资金去向,逃避返还资金的;(八)其他可以认定非法占有目的的情形。"

从上述列举的情形来看,认定诈骗案件被告人具有非法占有目的,不仅要求证明被告人有非法占有他人财物的行为,还要证明被告人有逃避返还骗取的财物的行为,即被告人为被害人追回被骗财物设置障碍,使得被害人无法通过民事救济途径追回被骗的财物。前述冒用他人名义、携款逃匿、挥霍骗取的资金等,都是逃避返还骗取的财物的行为表现。因此,非法占有并逃避返还骗取的财物,是认定诈骗案件非法占有目的的总标准。掌握了这一标准,就能对形形色色的案件中被告人有无非法占有目的作出正确判断。

二、诈骗罪非法占有目的的认定的若干争议问题解析

1. 明知经营亏损而借入资金能否认定为具有非法占有目的?

实践中经常有被告人因经营亏损而借入资金,后继续亏损造成资金无法返还而被认定为诈骗的案例。笔者认为,这样认定并不正确。在企业经营亏损的情况下借入资金,试图改善经营状况,获取更多的利润,扭亏为盈,是多数经营者的惯常思维。这种行为本身不具有任何犯罪意图,没有社会危害性可言,将其定性为诈骗有违公平正义。要求经营者在经营亏损的情况下不作任何努力,坐以待毙,显然也是强人所难。在经营亏损的情况下借入资金继续经营的情况在经济生活中非常普遍,其中也不乏成功的事例。我国法律、司法解释没有规定这种情形可以认定为具有非法占有目的,显然不是立法者的疏漏,而是经过慎重考虑,认为不宜将这种行为入罪。将这种行为定性为诈骗,显然不利于鼓励企业创业创新,对经济的发展不利。

如果经营者在经营亏损的情况下借入资金并携款逃匿,或将款项隐匿、挥霍,则可以认定为诈骗。但是,这种情形认定为具有非法占有目的,是因为行为人携款逃匿或将款项隐匿、挥霍,而不是因为其在经营亏损的情况下借入资金。

2. 借后债还前债能否认定为具有非法占有目的?

有观点认为,在背负巨额债务无力偿还的情况下借后债还前债,最终必定导致资金链断裂,使得款项无法归还,应认定行为人对后来借入的款项有非法占有目的,构成诈骗。

笔者认为上述观点有失片面。借后债还前债是否构成诈骗,不能一概而论,应具体情况具体分析:

(1)在企业生产经营过程中出现资金周转困难,经营者采用借后债还前债的方式维持生产经营,则说明经营者仍在为偿还债务而努力,一般不宜认定为具有非法占有目的。

(2)企业的生产经营状况已严重恶化,经营难以维持,明显无力清偿债务,经营者采用虚构投资项目等欺骗手段大量借入资金,用于归还以前所欠的债务,则属于"明知没有归还能力而大量骗取资金"的情形,可以认定为具有非法占有目的。

(3)民事纠纷的债务人因背负债务无力清偿而被催债或被法院强制执行,向亲友或放贷者借入资金用于清偿债务,未采用虚构借款用途等欺骗手段的,则出借方应当知道借出的资金可能无法收回,系出于帮助亲友或牟取高利的动机而自甘冒险,不能认定借款人诈骗。

综上,借后债还前债一般不能成为认定具有非法占有目的的充分理由。

3. 签订、履行合同收取对方交付的货物、预付款、服务费用后不履行合同或不切实履行合同能否认定为具有非法占有目的?

在经济生活中,经常出现合同的一方当事人收取对方交付的财物后却不履行合同的情况,如赊欠货物不付货款、收取预付货款后不交付货物。还有的合同当事人收取对方支付的高额费用后,却不能提供与收取的费用价值相当的产品或服务,如推销保健品的商家收取客户的高额费用后却只提供一些低价值的保健品甚至伪劣产品,美容院让客户花数万元办美容卡却只提供劣质的服务。

上述情形能否认定为具有非法占有目的,构成合同诈骗罪,应结合合同诈骗罪的刑法条文进行分析。

刑法第二百二十四条规定:"有下列情形之一,以非法占有为目的,在签订、履行合同过程中,骗取对方当事人财物,数额较大的,处三年以下有期徒刑或者拘役,并处或者单处罚金;数额巨大或者有其他严重情节的,处三年以上十年以下有期徒刑,并处罚金;数额特别巨大或者有其他特别严重情节的,处十年以上有期徒刑或者无期徒刑,并处罚金或者没收财产:(一)以虚构的单位或者冒用他人名义签订合同的;(二)以伪造、变造、作废的票据或者其他虚假的产权证明担保的;(三)没有实际履约能力,以先履行小额合同或者部分履行合同的方法,诱骗对方当事人继续签订和履行合同的;(四)收受对方当事人给付的货物、货款、预付款或者担保财产后逃匿的;(五)以其他方法骗取对方当事人财物的。"

认定某一行为是否构成合同诈骗罪,首先要看该行为是否符合刑法第二百二十四条第(一)项至第(四)项规定的情形。不符合前四项的,再考虑是否属于第(五)项规定的"以其他方法骗取对方当事人财物的"情形。根据同类解释的规定,第(五)项规定的情形应当与前四项规定的情形性质相当。在前四项情形中,行为人不仅采用欺骗手段非法占有了他人财物,还有逃避返还财物的行为。因此,第(五)项规定的情形也应当是采用欺骗方法非法占有并逃避返还财物的行为。如果合同当事人取得他人财物后不履行或不完全履行合同,但没有虚构主体、冒用他人名义、提供虚假担保、携款逃匿、挥霍赃款等逃避返还财物的行为,则不符合刑法第二百二十四条规定的任一情形,不应认定为合同诈骗罪。

4. 在交易过程中夸大其词甚至欺骗，抬高商品、服务的价格能否认定为具有非法占有目的？

在市场交易过程中漫天要价是很常见的现象，如某幅赝品字画，价值仅数千元，某商店却声称是真迹，以数万元的价格卖出。这种行为能否认定为具有非法占有目的？

笔者认为，只要买方知道商店的地址，交易后商店仍正常营业，则买方可以存在重大误解或交易显失公平为由在法定期限内主张撤销买卖合同，要求对方返还价款。如买方不主张权利，则商店可以占有字画价款，一般不能认定为具有非法占有目的。因此，这种情形可以认定为民事欺诈，字画买卖合同可撤销。这种情形也不符合刑法、司法解释规定的能够认定为“具有非法占有目的”的情形，不应认定为诈骗罪。

5. 在交易过程中将低价值商品作为高价值商品销售能否认定为具有非法占有目的？

有刑法教材认为，甲将装着砖头的电视机纸箱冒充彩色电视机出卖给他人的，成立诈骗罪；同样，乙将黑白电视机冒充彩色电视机出卖给他人的，也成立诈骗罪。

笔者不完全赞同上述观点。将砖头冒充彩色电视机卖给他人，显然具有非法占有目的；在现实生活中，行为人必定会采用化名、携款潜逃等手段逃避追赃，认定为“具有非法占有目的”通常无障碍。而将黑白电视机冒充彩色电视机出卖给他人，如果出卖方在交易之后并未实施携款潜逃等逃避返还财物的行为，则买受方可以通过民事途径主张权利，一般不宜认定出卖方具有非法占有目的，将这种行为定性为诈骗罪也没有法律依据。如果出卖方将黑白电视机冒充彩色电视机出卖给他人后逃匿，则可以认定出卖方对黑白电视机与彩色电视机之间的差价款具有非法占有目的，可以定性为诈骗；但这种情形在现实生活中几乎不会发生，出卖方肯定会用价值更低廉的物品代替黑白电视机以降低犯罪成本，故讨论“将黑白电视机冒充彩色电视机”的情形并无多少实际意义。

6. 在拆迁安置过程中弄虚作假骗取拆迁补偿利益能否认定为具有非法占有目的？

近年出现了多起将在拆迁安置过程中弄虚作假骗取拆迁补偿利益的行为定性为诈骗的案例。也有观点认为，不具备购买经济适用房的条件，利用虚假资料骗购经济适用房的，成立诈骗罪；数额可按经济适用房与商品房的差价计算。

笔者认为上述观点并不准确。首先，将骗取拆迁安置利益、经济适用房认定为诈骗没有法律依据。刑法、司法解释都没有明确这种情形可以认定为“具有非法占有目的”，这种情形与骗取财物后逃匿、挥霍赃款等可以认定“具有非法占有目的”的情形也有很大差别。其次，即使采用了欺骗手段，安置对象与安置方签订的拆迁安置合同、经济适用房买卖合同也不是非法的、绝对无效的。安置方在发现安置对象采用欺骗手段获取利益后，也不是必然地收回安置房屋、经济适用房。安置对象基于拆迁安置合同、经济适用房买卖合同而取得安置利益或经济适用房，难以认定为刑法上的非法占有。再次，安置对象通常有固定的住所和家庭财产，即使存在安置方应当追回安置财产的情形，仍可以通过民事的、行政的手段加以解决，一般也无必要将之作为诈骗罪予以刑事追究。最后，骗取拆迁安置利益、经济适用房的行为通常是在特定的情境之下诱发的，实施这些行为的人大多是普通民众，其主观恶性、人身危险性与真正的诈骗犯罪分子有很大差别，大多数人也难以意识到这种行为属于诈骗犯罪。此外，如果将此类行为作为诈骗犯罪予以打击，影响面较大，刑事追赃和巨额财产刑也将使涉案家庭的合法财产遭受严重损失。因此，不宜轻易将骗取拆迁安置利益、经济适用房的行为定性为诈骗。

7. 在从事农业经营开发中弄虚作假领取国家农业补贴能否认定为具有非法占有目的？

随着国家对“三农”支持力度的加大，不少地方出现了骗取国家农业补贴的案件。对这类案件的处理，应当准确把握政策精神，严格区分诈骗犯罪与农业补贴申报中不规范操作行为的界限,避免刑事打击扩大化。既要规范国家支持农业资金的管理和使用,又要保护农业经营开发企业的合法权益,真正把国家的支农、惠农政策落到实处。

笔者认为,司法实践中一般可按照以下标准掌握:(1)不从事农业经营开发,或者所从事的农业经营开发项目不属于享受国家农业补贴的项目,而采用伪造材料的方法骗取国家农业补贴,达到定罪数额标准的,可考虑认定诈骗罪。(2)从事可享受国家补贴的农业经营开发项目,但达不到政策规定的应享受补贴条件,而弄虚作假申领国家农业补贴,全部或主要用于农业经营开发的,属于农业补贴申报中的违规行为,不应当以诈骗罪定性。对违规获取的农业补贴,有关部门可予以收回,或责令经营者增加投入,达到享受补贴的条件。(3)具备享受国家农业补贴的条件,但申报的材料中部分内容不实,获得国家农业补贴的,不构成诈骗罪。

在这类案件中,农业经营开发企业是否符合有关政策规定的享受补贴条件,应由执行政策的有关部门作出解释,不宜由司法机关自行解释。

8.“一物二卖”能否认定为具有非法占有目的?

“一物二卖”不能一律认定为具有非法占有目的。如果“一物二卖”后,行为人将所得款项转移、隐匿、挥霍或携款潜逃,拒不返还的,则应认定为具有非法占有目的,构成诈骗。如果“一物二卖”后,行为人没有逃避承担民事责任的行为,则属于民事纠纷,不宜以诈骗罪论处。

三、认定诈骗罪非法占有目的应注意的几个问题

1.准确把握刑法和司法解释规定的精神

刑法第二百二十四条规定了合同诈骗罪的四种常见表现形式,还把“以其他方法骗取对方当事人财物的”作为兜底条款。需要注意的是,不能把这四种常见表现形式直接等同于具有非法占有目的。详言之,第(一)项不能理解为:以虚构的单位或者冒用他人名义签订合同,就能推定为具有非法占有目的,构成合同诈骗罪。该项的完整意思是:以非法占有为目的,以虚构的单位或者冒用他人名义签订合同,骗取对方当事人财物,数额较大的,构成合同诈骗罪。同样,第(二)(三)(四)项也不能简单地理解为:具有“以伪造、变造、作废的票据或者其他虚假的产权证明担保的”,或者“没有实际履约能力,以先履行小额合同或者部分履行合同的方法,诱骗对方当事人继续签订和履行合同的”,或者“收受对方当事人给付的货物、货款、预付款或者担保财产后逃匿的”情形,就可推定为具有非法占有目的,构成合同诈骗罪。实践中也可以找出大量以虚构的单位或者冒用他人名义签订合同,或提供虚假担保,或收取对方当事人交付的财物后逃匿,却不具有非法占有目的的案例。

刑法第一百九十三条规定:“有下列情形之一,以非法占有为目的,诈骗银行或者其他金融机构的贷款,数额较大的,处五年以下有期徒刑或者拘役,并处二万元以上二十万元以下罚金;数额巨大或者有其他严重情节的,处五年以上十年以下有期徒刑,并处五万元以上五十万元以下罚金;数额特别巨大或者有其他特别严重情节的,处十年以上有期徒刑或者无期徒刑,并处五万元以上五十万元以下罚金或者没收财产:(一)编造引进资金、项目等虚假理由的;(二)使用虚假的经济合同的;(三)使用虚假的证明文件的;(四)使用虚假的产权证明作担保或者超出抵押物价值重复担保的;(五)以其他方法诈骗贷款的。”该条规定的构成贷款诈骗罪的四种常见情形也不是判定非法占有目的的根本标准。不能认为具有编造引进资金、项目等虚假理由等情形,就足以推定具有非法占有目的。不具有非法占有目的,而采用前述欺骗手段骗取贷款的,并不构成贷款诈骗罪,而可能构成骗取贷款罪。

刑法第一百九十六条第二款规定:“前款所称恶意透支,是指持卡人以非法占有为目的,超过规定限额或者规定期限透支,并且经发卡银行催收后仍不归还的行为。”该款不能理解为:超过规定限额或者规定期限透支,并且经发卡银行催收后仍不归还的,就能推定为具有非法占有目的。

《最高人民法院、最高人民检察院关于办理妨害信用卡管理刑事案件具体应用法律若干问题的解释》第六条第一款规定:"持卡人以非法占有为目的,超过规定限额或者规定期限透支,并且经发卡银行两次催收后超过3个月仍不归还的,应当认定为刑法第一百九十六条规定的'恶意透支'。"该款不应理解为:持卡人超过规定限额或者规定期限透支,并且经发卡银行两次催收后超过三个月仍不归还的,就能推定为具有非法占有目的。在实践中,有的司法机关只要信用卡持卡人透支,经两次催收后超过3个月不归还,就以信用卡诈骗罪追究持卡人的刑事责任,这种做法是欠妥的。

对恶意透支型信用卡诈骗罪的认定,必须审查行为人是否具有非法占有目的。认定非法占有目的的依据就是《最高人民法院、最高人民检察院关于办理妨害信用卡管理刑事案件具体应用法律若干问题的解释》第六条第二款的规定:"有以下情形之一的,应当认定为刑法第一百九十六条第二款规定的'以非法占有为目的':(一)明知没有还款能力而大量透支,无法归还的;(二)肆意挥霍透支的资金,无法归还的;(三)透支后逃匿、改变联系方式,逃避银行催收的;(四)抽逃、转移资金,隐匿财产,逃避还款的;(五)使用透支的资金进行违法犯罪活动的;(六)其他非法占有资金,拒不归还的行为。"

刑法第一百九十四条关于票据诈骗罪、金融凭证诈骗罪的规定、第一百九十五条关于信用证诈骗罪的规定、第一百九十六条关于信用卡诈骗罪的规定、第一百九十七条关于有价证券诈骗罪的规定、第一百九十八条关于保险诈骗罪的规定均没有"以非法占有为目的"的表述,但这并不意味着构成这些罪不需要具有非法占有目的。例如,刑法第一百九十四条第一款规定:"有下列情形之一,进行金融票据诈骗活动,数额较大的,处五年以下有期徒刑或者拘役,并处二万元以上二十万元以下罚金;数额巨大或者有其他严重情节的,处五年以上十年以下有期徒刑,并处五万元以上五十万元以下罚金;数额特别巨大或者有其他特别严重情节的,处十年以上有期徒刑或者无期徒刑,并处五万元以上五十万元以下罚金或者没收财产:(一)明知是伪造、变造的汇票、本票、支票而使用的;(二)明知是作废的汇票、本票、支票而使用的;(三)冒用他人的汇票、本票、支票的;(四)签发空头支票或者与其预留印鉴不符的支票,骗取财物的;(五)汇票、本票的出票人签发无资金保证的汇票、本票或者在出票时作虚假记载,骗取财物的。"该条规定的"明知是伪造、变造的汇票、本票、支票而使用的"等情形,一般足以推定行为人具有非法占有目的,因此,法条没有强调"以非法占有为目的"。如果行为人明知是伪造、变造的汇票、本票、支票而使用,但确有证据证明不具有非法占有目的的,则不应认定为票据诈骗罪。

对于司法解释规定的能认定为具有非法占有目的的情形,应当根据司法解释规定的完整意思,准确地加以理解。例如,司法解释规定有虚构主体、冒用他人名义、提供虚假担保、逃匿等情形,可以认定具有非法占有目的。不能简单地理解为凡有虚构主体或冒用他人名义、提供虚假担保、逃匿等行为,一律认定为具有非法占有目的。结合相关条款的上下文可以看出,司法解释的本意是指:行为人采用虚构主体或冒用他人名义签订合同、提供虚假担保、携款逃匿等手段逃避返还骗取的财产的,能够认定为具有非法占有目的。如果行为人虚构主体、冒用他人名义、提供虚假担保、逃匿等行为不是为了逃避返还财产,则不能认定具有非法占有目的。

2. 积极运用经验常识来判断诈骗罪的非法占有目的

诈骗犯罪属于自然犯,是一种明显违反伦理道德的犯罪。它区别于违反法律但没有明显违反伦理道德的法定犯,一个具有正常理性的普通人可能不需要借助于法律知识,凭自己的社会生活经验和朴素的伦理道德观念,就能判断哪些行为属于诈骗。因此,对诈骗罪非法占有目的的判断,直觉和经验的作用有时比概念分析和逻辑推理大得多,也更加准确。例如,对于拆迁安置过程中弄虚作假获取安置利益的行为,如果单纯地进行概念分析,它似乎属于虚构事实、隐瞒真相骗取财物的行为,可以定性为诈骗罪;但是,如果运用普通人的直觉进行判断,我们将会发现这种行为与常见的街头诈骗、电信网络诈骗以及经济生活中的诈骗相去甚远。这时,我们应当相信普通人的直觉而不是概念分析。因为,“法律的生命不在于逻辑而在于经验”。很多法律概念的界限是模糊不清的,什么是“以非法占有为目的”,什么是“虚构事实、隐瞒真相”、什么是“财物”,都会产生歧义。法律推理的过程有时会布满陷阱,有的概念很容易在推理的过程中被偷换,把推理引入歧途。因此,通过概念分析、逻辑推理得出的结论必须接受经验的验证,未经经验验证的逻辑结论是不可靠的。

近年来,个别司法人员脱离法律规定,不尊重长期形成的司法经验,根据自己对法律理论、法律概念的片面理解来分析判断诈骗罪的非法占有目的,把一些普通人不认为是诈骗的行为论证成诈骗,把一些新型经济业态说成是新型诈骗,由此导致诈骗罪的打击范围不当扩大。这种做法违背了常理常情,执法尺度超越了普通人的预测可能性,使得一些毫无诈骗犯意的普通人也面临被刑事追究的风险。这种倾向是应当引起重视和加以纠正的。

司法解释规定的可以认定为具有非法占有目的的情形,都是司法机关在长期的办案实践中总结出来的,体现了对普通人直觉和经验法则的尊重。事实上,司法解释规定的虚构主体、冒用他人名义、使用虚假证明文件、携款潜逃、挥霍赃款等情形已囊括了常见的能够认定为具有非法占有目的的情形。司法机关办理绝大多数案件,只要严格执行司法解释的规定就能对诈骗罪的非法占有目的作出正确认定。实践中要克制权力扩张的冲动,不得随意创制非法占有目的的认定标准,以避免办出奇奇怪怪的诈骗案件。对于少数特殊案件,需要认定为具有非法占有目的的“其他情形”的,也应当遵循司法解释的精神,尊重普通人的直觉和经验法则。

3. 欺骗行为造成的损失能够通过民事途径进行救济的,一般不宜认定为诈骗罪

诈骗并不泛指一切采用欺骗手段取得财物的行为,只有达到一定严重程度、有较大社会危害的骗取财物行为,才构成诈骗。将能够通过民事途径救济的骗取财物行为排除在诈骗犯罪之外,也符合刑法的谦抑性原则。刑法之所以把诈骗行为规定为犯罪,是因为这种行为严重侵犯他人财产权益,犯罪分子骗取他人财产或者隐匿了身份、住址,或者没有留下被害人主张权利的证据,或者将骗取的财产挥霍、藏匿等,被害人无法通过正常的民事救济途径维护其权益,不采用刑事手段制裁不足以维护正常的社会秩序。也就是说,正是在民法不敷用的情况下,才产生了刑法。因此,构成诈骗罪的行为,应当是不能通过民事途径进行救济的行为。欺骗行为尚不严重,不影响被害人通过民事途径进行救济的,一般不宜认定为诈骗犯罪。在司法实践中,办案人员应当把被骗的财产损失能否通过民事救济途径予以挽回作为有无非法占有目的的重要判断标准。例如,王某向他人借款十万元,取得借款后明确表示不想偿还,但其向出借人出具了真实姓名的借条,出借人知道其家庭住址,其本人也有足够的财产可供执行。这种情况下虽然根据其本人的口头表示似乎非法占有目的明确,但出借人的损失能够通过民事途径加以救济,没有必要将这种行为定性为诈骗罪。

当然,能否通过民事途径救济是针对一般情形而言。在某些特殊案件中,被诈骗的财产也能够通过民事救济途径予以追回,但只要采用该种欺骗手段造成的财产损失在通常情况下不能通过民事途径加以救济,就不影响诈骗罪的认定。

4. 在罪与非罪界限不明的情况下应当坚持疑罪从无

诈骗案件的罪与非罪界限并非泾渭分明。实践中经常会遇到一些模棱两可、似是而非的案

件。有些案件证据情况基本相同,但被告人的主观故意并不相同。例如,同样是在严重亏损的情况下借入资金用于生产经营,甲案的被告人打算归还借款,乙案的被告人并不打算归还借款,但两案的被告人在供述时都声称没有诈骗故意,这时就很难查清哪个案件的被告人有诈骗故意。有的案件罪与非罪的法律界限本身就不清楚。例如,民间借贷和诈骗、合同诈骗和合同纠纷有时很难作出区分。有的案件中被告人的主观故意并非十分明晰,时而想骗,时而不想骗。于是,在罪与非罪之间就出现了一个模糊地带。对于这类罪与非罪界限不明的案件,应当按照疑罪从无原则,作出有利于被告人的认定。

无罪推定、疑罪从无作为刑事诉讼法的基本原则,无疑应当适用于定罪证据不足的案件。但对于法律界限不明确的案件,能否适用疑罪从无的原则,则存有争议。根据《中共中央、国务院关于完善产权保护制度依法保护产权的意见》,对于法律界限不明的案件也应当适用疑罪从无的原则。该《意见》要求:"充分考虑非公有制经济特点,严格区分经济纠纷与经济犯罪的界限、企业正当融资与非法集资的界限、民营企业参与国有企业兼并重组中涉及的经济纠纷与恶意侵占国有资产的界限,准确把握经济违法行为入刑标准,准确认定经济纠纷和经济犯罪的性质,防范刑事执法介入经济纠纷,防止选择性司法。对于法律界限不明、罪与非罪不清的,司法机关应严格遵循罪刑法定、疑罪从无、严禁有罪推定的原则,防止把经济纠纷当作犯罪处理。"

笔者认为,对于罪与非罪法律界限不明的案件,不急于将其纳入刑事打击的范围,先观察一段时间,等一等,看一看,等对相关问题研究透彻、考虑成熟后,再决定是否入罪,才是审慎的、稳妥的。对于经济生活中出现的一些新情况、新业态,如果未经充分调研了解情况,就急于表态、妄下结论,把一些不规范的经济行为解释为诈骗,轻易动用刑罚手段,这无论对于保障人权、保护产权,还是激发社会活力,鼓励民众创业创新,都是不利的,此种情况应当注意避免。

疑案争鸣

郭某等抢劫案

——如何理解刑法第十二条“处刑较轻”的规定以及新旧法关于抢劫罪的法定刑孰轻孰重

一、据以探讨的案例

被告人郭某与李某、王某、李某某等四人经事先预谋,于 1992 年 10 月 25 日深夜,携带塑料绳、编织袋、手电筒等作案工具,至某养殖场,实施暴力手段,将看螃蟹的刘某、秦某、魏某三人捆绑起来,并将棉花塞入三被害人嘴中用布条扎住后,抢得螃蟹 120 千克,价值人民币(以下币种同)7 000 余元,销赃得款 4 000 余元。

同案犯李某、王某、李某某不久即被抓获归案。某市中级人民法院根据省高级人民法院审判委员会会议纪要(以下简称《会议纪要》)“抢劫财物价值 2 000 元以上属于情节严重”的规定,认定本案被告人李某、王某、李某某抢劫犯罪“情节严重”。据此,依照 1979 年刑法(以下简称旧法)第一百五十条第二款等规定,分别判处李某、王某、李某某无期徒刑、十年以上有期徒刑不等。郭某案发后一直外逃,直至 2011 年 7 月被抓获归案。

某县人民法院认为,该案发生时依据《会议纪要》属于抢劫犯罪“情节严重”,根据旧法第一百五十条第二款应当判处十年以上有期徒刑、无期徒刑或者死刑。而 1997 年刑法(以下简称新法)规定“抢劫数额巨大”的处十年以上有期徒刑、无期徒刑或者死刑,依照最高人民法院 2000 年 11 月 28 日出台的《关于审理抢劫案件具体应用法律若干问题的解释》(以下简称《抢劫解释》)的规定,某省“抢劫数额巨大”的起点标准为 10 000 元,依照刑法第十二条如果本法“处刑较轻的”适用本法的规定,对被告人郭某应当适用新法。据此,依照《中华人民共和国刑法》第十二条、第二百六十三条、第五十三条之规定,某县人民法院以被告人郭某犯抢劫罪,判处有期徒刑九年六个月,并处罚金人民币一万元。

一审宣判后,被告人郭某没有提起上诉,公诉机关亦未抗诉。判决发生法律效力后,检察机关按照审判监督程序提出抗诉。理由是:第一,根据《抢劫解释》的规定,某省“抢劫数额巨大”的标准为 10 000 元,本案抢劫数额为 7 000 余元,尚不够“抢劫数额巨大”的标准,根据新旧法的规定,本案均应适用三至十年有期徒刑的量刑幅度。按照刑法从旧兼从轻原则中的从旧原则,对郭某应当适用旧法。第二,比较新旧法抢劫罪的附加刑,旧法第一量刑幅度没有规定罚金,而新法规定并处罚金。可见,旧法轻于新法,本案应当适用“处刑较轻”的旧法。原审适用法律错误。

二、分歧意见

本案审理过程中,对于郭某应当适用旧法还是新法,存在两种意见:

(一)第一种意见认为对郭某应当适用旧法

具体理由如下:

1. 新法第十二条规定的“处刑较轻”即指刑法对某种犯罪规定的法定刑(包括主刑和附加刑)比修订前的刑法要轻

关于刑法的溯及力问题,旧法第九条和新法第十二条均规定“如果本法不认为是犯罪或者处刑较轻的，适用本法"，即我国刑事立法对刑法的溯及力问题采取的是从旧兼从轻的原则。从旧兼从轻原则的立足点是坚持适用行为时法，价值追求是有利于保护公民的合法权益及人权。①"从旧"的理解和把握并无多大争议。但对"从轻"即"处刑较轻"的理解和把握则存在不同认识。有观点认为，比较刑罚的轻重，应当以行为时法与裁判时法对某一具体犯罪行为所作的宣告刑的轻重作为比较的标准，也即用行为时法与裁判时法分别对某一具体犯罪行为先进行量刑，然后看哪一个宣告刑轻，取其轻者加以适用。也有观点认为，比较刑罚的轻重，应当以行为时法与裁判时法对某一具体犯罪行为所规定具体法定刑进行比较，然后择轻而从，对于行为时法与裁判时法之间的法律规定，因其不属于比较对象，不能予以考虑。如果行为时法与裁判时法对某种犯罪规定了多个法定刑幅度，应当就行为应当适用的具体的法定刑轻重进行比较。还有观点认为，比较刑罚的轻重，除比较行为应当适用的具体法定刑之外，还应当就行为时法与裁判时法所规定的影响该行为定罪量刑的其他因素（诸如相应的司法解释等）进行全面比较，以实际处刑有利于被告人作为新旧法律的取舍原则。如果新旧刑法所规定的法定刑完全相同，应当适用行为时的法律。此外，有观点认为，比较刑罚的轻重，是指同一种犯罪行为对适用新老法律的比较，孰轻孰重，取其轻者；如果法定最高刑相同，再比较法定最低刑的刑种或者刑度，看哪个更轻些，取其轻者；如果法定最高刑与最低刑相同，则比较量刑的适用条件（即比较包括司法解释等对某一具体犯罪所规定的量刑条件的宽严条件），也取其轻者。"处刑较轻"是指刑法（裁判时法）对某种犯罪所规定的法定刑比行为时刑法的法定刑为轻。以法定刑作为比较处刑轻重的标准，其科学性在于法定刑比较直观、明确且具有可比性，而且法定刑的轻重直接反映了立法者对某一犯罪行为所作的评价，所以其最接近立法原意。②

关于这个问题，最高人民法院1997年12月23日出台的《关于适用刑法第十二条几个问题的解释》作了明确规定。该解释将"处刑较轻"解释为"是指刑法对某种犯罪规定的刑罚即法定刑比修订前刑法轻"。同时规定了比较的顺序和方法："法定刑较轻是指法定最高刑较轻；如果法定最高刑相同，则指法定最低刑较轻"，"如果刑法规定的某一犯罪只有一个法定刑幅度，法定最高刑或者最低刑是指该法定刑幅度的最高刑或者最低刑；如果刑法规定的某一犯罪有两个以上的法定刑幅度，法定最高刑或者最低刑是指具体犯罪行为应当适用的法定刑幅度的最高刑或者最低刑"。应当说，该解释的出台，基本上统一了对"处刑较轻"的理解问题，解决了刑罚轻重如何比较的问题。但是，该解释既然规定了"处刑较轻"是指法定刑较轻，却仅仅规定了主刑的比较方法和比较顺序，而没有规定附加刑的比较。逻辑上似乎不周延，而且实践中，具体到某种犯罪行为，法定最高主刑和最低主刑均相同，即主刑比较不出轻重，而附加刑却不同的，是一律适用从旧原则，还是继续比较附加刑的轻重适用从轻原则，实践中存在不同看法，由此导致法律适用不统一的现象时有发生。我国的刑罚体系——法定刑是由主刑和附加刑组成的，附加刑属于法定刑的一部分，比较法定刑理所当然包括附加刑的比较。如果主刑能够比较出轻重，则依据主刑比较的结果择轻而取；在主刑无法比较出轻重的情况下，则应当比较附加刑的轻重，依据附加刑比较的结果择轻而取；如果附加刑仍然比较不出轻重，则适用修订前的刑法。否则，不但容易造成法律适用上的混乱，还实际上否定了附加刑的法定刑性质和地位。

新旧法条附加刑轻重的比较方法和顺序一般为：首先，应当比较有无附加刑的规定。有规定则为重，无规定则为轻。其次，比较罚金刑有无法定数额幅度的规定。有额度规定或者数额幅度

---

① 参见陈超、李国庆：《刑法溯及力原则的适用》，载《人民司法》1998年第3期。

② 参见张军主编：《刑法（总则）及配套规定新释新解》，人民法院出版社2011年版，第63页。

大的为重,无额度规定或者数额幅度小的则为轻。再次,比较附加刑刑种的轻重。没收财产刑重于罚金刑。最后,比较附加刑的规定是任意性的还是强制性的规定。任意性的是可以适用,也可以不适用;强制性的则必须适用,前者为轻,后者为重。

2. 新旧法关于抢劫罪的法定主刑相同,但附加刑不同,且适用第二档量刑幅度的情节不同,故旧法抢劫罪"处刑较轻"

关于抢劫罪,旧法第一百五十条和新法第二百六十三条均规定了两个量刑幅度,且两个量刑幅度的法定最高刑和法定最低刑均相同,即法定主刑比较不出轻重。因此,就抢劫罪而言,比较法定附加刑的轻重就非常必要和有意义。

通过对抢劫罪的法定附加刑比较,明显可以得出旧法轻于新法的结论。一是从第一档法定刑有无罚金刑的规定进行比较:前者没有规定,而后者规定"并处罚金"。二是从法条对财产刑(包括罚金和没收财产)是任意性还是强制性规定进行比较:前者规定"可以并处",后者规定"并处"。"如抢劫罪,修订前后的法各有两个量刑幅度,均相同,主刑比较不出轻重,但修订后的刑法增加了附加刑罚金、没收财产,故修订后的刑法重。"①可见,检察机关的第二条抗诉理由是成立的。

此外,从立法对抢劫罪的修订精神看,可以看出新法加大了对抢劫罪的打击力度,也说明其重于旧法。关于抢劫罪适用第二档量刑幅度的情节或者结果加重犯的情形,旧法仅规定"情节严重"和"致人重伤、死亡"的两种情形,而新法规定了八种情形。这不能简单认为是对"情节严重"的细化规定或者仅仅是立法技术的改进,而应当理解为是对在特定场所抢劫、针对特定对象抢劫或者采用特定手段抢劫的行为加大了打击力度。其中绝大部分情形,在旧法中没有作为情节严重规定,实践中一般也没有作为情节严重认定;旧法没有抢劫"数额巨大"的规定,而新法将抢劫"数额巨大"作为情节加重的情形之一,这些均体现了新法重于旧法的立法精神。

3.《会议纪要》不是司法解释,不能作为比较新旧法轻重的法律依据

旧法法条对抢劫罪本身并无数额的规定,也无数额加重犯的规定,更无"抢劫2 000元以上即应判处十年以上有期徒刑、无期徒刑或者死刑"的规定。《会议纪要》对抢劫数额的规定是统一当时、当地裁判标准和尺度的依据,对审判实践具有一定的约束力和执行力,但规范性文件不是法律渊源,《会议纪要》不是司法解释,没有法律效力,不能作为比较新旧法抢劫罪轻重的法律依据。虽然《会议纪要》规定抢劫2 000元以上属于情节严重,在十年以上量刑,但根据案发至今经济社会发展状况,抢劫7 000元已不宜作为情节严重处罚,法官可以在旧法第一百五十条第一档即三到十年的量刑幅度内行使自由裁量权。

(二)另一种意见认为,对郭某应适用新法

具体理由如下:

1. 把附加刑作为比较新旧法刑罚轻重的参考因素缺乏法律依据

新旧法关于抢劫罪的法定刑均规定了两个量刑幅度,且两个量刑幅度的法定最高刑和法定最低刑均相同,即法定主刑比较不出轻重。旧法第一个量刑幅度没有规定附加刑,第二个量刑幅度规定"可以没收财产",新法则规定"并处罚金"和"并处罚金或者没收财产",由此比较,看似旧法轻于新法,但这种比较没有法律依据。因为,《最高人民法院关于适用刑法第十二条几个问题的解释》明确规定了"处刑较轻"的比较顺序和方法:"法定刑较轻是指法定最高刑较轻;如果法定最高刑相同,则指法定最低刑较轻","如果刑法规定的某一犯罪只有一个法定刑幅度,法定最

① 参见陈超、李国庆:《刑法溯及力原则的适用》,载《人民司法》1998年第3期。

高刑或者最低刑是指该法定刑幅度的最高刑或者最低刑;如果刑法规定的某一犯罪有两个以上的法定刑幅度,法定最高刑或者最低刑是指具体犯罪行为应当适用的法定刑幅度的最高刑或者最低刑"。该规定并未将附加刑作为比较新旧刑法处刑轻重的参考因素,而这样的规定显然不是起草者的疏忽所致。

2.《会议纪要》可以作为比较量刑适用条件的参考因素,进而作为比较新旧法轻重的依据

理论上讲,如果法定最高刑与最低刑均相同,则比较量刑的适用条件,包括比较司法解释等对某一具体犯罪所规定的量刑条件的宽严情况,取其轻者。《会议纪要》虽然不是司法解释,但在某省范围内具有一体执行的效力,实际上赋予了抢劫 2 000 元以上即属于"情节严重"而强制适用刑法相应量刑幅度的法律效力。而根据新法抢劫罪的相关司法解释,抢劫 10 000 元以上才属于数额特别巨大。比较新旧法抢劫罪的司法解释以及司法解释授权的地方规范性文件(《会议纪要》)对影响量刑适用条件——抢劫数额的规定,显然新法轻于旧法。

3. 对郭某适用旧法将造成"同案不同判"的自相矛盾现象

案发不久即归案的三名被告人,均适用旧法判处较重的刑罚,而潜逃近 20 年才归案,且罪行重于他人的郭某,如适用旧法的同一法条判处较轻的刑罚,将造成"同案不同判"的自相矛盾现象。当事人不理解,也难以获取社会的理解和认同。

另需要说明的是,在审理过程中,对检察机关的第一条抗诉理由,上述两种观点一致认为不成立。

检察机关认为,《解释》第六条既然规定,"抢劫数额巨大"的认定标准,参照各地确定的盗窃罪数额巨大的认定标准执行。那么各高级人民法院在辖区范围制发的上述具体执行标准应当认定具有法律效力。本案中的《会议纪要》即属于这种,其关于盗窃罪数额巨大认定标准的规定亦具有法律效力。某省盗窃罪数额巨大的认定标准是 10 000 元,本案抢劫数额为 7 000 余元,尚未达到"抢劫数额巨大"的认定标准。故按照刑法从旧兼从轻的原则,对郭某应适用旧法第一百五十条第一款。而法院认为,该司法解释是针对新法作出的。根据《最高人民法院、最高人民检察院关于适用刑事司法解释时间效力问题的规定》精神,"司法解释的效力适用于法律的施行期间",该司法解释是针对修订后刑法抢劫罪作出的,只能适用修订后刑法抢劫罪,而不适用修订前刑法的抢劫罪。因此,抢劫 10 000 元以上只能作为适用新法第二百六十三条认定抢劫数额巨大的依据,而不能作为适用旧法第一百五十条不认定为"情节严重"的依据。

(供稿:江苏省淮安市中级人民法院 时恒支)

张彦双、王常仲抢劫案

——行为人不服派出所调解,强行拿回赔偿给他人的现金,如何定性

一、据以探讨的案例

2013 年 1 月 1 日凌晨 5 时许,被告人张某某、王某某在其朋友邵某某因经济纠纷在派出所调解下赔偿给被害人崔某某人民币 1 000 元后,跟车尾随被害人崔某某驾驶的出租车,在该车行至某路口遇到红灯停车时,被告人张某某、王某某打开崔某某的车门上车,从崔某某处强行拿回赔偿款 1 000 元。得手后两人下车离开。

二、分歧意见

本案在审理过程中,对于被告人张某某、王某某的行为如何定性形成了三种意见:

第一种意见认为，应以寻衅滋事罪定罪处罚。理由如下：

1. 二被告人非法占有的目的不典型。本案是一起由特定原因引发、针对特定对象实施的非法占有特定财物的案件。如果同样的行为发生在事前并无矛盾纠纷的陌生人之间，即突然上陌生人的车，要人交出钱物的，无疑应认定为抢劫罪。如果二被告人强行拿回的财物不限于赔偿款，也基本可以抢劫罪认定。但本案是因二被告人不满派出所的调解结果引发，强行拿回只是刚刚支付的1 000元调解款，其中有500元还是由被告人张某某替其朋友代付的，因此，其非法占有目的与典型的抢劫有很大不同。最高人民法院2005年发布的《关于审理抢劫、抢夺刑事案件适用法律若干问题的意见》（以下简称为《意见》）第七条提出："行为人仅以所输赌资或所赢赌债为抢劫对象，一般不以抢劫罪定罪处罚，构成其他犯罪的，依照刑法的相关规定处罚。"如单纯从法律层面看，抢所输赌资或者所赢赌债的，特别是抢所赢赌债的，显然也具有非法占有目的，而作出上述规定主要是因为从社会公众的角度看，行为人的非法占有目的不是很典型，基于类似考虑，本案也不宜以抢劫罪认定。

2. 二被告人对被害人的强制程度有限。首先，《意见》第九条关于"抢劫罪与寻衅滋事罪的界限"中规定"对于未成年人使用或者威胁使用轻微暴力强抢少量财物的行为，一般不宜以抢劫罪定罪处罚。其行为符合寻衅滋事罪特征的，可以寻衅滋事罪定罪处罚"。此规定明显反映出，不能将任何意义上的暴力或者威胁行为都评价为抢劫罪的手段行为。规定虽是针对未成年人作出的，但精神也可适用于成年人。其次，同样的行为在不同的背景下强制程度亦存在差异。例如，对一个熟人说"再不把钱给我，我就杀了你"与对一个陌生人说同样的话，含义、效果完全不同。本案并无证据证明二被告人实施了威胁、殴打被害人的行为，且二被告人强行上被害人的车是有前因的（尽管并不正当），该前因在客观上实际削弱了二被告人对被害人的强制程度。最后，从法律规定和司法实践看，使用轻微暴力（如打一耳光），特别是使用威胁手段"强拿硬要"的，被害人多是"敢怒不敢言"，实际也已达到了使人不敢反抗的程度，但不妨碍寻衅滋事罪的认定。故不能以被害人已处于不敢反抗的境地为由，认为本案应定抢劫罪。

3. 本案在性质上更符合寻衅滋事的特征，以寻衅滋事罪论处也更符合罪责刑相适应原则。《最高人民法院、最高人民检察院关于办理寻衅滋事刑事案件适用法律若干问题的解释》第一条第二款规定，"行为人因日常生活中的偶发矛盾纠纷，借故生非，实施刑法第二百九十三条规定的行为的，应当认定为'寻衅滋事'"。考虑本案的前因后果，更符合上述规定所针对的情形。此外，若本案以抢劫罪定性，至少要判处3年以上有期徒刑，量刑也明显过重。

第二种意见认为，应以抢劫罪定罪处罚。理由如下：

1. 不能以强制手段程度的轻重来区分抢劫罪和寻衅滋事罪。抢劫罪的强制手段只要能够达到使被害人不能或不敢反抗即可，在麻醉抢劫等类型的抢劫犯罪中，行为人甚至不具备一般意义上的"暴力"行为。本案中，二被告人虽然只是针对被害人有辱骂、打耳光等较为轻缓的强制行为，但应注意到的是，本案的作案场所是在被害人所驾驶的车辆内，在如此狭小且相对封闭的空间内，被害人面对两位成年男性语言上的威胁（辱骂）和身体上的强制（打耳光），很难想象其还敢于或能够反抗，故本案二被告人实施的强制行为已经达到使被害人不敢、不能反抗的程度，能够认定为抢劫罪的手段行为。

2. 二被告人具有非法占有的目的。本案中，二被告人强行进入被害人驾驶的车辆，以强制手段向被害人索回赔偿款，虽然是为朋友索要该笔款项，但不能以此否认二被告人具有非法占有的目的。例如，张三经常被女友说没有男子气概，某晚二人在"轧马路"时，张三又被女友嘲讽，这时与二人产生过矛盾的李四经过，张三为表现自己的男子气概，走上前去持刀将李四的手机抢走并丢弃在河水中，张三虽然是为了显示其男子气概而持刀抢走他人手机，但其同时具有明显的非法占有的目的，不影响其行为构成抢劫罪。

3. 本案成立想象竞合犯，应择一重罪以抢劫罪论处。本案二被告人系以非法占有为目的，使用暴力手段强拿硬要他人财物，在这种情况下，形成了寻衅滋事罪与抢劫罪的想象竞合，按想象竞合犯的处断原则，应择一重罪论处。对此，最高人民法院、最高人民检察院 2013 年发布的《关于办理寻衅滋事刑事案件适用法律若干问题的解释》第七条明确规定，实施寻衅滋事行为，同时符合寻衅滋事罪和故意杀人罪、故意伤害罪、故意毁坏财物罪、敲诈勒索罪、抢夺罪、抢劫罪等罪的构成要件的，依照处罚较重的犯罪定罪处罚。

第三种意见认为，本案没有证据证实二被告人对被害人实施了暴力或者以当场实施暴力相威胁，不宜作为犯罪处理。

（供稿：广东省广州市越秀区人民法院　黄　莹　邓　凯）

被告人阮传贵强奸、抢劫案

——强奸犯罪未遂与中止的具体认定，对抢劫犯罪中“使用暴力、胁迫手段”的理解与认定

一、据以探讨的案例

2014 年 3 月 29 日 20 时许，被告人阮传贵骑摩托车行至某一级公路，发现被害人赵某（女，已成年）在路边独自行走，遂意图强奸赵某。阮传贵将摩托车停在路边，快步赶上赵某，从赵某身后扯住其头发，将赵某甩倒在路边护坡下的水沟边，又用力将赵某头部按到水沟里致其呛水，后用手掐住赵某喉咙，强迫赵某脱下衣裤，欲与其发生性关系。阮传贵欲将生殖器插入赵某阴道时，赵某扭动身体反抗，阮传贵因紧张，生殖器未能完全勃起而未逞，遂强迫赵某为其实施口交。因当时公路上过往车辆较多，阮传贵害怕被发现，即骑摩托车挟持赵某欲到偏僻处继续实施强奸，转到某村级公路上行驶时，阮传贵因驾驶不慎，摩托车翻入路边水沟中，两人均摔晕。阮传贵先于赵某苏醒，发现自己左膝盖、左眉梢处均有轻微皮肤破损，赵某手脚处亦有轻微皮肤擦破，遂性欲全消，又考虑到强奸要受到惩处，于是叫醒赵某后强迫其给 200 元钱去治疗，后阮传贵独自离开。

二、分歧意见

本案在审理过程中，对被告人阮传贵强奸行为的犯罪形态以及其从被害人处取得财物的行为应否认定为抢劫罪，意见分歧较大。

（一）关于阮传贵强奸行为的犯罪形态

第一种意见认为，被告人阮传贵系在实施强奸犯罪过程中自动放弃犯罪，应认定为犯罪中止。理由如下：

1. 从外界条件来看，不存在阻止阮传贵犯罪的因素。一是从作案的时间和环境分析，被告人阮传贵实施犯罪行为不易被他人发现和阻止。本案发生在初春的晚上 8 点左右，此时天色已黑，一般人很难看清周围事物。一级公路上来往的车辆一般也不会注意到公路护坡下的水沟边，被害人因害怕也没有呼救。阮传贵挟持被害人驶入某村级公路后，因天色已黑，路上无行人和其他车辆，更不易被他人发现和阻止。二是从事实发展的联系和时空延续性来看，不能简单认定阮传贵在一级公路护坡处是被迫放弃犯罪。虽然阮传贵在一级公路护坡下对被害人实施强奸，因被

害人扭动身体反抗,再加上自身紧张导致生殖器未能完全勃起而没能插入,但是阮传贵仍具备短时间内继续实施强奸犯罪的可能。阮传贵看到一级公路上来往车辆较多,害怕被发现,但实质上其并没有因此被迫放弃强奸犯罪,而是继续挟持被害人前往附近偏僻处欲实施强奸,在这个过程中因为时间和空间上都存在延续性,阮传贵并没有中断实施强奸犯罪,被害人也一直处于其暴力胁迫之中,故应当将阮传贵在护坡处实施强奸犯罪和挟持被害人至偏僻处及翻车后放弃强奸犯罪视作一个整体。

2. 从被害人角度来看,已经失去了反抗的能力。阮传贵先趁被害人不备将其甩倒在护坡下水沟边,并强按其头部到水沟里致其呛水,之后又用力掐住其喉咙。被害人在遭受较高强度的身体暴力及胁迫后,已处于极端恐惧当中,在阮传贵提出要她脱下衣裤和发生性关系的要求后被迫顺从,且不敢激烈反抗,只是出于本能扭动身体反抗。当阮传贵驾驶摩托车搭载其到偏僻处继续实施强奸时,被害人一直按照阮传贵的要求不敢抬头看路,不敢反抗。

3. 从身体状态和行为表现来看,被告人阮传贵在具备继续实施强奸犯罪的身体条件和能力的前提下放弃了强奸犯罪。阮传贵在摩托车翻入村级公路水沟后摔晕受伤,他先于被害人苏醒,后检查身体发现两人均轻微受伤,但这种意志之外的介入因素并没有严重到足以令其丧失继续实施强奸犯罪的身体能力,并且被害人仍旧处于阮传贵的控制之下。阮传贵或基于轻微外伤带给其的痛感刺激致性欲消退,或是晕厥期间心理得到平复冷静而抑制、阻却其犯罪决意,最终自动放弃了继续实施强奸犯罪。

第二种意见认为,阮传贵的强奸行为应认定为犯罪未遂。理由如下:

1. 主观上,阮传贵一直未放弃强奸意图。在一级公路边,阮传贵的强行行为由于赵某的反抗致其生殖器未能勃起而未能得逞,但其奸淫的意图继续存在,故让赵某为其实施口交;因怕被发现,又挟持赵某到偏僻处继续实施强奸,到某村级公路行驶时,因驾驶不慎,摩托车翻入水沟中,醒来后,其性欲全消。以上案情可见,在一级公路边,其强奸未能得逞,原因在于赵某的反抗,而在村级公路边,其强奸行为未能得逞,原因在于阮传贵的身体情况,如果此时阮传贵仍有性欲,则会继续实施强奸行为,且赵某已经处于昏迷状态,强奸即可得逞。因此,本案的关键是在水沟中时,阮传贵是没有强奸意图还是因为外界阻却因素致强奸行为无法实施。不能仅看到其在水沟中性欲全消这一表象,而应透过现象看本质。到达水沟不是阮传贵的主观选择,而是其摩托车翻倒所致。因此,性欲全消也不是阮传贵主观上放弃犯罪的原因,而是摩托车翻倒所致。也就是说,其在摩托车翻倒这一外界因素介入之前,其强奸的意图一直存在。

2. 阮传贵强奸行为未能得逞,是多种阻却因素结合的结果。在一级公路边,其未能得逞是因为被害人的反抗;在让赵某为其口交时,其未能得逞,既不是外界因素介入致其不能实施强奸,也不是其放弃强奸,而是怕被发现,因而转移地方想继续实施强奸犯罪;在转移过程中还没到其自己选定地点时发生了摩托车翻倒事故,进而致其左膝盖、左眉梢处均有轻微皮肤破损,导致性欲全消。性欲全消是不能继续实施强奸行为的直接原因,但致性欲全消的原因并非来源于阮传贵主观上对强奸行为的放弃,而来源于摩托车翻倒事故及事故引起的其身体受伤。

(二)关于被告人阮传贵取得被害人财物的行为,是否构成抢劫罪

第一种意见认为,阮传贵的行为不构成抢劫罪,理由是:阮传贵只是向被害人口头提出了索要财物的要求,没有使用暴力、胁迫等手段,被害人系自愿将钱交出。阮传贵对被害人实施的扯住头发、甩倒在路边、用力将头部按到水沟里等暴力行为均发生在强奸犯罪实施过程中,阮传贵与被害人摔晕苏醒后,其之前实施的暴力行为已经结束,阮传贵取得财物不是当场实施暴力的结果,不符合抢劫罪“当场性”的特征;且阮传贵实施暴力行为的目的是强奸,在强奸罪中已经进行

了评价，再认定抢劫罪有重复评价之嫌。

第二种意见认为，阮传贵的行为构成抢劫罪，理由是：本案中被告人阮传贵向被害人索要财物时，确实没有“当场”使用暴力，但是不能否认其实施了胁迫行为，更不能认为被害人是自愿交付财物。被告人在实施强奸犯罪时的一系列暴力行为，已经对被害人造成了巨大的精神恐惧。此时，被告人向被害人索要财物，被害人是基于相信被告人有继续实施暴力行为的能力和可能性的前提下，才被迫交出财物。也就是说，表面上，强奸犯罪的暴力行为已经结束，但是，暴力行为所形成的对被害人的威慑并未结束，甚至基于强奸犯罪过程中被告人实施暴力的原因，被害人完全不能预料如果不给予财物，被告人是否还会实施暴力。因此，本质上，阮传贵是以强奸行为对被害人造成的侵害和压制为胁迫，当场获取财物，并且这种当场胁迫行为与被害人被迫当场交出财物之间存在事实上的因果关系，符合抢劫罪“当场性”的要求，构成抢劫罪。抢劫罪评价的是被告人另起犯意之后的胁迫行为，而非之前的强奸暴力行为，故不存在重复评价的问题。

（供稿：湖南省益阳市资阳区人民法院　张　伟）

关于《刑事审判参考》第 101 集“疑案争鸣”的一点看法

——“张彦双、王常仲抢劫案”短评

【编者按】

本刊在第 101 集“疑案争鸣”栏目中刊登《张彦双、王常仲抢劫案——行为人不服派出所调解，强行拿回赔偿给他人的现金，如何定性》后，收到了读者的踊跃来稿。现选择其中一篇予以刊登，以推动对此类行为定性问题的研究。

笔者认为本案构成抢劫罪与寻衅滋事罪的想象竞合犯，应择一重罪以抢劫罪论处。具体理由如下：

1. 二被告人主观上非法占有的目的十分明显。抢劫罪要求行为人主观上具有非法占有他人财物的目的，其前提是行为人必须要认识到自己欲占有的是“他人财物”，而非自己合法占有或者持有的财物。最高人民法院 2005 年发布的《关于审理抢劫、抢夺刑事案件适用法律若干问题的意见》（以下简称《意见》）第七条规定的“行为人仅以所输或者所赢赌债为抢劫对象的，一般不以抢劫罪定罪处罚”，其本意在于，由于行为人对于自己所输或者所赢的赌债是否为“他人财物”存在一定的模糊性认识，或者说在认识因素上对于赌债的性质不像抢劫罪中“他人财物”的性质认识得那样清晰和明确，认识程度有所欠缺，故其主观故意内容与抢劫罪中的“他人财物”有所不同，进而影响到对其非法占有目的的认定。而本案中，二被告人并非公安机关调解的双方当事人，与被害人之间不存在任何关联。虽然张某某替朋友邵某某支付了 500 元的赔偿款，但这仅是在张某某与邵某某之间产生了债权债务关系，被害人崔某某与张某某没有发生任何法律上的债权债务关系，这与《意见》中所规定的本人“所输或者所赢赌债”在性质上有着明显的区别。被害人获得赔偿款是经公安机关依法调解的处理结果，具有法律效力，任何人无权直接索回，二被告人对赔偿款属于被害人的财物在主观上有着明确的认知，不存在认识上的模糊。其二人在没有任何法律依据或者其他合理依据的情况下，通过暴力、胁迫手段强制被害人当场交付自己合法占有的财物，主观上显然具有非法占有他人财物的目的。

2. 二被告人客观上的行为属于抢劫罪中的“暴力、胁迫”。抢劫罪客观上要求行为人通过暴

力、胁迫或者其他强制手段，致使被害人不敢、不能、不知反抗，丧失反抗能力，进而当场占有被害人财物。对于“暴力、胁迫”的具体表现，司法实践中多种多样，既要看一般情况下行为本身对被害人可能造成的强制程度，还要结合被害人自身情况、案发时所处时空环境等因素进行综合判断。只要能够达到致使被害人不能、不敢、不知反抗的程度即可，不能仅凭行为本身的强制程度进行评价。本案中，虽然二被告人对被害人实施了辱骂、打耳光等较为轻缓的强制行为，但结合案发时所处的空间环境是被害人所驾驶的出租车，狭小且相对封闭，而双方力量对比又明显失衡，可以认定二被告人当时完全控制了被害人。在这种环境和场景下，辱骂和打耳光的行为足以对被害人形成完全的心理强制，应当认定为抢劫罪中的“暴力、胁迫”。关于《意见》第九条“对于未成年人使用或者威胁使用轻微暴力强抢少量财物的行为，一般不宜以抢劫罪论处。其行为符合寻衅滋事罪的，可以寻衅滋事罪定罪处罚”的规定，主要是考虑到未成年人特别是在校学生通过轻微暴力手段强抢少量财物的行为，其主观上逞强、耍威风的故意较为明显，这种行为对社会秩序的侵害要大于对他人财产权益的侵害，从对未成年人教育、挽救为主的刑事政策出发，因而以寻衅滋事罪定罪处罚更为恰当。本案中，二被告人主观上显然不具有逞强好胜、耍威风等动机，非法占有财物的对象十分明确，目的直接、明显，不属于“无事生非”型的寻衅滋事罪。

3. 二被告人的行为构成“借故生非”型寻衅滋事罪与抢劫罪的想象竞合犯，应当择一重罪定罪处罚。寻衅滋事罪在司法实践中主要表现为“无事生非”和“借故生非”两种，本案考虑到犯罪的前因后果，可以认定为“借故生非”。但根据司法解释规定，寻衅滋事罪与抢劫罪并不排斥，二者存在竞合，特别是在“借故生非”型寻衅滋事罪中，二者竞合的情况较多。本案即属于这种情况，二被告人借不服公安机关调解处理决定，继而通过暴力、胁迫强行取得其朋友邵某某已经支付的赔偿款，构成寻衅滋事罪与抢劫罪的想象竞合犯，应当以抢劫罪定罪处罚。

（供稿：江苏省泰州市人民检察院　王绩伟）

理论前沿

关于顾雏军案中挪用资金罪的看法

□时延安 *

挪用类犯罪,实际上是属于一种滥用职权类的犯罪,是具有一定职权的人利用职务上的便利,挪用资金归自己使用的行为。对于非国有公司、企业而言,挪用资金行为会严重影响到公司、企业的正常经营活动,会使这些单位的财产处于高风险的状态,因而这种行为是一种侵害财产权的行为;同时,将本单位资金归个人使用,这些具有职权的行为人严重背离了投资者、股东的信赖,因而这种行为也属于一种背信行为。对顾雏军案中挪用资金行为定性存在的争议,就应当从挪用类犯罪的本质来加以分析。

原审法院认为顾雏军构成挪用资金罪,其理由就是,顾雏军指使他人挪用科龙公司 2.9 亿元人民币用于注册扬州格林柯尔公司。由于涉案款项是通过江西格林柯尔、天津格林柯尔等公司转移到扬州格林柯尔的验资账户上,因而表面上从科龙到江西格林柯尔,从江西格林柯尔到天津格林柯尔,系单位之间的资金拆借行为,但从整个资金流向来看,涉案款项就是从单位转移归个人使用,具体而言,就是用于顾雏军、顾善鸿设立自然人性质的扬州格林柯尔。

在最高人民法院再审此案时,原审法院的这一事实认定并没有被推翻,最高人民检察院出庭检察员也坚持认为,顾雏军该项行为构成挪用资金罪,原审法院对该起事实认定和法律适用无误;辩方虽认为该挪用行为不构成挪用资金罪,但并不否认顾雏军将涉案的 2.9 亿元资金用于个人注册扬州格林柯尔。在上述事实认定无误的情况下,主要存在对法律适用的争议。从最高人民法院庭审情况来看,双方争议在两个层面上展开:一是,就现有法律及司法解释规定而言,顾雏军的行为是否属于挪用本单位资金归个人使用;二是,关于挪用资金罪的刑法规定及司法解释规定的合理性问题。

关于第一个问题,如前所述,如果原审法院就该事实认定是正确的话,顾雏军指使他人将单位资金挪用给个人用于个人注册新公司,那么其行为构成挪用资金罪。对此,2003 年 11 月 13 日最高人民法院在《全国法院审理经济犯罪案件工作座谈会纪要》中规定,“申报注册资本是为进行生产经营活动做准备,属于成立公司、企业进行营利活动的组成部分。因此,挪用公款归个人用于公司、企业注册资本验资证明的,应当认定为挪用公款进行营利活动”。该解释性文件虽然没有对挪用资金罪作直接规定,但该条解释原理可以直接适用于挪用资金罪,即挪用单位资金用于个人公司注册资本的,应以挪用资金罪论处。顾雏军挪用资金的行为虽然发生在该解释性文件出台之前,但该解释性文件给出的判断规则,应当适用于该解释性文件出台前的案件。《最高人民法院、最高人民检察院关于适用刑事司法解释时间效力问题的规定》对司法解释时间效力的界定,看起来是采取“从旧兼从轻”的原则,但实际上,兼顾了司法解释相对于法律的附属性和独立性:附属性的一面表现在,司法解释对法律进行解释,如果法律没有变化,那么,司法解释应适用于解释出台前的行为(该解释第二条);独立性的一面表现在,当出现旧解释在行为时有效,而新

---

* 时延安,中国人民大学刑事法律科学研究中心主任、教授。

解释在审判时有效的情况,那么,采用有利于被告人的解释,即形成“从旧兼从轻”的效果,不过,存在新旧解释冲突的,主要是司法解释对作为定罪“门槛”的数额、数量的规定。从这个特点可以看出,司法解释中对法律条文内涵、裁判规则进行界定和明晰的规定,应采取附属性的理解,即司法解释可适用于法律生效后、该司法解释出台前的行为;而对属于定罪“门槛”的量的要素的规定,应采取独立性的理解。就本案而言,对何谓“归个人使用”,即属于对刑法规定的行为要件的解释,应当从司法解释附属性的角度加以理解,即《全国法院审理经济犯罪案件工作座谈会纪要》中对“归个人使用”的解释,应适用于本案。

关于第二个问题,可能是再次讨论顾雏军案的焦点。也就是说,类似于顾雏军这样的行为,是否应作为犯罪处理?刑法及司法解释如此规定是否合理?这个问题显然不是单纯的法律适用问题,实际上是对挪用类犯罪立法及司法解释正当性的挑战。无论是在顾雏军案发生的2002年,还是在最高人民法院再审此案的2018年,在私营单位之间进行资金拆借的情况比较常见,私人与单位之间借款的情况也常有发生,因而一旦发生利用职务上的便利将本单位资金挪用给个人使用的情形,就会有人认为,这是市场不规范行为而已,不应作为犯罪处理。如果仅仅以罪刑法定原则作为这类案件入罪的理由,通常无法说服持这种观点的人。对此,应当从公司、企业与市场关系的角度进行分析,而不能将挪用资金行为简单归为“市场不规范行为”或者因其屡见不鲜而不认为是犯罪。

挪用资金行为的危害性主要体现在三个方面:一是,给本单位财产所有权带来现实的风险。因为资金一旦流出归个人控制,就会对本单位正常的生产经营造成实质影响,同时也就带来该笔资金失控而导致损失的现实可能性。因而,不能以该笔资金事后“完璧归赵”认为挪用资金对单位没有造成影响。二是,对本单位投资人、股东乃至其他职工造成影响。公司、企业单位负责人的职权系受投资人、股东委托而形成,其职权具有派生性,其滥用职权挪用资金(尤其是大笔资金)的行为,实际上严重违背了自己的职责,会给本单位的相关权利主体造成现实的权利侵害。因而,不能因为单位负责人对本单位具有重大贡献或者拥有实际操控权,就否认其违背了职责。三是,对市场活动产生影响。挪用资金归个人使用,多数是进行经营活动或者违法活动,从现实发生的案件来看,主要是用于个人经营活动即为自己谋取私利。由于其资金来自单位,因而会对其他市场主体构成某种形式的“虚假陈述”,会影响其他主体相应的判断和市场行为,进而会影响到后者的实际利益。因而这种行为也会扰乱正常的市场经济秩序。总之,有关挪用资金罪的刑事立法和司法解释的规定具有合理性和正当性。所以,基于法律和司法解释进行的司法判断应当予以坚持,也会得到社会公众的支持。

顾雏军等虚报注册资本,违规披露、不披露重要信息,挪用资金再审案

中华人民共和国最高人民法院
刑 事 判 决 书

(2018)最高法刑再4号

原公诉机关广东省佛山市人民检察院。

原审被告人顾雏军,男,汉族,1959年5月5日出生,江苏省泰县(今江苏省泰州市姜堰区)人,硕士研究生文化。原系广东科龙电器股份有限公司(简称科龙电器)董事长、顺德格林柯尔企业发展有限公司(后更名为广东格林柯尔企业发展有限公司,简称顺德格林柯尔)法定代表人、格

林柯尔制冷剂(中国)有限公司(简称天津格林柯尔)法定代表人、江西格林柯尔实业发展有限公司(简称江西格林柯尔)董事长和法定代表人、扬州格林柯尔创业投资有限公司(简称扬州格林柯尔)法定代表人、扬州亚星客车股份有限公司(简称扬州亚星客车)法定代表人。2005 年 7 月 29 日被刑事拘留,同年 9 月 2 日被逮捕。因本案被判处有期徒刑十年,并处罚金人民币六百八十万元。经减刑于 2012 年 9 月 6 日刑满释放。

辩护人陈有西,浙江京衡律师事务所律师。

辩护人童汉明,广东汇联律师事务所律师。

原审被告人姜宝军(曾用名姜源),男,汉族,1967 年 2 月 18 日出生,河南省南乐县人,博士研究生文化。原系科龙电器首席财务官、扬州亚星客车董事。2005 年 7 月 30 日被刑事拘留,同年 9 月 2 日被逮捕。因本案被判处有期徒刑四年,并处罚金人民币十二万元。2009 年 7 月 28 日刑满释放。

辩护人盛冲,北京盛冲律师事务所律师。

原审被告人张宏,男,汉族,1962 年 5 月 22 日出生,北京市人,大学文化。原系江西科龙实业发展有限公司(简称江西科龙)董事长兼总裁、科龙电器董事、江西格林柯尔董事。2005 年 8 月 2 日被刑事拘留,同年 9 月 2 日被逮捕。因本案被判处有期徒刑二年六个月,缓刑三年,并处罚金人民币二万元。缓刑考验期已届满。

辩护人马振彪,北京市信格律师事务所律师。

原审被告人刘义忠(曾用名刘毅钟),男,汉族,1962 年 9 月 15 日出生,山西省朔州市人,博士研究生文化。原系科龙电器董事长助理。2005 年 8 月 2 日被刑事拘留,同年 9 月 2 日被逮捕。因本案被判处有期徒刑一年,缓刑二年,并处罚金人民币十万元。缓刑考验期已届满。2012 年 2 月 29 日病故。

原审被告人张细汉,男,汉族,1967 年 12 月 26 日出生,湖北省阳新县人,硕士研究生文化。原系格林柯尔环保工程(深圳)有限公司(简称深圳格林柯尔)副总裁。2005 年 7 月 30 日被刑事拘留,同年 9 月 2 日被逮捕。因本案被判处有期徒刑一年,缓刑二年,并处罚金人民币十万元。缓刑考验期已届满。

辩护人张友学,广东君孺律师事务所律师。

原审被告人严友松,男,汉族,1965 年 10 月 5 日出生,湖北省黄梅县人,硕士研究生文化。原系科龙电器董事、副总裁。2005 年 7 月 30 日被刑事拘留,同年 9 月 2 日被逮捕。因本案被判处有期徒刑一年,缓刑二年,并处罚金人民币二万元。缓刑考验期已届满。

辩护人李江,北京市中兆律师事务所律师。

辩护人袁军,北京市中兆律师事务所律师。

原审被告人晏果茹,男,汉族,1969 年 10 月 10 日出生,湖南省石门县人,大学文化。原系科龙电器财务资源部副总监。2005 年 7 月 30 日被刑事拘留,同年 9 月 2 日被逮捕。因本案被判处有期徒刑一年,缓刑二年,并处罚金人民币二万元。缓刑考验期已届满。

原审被告人刘科,男,汉族,1967 年 11 月 28 日出生,湖南省湘潭市人,大专文化。原系科龙电器财务资源部副部长。2005 年 7 月 30 日被刑事拘留,同年 9 月 2 日被逮捕。因本案被判处有期徒刑一年,缓刑二年,并处罚金人民币二万元。缓刑考验期已届满。

广东省佛山市中级人民法院审理佛山市人民检察院指控被告人顾雏军、姜宝军、张细汉、刘义忠犯虚报注册资本罪,被告人顾雏军、姜宝军、张宏、严友松、晏果茹、刘科犯提供虚假财会报告罪,被告人顾雏军、姜宝军、张宏、曾俊洪犯挪用资金罪及顾雏军、姜宝军犯职务侵占罪一案,于

2008年1月30日作出(2006)佛刑二初字第65号刑事判决,认定:一、被告人顾雏军犯虚报注册资本罪,判处有期徒刑二年,并处罚金人民币六百六十万元,犯违规披露、不披露重要信息罪,判处有期徒刑二年,并处罚金人民币二十万元,犯挪用资金罪,判处有期徒刑八年,决定执行有期徒刑十年,并处罚金人民币六百八十万元;二、被告人姜宝军犯虚报注册资本罪,判处有期徒刑一年,并处罚金人民币十万元,犯违规披露、不披露重要信息罪,判处有期徒刑一年,并处罚金人民币二万元,犯挪用资金罪,判处有期徒刑三年,决定执行有期徒刑四年,并处罚金人民币十二万元;三、被告人张宏犯违规披露、不披露重要信息罪,判处有期徒刑一年,缓刑二年,并处罚金人民币二万元,犯挪用资金罪,判处有期徒刑二年,缓刑二年,决定执行有期徒刑二年六个月,缓刑三年,并处罚金人民币二万元;四、被告人刘义忠犯虚报注册资本罪,判处有期徒刑一年,缓刑二年,并处罚金人民币十万元;五、被告人严友松犯违规披露、不披露重要信息罪,判处有期徒刑一年,缓刑二年,并处罚金人民币二万元;六、被告人张细汉犯虚报注册资本罪,判处有期徒刑一年,缓刑二年,并处罚金人民币十万元;七、被告人晏果茹犯违规披露、不披露重要信息罪,判处有期徒刑一年,缓刑二年,并处罚金人民币二万元;八、被告人刘科犯违规披露、不披露重要信息罪,判处有期徒刑一年,缓刑二年,并处罚金人民币二万元;九、被告人曾俊洪无罪。宣判后,顾雏军、姜宝军、刘义忠、张细汉、严友松不服,提出上诉。广东省高级人民法院于2009年3月25日以(2008)粤高法刑二终字第101号刑事裁定,驳回上诉,维持原判。

原审被告人顾雏军刑满释放后,提出申诉。本院经审查,于2017年12月27日作出再审决定,提审本案。本院依法组成合议庭,于2018年5月18日召开庭前会议,于6月13日至14日公开开庭审理了本案。最高人民检察院指派检察员罗庆东、刘小青、赵景川,助理检察员杨军伟出庭履行职务。顾雏军及其辩护人陈有西、童汉明,原审被告人姜宝军及其辩护人盛冲,原审被告人张宏及其辩护人马振彪,原审被告人张细汉及其辩护人张友学,原审被告人严友松及其辩护人李江、袁军,原审被告人晏果茹、刘科,证人魏某某、谢某某,有专门知识的人刘某到庭参加诉讼。本案现已审理终结。

广东省佛山市中级人民法院第一审判决认定:

一、虚报注册资本罪

2001年10月至11月间,被告人顾雏军等人凭借广东省原顺德市容桂镇人民政府出具的公函,以占注册资本75%的无形资产(9亿元)和25%的货币资金(3亿元)注册设立顺德格林柯尔。根据当时的法律规定,设立有限责任公司注册资本中无形资产的比例不得超过20%。2002年5月至12月间,被告人顾雏军、刘义忠、姜宝军、张细汉等人为完善顺德格林柯尔设立登记手续,降低无形资产比例,采用来回倒款、签订虚假供货协议等手段,虚报货币注册资本6.6亿元。

二、违规披露、不披露重要信息罪

2002年至2004年间,被告人顾雏军为了夸大上市公司科龙电器的经营业绩,指使被告人姜宝军、严友松、张宏、晏果茹、刘科等人以加大2001年的亏损额、压货销售、本年费用延后入账、作假废料销售等方式虚增利润,然后向社会提供含有虚增利润的虚假财务会计报告,剥夺了社会公众和股东对上市公司真实财务状况的知情权,对社会作出了错误的诱导,给股东和社会造成了严重的损失。

三、挪用资金罪

2003年,被告人顾雏军为了收购扬州亚星客车,指示被告人张宏等人以顾雏军父子名义申请设立注册资本为10亿元的扬州格林柯尔。为了筹集8亿元货币注册资本,顾雏军于同年6月17日至20日指示姜宝军等人从科龙电器调动2.5亿元、指示张宏从江西科龙内部划拨4 000万元,加上从其他途径筹集的资金共8亿元，在顾雏军、张宏的操作下，经天津格林柯尔转入扬州格林柯尔的验资账户，作为顾雏军父子的个人出资用于注册成立扬州格林柯尔。

2005年3月至4月间，被告人顾雏军指使被告人姜宝军向扬州机电资产经营管理有限责任公司（简称扬州机电）借款，被扬州机电法定代表人王某某拒绝。其后，顾雏军、姜宝军未经扬州亚星客车董事会同意，以扬州亚星客车的名义起草付款通知书交给王某某，要求扬州机电将本应付给扬州亚星客车的股权转让款及部分投资分红款共6 300万元支付给扬州格林柯尔。同年4月25日，扬州机电将6 300万元划入扬州格林柯尔银行账户。

佛山市中级人民法院认定上述事实的证据有顺德格林柯尔设立登记、变更登记的工商资料，科龙电器财务会计报告，银行进账单和收款凭证，证人刘某某、方某某、高某某等人的证言，以及被告人顾雏军等人的供述等。

佛山市中级人民法院认为，被告人顾雏军、刘义忠、姜宝军、张细汉在完善顺德格林柯尔注册登记手续，降低无形资产比例的过程中，虚报货币注册资金6.6亿元，数额巨大，其行为均已构成虚报注册资本罪；顾雏军为夸大科龙电器的业绩，指使被告人姜宝军、严友松、张宏、晏果茹、刘科虚增利润，向社会提供上市公司科龙电器虚假的财务会计报告，给股东和社会造成严重损失，其行为均已构成违规披露、不披露重要信息罪；顾雏军、张宏挪用科龙电器2.5亿元和江西科龙4 000万元，用于顾雏军个人注册成立扬州格林柯尔，顾雏军为谋取个人利益伙同姜宝军挪用扬州亚星客车6 300万元给扬州格林柯尔使用，顾雏军、姜宝军、张宏的行为均已构成挪用资金罪。公诉机关指控的上述犯罪事实及罪名成立，应予支持。公诉机关指控的其他犯罪事实及罪名不成立，不予采纳。故作出前述第一审判决。

宣判后，被告人顾雏军、姜宝军、刘义忠、张细汉、严友松提出上诉，均认为各自的行为不构成犯罪。

广东省高级人民法院第二审认定的事实、证据与第一审基本一致。

广东省高级人民法院认为，第一审判决认定事实清楚，证据确实、充分，定罪准确，量刑适当。审判程序合法。被告人顾雏军等人的上诉理由均不能成立，不予采纳。故裁定驳回上诉，维持原判。

本院再审中，原审被告人顾雏军及其辩护人提出，原审认定顾雏军犯虚报注册资本罪，违规披露、不披露重要信息罪，挪用资金罪错误，应当依法改判无罪。主要理由是：

1.关于虚报注册资本罪。(1)顾雏军等人没有实施虚报注册资本的行为。顺德格林柯尔作为广东省高新技术企业，无形资产在公司注册资本中的出资比例不受《公司法》规定的20%的限制；天津格林柯尔6.6亿元投资款是实际到位的。(2)顾雏军等人没有虚报注册资本的故意。通过空转投入6.6亿元资金以置换等值无形资产、提供供货协议等，是当地政府和工商部门的主意，刘义忠只是遵照实施而已。(3)虚报注册资本行为只存在于公司设立登记环节，而顾雏军等人的行为发生在公司变更登记过程中。(4)变更登记后，顾雏军先前出资的6.6亿元无形资产仍在顺德格林柯尔，并没有被抽走。(5)2005年修订的公司法将无形资产占注册资本比例上限提高到70%，说明本案无形资产比例较高的问题不具有社会危害性。

2.关于违规披露、不披露重要信息罪。(1)科龙电器的销售模式在家电行业中被普遍采用，不属于虚假销售。(2)顾雏军等人没有虚增科龙电器业绩。原审没有查清虚增利润的具体数额，认定科龙电器提供虚假财务会计报告缺乏依据。(3)原审认定科龙电器提供虚假财务会计报告行为严重损害了股东或者其他人的利益，证据不足。最高人民检察院调取的广东省广州市中级人民法院民事调解书等新证据，是本案原判生效之后才出现的，不应采信。

3. 关于挪用资金罪

涉及科龙电器的2.5亿元和江西科龙的4 000万元:(1)根据《科龙电器关于毕马威华振会计师事务所调查结果的公告》,科龙集团尚欠格林柯尔系公司2.93亿元,顾雏军使用科龙集团归还格林柯尔系公司的2.9亿元借款注册成立扬州格林柯尔,其行为不属于挪用资金。(2)顾雏军调用科龙集团2.9亿元资金用于其个人注册成立扬州格林柯尔,是格林柯尔系公司与科龙集团之间进行的资金拆借,双方的资金往来有数百笔,在没有全面查清公司间资金往来总体状况的情况下,不能简单拎出一笔认定为挪用资金罪。(3)涉案的2.9亿元资金均系按公司正常审批手续划出,顾雏军并未利用个人职务便利,且其中的2.5亿元资金系广东科龙冰箱有限公司(简称广东科龙冰箱)的资金,不属于科龙电器所有。(4)天津格林柯尔608账户内的一笔4亿元资金已被银行质押冻结,不可能有两笔4亿元汇入扬州格林柯尔验资账户。(5)即使顾雏军真的动用了科龙电器和江西科龙的资金,但动用时间很短,没有给单位造成任何损失,情节显著轻微,也不宜以犯罪追究。

涉及扬州亚星客车的6 300万元:(1)该款是扬州格林柯尔向扬州机电的借款,与挪用资金罪无关。(2)顾雏军并不知晓姜宝军向扬州机电出具付款通知书的情况。(3)该款从扬州机电转入扬州格林柯尔,再由扬州格林柯尔转入其他公司,不属于挪用资金归个人使用。

原审被告人姜宝军及其辩护人提出,姜宝军的行为不构成虚报注册资本罪,违规披露、不披露重要信息罪和挪用资金罪。主要理由是:(1)姜宝军没有实施虚报注册资本行为,也没有虚报注册资本的故意。(2)科龙电器采用的是家电行业惯常营销模式,不属于虚假销售;违规披露、不披露重要信息罪属于单位犯罪,在未指控科龙电器犯罪的情况下,不应认定姜宝军等人犯罪;原审认定科龙电器提供财务会计报告行为严重损害了股东和其他人的利益,没有证据证实。(3)涉案6 300万元是扬州格林柯尔向扬州机电的借款,姜宝军没有挪用资金的故意;姜宝军系应王某某的要求向扬州机电出具付款通知书,且顾雏军不知情;涉案资金并未挪归个人使用,姜宝军也未谋取个人利益。

原审被告人张宏及其辩护人提出,张宏的行为不构成违规披露、不披露重要信息罪和挪用资金罪。主要理由是:(1)科龙电器不存在虚假财务会计报告的问题;现有证据不能证实本案造成了严重损害股东或者其他人利益的后果。(2)涉案2.9亿元资金是以公司名义转入公司,没有挪归个人使用或者以个人名义借给他人使用;2006年以前,大股东占用上市公司资金的情况非常普遍,希望法院认定本罪时考虑当时的特殊经济环境。

原审被告人张细汉及其辩护人提出,张细汉的行为不构成虚报注册资本罪。主要理由是:公司完成设立登记后,就不会再有虚报注册资本的可能;张细汉既无虚报注册资本的故意,也无参与实施虚报注册资本的行为。

原审被告人严友松及其辩护人提出,严友松的行为不构成违规披露、不披露重要信息罪。主要理由是:原审认定科龙电器虚假销售和财务会计报告虚假,没有证据支持;在没有司法鉴定意见的情况下,不能认定科龙电器提供财务会计报告的行为给股东或者其他人造成了损失;本罪是单位犯罪,原审在没有追究科龙电器刑事责任的情况下,对严友松等人定罪处罚,是错误的。

原审被告人晏果茹提出,其行为不构成违规披露、不披露重要信息罪。主要理由是:科龙电器的销售模式是行业惯例;在案四名股民证人遭受的经济损失与科龙电器提供的财务会计报告无直接因果关系。

原审被告人刘科提出,其行为不构成违规披露、不披露重要信息罪。主要理由是:科龙电器的销售模式是正常商业行为;科龙电器的财务会计报告确实有违规情形,但没有达到应当追究刑事责任的程度。

最高人民检察院出庭检察员提出：

1. 关于虚报注册资本罪。顺德格林柯尔在注册登记手续及注册资本构成方面确有不规范、不合法的情况，原审被告人顾雏军等人在调整完善注册资本结构过程中实施了虚报注册资本行为，但对其行为社会危害性的评价，应当结合国家相关法律的变化和地方出台的相关政策，以及刑法规定的从旧兼从轻原则精神，加以综合考量。根据《中华人民共和国刑法》第十三条的规定，顾雏军等人的行为情节显著轻微，危害不大，可以不追究刑事责任。

2. 关于违规披露、不披露重要信息罪。原审认定科龙电器提供的2002年至2004年财务会计报告含有虚假成分，事实清楚，证据确实、充分；但在案证据不足以证明该行为造成了严重损害股东或者其他人利益的后果，原审以违规披露、不披露重要信息罪对原审被告人顾雏军等人定罪处刑，在认定事实和适用法律上存在错误。本案再审过程中，检察机关收集了能够间接证明造成损害后果的证据，但仍未达到确实、充分的程度。鉴于认定损害后果部分的事实无法查清，证据不足，对顾雏军等人的行为，应按无罪处理。

3. 关于挪用资金罪

涉及科龙电器的2.5亿元和江西科龙的4 000万元：原审认定原审被告人顾雏军、张宏挪用科龙电器和江西科龙合计2.9亿元的事实清楚，证据确实、充分，定罪准确，量刑适当。具体理由为：(1)原案证据能够证实顾雏军挪用资金归个人使用。顾雏军指使张宏等人挪用科龙电器和江西科龙2.9亿元用于顾雏军和父亲顾某某以个人名义注册成立扬州格林柯尔，该款实际上是被挪用作为顾雏军个人的出资款，实际使用人就是顾雏军个人，符合挪用本单位资金归个人使用的犯罪构成。(2)顾雏军指使张宏等人挪用科龙电器和江西科龙2.9亿元用于注册成立扬州格林柯尔，属于刑法规定的挪用资金归个人使用，进行营利活动，且应当认定为数额巨大。(3)《科龙电器关于毕马威华振会计师事务所调查结果的公告》是有关科龙集团与格林柯尔系公司之间的资金划拨问题，与原审认定的挪用资金罪是性质截然不同的两个事实；该公告不能完整反映科龙集团与格林柯尔系公司之间的资金流向，且不能得出科龙集团欠格林柯尔系公司巨额资金的结论。(4)顾雏军等人随意挪用上市公司资金的行为，具有严重的社会危害性，应依法追究刑事责任。

涉及扬州亚星客车的6 300万元：原审被告人顾雏军、姜宝军等人挪用扬州亚星客车6 300万元的基本事实清楚，但原审直接适用1998年的司法解释，而未适用2002年的立法解释，属适用法律错误，且在案证据不能证实顾雏军等人挪用资金归个人使用，该笔挪用行为不应按犯罪处理。

本院经再审查明：

一、关于虚报注册资本的事实

2001年，原审被告人顾雏军为收购科龙电器股权，决定设立以顾雏军及其父亲顾某某为股东、注册资本12亿元的顺德格林柯尔。同年10月22日，顺德格林柯尔凭借广东省原顺德市容桂镇人民政府(后更名为容桂区办事处)出具的担保函，在未经评估与验资的情况下完成公司设立登记并取得营业执照。2002年4月，由于顺德格林柯尔注册资本中无形资产所占比例达75%，远超当时法定20%的限制，工商部门不予年检，后根据容桂区办事处出具的函件，原顺德市工商部门核准了顺德格林柯尔的年检。

为了完善顺德格林柯尔的设立登记手续，降低无形资产在注册资本中的比例，2002年5月至11月间，在原审被告人顾雏军安排下，原审被告人刘义忠、姜宝军、张细汉等人采用将科龙电器

1.87亿元在天津格林柯尔和顺德格林柯尔账户之间来回转账的方式，形成天津格林柯尔投资顺德格林柯尔6.6亿元的银行进账单，并制作顺德格林柯尔收到天津格林柯尔6.6亿元投资款的收据和顺德格林柯尔向天津格林柯尔购买制冷剂而预付6.6亿元货款的供货协议，据此，顺德市公诚会计师事务所出具了相应的验资报告。根据该验资报告及天津格林柯尔董事会决议、顺德格林柯尔股东决议等不实证明文件，原顺德市工商行政管理局于2002年12月23日核准顺德格林柯尔的变更登记。变更登记完成后，顾雏军将被置换的6.6亿元无形资产转作顺德格林柯尔的资本公积金。

2005年10月27日，全国人民代表大会常务委员会对《中华人民共和国公司法》进行了修订，允许有限责任公司注册资本中非货币财产作价出资的比例最高可达70%。

上述事实，有原第一审及再审开庭审理中经质证确认的容桂镇人民政府和容桂区办事处出具的函件、顺德格林柯尔设立登记、变更登记及年检的工商资料、关于顺德格林柯尔的验资报告、科龙电器1.87亿元用款申请书和用款报告、6.6亿元银行进账单和对账单、天津格林柯尔资产负债表和利润表、广东省科技厅的复函等书证，证人刘某某、莫某、方某某、卢某某、邓某某等人的证言，印章鉴定意见，以及原审被告人顾雏军、刘义忠、姜宝军、张细汉的供述等证据证实。

根据再审查明的上述事实及证据，针对原审被告人顾雏军、姜宝军、张细汉及其辩护人关于虚报注册资本罪的辩解、辩护意见和最高人民检察院出庭检察员的意见，本院综合评判如下：

1. 原审被告人顾雏军、刘义忠、姜宝军、张细汉实施了虚报注册资本的行为

(1)6.6亿元投资款是通过来回转账形成的，天津格林柯尔并未实际出资。在案证据证实，为了获取顺德格林柯尔变更登记的验资证明，在原审被告人顾雏军的安排下，原审被告人刘义忠、姜宝军、张细汉等人一天之内在同一银行营业网点，将来自科龙电器的1.87亿元在天津格林柯尔和顺德格林柯尔的账户之间进行四次不同金额地来回转账，形成了天津格林柯尔投资顺德格林柯尔6.6亿元的四张银行进账单，当天该1.87亿元即被转回科龙电器。

(2)有关天津格林柯尔投资顺德格林柯尔的收据、供货协议和董事会决议、股东决议等证明文件不真实。在案证据证实：顺德格林柯尔收到天津格林柯尔6.6亿元投资款的收据，是原审被告人刘义忠事后自行填写的；证明顺德格林柯尔预付6.6亿元货款给天津格林柯尔购买制冷剂的供货协议，系原审被告人顾雏军事后签署，所盖天津格林柯尔公章系伪造，且天津格林柯尔资产负债表、利润表中没有向顺德格林柯尔销售制冷剂和收到6.6亿元预付款的记载；有关投资的天津格林柯尔董事会决议、顺德格林柯尔股东决议，亦不真实。

(3)原审被告人顾雏军等人使用上述证明文件将6.6亿元无形资产置换为不实货币资本，并取得公司登记。在案证据证实，顾雏军等人先是使用上述虚假收据、供货协议获得验资机构出具的验资报告，之后又将该验资报告以及其他不实证明文件提交给工商部门，从而取得顺德格林柯尔的变更登记。根据《中华人民共和国公司登记管理条例》和原国家工商行政管理总局2001年9月12日《关于〈公司登记管理条例〉第五十九条适用问题的答复》，公司的设立登记、变更登记均属于公司登记的范畴。

2. 原审被告人顾雏军、刘义忠、姜宝军、张细汉虚报注册资本的行为情节显著轻微，危害不大

(1)本案侦查期间，法律对无形资产在注册资本中所占比例的限制性规定已经发生重大改变。在判断行为是否构成《中华人民共和国刑法》第一百五十八条规定的虚报注册资本罪时，需要同时以公司法等其他相关法律法规为依据。如果在行为发生后，相关法律法规作出修改的，就应当适用《中华人民共和国刑法》第十二条规定的从旧兼从轻原则，对该行为的社会危害性重新进行评价。本案发生时，因公司法规定无形资产在注册资本中所占比例不得超过20%，原审被告

人顾雏军等人以不实货币置换的超出法定上限的无形资产为6.6亿元，占全部注册资本的55%。但全国人民代表大会常务委员会于2005年10月对公司法进行了修订，将包含无形资产在内的非货币财产的作价出资比例上限提高至70%，据此，本案以不实货币置换的超出法定上限的无形资产所占比例已由55%降至5%。因此，本案原审审理时，无形资产比例过高的社会危害程度应当根据新修订的法律重新评价，顾雏军等人虚报注册资本行为的违法性和社会危害程度已明显降低，但原审在定罪时对此未予充分考虑。

（2）原审被告人顾雏军等人实施虚报注册资本的行为，与当地政府支持顺德格林柯尔违规设立登记有关。为使科龙电器股份被顺利收购，发展地方经济，原容桂镇人民政府违规向工商部门出具担保函，使顺德格林柯尔在没有提交验资证明、12亿元注册资金并未到位的情况下完成设立登记。其后，因顺德格林柯尔的注册资本结构不符合当时的法律规定，工商部门不予年检，原容桂区办事处又就此发函，原顺德市工商部门违规核准了该公司的年检。顾雏军等人为完善设立登记手续，调整无形资产出资比例，遂向工商部门提出顺德格林柯尔的变更登记申请，并在变更登记过程中实施了以不实货币置换无形资产的行为。可见，该变更登记是原违规设立登记的延续，当地政府及工商部门在顺德格林柯尔设立过程中的不当支持，是其申请变更登记的重要原因。

（3）原审被告人顾雏军等人虚报注册资本的行为，并未减少顺德格林柯尔的资本总额。在案证据证实，在取得顺德格林柯尔的设立登记后，原审被告人刘义忠向工商部门补交一份由顺德市康诚会计师事务所出具的无形资产评估报告，载明顾雏军用于出资的两项发明专利法定有效期内排他性使用权的资产总价值为9.1亿余元。在完成变更登记后，顾雏军并未将9亿元中被置换的6.6亿元无形资产从公司抽走，而是转作公司的资本公积金。因此，顾雏军等人以不实货币置换无形资产的行为，虽然使顺德格林柯尔的注册资本结构发生了变化，但是没有实际减少公司的资本总额。

综上，原审被告人顾雏军、姜宝军、张细汉及其辩护人关于顾雏军等人没有实施虚报注册资本行为，也没有虚报注册资本故意，公司变更登记过程中不存在虚报注册资本情形的辩解、辩护意见与事实和法律规定不符，本院不予采纳，但关于6.6亿元无形资产仍在顺德格林柯尔并未被抽走，2005年修订的公司法已将无形资产占注册资本的比例提高到70%，应当重新评价顾雏军等人行为的社会危害性的辩解、辩护意见成立，本院予以采纳。最高人民检察院出庭检察员关于顾雏军等人实施了虚报注册资本行为，但情节显著轻微，危害不大的意见，本院予以采纳。

二、关于违规披露、不披露重要信息的事实

科龙电器由于2000、2001年连续亏损，被深圳证券交易所（简称深交所）以“ST”标示，如果2002年继续亏损，将会退市。在顺德格林柯尔收购科龙电器法人股，成为科龙电器第一大股东之后，原审被告人顾雏军为了夸大科龙电器的业绩，在2002年至2004年间，安排原审被告人姜宝军、严友松、张宏、晏果茹、刘科等人采取年底封存库存产品、开具虚假销售出库单或者发票、第二年予以大规模退货退款等方式虚增利润，并将该利润编入科龙电器财务会计报告向社会公布。

2006年6月15日，中国证券监督管理委员会（简称证监会）以科龙电器“未按照有关规定披露信息，或者所披露的信息有虚假记载、误导性陈述或者有重大遗漏”等为由，对科龙电器及顾雏军等人作出行政处罚决定，并于同年10月16日作出维持原行政处罚决定的行政复议决定。2007年4月3日，国务院作出行政复议裁决，维持证监会作出的上述行政处罚决定和行政复议决定。

本案侦查期间，侦查机关曾委托会计师事务所对科龙电器实施上述行为“严重损害股东或者其他人利益”的危害后果进行鉴定，但所出具的司法（会计）鉴定意见存在鉴定人不具备司法鉴定人执业资格、鉴定机构选择不符合法律规定等问题。侦查机关还收集了陈某1、陈某2、张某某、陈某3等四名股民的证言，但存在相同侦查人员在相同时间和地点对不同证人取证、连续询问时间超过24小时等问题。

上述事实，有原第一审及再审开庭审理中经质证确认的科龙电器公开发布的财务会计报告、科龙电器2002年至2004年压货明细、合肥市维希电器有限公司和杭州远东五交化有限公司等公司的财会资料和压货情况说明、德勤华永会计师事务所关于科龙电器2004年审计报告的专项说明、证监会证监罚字[2006]16号行政处罚决定书和证监复决字[2006]27号行政复议决定书、国务院国复[2007]17号行政复议裁决书等书证，证人刘某某、罗某某、王某、黄某某、魏某某等人的证言，以及原审被告人顾雏军、姜宝军、严友松、张宏、晏果茹、刘科的供述等证据证实。

根据再审查明的上述事实及证据，针对原审被告人顾雏军、姜宝军、张宏、严友松、晏果茹、刘科及其辩护人关于违规披露、不披露重要信息罪的辩解、辩护意见和最高人民检察院出庭检察员的意见，本院综合评判如下：

1. 科龙电器在2002年至2004年间实施了虚增利润并将其编入财务会计报告予以披露的行为

在案证据证实，原审被告人顾雏军等人在无真实贸易背景的情况下，将产品封存于仓库，未使产品发生实际转移，却开具大量销售出库单或者发票，次年在账面上制作无正当理由的大规模退货记录，并将由此形成的不实销售收入计为当期收入，制造公司利润增长的假象。随后，在顾雏军等人的安排下，科龙电器将2002年至2004年间的虚假销售记录及相关财会资料编入财务会计报告，经董事会讨论通过后在媒体上予以发布，违反了信息披露制度的真实性要求。

2. 原审认定科龙电器提供虚假财务会计报告的行为严重损害股东或者其他人利益的事实不清，证据不足

2006年6月29日，全国人民代表大会常务委员会通过《中华人民共和国刑法修正案（六）》，对《中华人民共和国刑法》第一百六十一条进行了修改，其后，相关司法解释将该条规定的"提供虚假财会报告罪"修改为"违规披露、不披露重要信息罪"。原审适用《中华人民共和国刑法修正案（六）》之前的《中华人民共和国刑法》第一百六十一条的规定对原审被告人顾雏军等人定罪处罚，应当适用提供虚假财会报告罪的罪名，却适用了违规披露、不披露重要信息罪的罪名，确属不当。根据刑法关于提供虚假财会报告罪的规定，必须有证据证实提供虚假财务会计报告的行为造成了"严重损害股东或者其他人利益"的危害后果，才能追究相关人员的刑事责任。参照最高人民检察院、公安部2001年《关于经济犯罪案件追诉标准的规定》，"严重损害股东或者其他人利益"是指"造成股东或者其他人直接经济损失数额在五十万元以上的"，或者"致使股票被取消上市资格或者交易被迫停牌的"情形。但是，在案证据不足以证实本案已达到上述标准。

（1）在案证据不足以证实本案存在"造成股东或者其他人直接经济损失数额在五十万元以上"的情形。首先，虽然侦查机关收集了陈某1等四名股民的证言，以证实科龙电器提供虚假财务会计报告的行为给他们造成约300万元的经济损失，但因取证程序违法，原第一审未予采信。原第二审在既未开庭审理也未说明理由的情况下，采信其中三名股民的证言，确属不当。其次，本案发生后，青岛海信集团有限公司于2006年底收购了顺德格林柯尔持有的科龙电器26.4%股权，并将科龙电器改名为海信科龙电器股份有限公司。再审期间，检察机关提交了广州市中级人民法院2009年6月11日作出的一百余份民事调解书，以间接证明科龙电器提供虚假财务会计报告的行为给股民造成了经济损失，但认为仍未达到确实、充分的程度。本院经审查认为，上述民事调解书均系在本案原判生效之后作出，只体现了海信科龙电器股份有限公司的意愿，未能体现

原审被告人顾雏军等人的真实意愿,且不一定能够客观反映股民的实际损失,因而不足以证实本案存在“造成股东或者其他人直接经济损失数额在五十万元以上”的情形。

(2)本案不存在“致使股票被取消上市资格或者交易被迫停牌的”情形。在案证据证实,2005年5月9日,科龙电器董事会为发布被证监会立案调查的公告,向深交所提出了拟于次日上午停牌一小时的申请。经深交所同意,科龙电器股票在同月10日上午停牌一个小时,后即恢复交易。可见,此次停牌系科龙电器主动申请,不属于交易被迫停牌的情形,也没有造成股票被取消上市资格的后果。

(3)原审以股价连续三天下跌为由认定已造成“严重损害股东或者其他人利益”的后果,缺乏事实和法律依据。原审认为,2005年5月10日停牌一小时后,自恢复交易时起,科龙电器股价连续三天下跌并跌至历史最低点,据此认定科龙电器提供虚假财务会计报告的行为严重损害了股东的利益。本院经再审查明,根据深交所2005年5月的股市交易数据,科龙电器股价自停牌当日起确实出现了连续三天下跌的情况,但跌幅与三天前相比并无明显差异,而且从第四天起即开始回升,至第八天时已涨超停牌日。

综上,原审被告人顾雏军、姜宝军、张宏、严友松、晏果茹、刘科及其辩护人关于科龙电器没有虚假销售和虚增利润、披露的财务会计报告没有虚假等辩解、辩护意见与事实不符,本院不予采纳,但关于原审认定科龙电器提供虚假财务会计报告行为严重损害股东或者其他人利益证据不足的辩解、辩护意见成立,本院予以采纳。最高人民检察院出庭检察员关于原审认定科龙电器提供虚假财务会计报告的事实清楚,证据确实、充分,但损害后果的事实无法查清,在案证据不足以证实该行为造成了严重损害股东或者其他人利益后果的意见成立,本院予以采纳。

三、关于挪用资金的事实

(一)涉及科龙电器的2.5亿元和江西科龙的4 000万元

2003年,原审被告人顾雏军为收购扬州亚星客车的股权,决定在江苏省扬州市申请设立以顾某某、顾雏军父子为股东的扬州格林柯尔,注册资本10亿元。其中,货币出资8亿元,无形资产出资2亿元。

同年6月18日,为筹集8亿元货币注册资本,时任科龙电器董事长的原审被告人顾雏军在未经科龙电器和江西科龙董事会同意,且在没有真实贸易背景的情况下,指使有关人员从科龙电器调动资金2.5亿元划入江西科龙的银行账户,指使时任江西科龙董事长兼总裁的原审被告人张宏从江西科龙筹集资金4 000万元,由张宏具体负责,将该2.9亿元资金在江西科龙、江西格林柯尔和天津格林柯尔三家公司的临时银行账户间连续划转,并于当日转入天津格林柯尔在中国银行扬州分行开设的25897608093001账户(简称608账户)。同年6月18日至20日,顾雏军又指使张宏以江西格林柯尔的名义贷款约4亿元,连同从格林柯尔系其他公司调拨的1亿余元,采用相同的操作手法转入天津格林柯尔608账户。

同年6月20日,608账户内共有资金8.03亿元,原审被告人顾雏军指使原审被告人张宏等人将其中8亿元分两笔各4亿元划转至扬州格林柯尔验资账户。经验资后,扬州格林柯尔成立,其中顾雏军货币出资7亿元、无形资产出资2亿元,占90%股权;顾某某货币出资1亿元,占10%股权。同年6月23日、24日,顾雏军指示张宏等人将挪用科龙电器的2.5亿元和江西科龙的4 000万元归还。

上述事实,有原第一审及再审开庭审理中经质证确认的科龙电器2.5亿元用款申请单、广东科龙冰箱记账凭证和电汇凭证、江西科龙4 000万元借款合同、科龙电器和江西科龙出具的情况说明、银行进账单和收款凭证等银行转账资料、贷款资料、还款凭证、验资报告、公司设立核定情况表、《科龙电器关于毕马威华振会计师事务所调查结果的公告》、中国银行扬州分行的分户账和相关银行票据等书证,证人刘某某、施某、高某某、翟某某、金某某、林某、周某、顾某某、谢某某等人的证言,以及原审被告人顾雏军、张宏和姜宝军、严友松的供述等证据证实。

根据再审查明的上述事实及证据,原审认定原审被告人顾雏军、张宏利用职务上的便利,挪用本单位数额巨大的资金归个人使用,进行营利活动的事实清楚,证据确实、充分。主要理由如下:

1. 原审被告人顾雏军指使原审被告人张宏挪用科龙电器 2.5 亿元和江西科龙 4 000 万元,符合刑法规定的"利用职务上的便利,挪用本单位资金"的情形

在案的用款申请单、借款合同等书证,证人施某、刘某某等人的证言及原审被告人姜宝军、张宏等人的供述证实,科龙电器的 2.5 亿元系原审被告人顾雏军指使从科龙电器申请用款,通过广东科龙冰箱账户转至江西科龙后再转出使用,还款时,江西科龙也是将该 2.5 亿元直接归还科龙电器;江西科龙的 4 000 万元则是由张宏以江西科龙的名义向银行所贷款项。顾雏军作为科龙电器董事长,指使下属违规挪用科龙电器和江西科龙的巨额资金;张宏作为江西科龙董事长兼总裁,接受顾雏军指使,违规将涉案 2.9 亿元从江西科龙转至格林柯尔系公司,二人均利用了职务上的便利,并实施了挪用本单位资金的行为。

2. 涉案 2.9 亿元被原审被告人顾雏军用于注册成立扬州格林柯尔的个人出资,属于刑法规定的"挪用本单位资金归个人使用"

在案的银行进账单、收款凭证、验资报告等书证证实,涉案 2.9 亿元从广东科龙冰箱和江西科龙转出后,在原审被告人顾雏军、张宏专门开设的江西科龙、江西格林柯尔、天津格林柯尔的临时银行账户间连续划转,资金流向清晰,且未混入其他往来资金,最终被转入扬州格林柯尔的验资账户,作为顾雏军的个人出资用于注册成立扬州格林柯尔。涉案资金的实际使用人是顾雏军个人,符合刑法关于"挪用本单位资金归个人使用"的规定。

3. 原审被告人顾雏军指使原审被告人张宏挪用 2.9 亿元用于公司注册资本的验资,属于刑法规定的挪用资金"进行营利活动"

在案的公司设立核定情况表等书证,证人林某、周某等人的证言及原审被告人顾雏军、张宏等人的供述证实,2003 年,顾雏军为了收购扬州亚星客车的股权,决定设立扬州格林柯尔,并挪用涉案 2.9 亿元作为顾雏军的个人出资用于注册成立扬州格林柯尔。顾雏军指使张宏挪用 2.9 亿元资金归个人用于公司注册,是为进行生产经营活动做准备,属于挪用资金进行营利活动,符合刑法关于挪用资金"虽未超过三个月,但数额较大、进行营利活动"的规定,且挪用数额巨大。

根据再审查明的事实及证据,针对原审被告人顾雏军、张宏及其辩护人关于本起挪用资金事实的辩解、辩护意见和最高人民检察院出庭检察员的意见,本院综合评判如下:

1. 根据《科龙电器关于毕马威华振会计师事务所调查结果的公告》,无法得出科龙集团尚欠格林柯尔系公司巨额资金的结论

本案再审期间,原审被告人顾雏军及其辩护人向本院提交《科龙电器关于毕马威华振会计师事务所调查结果的公告》,认为依据该公告所载内容,科龙集团尚欠格林柯尔系公司 2.93 亿元,顾雏军使用科龙集团归还格林柯尔系公司的 2.9 亿元借款注册成立扬州格林柯尔,其行为不构成挪用资金罪。最高人民检察院出庭检察员认为,《科龙电器关于毕马威华振会计师事务所调查结果的公告》不能完整反映科龙集团与格林柯尔系公司之间的资金流向,且不能得出科龙集团欠格林柯尔系公司巨额资金的结论。

本院经再审查明,2005 年 12 月 1 日,科龙电器委托毕马威华振会计师事务所对科龙电器及

其主要的附属公司在2001年10月1日至2005年7月31日期间发生的不正常且重大的现金流向进行调查，并于2006年1月23日发布《科龙电器关于毕马威华振会计师事务所调查结果的公告》。该公告指出："根据毕马威报告，科龙集团与格林柯尔系公司于调查期间内发生的不正常现金流向涉及现金流出金额人民币21.69亿元，现金流入金额人民币24.62亿元；与怀疑和格林柯尔系公司有关的公司发生的不正常现金流向涉及现金流出金额人民币19.02亿元，现金流入金额人民币10.17亿元。"毕马威华振会计师事务所的调查结果是："科龙集团于调查期间内与格林柯尔系公司或怀疑和格林柯尔系公司有关的公司之间进行的不正常现金净流出约为人民币5.92亿元，该现金净流出金额可能代表对科龙集团造成的最小损失。"

由此可见，原审被告人顾雏军及其辩护人认为科龙集团尚欠格林柯尔系公司2.93亿元，是依据公告的前半段内容得出，即"科龙集团与格林柯尔系公司于调查期间内发生的不正常现金流向涉及现金流出金额人民币21.69亿元，现金流入金额人民币24.62亿元"。但事实上，公告还明确指出，在调查期间，科龙集团与格林柯尔系公司或怀疑和格林柯尔系公司有关的公司发生的不正常现金流向，涉及现金流出金额共计40.71(21.69+19.02)亿元，涉及现金流入金额共计34.79(24.62+10.17)亿元，科龙集团的不正常现金净流出额为5.92(40.71-34.79)亿元，且该5.92亿元可能代表对科龙集团造成的最小损失。因此，根据公告载明的调查结果，不能得出科龙集团欠格林柯尔系公司巨额资金的结论，相反，科龙集团还至少遭受了5.92亿元的巨额损失。顾雏军及其辩护人所提科龙集团欠格林柯尔系公司2.93亿元的辩解、辩护意见缺乏事实依据，本院不予采纳。最高人民检察院出庭检察员提出的意见成立，本院予以采纳。

2.本起挪用2.9亿元归个人使用不属于科龙集团与格林柯尔系公司之间的正常资金往来

本案再审期间，原审被告人顾雏军、张宏及其辩护人提出，涉案2.9亿元是格林柯尔系公司与科龙集团之间的正常资金拆借，双方的资金往来有数百笔，在没有全面查清公司间资金往来总体状况的情况下，不能简单拎出一笔认定为挪用资金罪。最高人民检察院出庭检察员认为，涉案2.9亿元是被顾雏军挪归个人使用，与公司之间的资金往来存在本质区别。

本院经再审查明，自2002年顺德格林柯尔收购科龙电器股权后，科龙集团与格林柯尔系公司之间在未经董事会同意、没有任何贸易背景或者业务往来的情况下，存在大量的不正常资金往来情形，且不正常转账凭证均作不入账处理。尽管原审被告人顾雏军是格林柯尔系公司的实际控制人，其拥有股权的顺德格林柯尔是科龙电器的控股股东，但公司具有独立的法人资格，享有独立的财产权利，公司资金的支配和使用应严格按照公司法和公司财务管理制度进行。公司的经营者，即使是法定代表人、董事长，在未经董事会同意、没有任何贸易背景或者业务往来的情况下，也不能擅自在关联公司之间调用资金，更不能将公司资金转归个人使用。本案中，涉案2.9亿元先是被顾雏军、张宏转入专门开设的临时账户，继而通过连续不断地走账来掩盖资金的真实来源，最终将2.9亿元作为顾雏军的个人出资汇入扬州格林柯尔的验资账户，其实质是挪用资金归个人使用，与公司之间的正常资金往来是性质截然不同的两种行为。无论公司之间有多少资金往来，都不允许经营者将公司的资金挪归个人使用。顾雏军个人无权擅自调用科龙集团和格林柯尔系公司的资金，更不能将公司财产与个人财产相混淆。因此，顾雏军、张宏及其辩护人所提上述辩解、辩护意见不能成立，本院不予采纳。最高人民检察院出庭检察员提出的意见成立，本院予以采纳。

3.在向中国银行扬州分行贷款3.98亿元过程中，被"质押"的4亿元亦被汇入扬州格林柯尔验资账户

本案再审期间，原审被告人顾雏军及其辩护人提出，原审被告人张宏用包含涉案2.9亿元在

内的4亿元作为质押向中国银行扬州分行贷款3.98亿元，因质押的4亿元已被银行冻结，故不可能有两笔4亿元汇入扬州格林柯尔验资账户。最高人民检察院出庭检察员认为，根据中国银行扬州分行分户账和相关票据等书证，2003年6月20日，包含涉案2.9亿元在内的4亿元保证金先被转入天津格林柯尔608账户，后从608账户汇入扬州格林柯尔验资账户。

本院经再审查明，2003年6月19日，原审被告人张宏根据原审被告人顾雏军的指使，用包含涉案2.9亿元在内的4亿元资金作为保证金进行质押，向中国银行扬州分行贷款3.98亿元，并将该贷款转入天津格林柯尔608账户。次日，中国银行扬州分行将上述4亿元保证金退还至天津格林柯尔608账户，至此，608账户内共有资金8.03亿元，随后有两笔4亿元从该账户转入扬州格林柯尔验资账户。综上，涉案2.9亿元确系被顾雏军用于注册公司的个人出资。顾雏军及其辩护人所提上述辩解、辩护意见与事实不符，本院不予采纳。最高人民检察院出庭检察员所提意见具有事实依据，本院予以采纳。

4. 挪用资金时间短、未给单位造成重大经济损失，不影响挪用资金罪的成立

本案再审期间，原审被告人顾雏军及其辩护人提出，顾雏军调用科龙集团资金的时间很短，且未给单位造成任何损失，可以不认为是犯罪。最高人民检察院出庭检察员认为，顾雏军指使原审被告人张宏等人挪用科龙电器和江西科龙2.9亿元用于注册成立扬州格林柯尔，其行为应以挪用资金罪定罪处罚。

本院经审查认为，根据《中华人民共和国刑法》第二百七十二条的规定，挪用资金罪是指公司、企业或者其他单位的工作人员利用职务上的便利，挪用本单位资金归个人使用或者借贷给他人，数额较大、超过三个月未还的，或者虽未超过三个月，但数额较大、进行营利活动的，或者进行非法活动的行为。据此，挪用资金归个人使用，数额较大、进行营利活动的，即构成挪用资金罪，没有挪用时间长短的限制，也不以造成单位经济损失为前提。原审被告人顾雏军指使原审被告人张宏挪用2.9亿元资金归个人使用，用于注册成立扬州格林柯尔，符合挪用资金罪的犯罪构成，应依法予以惩处。顾雏军及其辩护人所提上述辩解、辩护意见不能成立，本院不予采纳。最高人民检察院出庭检察员所提意见成立，本院予以采纳。

（二）涉及扬州亚星客车的6 300万元

2005年3月至4月间，扬州亚星客车与扬州机电签订股权转让合同，约定扬州亚星客车将其持有的扬州柴油机有限责任公司（简称扬柴公司）股权转让给扬州机电，扬州机电需向扬州亚星客车支付股权转让款及部分投资分红共计6 404万元。其间，受原审被告人顾雏军指派，原审被告人姜宝军以扬州格林柯尔的名义向扬州机电借款，但被扬州机电法定代表人王某某拒绝。2005年4月下旬，时任扬州亚星客车董事的姜宝军在未经扬州亚星客车董事会讨论的情况下，以扬州亚星客车的名义起草付款通知书交给王某某，要求扬州机电在2005年4月26日前将本应支付给扬州亚星客车的股权转让款和部分投资分红中的6 300万元划转到扬州格林柯尔的银行账户。同年4月25日，扬州机电根据该付款通知书要求，将6 300万元支付给扬州格林柯尔。付款后，扬州机电收到扬州亚星客车6 300万元的结算收据。同年4月26日、27日，该6 300万元从扬州格林柯尔账户分别转至江苏格林柯尔和江西格林柯尔，用于归还银行贷款和公司借款。

上述事实，有原第一审及再审开庭审理中经质证确认的股权转让合同、结算收据、扬州亚星客车出具的情况说明、付款通知书等书证，证人王某某、谭某某、张某、张某某、周某某等人的证言，以及原审被告人顾雏军、姜宝军的供述等证据证实。

根据再审查明的上述事实及证据，针对原审被告人顾雏军、姜宝军及其辩护人关于本起挪用资金事实的辩解、辩护意见和最高人民检察院出庭检察员的意见，本院综合评判如下：

1. 原审参照适用1998年司法解释,而未参照适用2002年立法解释,属适用法律错误

原审认为,扬州格林柯尔系原审被告人顾雏军个人完全控股并控制的私营公司,参照1998年5月9日起施行的《最高人民法院关于审理挪用公款案件具体应用法律若干问题的解释》第一条第二款的规定,“挪用公款给私有公司、私有企业使用的,属于挪用公款归个人使用”,顾雏军、姜宝军挪用扬州亚星客车6 300万元归扬州格林柯尔使用的行为,属于挪用资金“归个人使用”的情形,构成挪用资金罪。但是,2002年4月28日全国人民代表大会常务委员会出台《关于〈中华人民共和国刑法〉第三百八十四条第一款的解释》,对挪用公款“归个人使用”作出了新的解释,只有符合下列三种情形之一的,才属于挪用公款归个人使用,即“(一)将公款供本人、亲友或者其他自然人使用的;(二)以个人名义将公款供其他单位使用的;(三)个人决定以单位名义将公款供其他单位使用,谋取个人利益的”。原审在认定顾雏军、姜宝军挪用资金归个人使用时,未参照适用新的立法解释,确属不当。

2. 在案证据不足以证实原审被告人姜宝军出具付款通知书的行为系请示原审被告人顾雏军同意后实施

原审认定原审被告人姜宝军向扬州机电出具付款通知书系请示原审被告人顾雏军同意后实施,并据此认定顾雏军具有指使姜宝军挪用资金的故意和行为。本院经再审查明,姜宝军仅在补充侦查期间有一次供认其出具付款通知书是经请示顾雏军同意后实施,而后一直供称其出具付款通知书是个人行为,顾雏军并不知情。而顾雏军始终辩解其只是让姜宝军向扬州机电借款,不知道姜宝军擅自向扬州机电出具付款通知书一事,且在案也无其他证据证实姜宝军出具付款通知书系请示顾雏军同意后实施。因此,原审认定顾雏军指使姜宝军挪用涉案资金的证据不足。

3. 涉案资金始终在单位之间流转,无证据证实在资金流转过程中存在挪用资金归个人使用的情形

在案证据证实,涉案6 300万元从扬州机电转入扬州格林柯尔账户,并由扬州亚星客车出具结算收据后,被分别转至江苏格林柯尔1 200万元、江西格林柯尔5 100万元,用于归还银行贷款和公司借款。根据本院再审查明的事实,扬州格林柯尔是独立公司法人,涉案6 300万元是以扬州亚星客车的名义转至扬州格林柯尔使用,不是将资金从单位转至个人使用,也不是以个人名义将资金转至其他单位使用,不符合2002年立法解释规定的前二种情形。涉案6 300万元虽然是以单位名义转至其他单位使用,但该资金始终在单位之间流转,无证据证实原审被告人姜宝军在资金流转过程中谋取了个人利益,故也不符合2002年立法解释规定的第三种情形。

综上,原审被告人顾雏军、姜宝军及其辩护人所提顾雏军并不知晓姜宝军向扬州机电出具付款通知书和涉案资金在单位之间流转,不属于挪用资金归个人使用的辩解、辩护意见,以及最高人民检察院出庭检察员所提原审适用法律错误,在案证据不能证实顾雏军等人挪用资金归个人使用的意见,本院均予以采纳。

本院认为,社会主义市场经济是法治经济。作为市场经济的重要主体,公司及其经营者必须强化规则意识和诚信意识,在法律规定的范围内开展经营活动。注册资本既是公司运作经营的基础,也是承担风险、偿还债务的基本保证。注册资本不实,不仅妨害公司登记的管理秩序,而且会给市场营商环境带来风险,相关责任人应当依法承担相应的法律责任。但是,随着经济社会的发展,对公司注册资本类型、结构等的要求不断改变,相关法律法规会相应作出修改和调整,关于虚报注册资本社会危害性大小的评价标准也会发生改变。对于审判时相关法律法规已修改,违法性及社会危害程度明显降低的虚报注册资本情形,根据从旧兼从轻原则和刑法谦抑性原则,可不认为是犯罪。本案中,原审认定原审被告人顾雏军、刘义忠、姜宝军、张细汉在申请顺德格林柯

尔变更登记过程中，使用虚假证明文件以6.6亿元不实货币置换无形资产出资的事实存在，但顾雏军等人虚报注册资本的行为，系当地政府支持顺德格林柯尔违规设立登记事项的延续，未使公司的资本总额发生减损，而且，由于本案侦查期间公司法已经对包括无形资产在内的非货币财产作价出资比例的上限作出了修改，由原来的20%提高至70%，使本案以不实货币置换的超出法定上限的无形资产所占比例由原来的55%降低至5%，故顾雏军等人虚报注册资本的行为情节显著轻微危害不大，不认为是犯罪。原审认定顾雏军、刘义忠、姜宝军、张细汉的行为构成虚报注册资本罪，属适用法律错误，应依法予以纠正。顾雏军、姜宝军、张细汉及其辩护人关于顾雏军等人的行为不构成虚报注册资本罪的辩解、辩护意见，以及最高人民检察院出庭检察员关于顾雏军、刘义忠、姜宝军、张细汉虚报注册资本情节显著轻微，危害不大，根据《中华人民共和国刑法》第十三条的规定，可以不追究刑事责任的意见成立，本院均予以采纳。

证券制度是社会主义市场经济的重要组成部分。以真实性、准确性和完整性为核心要求的信息披露制度，是证券市场健康、稳定发展的基础，也是保护投资者合法权益的有力手段。提供虚假财务会计报告，不如实披露重要信息的行为，违背信息披露制度的根本要求，扰乱证券市场秩序，损害股东和社会公众的利益，当然为法律所禁止。但根据本案发生时的刑法规定，只有该行为造成了"严重损害股东或者其他人利益"的危害后果，才能追究行为人的刑事责任。本案中，原审认定科龙电器在2002年至2004年间将虚增利润编入财务会计报告予以披露的事实存在，但现有证据不足以证实科龙电器提供虚假财务会计报告行为造成的危害后果已经达到严重损害股东或者其他人利益的程度，该部分事实不清，证据不足，根据证据裁判原则，依法不应追究原审被告人顾雏军等人的刑事责任。故原审认定顾雏军、姜宝军、张宏、严友松、晏果茹、刘科的行为构成违规披露、不披露重要信息罪，属认定事实和适用法律错误，应依法予以纠正。顾雏军、姜宝军、张宏、严友松、晏果茹、刘科及其辩护人关于原审认定科龙电器提供虚假财务会计报告行为严重损害股东或者其他人利益的证据不足，顾雏军等人的行为不构成违规披露、不披露重要信息罪的辩解、辩护意见，以及最高人民检察院出庭检察员关于现有证据不足以证实顾雏军等人的行为造成了严重损害股东或者其他人利益的后果，对顾雏军等人应按无罪处理的意见成立，本院均予以采纳。

产权制度是社会主义市场经济的基石。国家平等保护各类市场主体的产权和合法权益，依法惩治侵吞、瓜分、挪用国有、集体和非公有制企业财产的犯罪，建立平等竞争、诚实守信的市场秩序，营造公平公正、透明稳定的法治环境。公司、企业的经营活动必须遵纪守法，在合法合规中提高竞争力，公司、企业经营者要讲规矩，走正道，在诚信守法中创业发展。本案中，原审被告人顾雏军未经公司董事会讨论决定，擅自挪用上市公司科龙电器的巨额资金归个人使用，注册成立个人完全控股的公司，以收购扬州亚星客车等其他上市公司，不仅侵害了科龙电器的企业法人产权，损害了广大股民的切身利益，而且严重扰乱了资本市场秩序，对公平有序的营商环境造成了重大不良影响。原审被告人顾雏军、张宏挪用科龙电器2.5亿元和江西科龙4 000万元资金归个人使用，进行营利活动，二人的行为均已构成挪用资金罪，且社会危害性大，应依法予以惩处。原审认定顾雏军、张宏挪用2.9亿元资金归个人使用的行为构成挪用资金罪正确。顾雏军、张宏及其辩护人所提二人行为不构成挪用资金罪的辩解、辩护意见不能成立，本院不予采纳。最高人民检察院出庭检察员所提原审认定顾雏军、张宏犯挪用资金罪的事实清楚，证据确实、充分，应依法追究其二人刑事责任的意见成立，本院予以采纳。

原审被告人姜宝军未经扬州亚星客车董事会讨论决定，擅自将扬州亚星客车6 300万元挪用给扬州格林柯尔的事实存在，但原审认定原审被告人顾雏军指使姜宝军挪用资金的事实不清，证据不足，且无证据证实姜宝军在挪用资金过程中谋取了个人利益。故原审认定顾雏军、姜宝军挪用扬州亚星客车6 300万元的行为构成挪用资金罪，属于认定事实和适用法律错误，应依法予以纠正。顾雏军、姜宝军及其辩护人所提二人在本起事实中的行为不构成挪用资金罪的辩解、辩护意见，以及最高人民检察院出庭检察员所提本起事实不应按犯罪处理的意见，本院均予以采纳。

在挪用2.9亿元资金的共同犯罪中，原审被告人顾雏军提起犯意，指使他人挪用本单位数额巨大的资金归个人使用，起主要作用，是主犯，应当按照其所参与的全部犯罪处罚。鉴于本案挪用资金时间较短，且未给单位造成重大经济损失，可对其酌情予以从轻处罚。原审被告人张宏受顾雏军指使，帮助挪用资金，起辅助作用，是从犯，应当从轻、减轻或者免除处罚。原审综合考虑张宏的认罪态度等情节，已对其减轻处罚并判处缓刑，罪责刑相当，依法应予维持。

依照《中华人民共和国刑事诉讼法》第二百五十六条第一款，《最高人民法院关于适用〈中华人民共和国刑事诉讼法〉的解释》第三百八十九条和《中华人民共和国刑法》第二百七十二条第一款、第十二条、第十三条、第二十五条第一款、第二十六条第一款及第四款、第二十七条、第六十一条的规定，本院经审判委员会全体会议讨论决定，判决如下：

一、撤销广东省高级人民法院(2008)粤高法刑二终字第101号刑事裁定和广东省佛山市中级人民法院(2006)佛刑二初字第65号刑事判决第一项对原审被告人顾雏军犯虚报注册资本罪，违规披露、不披露重要信息罪的定罪量刑部分和犯挪用资金罪的量刑部分；第二项对原审被告人姜宝军的定罪量刑部分；第三项对原审被告人张宏犯违规披露、不披露重要信息罪的定罪量刑部分；第四项至第八项对原审被告人刘义忠、严友松、张细汉、晏果茹、刘科的定罪量刑部分。

二、维持广东省佛山市中级人民法院(2006)佛刑二初字第65号刑事判决第一项对原审被告人顾雏军犯挪用资金罪的定罪部分；第三项对原审被告人张宏犯挪用资金罪，判处有期徒刑二年，缓刑二年的定罪量刑部分。

三、原审被告人顾雏军犯挪用资金罪，判处有期徒刑五年。(已执行完毕)

四、原审被告人姜宝军无罪。

五、原审被告人刘义忠无罪。

六、原审被告人张细汉无罪。

七、原审被告人严友松无罪。

八、原审被告人晏果茹无罪。

九、原审被告人刘科无罪。

本判决为终审判决。

审判长　裴显鼎
审判员　张勇健
审判员　罗智勇
审判员　司明灯
审判员　刘艾涛
二〇一九年四月八日
法官助理　石　冰
法官助理　罗　灿
书记员　张燕清

附:相关法律、司法解释条文

1.《中华人民共和国刑事诉讼法》

第二百五十六条 人民法院按照审判监督程序重新审判的案件,由原审人民法院审理的,应当另行组成合议庭进行。如果原来是第一审案件,应当依照第一审程序进行审判,所作的判决、裁定,可以上诉、抗诉;如果原来是第二审案件,或者是上级人民法院提审的案件,应当依照第二审程序进行审判,所作的判决、裁定,是终审的判决、裁定。

人民法院开庭审理的再审案件,同级人民检察院应当派员出席法庭。

2.《最高人民法院关于适用〈中华人民共和国刑事诉讼法〉的解释》

第三百八十九条 再审案件经过重新审理后,应当按照下列情形分别处理:

(一)原判决、裁定认定事实和适用法律正确、量刑适当的,应当裁定驳回申诉或者抗诉,维持原判决、裁定;

(二)原判决、裁定定罪准确、量刑适当,但在认定事实、适用法律等方面有瑕疵的,应当裁定纠正并维持原判决、裁定;

(三)原判决、裁定认定事实没有错误,但适用法律错误,或者量刑不当的,应当撤销原判决、裁定,依法改判;

(四)依照第二审程序审理的案件,原判决、裁定事实不清或者证据不足的,可以在查清事实后改判,也可以裁定撤销原判,发回原审人民法院重新审判。

原判决、裁定事实不清或者证据不足,经审理事实已经查清的,应当根据查清的事实依法裁判;事实仍无法查清,证据不足,不能认定被告人有罪的,应当撤销原判决、裁定,判决宣告被告人无罪。

3.《中华人民共和国刑法》

第十二条 中华人民共和国成立以后本法施行以前的行为,如果当时的法律不认为是犯罪的,适用当时的法律;如果当时的法律认为是犯罪的,依照本法总则第四章第八节的规定应当追诉的,按照当时的法律追究刑事责任,但是如果本法不认为是犯罪或者处刑较轻的,适用本法。

本法施行以前,依照当时的法律已经作出的生效判决,继续有效。

第十三条 一切危害国家主权、领土完整和安全,分裂国家、颠覆人民民主专政的政权和推翻社会主义制度,破坏社会秩序和经济秩序,侵犯国有财产或者劳动群众集体所有的财产,侵犯公民私人所有的财产,侵犯公民的人身权利、民主权利和其他权利,以及其他危害社会的行为,依照法律应当受刑罚处罚的,都是犯罪,但是情节显著轻微危害不大的,不认为是犯罪。

第二十五条 共同犯罪是指二人以上共同故意犯罪。

二人以上共同过失犯罪,不以共同犯罪论处;应当负刑事责任的,按照他们所犯的罪分别处罚。

第二十六条 组织、领导犯罪集团进行犯罪活动的或者在共同犯罪中起主要作用的,是主犯。

三人以上为共同实施犯罪而组成的较为固定的犯罪组织,是犯罪集团。

对组织、领导犯罪集团的首要分子,按照集团所犯的全部罪行处罚。

对于第三款规定以外的主犯,应当按照其所参与的或者组织、指挥的全部犯罪处罚。

第二十七条 在共同犯罪中起次要或者辅助作用的,是从犯。

对于从犯,应当从轻、减轻处罚或者免除处罚。

第六十一条 对于犯罪分子决定刑罚的时候,应当根据犯罪的事实、犯罪的性质、情节和对于社会的危害程度,依照本法的有关规定判处。

第二百七十二条 公司、企业或者其他单位的工作人员,利用职务上的便利,挪用本单位资金归个人使用或者借贷给他人,数额较大、超过三个月未还的,或者虽未超过三个月,但数额较大、进行营利活动的,或者进行非法活动的,处三年以下有期徒刑或者拘役;挪用本单位资金数额巨大的,或者数额较大不退还的,处三年以上十年以下有期徒刑。

国有公司、企业或者其他国有单位中从事公务的人员和国有公司、企业或者其他国有单位委派到非国有公司、企业以及其他单位从事公务的人员有前款行为的,依照本法第三百八十四条的规定定罪处罚。